ESSAIS

DE

MONTAIGNE

PRÉCÉDÉS

D'UNE ÉTUDE BIOGRAPHIQUE ET LITTÉRAIRE

Par Alfred Delvau

ÉDITION J. BRY

TOME SECOND

PARIS
J. BRY AINÉ, LIBRAIRE-ÉDITEUR
17, RUE GUÉNÉGAUD, 17
1859

ESSAIS

DE

MONTAIGNE

Paris. — Imp. de BRY aîné, boulevart Montparnasse, 81.

ESSAIS
DE MONTAIGNE

Chapitre xii. — Apologie de Raymond Sebond (*suite*).

Ptolemeus, qui a esté un grand personnage, avoit establi les bornes de nostre monde; touts les philosophes anciens ont pensé en tenir la mesure, sauf quelques isles escartees qui pouvoient eschapper à leur cognoissance; c'eust esté pyrrhoniser, il y a mille ans, que de mettre en doubte la science de la cosmographie, et les opinions qui en estoient receues d'un chascun; c'estoit heresie d'advouer des antipodes : voylà de nostre siecle une grandeur infinie de terre ferme, non pas une isle ou une contree particuliere, mais une partie egale à peu prez en grandeur à celle que nous cognoissions, qui vient d'estre descouverte. Les geographes de ce temps ne faillent pas d'asseurer que meshuy tout est trouvé, et que tout est veu;

Nam quod adest præsto, placet, et pollere videtur.

Sçavoir mon, si Ptolemee s'y est trompé aultresfois, sur les fondements de sa raison, si ce ne seroit pas sottise de me fier maintenant à ce que ceulx cy en disent; et s'il n'est plus vraysemblable que ce grand corps, que nous appellons le Monde, est chose bien aultre que nous ne iugeons.

Platon dict qu'il change de visage à touts sens; le ciel, les estoiles et le soleil renversent par fois le mouvement que nous y veoyons, changeant l'orient en occident. Les presbstres aegyptiens dirent à Herodote, que depuis leur premier roy, de quoy il y avoit onze mille tant d'ans (et de touts leurs roys ils luy feirent veoir les effigies en statues tirees aprez le vif), le soleil avoit changé quatre fois de route; Que la mer et la terre se changent alternativement l'une en l'aultre; Que la naissance du monde est indeterminee : Aristote, Cicero, de mesme : et quelqu'un d'entre nous, Qu'il est de toute eternité, mortel, et renaissant à plusieurs vicissitudes, appellant à tesmoing Salomon et Esaïe; pour eviter ces oppositions, que Dieu a esté quelquefois creator sans creature; qu'il a esté oysif; qu'il s'est desdict de son oysiveté, mettant la main à cet ouvrage; et qu'il est par consequent subiect aux changements. En la plus fameuse des escholes grecques, le monde est tenu pour un dieu, faict par un aultre dieu plus grand, et est composé d'un corps, et d'un' ame qui loge en son centre, s'espandant, par nombres de musique, à sa circonference : divin, tresheureux, tresgrand, tressage, eternel : en luy sont d'aultres dieulx, la terre, la mer, les astres, qui s'entretiennent d'une harmonieuse et perpetuelle agitation et danse divine; tantost se rencontrants, tantost s'esloingnants, se cachants, montrants, changeants de reng, ores d'avant, et ores derriere. Heraclitus establissoit le monde estre composé par feu; et, par l'ordre des destinees, se debvoir enflammer et resoudre en feu quelque iour, et quelque iour encores renaistre. Et des hommes, dict Apuleius, *sigillatim mortales, cunctim perpetui*. Alexandre escrivit à sa mere la narration d'un presbtre aegyptien, tirée de leurs monuments, tesmoignant l'antiquité de cette nation, infinie, et comprenant la naissance et progrez des aultres pays au vray. Cicero et Diodorus disent, de leur temps, Que les Chaldeens tenoient registre de quatre cents mille tant d'ans : Aristote, Pline, et aultres, que Zoroastre vivoit six mille ans avant l'aage de Platon. Platon dict que ceulx de la ville de Saïs ont des memoires par escript de huict mille ans, et que la ville d'Athenes feust bastie mille ans avant ladicte ville de Saïs : Epicurus, qu'en mesme temps que les choses sont icy, comme nous les voyons, elles sont toutes pareilles et en mesme façon en plusieurs aultres mondes ; ce qu'il eust dict plus asseureement, s'il eust veu les similitudes et convenances de ce nouveau monde des Indes occidentales avecques le nostre present et passé, en de si estranges exemples.

En verité, considerant ce qui est venu à nostre science du cours de cette police terrestre, ie me suis souvent esmerveillé de veoir, en une tresgrande distance de lieux et de temps, les rencontres d'un si grand nombre d'opinions populaires, monstrueuses, et des mœurs et creances sauvages, et qui, par aulcun biais, ne semblent tenir à nostre naturel discours. C'est un grand ouvrier de miracles, que l'esprit humain ! Mais cette relation a ie ne sçay quoy encores de plus heteroclite : elle se treuve aussi en noms, et en mille aultres choses : car on y trouva des nations n'ayants, que nous sçachions, iamais ouï nouvelles de nous, où la circoncision estoit en credit ; et où il y avoit des estats et grandes polices maintenues par des femmes, sans hommes ; où nos ieusnes et nostre caresme estoient representez, y adioustant l'abstinence des femmes ; où nos croix estoient en diverses façons en credit : icy on en honoroit les sepultures ; on les appliquoit là, et nommeement celle de sainct André, à se deffendre des visions nocturnes, et à les mettre sur les couches des enfants contre les enchantements ; ailleurs, ils en rencontrerent une de bois, de grande haulteur, adorée pour dieu de la pluye, et celle là bien fort avant dans la terre ferme : on y trouva une bien expresse image de nos penitenciers ; l'usage des mitres, le cœlibat des presbtres, l'art de deviner par les entrailles des animaulx sacrifiez, l'abstinence de toute sorte de chair et de poisson, à leur vivre ; la façon aux presbtres d'user, en officiant, de langue particuliere et non vulgaire, et cette fantasie, que le premier dieu feust chassé par un second, son frere puisné : qu'ils furent creez avecques toutes commoditez, lesquelles on leur a depuis retrenchees pour leur peché ; changé leur territoire, et empiré leur condition naturelle : qu'aultresfois ils ont esté submergez par l'inondation des eaux celestes ; qu'il ne s'en sauva que peu de familles, qui se iecterent dans les haults creux des montaignes, lesquels creux ils boucherent, si que l'eau n'y entra point, ayant enfermé là dedans plusieurs sortes d'animaulx ; que quand ils sentirent la pluye cesser, ils meirent hors des chiens, lesquels estants revenus nets et mouillez, ils iugerent l'eau n'estre encores gueres abbaissee ; depuis, en ayant faict sortir d'aultres, et les voyants revenir bourbeux, ils sortirent repeupler le monde, qu'ils trouverent plein de serpents : on rencontra, en quelque endroict, la persuasion du iour du iugement, de sorte qu'ils s'offensoient merveilleusement contre les Espaignols, qui espandoient les os des trespassez en fouillant les richesses des sepultures, disants que ces os escartez ne se pourroient facilement reioindre ; la traficque par eschange, et non aultre ; foires et marchez pour cet effect ; des nains et personnes difformes pour l'ornement des tables des princes ; l'usage de la faulconnerie selon la nature de leurs oyseaux ; subsides tyranniques ; delicatesses de iardinages ; danses, saults basteleresques, musique d'instruments, armoiries, ieux de paulme, ieu de dez et de sort, auquel ils s'eschauffent souvent iusques à s'y iouer eulx mesmes et leur liberté ; medecine non aultre que charmes ; la forme d'escrire par figures ; creance d'un seul premier homme pere de touts les peuples ; adoration d'un Dieu qui vesquit aultrefois homme en parfaicte virginité, ieusne et penitence, preschant la loy de nature et des cerimonies de la religion, et qui disparut du monde sans mort naturelle ; l'opinion des geants ; l'usage de s'enyvrer de leurs bruvages et de boire d'autant ; ornements religieux peints d'ossements et testes de morts, surplis, eau beneicte, aspergez ; femmes et serviteurs, qui se presentent à l'envy à se brusler et enterrer avecques le mary au maistre trespassé ; loy que les aisnez succedent à tout le bien, et n'est reservé aulcune part au puisné, que d'obeïssance ; coustume, à la promotion de certain office de grande auctorité, que celuy qui est promeu prend un nouveau nom et quitte le sien; de verser de la chaulx sur le genouil de l'enfant freschement nay, en luy disant, « Tu es venu de pouldre, et retourneras en pouldre; » l'art des augures. Ces vains umbrages de nostre religion, qui se voyent en aulcuns de ces exemples, en tesmoignent la dignité et la divinité : non seulement elle s'est aulcunement insinuee en toutes les nations infidelles de deça par quelque imitation, mais à ces barbares aussi comme par une commune et supernaturelle inspiration; car on y trouva aussi la creance du purgatoire, mais d'une forme nouvelle : ce que nous donnons au feu, ils le donnent au froid, et imaginent les ames et purgees et punies par la rigueur d'une extreme froideure : et m'advertit cet exemple, d'une aultre plaisante diversité; car, comme il s'y trouva des peuples qui aimoient à deffubler le bout de leur membre, et en retrenchoient la peau à la mahumetane et à la juifve, il s'y en trouva d'aultres qui faisoient si grande conscience de le deffubler, qu'à tout des petits cordons ils portoient leur peau bien soigneusement estiree au dessus, de peur que ce bout ne veist l'air; et de cette diversité aussi, que, comme nous honorons les roys et les festes en nous parant des plus honnestes vestements que nous ayons; en aulcunes regions, pour montrer toute disparité et soubmission à leur roy, les subiects se presentoient à luy en leurs plus vils habillements, et entrants au palais prennent quelque vieille robe deschiree sur la leur bonne, à ce que tout le lustre et l'ornement soit au maistre. Mais suyvons.

Si nature enserre dans les termes de son progrez ordinaire, comme toutes aultres choses, aussi les creances, les iugements et opinions des hommes; si elles ont leur revolution, leur saison, leur naissance, leur mort, comme les choulx; si le ciel les agite et les roule à sa poste, Quelle magistrale auctorité et permanente leur allons nous attribuant? Si, par experience, nous touchons à la main que la forme de nostre estre despend de l'air, du climat et du terroir où nous naissons; non seulement le teinct, la taille, la complexion et les contenances, mais encores les facultez de l'ame; *et plaga cœli non solum ad robur corporum, sed etiam animorum facit*, dict Vegece; et que la deesse fondatrice de la ville d'Athenes choisit, à la situer, une temperature de païs qui feict les hommes prudents, comme les presbtres d'Aegypte apprindrent à Solon, *Athenis tenue cœlum; ex quo etiam acutiores putantur Attici : crassum Thebis; itaque pingues Thebani, et valentes;* en maniere que, ainsi que les fruicts naissent divers et les animaulx, les hommes naissent aussi plus et moins belliqueux, iustes, temperants et dociles : icy subiects au vin, ailleurs au larrecin ou à la paillardise; icy enclins à superstition, ailleurs à la mescreance; icy à la liberté, icy à la servitude; capables d'une science, ou d'un art; grossiers, ou ingenieux; obeïssants, ou rebelles; bons, ou mauvais, selon que porte l'inclination du lieu où ils sont assis; et prennent nouvelle complexion si on les change de place, comme les arbres; qui feust la raison pour laquelle Cyrus ne voulut accorder aux Perses d'abandonner leur païs, aspre et bossu, pour se transporter en un aultre doulx et plain, disant que les terres grasses et molles font les hommes mols, et les fertiles, les esprits infertiles : Si nous veoyons tantost fleurir un art, une creance, tantost une aultre, par quelque influence celeste; tel siecle produire telles natures, et incliner l'humain genre à tel ou tel ply; les esprits des hommes tantost gaillards, tantost maigres, comme nos champs; Que deviennent toutes ces belles prerogatives de quoy nous nous allons flattants? Puisqu'un homme sage se peult mescompter, et cent hommes, et plusieurs nations: voire et l'humaine nature selon nous se mescompte plusieurs siecles en cecy ou en cela : quelle seureté avons nous que par fois elle cesse de se mescompter, et qu'en ce siecle elle ne soit en mescompte?

Il me semble, entre aultres tesmoignages de nostre imbecillité, que celuy cy ne merite pas d'estre oublié, Que, par desir mesme, l'homme ne sçache trouver ce qu'il luy fault; Que, non par iouïssance, mais par imagination et par souhait, nous ne puissions estre d'accord de ce dequoy nous avons besoing pour nous contenter. Laissons à nostre pensee tailler et coudre à son plaisir; elle ne pourra pas seulement desirer ce qui luy est propre, et se satisfaire :

> Quid enim ratione timemus,
> Aut cupimus? quid tam dextro pede concipis, ut te
> Conatus non pœniteat, votique peracti?

C'est pourquoy Socrates ne requeroit les dieux sinon de luy donner ce qu'ils savoient luy estre salutaire : et la priere des Lacedemoniens, publicque et privee, portoit simplement, Les choses bonnes et belles leur estre octroyees ; remettant à la discretion de la puissance supresme le triage et chois d'icelles :

> Coniugium petimus, partumque uxoris ; at illis
> Notum, qui pueri, qualisque futura sit uxor :

et le chrestien supplie Dieu « Que sa volonté soit faicte, » pour ne tumber en l'inconvenient que les poëtes feignent du roy Midas. Il requit les dieux que tout ce qu'il toucheroit se convertist en or. sa priere feut exaucee ; son vin feut or, son pain or et la plume de sa couche, et d'or sa chemise et son vestement ; de façon qu'il se trouva accablé soubs la iouïssance de son desir, et estrené d'une insupportable commodité : il luy falut desprier ses prieres.

> Attonitus novitate mali, divesque, miserque,
> Effugere optat opes, et, quæ modo voverat, odit.

Disons de moy mesme : Je demandois à la fortune, autant qu'aultre chose, l'ordre sainct Michel, estant ieune ; car c'estoit lors l'extreme marque d'honneur de la noblesse françoise, et tresrare. Elle me l'a plaisamment accordé au lieu de montrer et haulser de ma place pour y aveindre, elle m'a bien plus gracieusement traicté, elle l'a ravallé et rabaissé iusques à mes espaules et au dessoubs. Cleobis et Biton, Trophonius et Agamedes, ayant requis, ceulx là leur deesse, ceulx cy leur dieu, d'une recompense digne de pieté, eurent la mort pour present : tant les opinions celestes sur ce qu'il nous fault sont diverses aux nostres ! Dieu pourroit nous octroyer les richesses, les honneurs, la vie et la santé mesme, quelquefois à nostre dommage ; car tout ce qui nous est plaisant ne nous est pas tousiours salutaire. Si, au lieu de la guarison, il nous envoye la mort ou l'empirement de nos maux, *virga tua, et baculus tuus, ipsa me consolata sunt;* il le faict par les raisons de sa providence, qui regarde bien plus certainement ce qui nous est deu, que nous ne pouvons faire ; et le debvons prendre en bonne part, comme d'une main tressage et tresamie ?

> Si consilium vis :
> Permittes ipsis expendere numinibus, quid
> Conveniat nobis, rebusque sit utile nostris...
> Carior est illis homo quam sibi :

car de les requerir des honneurs, des charges, c'est les requerir qu'ils vous iectent à une bataille, ou au ieu des dez, ou de telle aultre chose de laquelle l'yssue vous est incogneue et le fruict doubteux.

Il n'est point de combat si violent entre les philosophes, et si aspre, que celuy qui se dresse sur la question du souverain bien de l'homme : duquel, par le calcul de Varro, nasquirent deux cents quatre vingt huict sectes. *Qui autem de summo bono dissentit, de tota philosophiæ ratione disputat.*

> Tres mihi convivæ prope dissentire videntur,
> Poscentes vario multum diversa palato :
> Quid dem ? quid non dem ? Renuis tu quod iubet alter ;
> Quod petis, id sane est invisum acidumque duobus :

nature debvroit ainsi respondre à leurs contestations, et à leurs debats. Les uns disent nostre bienestre loger en la vertu ; d'aultres, en la volupté ; d'aultres, au consentir à nature ; qui en la science, qui à n'avoir point de douleur ; qui à ne se laisser emporter aux apparences ; et à cette fantasie semble retirer cett' aultre de l'ancien Pythagoras,

> Nil admirari, prope res est una, Numici,
> Solaque, quæ possit facere et servare beatum,

qui est la fin de la secte pyrrhonienne : Aristote attribue à magnanimité n'admirer rien : et disoit Archesilas, les soustenements et l'estat droict et inflexible du iugement, estre les biens, mais les consentements et applications, estre les vices et les maulx ; il est vray qu'en ce qu'il l'establissoit par axiome certain, il se despartoit du pyrrhonisme : les pyrrhoniens, quand ils disent que le souverain bien c'est l'*ataraxie*, qui est l'immobilité du iugement, ils ne l'entendent pas dire d'une façon affirmative ; mais le mesme branle de leur ame, qui eur faict uyr les precipices, et se mettre à couvert du serein, celuy là mesme leur presente cette fantasie, et leur en faict refuser une aultre.

Combien ie desire que, pendant que ie vis, ou quelque aultre, ou Iustus Lipsius, le plus sçavant homme qui nous reste, d'un esprit trespoly et iudicieux, vrayment germain à mon Turnebus, eust et la volonté, et la santé, et assez de repos, pour ramasser en un registre, selon leurs divisions et leurs classes, sincerement et curieusement autant que nous y pouvons veoir, les opinions de l'ancienne philosophie sur le subiect de nostre estre et de nos mœurs, leurs controverses, le credit et suitte des parts, l'application de la vie des aucteurs et sectateurs à leurs preceptes ez accidents memorables et exemplaires : le bel ouvrage et utile que ce seroit !

Au demourant, si c'est de nous que nous tirons le reglement de nos mœurs, à quelle confusion nous reiectons nous ? car ce que nostre raison nous y conseille de plus vraysemblable, c'est generalement à chascun d'obeïr aux lois de son païs, comme porte l'advis de Socrates, inspiré, dict il, d'un conseil divin; et par là que veult elle dire, sinon que nostre debvoir n'a aultre regle que fortuite ? La verité doibt avoir un visage pareil et universel : la droicture et la iustice, si l'homme en cognoissoit qui eust corps et veritable essence, il ne l'attacheroit pas à la condition des coustumes de cette contree, ou de celle là, ce ne seroit pas de la fantasie des Perses ou des Indes, que la vertu prendroit sa forme. Il n'est rien subiect à plus continuelle agitation que les loix : depuis que ie suis nay, i'ay vu trois et quatre fois rechanger celle des Anglois nos voisins; non seulement en subiect politique, qui est celuy qu'on veult dispenser de constance, mais au plus important subiect qui puisse estre, à sçavoir de la religion : de quoy i'ay honte et despit, d'autant plus que c'est une nation à laquelle ceulx de mon quartier ont eu aultresfois une si privee accointance, qu'il reste encores en ma maison aulcunes traces de nostre ancien cousinage : et chez nous icy, i'ay veu telle chose qui nous estoit capitale, devenir legitime; et nous, qui en tenons d'aultres, sommes à mesme, selon l'incertitude de la fortune guerriere, d'estre un iour criminels de leze maiesté humaine et divine, nostre iustice tumbant à la mercy de l'iniustice, et, en l'espace de peu d'annees de possession, prenant une essence contraire. Comment pouvoit ce dieu ancien plus clairement accuser en l'humaine cognoissance l'ignorance de l'estre divin, et apprendre aux hommes que leur religion n'estoit qu'une piece de leur invention propre à lier leur societé, qu'en declarant, comme il feit à ceulx qui en recherchoient l'instruction de son trepied. « Que le vray culte à chascun estoit celuy qu'il trouvoit observé par l'usage du lieu où il estoit ? » O Dieu ! quelle obligation n'avons nous à la benignité de nostre souverain Createur, pour avoir desniaisé nostre creance de ces vagabondes et arbitraires devotions, et l'avoir logee sur l'esternelle base de sa saincte parole ! Que nous dira doncques en cette necessité la philosophie ? « Que nous suyvions les loix de nostre païs : » c'est à dire cette mer flottante des opinions d'un peuple ou d'un prince, qui me peindront la iustice d'autant de couleurs, et la reformeront en autant de visages, qu'il y aura en eulx de changemens de passion : ie ne puis pas avoir le iugement si flexible. Quelle bonté est ce, que ie veoyois hier en credit, et demain ne l'estre plus; et que le traiect d'une riviere faict crime ? Quelle verité est ce que ces montaignes bornent, mensonge au monde qui se tient au dela ?

Mais ils sont plaisants, quand, pour donner quelque certitude aux loix, ils disent qu'il y en a aulcunes fermes, perpetuelles et immuables, qu'ils nomment naturelles, qui sont empreintes en l'humain genre par la condition de leur propre essence; et de celles là, qui en fait le nombre de trois, qui de quatre, qui plus, qui moins : signe que c'est une marque aussi doubteuse que le reste. Or, ils sont si desfortunez (car comment puis ie nommer cela, sinon desfortune, que d'un nombre de loix si infiny, il ne s'en rencontre pas au moins une que la fortune et temerité du sort ayt permis estre universellement receue par le consentement de toutes les natic ns ?), ils sont, dis ie, si miserables, que de ces trois ou quatre loix choisies, il n'en y a une seule qui ne soit contredicte et desadvouee, non par une nation, mais par plusieurs. Or, c'est la seule enseigne vraysemblable par laquelle ils puissent argumenter aulcunes loix naturelles, que l'université de l'approbation : car ce que nature nous auroit veritablement ordonné, nous l'ensuyvrions sans doubte d'un commun consentement; et non seulement toute nation, mais tout homme particulier, ressentiroit la force et la violence que luy feroit celuy qui le vouldroit poulser au contraire de cette loy. Qu'ils m'en montrent, pour veoir, une de cette condition. Prothagoras et Ariston ne donnoient aultre essence à la iustice des loix, que l'auctorité et opinion du legislateur : et que, cela mis à part, le bon et l'honneste perdoient leurs qualitez, et demeuroient des noms vains de choses indifferentes : Thrasymachus, en Platon, estime qu'il n'y a point d'aultre droict que la commodité du superieur. Il n'est chose en quoy le monde soit si divers qu'en coustumes et loix : telle chose est icy abominable, qui apporte recommendation ailleurs, comme en Lacedemone la subtilité de desrobber; les mariages entre les proches sont capitalement deffendus entre nous, ils sont ailleurs en honneur :

Gentes esse feruntur.
In quibus et nato genitrix, et nata parenti
Iungitur, et pietas geminato crescit amore;

le meurtre des enfants, meurtre des peres, communication des femmes, traficque de voleries, licence à toutes sortes de voluptez, il n'est rien en somme si extreme qui ne se treuve receu par l'usage de quelque nation.

Il est croyable qu'il y a des loix naturelles, comme il se veoid ez aultres creatures : mais en nous elles sont perdues; cette belle raison humaine s'ingerant partout de maistriser et commander, brouillant et confondant le visage des choses, selon sa vanité et inconstance; *nihil itaque amplius nostrum est; quod nostrum dico, artis est.* Les subiects ont divers lustres et diverses considerations; c'est de là que s'engendre principalement la diversité d'opinions : une nation regarde un subiect par un visage, et s'arreste à' celuy là; l'aultre par un aultre.

Il n'est rien si horrible à imaginer que de manger son pere : les peuples qui avoient anciennement cette coustume la prenoient toutesfois pour tesmoignage de pitié et de bonne affection, cherchants par là à donner à leurs primogeniteurs la plus digne et honorable sepulture; logeants en eulx mesmes et comme en leurs moelles les corps de leurs peres et leurs reliques; les vivifiants aucunement et regenerants par la transmutation en leur chair vifve, au moyen de la digestion et du nourrissement : il est aysé à considerer quelle cruauté et abomination c'eust esté à des hommes abruvez et imbus de cette superstition, de iecter la despouille des parents à la corruption de la terre, et nourriture des bestes et des vers.

Lycurgus considera au larrecin la vivacité, diligence, hardiesse et adresse qu'il y a à surprendre quelque chose de son voisin, et l'utilité qui revient au public que chascun en regarde plus curieusement à la conservation de ce qui est sien; et estima que de cette double institution à assaillir et à deffendre, il s'en tiroit du fruict à la discipline militaire (qui estoit la principale science et vertu à quoy il vouloit duire cette nation) de plus grande consideration que n'estoit le desordre et l'iniustice de se prevaloir de la chose d'aultruy.

Dionysius le tyran offrit à Platon une robbe à la mode de Perse, longue, damasquinee et parfumee; Platon la refusa, disant qu'estant nay homme, il ne se vestiroit pas volontiers de robbe de femme : mais Aristippus l'accepta, aveques cette response « Que nul accoustrement ne pouvoit corrompre un chaste courage. » Ses amis tansoient sa lascheté de prendre si peu à cœur que Dionysius luy eust craché au visage : « Les pescheurs, dict il, souffrent bien d'estre baignees des ondes de la mer, depuis la teste iusques aux pieds, pour attraper un goujon. » Diogenes lavoit ses choulx, et le voyant passer, « Si tu savois vivre de choulx, tu ne ferois pas la court à un tyran : » à quoy Aristippus, « Si tu sçavois vivre entre les hommes, tu ne laverois pas des choulx. » Voylà comment la raison fournit d'apparence à divers effects : c'est un pot à deux anses, qu'on peult saisir à gauche et à dextre :

Bellum, o terra hospita, portas :
Bello armantur equi; bellum hæc armenta minantur.
Sed tamen idem olim curru succedere sueti
Quadrupedes, et frena iugo concordia ferre,
Spes est pacis.

On preschoit Solon de n'espandre pour la mort de son fils des larmes impuissantes et inutiles : « Et c'est pour cela, dict il, que plus iustement ie les espands, qu'elles sont inutiles et impuissantes. » La femme de Socrates rengregeoit son dueil par telle circonstance : Oh! qu'iniustement le font mourir ces meschants iuges! « Aimerois tu donc mieulx que ce feust iustement? » luy repliqua il. Nous portons les aureilles percees; les Grecs tenoient cela pour une marque de servitude. Nous nous cachons pour iouir de nos femmes; les Indiens le font en public. Les Scythes immoloient les estrangiers en leurs temples; ailleurs les temples servent de franchise.

> Inde furor vulgi, quid numina vicinorum
> Odit quisque locus, quum solos credat habendos
> Esse deos, quos ipse colit.

I'ay ouï parler d'un iuge, lequel, où il rencontroit un aspre conflit entre Bartholus et Baldus, et quelque matiere agitee de plusieurs contrarietez, mettoit en marge de son livre, « Question pour l'amy : » c'est à dire que la verité estoit si embrouillee et si debattue, qu'en pareille cause il pourroit favoriser celle des parties que bon luy sembleroit. Il ne tenoit qu'à faulte d'esprit et de suffisance, qu'il ne peust mettre partout, « Question pour l'amy. » les advocats et les iuges de nostre temps treuvent à toutes causes assez de biais pour les accommoder où bon leur semble. A une science si infinie, despendant de l'auctorité de tant d'opinions, et d'un subiect si arbitraire, il ne peult estre qu'il n'en naisse une confusion extreme de iugements : aussi n'est il gueres si clair procez auquel les advis ne se treuvent divers ; ce qu'une compaignie a iugé, l'aultre le iuge au contraire, et elle mesme au contraire une aultre fois. De quoy nous veoyons des exemples ordinaires, par cette licence, qui tache merveilleusement la ceremonieuse auctorité et lustre de nostre iustice, de ne s'arrester aux arrests, et courir des uns aux aultres iuges pour decider d'une mesme cause.

Quant à la liberté des opinions philosophiques touchant le vice et la vertu, c'est chose où il n'est besoing de s'estendre, et où il se treuve plusieurs advis qui valent mieulx teus que publiez aux foibles esprits, Arcesilaus disoit n'estre considerable en la paillardise de quel costé et par où on le feust : *Et obscœnas voluptates, si natura requirit, non genere, aut loco, aut ordine, sed forma, œtate, figura, metiendas Epicurus putat...: Ne amores quidem sanctos a sapiente alienos esse arbitrantur..... Quœramus, ad quam usque œtatem iuvenes amandi sint.* Ces deux derniers lieux stoïques, et, sur ce propos, le reproche de Dicaearchus à Platon mesme, montrent combien la plus saine philosophie souffre de licences esloingnees de l'usage commun, et excessifves.

Les loix prennent leur auctorité de la possession et de l'usage; il est dangereux de les ramener à leur naissance : elles grossissent et s'annoblissent en roulant, comme nos rivieres; suyvez les contremont iusques à leur source, ce n'est qu'un petit sourgeon d'eau à peine recognoissable, qui s'enorgueilit ainsin et se fortifie en vieillissant. Voyez les anciennes considerations qui ont donné le premier bransle à ce fameux torrent, plein de dignité, d'honneur et de reverence ; vous les trouverez si legieres et si delicates, que ces gents icy, qui poisent tout et le ramenent à la raison, et qui ne receoivent rien par auctorité et à credit, il n'est pas merveille s'ils ont leurs iugements souvent treseslongnez des iugements publicques. Gents qui prennent pour patron l'image premiere de nature, il n'est pas merveille si, en la pluspart de leurs opinions, ils gauchissent la voye commune : comme, par exemple, peu d'entre eulx eussent approuvé les conditions contrainctes de nos mariages; et la pluspart ont voulu les femmes communes et sans obligation : ils refusoient nos cerimonies; Chrysippus disoit qu'un philosophe fera une douzaine de culebuttes en public, voire sans hault de chausses, pour une douzaine d'olives ; à peine eust il donné advis à Clisthenes de refuser la belle Agariste, sa fille, à Hippoclides, pour luy avoir veu faire l'arbre fourché sur une table. Metrocles lascha un peu indiscretement un pet, en disputant, en presence de son eschole, et se tenoit en sa maison caché de honte ; iusques à ce que Crates le feut visiter, et adioustant à ses consolations et raisons l'exemple de sa liberté, se mettant à peter à l'envy avecques luy, il luy osta ce scrupule, et, de plus, le retira à sa secte stoïque, plus franche, de la secte peripatetique plus civile, laquelle iusques lors il avoit suivy. Ce que nous appellons Honnesteté, de n'oser faire à descouvert ce qui nous est honneste de faire à couvert, ils l'appelloient Sottise; et de faire le fin à taire et desadvouer ce que nature, coustume et nostre desir publient et proclament de nos actions, ils l'estimoient Vice : et leur sembloit, Que c'estoit affoler les mysteres de Venus que de les oster du retiré sacraire de son temple, pour les exposer à la veue dn peuple; et Que tirer ses ieux hors du rideau; c'estoit les perdre : c'est chose de poids que la honte; la recelation, reservation, circonscription, parties de l'estimation : Que la volupté tresingenieusement faisoit instance, sous le masque de la vertu, de n'estre prostituee au milieu des quarrefours, foulee des pieds et des yeulx de la commune, trouvant à dire la dignité et commodité de ses cabinets accoustumez. De là disent aulcuns que d'oster les bordels publicques, c'est non seulement espandre partout la paillardise qui estoit assignee à ce lieu là; mais encore aiguillonner les hommes vagabonds et oisifs à ce vice, par la malaysance :

   Mœchus es Aufidiæ qui vir, Scævine, fuisti :
   Rivalis fuerat qui tuus, ille vir est.
   Cur aliena placet tibi, quæ tua non placet uxor ?
   Numquid securus non potest arrigere ?

Cette experience se diversifie en mille exemples :

   Nullus in urbe fuit tota, qui tangere vellet
    Uxorem gratis, Cæciliane, tuam
   Dum licuit : sed nunc, posit's custodibus, ingens
    Turba fututorum est. Ingeniosus homo es.

On demanda à un philosophe qu'on surprit à mesme, « ce qu'il faisoit : » il respondit tout froidement, « Ie plante un homme : » ne rougissant non plus d'estre rencontré en cela, que si on l'eust trouvé plantant des aulx.

C'est, comme i'estime, d'une opinion tendre, respectueuse, qu'un grand et religieux aucteur tient cet action si necessairement obligee à l'occultation et à vergongne, qu'en la licence des embrassements cyniques il ne se peult persuader que la besongne en veinst à sa fin, ains qu'elle s'arrestoit à representer des mouvements lascifs seulement, pour maintenir l'impudence de la profession de leur eschole; et que, pour eslancer ce que la honte avoit contrainct et retiré, il leur estoit encores apres besoing de chercher l'umbre. Il n'avoit pas veu assez avant en leur desbauche : car Diogenes, exerceant en public sa masturbation, faisoit souhait, en presence du peuple assistant, « de pouvoir ainsi saouler son ventre en le frottant. » A ceulx qui lui demandoient pourquoy il ne cherchoit lieu plus commode à manger qu'en pleine rue : « C'est, respondoit-il, que i'ay faim en pleine rue. » Les femmes philosophes, qui se mesloient à leur secte, se mesloient aussi à leur personne, en tout lieu, sans discretion; et Hipparchia ne feut receue en la societé de Crates, qu'à condition de suyvre en toutes choses les uz et coustumes de sa regle. Ces philosophes icy donnoient extreme prix à la vertu, et refusoient toutes aultres disciplines que la morale : si est ce qu'en toutes actions ils attribuoient la souveraine auctorité à l'eslection de leur sage, et au dessus des loix; et n'ordonnoient aux voluptez aultre bride, que la moderation, et la conservation de la liberté d'aultruy.

Heraclitus et Protagoras, de ce que le vin semble amer au malade, et gracieux au sain; l'aviron tortu dans l'eau, et droict à ceulx qui le veoyent hors de là, et de pareilles apparences contraires qui se trouvent aux subiects, argumenterent que touts subiects avoient en eulx les causes de ces apparences; et qu'il y avoit au vin quelque amertume qui se rapportoit au goust du malade; l'aviron, certaine qualité courbe se rapportant à celuy qui le regarde dans l'eau, et ainsi de tout le reste : qui est dire que tout est en toutes choses, et par consequent rien en aulcune; car rien n'est, où tout est.

Cette opinion me ramentoit l'experience que nous avons, qu'il n'est aulcun sens ny visage, ou droict ou amer, ou doulx, ou courbe, que l'esprit humain ne treuve aux escripts qu'il entreprend de fouiller : en la parole la plus nette, pure et parfaicte qui puisse estre, combien de faulseté et de mensonge a lon faict naistre ? quelle heresie n'y a trouvé des fondements assez et tesmoignages pour entreprendre et pour se maintenir? C'est pour cela que les aucteurs de telles erreurs ne se veulent iamais despartir de cette preuve du tesmoignage de l'interpretation des mots. Un personnage de dignité, me voulant approuver par auctorité cette queste de la pierre philosophale où il est tout plongé, m'allegua dernierement cinq ou six passages de la Bible sur lesquels il disoit s'estre premierement fondé pour la descharge de sa conscience (car il est de profession ecclesiastique); et, à la verité, l'invention n'en estoit pas seulement plaisante, mais encores bien proprement accommodee à la deffense de cette belle science.

Par cette voye se gaigne le credit des fables divinatrices : il n'est prognostiqueur, s'il a cette auctorité qu'on le daigne feuilleter, et rechercher curieusement tous les plis et lustres de ses paroles, à qui on ne face dire tout ce qu'on vouldra, comme aux Sibylles; il y a tant de moyens d'interpretation, qu'il est malaysé que, de biais ou de droict fil, un esprit ingenieux ne rencontre en tout subiect quelque air qui luy serve à son poinct : pourtant se treuve un style nubileux et doubteux en si frequent et ancien usage. Que l'aucteur puisse gaigner cela, d'attirer et embesongner à soy la posterité, ce que non seulement la suffisance, mais autant, ou plus, la faveur fortuite de la matiere peult gaigner; qu'au demourant il se presente, par bestise, ou par finesse, un peu obscurement et diversement; ne luy chaille : nombre d'esprits, le beluttants et secouants, en exprimeront quantité de formes, ou selon, ou à costé, ou au contraire, de la sienne, qui luy feront toutes honneur; il se verra enrichy des moyens de ses disciples, comme les regents du landy. C'est ce qui a faict valoir plusieurs choses de neant, qui a mis en credit plusieurs escripts, et les a chargez de toute sorte de matiere qu'on a voulu; une mesme chose recevant mille et mille, et autant qu'il nous plaist d'images et considerations diverses.

Est il possible qu'Homere ayt voulu dire tout ce qu'on lui faict dire, et qu'il se soit presté à tant et si diverses figures, que les theologiens, legislateurs, capitaines, philosophes, toute sorte de gents qui traictent science, pour diversement et contrairement qu'ils les traictent, s'appuyent de luy, s'en rapportent à luy? maistre general à touts offices, ouvrages et artisans; general conseiller à toutes entreprinses : quiconque a eu besoing d'oracles et de predictions, en y a trouvé pour son faict. Un personnage sçavant, et de mes amis, c'est merveille quels rencontres et combien admirables il y faict naistre en faveur de nostre religion; et ne se peult aysement despartir de cette opinion, que ce ne soit le desseing d'Homere; si luy est cet aucteur aussi familier qu'à homme de nostre siecle : et ce qu'il treuve en faveur de la nostre, plusieurs anciennement l'avoient trouvé en faveur des leurs. Voyez demener et agiter Platon : chascun, s'honorant de l'appliquer à soy, le couche du costé qu'il le veult; on le promeine et l'insere à toutes les nouvelles opinions que le monde receoit; et le differente lon à soy mesme, selon le different cours des choses; l'on faict desadvouer à son sens les mœurs licites en son siecle, d'autant qu'elles sont illicites au nostre; tout cela vifvement et puissamment, autant qu'est puissant et vif l'esprit de l'interprete. Sur ce mesme fondement qu'avoit Heraclitus et cette sienne sentence. « Que toutes choses avoient en elle les visages qu'on y trouvoit, » Democritus en tiroit une toute contraire conclusion, c'est « que les subiects n'avoient du tout rien de ce que nous y trouvions; » et, de ce que le miel estoit doulx à l'un et amer à l'aultre, il argumentoit qu'il n'estoit ni doulx, ni amer. Les pyrrhoniens diroient, qu'ils ne sçavent s'il est doulx ou amer, ou ny l'un, ny l'aultre, ou tous les deux; car ceulx cy gaignent touiours le hault point de la dubitation. Les cyrenaiens tenoient que rien n'estoit perceptible par le dehors, et que cela estoit seulement perceptible qui nous touchoit par l'interne attouchement, comme la douleur et la volupté; ne recognoissants ny ton, ny couleur, mais certaines affections seulement qui nous en venoient; et que l'homme n'avoit aultre siege de son iugement. Protagoras estimoit « estre vray à chascun ce qui semble à chascun. » Les epicuriens logent aux sens tout iugement, et en la notice des choses, et en la volupté. Platon a voulu le iugement de la verité, et la verité mesme, retiree des opinions et des sens, appartenir à l'esprit et à la cogitation.

Ce propos m'a porté sur la consideration des sens, ausquels gist le plus grand fondement et preuve de nostre ignorance. Tout ce qui se cognoist, il se cognoist sans doubte par la faculté du cognoissant; car puisque le iugement vient de l'operation de celuy qui iuge, c'est raison que cette operation il la parface par ses moyens et volonté, non par la contraincte d'aultruy, comme il adviendroit si nous cognoissions les choses par la force et selon la loy de leur essence. Or, toute cognoissance s'achemine en nous par les sens; ce sont nos maistres :

> Via qua munita fidei
> Proxima fert humanum in pectus, templaque mentis ;

la science commence par eulx, et se resoult en eulx. Aprez tout, nous ne sçaurions non plus qu'une pierre, si nous ne sçavions qu'il y a son, odeur, lumiere, saveur, mesure, poids, mollesse, dureté, aspreté, couleur, polisseure, largeur, profondeur : voylà le plan et les principes de tout le bastiment de nostre science ; et selon aulcuns, Science n'est rien aultre chose que Sentiment. Quiconque ne peult poulser à contredire les sens, il me tient à la gorge ; il ne me sçauroit faire reculer plus arriere : les sens sont le commencement et la fin de l'humaine cognoissance :

> Invenies primis ab sensibus esse creatam
> Notitiam veri ; neque sensus posse refelli...
> Quid maiore fide porro, quam sensus, haberi
> Debet ?

Qu'on leur attribue le moins qu'on pourra, tousiours faudra il leur donner cela, que, par leur voye et entremise, s'achemine toute nostre instruction. Cicero dict que Chrysippus, ayant essayé de rabattre de la force des sens et de la vertu, se representa à soy mesme des arguments au contraire, et des oppositions si vehementes, qu'il n'y peut satisfaire : sur quoy Carneades, qui maintenoit le contraire party, se vantoit de se servir des armes mesmes et paroles de Chrysippus pour le combattre, et s'escrioit à cette cause contre luy : « O miserable, ta force t'a perdu ? » Il n'est aulcun absurde, selon nous, plus extreme, que de maintenir que le feu n'eschauffe point, que la lumiere n'esclaire point, qu'il n'y a point de pesanteur au fer ny de fermeté, qui sont notices que nous apportent les sens ; ny creance ou science en l'homme qui se puisse comparer à celle là en certitude.

La premiere consideration que i'ay sur le subiect des sens, est que ie mets en doubte que l'homme soit pourveu de touts sens naturels. Ie vois plusieurs animaulx qui vivent une vie entiere et parfaicte, les uns sans la veue, aultres sans l'ouïe : qui sçait si, à nous aussi, il ne manque pas encores un, deux, trois, et plusieurs aultres sens ? Car, s'il en manque quelqu'un, nostre discours n'en peult descouvrir le default. C'est le privilege des sens d'estre l'extreme borne de nostre appercevance : il n'y a rien au delà d'eulx qui nous puisse servir à les descouvrir ; voire ny l'un des sens ne peult descouvrir l'aultre ;

> An poterunt oculos aures reprehendere ? an aures
> Tactus ? an hunc porro tactum sapor arguet oris ?
> An confutabunt nares, oculive revincent ?

ils font trestouts la ligne extreme de nostre faculté :

> Seorsum cuique potestas
> Divisa est, sua vis cuique est ?

Il est impossible de faire concevoir à un homme naturellement aveugle, qu'il n'y voit pas ; impossible de luy faire desirer la veue, et regretter son default : parquoy nous ne debvons prendre asseurance de ce que nostre ame est contente et satisfaicte de ceulx que nous avons ; veu qu'elle n'a pas de quoy sentir en cela sa maladie et son imperfection, si elle y est. Il est impossible de dire chose à cet aveugle, par discours, argument, ny similitude, qui loge en son imagination aulcune apprehensisn de lumiere, de couleur, et de veue : il n'y a rien plus arriere qui puisse pousser le sens en evidence. Les aveugles naiz qu'on veoid desirer à veoir, ce n'est pas pour entendre ce qu'ils demandent : ils ont appris de nous qu'ils ont à dire quelque chose, qu'ils ont quelque chose à desirer qui est en nous, laquelle ils nomment bien, et ses effects et consequences ; mais ils ne sçavent pourtant pas que c'est, ny ne l'apprehendent ny prez ny loing.

I'ay veu un gentilhomme de bonne maison, aveugle nay, au moins aveugle de tel aage qu'il ne sçait que c'est que de veue : il entend si peu ce qui luy manque, qu'il use et se sert comme nous des paroles propres au veoir, et les applique d'une mode toute sienne et particuliere. On luy presentoit un enfant, duquel il estoit parrain ; l'ayant pris entre ses bras : « Mon Dieu, dict il, le bel enfant ! qu'il le faict beau veoir ! qu'il a le visage gay ! » Il dira, comme l'un d'entre nous, « Cette salle a une belle veue ; il faict clair ; il faict beau soleil. » Il y a plus : car, parce que ce sont nos exercices que la chasse, la paulme, la bute, et qu'il l'a ouï dire, il s'y affectionne, s'y empesche, et croit y avoir la mesme part que nous y avons : il s'y picque et s'y plaist, et ne les receoit pourtant que par les aureilles. On luy crie que voylà un lievre, quand on est en quelque belle esplanade où il puisse picquer; et puis on luy dict encores que voylà un lievre prins : le voylà aussi fier de sa prinse, comme il oit dire aux aultres qu'ils le sont. L'esteuf, il le prend à la main gauche, et le poulse à tout sa raquette : de la harquebuse, il en tire à l'aventure, et se paye de ce que ses gents luy disent qu'il est ou hault ou costier.

Que sçait on si le genre humain faict une sottise pareille, à faulte de quelque sens, et que par ce default la pluspart du visage des choses nous soit caché? Que sçait on si les difficultez que nous trouvons en plusieurs ouvrages de nature viennent de là? et si plusieurs effects des animaulx, qui excedent nostre capacité, sont produicts par la faculté de quelque sens que nous ayons à dire? et si aulcuns d'entre eux ont une vie plus pleine par ce moyen, et plus entiere que la nostre? Nous saisissons la pomme quasi par touts nos sens; nous y trouvons de la rougeur, de la polisseure, de l'odeur et de la doulceur; oultre cela, elle peult avoir d'aultres vertus, comme d'asseicher ou restreindre, ausquelles nous n'avons point de sens qui se puisse rapporter. Les proprietez que nous appellons occultes en plusieurs choses, comme l'aimant d'attirer le fer, n'est il pas vraysemblable qu'il y a des facultez sensitifves en nature propres à les iuger et à les appercevoir, et que le default de telles facultez nous apporte l'ignorance de la vraye essence de telles choses? C'est, à l'adventure, quelque sens particulier qui descouvre aux coqs l'heure du matin et de minuict, et les esmeut à chanter; qui apprend aux poules, avant tout usage et experience, de craindre un esparvier, et non un'oye ny un paon, plus grandes bestes; qui advertit les poulets de la qualité hostile qui est au chat contre eulx, et à ne se desfier du chien; s'armer contre le miaulement, voix aulcunement flatteuse, non contre l'abbayer, voix aspre et querelleuse; aux frelons, aux fourmis, et aux rats, de choisir tousiours le meilleur fromage et la meilleure poire, avant que d'y avoir tasté; et qui achemine le cerf, l'elephant, le serpent, à la cognoissance de certaine herbe propre à leur guarison. Il n'y a sens qui n'ayt une grande domination, et qui n'apporte par son moyen un nombre infini de cognoissances. Si nous avions à dire l'intelligence des sons, de l'harmonie, et de la voix, cela apporteroit une confusion inimaginable à tout le reste de nostre science : car, oultre ce qui est attaché au propre effect de chasque sens, combien d'arguments, de consequences et de conclusions tirons nous aux aultres choses, par la comparaison d'un sens à l'aultre? Qu'un homme entendu imagine l'humaine nature originellement sans la veue, et discoure combien d'ignorance et de trouble luy apporteroit un tel default, combien de tenebres et d'aveuglement en nostre ame; on verra par là combien nous importe, à la cognoissance de la verité, la privation d'un aultre tel sens, ou de deux, ou de trois, si elle est en nous. Nous avons formé une verité par la consultation et concurrence de nos cinq sens : mais à l'adventure falloit il l'accord de huict, ou de dix sens, et leur contribution, pour l'appercevoir certainement, et en son essence.

Les sectes qui combattent la science de l'homme, elles la combattent principalement par l'incertitude et foiblesse de nos sens : car, puisque toute cognoissance vient en nous par leur entremise et moyen, s'ils faillent au rapport qu'ils nous font, s'ils corrompent ou alterent ce qu'ils nous charrient du dehors, si la lumiere qui par eulx s'escoule en nostre ame, est obscurcie au passage, nous n'avons plus que tenir. De cette extreme difficulté sont toutes ces fantasies : « Que chasque subiect a en soy tout ce que nous y trouvons; Qu'il n'a rien de ce que nous y pensons trouver : » et celle des epicuriens, « Que le soleil n'est non plus grand que ce que nostre veue le iuge :

Quidquid id est, nihilo fertur maiore figura,
Quam, nostris oculis quam cernimus, esse videtur :

Que les apparences qui representent un corps grand à celuy qui en est voisin, et plus petit à celuy qui en est eloigné, sont toutes deux vrayes

Nec tamen hic oculos falli concedimus hilum...
Proinde animi vitium hoc oculis adfingere noli :

et resolument, Qu'il n'y a aulcune tromperie aux sens; qu'il fault passer à leur mercy, et chercher ailleurs des raisons pour excuser la difference et contradiction que nous y trouvons, voire inventer toute aultre mensonge et resverie (ils en viennent iusques là), plustost que d'accuser les sens. » Timagoras iuroit que pour presser ou biaiser son œil, il n'avoit iamais apperceu doubler la lumiere de la chandelle, et que cette semblance venoit du vice de l'opinion, non de l'instrument. De toutes les absurditez la plus absurde, aux epicuriens, est desadvouer la force et l'effect des sens :

> Proinde, quod in quoque est his visum tempore, verum est.
> Et, si non poterit ratio dissolvere causam
> Cur ea, quæ fuerint iuxtim quadrata, procul sint
> Visa rotunda ; tamen præstat rationis egentem
> Reddere mendose causas utriusque figuræ,
> Quam manibus manifesta suis emittere quæquam,
> Et violare fidem primam, et convellere tota
> Fundamenta, quibus nixatur vita, salusque :
> Non modo enim ratio ruat omnis, vita quoque ipsa
> Concidat extemplo, nisi credere sensibus ausis,
> Præcipitesque locos vitare, et cetera, quæ sint
> In genere hoc fugienda.

Ce conseil desesperé, et si peu philosophique, ne represente aultre chose, sinon que l'humaine science ne se peult maintenir que par raison desraisonnable, folle, et forcenee ; mais qu'encores vault il mieulx que l'homme, pour se faire valoir, s'en serve, et de tout aultre remede tant fantastique soit il, que d'advouer sa necessaire bestise : verité si desadvantageuse. Il ne peut fuyr que les sens ne soient les souverains maistres de sa cognoissance : mais ils sont incertains, et falsifiables à toutes circonstances ; c'est là où il fault battre à oultrance, et, si les forces iustes luy faillent, comme elles font, y employer l'opiniastreté, la temerité, l'impudence. Au cas que ce que disent les epicuriens soit vray, à sçavoir, « Que nous n'avons pas de science, si les apparences des sens sont faulses ; » et que ce que disent les stoïciens soit vray aussi, « Que les apparences des sens sont si faulses, qu'elles ne nous peuvent produire aulcune science : » nous conclurons, aux despens de ces deux grandes sectes dogmatistes, Qu'il n'y a point de science.

Quant à l'erreur et incertitude de l'operation des sens, chascun s'en peult fournir autant d'exemples qu'il luy plaira : tant les faultes et tromperies qu'ils font sont ordinaires. Au retentir d'un valon, le son d'une trompette semble venir devant nous, qui vient d'une lieue derriere :

> Exstantesque procul medio de gurgite montes,
> Classibus inter quos liber patet exitus, idem
> Apparent, et longe divolsi licet, ingens
> Insula coniunctis tamen ex his una videtur...
> Et fugere ad puppim colles campique videntur,
> Quos agimus præter navim, velisque volamus...
> Ubi in medio nobis equus acer obhæsit
> Flumine, equi corpus transversum ferre videtur
> Vis, et in adversum flumen contrudere raptim ;

A manier une balle de harquebuse soubs le second doigt, celuy du milieu estant entrelacé par dessus, il fault extremement se contraindre pour advouer qu'il n'y en ayt qu'une, tant le sens nous en represente deux. Car que les sens soient maintesfois maistres du discours, et le contraignent de recevoir des impressions qu'il sçait et iuge estre faulses, il se veoid à tout coups. Ie laisse à part celuy de l'attouchement, qui a ses functions plus voisines, plus vifves et substancielles, qui renverse tant de fois, par l'effect de la douleur qu'il apporte au corps, toutes ces belles resolutions stoïques, et contrainct de crier au ventre celuy qui a establi en son ame ce dogme avecques toute resolution, « Que la cholique, comme toute aultre maladie et douleur, est chose indifferente, n'ayant la force de rien rabattre du souverain bonheur et felicité en laquelle le sage est logé par sa vertu ; » il n'est cœur si mol, que le son de nos tabourins et de nos trompettes n'eschauffe, ny si dur, que la douleeur de la musique n'esveille et ne chatouille ; ny ame si revesche, qui ne se sente touchee de quelque reverence à considerer cette vastité sombre de nos eglises, la diversité d'ornements et ordre de nos cerimonies, et ouïr le son devotieux de nos orgues, et l'harmonie si posee et religieuse de nos voix : ceulx mesmes qui y entrent avecques mespris sentent quelque frisson dans le cœur, et quelque horreur, qui les met en desfiance de leur opinion. Quant à moy ie ne m'estime point assez fort pour ouïr en sens rassis des vers d'Horace et de Catulle, chantez d'une voix suffisante par une belle et ieune bouche : et Zenon avoit raison de dire que la voix estoit la fleur de la beauté. On m'a voulu faire accroire qu'un homme, que touts nous aultres François cognoissons, m'avoit imposé, en me recitant des vers qu'il avoit faicts ; qu'ils n'estoient pas tels sur le papier qu'en l'air, et que mes yeulx en feroient contraire iugement à mes aureilles : tant la prononciation a de credit à donner prix et façon aux ouvrages qui passent à sa mercy ! Sur quoy Philoxenus ne feut pas fascheux, en ce qu'oyant un liseur donner mauvais ton à quelque sienne composition, il se print à fouler aux pieds et casser de la brique qui estoit à luy, disant : « Ie romps ce qui est à toy ; comme tu corromps ce qui est à moy. » A quoy faire, ceulx mesmes qui se sont donné la mort d'une certaine resolution, destournoient ils la face pour ne veoir le coup qu'ils se faisoient donner ? et ceulx qui, pour leur santé, desirent et commandent qu'on les incise et cauterise, pourquoy ne peuvent ils soustenir la veue des apprest, utils et operation du chirurgien ; attendu que la veue ne doibt avoir aulcune participation à cette douleur ? cela, ne sont ce pas propres exemples à verifier l'auctorité que les sens ont sur le discours ? Nous avons beau sçavoir que ces tresses sont empruntees d'un page ou d'un laquay ; que cette rougeur est venue d'Espaigne, et cette blancheur et polisseure, de la mer oceane ; encore fault il que la veue nous force d'en trouver le subiect plus aimable et plus agreable, contre toute raison : car en cela, il n'y a rien du sien.

   Auferimur cultu ; gemmis, aureque teguntur
    Crimina : pars minima est ipsa puella sui.
   Sæpe, ubi sit quod ames, inter tam multa requiras ‹
    Decipit hac oculos ægide dives amor.

Combien donnent à la force des sens, les poëtes qui font Narcisse esperdu de l'amour de son umbre,

   Cunctaque miratur, quibus est miserabilis ipse ;
   Se cupit imprudens ; et, qui probat, ipse probatur ;
   Dumque petit, petitur ; pariterque accendit, et ardet ;

et l'entendement de Pygmalion si troublé par l'impression de la veue de sa statue d'ivoire, qu'il l'aime et la serve pour vifve !

   Oscula dat, reddique putat ; sequiturque, tenetque,
   Et credit tactis digitos insidere membris ;
   Et metuit, pressos veniat ne livor in artus.

Qu'on loge un philosophe dans une cage de menus filets de fer clairsemez, qui soit suspendue au hault des tours Nostre Dame de Paris, il verra, par raison evidente, qu'il est impossible qu'il en tumbe, et si ne se sçauroit garder (s'il n'a accoustumé le mestier des couvreurs) que la veue de cette haulteur extreme ne l'espovante et ne le transisse : car nous avons assez à faire de nous asseurer aux galeries qui sont en nos clochers, si elles sont façonnees à iour, encores qu'elles soient de pierre ; il y en a qui n'en peuvent pas seulement porter la pensee. Qu'on iecte une poultre entre ces deux tours, d'une grosseur telle qu'il nous la fault à nous promener dessus, il n'y a sagesse philosophique de si grande fermeté qui puisse nous donner courage d'y marcher, comme nous ferions si elle estoit à terre. I'ay souvent essayé cela en nos montaignes de deçà, et si suis de ceulx qui ne s'effroyent que mediocrement de telles choses, que ie ne pouvois souffrir la veue de cette profondeur infinie, sans horreur et tremblement de iarrets et de cuisses ; encores qu'il s'en fallust bien ma longueur que ie ne feusse du tout au bord, et n'eusse sceu cheoir si ie ne me feusse porté à escient au dangier. I'y remarquay aussi, quelque hauteur qu'il y eust, que pourveu qu'en cette pente il se presentast un arbre ou bosse de rochier pour soustenir un peu la veue et la diviser, cela nous allege et donne asseurance, comme si c'estoit chose de quoy à la cheute nous peussions recevoir secours ; mais que les precipices coupez et unis, nous ne les pouvons pas seulement regarder sans tournoyement de teste : *ut despici sine vertigine simul oculorum animique non possit* qui est une evidente imposture de la veue. Ce feut pourquoy ce beau philosophe se creva les yeulx, pour descharger l'ame de la desbauche qu'elle en recevoit, et pouvoir philosopher plus en liberté ; mais, à ce compte, il se debvoit aussi faire estoupper les aureilles, que Theophrastus dict estre le plus dangereux instrument que nous ayons pour recevoir des impressions violentes à nous troubler et changer, et se debvoit priver enfin de touts les aultres sens, c'est à dire de son estre et de sa vie; car ils ont touts cette puissance de commander nostre discours et nostre ame. *Fit etiam sæpe specie quadam, sæpe vocum gravitate et cantibus, ut pellantur animi vehementius; sæpe etiam cura et timore.* Les medecins tiennent qu'il y a certaines complexions qui s'agitent, par aulcuns sons et instruments, iusques à la fureur. I'en ay veu qui ne pouvoient ouïr ronger un os soubs leur table, sans perdre patience; et n'est gueres homme qui ne se trouble à ce bruit aigre et poignant que font les limes en raclant le fer; comme, à ouïr mascher prez de nous, ou ouïr parler quelqu'un qui ayt le passage du gosier ou du nez empesché, plusieurs s'en esmeuvent iusques à la cholere et la haine. Ce fleuteur protocole de Gracchus, qui amollissoit, roidissoit et contournoit la voix de son maistre lorsqu'il haranguoit à Rome, à quoy servoit il, si le mouvement et qualité du son n'avoit force à esmouvoir et alterer le iugement des auditeurs? Vrayement il y a bien de quoy faire si grande feste de la fermeté de cette belle piece, qui se laisse manier et changer au bransle et accidents d'un si legier vent !

Cette mesme piperie que les sens apportent à nostre entendement, ils la reçoivent à leur tour; nostre ame par fois s'en revenche de mesme : ils mentent et se trompent à l'envy. Ce que nous veoyons et oïons, agitez de cholere, nous ne l'oïons pas tel qu'il est :

Et solem geminum, et duplices se ostendere Thebas :

l'obiect que nous aimons nous semble plus beau qu'il n'est ;

*Multimodis igitur pravas turpesque videmus
Esse in deliciis, summoque in honore vigere :*

et plus laid celuy que nous avons à contre-cœur ; à un homme ennuyé e affligé, la clarté du iour semble obscurcie et tenebreuse. Nos sens sont non seulement alterez, mais souvent hebestez du tout par les passions de l'ame : combien de choses veoyons nous, que nous n'appercevons pas si nous avons nostre esprit empesché ailleurs ?

*In rebus quoque apertis noscere possis,
Si non advortas animum, proinde esse, quasi omni
Tempore semotæ fuerint, longeque remotæ :*

il semble que l'ame retire au dedans, et amuse les puissances des sens. Par ainsin, et le dedans et le dehors de l'homme est plein de foiblesse et de mensonge.

Ceulx qui ont apparié nostre vie à un songe, ont eu de la raison, à l'adventure, plus qu'ils ne pensoient. Quand nous songeons, nostre ame vit, agit, exerce toutes ses facultez, ne plus ne moins que quand elle veille ; mais si plus mollement et obscurement, non de tant, certes, que la difference y soit comme de la nuict à une clarté vifve ; ouy, comme de la nuict à l'umbre : là elle dort, icy elle sommeille, plus et moins, ce sont tousiours tenebres, et tenebres cimmeriennes. Nous veillons dormants, et veillants dormons. Ie ne veois pas si clair dans le sommeil ; mais quant au veiller, ie ne le treuve iamais assez pur et sans nuage : encores le sommeil en sa profondeur, endort parfois les songes ; mais nostre veiller n'est iamais si esveillé qu'il purge et dissipe bien à poinct les resveries, qui sont les songes des veillants, et pires que songes. Nostre raison et nostre ame recevant les fantasies et opinions qui luy naissent en dormant et auctorisant les actions de nos songes de pareille approbation qu'elle faict celles du iour, pourquoy ne mettons nous en doubte si nostre penser, nostre agir, est pas un aultre songer, et nostre veiller quelque espece de dormir?

Si les sens sont nos premiers iuges, ce ne sont pas les nostres qu'il fault seuls appeller au conseil ; car, en cette faculté, les animaulx ont autant ou plus de droict que nous : il est certain qu'aulcuns ont l'ouïe plus aiguë que l'homme, d'aultres la veue, d'aultres le sentiment, d'aultres l'attouchement ou le goust. Democritus disoit que les dieux et les bestes avoient les facultez sensitives beaucoup plus parfaictes que l'homme. Or, entre les effets de leurs sens et les nostres, la difference est extreme : nostre salive nettoie et assiche nos plaies, elle tue le serpent :

*Tantaque in his rebus distantia, differitasque est,
Ut quod aliis cibus est, aliis fuat acre venenum.*

Sæpe etenim serpens, hominis contacta saliva,
Disperit, ac sese mandendo conficit ipsa :

quelle qualité donnerons nous à la salive? ou selon nous, ou selon le serpent ? par quel des deux sens verifierons nous sa veritable essence que nous cherchons? Pline dict qu'il y a aux Indes certains lievres marins qui nous sont poison, et nous à eulx, de maniere que du seul attouchement nous les tuons : qui sera veritablement poison, ou l'homme ou le poisson? à qui en croirons nous, ou au poison de l'homme, ou à l'homme, du poisson? Quelque qualité d'air infecte l'homme, qui ne nuit point au bœuf; quelque aultre, le bœuf, qui ne nuit point à l'homme : laquelle des deux sera, en verité et en nature, pestilente qualité? Ceulx qui ont la iaunisse, ils voient toutes choses iaunastres et plus pasles que nous :

  Lurida præterea fiunt, quæcumcunque tuentur
  Arquati :

ceulx qui ont cette maladie que les medecins nomment *Hyposphagma*, qui est une suffusion du sang sous la peau, voyent toutes choses rouges et sanglantes. Ces humeurs qui changent ainsin les offices de nostre veue, que sçavons nous si elles predominent aux bestes, et leur sont ordinaires? car nous en veoyons les unes qui ont les yeulx iaunes comme nos malades de iaunisse, d'aultres qui les ont sanglants de rougeur; à celles là il est vraysemblable que la couleur des obiects paroist aultre qu'à nous : quel iugement des deux sera le vray? car il n'est pas dict que l'essence des choses se rapporte à l'homme seul ; la dureté, la blancheur, la profondeur, et l'aigreur, touchent le service et science des animaulx comme la nostre : nature leur en a donné l'usage comme à nous. Quand nous pressons l'œil, les corps que nous regardons, nous les appercevons plus longs et estendus : plusieurs bestes ont l'œil ainsi pressé : cette longueur est doncques, à l'adventure, la veritable forme de ce corps, non pas celle que nos yeulx luy donnent en leur assiette ordinaire. Si nous serrons l'œil par dessoubs, les choses nous semblent doubles :

  Bina lucernarum flagrantia lumina flammis...
  Et duplices hominum facies, et corpora bina.

Si nous avons les aureilles empeschees de quelque chose, ou le passage de l'ouïe resserré, nous recevons le son aultre que nous ne faisons ordinairement : les animaulx qui ont les aureilles velues, ou qui n'ont qu'un bien petit trou au lieu de l'aureille, ils n'oyent par consequent pas ce que nous oyons, et recçoivent le son aultre. Nous veoyons aux festes et aux theatres, qu'opposant, à la lumiere des flambeaux, une vitre teincte de quelque couleur, tout ce qui est en ce lieu nous appert ou vert, ou iaune, ou violet :

  Et volgo faciunt id lutea russaque vela,
  Et ferrugina, quum, magnis intenta theatris,
  Per malos volgata trabesque, trementia pendent.
  Namque ibi consessum caveai subter, et omnem
  Scenai speciem, patrum, matrumque, deorumque
  Inficiunt, coguntque suo fluitare colore :

il est vraysemblable que les yeulx des animaulx, que nous veoyons estre de diverse couleur, leur produisent les apparences des corps de mesme leurs yeulx.

Pour le iugement de l'operation des sens, il fauldroit doncques que nous en feussions premierement d'accord avecques les bestes, secondement entre nous mesmes ; ce que nous ne sommes aulcunement, et entrons en debat touts les coups de ce que l'un oit, veoid, ou gouste quelque chose aultrement qu'un aultre ; et debattons, autant que d'aultre chose, de la diversité des images que les sens nous rapportent. Aultrement oit et veoid, par la regle ordinaire de nature, et aultrement gouste un enfant, qu'un homme de trente ans, et cettuy cy aultrement qu'un sexagenaire : les sens sont aux uns plus obscurs et plus sombres, aux aultres plus ouverts et plus aigus. Nous recevons les choses aultres et aultres, selon que nous sommes, et qu'il nous semble : or, nostre sembler estant si incertain et controversé, ce n'est plus miracle si on nous dict que nous pouvons advouer que la neige nous apparoist blanche ; mais que d'establir si de son essence elle est telle et à la verité, nous ne nous en sçaurions respondre : et ce commencement esbranlé, toute la science du monde s'en va necessairement à vau l'eau. Quoy, que nos sens mesmes s'entr'empeschent l'un l'autre? une peincture semble eslevee à la veue, au maniement elle semble plate : dirons nous que le musc soit agreable ou non, qui resiouït nostre sentiment et offense nostre goust? Il y a des herbes et des onguents propres à une partie du corps, qui en blecent une aultre : le miel est plaisant au goust, mal plaisant à la veue : ces bagues, qui sont entaillees en forme de plumes, qu'on appelle en devise, *Pennes sans fin*, il n'y a œil qui puisse en discerner la largeur, et qui se sceust deffendre de cette piperie que d'un costé elles n'aillent en eslargissant, et s'appointant et estrecissant par l'aultre, mesme quand on les roule autour du doigt : toutesfois au maniement elles vous semblent equables en largeur et partout pareilles. Ces personnes qui, pour ayder leur volupté, se servoient anciennement de mirouers propres à grossir et à agrandir l'obiect qu'ils representent, afin que les membres qu'ils avoient à employer, leur pleussent davantage par cette accroissance oculaire; auquel des deux sens donnent ils gaigné, ou à la veue qui leur representoit ces membres gros et grands à souhait, ou à l'attouchement qui les leur presentoit petits et desdaignables? Sont ce nos sens qui prestent au subiect ces diverses conditions, et que les subiects n'en aient pourtant qu'une? comme nous voyons du pain que nous mangeons ; ce n'est que pain, mais nostre usage en faict des os, du sang, de la chair, des poils, et des ongles ;

> Ut cibus in membra atque artus quum diditur omnes,
> Disperit, atque aliam naturam sufficit ex se ;

l'humeur qui succe la racine d'un arbre, elle se faict tronc, feuille et fruict et l'air n'estant qu'un, il se faict, par l'application à une trompette, divers en mille sortes de sons : sont ce, dis ie, nos sens qui façonnent de mesme de diverses qualitez ces subiects? ou s'ils les ont telles? et sur ce doubte que pouvons nous resoudre de leur veritable essence? Dadvantage, puisque les accidents des maladies, de la resverie ou du sommeil, nous font paroistre les choses aultres qu'elles ne paroissent aux sains, aux sages et à ceulx qui veillent; n'est il pas vraysemblable que nostre assiette droicte, et nos humeurs naturelles, ont aussi de quoy donner un estre aux choses, se rapportans à leur condition, et les accommoder à soy comme font les humeurs desreglees? et nostre santé aussi capable de leur fournir son visage comme la maladie? pourquoy n'a le temperé quelque forme des obiects relatifve à soy, comme l'intemperé; et ne leur imprimera il pareillement son charactere? le degousté charge la fadeur au vin; le sain, la saveur; l'alteré, la friandise. Or, nostre estat accommodant les choses à soy, et les transformant selon soy, nous ne sçavons plus quelles sont les choses en verité ; car rien ne vient à nous que falsifié et alteré par nos sens. Où le compas, l'esquarre et la regle sont gauches, toutes les proportions qui s'en tirent, tous les bastiments qui se dressent à leur mesure, sont aussi necessairement manques et defaillants; l'incertitude de nos sens rend incertain tout ce qu'ils produisent :

> Denique ut in fabrica. si prava est regula prima,
> Normaque si fallax rectis regionibus exit.
> Et libella aliqua si ex parti claudicat hilum;
> Omnia mendose fieri, atque obstipa necessum est,
> Prava, cubentia, prona, supina, atque absona tecta :
> Iam ruere ut quædam videantur velle, ruantque
> Prodita iudiciis fallacibus omnia primis,
> Sic igitur ratio tibi rerum prava necesse est,
> Falsaque sit, falsis quæcumque ab sensibus orta est.

Au demourant, qui sera propre à iuger de ces differences? Comme nous disons, aux debats de la religion, qu'il nous fault un iuge non attaché à l'un ny à l'aultre party, exempt de chois et d'affection, ce qui ne se peult parmy les chrestiens : il advient de mesme en cecy; car, s'il est vieil, il ne peult iuger du sentiment de la vieillesse, estant luy mesme partie en ce debat; s'il est ieune, de mesme ; sain, de mesme ; de mesme malade, dormant et veillant : il nous fauldroit quelqu'un de toutes qualitez, afin que, sans preoccupation de iugement, il iugeast de ces propositions comme à luy indifferentes ; et, à ce compte, il nous fauldroit un iuge qui ne feust pas.

Pour iuger des apparences que nous recevons des subiects, il nous fauldroit un instrument iudicatoire ; pour verifier cet instrument, il nous y fault de la demonstration; pour verifier la demonstration, un instrument · nous voylà au rouet. Puisque les sens ne peuvent arrester nostre dispute, estant pleins eulx mesmes d'incertitude, il fault que ce soit la raison ; aulcune raison ne s'establira sans une aultre raison : nous voylà à reculons iusques à l'infiny. Nostre fantasie ne s'applique pas aux choses estrangieres, ains elle est conceue par l'entremise des sens ; et les sens ne comprennent pas le subiect estrangier, ains seulement leurs propres passions : et par ainsi la fantasie et apparence n'est pas du subiect, ains seulement de la passion et souffrance du sens ; laquelle passion et subiect sont choses diverses : par quoy qui iuge par les apparences, iuge par chose aultre que le subiect. Et de dire que les passions des sens rapportent à l'ame la qualité des subiects estrangiers, par ressemblance ; comment se peult l'ame et l'entendement asseurer de cette ressemblance, n'ayant de soy nul commerce avecques les subiects estrangiers. Tout ainsi comme, qui ne cognoist pas Socrates, voyant son pourtraict, ne peult dire qu'il luy ressemble. Or, qui vouldroit toutesfois iuger par les apparences ; si c'est par toutes, il est impossible ; car elles s'entr'empeschent par leurs contrarietez et discrepanses, comme nous veoyons par experience : sera ce qu'aulcunes apparences choisies, reglent les aultres ? Il faudra verifier cette choisie par une aultre choisie, la seconde par la tierce ; et par ainsi ce ne sera iamais faict. Finalement, il n'y a aulcune constante existence, ny de nostre estre, ni de celuy des obiects ; et nous, et nostre iugement, et toutes choses mortelles, vont coulant et roulant sans cesse : ainsin, il ne se peult establir rien de certain de l'un à l'aultre, et le iugeant et le iugé estants en continuelle mutation et bransle.

Nous n'avons aulcune communication à l'estre, parce que toute humaine nature est touiours au milieu, entre le naistre et le mourir, ne baillant de soy qu'une obscure apparence et umbre, et une incertaine et debile opinion : et si, de fortune, vous fichez votre pensee à vouloir prendre son estre, ce sera ne plus ne moins que qui vouldroit empoigner l'eau ; car tant plus il serrera et pressera ce qui de sa nature coule par tout, tant plus il perdra ce qu'il vouloit tenir et empoigner. Ainsi, veu que toutes choses sont subiectes à passer d'un changement en aultre, la raison, qui y cherche une reelle subsistance, se treuve deceue, ne pouvant rien apprehender de subsistant et permanent, parce que tout ou vient en estre et n'est pas encores du tout, ou commence par mourir avant qu'il soit nay. Platon disoit Que les corps n'avoient iamais existence, ouy bien naissance ; estimant que Homere eust faict l'Ocean pere des dieux, et Thetis la mere, pour nous montrer que toutes choses sont en fluxion, muance et variation perpetuelle ; opinion commune à touts les philosophes avant son temps, comme il dict, sauf le seul Parmenides, qui refusoit mouvement aux choses, de la force duquel il faict grand cas : Pythagoras, Que toute matiere est coulante et labile ; les stoïciens, Qu'il n'y a point de temps present, et que ce que nous appellons Present n'est que la ioincture et assemblage du futur et du passé : Heraclitus, Que iamais homme n'estoit deux fois entré en mesme riviere : Epicharmus, Que celuy qui a iadis emprunté de l'argent, ne le doibt pas maintenant ; et que celuy qui cette nuict a esté convié à venir ce matin disner, vient auiourd'huy non convié, attendu que ce ne sont plus eulx, ils sont devenus aultres : « et qu'il ne se pouvoit trouver une substance mortelle deux fois en mesme estat ; car, par soubdaineté et legiereté de changement, tantost elle dissipe, tantost elle rassemble, elle vient, et puis s'en va ; de façon que ce qui commence à naistre ne parvient iamais iusque à perfection d'estre, pour autant que ce naistre n'acheve iamais et iamais n'arreste comme estant à bout, ains, depuis la semence, va tousiours se chargeant et muant d'un à aultre ; comme de semence humaine se faict premierement, dans le ventre de la mere, un fruict sans forme, puis un enfant formé, puis, estant hors du ventre, un enfant de mammelle, aprez il devient garson, puis consequemment un iouvenceau, aprez un homme faict, puis un homme d'aage, à la fin decrepite vieillard : de maniere que l'aage et generation subsequente va tousiours desfaisant et gastant la precedente :

> Mutat enim mundi naturam totius ætas,
> Ex alioque alius status excipere omnia debet;
> Nec manet ulla sui similis res : omnia migrant,
> Omnia commutat natura, et vertere cogit.

Et puis, nous aultres sottement craignons une espece de mort, là où nous en avons desia passé et en passons tant d'aultres : car, non seulement, comme disoit Heraclitus, la mort du feu est generation de l'air, et la mort de l'air, generation de l'eau; mais encores plus manifestement le pouvons nous veoir en nous mesmes; la fleur d'aage se meurt et passe quand la vieillesse survient, et la ieunesse se termine en fleur d'aage d'homme faict, l'enfance en la ieunesse, et le premier aage meurt en l'enfance, et le iour d'hier meurt en celuy de demain, et n'y a rien qui demeure ne qui soit tousiours un; car qu'il soit ainsi, si nous demeurons tousiours mesmes et uns, comment est ce que nous nous es ouïssons maintenant d'une chose, et maintenant d'une aultre? comment est ce que nous aimons choses contraires ou les haïssons, nous les louons ou nous les blasmons? comment avons nous differentes affections, ne retenants plus le mesme sentiment en la mesme pensee? car il n'est pas vraysemblable que, sans mutation, nous prenions aultres passions; et ce qui souffre mutation, ne demeure pas un mesme, et s'il n'est pas un mesme, il n'est doncques pas aussi; ains, quand et l'estre tout un, change aussi l'estre simplement, devenant tousiours aultre d'un aultre : et par consequent se trompent et mentent les sens de la nature, prenants ce qui apparoist pour ce qui est, à faulte de bien sçavoir que c'est qui est. Mais qu'est ce doncques qui est veritablement? ce qui est eternel; c'est à dire, qui n'a iamais eu de naissance, ny n'aura iamais de fin; à qui le temps n'apporte iamais aulcune mutation : car c'est chose mobile que le Temps, et qui apparoist comme en umbre, avecques la matiere coulante et et fluante, tousiours sans iamais demeurer stable, ny permanente, à qui appartiennent ces mots, Devant, et Aprez, et A esté, ou Sera, lesquels tout de prime face montrent evidemment que ce n'est pas chose qui soit; car ce seroit grande sottise, et faulseté toute apparente, de dire que cela soit, qui n'est pas encores en estre, ou qui desia a cessé d'estre; et quant à ces mots, Present, Instant, Maintenant, par lesquels il semble que principalement nous soustenons et fondons l'intelligence du temps, la raison le descouvrant, le destruict tout sur le champ; car elle le fend incontinent, et le partit en futur et en passé, comme le voulant veoir necessairement desparty en deux. Autant en advient il à la nature qui est mesuree, comme au temps qui la mesure; car il n'y a non plus en elle rien qui demeure, ne qui soit subsistant, ains y sont toutes choses ou nees, ou naissantes, ou mourantes. Au moyen de quoy ce seroit peché de dire de Dieu, qui est le seul qui Est, que Il feut, ou Il sera; car ces termes là sont des declinaisons, passages ou vicissitudes de ce qui ne peult durer ny demeurer en estre : parquoy il fault conclure que Dieu seul Est, non point selon aulcune mesure du temps, mais selon une eternité immuable et immobile, non mesuree par temps, ni subiecte à aulcune declinaison; devant lequel rien n'est, ny ne sera aprez, ny plus nouveau ou plus recent; ains un realement Estant, qui, par un seul Maintenant, emplit le Tousiours; et n'y a rien qui veritablement soit, que luy seul, sans qu'on puisse dire, Il a esté, ou, Il sera, sans commencement et sans fin. »

A cette conclusion si religieuse d'un homme païen, ie veulx ioindre seulement ce mot d'un tesmoing de mesme condition, pour la fin de ce long et ennuyeux discours, qui me fourniroit de matiere sans fin : « O la vile chose, dict il, et abiecte, que l'homme, s'il ne s'esleve au dessus de l'humanité! » Voylà un bon mot et utile desir, mais pareillement absurde; car de faire la poignee plus grande que le poing, la brassee plus grande que le bras, et d'esperer eniamber plus que l'estendue de nos iambes, cela est impossible et monstrueux; ny que l'homme se monte au dessus de soy et de l'humanité : car il ne peult veoir que de ses yeulx, ny saisir que de ses prinses. Il s'eslevera, si Dieu luy preste extraordinairement la main; il s'eslevera, abandonnant et renonceant à ses propres moyens, et se laissant haulser et souslever par les moyens purement celestes. C'est à nostre foy chrestienne, non à sa vertu stoïque, de pretendre à cette divine et miraculeuse metamorphose.

Chapitre XIII. — De iuger de la mort d'aultruy.

Quand nous iugeons de l'asseurance d'aultruy en la mort, qui est sans doubte la plus remarquable action de la vie humaine, il se fault prendre garde d'une chose, Que malayseement on croit estre arrivé à ce poinct. Peu de gens meurent, resolus que ce soit leur heure derniere; et n'est endroict où la piperie de l'esperance nous amuse plus : elle ne cesse de corner aux aureilles : « D'aultres ont bien esté plus malades sans mourir; L'affaire n'est pas si desesperee qu'on pense; et au pis aller, Dieu a bien fait d'aultres miracles. » Et advient cela, de ce que nous faisons trop de cas de nous : il semble que l'université des choses souffre aulcunement de nostre aneantissement, et qu'elle soit compassionnee à nostre estat; d'autant que nostre veue alteree se represente les choses abusivement, et nous est advis qu'elles lui faillent à mesure qu'elle leur fault : comme ceulx qui voyagent en mer, à qui les montaignes, les campaignes, les villes, le ciel, et la terre, vont mesme branle et quand et quand eulx :

    Provehimur portu, terræque urbesque recedunt.

Qui veid iamais vieillesse qui ne louast le temps passé et ne blasmast le present, chargeant le monde et les mœurs des hommes de sa misere et de son chagrin ?

    Iamque caput quassans, grandis suspirat arator...
    Et quum tempora temporibus præsentia confert
    Præteritis, laudat fortunas sæpe parentis
    Et crepat antiquum genus ut pietate repletum.

Nous entraisnons tout avecques nous : d'où il s'ensuit que nous estimons grande chose nostre mort, et qui ne passe pas si aysement, ny sans solenne consultation des astres; *tot circa unum caput tumultuantes deos;* et le pensons d'autant plus, que plus nous nous prisons : « Comment ? tant de science se perdroit elle avecques tant de dommage, sans particulier soulcy des destinees ? Un' ame si rare et exemplaire ne couste elle non plus à tuer, qu'un' ame populaire et inutile ? Cette vie, qui en couvre tant d'aultres, de qui tant d'aultres vies despendent, qui occupe tant de monde par son usage, remplit tant de places, se desplace elle comme celle qui tient à son simple pied ? » Nul de nous ne pense assez n'estre qu'un; de là viennent ces mots de Cesar à son pilote, plus enflez que la mer qui le menaceoit :

    Italiam si, cœlo auctore, recusas,
  Me, pete : sola tibi causa hæc est iusta timoris,
  Vectorem non nosse tuum ; perrumpe procellas,
    Tutela secure mei :

et ceulx cy,

    Credit iam digna pericula Cæsar
  Fatis esse suis ; tantusque evertere, dixit,
  Me superis labor est, parva quem puppe sedentem
    Tam magno petiere mari ?

et cette resverie publicque, que le soleil porta en son front, tout le long d'un an le deuil de sa mort :

    Ille etiam exstincto miseratus Cæsare Romam,
    Quum caput obscura nitidum ferrugine texit :

et mille semblables, de quoy le monde se laisse sy aysement piper, estimant que nos interests alterent le ciel, et que son infinité se formalise de nos menues actions. *Non tanta cœlo societas nobiscum est, ut nostro fato mortalis sit ille quoque siderum fulgor.*

Or, de iuger la resolution et la constance en celuy qui ne croit pas encores certainement estre en dangier, quoy qu'il y soit, ce n'est pas raison; et ne suffit pas qu'il soit mort en cette desmarche, s'il ne s'y estoit mis iustement pour cet effect : il advient à la pluspart de roidir leur contenance et leurs paroles pour en acquerir reputation, qu'ils esperent encores iouïr vivants. D'autant que i'en ay veu mourir, la fortune a disposé les contenances, non leur desseing; et de ceulx mesmes qui se sont anciennement donné la mort, il y a bien à choisir si c'est une mort soubdaine, ou mort qui ayt du temps. Ce cruel empereur romain disoit de ses prisonniers, qu'il leur vouloit faire sentir la mort; et si quelqu'un se desfaisoit en prison, « Celuy là m'est eschappé, » disoit il : il vouloit estendre la mort et la faire sentir par les torments.

    Vidimus et toto quamvis in corpore cæso
    Nil animæ lethale datum, moremque nefandæ
    Durum sævitiæ pereuntis parcere morti.

De vray, ce n'est pas si grand'chose d'establir, tout sain et tout rassis, de se tuer; il est bien aysé de faire le mauvais avant que de venir aux prinses : de maniere que le plus effeminé homme du monde, Heliogabalus, parmy ses plus lasches voluptez, desseignoit bien de se faire mourir delicatement, où l'occasion l'en forceroit; et, à fin que sa mort ne desmentist point le reste de sa vie, avoit faict bastir exprez une tour sumptueuse, le bas et le devant de laquelle estoit planché d'ais enrichis d'or et de pierreries, pour se precipiter; et aussi faict faire des chordes d'or et de soye cramoisie pour s'estrangler; et battre une epee d'or pour s'enferrer; et gardoit du venin dans des vaisseaux d'emeraude et de topaze, pour s'empoisonner, selon que l'envie luy prendroit de choisir de toutes ces façons de mourir :

>Impiger... et fortis virtute coacta.

Toutesfois, quant à cettuy cy, la mollesse de ses apprests rend plus vraysemblable que le nez luy eust saigné, qui l'en eust mis au propre. Mais de ceulx mesme qui, plus vigoureux, se sont resolus à l'execution, il fault veoir, dis ie, si c'a esté d'un coup qui ostast le loisir d'en sentir l'effect : car c'est à deviner, à veoir escouler la vie peu à peu, le sentiment du corps se meslant à celuy de l'ame, s'offrant le moyen de se repentir, si la constance s'y feust trouvee, et l'obstination en une si dangereuse volonté.

Aux guerres civiles de Cesar, Lucius Domitius, prins en la Brusse, s'estant empoisonné, s'en repentit aprez. Il est advenu de nostre temps que tel, resolu de mourir, et de son premier essay n'ayant donné assez avant, la demangeaison de la chair luy repoulsant le bras, se reblecea bien fort à deux ou trois fois aprez, mais ne peut iamais gaigner sur luy d'enfoncer le coup. Pendant qu'on faisoit le procez à Plautius Silvanus, Urgalania, sa mere grand', luy envoya un poignard, duquel n'ayant peu venir à bout de se tuer, il se feit couper les veines à ses gents. Albucilla, du temps de Tibere, s'estant, pour se tuer, frappee trop mollement, donna encores à ses parties moyen de l'emprisonner et faire mourir à leur mode. Autant en feit le capitaine Demosthenes, aprez sa route en la Sicile ; et C. Fimbria, s'estant frappé trop foiblement, impetra de son valet de l'achever. Au rebours, Ostorius, lequel, pour ne se pouvoir servir de son bras, desdaigna d'employer celuy de son serviteur à aultre chose qu'à tenir le poignard droict et ferme; et se donnant le bransle, porta luy mesme sa gorge à l'encontre, et la transpercea. C'est une viande, à la verité, qu'il fault engloutir sans mascher, qui n'a le gosier ferré à glace : et pourtant l'empereur Adrianus feit que son medecin marquast et circonscrivist, en son tettin, iustement l'endroict mortel, où celuy eust à viser, à qui il donna la charge de le tuer. Voylà pourquoy Cesar, quand on luy demandoit quelle mort il trouvoit la plus souhaitable, « La moins premeditee, respondit il, et la plus courte. » Si Cesar l'a osé dire, ce ne m'est plus lascheté de le croire. « Une mort courte, dict Pline, est le souverain heur de la vie humaine. » Il leur fasche de le recognoistre. Nul ne se peult dire estre resolu à la mort, qui craint à la marchander, qui ne peult la soustenir les yeulx ouverts; ceulx qu'on veoid aux supplices courir à leur fin, et haster l'execution et la presser, ils ne le font pas de resolution, ils se veulent oster le temps de la considerer; l'estre mort ne les fasche pas, mais ouy bien le mourir;

>Emori nolo, sed me esse mortuum nihili æstimo.

c'est un degré de fermeté auquel i'ay experimenté que ie pourrois arriver, comme ceulx qui se se iectent dans les dangiers, ainsi que dans la mer, à yeulx clos.

Il n'y a rien, selon moy, plus illustre en la vie de Socrates, que d'avoir eu trente iours entiers à ruminer le decret de sa mort, de l'avoir digeree tout ce temps là d'une trescertaine esperance, sans esmoy, sans alteration, et d'un train d'actions et de paroles ravallé plustost et anonchaly, que tendu et relevé par le poids d'une telle cogitation.

Ce Pomponius Atticus à qui Cicero escript, estant malade, feit appeler Agrippa, son gendre, et deux ou trois aultres de ses amis; et leur dict qu'ayant essayé qu'il ne gaignoit rien à se vouloir guarir, et que tout ce qu'il faisoit pour allonger sa vie allongeoit aussi et augmentoit sa douleur, il estoit deliberé de mettre fin à l'un et à l'aultre, les priant de trouver bonne sa deliberation, et, au pis aller, de ne perdre point leur peine à l'en destourner. Or, ayant choisi de se tuer par abstinence, voylà sa maladie guarie par accident : remede, qu'il avoit employé pour se desfaire, le remet en santé. Les medecins et ses amis, faisant feste d'un si heureux evenement, et s'en reiouissants avecques luy, se trouverent bien trompez; car il ne leur feut possible pour cela de luy faire changer d'opinion, disant qu'ainsi comme ainsi luy falloit il, un iour, franchir ce pas, et qu'en estant si avant, il se vouloit oster la peine de recommencer un' aultre fois. Cettuy cy ayant recogneu la mort tout à loisir, non seulement ne se descourage pas au ioindre, mais s'y acharne; car estant satisfaict en ce pourquoy il estoit entré en combat, il se picque par braverie d'en veoir la fin : c'est bien loing au delà de ne craindre point la mort, que de la vouloir taster et savourer.

L'histoire du philosophe Cleanthes est fort pareille : Les gencives luy estoient enflees et pourries; les medecins lui conseillerent d'user d'une grande abstinence : ayant ieusné deux iours, il est si bien amendé qu'ils luy declarent sa guarison, et permettent de retourner à son train de vivre accoustumé; luy, au rebours, goustant desià quelque doulceur en cette defaillance, entreprend de ne se retirer plus en arriere, et franchit le pas qu'il avoit fort advancé.

Tullius Marcellinus, ieune homme romain, voulant anticiper l'heure de sa destinee, pour se desfaire d'une maladie qui le gourmandoit plus qu'il ne vouloit souffrir, quoyque les medecins luy en promissent guarison certaine, sinon si soubdaine, appela ses amis pour en deliberer : les uns, dit Seneca, luy donnoient le conseil que par lascheté ils eussent prins pour eulx mesmes; les aultres, par flatterie, celuy qu'ils pensoient luy debvoir estre plus agreable; mais un stoïcien luy dict ainsi : « Ne te travaille pas, Marcellinus, comme si tu deliberois de choses d'importance : ce n'est pas grand'chose que de vivre, tes valets et les bestes vivent : mais c'est grand'chose de mourir honnestement, sagement, et constamment. Songe combien il y a que tu foys mesme chose, manger, boire, dormir; boire, dormir, et manger : nous rouons sans cesse en ce cercle. Non seulement les mauvais accidents et insupportables, mais la satieté mesme de vivre donne envie de la mort. » Marcellinus n'avoit pas besoing d'homme qui le conseillast, mais d'homme qui le secourust : les serviteurs craignoient de s'en mesler; mais ce philosophe leur feit entendre que les domestiques sont soupeçonnez lors seulement qu'il est en doubte si la mort du maistre a esté volontaire : aultrement qu'il seroit d'aussi mauvais exemple de l'empescher, que de le tuer; d'autant que

Invitum qui servat, idem facit occidenti.

Aprez il advertit Marcellinus qu'il ne seroit pas messeant, comme le dessert des tables se donne aux assistants, nos repas faicts, aussi la vie finie, de distribuer quelque chose à ceulx qui en ont esté les ministres. Or, estoit Marcellinus de courage franc et liberal : il feit despartir quelque somme à ses serviteurs, et les consola. Au reste, il n'y eut besoing de fer ny de sang; il entreprint de s'en aller de cette vie, non de s'enfuyr; non d'eschapper à la mort, mais de l'essayer. Et pour se donner loisir de la marchander, ayant quitté toute nourriture, le troisiesme iour suyvant, apres s'estre faict arrouser d'eau tiede, il defaillit peu à peu, et non sans quelque volupté, à ce qu'il disoit.

De vray, ceulx qui ont eu ces defaillances de cœur qui prennent par foiblesse, disent n'y sentir aulcune douleur, ains plustost quelque plaisir, comme d'un passage au sommeil et au repos. Voylà des morts estudiees et digerees.

Mais à fin que le seul Caton peust fournir à tout exemple de vertu, il semble que son bon destin luy feist avoir mal en la main dequoy il se donna le coup, à ce qu'il eust loisir d'affronter la mort et de la colleter, renforceant le courage au dangier, au lieu de l'amollir. Et si c'eust esté à moy de le representer en sa plus superbe assiette, c'eust esté deschirant tout ensanglanté ses entrailles, plustost que l'espee au poing, comme feirent les statuaires de son temps : car ce second meurtre feut bien plus furieux que le premier.

Chapitre XIV. — Comme nostre esprit s'empesche soy mesme.

C'est une plaisante imagination, de concevoir un esprit balancé iustement entre deux pareilles envies : car il est indubitable qu'il ne prendra iamais party, d'autant que l'application et le chois porte inegalité de prix; et qui nous logeroit entre la bouteille et le iambon, avecques egal appetit de boire et de manger, il n'y auroit sans doubte remede que de mourir de soif et de faim. Pour pourvoir à cet inconvenient, les stoïciens, quand on leur demande d'où vient en nostre ame l'eslection de deux choses indifferentes, et que faict que d'un grand nombre d'escus nous en prenions plustost l'un que l'aultre, estants tout pareils, et n'y ayant aulcune raison qui nous incline à la preference, respondent que ce mouvement de l'ame est extraordinaire et desreglé, venant en nous d'une impulsion estrangiere, accidentale, et fortuite. Il se pourroit dire ce me semble, plustost, que aulcune chose ne se presente à nous, où il n'y ayt quelque difference, pour legiere qu'elle soit; et que, ou à la veue ou à l'attouchement, il y a tousiours quelque chois qui nous tente et nous attire, quoyque ce soit imperceptiblement : pareillement qui presupposera une ficelle egualement forte par tout, il est impossible de toute impossibilité qu'elle rompe; car par où voulez vous que la faulsee commence? et de rompre par tout ensemble, il n'est pas en nature. Qui ioindroit encores à cecy les propositions geometriques qui concluent par la certitude de leurs demonstrations, le contenu plus grand que le contenant, le centre aussi grand que la circonference, et qui trouvent deux lignes s'approchants sans cesse l'une de l'aultre, et ne se pouvant iamais ioindre, et la pierre philosophale, et quadrature du cercle, où la raison et l'effect sont si opposites, en tireroit à l'adventure quelque argument pour secourir ce mot hardy de Pline, *solum certum nihil esse certi, et homine nihil miserius, aut superbius.*

Chapitre XV. — Que nostre desir s'accroist par la malaysance.

Il n'y a raison qui n'en aye une contraire, dict le plus sage party des philosophes. Ie remaschois tantost ce beau mot qu'un ancien allegue pour le mespris de la vie, « Nul bien ne nous peult apporter plaisir, si ce n'est celuy à la perte duquel nous sommes preparez; » *In œquo est dolor amissæ rei, et timor amittendæ;* voulant gaigner par là que la fruition de la vie ne nous peult estre vrayement plaisante, si nous sommes en crainte de la perdre. Il se pourroit toutesfois dire, au revers, que nous serrons et embrassons ce bien, d'autant plus estroict et avecques plus d'affection, que nous le voyons nous estre moins seur, et craignons qu'il nous soit osté; car il se sent evidemment, comme le feu se picque à l'assistance du froid, que nostre volonté s'aiguise aussi par le contraste :

Si nunquam Danaen habuisset ahenea turris,
Non esse Danae de Jove facta parens;

et qu'il n'est rien naturellement si contraire à nostre goust, que la satieté qui vient de l'aysance; ny rien qui l'aiguise tant, que la rareté et difficulté : *omnium rerum voluptas ipso, quo debet fugare, periculo crescit.*

Galla, nega; satiatur amor, nisi gaudia torquent.

Pour tenir l'amour en haleine, Lycurgue ordonna que les mariez de Lacedemone ne se pourroient practiquer qu'à la desrobbee, et que ce seroit pareille honte de les rencontrer couchez ensemble qu'avecques d'aultres. La difficulté des assignations, le dangier des surprinses, la honte du lendemain,

Et languor, et silentium,
... et latere petitus imo spiritus,

c'est ce qui donne poincte à la saulce. Combien de ieux treslascifvement plaisants naissent de l'honneste et vergongneuse maniere de parler des ouvrages de l'amour? La volupté mesme cherche à s'irriter par la douleur : elle est bien plus sucree quand elle cuict, et quand elle escorche. La courtisane Flora disoit n'avoir iamais couché avecques Pompeius, qu'elle ne luy eust faict porter les marques de ses morsures.

Quod petiere, premunt arcte, faciuntque dolorem
Corporis, et dentes inlidunt sæpe labellis...
Et stimuli subsunt, qui instigant lædere id ipsum,
Quodcumque est, rabies unde illæ germina surgunt.

Il en va ainsi partout; la difficulté donne prix aux choses : ceulx de la Marque d'Ancone font plus volontiers leurs vœux à saint Iacques, et ceulx de Galice à Nostre dame de Lorete : on faict au Liege grande feste des bains de Luques; et, en la Toscane, de ceulx d'Aspa; il ne se veoid gueres de Romains en l'escrime à Rome, qui est pleine de François. Ce grand Caton se trouva, aussi bien que nous, desgousté de sa femme, tant qu'elle feut sienne, et la desira quand elle feut à un aultre. I'ay chassé au haras un vieux cheval, duquel, à la senteur des iuments, on ne pouvoit venir à bout : la facilité l'a incontinent saoulé envers les siennes; mais envers les estrangieres et la premiere qui passe le long de son party, il revient à ses importuns hennissements et à ses chaleurs furieuses, comme devant. Nostre appetit mesprise et oultrepasse ce qui luy est en main, pour courir aprez ce qu'il n'a pas :

Transvolat in medio posita, et fugientia captat.

Nous deffendre quelque chose, c'est nous en donner envie :

Nisi tu servare puellam
Incipis, incipiet desinere esse mea :

nous l'abandonner tout à faict, c'est nous en engendrer mespris. La faulte et l'abondance retumbent en mesme inconvenient :

Tibi quod superest, mihi quod defit, dolet.

Le desir et la iouïssance nous mettent pareillement en peine. La rigueur des maistresses est ennuyeuse; mais l'aysance et la facilité l'est, à vray dire, encores plus : d'autant que le mescontentement et la cholere naissent de l'estimation en quoy nous avons la chose desiree, aiguisent l'amour, et le reschauffent, mais la satieté engendre le desgoust; c'est une passion mousse, hebetee, lasse et endormie.

Si qua volet regnare diu, contemnat amantem.
Contemnite, amantes :
Sic hodie veniet, si qua negavit heri.

Pourquoy inventa Poppea de masquer les beautez de son visage, que pour les rencherir à ses amants? Pourquoy a l'on voilé iusques au dessoubs des talons ces beautez que chascune desire montrer, que chascun desire veoir? Pourquoy couvrent elles de tant d'empeschements, les uns sur les aultres, les parties où loge principalement nostre desir et le leur? et à quoy servent ces gros bastions, de quoy les nostres viennent d'armer leurs flancs, qu'à leurrer nostre appetit, et nous attirer à elles en nous esloingnant?

Et fugit ad salices, et se cupit ante videri.
Interdum tunica duxit operta moram.

A quoy sert l'art de cette honte virginale, cette froideur rassise, cette contenance severe, cette profession d'ignorance des choses qu'elles sçavent mieulx que nous qui les en instruisons, qu'à nous accroistre le desir de vaincre, gourmander, et fouler à nostre appetit, toute cerimonie et ces obstacles? car il y a non seulement du plaisir, mais de la gloire encores d'affolir et d'esbaucher cette molle douceur et cette pudeur enfantine, et de renger à la mercy de nostre ardeur une gravité froide et magistrale : c'est gloire, disent ils, de triumpher de la chasteté, de la temperance; et qui desconseille aux dames ces parties là, il les trahit, et soy mesme. Il fault croire que le cœur leur fremit d'effroy, que le son de nos mots blece la pureté de leurs aureilles, qu'elles nous en haïssent, et s'accordent à nostre importunité d'une force forcee. La beauté, toute puissante qu'elle est, n'a pas de quoy se faire savourer, sans cette entremise. Voyez en Italie, où il y a plus de beauté à vendre, et de la plus fine, comment il fault qu'elle cherche d'aultres moyens estrangiers et d'aultres arts pour se rendre agreable; et si, à la verité, quoy qu'elle face, estant venale et publicque, elle demeure foible et languissante : tout ainsi que, mesme en la vertu, de deux effects pareils, nous tenons neantmoins celuy là le plus beau et plus digne, auquel il y a plus d'empeschement et de hazard proposé.

C'est en effect de la Providence divine de permettre sa saincte Eglise estre agitee, comme nous la veoyons, de tant de troubles et d'orages, pour esveiller par ce contraste les ames pies, et les r'avoir de l'oisifveté et du sommeil où les avoit plongees une si longue tranquillité : si nous contrepoisons la perte que nous avons faicte par le nombre de ceulx qui se sont desvoyez, au gaing qui nous vient pour nous estre remis en haleine, ressuscité nostre zele et nos forces à l'occasion de ce combat, ie ne sçais si l'utilité ne surmonte point le dommage.

Nous avons pensé attacher plus ferme le nœud de nos mariages, pour avoir osté tout moyen de les dissouldre; mais d'autant s'est desprins et relasché le nœud de la volonté et de l'affection, que celuy de la contraincte s'est estrecy : et, au rebours, ce qui teint les mariages, à Rome, si long temps en honneur et en seureté, feut la liberté de les rompre qui vouldroit; ils gardoient mieulx leurs femmes, d'autant qu'ils les pouvoient perdre; et, en pleine licence de divorces, il se passa cinq cents ans, et plus, avant que nul s'en servist

Quod licet, ingratum est ; quod non licet, acrius urit.

A ce propos se pourroit ioindre l'opinion d'un ancien, « Que les supplices aiguisent les vices, plustost qu'ils ne les amortissent; Qu'ils n'engendrent point le soing de bien faire, c'est l'ouvrage de la raison et de la discipline, mais seulement un soing de n'estre surprins en faisant mal : »

Latius excisæ pestis contagia serpunt :

ie ne sçais pas qu'elle soit vraye; mais cecy sçais ie par experience, que iamais police ne se trouva reformee par là : l'ordre et reglement des mœurs despend de quelque autre moyen.

Les histoires grecques font mention des Argippees, voisins de la Scythie, qui vivent sans verge et sans baston à offenser; que non seulement nul n'entreprend d'aller attaquer, mais quiconque s'y peult sauver, il est en franchise, à cause de leur vertu et saincteté de vie; et n'est aulcun si osé d'y toucher : on recourt à eulx pour appoincter les differends qui naissent entre les hommes d'ailleurs. Il y a nation où la closture des iardins et des champs qu'on veult conserver se faict d'un filet de coton, et se treuve bien plus seure et plus ferme que nos fossez et nos hayes. *Furem signata sollicitant... Aperta effractarius præterit.*

A l'adventure sert, entre aultres moyens, l'aysance, à couvrir ma maison de la violence de nos guerres civiles; la deffense attire l'entreprinse; et la desfiance, l'offense. I'ay affoibly le desseing des soldats, ostant à leur exploict le hazard, et toute matiere de gloire militaire, qui a accoustumé de leur servir de tiltre et d'excuse : ce qui est faict courageusement est tousiours fait honorablement, en temps où la iustice est morte. Ie leur rends la conqueste de ma maison lasche et traistresse : elle n'est close à personne qui y hurte; il n'y a pour toute prouvision qu'un portier, d'ancien usage et cerimonie, qui ne sert pas tant à deffendre ma porte, qu'à s'offrir plus decemment et gracieusement; ie n'ay ny garde ny sentinelle que celle que les astres font pour moy. Un gentilhomme a tort de faire montre d'estre en deffense, s'il ne l'est parfaictement. Qui est ouvert d'un costé, l'est par tout : nos peres ne penserent pas à bastir des places frontieres. Les moyens d'assaillir, ie dis sans batterie et sans armee, et de surprendre nos maisons, croissent touts les iours au dessus des moyens de se garder; les esprits s'aiguisent generalement de ce costé là : l'invasion touche touts; la deffense non, que les riches. La mienne estoit forte selon le temps qu'elle feut faicte; ie n'y ay rien adiousté de ce costé là, et craindrois que sa force se tournast contre moy mesme; ioinct qu'un temps paisible requerra qu'on les fortifie. Il est dangereux de ne les pouvoir regaigner, et est difficile de s'en asseurer : car en matiere de guerres intestines, vostre valet peult estre du party que vous craignez ; et où la religion sert de pretexte, les parentez mesmes deviennent infiables avecques couverture de iustice. Les finances publicques n'entretiendront pas nos garnisons domestiques; elles s'y espuiseroient : nous n'avons pas dequoy le faire sans nostre ruyne : ou, plus incommodement et iniurieusement encores, sans celle du peuple. L'estat de ma perte ne seroit de guere pire. Au demourant, vous y perdez vous : vos amis mesmes s'amusent à accuser vostre invigilance et improvidence, plus qu'à vous plaindre, et l'ignorance ou nonchalance aux offices de vostre profession. Ce que tant de maisons gardees se sont perdues, où cette cy dure, me faict souspeçonner qu'elles se sont perdues de ce qu'elles estoient gardees : cela donne et l'envie et la raison à l'assaillant : toute garde porte visage de guerre. Qui se iectera, si Dieu veult, chez moy; mais tant y a, que ie ne l'y appelleray pas : c'est la retraicte à me reposer des guerres. I'essaye de soustraire ce soing à la tempeste publicque, comme ie fois un aultre coing en mon ame. Nostre guerre a beau changer de formes, se multiplier et diversifier en nouveaux partis : pour moy ie ne bouge. Entre tant de maisons armees, moy seul, que ie sçache, en France, de ma condition, ay fié purement au ciel la protection de la mienne; et n'en ay iamais osté ny vaisselle d'argent, ny tiltre, ny tapisserie. Ie ne veulx ny me craindre, ny me sauver à demy. Si une pleine recognoissance acquiert la faveur divine, elle me durera iusqu'au bout;

sinon, i'ay tousiours assez duré pouq rendre ma duree remarquable et enregistrable. Comment? il y a bien trente ans.

Chapitre XVI. — De la gloire.

Il y a le nom et la chose : le nom, c'est une voix qui remarque et signifie la chose; le nom, ce n'est pas une partie de la chose, ny de la substance; c'est une piece estrangiere ioincte à la chose, et hors d'elle.

Dieu, qui est en soy toute plenitude et le comble de toute perfection, il ne peult s'augmenter et accroistre au dedans; mais son nom se peult augmenter et accroistre par la benediction et louange que nous donnons à ses ouvrages exterieurs : laquelle louange, puisque nous ne la pouvons incorporer en luy, d'autant qu'il n'y peult avoir accession de bien, nous l'attribuons à son nom, qui est la piece hors de luy la plus voisine; voilà comment c'est à Dieu seul à qui gloire et honneur appartient : et il n'est rien si esloigné de raison, que de nous en mettre en queste pour nous; car, estant indigents et necessiteux au dedans, nostre essence estant imparfaicte, et ayant continuellement besoing d'amelioration, c'est là à quoy nous nous debvons travailler; nous sommes tout creux et vuides; ce n'est pas de vent et de voix que nous avons à nous remplir, il nous fault de la substance plus solide à nous reparer; un homme affamé seroit bien simple de chercher à se pourveoir plustost d'un beau vestement que d'un bon repas; il fault courir au plus pressé. Comme disent nos ordinaires prieres, *Gloria in excelsis Deo, et in terra pax hominibus*. Nous sommes en disette de beauté, sagesse, vertu, et telles parties essentielles : les ornements externes se chercheront aprez que nous aurons pourveu aux choses necessaires. La theologie traicte amplement et plus pertinemment ce subiect; mais ie n'y suis gueres versé.

Chrysippus et Diogenes ont esté les premiers aucteurs, et les plus fermes, du mespris de la gloire; et, entre toutes les voluptez, ils disoient qu'il n'y en avoit point de plus dangereuse, ny plus à fuyr, que celle qui nous vient de l'approbation d'aultruy. De vray, l'experience nous en faict sentir plusieurs trahisons bien dommageables : il n'est chose qui empoisonne tant les princes que la flatterie, ny rien par où les meschants gaignent plus aysement credit autour d'eulx; ny macquerelage si propre et si ordinaire à corrrompre la chasteté des femmes, que de les paistre et entretenir de leurs louanges : le premier enchantement que les syrenes employent à piper Ulysses, est de cette nature :

> Deça vers nous, deça, ô treslouable Ulysse,
> Et le plus grand honneur dont la Grece fleurisse.

Ces philosophes là disoient que toute la gloire du monde ne meritoit pas qu'un homme d'entendement estendit seulement le doigt pour l'acquerir :

> *Gloria quantalibet quid erit, si gloria tantum est?*

ie dis pour elle seule; car elle tire souvent à sa suitte plusieurs commoditez, pour lesquelles elle se peult rendre desirable : elle nous acquiert de la bienvueillance; elle nous rend moins exposez aux iniures et offenses d'aultruy, et choses semblables. C'estoit aussi des principaulx dogmes d'Epicurus; car ce precepte de sa secte, CACHE TA VIE, qui deffend aux hommes de s'empescher des charges et negociations publicques, presuppose aussi necessairement qu'on mesprise la gloire, qui est une approbation que le monde faict des actions que nous mettons en evidence. Celuy qui nous ordonne de nous cacher et de n'avoir soing que de nous, et qui ne veult pas que nous soyons connus d'aultruy, il veult encores moins que nous en soyons honorez et glorifiez : aussi conseille il à Idomeneus de ne regler aulcunement ses actions par l'opinion ou reputation commune, si ce n'est pour eviter les aultres incommoditez accidentales que le mespris des hommes luy pourroit apporter.

Ces discours là sont infiniment vrays, à mon advis, et raisonnables : mais nous sommes, ie ne sçais comment, doubles en nous mesmes, qui faict que ce que nous croyons, nous ne le croyons pas, et ne nous pouvons desfaire de ce que nous condamnons. Veoyons les dernieres paroles d'Epicurus, et qu'il dict en mourant : elles sont grandes, et dignes d'un tel philosophe; mais si ont elles quelque marque de la recommendation de son nom, et de cette humeur qu'il avoit descriee par ses preceptes. Voicy une lettre qu'il dicta un peu avant son dernier soupir :

EPICURUS A HERMACHUS, *salut.*

« Ce pendant que ie passois l'heureux, et celuy là mesme le dernier iour de ma vie, i'escrivois cecy, accompaigné toutesfois de telle douleur en la vessie et aux intestins, qu'il ne peult rien estre adiousté à sa grandeur : mais elle estoit compensee par le plaisir qu'apportoit à mon ame la souvenance de mes inventions et de mes discours. Or toy, comme requiert l'affection que tu as eu dez ton enfance envers moy et la philosophie, embrasse la protection des enfants de Metrodorus. »

Voylà sa lettre. Et ce qui me faict interpreter que ce plaisir, qu'il dict sentir en son ame de ses inventions, regarde aulcunement la reputation qu'il en esperoit acquerir aprez sa mort, c'est l'ordonnance de son testament, par lequel il veult que « Amynomachus et Timocrates, ses heritiers, fournissent pour la celebration de son iour natal, touts les mois de ianvier, les frais que Hermachus ordonneroit, et aussi pour la despense qui se feroit le vingtiesme iour de chasque lune, au traictement des philosophes ses familiers, qui s'assembleroient à l'honneur de la memoire de luy et de Metrodorus. »

Carneades a esté chef de l'opinion contraire ; et a maintenu que la gloire estoit pour elle mesme desirable : tout ainsi que nous embrassons nos posthumes pour eulx mesmes, n'en ayant aulcune cognoissance ni iouïssance. Cette opinion n'a pas failli d'estre plus communement suyvie, comme sont volontiers celles qui s'accommodent le plus à nos inclinations. Aristote luy donne le premier reng entre les biens externes ; evite, comme deux extremes vicieux, l'immoderation et à la rechercher et à la fuyr. Ie crois que si nous avions les livres que Cicero avoit escripts sur ce subiect, il nous en conteroit de belles ; car cet homme là feut si forcené de cette passion, que s'il eust osé, il feust, ce crois-ie, volontiers tumbé en l'excez où tumberent d'aultres. Que la vertu mesme n'estoit desirable que pour l'honneur qui se tenoit toujours à sa suitte :

> Paulum sepultæ distat inertiæ
> Celata virtus ›

qui est un' opinion si faulse, que ie suis despit qu'elle ait iamais peu entrer en en l'entendement d'homme qui eust cet honneur de porter le nom de philosophe.

Si cela estoit vray, il ne fauldroit estre vertueux qu'en public ; et les operations de l'ame, où est le vray siege de la vertu, nous n'aurions que faire de les tenir en regle et en ordre, sinon autant qu'elles debvroient venir à la cognoissance d'aultruy. N'y va il doncques que de faillir finement et subtilement! « Si tu sçais, dict Carneades, un serpent caché en ce lieu auquel, sans y penser, se va seoir celuy de la mort duquel tu esperes proufit, tu foys meschamment si tu ne l'en advertis ; et d'autant plus que ton action ne doibt estre cogneue que de toy. » Si nous ne prenons de nous mesmes la loy de bien faire, si l'impunité nous est iustice, à combien de meschancetez avons nous touts les iours à nous abandonner ? Ce que Sext. Peduceus feit, de rendre fidelement cela que C. Plotius avoit commis à sa seule science, de ses richesses, et ce que i'en ay faict souvent de mesme, ie ne le treuve pas tant louable, comme ie trouverois exsecrable que nous y eussions failly : et treuve bon et utile à ramentevoir en nos iours l'exemple de P. Sextilius Rufus, que Cicero accuse pour avoir recueilly une heredité contre sa conscience, non seulement, non contre les loix, mais par les loix mesmes ; et M. Crassus et Q. Hortensius, lesquels, à cause de leur auctorité et puissance, ayants esté pour certaines quotitez, appellez par un estrangier à la succession d'un testament faulx, à fin que, par ce moyen, il y establist sa part, se contenterent de n'estre participants de la faulseté, et ne refuserent d'en retirer du fruict ; assez couverts, s'ils se tenoient à l'abry des accusations, et des tesmoings, et des loix : *Meminerint Deum se habere testem, id est (ut ego arbitror), mentem suam.*

La vertu est chose bien vaine et frivole, si elle tire sa recommendation de la gloire : pour neant entreprendrions nous de luy faire tenir son reng à part, et la desioindrions de la fortune ; car qu'est il plus fortuite que la reputation? *Profecto fortuna in omni re dominatur : ea res cunctas ex libidine magis, quam ex vero, celebrat, obscuratque.* De faire que les actions soient cogneues et veues, c'est le pur ouvrage de la fortune ; c'est le sort qui nous applique la gloire, selon sa temerité. Ie l'ay veue fort souvent marcher avant le merite ; et souvent oultrepasser le merite, d'une longue mesure. Celuy qui premier s'advisa de la ressemblace de l'umbre, à la gloire, fcit mieulx qu'il ne vouloit : ce sont choses excellemment vaines : elle va aussi quelquesfois devant son corps; et quelquesfois l'excede de beaucoup en longueur. Ceulx qui apprennent à la noblesse de ne chercher en la vaillance que l'honneur, *quasi non sit honestum, quod nobilitatum non sit;* que gaignent ils par là, que de les instruire de ne se hasarder iamais, si on ne les veoid, et de prendre bien garde s'il y a des tesmoings qui puissent rapporter des nouvelles de leur valeur : là où il se presente mille occasions de bien faire, sans qu'on en puisse estre remarqué? Combien de belles actions particulieres s'ensepvelissent dans la foule d'une battaille? quiconque s'amuse à contrerooler aultruy pendant une telle meslee, il n'y est gueres embesongné, et produict contre soy mesme le tesmoignage qu'il rend des desportements de ses compaignons. *Vera et sapiens animi magnitudo, honestum illud, quod maxime natura sequitur, in factis positum, non in gloria, iudicat.*

Toute la gloire que ie pretends de ma vie, c'est de l'avoir vescue tranquille : tranquille, non selon Metrodorus, ou Arcesilas, ou Aristippus, mais selon moy. Puisque la philosophie n'a sceu trouver aulcune voye pour la tranquillité, qui feust bonne en commun ; que chascun la cherche en son particulier.

A qui doibvent Cesar et Alexandre cette grandeur infinie de leur renommee, qu'à la fortune? combien d'hommes a elle esteincts sur le commencement de leur progrez, desquels nous n'avons aulcune cognoissance, qui y apportoient mesme courage que le leur, si le malheur de leur sort ne les eust arrestez tout court sur la naissance mesme de leurs entreprinses? Au travers de tant et si extremes dangiers, il ne me souvient point d'avoir leu que Cesar ayt esté iamais blecé : mille sont morts de moindres perils que le moindre de ceulx qu'il franchit. Infinies belles actions se doibvent perdre sans tesmoignage, avant qu'il en vienne une à proufit : on n'est pas tousiours sur le hault d'une bresche, ou à la teste d'une armee, à la veue de son general, comme sur un eschaffaud; on est surprins entre la haye et le fossé; il fault tenter fortune contre un poulailler; il fault denicher quatre chestifs harquebusiers d'une grange; il fault seul s'escarter de la troupe, et entreprendre seul, selon la necessité qui s'offre. Et si on prend garde, on trouvera, à mon advis, qu'il advient par experience, que les moins eclatantes occasions sont les plus dangereuses; et qu'aux guerres qui se sont passees de nostre temps, il s'est perdu plus de gents de bien aux occasions legieres et peu importantes, et à la contestation de quelque bicoque, qu'ez lieux dignes et honorables.

Qui tient sa mort pour mal employee, si ce n'est en occasion signalee, au lieu d'illustrer sa mort, il obscurcit volontiers sa vie, laissant eschapper ce pendant plusieurs iustes occasions de se hasarder; et toutes les iustes sont illustres assez, sa conscience les trompettant suffisamment à chascun. *Gloria nostra est testimonium conscientiæ nostræ.* Qui n'est homme de bien que parce qu'on le sçaura, et parce qu'on l'en estimera mieulx aprez l'avoir sceu ; qui ne veult bien faire qu'en condition que sa vertu vienne à la cognoissance des hommes, celuy là n'est pas personne de qui on puisse tirer beaucoup de service.

> Crede che 'l resto di quel verno cose
> Facesse degne di tenerne conto ;
> Ma fur sin da quel tempo si nascose,
> Che non e colpa mia s' or non le conto ,
> Perchè Orlando a far l' opre virtuose ;
> Più ch' a narrarle poi, sempre era pronto,
> Nè mai fu alcuno de' suoi fatii espresso,
> Se non quando ebbe i testimoni appresso.

Il fault aller à la guerre pour son debvoir, et en attendre cette recompense qui ne peult faillir à toutes belles actions, pour occultes qu'elles soyent, non pas mesmes aux vertueuses pensees : c'est le contentement qu'une conscience bien reglee reçoit, en soy, de bien faire. Il fault estre vaillant pour soy mesme, et pour l'advantage que c'est d'avoir son courage logé en une assiette ferme et asseuree contre les assaults de la fortune :

> Virtus, repulsæ nescia sordidæ,
>   Intaminatis fulget honoribus;
>   Nec sumit, aut ponit secures
>   Arbitrio popularis auræ.

Ce n'est pas pour la montre, que nostre ame doibt iouer son roolle ; c'est chez nous, au dedans, où nuls yeulx ne donnent que les nostres : là elle nous couvre de la crainte de la mort, des douleurs et de la honte mesme ; elle nous asseure là de la perte de nos enfants, de nos amis et de nos fortunes ; et quand l'opportunité s'y presente, elle nous conduict aussi aux hazards de la guerre, *non emolumento aliquo, sed ipsius honestatis decore.* Ce proufit est bien plus grand, et bien plus digne d'estre souhaité et esperé, que l'honneur et la gloire, qui n'est aultre chose qu'un favorable iugement qu'on faict de nous.

Il fault trier de toute une nation une douzaine d'hommes, pour iuger d'un arpent de terre : et le iugement de nos inclinations et de nos actions, la plus difficile matiere et la plus importante qui soit, nous le remettons à la voix de la commune et de la tourbe, mere d'ignorance, d'iniustice, et d'inconstance. Est ce raison de faire despendre la vie d'un sage, du iugement des fols ? *An quidquam stultius, quam, quos singulos contemnas, eos aliquid putare esse universos ?* Quiconque vise à leur plaire, il n'a iamais faict ; c'est une butte qui n'a ny forme ny prinse : *Nil tam inæstimabile est, quam animi multitudinis.* Demetrius disoit plaisamment de la voix du peuple, qu'il ne faisoit non plus de recepte de celle qui luy sortoit par en hault, que de celle qui luy sortoit par en bas : celuy là dict encores plus, *Ego hoc iudico, si quando turpe non sit, tamen non esse non turpe, quum id a multitudine laudetur.* Null' art, nulle souplesse d'esprit pourroit conduire nos pas à la suitte d'un guide si desvoyé et si desreglé : en cette confusion venteuse de bruits, de rapports et opinions vulgaires qui nous poulsent, il ne se peult establir aucune route qui vaille. Ne nous proposons point une fin si flottante et volage : allons constamment aprez la raison : que l'approbation publicque nous suyve par là, si elle veult ; et, comme elle despend toute de sa fortune, nous n'avons point de l'esperer plustost par aultre voye que par celle là. Quand, pour sa droicture, ie ne suyvrois le droict chemin, ie le suyvrois pour avoir trouvé, par experience, qu'au bout du compte, c'est communement le plus heureux et le plus utile : *Dedit hoc providentia hominibus munus, ut honesta magis iuvarent.* Le marinier ancien disoit ainsin à Neptune, en une grande tempeste : « O dieu, tu me sauveras, si tu veulx ; si tu veulx, tu me perdras : mais si tiendray ie tousiours droict mon timon. » I'ay veu de mon temps mill' hommes souples, mestis, ambigus, et que nul ne doubtoit plus prudents mondains que moy, se perdre où ie me suis sauvé :

> Risi successu posse carere dolos.

Paul Emile, allant en sa glorieuse expedition de Macedoine, advertit surtout le peuple à Rome, « de contenir leur langue de ses actions, pendant son absence. » Que la licence des iugements est un grand destourbier aux grands affaires ! d'autant que chascun n'a pas la fermeté de Fabius, à l'encontre des voix communes, contraires et iniurieuses, qui aima mieulx laisser desmembrer son auctorité aux vaines fantasie des hommes, que faire moins bien sa charge, aveecques favorable reputation et populaire consentement.

Il y a ie ne sçais quelle doulceur naturelle à se sentir louer ; mais nous luy prestons trop de beaucoup.

> Laudari haud metuam, neque enim mihi cornea fibra est ;
> Sed recti finemque extremumque esse recuso,
> Euge tuum, et belle.

Ie ne me soulcie pas tant quel ie sois chez aultruy, comme ie me soulcie quel ie sois en moy mesme : ie veulx estre riche par moy, non par emprunt. Les estrangiers ne veoyent que les evenements et apparences externes ; chascun peult faire bonne mine par le dehors, plein au dedans de fiebvre et d'effroy : ils ne veoyent pas mon cœur, ils ne veoyent que mes contenances. On a raison de descrier l'hypocrisie qui se treuve en la guerre : car qu'est il plus aysé à un homme practique, que de gauchir aux dangiers, et de contrefaire le mauvais, ayant le cœur plein de mollesse ? Il y a tant de moyens d'eviter les occasions de se hazarder en particulier, que nous aurons trompé mille fois le monde, avant que de nous engager à un dangereux pas ; et lors mesme, nous y trouvant empestrez, nous sçaurons bien, pour ce coup, couvrir nostre ieu d'un bon visage et d'une parole asseuree, quoyque l'ame nous tremble au dedans : et qui auroit l'usage de l'anneau platonique, rendant invisible celuy qui le portoit au doigt, si on luy donnoit le tour vers le plat de la main, assez de gents souvent se cacheroient où il se fault presenter le plus, et se repentiroient d'estre placez en lieu si honorable, auquel la necessité les rend asseurez.

>Falsus honor iuvat, et mendax infamia terret
>Quem, nisi mendosum et mandacem?

Voylà comment touts ces iugements, qui se font des apparences externes, sont merveilleusement incertains et doubteux; et n'est aulcun si asseuré tesmoing, comme chascun à soy mesme. En celles là combien nous avons de gouiats, compaignons de nostre gloire? celuy qui se tient ferme dans une trenchee descouverte, que faict il en cela que ne facent devant luy cinquante pauvres pionniers qui luy ouvrent le pas, et le couvrent de leurs corps pour cinq sols de paye par iour?

>Non, quidquid turbida Roma
>Elevet, accedas; examenque improbum in illa
>Castiges trutina; nec te quæsiveris extra.

Nous appellons aggrandir nostre nom, l'estendre et semer en plusieurs bouches; nous voulons qu'il y soit receu en bonne part, et que cette sienne accroissance luy vienne à proufit : voylà ce qu'il y peult avoir de plus excusable en ce desseing. Mais l'excez de cette maladie en va iusques là, que plusieurs cherchent de faire parler d'eulx en quelque façon que ce soit : Trogus Pompeius dict de Herostratus, et Titus Livius, de Manlius Capitolinus, qu'ils estoient plus desireux de grande que de bonne reputation. Ce vice est ordinaire : nous nous soignons plus qu'on parle de nous, que comment on en parle; et nous est assez que nostre nom coure par la bouche des hommes, en quelque condition qu'il y coure : il semble que l'estre cogneu, ce soit aulcunement avoir sa vie et sa duree en la garde d'aultruy. Moy, ie tiens que ie ne suis que chez moy; et de cette aultre mienne vie, qui loge en la cognoissance de mes amis, à la considerer nue et simplement en soy, ie sçais bien que ie n'en sens fruict ny iouïssance que par la vanité d'une opinion fantastique : et quand ie seray mort, ie m'en ressentiray encores beaucoup moins; et si perdray tout net l'usage des vrayes utilitez, qui accidentalement la suyvent par fois. Ie n'auray plus de prinse par où saisir la reputation, ny par où elle puisse me toucher, ny arriver à moy; car de m'attendre que mon nom la receoive, premierement, ie n'ay point de nom qui soit assez mien; de deux que i'ay, l'un est commun à toute ma race, voire encores à d'aultres; il y a une famille à Paris et à Montpellier qui se surnomme Montaigne, une aultre en Bretaigne et en Xaintonge, De la Montaigne; le remuement d'une seule syllabe meslera nos fusees de façon que i'auray part à leur gloire, et eulx à l'adventure à ma honte; et si les miens se sont aultresfois surnommez Eyquem, surnom qui touche encores une maison cogneue en Angleterre : quant à mon aultre nom, il est à quiconque aura envie de le prendre; ainsi i'honoreray peult estre un crocheteur en ma place. Et puis, quand i'aurois une marque particuliere pour moy, que peult elle marquer quand ie n'y suis plus? peult elle designer et favorir l'inanité?

>Nunc levior cippus non imprimit ossa.
>Laudat posteritas; nunc non e manibus illis,
>Nunc non e tumulo, fortunataque favilla,
>Nascuntur violæ;

mais de cecy i'en ay parlé ailleurs. Au demourant, en toute une bataille où dix mill'hommes sont stropiez ou tuez, il n'en est pas quinze de quoy l'on parle; il fault que ce soit quelque grandeur bien eminente, ou quelque consequence d'importance que la fortune y ayt ioincte, qui face valoir un'action privee, non d'un harquebuzier seulement, mais d'un capitaine : car de tuer un homme, ou deux, ou dix, de se presenter courageusement à la mort, c'est à la verité quelque chose à chascun de nous, car il y va de tout; mais pour le monde, ce sont choses si ordinaires, il s'en veoid tant touts les iours, et en fault tant de pareilles pour produire un effect notable, que nous n'en pouvons attendre aulcune particuliere recommendation.

>Casus multis hic cognitus, ac iam
>Tritus, et e medio fortunæ ductus acervo.

De tant de milliasses de vaillants hommes qui sont morts, depuis quinze cents ans en France, les armes en la main, il n'y en a pas cent venus à nostre cognoissance : la memoire, non des chefs seulement, mais des battailles et victoires, est ensepvelie : les fortunes de plus de la moitié du monde, à faulte de registre, ne bougent de leur place, et s'esvanoïssent sans duree. Si j'avois en ma possession les evenements incogneus, j'en penserois tresfacilement supplanter les cogneus, en toute espece d'exemples. Quoy, que des Romains mesmes et des Grecs, parmy tant d'escrivains et de tesmoings, et tant de rares et nobles exploicts, il en est venu si peu iusques à nous!

> Ad nos vix tenuis famæ perlabitur aura.

Ce sera beaucoup, si, d'icy à cent ans, on se souvient en gros que de nostre temps il y a eu des guerres civiles en France. Les Lacedemoniens sacrifioient aux Muses, entrants en bataille, à fin que leurs gestes feussent bien et dignement escripts, estimants que ce feust une faveur divine et non communes que les belles actions trouvassent des tesmoings qui leur sceussent donner vie et memoire. Pensons nous qu'à chasque harquebusade qui nous touche, et à chasque hazard que nous courons, il y ayt soubdain un greffier qui l'enroolle? et cent greffiers oultre cela le pourront escrire, desquels les commentaires ne dureront que trois iours, et ne viendront à la vue de personne. Nous n'avons pas la milliesme partie des escripts anciens; c'est la fortune qui leur donne la vie, ou plus courte, ou plus longue, selon sa faveur : et ce que nous en avons, il nous est loisible de doubter si c'est le pire, n'ayant pas veu le demourant. On ne faict pas des histoires de choses de si peu : il fault avoir esté chef à conquerir un empire ou un royaume ; il fault avoir gaigné cinquante deux batailles assignees, touiours plus foible en nombre, comme Cesar : dix mille bons compaignons et plusieurs grands capitaines moururent à sa suitte vaillamment et courageusement, desquels les noms n'ont duré qu'autant que leurs femmes et leurs enfants vesquirent :

> Quos fama obscura recondit.

De ceulx mesmes que nous veoyons bien faire, trois mois ou trois ans aprez qu'ils y sont demeurez, il ne s'en parle non plus que s'ils n'eussent iamais esté. Quiconque considerera, avecques iuste mesure et proportion, de quelles gents et de quels faicts la gloire se maintient en la memoire des livres, il trouvera qu'il y a, de nostre siecle, fort peu d'actions et fort peu de personnes qui y puissent pretendre nul droict. Combien avons nous veu d'hommes vertueux survivre à leur propre reputation, qui ont veu et souffert esteindre en leur presence l'honneur et la gloire tresiustement acquise en leurs ieunes ans! Et pour trois ans de cette vie fantastique et imaginaire, allons nous perdant nostre vray vie et essentielle, et nous engager à une mort perpetuelle? Les sages se proposent une plus belle et plus iuste fin à une si importante entreprinse : *Recte facti, fecisse merces est : Officii fructus, ipsum officium est*. Il seroit, à l'adventure, excusable à un peintre ou aultre artisan, ou encores à un rhetoricien ou grammairien, de se travailler pour acquerir nom par ses ouvrages; mais les actions de la vertu, elles sont trop nobles d'elles mesmes pour rechercher aultre loyer que de leur propre valeur, et notamment pour la chercher en la vanité des iugements humains.

Si toutesfois cette faulse opinion sert au public à contenir les hommes en leur debvoir; si le peuple en est esveillé à la vertu; si les princes sont touchez de veoir le monde benir la memoire de Traian, et abominer celle de Neron ; si cela les esmeut de veoir le nom de ce grand pendard, aultrefois si effroyable et si redoubté, mauldit et outragé si librement par le premier escholier qui l'entreprend : qu'elle accroisse hardiement, et qu'on la nourrisse entre nous le plus qu'on pourra : et Platon, employant toutes choses à rendre ses citoyens vertueux, leur conseille aussi de ne mespriser la bonne reputation et estimation des peuples ; et dict que par quelque divine inspiration il advient que les meschants mesmes sçavent souvent, tant de parole que d'opinion, iustement distinguer les bons des mauvais. Ce personnage et son paidagogue sont merveilleux et hardis ouvriers à faire ioindre les operations et revelations divines tout partout où fault l'humaine force : *ut tragici poetæ confugiunt ad deum, quum explicare argumenti exitum non possunt* : et pour cette cause peut estre l'appelloit Timon, en l'injuriant, le grand forgeur de miracles. Puisque les hommes, par leur insuffisance, ne se peuvent assez payer d'une bonne monnoye : qu'on y employe encores la faulse. Ce moyen a esté practiqué par touts les legislateurs; et n'est police où il n'y ayt quelque meslange, ou de vanité cerimonieuse, ou d'opinion mensongiere, qui serve de bride à tenir le peuple en office. C'est pour cela que la pluspart ont leurs origines et commencements fabuleux, et enrichis de mysteres supernaturels; c'est cela qui a donné credit aux religions bastardes, et les a faictes favoriser aux gents d'entendement; et pour cela, que Numa et Sertorius, pour rendre leurs hommes de meilleure creance, les paissoient de cette sottise, l'un que la nymphe Egeria, l'autre que sa biche blanche, luy apportoit de la part des dieux touts les conseils qu'il prenoit : et l'auctorité que Numa donna à ses loix soubs tiltre du patronage de cette deesse, Zoroastre, le legislateur des Bractians et des Perses, la donna aux siennes, soubs le nom du dieu Oromazis; Trismegiste des Aegyptiens, de Mercure; Zamolxis des Scythes, de Vesta; Charondas des Chalcides, de Saturne; Minos des Candiots, de Iupiter; Lycurgus des Lacedemoniens, d'Apollo ; Dracon et Solon des Atheniens, de Minerve : et toute police a un dieu à sa teste, faulsement les aultres, veritablement celle que Moïse dressa au peuple de Iudee sorty d'Aegypte. La religion des Beddins, comme dict le sire de Ioinville, portoit, entre aultres choises, que l'ame de celuy d'entre eulx qui mouroit pour son prince, s'en alloit en un aultre corps plus heureux, plus beau, et plus fort que le premier : au moyen de quoy ils en hazardoient beaucoup plus volontiers leur vie;

  In ferrum mens prona viris, animæque capaces
  Mortis, et ignavum est rediturœ parcere vitæ.

Voylà une creance tressalutaire, toute vaine qu'elle soit. Chasque nation a plusieurs tels exemples chez soy : mais ce subiect meriteroit un discours à part.

Pour dire encores un mot sur mon premier propos, ie ne conseille non plus aux dames d'appeler honneur leur debvoir; *ut enim consuetudo loquitur, id solum dicitur honestum, quod est populari fama gloriosum;* leur debvoir est le marc, leur honneur n'est que l'escorce : ny ne leur conseille de nous donner cette excuse en payement de leurs refus ; car ie presuppose que leurs intentions, leur desir, et leur volonté, qui sont pieces où l'honneur n'a que veoir, d'autant qu'il n'en paroist rien au dehors, soient encores plus resglees que les effects :

  Quæ, quia non liceat, non facit, illa facit :

l'offense et envers Dieu et en la conscience seroit aussi grande de le desirer, que de l'effectuer : et puis ce sont actions d'elles mesmes cachees et occultes; il seroit aysé qu'elles en desrobbassent quelqu'une à la cognoissance d'aultruy, d'où l'honneur despend, si elles n'avoient aultre respect à leur debvoir, et à l'affection qu'elles portent à la chasteté, pour elle mesme. Toute personne d'honneur choisit de perdre plutost son honneur, que de perdre sa conscience.

Chapitre XVII. — De la presumption.

Il y a une aultre sorte de gloire, qui est une trop bonne opinion que nous concevons de nostre valeur. C'est une affection inconsideree, de quoy nous cherissons, qui nous represente à nous mesmes aultres que nous ne sommes : comme la passion amoureuse preste des beautez et graces au subiect qu'elle embrasse, et faict que ceulx qui en sont esprins treuvent, d'un iugement trouble et alteré; ce qu'ils aiment aultre et plus parfaict qu'il n'est.

Ie ne veulx pas que, de peur de faillir de ce costé là, un homme se mescognoisse pourtant, ny qu'il pense estre moins que ce qu'il est, le iugement doibt tout maintenir son droict : c'est raison qu'il veoye en ce subiect, comme ailleurs, ce que la verité luy presente; si c'est César, qu'il se treuve hardiement le plus grand capitaine du monde. Nous ne sommes que cerimonie : la cerimonie nous emporte, et laissons la substance des choses : nous nous tenons aux branches, et abandonnons le tronc et le corps : nous avons apprins aux dames de rougir, oyants seulement nommer ce qu'elles ne craignent aulcunement à faire : nous n'osons appeler à droict nos membres, et ne craignons pas de les employer à toute sorte de desbauches : la cerimonie nous deffend d'exprimer, par paroles, les choses licites et naturelles, et nous l'en croyons ; la raison nous deffend de n'en point faire d'illicites et mauvaises, et personne ne l'en croit. Ie me treuve icy empestré ez loix de la cerimonie; car elle ne permet, ny qu'on parle bien de soy, ny qu'on en parle mal : nous la lairrons là pour ce coup.

Ceulx de qui la fortune (bonne ou mauvaise qu'on la doibve appeller) a faict passer la vie en quelque eminent degré, ils peuvent par leurs actions publicques tesmoigner quels ils sont : mais ceulx qu'elle n'a employez qu'en foule, et de qui personne ne parlera, si eulx mesmes n'en parlent, ils sont

excusables, s'ils prennent la hardiesse de parler d'eulx mesmes envers ceulx qui ont interest de les cognoistre; à l'exemple de Lucilius,

Ille velut fidis arcana sodalibus olim
Credebat libris, neque si male cesserat, usquam
Decurrens alio, neque si bene : quo fit, ut omnis

> Votiva pateat veluti descripta tabella
> Vita senis;

celuy là commettoit à son papier ses actions et ses pensees, et s'y peignoit tel qu'il se sentoit estre : *nec id Rutilio et Scauro citra fidem, aut obtrectationi fuit.*

Il me souvient doncques que, dez ma plus tendre enfance, on remarquoit en moy ie ne sçais quel port du corps, et des gestes, tesmoignants quelque vaine et sotte fierté. I'en veulx dire premierement cecy, qu'il n'est pas inconvenient d'avoir des conditions et des propensions si propres et si incorporees en nous, que nous n'ayons pas moyen de les sentir et recognoistre; et de telles inclinations naturelles, le corps en retient volontiers quelque ply, sans nostre sceu et consentement : c'estoit une certaine affetterie conseute de sa beauté, qui faisoit un peu pencher la teste d'Alexandre sur un costé, et qui rendoit le parler d'Alcibiades mol et gras; Iulius Cesar se grattait la teste d'un doigt, qui est la contenance d'un homme remply de pensements penibles; et Cicero, ce me semble, avoit accoustumé de rincer le nez, qui signifie un naturel mocqueur : tels mouvements peuvent arriver imperceptiblement en nous. Il y en a d'aultres artificiels, de quoy ie ne parle point, comme les salutations et reverences, par où on acquiert, le plus souvent à tort, l'honneur d'estre bien humble et bien courtois; on peult estre humble, de gloire. Ie suis assez prodigue de bonnetades, notamment en esté, et n'en receois iamais sans revenche, de quelque qualité d'hommes que ce soit, s'il n'est à mes gages. Ie desirasse d'aulcuns princes que ie cognois, qu'ils en feussent plus espargnants et iustes dispensateurs : car ainsin indiscretement espandues, elles ne portent plus de coup; si elles sont sans esgard, elles sont sans effect. Entre les contenances desreglees, n'oublions pas la morgue de l'empereur Constantius, qui en public tenoit tousiours la teste droicte, sans la contourner ou fleschir ny çà ny là, non pas seulement pour ceulx qui le saluoient à costé; ayant le corps planté immobile, sans se laisser aller au bransle de son coche, sans oser ny cracher, ny se moucher, ny essuyer le visage devant les gents. Ie ne sçais si ces gestes qu'on remarquoit en moy, estoient de cette premier condition, et si à la verité i'avois quelque occulte propension à ce vice, comme il peult bien estre; et ne puis pas respondre des bransles du corps : mais quant aux branles de l'ame, ie veulx icy confesser ce que i'en sens.

Il y a deux parties en cette gloire : sçavoir est, de S'estimer trop; et N'estimer pas assez aultruy. Quant à l'une, il me semble premierement ces considerations debvoir estre mises en compte, Que ie me sens pressé d'une erreur d'ame, qui me desplaist, et comme inique, et encores plus comme importune; i'essaye à la corriger, mais l'arracher ie ne puis : c'est que ie diminue du iuste prix des choses que ie possede, et haulse le prix aux choses d'autant qu'elles sont estrangieres, absentes, et non miennes : cette humeur s'espand bien loing. Comme la prerogative de l'auctorité faict que les maris regardent les femmes propres d'un vicieux desdaing, et plusieurs peres leurs enfants : ainsi foys ie, et entre deux pareils ouvrages poiseroys tousiours contre le mien; non tant que la ialousie de mon advancement et amendement trouble mon iugement, et m'empesche de me satisfaire, comme que, d'elle mesme, la maistrise engendre mespris de ce qu'on tient et regente. Les polices, les mœurs loingtaines me flattent, et les langues; et m'apperceois que le latin me pipe par la faveur de sa dignité, au delà de ce qui luy appartient, comme aux enfants et au vulgaire : l'œconomie, la maison, le cheval de mon voisin, en eguale valeur, vault mieulx que le mien, de ce qu'il n'est pas mien : dadvantage que ie suis tresignorant en mon faict, i'admire l'asseurance et promesse que chascun à de soy; au lieu qu'il n'est quasi rien que ie sçache sçavoir, ny que i'ose me respondre pouvoir faire. Ie n'ay point mes moyens en proposition et par estat, et n'en suis instruict qu'aprez l'effect; autant doubteux de ma force, que d'une aultre force. D'où il advient, si ie rencontre louablement en une besongne, que ie le donne plus à ma fortune qu'à mon industrie; d'autant que ie les desseigne toutes au hazard et en crainte. Pareillement i'ay en general cecy, que De toutes les opinions que l'ancienneté a eues de l'homme en gros, celles que i'embrasse plus volontiers, et ausquelles ie m'attache le plus, ce sont celles qui nous mesprisent, avilissent, et aneantissent le plus : la philosophie ne me semble iamais avoir si beau ieu, que quand elle combat nostre presumption et vanité, quand elle recognoist de bonne foy son irresolution, sa foiblesse, et son ignorance. Il me semble que la mere nourrice des plus faulses opinions, et publicques et particulieres, c'est la trop bonne opinion que l'homme a de soy. Ces gents qui se perchent à chevauchons sur l'epicycle de Mercure, qui voyent si avant dans le ciel, ils m'arrachent les dents : car, en l'estude que ie foys, duquel le subiect c'est l'homme, trouvant une si extreme varieté de iugements, un si profond labyrinthe de difficultez les unes sur les aultres, tant de diversité et incertitude en l'eschole mesme de la sapience ; vous pouvez penser, puisque ces gens là n'ont peu se resouldre de la cognoissance d'eulx mesmes, et de leur propre condition, qui est continuellement presente à leurs yeulx, qui est dans eulx, puisqu'ils ne sçavent comment bransle ce qu'eulx mesmes font bransler, ny comment nous peindre et deschiffrer les ressorts qu'ils tiennent et manient eulx mesmes, comment ie les croirois de la cause du flux et du reflux de la riviere du Nil. La curiosité de cognoistre les choses a esté donnee aux hommes pour fleau, dict la saincte parole.

Mais pour venir à mon particulier, il est bien difficile, ce me semble, qu'aulcun aultre s'estime moins, voire qu'aulcun aultre m'estime moins, que ce que ie m'estime : ie me tiens de la commune sorte, sauf en ce que ie m'en tiens ; coulpable des defectuositez plus basses et populaires, mais non desadvouees, non excusees ; et ne me prise seulement que de ce que ie sçais mon prix. S'il y a de la gloire, ell' est infuse en moy superficiellement, par la tradition de ma complexion, et n'a point de corps qui comparoisse à la veue de mon iugement ; i'en suis arrousé, mais non pas teinct : car, à la verité, quant aux effects de l'esprit, en quelque façon que ce soit, il n'est iamais party de moy chose qui me contentast ; et l'approbation d'aultruy ne me paye pas. I'ai le iugement tendre et difficile, et notamment en mon endroict : ie me desadvoue sans cesse, et me sens par tout flotter et flechir de foiblesse ; ie n'ay rien du mien de quoy satisfaire mon iugement. I'ay la veue assez claire et reglee, mais à l'ouvrer, elle se trouble : comme i'essaye plus evidemment en la poësie ; ie l'aime infiniment, ie me cognois assez aux ouvrages d'aultruy ; mais ie foys, à la verité, l'enfant quand i'y veulx mettre la main ; ie ne me puis souffrir. On peult faire le sot par tout ailleurs, mais non en la poësie.

Mediocribus esse poetis
Non di, non homines, non concessere columnæ.

Pleust à Dieu que cette sentence se trouvast au front des boutiques de touts nos imprimeurs, pour en deffendre l'entree à tant de versificateurs!

Verum
Nil securius est malo poeta.

Que n'avons nous de tels peuples? Dionysius le pere n'estimoit rien tant de soy que sa poësie : à la saison des ieux olympiques, avecques des chariots, surpassants touts aultres en magnificence, il envoya aussi des poëtes et musiciens, pour presenter ses vers, avecques des tentes et pavillons dorez et tapissez royalement. Quand on veint à mettre ses vers en avant, la faveur et excellence de la prononciation attira sur le commencement l'attention du peuple : mais, quand par aprez il veint à poiser l'ineptie de l'ouvrage, il entra premierement en mespris, et, continuant d'aigrir son iugement, il se iecta tantost en furie, et courut abattre et deschirer par despit touts ses pavillons : et, ce que ses chariots ne feirent non plus rien qui vaille en la course, et que la navire qui rapportoit ses gents faillit la Sicile et feut par la tempeste poulsee et fracassee contre la coste de Tarente, ce mesme peuple teint pour certain que c'estoit un effect de l'ire des dieux irritez, comme luy, contre ce mauvais poëme ; et les mariniers mesmes eschappez du naufrage alloit secondant l'opinion de ce peuple, à laquelle l'oracle qui predit sa mort sembla aussi aulcunement souscrire : il portoit : « que Dionysius seroit prez de sa fin, quand il auroit vaincu ceulx qui vauldroient mieulx que luy. » Ce qu'il interpreta aux Carthaginois qui le surpassoient en puissance ; et ayant affaire à eulx, gauchissoit souvent la victoire, et la temperoit, pour n'encourir le sens de cette prediction : mais il l'entendoit mal ; car le dieu marquoit le temps de l'advantage que par faveur et iniustice il gaigna à Athenes sur les poëtes tragiques meilleurs que luy, ayant faict iouer à l'envy la sienne intitulee les *Leneïens ;* soubdain aprez laquelle victoire il trespassa, et en partie pour l'excessive ioye qu'il en conceut.

Ce que ie treuve excusable du mien, ce n'est pas de soy et à la verité, mais c'est à la comparaison d'aultres choses pires, ausquelles ie veois qu'on donne credit. Ie suis envieux du bonheur de ceulx qui se sçavent resiouir et gratifier en leur ouvrage; car c'est un moyen aysé de se donner du plaisir, puisqu'on le tire de soy mesme, specialement s'il y a un peu de fermeté en leur opiniastrise. Ie sçais un poëte à qui, fort et foible, en foule et en chambre, et le ciel et la terre crient qu'il n'y entend gueres: il n'en rabbat pour tout cela rien de la mesure à quoy il s'est taillé; tousiours recommence, tousiours reconsulte, et tousiours persiste, d'autant plus fort à son advis, et plus roide, qu'il touche à luy seul de le maintenir.

Mes ouvrages, il s'en fault tant qu'ils me rient, qu'autant de fois que ie les retaste, autant de fois ie m'en despite:

> Quum relego, scripsisse pudet; quia plurima cerno,
> Me quoque, qui feci, iudice, digna lini.

I'ay tousiours une idee en l'ame et certaine image trouble, qui me presente comme un songe une meilleure forme que celle que i'ay mis en besongne; mais ie ne la puis saisir et exploicter: et cette idee mesme n'est que du moyen estage. Ce que i'argumente par là, que les productions de ces riches et grandes ames du temps passé sont bien loing au delà de l'extreme estendue de mon imagination et souhaict: leurs escripts ne me satisfont pas seulement et me remplissent, mais ils m'estonnent et transissent d'admiration; ie iuge leur beauté, ie la veois, sinon iusques au bout, au moins si avant qu'il m'est impossible d'y aspirer. Quoy que i'entreprenne, ie doibs un sacrifice aux Graces, comme dict Plutarque de quelqu'un, pour practiquer leur faveur:

> Si quid enim placet,
> Si quid dulce hominum sensibus influit,
> Debentur lepidis omnia Gratiis.

Elles m'abandonnent par tout; tout est grossier chez moy; il y a faulte de gentillesse et de beauté: ie ne sçais faire valoir les choses pour le plus que ce qu'elles valent: ma façon n'ayde rien à la matiere; voylà pourquoy il me la fault forte, qui ayt beaucoup de prinse, et qui luise d'elle mesme. Quand i'en saisis des populaires et plus gayes, c'est pour me suyvre à moy, qui n'ayme point une sagesse cerimonieuse et triste, comme faict le monde; et pour m'esgayer, non pour esgayer mon style, qui les veult plustost graves et severes: au moins si ie doibs nommer style un parler informe et sans regle, un iargon populaire, et un proceder sans definition, sans partition, sans conclusion, trouble, à la guise de celuy d'Amafanius et de Rabirius. Ie ne sçais ny plaire, ny resiouir, ny chatouiller: le meilleur conte du monde se seiche entre mes mains, et se ternit. Ie ne sçais parler qu'en bon escient: et suis du tout desnué de cette facilité, que ie veois en plusieurs de mes compaignons, d'entretenir les premiers venus, et tenir en haleine toute une troupe, ou amuser, sans se lasser, l'aureille d'un prince de toute sorte de propos; la matiere ne leur faillant iamais, pour cette grace qu'ils ont de sçavoir employer la premiere venue, et l'accommoder à l'humeur et portee de ceulx à qui ils ont affaire. Les princes n'aiment gueres les discours fermes; ny moy à faire des contes. Les raisons premieres et plus aysees qui sont communement les mieulx prinses, ie ne sçais pas les employer; mauvais prescheur de commune: de toute matiere ie dis volontiers les plus extremes choses que i'en sçais. Cicero estime que, ez traictez de la philosophie, le plus difficile membre soit l'exorde: s'il est ainsi, ie me prends à la conclusion sagement. Si fault il sçavoir relascher la chorde à toute sorte de tons: et le plus aigu est celuy qui vient le moins souvent en ieu. Il y a pour le moins autant de perfection à relever une chose vuide, qu'à en soubtenir une poisante: tantost il faut superficiellement manier les choses, qu'à tantost les profonder. Ie sçais bien que la pluspart des hommes se tiennent en ce bas estage, pour ne concevoir les choses que par cette premiere escorce; mais ie sçais aussi que les grands maistres, et Xenophon et Platon, on les veoid souvent se relascher à cette basse façon et populaire de dire et traicter les choses, la soubstenants des graces qui ne leur manquent iamais.

Au demourant, mon langage n'a rien de facile et poly; il est aspre et desdaigneux, ayant ses dispositions libres et desreglees; et me plaist ainsi, sinon par mon iugement, par mon inclination: mais ie sens bien que par fois ie m'y laisse trop aller, et qu'à force de vouloir eviter l'art et l'affectation, i'y retumbe d'un aultre part;

> Brevis esse laboro,
> Obscurus fio.

Platon dict que le long ou le court ne sont pas proprietez qui ostent ny qui donnent prix au langage. Quand i'entreprendrois de suyvre cet aultre style equable, uny et ordonné, ie n'y sçaurois advenir : et encores que les coupures et cadences de Saluste reviennent plus à mon humeur, si est ce que ie treuve Cesar et plus grand et moins aysé à representer; et si mon inclination me porte plus à l'imitation du parler de Seneque, ie ne laisse pas d'estimer davantage celuy de Plutarque. Comme à faire, à dire aussi, ie suis tout simplement ma forme naturelle : d'où c'est, à l'adventure, que ie puis plus à parler qu'à escrire. Le mouvement et action animent les paroles, notamment à ceulx qui se remuent brusquement, comme ie foys, et qui s'eschauffent : le port, le visage, la voix, la robbe, l'assiette peuvent donner quelque prix aux choses qui d'elles mesmes n'en ont gueres, comme le babil. Messala se plainct, en Tacitus, de quelques accoustrements estroicts de son temps, et de la façon des bancs où les orateurs avoient à parler, qui affoiblissoient leur eloquence.

Mon langage françois est alteré, et en la prononciation, et ailleurs, par la barbarie de mon creu : ie ne veis iamais homme des contrees de deçà, qui ne sentist bien evidemment son ramage, et qui ne bleccast les aureilles pures françoises. Si n'est ce pas pour estre fort entendu en mon perigordin : car ie n'en ay non plus d'usage que de l'allemand et ne m'en chault gueres; c'est un langage (comme sont autour de moy, d'une bande et d'aultre, le poittevin, xaintongeois, angoumoisin, limosin, auvergnat), brode, traisnant, esfoiré : il y a bien au dessus de nous, vers les montaignes, un gascon que ie treuve singulierement beau, sec, bref, signifiant, et à la verité, un langage masle et militaire plus qu'aultre que i'entende : autant nerveux puissant et pertinent, comme le françois est gracieux, delicat et abondant.

Quant au latin, qui m'a esté donné pour maternel, i'ay perdu par desaccoustumance la promptitude de m'en pouvoir servir à parler ouy, et à escrire : en quoy aultrefois ie me faisois appeller *maistre Iehan*. Voylà combien peu ie vaulx de ce costé là.

La beauté est une piece de recommandation au commerce des hommes; c'est le premier moyen de conciliation des uns aux aultres, et n'est homme si barbare et si rechigné qui ne se sente aulcunement frappé de sa doulceur. Le corps a une grande part à nostre estre, il y tient un grand reng; ainsi sa structure et composition sont de bien iuste consideration. Ceulx qui veulent desprendre nos deux pieces principales, et les sequestrer l'une de l'aultre, ils ont tort : au rebours, il les faut r'accoupler et reioindre; il fault ordonner à l'ame non de se tirer à quartier, de s'entretenir à part, de mespriser et abandonner le corps (aussi ne le sçauroit elle faire que par quelque singerie contrefaicte), mais de se r'allier à luy, de l'embrasser, le cherir, luy assister, le contrerooller, le conseiller, le redresser, et ramener quand il fourvoye, l'espouser en somme, et luy servir de mary, à ce que leurs effects ne paroissent pas divers et contraires, ains accordants et uniformes. Les chrestiens ont une particuliere instruction de cette liaison : car ils sçavent que la iustice divine embrasse cette societé et ioincture du cors et de l'ame, iusques à rendre le corps capable des recompenses eternelles; et que Dieu regarde agir tout l'homme, et veult qu'entier il receoive le chastiement, ou le loyer, selon ses demerites. La secte peripatetique, de toutes sectes la plus sociable, attribue à la sagesse ce seul soing, de pourvoir et procurer en commun le bien de ces deux parties associees : et montrent les aultres sectes, pour ne s'estre assez attachees à la consideration de ce meslange, s'estre partialisees, cette cy pour le corps, cette aultre pour l'ame, d'une pareille erreur; et avoir escarté le subiect, qui est l'Homme; et leur guide, qu'ils advouent en general estre Nature. La premiere distinction qui ayt esté entre les hommes, et la premiere consideration qui donna les preeminences aux uns sur les aultres, il est vraysemblable que ce feut l'advantage de la beauté :

> Agros divisere atque dedere
> Pro facie cuiusque, et viribus, ingenioque :
> Nam facies multum valuit, viresque vigebant.

Or, ie suis d'une taille un peu au dessoubs de la moyenne : ce default n'a pas seulement de la laideur, mais encores de l'incommodité, à ceulx mesmement qui ont des commandements et des charges ; car l'auctorité que donne une belle presence et maiesté corporelle en est à dire. C. Marius ne recevoit pas volontiers des soldats qui n'eussent six pieds de haulteur. *Le Courtisan* a bien raison de vouloir, pour ce gentilhomme qu'il dresse, une taille commune, plustost que toute aultre ; et de refuser pour luy toute estrangeté qui le face montrer au doigt. Mais de choisir, s'il fault à cette mediocrité, qu'il soit plustost au deçà qu'au delà d'icelle, ie ne le ferois pas à un homme militaire. Les petits hommes, dict Aristote, sont bien iolis, mais non pas beaux; et se cognoist en la grandeur, la grand' ame : comme la beauté, en un grand corps et hault : les Ethiopes et les Indiens, dict-il, elisants leurs roys et magistrats, avoient esgard à la beauté et procerité des personnes. Ils avoient raison : car il y a du respect pour ceulx qui le suyvent, et, pour l'ennemy, de l'effroy, de veoir à la teste d'une troupe marcher un chef de belle et riche taille.

> Ipse inter primos præstanti corpore Turnus
> Vertitur, arma tenens, et toto vertice suprà est.

Nostre grand roy divin et celeste, duquel toutes les circonstances doibvent estre remarquees avecques soing, religion et reverence, n'a pas refusé la recommendation corporelle, *speciosus forma præ filiis hominum* : et Platon, avecques la temperance et la fortune, desire la beauté aux conservateurs de sa republique. C'est un grand despit, qu'on s'addresse à vous parmy vos gents pour vous demander « Où est monsieur? » et que vous n'ayez que le reste de la bonnetade qu'on faict à vostre barbier ou à vostre secretaire ; comme il advient au pauvre Philopœmen : Estant arrivé le premier de sa troupe en un logis où on l'attendoit, son hostesse, qui ne le cognoissoit pas, et le veoyoit d'assez mauvaise mine, l'employa d'aller un peu ayder à ses femmes à puiser de l'eau, ou attiser du feu, pour le service de Philopœmen : les gentilshommes de sa suitte estants arrivez et l'ayants surprins embesongné à cette belle vocation, car il n'avoit pas failly d'obeïr au commandement qu'on luy avoit faict, luy demanderent ce qu'il faisoit là : « le paie, leur respondict il, la peine de ma laideur. » Les aultres beautez sont pour les femmes : la beauté de taille est la seule beauté des hommes. Où est la petitesse ; ny la largeur et rondeur, ny la blancheur et doulceur des yeulx, ny la mediocre forme du nez, ny la petitesse de l'aureille et de la bouche, ny l'ordre et la blancheur des dents, ny l'espesseur bien unie d'une barbe brune à escorce de chastaigne, ny le poil relevé, ny la iuste rondeur de teste, ny la frescheur du teinct, ny l'air du visage agreable, ny un corps sans senteur, ny la proportion legitime des membres, peuvent faire un bel homme.

I'ay, au demourant, la taille forte et ramassee ; le visage, non pas gras, mais plein ; la complexion entre le iovial et le melancholique, moyennement sanguine et chaulde,

> Unde rigent setis mihi crura, et pectora villis ;

la santé, forte et alaigre, iusques bien avant en mon aage, rarement troublee par les maladies. I'estois tel ; car ie ne me considere pas à cette heure que ie puis engagé dans les avenues de la vieillesse, ayant pieça franchy les quarante ans :

> Minutatim vires et robur adultum
> Frangit, et in partem peiorem liquitur ætas :

ce que ie seray doresnavant, ce ne sera plus qu'un demy estre ; ce ne sera plus moy ; ie m'eschappe touts les iours, et me desrobbe à moy :

> Singula de nobis anni prædantur euntes.

D'addresse et de disposition, ie n'en ay point eu, et si ie suis fils d'un pere tresdispos, et d'une alaigresse qui luy dura iusques à son extreme vieillesse. Il ne trouva gueres homme de sa condition qui s'egualast à luy en tout exercice de corps : comme ie n'en ai trouvé gueres aulcun qui ne me surmontast ; sauf au courir, en quoy i'estois des mediocres. De la musique, ny pour la voix, que i'y ay tresinepte ; ny pour les instruments, on ne m'y a iamais sceu rien apprendre. A la danse, à la paulme, à la luicte, ie n'y ay peu acquerir qu'une bien fort legiere et vulgaire suffisance ; à nager, à escrimer, à voltiger, et à saulter, nulle du tout. Les mains, ie les ay si gourdes, que ie ne sçais pas seulement escrire pour moy ; de façon que, ce que i'ay barbouillé, i'ayme mieulx le refaire que de me donner la peine de le demesler : et ne lis gueres mieulx; ie me sens poiser aux escoutants : aultrement bon clerc. Ie ne sçais pas clorre à droict une lettre, ny ne sceus iamais tailler plume, ny trencher à table, qui vaille, ny equipper un cheval de son harnois, ny porter à poing un oyseau et de lascher, ny parler aux chiens, aux oyseaux, aux chevaulx. Mes conditions corporelles sont, en somme, tresbien accordantes à celles de l'ame : il n'y a rien d'alaigre ; il y a seulement une vigueur pleine et ferme : ie dure bien à la peine ; mais i'y dure, si ie m'y porte moy mesme, et autant que mon desir m'y conduict,

Molliter austerum studio fallente laborem :

aultrement, si ie n'y suis alleiché par quelque plaisir, et si i'ay aultre guide que ma pure et libre volonté, ie n'y vauls rien ; car i'en suis là, que, sauf la santé et la vie, il n'est chose pourquoy ie veuille ronger mes ongles, et que ie veuille acheter au prix du torment d'esprit et de la contraincte :

Tanti mihi non sit opaci
Omnis arena Tagi, quodque in mare volvitur aurum.

Extremement oysif, extremement libre, et par nature et par art, ie presterois aussi volontiers mon sang que mon soing. I'ay une ame libre et toute sienne, accoustumee à se conduire à sa mode : n'ayant eu, iusques à cette heure, ny commandant, ny maistre forcé, i'ay marché aussi avant, et le pas, qu'il m'a pleu ; cela m'a amolli et rendu inutile au service d'aultruy, et ne m'a faict bon qu'à moy.

Et, pour moy, il n'a esté besoing de forcer ce naturel poisant, paresseux, et fainéant ; car m'estant trouvé en tel degré de fortune, dez ma naissance, que i'ay eu occasion de m'y arrester (une occasion pourtant que mille aultres de cognoissance eussent prinse pour planche plustost à se passer à la queste, à l'agitation et inquietude), et en tel degré de sens, que i'ay senty en avoir occasion, ie n'ay rien cherché, et n'ay aussi rien prins :

Non agimur tumidis velis Aquilone secundo,
Non tamen adversis ætatem ducimus Austris ;
Viribus, ingenio, specie, virtute, loco, re,
Extremi primorum, extremis usque priores :

ie n'ay eu besoing que de la suffisance de me contenter ; qui est toutesfois un reglement d'ame, à le bien prendre, egualement difficile en toute sorte de condition, et que, par usage, nous veoyons se trouver plus facilement encores en la disette qu'en l'abondance ; d'autant, à l'adventure, que, selon le cours de nos aultres passions, la faim des richesses est plus aiguisee par leur usage que par leur disette, et la vertu de la moderation, plus rare que celle de la patience : et n'ay eu besoing que de iouïr doulcement des biens que Dieu, par sa liberalité, m'avoit mis entre mains. Ie n'ay gousté aulcune sorte de travail ennuyeux : ie n'ay eu gueres en maniement que mes affaires ; ou, si i'en ay eu, ce a esté en condition de les manier à mon heure et à ma façon, commis par gents qui s'en fioient à moy, et qui ne me pressoient pas, et me cognoissoient ; car encores tirent les experts quelque service d'un cheval restif et poulsif.

Mon enfance mesme a esté conduicte d'une façon molle et libre, et exempte de subiection rigoureuse. Tout cela m'a formé une complexion delicate et incapable de solicitude ; iusques là, que i'aime qu'on me cache mes pertes, et les desordres qui me touchent. Au chapitre de mes mises, ie loge ce que ma nonchalance me couste à nourrir et entretenir ;

Hæc nempe supersunt,
Quæ dominum fallunt, quæ prosunt furibus ;

i'aime à ne pas sçavoir le compte de ce que i'ay, pour sentir moins exactement ma perte : ie prie ceulx qui vivent avecques moy, où l'affection leur manque et les bons effects, de me piper et payer de bonnes apparences. A faulte d'avoir assez de fermeté pour souffrir l'importunité des accidents contraires ausquels nous sommes subiects, et pour ne me pouvoir tenir tendu à regler et ordonner les affaires, ie nourris, autant que ie puis, en moy cett' opinion, m'abandonnant du tout à la fortune, « De prendre toutes choses au pis ; et ce pis là, me resouldre à le porter doulcement et patiemment : » c'est à cela seul que ie travaille, et le but auquel i'achemine touts mes discours. A un dangier, ie ne songe pas tant comment i'en eschapperay, que combien peu il importe que i'en eschappe : quand i'y demeurerois, que seroit ce? Ne pouvant regler les evenements, ie me regle moy mesme ; et m'applique à eulx, s'il ne s'appliquent à moy. Ie n'ay gueres d'art pour sçavoir gauchir la fortune et lui eschapper ou la forcer, et pour dresser et conduire par prudence les choses à mon poinct : i'ay encores moins de tolerance pour supporter le soing aspre et penible qu'il fault à cela ; et la plus penible assiette pour moy, c'est estre suspens ez choses qui pressent, et agité entre la crainte et l'esperance.

Le deliberer, voire ez choses legieres, m'importune ; et sens mon esprit plus empesché à souffrir le bransle et les secousses diverses du doubte et de la consultation, qu'à se rasseoir et resouldre à quelque party que ce soit, aprez que la chance est livree. Peu de passions m'ont troublé le sommeil ; mais, des deliberations, la moindre me le trouble. Tout ainsi que des chemins, i'en evite volontiers les costez pendants et glissants, et me iecte dans le battu, le plus boueux et enfondrant, d'où ie ne puisse aller plus bas ; et y cherche seureté : aussi i'aime les malheurs touts purs, qui ne m'exercent et tracassent plus aprez l'incertitude de leur rahillage, et qui du premier sault me poulsent droictement en la souffrance :

> Dubia plus torquent mala.

Aux evenements, ie me porte virilement ; en la conduicte, puerilement : l'horreur de la cheute me donne plus de fiebvre que le coup. Le ieu ne vault pas la chandelle : l'avaricieux a plus mauvais compte de sa passion que n'a le pauvre, et le ialoux, que le cocu ; et y a moins de mal souvent à perdre sa vigne qu'à la plaider. La plus basse marche est la plus ferme : c'est le siege de la constance ; vous n'y avez besoing que de vous ; elle se fonde là et appuye toute en soy. Cet exemple d'un gentilhomme que plusieurs ont cogneu, a il pas quelque air philosophique? Il se maria bien avant l'aage, ayant passé en bon compaignon sa ieunesse, grand diseur, grand gaudisseur. Se souvenant combien la matiere de cornardise luy avoit donné de quoy parler et se mocquer des aultres ; pour se mettre à couvert, il espousa une femme qu'il print au lieu où chascun en treuve pour son argent, et dressa avecques elle ses alliances : « Bon iour, putain ; » « Bon iour, cocu ; » et n'est chose de quoy plus souvent et ouvertement il entretinst chez luy les survenants que de ce sien desseing : par où il bridoit les occultes cacquets des mocqueurs, et esmoussoit la poincte de ce reproche.

Quant à l'ambition, qui est voisine de la presumption, ou fille plustost, il eust fallu, pour m'advancer, que la fortune me feust venue querir par le poing ; car, de me mettre en peine pour un' esperance incertaine, et me soubmettre à toutes les difficultez qui accompaignent ceulx qui cherchent à se poulser en credit sur le commencement de leur progrez, ie ne l'eusse sceu faire :

> Spem pretio non emo :

ie m'attache à ce que ie veois et que ie tiens, et ne m'esloingne gueres du port ;

> Alter remus aquas, alter tibi radat arenas ;

et puis, on arrive peu à ces advancements, qu'en hazardant premierement le sien ; et ie suis d'advis que si ce qu'on a suffit à maintenir la condition en laquelle on est nay et dressé, c'est folie d'en lascher la prinse sur l'incertitude de l'augmenter. Celuy à qui la fortune refuse de quoy planter son pied, et establir un estre tranquille et reposé, il est pardonnable s'il iecte au hazard ce qu'il a, puis qu'ainsi comme ainsi la necessité l'envoye à la queste :

> Capienda rebus in malis præceps via est ;

et i'excuse plustost un cabdet de mettre sa legitime au vent, que celuy à qui l'honneur de la maison est en charge, qu'on ne peult point veoir necessiteux que par sa faulte. I'ay bien trouvé le chemin plus court et plus aysé, avecques le conseil de mes bons amis du temps passé, de me desfaire de ce desir, et de me tenir coy ;

> Cui sit conditio dulcis sine pulvere palmæ ;

iugeant aussi bien sainement de mes forces, qu'elles n'estoient pas capables de grandes choses ; et me souvenant de ce mot du feu chancelier Olivier, « que les François semblent des guenons, qui vont grimpant contremont un arbre, de branche en branche, et ne cessent d'aller iusqu'à ce qu'elles soyent arrivees à la plus haulte branche, et y montrent le cul quand elles y sont. »

> Turpe est, quod nequeas, capiti committere pondus,
> Et pressum inflexo mox dare terga genu.

Les qualitez mesmes qui sont en moy non reprochables, ie les trouvois inutiles en ce siecle : la facilité de mes mœurs, on l'eust nommee laschetè et foiblesse ; la foy et la conscience s'y feussent trouvees scrupuleuses et superstitieuses ; la franchise et la liberté, importune, inconsideree, et temeraire. A quelque chose sert le malheur : il faict bon naistre en un siecle fort depravé ; car, par comparaison d'aultruy, vous estes estimé vertueux à bon marché : qui n'est que parricide en nos iours et sacrilege, il est homme de bien et d'honneur;

> Nunc, si depositum non inficiatur amicus,
> Si reddat veterem cum tota ærugine follem,
> Prodigiosa fides, et Tuscis digna libellis,
> Quæque coronata lustrari debeat agna.

et ne feut iamais temps et lieu où il y eust, pour les princes, loyer plus certain et plus grand proposé à la bonté et à la iustice. Le premier qui s'advisera de se poulser en faveur et en credit par çette voye là, ie suis bien deceu si à bon compte il ne devance ses compaignons : la force, la violence, peuvent quelque chose, mais non pas tousiours tout. Les marchands, les iuges de village, les artisans, nous les veoyons aller à pair de vaillance et science militaire avecques la noblesse ; ils rendent des combats honorables et publiques et privez, ils battent, ils deffendent villes en nos guerres presentes ; un prince estouffe sa recommendation emmy cette presse : Qu'il reluise d'humanité, de verité, de loyauté, de temperance, et surtout de iustice ; marques rares, incogneues et exilees : c'est la seule volonté des peuples dequoy il peult faire ses affaires ; et nulles aultres qualitez ne peuvent attirer leur volonté comme celles là, leur estans les plus utiles : *Nihil est tam populare, quam bonitas.*

Par cette proportion, ie me feusse trouvé grand et rare ; comme ie me treuve pygmee et populaire, à la proportion d'aulcuns siecles passez, ausquels il estoit vulgaire, si d'aultres plus fortes qualitez n'y concurroient, de veoir un homme moderé en ses vengeances, mol au ressentiment des offenses, religieux en l'observance de sa parole, ny double, ny souple, ny accommodant sa foy à la volonté d'aultruy et aux occasions : plustost lairrois ie rompre le col aux affaires, que de tordre ma foy pour leur service. Car, quant à cette nouvelle vertu de feinctise et dissimulation, qui est à cette heure si fort en credit, ie la hais capitalement ; et de touts les vices, ie n'en treuve aulcun qui tesmoigne tant de lascheté et bassesse de cœur. C'est une humeur couarde et servile de s'aller desguiser et cacher soubs un masque, et de n'oser se faire veoir tel qu'on est : par là nos hommes se dressent à la perfidie ; estans duicts à produire des paroles faulses, ils ne font pas conscience d'y manquer. Un cœur genereux ne doibt point desmentir ses pensees ; il se veult faire veoir iusques au dedans ; tout y est bon, ou au moins, tout y est humain. Aristote estime office de magnanimité, haïr et aimer à descouvert ; iuger, parler avecques toute franchise, et, au prix de la verité, ne faire cas de l'approbation ou reprobation d'aultruy. Appollonius disoit que « c'estoit aux serfs de mentir, et aux libres de dire verité; » c'est la premiere et fondamentale partie de la vertu ; il la fault aimer pour elle mesme. Celuy qui dict vray, parce qu'il y est d'ailleurs obligé, et parce qu'il sert, et qui ne craint point à dire mensonge quand il n'importe à personne, il n'est pas veritable suffisamment. Mon ame, de sa complexion, refuyt la menterie, et hait mesme à la penser : i'ay un' interne vergogne et un remords picquant, si parfois elle m'eschappe, les occasions me surprenant et agitant imprémeditement. Il ne fault pas tousiours dire tout, car ce seroit sottise ; mais ce qu'on dict il fault qu'il soit tel qu'on le pense ; aultrement, c'est meschanté. Ie ne sçais quelle commodité ils attendent de se feindre et contrefaire sans cesse, si ce n'est, de n'en estre pas creus lors mesmes qu'ils disent verité ; cela peult tromper une fois ou deux les hommes : mais de faire profession de se tenir couvert, et se vanter, comme ont faict aulcuns de nos princes, Que « ils iecteroient leur chemise au feu, si elle estoit participante de leurs vrayes intentions, » qui est un mot de l'ancien Metellus Macedonicus ; et publier, Que « qui ne sçait se feindre, ne sçait pas regner, » c'est tenir advertis ceulx qui ont à les practiquer, que ce n'est que piperie et mensonge qu'ils disent ; *quo quis versutior et callidior est, hoc invisior et suspectior, detracta opinione probitatis* : ce seroit une grande simplesse à qui se lairroit amuser ny au visage, ny aux paroles de celuy qui faict estat d'estre tousiours aultre au dehors qu'il n'est au dedans, comme faisoit Tibere. Et ne sçais quelle part telles gents peuvent avoir au commerce des hommes, ne produisants rien qui soit reçeu pour comptant : qui est desloyal envers la verité, l'est aussi envers le mensonge.

Ceulx qui, de nostre temps, ont consideré, en l'establissement du debvoir d'un prince, le bien de ses affaires seulement, et l'ont preferé au soing de sa foy et conscience, diroient quelque chose à un prince de qui la fortune auroit rengé à un tel poinct les affaires, que pour tout iamais il les peust establir par un seul manquement et faulte à sa parole : mais il n'en va pas ainsin ; on recheoit souvent en pareil marché ; on faict plus d'une paix, plus d'un traicté en sa vie. Le gaing qui les convie à la premiere desloyauté, et quasi tousiours il s'en presente, comme à toutes aultres meschancetez ; les sacrileges, les meurtres, les rebellions, les trahisons, s'entreprennent pour quelque espece de fruict : mais ce premier gaing apporte infinis dommages suyvants, iectant ce prince hors de tout commerce et de tout moyen de negociation, par l'exemple de toute infidelité. Soliman, de la race des Ottomans, race peu soigneuse de l'observance des promesses et paches, lorsque, de mon enfance, il feit descendre son armee à Otrante, ayant sceu que Mercurin de Gratinare, et les habitants de Castro, estoient detenus prisonniers aprez avoir rendu la place, contre ce qui avoit esté capitulé par ses gents avecques eulx, manda qu'on les relachast ; et qu'ayant en main d'aultres grandes entreprinses ent cette contree là, cette desloyauté, quoyqu'elle eust quelque apparence d'utilité presente, luy apporteroit pour l'advenir un descri et un desfiance d'infini preiudice.

Or, de moy, i'aime mieulx estre importun et indiscret, que flatteur et dissimulé. l'advoue qu'il se peult mesler quelque poincte de fierté et d'opiniastreté à se tenir ainsin entier et ouvert comme ie suis, sans consideration d'aultruy ; et me semble que ie deviens un peu plus libre où il le fauldroit moins estre, et que ie m'eschauffe par l'opposition du respect : il peult estre aussi que ie me laisse aller aprez ma nature, à faulte d'art. Presentant aux grands cette mesme licence de langue et de contenance que i'apporte de ma maison, ie sens combien elle decline vers l'indiscretion et incivilité : mais, oultre ce que ie suis ainsi faict, ie n'ay pas l'esprit assez souple pour gauchir à une prompte demande, et pour en eschapper par quelque destour ; ny pour feindre une verité, ny assez de memoire pour la retenir ainsi feincte, ny certes assez d'asseurance pour la maintenir, et foys le brave par foiblesse ; parquoy ie m'abandonne à la naïfveté, et à tousiours dire ce que ie pense, et par complexion et par desseing, laissant à la fortune d'en conduire l'evenement. Aristippus disoit, « le principal fruict qu'il eust tiré de la philosophie, estre Qu'il parloit librement et ouvertement à chascun. »

C'est un util et merveilleux service que la memoire, et sans lequel le iugement fait bien à peine son office ; elle me manque du tout. Ce qu'on me veult proposer, il fault que ce soit à parcelles ; car de respondre à un propos où il y eust plusieurs divers chefs, il n'est pas en ma puissance : ie ne sçaurois recevoir une charge sans tablettes. Et, quand i'ay un propos de consequence à tenir, s'il est de longue haleine, ie suis reduict à cette vile et miserable necessité d'apprendre par cœur, mot à mot, ce que i'ay à dire ; aultrement ie n'aurois ny façon, ny asseurance, estant en crainte que ma memoire veinst à me faire un mauvais tour. Mais ce moyen m'est non moins difficile : pour apprendre trois vers, il m'y fault trois heures ; et puis, en un propre ouvrage, la liberté et auctorité de remuer l'ordre, de changer un mot, variant sans cesse la matiere, la rend plus malaysce à arrester en la memoire de son aucteur. Or, plus ie m'en desfie, plus elle se trouble ; elle me sert mieulx par rencontre : il fault que ie la sollicite nonchalamment ; car, si ie la presse, elle s'estonne, et depuis qu'ell' a commencé à chanceler, plus ie le sonde, plus elle s'empestre et embarrasse : elle me sert à son heure, non pas à la mienne.

Cecy que ie sens en la memoire, ie le sens en plusieurs aultres parties : ie fuys le commandement, l'obligation, et la contraincte : ce que ie foys aysement et naturellement, si ie m'ordonne de le faire par une expresse et prescripte ordonnance, ie ne sçais plus le faire. Au corps mesme, les membres qui ont quelque autorité et iuridiction plus particuliere sur eulx, me refusent parfois leur obeïssance, quand ie les destine et attache à certain poinct et heure de service necessaire : cette preordonnance contraincte et tyrannique les rebute; ils se croupissent d'effroy ou de despit, et se transissent. Aultresfois, estant en lieu où c'est discourtoisie barbaresque de ne responder à ceulx qui vous convient à boire, quoy qu'on m'y traictast avec toute liberté, i'essayay de faire le bon compaignon en faveur des dames qui estoyent de la partie, selon l'usage du pays : mais il y eut du plaisir; car cette menace et preparation d'avoir à m'efforcer oultre ma coustume et mon naturel, m'estoupa de maniere le gosier, que ie ne sceus avaller une seule goutte, et feus privé de boire pour le besoing mesme de mon repas; ie me trouvay saoul et desalteré par tant de bruvage, que mon imagination avoit preoccupé. Cet effect est plus apparent en ceulx qui ont l'imagination plus vehemente et puissante; mais il est pourtant naturel, et n'est aulcun qui ne s'en ressente aulcunement. On offroit à un excellent archer, condamné à la mort, de luy sauver la vie, s'il vouloit faire veoir quelque notable preuve de son art : il refusa de s'en essayer, craignant que la trop grande contention de sa volonté luy feist fourvoyer la main, et qu'au lieu de sa vie, il perdist encores la reputation qu'il avoit acquise au tirer de l'arc. Un homme qui pense ailleurs, ne fauldra point, à un pouce prez, de refaire tousiours un mesme nombre et mesure de pas au lieu où il se promene; mais s'il y est avecques attention de les mesurer et compter, il trouvera que ce qu'il faisoit par nature et par hazard, il ne le fera pas si exactement par desseing.

Ma librairie, qui est des belles entre les librairies de village, est assise à un coing de ma maison : s'il me tumbe en fantasie chose que i'y vueille aller chercher ou escrire, de peur qu'elle ne m'eschappe, en traversant seulement ma cour, il fault que ie la donne en garde à quelque autre. Si ie m'enhardis, en parlant, à me destourner tant soit peu de mon fil, ie ne fauls iamais de le perdre : qui faict que ie me tiens, en mes discours, contrainct, sec, et resserré. Les gents qui me servent, il fault que ie les appelle par le nom de leurs charges ou de leur pays, car il m'est tresmalaysé de retenir des noms; ie diray bien qu'il a trois syllabes, que le son en est rude, qu'il commence ou termine par telle lettre : et si ie durois à vivre longtemps, ie ne crois pas que ie n'oubliasse mon nom propre, comme ont faict d'aultres. Messaïa Corvinus feut deux ans n'ayant trace aulcune de memoire, ce qu'on dict aussi de Georges Trapezonce. Et pour mon interest, ie rumine souvent quelle vie c'estoit que la leur, et si, sans cette piece, il me restera assez pour me soubtenir avecques quelque aysance; et y regardant de prez, ie crains que ce default, s'il est parfaict, perde toutes les functions de l'ame :

> Plenus rimarum, hac atque illac perfluo.

Il m'est advenu plus d'une fois d'oublier le mot du guet, que i'avois trois heures auparavant donné, ou receu d'un aultre; et d'oublier où i'avois caché ma bourse, quoy qu'en die Cicero : ie m'ayde à perdre ce que ie serre particulierement. *Memoria certe non modo philosophiam, sed omnis vitæ usum, omnesque artes, una maxime continet.* C'est le receptacle et l'estuy de la science que la memoire : l'ayant si defaillante, ie n'ay pas fort à me plaindre si ie ne sçais gueres. Ie sçais en general le nom des arts, et ce de quoy ils traictent; mais rien au delà. Ie feuillette les livres; ie ne les estudie pas : ce qui m'en demeure, c'est chose que ie ne recognois plus estre d'aultruy, c'est cela seulement de quoy mon iugement a faict son proufit, les discours et les imaginations de quoy il s'est imbu; l'aucteur, le lieu, les mots, et aultres circonstances, ie les oublie incontinent : et suis si excellent en l'oubliance, que mes escripts mesmes et compositions, ie ne les oublie pas moins que le reste; on m'allegue touts les coups à moy mesme, sans que ie les sente: Qui vouldroit sçavoir d'où sont les vers et exemples que i'ay icy entassez, me mettroit en peine de le luy dire : et ie ne les ay mendiez qu'ez portes cogneues et fameuses; ne me contentant pas qu'ils feussent riches, s'ils ne venoient encores de main riche et honorable : l'auctorité y concurre quand et la raison. Ce n'est pas grand' merveille si mon livre suyt la fortune des aultres livres, et si ma memoire desempare ce que i'escris, comme ce que ie lis, et ce que ie donne, comme ce que ie reçois.

Oultre le default de la memoire, i'en ay d'aultres qui aydent beaucoup mon ignorance : l'ay l'esprit tardif et mousse, le moindre nuage luy arreste sa poincte, en façon que (pour exemple) ie ne luy proposay iamais enigme si aysé, qu'il sceut developper; il n'est si vaine subtilité qui ne m'empesche; aux ieux où l'esprit a sa part, des echecs, des chartes, des dames et aultres, ie n'y comprends que les plus grossiers traicts : L'apprehension, ie l'ay lente et embrouillee ; mais ce qu'elle tient une fois, elle le tient bien, et l'embrasse bien universellement, estroictement et profondement, pour le temps qu'elle le tient : l'ay la veue longue, saine, et entiere, mais qui se lasse ayseement au travail, et se charge; à cette occasion, ie ne puis avoir long commerce avecques les livres, que par le moyen du service d'aultruy. Le ieune Pline instruira ceulx qui ne l'ont essayé combien ce retardement est important à ceulx qui s'adonnent à cette occupation.

Il n'est point ame si chestifve et brutale, en laquelle on ne veoye reluire quelque faculté particuliere; il n'y en a point de si ensepvelie, qui ne face une saillie par quelque bout : et comment il advienne qu'une ame aveugle et endormie à toutes aultres choses, se treuve vifve, claire et excellente à certain particulier effect, il s'en fault enquerir aux maistres. Mais les belles ames, ce sont les ames universelles, ouvertes, et prestes à tout; si non instruictes, au moins instruisables : ce que ie dis pour accuser la mienne : car, soit par foiblesse ou nonchalance (et de mettre à nonchaloir ce qui est à nos picds, ce que nous avons entre mains, ce qui regarde plus prez l'usage de la vie, c'est chose bien esloignee de mon dogme), il n'en est point une si inepte et si ignorante que la mienne de plusieurs telles choses vulgaires, et qui ne se peuvent sans honte ignorer. Il fault que i'en conte quelques exemples.

Ie suis nay et nourry aux champs, et parmy le labourage; i'ay des affaires et du mesnage en main, depuis que ceulx qui me devanceoient en la possession des biens que ie iouys m'ont quitté leur place : or, ie ne sçais compter ny à iect ny à plume; la pluspart de nos monnoyes, ie ne les cognois pas; ny ne sçais la difference d'un grain à l'aultre, ny en la terre, ny au grenier, si elle n'est pas trop apparente; ny à peine celle d'entre les choux et les laictues de mon iardin : ie n'entends pas seulement les noms des premiers utils du mesnage, ny les plus grossiers principes de l'agriculture, et que les enfants sçavent; moins aux arts mechaniques, en la traficque, et en la cognoissance des marchandises, diversité et nature des fruicts, de vins, de viandes, ny à dresser un oyseau, ny à medeciner un cheval ou un chien; et puisqu'il me fault faire la honte toute entiere, il n'y a pas un mois qu'on me surprint ignorant de quoy Le levain servoit à faire du pain, et que c'estoit que faire cuver du vin. On coniectura anciennement à Athenes une aptitude à la mathematique, en celuy à qui on veoyoit ingenieusement adgencer et fagotter une charge de brossailles : vrayement on tireroit de moy une bien contraire conclusion; car qu'on me donne tout l'apprest d'une cuisine, me voylà à la faim. Par ces traicts de ma confession, on en peult imaginer d'aultres à mes despens. Mais quel que ie fasse cognoistre, pouveu que ie me fasse cognoistre tel que ie suis, ie foys mon effect; et si ne m'excuse pas d'oser mettre par escript des propos si bas et frivoles que ceulx cy, la bassesse du subiect m'y contrainct : qu'on accuse si on veult mon proiect, mais mon progrez, non : tant y a que, sans l'advertissement d'aultruy, ie veois assez le peu que tout cecy vault et poise, et la folie de mon desseing; c'est prou que mon iugement ne se desferre point, duquel ce sont icy les essais,

> Nasutus sis usque licet, sis denique nasus,
> Quantum noluerit ferre rogatus Atlas,
> Et possis ipsum tu deridere Latinum,
> Non potes in nugas dicere plura meas,
> Ipse ego quam dixi : quid dentem dente iuvabit
> Rodere ? carne opus est, si satur esse velis,
> Ne perdas operam : qui se mirantur, in illos
> Virus habe; nos hæc novimus esse nihil.

Ie ne suis pas obligé à ne dire point de sottises, pourveu que ie ne me trompe pas à les cognoistre : et de faillir à mon esciant, cela m'est si ordinaire, que ie ne faulx gueres d'aultre façon; ie ne faulx gueres fortuitement. C'est peu de chose de prester à la temerité de mes humeurs les actions ineptes, puisque ie ne me puis pas deffendre d'y prester ordinairement les vicieuses.

Ie veis un iour, à Barleduc, qu'on presentoit au roy François second, pour la recommendation de la memoire de René, roy de Sicile, un pourtraict qu'il avoit luy mesme faict de soy : pourquoy n'est il loisible de mesme à chascun de se peindre de la plume, comme il se peignoit d'un creon? Ie ne veulx doncques pas oublier encores cette cicatrice, bien mal propre à produire en public; c'est l'irresolution : default tresincommode à la negociation des affaires du monde. Ie ne sçais pas prendre party ez entreprinses doubteuses :

> Ne si, ne no, nel cor mi suona intero;

Ie sçais bien soutenir une opinion, mais non pas la choisir. Parce qu'ez choses humaines, à quelque bande qu'on penche, il se presente force apparences qui nous y confirment (et le philosophe Chrysippus disoit qu'il ne vouloit apprendre, de Zenon et Cleanthes, ses maistres, que les dogmes simplement; car quant aux preuves et raisons, qu'il en fourniroit assez de luy mesme), de quelque costé que ie me tourne, ie me fournis touiours assez de cause et de vraysemblance pour m'y maintenir : ainsi i'arreste chez moy le doubte et la liberté de choisir, iusques à ce que l'occasion me presse; et lors, à confesser la verité, ie iecte le plus souvent la plume au vent comme on dict, et m'abandonne à la mercy de la fortune; une bien legiere inclination et circonstance m'emporte;

> Dum in dubio est animus, paulo momento huc atque
> Illuc impellitur.

L'incertitude de mon iugement est si egualement balancee en la pluspart des occurences, que ie comprometttrois volontiers à la decision du sort et des dez; et remarque, avecques grande consideration de nostre foiblesse humaine, les exemples que l'histoire divine mesme nous a laissé de cet usage de remettre à la fortune et au hazard la determination des eslections ez choses doubteuses : *sors cecidit super Mathiam*. La raison humaine est un glaive double et dangereux : et en la main mesme de Socrates, son plus intime et plus familier amy, voyez à quants de bouts c'est un baston! Ainsi, ie ne suis propre qu'à suyvre, et me laisse ayseement emporter à la foule; ie ne me fie pas assez en mes forces, pour entreprendre de commander, ny guider; ie suis bien ayse de trouver mes pas tracez par les aultres. S'il fault courre le hazard d'un chois incertain, i'aime mieulx que ce soit soubs tel qui s'asseure plus de ses opinions, et les espouse plus, que ie ne foys les miennes, ausquelles ie treuve le fondement et le plant glissant.

Et si ne suis pas trop facile pourtant au change; d'autant que i'aperceois aux opinions contraires une pareille foiblesse; *ipsa consuetudo assentiendi periculosa esse videtur, et lubrica;* notamment aux affaires politiques, il y a un beau champ ouvert au bransle et à la contestation :

> Iusta pari premitur veluti quum pondere libra
> Prona, nec hac plus parte sedet, nec surgit ab illa;

Les discours de Machiavel, par exemple, estoient assez solides pour le subiect; si y a il eu grand' aysance à les combattre; et ceulx qui l'ont faict, n'ont pas laissé moins de facilité à combatre les leurs : il s'y trouveroit touisours, à un tel argument, de quoy fournir responses, dupliques, tripliques, quadrupliques, et cette infinie contexture de debats que nostre chicane a alongé tant qu'elle a peu en faveur des procez;

> Cædimur, et totidem plagis consuminus hostem

les raisons n'y ayant guere aultre fondement que l'experience, et la diversité des evenements humains nous presentant infinis exemples à toutes sortes de formes. Un sçavant personnage de nostre temps dict qu'en nos almanacs, où ils disent chauld, qui vouldra dire froid, et au lieu de sec, humide, et mettre touiours le rebours de ce qu'ils prognostiquent, s'il debvoit entrer en gageure de l'evenement de l'un ou l'aultre, qu'il ne se soulcieroit pas quel party il prinst; sauf ez choses où il n'y peult escheoir incertitude, comme de promettre à Noël des chaleurs extremes, et à la sainct Iean des rigueurs de l'hiver. I'en pense de mesme de ces discours politiques; à quelque roolle qu'on vous mette, vous avez aussi ieu que vostre compaignon, pourveu que vous ne veniez à chocquer les principes trop grossiers et apparents : et pourtant, selon mon humeur, ez affaires publiques, il n'est aulcun si mauvais train, pourveu qu'il aye de l'aage et de la constance, qui ne vaille mieulx que le changement et le remuement. Nos mœurs sont extremement corrompues, et penchent d'une merveilleuse inclination vers l'empirement; de nos loix et usances, il y en a plusieurs barbares et monstrueuses : toutesfois, pour la difficulté de nous mettre en meilleur estat, et le dangier de ce croullement, si ie pouvois planter une cheville à nostre roue et l'arrester en ce poinct, ie le ferois de bon cœur :

> Nunquam adeo fœdis, adeoque pudendis
> Utimur exemplis, ut non peiora supersint.

Le pis que ie treuve en nostre estat, c'est l'instabilité; et que nos loix, non plus que nos vestements, ne peuvent prendre aulcune forme arrestee. Il est bien aysé d'accuser d'imperfection une police, car toutes choses mortelles en sont pleines; il est bien aysé d'engendrer à un peuple le mespris de ses anciennes observances; iamais homme n'entreprint cela, qui n'en veinst à bout : mais d'y restablir un meilleur estat en la place de celuy qu'on a ruyné, à cecy plusieurs se sont morfondus de ceulx qui l'avoient entreprins. Ie foys peu de part à ma prudence de ma conduicte; ie me laisse volontiers mener à l'ordre publicque du monde. Heureux peuple qui faict ce qu'on commande mieulx que ceulx qui commandent, sans se tormenter des causes; qui se laisse mollement rouler aprez le roulement celeste! l'obeïssance n'est iamais pure ny tranquille en celuy qui raisonne et qui plaide.

Somme, pour revenir à moy, ce par où ie m'estime quelque chose seul, c'est ce en quoy iamais homme ne s'estima defaillant : ma recommendation est vulgaire, commune et populaire; car qui a iamais cuidé avoir faulte de sens? ce seroit un proposition qui impliqueroit en soy de la contradiction : c'est une maladie qui n'est iamais où elle se veoid; elle est bien tenace et forte, mais laquelle pourtant le premier rayon de la veue du patient perce et dissipe, comme le regard du soleil un brouillas opaque : s'accuser, ce seroit s'excuser en ce subiect là; et se condamner, ce seroit s'absouldre. Il ne feut iamais crocheteur ny femmelette qui ne pensast avoir assez de sens pour sa provision. Nous recognoissons ayseement aux aultres l'advantage du courage, de la force corporelle, de l'experience, de la disposition, de la beauté; mais l'advantage du iugement, nous ne le cedons à personne; et les raisons qui partent du simple discours natnrel en aultruy, il nous semble qu'il n'a tenu qu'à regarder de ce costé là, que nous ne les ayons trouvees. La science, le style, et telles parties que nous veoyons ez ouvrages estrangiers, nous touchons bien ayseement si elles surpassent les nostres; mais les simples productions de l'entendement, chascun pense qu'il estoit en luy de les rencontrer toutes pareilles; et en apperceoit malayseement le poids et la difficulté, si ce n'est, et à peine, en une extreme et incomparable distance; et qui verroit bien à clair la haulteur d'un iugement estrangier, il y arriveroit, et y porteroit le sien. Ainsi, c'est une sorte d'exercitation, de laquelle on doibt esperer fort peu de recommendation et de louange, et une maniere de composition de peu de nom. Et puis, pour qui escrivez-vous? Les sçavants, à qui appartient la iurisdiction livresque, ne cognoissent aultre prix que de la doctrine, et n'advouent aultre proceder en nos esprits que celuy de l'erudition et de l'art; si vous avez prins l'un des Scipions pour l'aultre, que vous reste il à dire qui vaille? qui ignore Aristote, selon eulx, s'ignore quand et quand soy mesme : les ames communes et populaires ne veoyent pas la grace et le poids d'un discours haultain et deslié. Or, ces deux especes occupent le monde. La tierce, à qui vous tumbez en partage, des ames reglees et fortes d'elles mesmes, est si rare, que iustement elle n'a ny nom, ny reng entre nous : c'est, à demy, temps perdu d'aspirer et de s'efforcer à luy plaire.

On dict communement que le plus iuste partage que nature nous ayt faict de ses graces, c'est celuy du sens; car il n'est aulcun qui ne se contente de ce de ce qu'elle luy en a distribué : n'est ce pas raison? qui verroit au delà, il verroit au delà de sa veue; Ie pense avoir les opinions bonnes et saines; mais qui n'en croit autant des siennes? L'une des meilleures preuves que i'en aye, c'est le peu d'estime que ie foys de moy; car si elles n'eussent esté bien asseurees, elles se fussent ayseement laissé piper à l'affection que ie me porte, singuliere, comme celuy qui la ramene quasy toute à moy, et qui ne l'espands gueres hors de là : tout ce que les aultres en distribuent à une infinie multitude d'amis et de cognoissans, à leur gloire, à leur grandeur, ie le rapporte tout au repos de mon esprit et à moy; ce qui m'en eschappe ailleurs, ce n'est pas proprement de l'ordonnance de mon discours :

Mihi nempe valere et vivere doctus.

Or, mes opinions, ie les treuve constamment hardies et constantes à condamner mon insuffisance. De vray, c'est aussi un subiect auquel i'exerce mon iugement autant qu'à nul aultre. Le monde regarde tousiours vis à vis : moy, ie replie ma veue au dedans; ie la plante, ie l'amuse là. Chascun regarde devant soy : moy, ie regarde dedans moy, ie n'ay affaire qu'à moy, ie me considere sans cesse, ie me contreroolle, ie me gouste. Les aultres vont tousiours ailleurs, s'ils y pensent bien; ils vont tousiours avant;

Nemo in sese tentat descendere :

moy, ie me roule en moy mesme. Cette capacité de tirer le vray, quelle qu'elle soit en moy, et cette humeur libre de m'assubiectir aysement ma creance, ie la doibs principalement à moy; car les plus fermes imaginations que i'aye, et et generales, sont celles qui, par maniere de dire, nasquirent avecques moy : elles sont naturelles et toutes miennes. Ie les produisis crues et simples, d'une production hardie et forte, mais un peu trouble et imparfaicte : depuis, ie les ay establies et fortifiees par l'auctorité d'aultruy, et par les sains exemples des anciens ausquels ie me suis rencontré conforme en iugement; ceulx là m'en ont asseuré la prinse, et m'en ont donné la iouïssance et possession plus claire. La recommendation que chascun cherche De vivacité et promptitude d'esprit, ie la pretends du reglement : D'une action esclatante et signalee, ou de quelque particuliere suffisance; ie la pretends de l'ordre, correspondance, et tranquillité d'opinion et de mœurs : *omnino si quidquam est decorum, nihil est profecto magis, quam æquabilitas universæ vitæ, tum singularum actionum; quam conservare non possis, si, aliorum naturam imitans, omittas tuam.*

Voilà doncques iusques où ie me sens coulpable de cette premiere partie que ie disòis estre au vice de la presumption. Pour la seconde, qui consiste à n'estimer point assez aultruy, ie ne sçais si ie m'en puis si bien excuser; car, quoy qu'il me couste, ie delibere de dire ce qui en est. A l'adventure que le commerce continuel que i'ay avecques les humeurs anciennes, et l'idee de ces riches ames du temps passé, me desgouste et d'aultruy, et de moy mesme; ou bien qu'à la verité nous vivons en un siecle qui ne produict les choses que bien mediocres : tant y a que ie ne cognois rien digne de grande admiration. Aussi ne cognois ie gueres d'hommes avecques telle privauté qu'il fault pour en pouvoir iuger; et ceulx auxquels ma condition me mesle plus ordinairement, sont, pour la pluspart, gents qui ont peu de soing de la culture de l'ame, et ausquels on ne propose, pour toute beatitude, que l'honneur, et pour toute perfection, que la vaillance.

Ce que ie veois de beau en aultruy, ie le loue et l'estime tresvolontiers; voire i'encheris souvent sur ce que i'en pense, et me permets de mentir iusques là, car ie ne sçais point inventer un subiect fauls : ie tesmoigne volontiers de mes amis, parce que i'y treuve de louable, et d'un pied de valeur ien foys volontiers un pied et demy; mais de leur prester les qualitez qui n'y sont pas, ie ne puis, ny les deffendre ouvertement des imperfections qu'ils ont : voire à mes ennemis, ie rends nettement ce que je doibs de tesmoignage d'honneur; mon affection se change, mon iugement non, et ne confonds point ma querelle avecques aultres circonstances qui n'en sont pas; et suis tant ialoux de la liberté de mon iugement, que malaysement la puis ie quitter pour passion que ce soit; ie me foys plus d'iniure en mentant, que ie n'en foys à celuy de qui ie ments. On remarque cette louable et genereuse coustume de la nation persienne, qu'ils parloient de leurs mortels ennemis, et à qui ils faisoient guerre à oultrance, honorablement et equitablement, autant que portoit le merite de leur vertu.

Ie cognois des hommes assez qui ont diverses parties belles, qui l'esprit, qui le cœur, qui l'adresse, qui la conscience, qui le langage, qui une science, qui un' aultre; mais de grand homme en general, et ayant tant de belles pieces ensemble, ou une en tel degré d'excellence qu'on le doibve admirer ou le comparer à ceulx que nous honorons du temps passé, ma fortune ne m'en a faict veoir nul : et le plus grand que i'aye cogneu au vif, ie dis des parties naturelles de l'ame, et le mieulx nay, c'estoit Estienne de la Boëtie; c'estoit vrayement un' ame pleine, et qui monstroit un beau visage à tout sens; un' ame à la vieille marque, et qui eust produict de grands effects si sa fortune l'eust voulu; ayant beaucoup adiousté à ce riche naturel, par science et estude.

Mais ie ne sçais comment il advient, et si advient sans doute, qu'il se treuve autant de vanité et de foiblesse d'entendement en ceulx qui font profession d'avoir plus de suffisance, qui se meslent de vacations lettrees et de charges qui despendent des livres, qu'en nulle aultre sorte de gents; ou bien parce que l'on requiert et attend plus d'eulx, et qu'on ne peult excuser en eulx les faultes communes; ou bien que l'opinion du sçavoir leur donne plus de hardiesse de se produire et de se descouvrir trop avant, par où ils se perdent et se trahissent. Comme un artisan tesmoigne bien mieulx sa bestise en une riche matiere qu'il ayt entre mains, s'il l'accommode et mesle sottement et contre les regles de son ouvrage, qu'en une matiere vile; et s'offense l'on plus du default en une statue d'or qu'en celle qui est de plastre; ceulx cy en font autant lorsqu'ils mettent en avant des choses qui d'elles mesmes, et en leur lieu, seroient bonnes; car ils s'en servent sans discretion, faisants honneur à leur memoire aux depens de leur entendement, et faisants honneur à Cicero, à Galien, à Ulpian, et à saint Hierosme, pour se rendre eulx ridicules.

Ie retumbe volontiers sur ce discours de l'ineptie de nostre institution : elle a eu pour sa fin, de nous faire, non bons et sages, mais sçavants; elle y est arrivee : elle ne nous a pas apprins de suyvre et embrasser la vertu et la prudence, mais elle nous en a imprimé la derivation et l'etymologie; nous sçavons decliner Vertu, si nous ne sçavons l'aimer; si nous ne sçavons que c'est que prudence par effect et par experience, nous le sçavons par iargon et par cœur : de nos voisins, nous ne nous contentons pas d'en sçavoir la race, les parentelles et les alliances, nous les voulons avoir pour amis, et dresser avec eulx quelque conversation et intelligence; toutesfois elle nous a apprins les definitions, les divisions et partitions de la vertu, comme des surnoms et branches d'une genealogie, sans avoir aultre soing de dresser entre nous et elle quelque practique de familiarité et privee accointance; elle nous a choisi, pour nostre apprentissage, non les livres qui ont les opinions plus saines et plus vrayes, mais ceulx qui parlent le meilleur grec et latin, et parmi ses beaux mots nous a faict couler en la fantasie les plus vaines humeurs de l'antiquité.

Une bonne institution, elle change le iugement et les mœurs, comme il advient à Polemon, ce ieune homme grec desbauché, qui, estant allé ouïr par rencontre une leçon de Xenocrates, ne remarqua pas seulement l'eloquence et la suffisance du lecteur, et n'en rapporta pas seulement en la maison la science de quelque matiere, mais un fruict plus apparent et plus solide, qui feut le soudain changement et amendement de sa premiere vie. Qui a iamais senti un tel effect de nostre discipline ?

    Faciasne, quod olim
  Mutatus Polemon ? ponas insignia morbi,
  Faciolas, cubital, focalia ; potus ut ille
  Dicitur ex collo furtim carpsisse coronas,
  Postquam est impransi correptus voce magistri ?

La moins desdaignable condition de gents me semble estre celle qui par simplesse tient le dernier reng, et nous offrir un commerce plus reglé : les mœurs et les propos des païsans, ie les treuve communement plus ordonnez selon la prescription de la vraye philosophie, que ne sont ceulx de nos philosophes : *plus sapit vulgus, quia tantum, quantum opus est, sapit.*

Les plus notables hommes que i'aye iugé, par les apparences externes (car, pour les iuger à ma mode, il les fauldroit esclairer de plus prez), ce ont esté, pour le faict de la guerre et suffisance militaire, le duc de Guyse, qui mourut à Orleans, et le feu mareschal Strozzi; pour gents suffisants et de vertu non commune, Olivier, et L'Hospital, chanceliers de France. Il me semble aussi de la poësie, qu'elle a eu sa vogue en nostre siecle; nous avons abondance de bons artisans de ce mestier là, Aurat, Beze, Buchanan, L'Hospital, Montdoré, Turnebus : quant aux François, ie pense qu'ils l'ont montee au plus hault degré où elle sera iamais; et aux parties en quoy Ronsard et du Bellay excellent, ie ne les treuves gueres esloingnez de la perfection ancienne. Adrianus Turnebus sçavoit plus, et sçavoit mieulx ce qu'il sçavoit, qu'homme qui feust de son siecle, ny loing au delà. Les vies du duc d'Albe, dernier mort, et de nostre connestable de Montmorency, ont esté des vies nobles, et qui ont eu plusieurs rares ressemblances de fortune : mais la beauté et la gloire de la mort de cettuy cy, à la veue de Paris et de son roy, pour leur service, contre ses plus proches, à la teste de son armee victorieuse par sa conduicte, et d'un coup de main, en si extreme vieillesse, me semble meriter qu'on la loge entre les remarquables evenements de mon temps; comme aussi, la constante bonté, doulceur de mœurs, et facilité conscientieuse de monsieur de la Noue, en une telle iniustice de parts armees (vraye eschole de trahison, d'inhumanité et de brigandage), où touiours il s'est nourry, grand homme de guerre et tresexperimenté.

I'ay prins plaisir à publier, en plusieurs lieux, l'esperance que i'ay de Marie de Gournay le Iars, ma fille d'alliance, et certes aimee de moy beaucoup plus que paternellement, et enveloppee en ma retraicte et solitude comme l'une des meilleures parties de mon propre estre : ie ne regarde plus qu'elle au monde. Si l'adolescence peult donner presage, cette ame sera quelque iour capable des plus belles choses, et entre aultres, de la perfection de cette tressaincte amitié, où nous ne lisons poinct que son sexe ayt peu monter encores : la sincerité et la solidité de ses mœurs y sont desia bastantes : son affection vers moy, plus que surabondante, et telle, en somme, qu'il n'y a rien à souhaiter, sinon que l'apprehension qu'elle a de ma fin, par les cinquante et cinq ans ausquels elle m'a rencontré, la travaillast moins cruellement. Le iugement qu'elle feit des premiers Essais, et femme, et en ce siecle, et si ieune, et seule en son quartier; et la vehemence fameuse dont elle m'aima et me desira longtemps, sur la seule estime qu'elle en print de moy, longtemps avant m'avoir veu, sont des accidents de tresdigne consideration.

Les aultres vertus ont eu peu ou point de mise en cet aage : mais la vaillance, elle est devenue populaire par nos guerres civiles; et en cette partie, il se treuve parmy nous des ames fermes iusques à la perfection, et en grand nombre, si que le triage en est impossible à faire.

Voylà tout ce que i'ay cogneu, iusques à cette heure, d'extraordinaire grandeur et non commune.

Chapitre XVIII. — Du desmentir.

Voire mais, on me dira que ce desseing de se servir de soy, pour subiect à escrire, seroit excusable à des hommes rares et fameux, qui, par leur reputation, auroient donné quelque desir de leur cognoissance. Il est certain, ie l'advoue et sçais bien, que pour veoir un homme de la commune façon, à peine qu'un artisan leve les yeulx de sa besongne; là où, pour veoir un personnage grand et signalé arriver en une ville, les ouvroirs et les boutiques s'abandonnent. Il messied à tout aultre de se faire cognoistre, qu'à celuy qui a de quoy se faire imiter, et duquel la vie et les opinions peuvent servir de patron : Cesar et Xenophon ont eu de quoy fonder et fermir leur narration, en la grandeur de leurs faicts, comme en une base iuste et solide : ainsi sont à souhaiter les papiers iournaux du grand Alexandre, les commentaires qu'Auguste, Caton, Sylla, Brutus, et aultres, avoient laissé de leurs gestes : de telles gents, on aime et estudie les figures, en cuivre mesme et en pierre.

Cette remontrance est tresvraye; mais elle ne me touche que bien peu :

> Non recito cuiquam, nisi amicis, idque rogatus;
> Non ubivis, coramve quibuslibet : in medio qui
> Scripta foro recitent, sunt multi, quique lavantes.

Ie ne dresse pas icy une statue à planter au quarrefour d'une ville ou dans une eglise, ou place publicque :

> Non equidem hoc studeo, bullatis ut mihi nugis
> Pagina turgescat.
> Secreti loquimur :

c'est pour le coing d'une librairie, ou pour en amuser un voisin, un parent, un amy, qui aura plaisir à me raccointer et repractiquer en cett' image. Les aultres ont prins cœur de parler d'eulx, pour y avoir trouvé le subiect digne et riche; moy, au rebours, pour l'avoir trouvé si sterile et si maigre, qu'il n'y peult escheoir souspeçon d'ostentation. Ie iuge volontiers des actions d'aultruy : des miennes, ie donne peu à iuger, à cause de leur nihilité, ie ne treuve pas tant de bien en moy, que ie ne le puisse dire sans rougir. Quel contentement me seroit ce d'ouïr ainsi quelqu'un qui me recitast les mœurs, le visage, la contenance, les plus communes paroles, et les fortunes de mes ancestres! combien i'y serois attentif! Vraiment cela partiroit d'une mauvaise nature, d'avoir à mespris les pourtraicts mesmes de nos amis et predecesseurs, la forme de leurs vestements et de leurs armes. I'en conserve l'escriture, le seing, des heures, et un' espee peculiere qui leur a servi; et n'ay point chassé de mon cabinet des longues gaules que mon pere portoit ordinairement en la main : *Paterna vestis, et annulus, tanto carior est posteris, quanto erga parentes maior affectus.* Si toutesfois ma posterité est d'aultre appetit, i'auray bien de quoy me revencher, car ils ne sçauroient faire moins de compte de moy que i'en feray d'eulx en ce temps là. Tout le commerce que i'ay en cecy avecques le publicq, c'est que i'emprunte les utils de son escriture, plus soubdaine et plus aysee : en recompense, i'empescheray peut estre que quelque coing de beurre ne se fonde au marché :

      Ne toga cordyllis, ne penula desit olivis;
      Et laxas scombris sæpe dabo tunicas.

Et quand personne ne me lira, ay ie perdu mon temps, de m'estre entretenu tant d'heures oysifves à des pensements si utiles et agreables? Moulant sur moy cette figure, il m'a fallu si souvent me testonner et composer pour m'extraire, que le patron s'en est fermy, et aulcunement formé soy mesme : me peignant pour aultruy, ie me suis peinct en moy, de couleurs plus nettes que n'estoient les miennes premieres. Ie n'ay pas plus faict mon livre, que mon livre m'a faict : livre consubstantiel à son aucteur, d'une occupation propre, membre de ma vie, non d'une occupation et fin tierce et estrangiere, comme touts aultres livres. Ay ie perdu mon temps, de m'estre rendu compte de moy, si continuellement, si curieusement? car ceulx qui se repassent par fantaisie seulement et par langue, quelque heure, ne s'examinent pas si primement ny ne se penetrent, comme celuy qui en faict son estude, son ouvrage et son mestier, qui s'engage à un registre de duree, de toute sa foy, de toute sa force : les plus delicieux plaisirs, si se dirigent ils au dedans, fuyent à laisser trace de soy, et fuyent la veue, non seulement du peuple, mais d'un aultre. Combien de fois m'a cette besongne diverty de cogitations ennuyeuses? et doibvent estre comptees pour ennuyeuses toutes les frivoles. Nature nous a estrenez d'une large faculté à nous entretenir à part; et nous y appelle souvent, pour nous apprendre que nous nous debvons en partie à la societé, mais en la meilleure partie à nous. Aux fins de renger ma fantasie à resver mesme par quelque ordre et proiect, et la garder de se perdre et extravaguer au vent, il n'est que de donner corps et mettre en registre tant de menues pensees qui se presentent à elle : i'escoute à mes resveries, parce que i'ay à les enrooller. Quantesfois, estant marry de quelque action que la civilité et la raison me prohiboient de reprendre à descouvert, m'en suis ie icy desgorgé, non sans desseing de publicque instruction! et si, ces verges poëtiques,

      Zon sus l'œil, zon sur le groin,
      Zon sur le dos du sagoin.

s'impriment encores mieulx en papier, qu'en la chair vifve. Quoy, si ie preste un peu plus attentifvement l'aureille aux livres, depuis que ie guette si i'en pourray fripponner quelque chose de quoy esmailler ou estayer le mien? Ie n'ay aulcunement estudié pour faire un livre; mais i'ay aulcunement estudié pour ce que ie l'avois faict : si c'est aulcunement estudier qu'effleurer et pincer, par la teste, ou par les pieds, tantost un aucteur, tantost un aultre, nullement pour former mes opinions; ouy, pour les assister pieça formees, seconder et servir.

Mais à qui croirons nous parlant de soy, en une saison si gastee? veu qu'il en est peu, ou point, à qui nous puissions croire parlant d'aultruy, où il y a moins d'interest à mentir. Le premier traict de la corruption des mœurs, c'est le bannissement de la verité : car, comme disoit Pindare, l'estre veritable est le commencement d'une grande vertu, et le premier article que Platon demande au gouvernement de sa republique. Nostre verité de maintenant, ce n'est pas ce qui est, mais ce qui se persuade à aultruy : comme nous appellons Monnoye, non celle qui est loyale seulement, mais la faulse aussi qui a mise. Nostre nation est de long temps reprochee de ce vice : car Salvianus Massiliensis, qui estoit du temps de l'empereur Valentinian, dict, « qu'aux François le mentir et se pariurer n'est pas vice, mais une façon de parler. » Qui vouldroit encherir sur ce tesmoignage, il pourroit dire que ce leur est à present vertu : on s'y forme, on s'y façonne, comme à un exercice d'honneur; car la dissimulation est des plus notables qualitez de ce siecle.

Ainsi, i'ay souvent consideré d'où pouvoit naistre cette coustume, que nous observons si religieusement, De nous sentir plus aigrement offensez du reproche de ce vice, qui nous est si ordinaire, que de nul aultre; et que ce soit l'extreme iniure qu'on nous puisse faire de parole, que de nous reprocher le mensonge. Sur cela, ie treuve qu'il est naturel de se deffendre le plus des defaults de quoy nous sommes les plus entachez : il semble qu'en nous ressentants de l'accusation et nous en esmouvants, nous nous deschargeons aulcunement de la coulpe; si nous l'avons par effect, au moins nous la condamnons par apparence. Seroit ce pas aussi que ce reproche semble envelopper la couardise et lascheté de cœur? enest il de plus expresse que se desdire de sa parole? quoy, se desdire de sa propre science? C'est un vilain vice que le mentir, et qu'un ancien peinct bien honteusement, quand il dict que « c'est donner tesmoignage de mespriser Dieu, et quand et quand de craindre les hommes : » il n'est pas possible d'en representer plus richement l'horreur, la vilité, et le desreglement; car que peult on imaginer plus vilain que d'estre couard à l'endroict des hommes, et brave à l'endroict de Dieu? Nostre intelligence se conduisant par la seule voye de la parole, celuy qui la faulse trahit la societé publicque : c'est le seul util par le moyen duquel se communiquent nos volontez et nos pensees, c'est le truchement de nostre ame; s'il nous fault, nous ne nous tenons plus, nous ne nous entrecognoissons plus; s'il nous trompe, il rompt tout nostre commerce, et dissoult toutes les liaisons de nostre police. Certaines nations des nouvelles Indes (on n'a que faire d'en remarquer les noms, ils ne sont plus; car, iusques à l'entier abolissement des noms, et ancienne cognoissance des lieux, s'est estendue la desolation de cette conqueste d'un merveilleux exemple et inouï), offroient à leurs dieux du sang humain, mais non aultre que tiré de leur langue et aureilles, pour expiation du peché de la mensonge, tant ouïe que prononcee. Ce bon compaignon de Grece disoit que les enfants s'amusent par les osselets, les hommes par les paroles.

Quant aux divers usages de nos desmentirs, et les loix de nostre honneur en cela, et les changements qu'elles ont reçeu, ie remets à une aultre fois d'en dire ce que i'en sçais; et apprendray ce pendant, si ie puis, en quel temps print commencement cette coustume de si exactement poiser et mesurer les paroles, et d'y attacher nostre honneur : car il est aysé à iuger qu'elle n'estoit pas anciennement entre les Romains et les Grecs; et m'a semblé souvent nouveau et estrange de les veoir se desmentir et s'iniurier, sans entrer pourtant en querelle : les loix de leur debvoir prenoient quelque aultre voye que les nostres. On appelle Cesar, tantost voleur, tantost yvrongne, à sa barbe : nous veoyons la liberté des invectives qu'ils font les uns contre les aultres, ie dis les plus grands chefs de guerre de l'une et de l'aultre nation, où les paroles se revenchent seulement par les paroles, et ne se tirent à aultre consequence.

Chapitre XIX. — De la liberté de conscience.

Il est ordinaire de veoir les bonnes intentions, si elles sont conduictes sans moderation, poulser les hommes à des effects tresvicieux. En ce debat, par lequel la France est à present agitee de guerres civiles, le meilleur et le plus sain party est sans doubte celuy qui maintient et la religion et la police ancienne du païs : entre les gents de bien toutesfois qui le suyvent (car ie ne parle point de ceulx qui s'en servent de pretexte pour, ou exercer leurs vengeances particulières, ou fournir à leur avarice, ou suyvre la faveur des princes; mais de ceulx qui le font par vray zele envers leur religion, et saincte affection à maintenir la paix et l'estat en leur patrie), de ceulx cy, dis ie, il s'en veoid plusieurs que la passion poulse hors les bornes de la raison, et leur faict par fois prendre des conseils iniustes, violents, et encores temeraires.

Il est certain qu'en ces premiers temps que nostre religion commencea de gaigner auctorité avecques les loix, le zele en arma plusieurs contre toute sorte de livres payens, de quoy les gents de lettres souffrent une merveilleuse perte ; i'estime que ce desordre ayt plus porté de nuisance aux lettres, que touts les feux des barbares : Cornelius Tacitus en est un bon tesmoing : car quoyque l'empereur Tacitus, son parent, en eust peuplé, par ordonnances expresses, toutes les librairies du monde ; toutesfois un seul exemplaire entier n'a peu eschapper la curieuse recherche de ceulx qui desiroient l'abolir pour cinq ou six vaines clauses contraires à nostre creance.

Ils ont aussi eu cecy, de prester aiseement des louanges faulses à touts les empereurs qui faisoient pour nous, et condamner universellement toutes les actions de ceulx qui nous estoient adversaires, comme il est aysé de veoir en l'empereur Iulian, surnommé l'Apostat. C'estoit, à la verité, un tresgrand homme et rare, comme celuy qui avoit son ame teincte des discours de la philosophie, ausquels il faisoit profession de regler toutes ses actions ; et de vray, il n'est aulcune sorte de vertu de quoy il n'ayt laissé de tresnobles exemples : En chasteté (de laquelle le cours de sa vie donne bien clair tesmoignage), on lit de luy un pareil traict à celuy d'Alexandre et de Scipion, que de plusieurs tresbelles captifves, il n'en voulut pas seulement veoir une, estant en la fleur de son aage ; car il feut tué par les Parthes, aagé de trente un ans seulement : Quant à la iustice, il prenoit luy mesme la peine d'ouïr les parties ; et encores que par curiosité il s'informast, à ceulx qui se presentoient à luy, de quelle religion ils estoient, toutesfois l'inimitié qu'il portoit à la nostre ne donnoit aulcun contrepoids à la balance : il feit luy mesme plusieurs bonnes loix, et retrencha une grande partie des subsides et impositions que levoient ses predecesseurs.

Nous avons deux bons historiens tesmoings oculaires de ses actions : l'un desquels, Marcellinus, reprend aigrement, en divers lieux de son histoire, cette sienne ordonnance par laquelle il deffendit l'eschole et interdict l'enseigner à touts les rhetoriciens et grammairiens chrestiens, et dict qu'il souhaiteroit cette sienne action estre ensepvelie soubs le silence : il est vraysemblable, s'il eust faict quelque chose de plus aigre contre nous, qu'il ne l'eust pas oublié, estant bien affectionné à nostre party. Il nous estoit aspre, à la verité, mais non pourtant cruel ennemy ; car nos gents mesmes recitent de luy cette histoire, que se pourmenant un iour autour de la ville de Chalcedoine, Maris, evesque du lieu, osa bien l'appeler Meschant, Traistre à Christ ; et qu'il n'en feit aultre chose, sauf luy respondre : « Va, miserable, pleure la perte de tes yeulx : » à quoy l'evesque encores repliqua : « Ie rends graces à Iesus Christ de m'avoir osté la veue, pour ne veoir ton visage impudent : » affectant en cela, disent ils, une patience philosophique. Tant y va que ce faict là ne se peult pas bien rapporter aux cruautez qu'on le dict avoir exercees contre nous. « Il estoit, dict Eutropius, mon aultre tesmoing, ennemy de la chrestienté, mais sans toucher au sang. »

Et, pour revenir à sa iustice, il n'est rien qu'on y puisse accuser, que les rigueurs de quoy il usa, au commencement de son empire, contre ceulx qui avoient suyvi le party de Constantius son predecesseur. Quant à sa sobrieté, il vivoit tousiours un vivre soldatesque ; et se nourrissoit, en pleine paix, comme celuy qui se preparoit et accoustumoit à l'austerité de la guerre. La vigilance estoit telle en luy, qu'il despartoit la nuict à trois ou quatre parties, dont la moindre estoit celle qu'il donnoit au sommeil : le reste, il l'employoit à visiter luy mesme en personne l'estat de son armee et ses gardes, ou à estudier ; car, entre aultres siennes rares qualitez, il estoit tresexcellent en toute sorte de litterature. On dict d'Alexandre le Grand, qu'estant couché, de peur que le sommeil ne le desbauschast de ses pensements et de ses estudes, il faisoit mettre un bassin ioignant son lict, et tenoit l'une de ses mains au dehors, avecques une boulette de cuivre, afin que, le dormir le surprenant et relaschant les prinses de ses doigts, cette boulette, par le bruict de sa cheute dans le bassin, le reveillast : cettuy cy avoit l'ame si tendue à ce qu'il vouloit, et si peu empeschee de fumees, par sa singuliere abstinence, qu'il se passoit bien de cet artifice. Quant à la suffisance militaire, il feut admirable en toutes les parties d'un grand capitaine ; aussi feut il quasi toute sa vie en continuel exercice de guerre, et la pluspart, avecques nous, en France, contre les Allemands et Francons : nous n'avons gueres memoire d'homme qui ayt veu plus de hazards, ny qui ayt plus souvent faict preuve de sa personne.

Sa mort a quelque chose de pareil à celle d'Epaminondas ; car il feut frappé d'un traict, et essaya de l'arracher, et l'eust faict, sans ce que le traict estant tranchant, il se coupa et affoiblit la main. Il demandoit incessamment qu'on le rapportast en ce mesme estat en la meslee, pour y encourager ses soldats, lesquels contesterent cette battaille sans luy trescourageusement, iusques à ce que la nuict separa les armees. Il debvoit à la philosophie un singulier mespris en quoy il avoit sa vie et les choses humaines : il avoit ferme creance de l'eternité des ames.

En matiere de religion, il estoit vicieux par tout ; on l'a surnommé l'Apostat, pour avoir abandonné la nostre : toutesfois cette opinion me semble plus vraysemblable, Qu'il ne l'avoit iamais eue à cœur, mais que, pour l'obeïssance des loix, il s'estoit feinct iusques à ce qu'il teinst l'empire en sa main. Il feut si superstitieux en la sienne, que ceulx mesmes qui en estoient, de son temps, s'en mocquoient ; et, disoit on, s'il eust gaigné la victoire contre les Parthes, qu'il eust faict tarir la race des bœufs au monde, pour satisfaire à ses sacrifices. Il estoit aussi embabouiné de la science divinatrice, et donnoit auctorité à toute façon de prognostiques. Il dict, entre aultres choses, en mourant, qu'il sçavoit bon gré aux dieux, et les remercioit, de quoy ils ne l'avoient pas voulu tuer par surprinse, l'ayant de long temps adverty du lieu et heure de sa fin, ny d'une mort molle ou lasche, mieulx convenable aux personnes oysifves et delicates, ny languissante, longue et douloureuse ; et qu'ils l'avoient trouvé digne de mourir de cette noble façon, sur le cours de ses victoires, et en la fleur de sa gloire. Il avoit eu une pareille vision à celle de Marcus Brutus, qui premierement le menaça en Gaule, et depuis se representa à luy en Perse, sur le poinct de sa mort. Ce langage qu'on luy faict tenir, quand il se sentit frappé : « Tu as vaincu, Nazareen : » ou comme d'aultres, « Contente toy, Nazareen, » à peine eust il esté creu par mes tesmoings, qui, estants presents en l'armee, ont remarqué iusques aux moindres mouvements et paroles de sa fin ; non plus que certains aultres miracles qu'on y attache.

Et pour venir au propos de mon theme, il couvoit, dict Marcellinus, de longtemps en son cœur le paganisme, mais parce que toute son armee estoit de chrestiens, il ne l'osait descouvrir : enfin, quand il se veit assez fort pour oser publier sa volonté, il feit ouvrir les temples des dieux, et s'essaya par touts moyens de remettre sus l'idolatrie. Pour parvenir à son effect, ayant rencontré, en Constantinople, le peuple descousu, avecques les prelats de l'Eglise chrestienne divisez, les ayant faict venir à luy au palais, il les admonesta instamment d'assopir ces dissentions civiles, et que chascun, sans empeschement et sans crainte, servist à sa religion, ce qu'il sollicitoit avecques grand soing, pour l'esperance que cette licence augmenteroit les parts et les brigues de la division, et empescheroit le peuple de se reunir, et de se fortifier par consequent contre luy par leur concorde et unanime intelligence ; ayant essayé, par la cruauté d'aulcuns chrestiens, « Qu'il n'y a point de beste au monde tant à craindre à l'homme que l'homme : » voylà ses mots à peu prez.

En quoy cela est digne de consideration, que l'empereur Iulian se sert, pour attiser le trouble de la dissention civile, de cette mesme recepte de liberté de conscience que nos roys viennent d'employer pour l'esteindre. On peult dire, d'un costé, que de lascher la bride aux parts d'entretenir leur opinion, c'est espandre et semer la division ; c'est prester quasi la main à l'augmenter, n'y ayant aulcune barriere ny coerction des loix qui bride et empesche sa course ; mais, d'aultre costé, on diroit aussi que de lascher la bride aux parts d'entretenir leur opinion, c'est les amollir et relascher par la facilité et par l'aysance, et que c'est esmousser l'aiguillon qui s'affine par la rareté, la nouvelleté, et la difficulté : et si crois mieulx, pour l'honneur de la devotion de nos roys, c'est que, n'ayants peu ce qu'ils vouloient, ils ont faict semblant de vouloir ce qu'ils pouvoient.

Chapitre xx. — Nous ne goustons rien de pur.

La foiblesse de nostre condition faict que les choses, en leur simplicité et pureté naturelle, ne puissent pas tumber en nostre usage : les elements que nous iouïssons sont alterez, et les metaux de mesme; et l'or, il le fault empirer par quelque aultre matiere, pour l'accommoder à nostre service : ny la vertu ainsi simple, qu'Ariston et Pyrrho, et encores les stoïciens, faisoient « But de la vie, » n'y a peu servir sans composition; ny la volupté cyrenaïque et aristippique. Des plaisirs et biens que nous avons, il n'en est aulcun exempt de quelque meslange de mal et d'incommodité :

> Medio de fonte leporum
> Surgit amari aliquid, quod in ipsis floribus angat.

Nostre extreme volupté a quelque air de gemissement et de plaincte; diriez vous pas qu'elle se meurt d'angoisse? Voire quand nous en forgeons l'image en son excellence, nous la fardons d'epithetes et qualitez maladifves et douloureuses, langueur, mollesse, foiblesse, defaillance, *morbidezza* : grand tesmoignage de leur consanguinité et consubstantialité. La profonde ioye a plus de severité que de gayeté, l'extreme et plein contentement, plus de rassis que d'enioué : *Ipsa felicitas, se nisi temperat, premit :* l'ayse nous masche. C'est ce que dict un verset grec ancien, de tel sens, « Les dieux nous vendent touts les biens qu'ils nous donnent : » c'est à dire ils ne nous en donnent aulcun pur et parfaict, et que nous n'achetions au prix de quelque mal.

Le travail et le plaisir, tresdissemblables de nature, s'associent pourtant de ie ne sçais quelle ioincture naturelle. Socrates dict, que quelque dieu essaya de mettre en masse et confondre la douleur et la volupté; mais que, n'en pouvant sortir, il s'advisa de les accoupler au moins par la queue. Metrodorus disoit, qu'en la tristesse il y a quelque alliage de plaisir. Ie ne sçais s'il vouloit dire aultre chose; mais, moy, i'imagine bien qu'il y a du desseing, du consentement, et de la complaisance, à se nourrir en la melancholie : ic dis oultre l'ambition, qui s'y peult encores mesler; il y a quelque umbre de friandise et delicatesse qui nous rit et qui nous flatte au giron mesme de la melancholie. Y a il pas des complexions qui en font leur aliment?

> Est quædam flere voluptas :

et dict un Attalus en Seneque, que la memoire de nos amis perdus nous aggree, comme l'amer, au vin trop vieux,

> Minister vetuli, puer, Falerni
> Inger mi calices amariores,

et comme des pommes doulcement aigres. Nature nous descouvre cette confusion : les peintres tiennent que les mouvements et plis du visage qui servent au pleurer, servent aussi au rire : de vray, avant que l'un ou l'autre soyent achevez d'exprimer, regardez à la conduicte de la peincture, vous estes en doubte vers lequel c'est qu'on va; et l'extremité du rire se mesle aux larmes. *Nullum sine auctoramento malum est.*

Quand i'imagine l'homme assiegé de commoditez desirables (mettons le cas que tous ses membres feussent saisis pour tousiours d'un plaisir pareil à celuy de la generation, en son poinct plus excessif), ie le sens fondre soubs la charge de son ayse, et le veois du tout incapable de porter une si pure, si constante volupté, et si universelle. De vray, il fuyt quand il y est, et se haste naturellement d'en eschapper, comme d'un pas où il ne se peult fermir, où il craint d'enfondrer.

Quand ie me confesse à moy religieusement, ie treuve que la meilleure bonté que i'aye a quelque teincture vicieuse; et crains que Platon, en sa plus verte vertu (moy qui en suis autant sincere et loyal estimateur, et des vertus de semblable marque, qu'aultre puisse estre), s'il y eust escouté de prez, comme sans doubte il faisoit, y eust senty quelque ton gauche de mixtion humaine, mais ton obscur, et sensible seulement à soy. L'homme en tout et par tout, n'est que rapiecement et bigarrure. Les loix mesmes de la iustice ne peuvent subsister sans quelque meslange d'iniustice; et dict Platon, que ceulx là entreprennent de couper la teste de Hydra, qui pretendent oster des loix toutes incommoditez et inconvenients. *Omne magnum exemplum habet aliquid ex iniquo quod contra singulos utilitate publica rependitur,* dict Tacitus.

Il est pareillement vray que, pour l'usage de la vie, et service du commerce publicque, il y peult avoir de l'excez en la pureté et perspicacité de nos esprits; cette clarté penetrante a trop de subtilité et de curiosité : il les fault appesantir et esmousser pour les rendre plus obeïssants à l'exemple et à la practique, et les espessir et obscurcir pour les proportionner à cette vie tenebreuse et terrestre : pourtant se treuvent les esprits communs et moins tendus, plus propres et plus heureux à conduire affaires ; et les opinions de la philosophie eslevees et exquises se treuvent ineptes à l'exercice. Cette poincue vivacité d'ame, et cette volubilité souple et inquiete, trouble nos negociations. Il fault manier les entreprinses humaines plus grosssierement et superficiellement, et en laisser bonne et grande part pour les droicts de la fortune : il n'est pas besoing d'esclairer les affaires si profondement et si subtilement ; on s'y perd, à la consideration de tant de lustres contraires et formes diverses ; *volutantibus res inter se pugnantes, obtorpuerant... animi.*

C'est ce que les anciens disent de Simonides : parce que son imagination luy presentoit, sur la demande que luy avoit faict le roy Hieron (pour à laquelle satisfaire il avoit eu plusieurs iours de pensement), diverses considerations aiguës et subtiles ; doubtant laquelle estoit la plus vraysemblable, il desespera du tout de la verité.

Qui en recherche et embrasse toutes les circonstances et consequences, il empesche son eslection : un engin moyen conduict egualement, et suffit aux executions de grand et de petit poids. Regardez que les meilleurs mesnagiers sont ceulx qui nous sçavent moins dire comme ils le sont ; et que ces suffisants conteurs n'y font le plus souvent rien qui vaille : ie sçais un grand diseur et tresexcellent peintre de toute sorte de mesnage, qui a laissé bien piteusement couler par ses mains cent mille livres de rente : i'en scais un aultre qui dict, qui consulte, mieulx qu'homme de son conseil, et n'est point au monde une plus belle montre d'ame et de suffisance ; toutesfois, aux effects, ses serviteurs treuvent qu'il est tout aultre, ie dis sans mettre le malheur en compte.

Chapitre XXI. — Contre la faineantise.

L'empereur Vespasien, estant malade de la maladie dont il mourut, ne laissoit pas de vouloir entendre l'estat de l'empire ; et, dans son lict mesme, depeschoit sans cesse plusieurs affaires de consequence : et son medecin l'en tansant, comme de chose nuisible à sa santé, « Il fault, disoit il, qu'un empereur meure debout. » Voylà un beau mot, à mon gré, et digne d'un grand prince. Adrian l'empereur, s'en servit depuis à ce mesme propos : et le debvroit on souvent ramentevoir aux roys, pour leur faire sentir que cette grande charge qu'on leur donne du commandement de tant d'hommes, n'est pas une charge oisifve ; et qu'il n'est rien qui puisse si iustement desgouster un subiect de se mettre en peine et en hazard pour le service de son prince, que de le veoir appoltrony ce pendant luy mesme à des occupations lasches et vaines, et d'avoir soing de sa conservation, le veoyant si nonchalant de la nostre.

Quand quelqu'un vouldra maintenir qu'il vault mieulx que le prince conduise ses guerres par aultre que par soy, la fortune luy fournira assez d'exemples de ceulx àjqui leurs lieutenants ont mis à chef des grandes entreprinses ; et de ceulx encores desquels la presence y eust esté plus nuisible qu'utile : mais nul prince vertueux et courageux ne pourra souffrir qu'on l'entretienne de si honteuses instructions. Soubs couleur de conserver sa teste, comme la statue d'un sainct, à la bonne fortune de son estat, ils le degradent de son office, qui est iustement tout en action militaire, et l'en declarent incapable. I'en sçais un qui aimeroit bien mieulx estre battu que de dormir pendant qu'on se battroit pour luy, et qui ne veid iamais sans ialousie ses gents mesmes faire quelque chose de grand en son absence. Et Selym premier disoit, avecques grande raison, ce me semble, « que les victoires qui se gaignent sans le maistre ne sont pas completes : » de tant plus volontiers eust il dict que ce maistre debvroit rougir de honte d'y pretendre part pour son nom, n'y ayant embesongné que sa voix et sa pensee ; ny cela mesme, veu qu'en telle besongne, les advis et commandements qui apportent l'honneur sont ceulx là seulement qui se donnent sur le champ, et au propre de l'affaire. Nul pilote n'exerce son office de pied ferme. Les princes de la race ottomane, la premiere race du monde en fortune guerriere, ont chauldement embrassé cette opinion ; et Baiazet second, avecques son fils, qui s'en despartirent, s'amusants aux sciences et aultres occupations casanieres, donnerent aussi de bien grands souffets à leur empire : et celuy qui regne à present, Amurath troisiesme, à leur exemple, commence assez bien de s'en trouver de mesme. Feut ce pas le roy d'Angleterre, Edouard troisiesme, qui dict, de nostre Charles cinquiesme, ce mot : « Il n'y eut oncques roy qui moins s'armast ; et si n'y eut oncques roy qui tant me donnast à faire. » Il avoit raison de le trouver estrange, comme un effect du sort plus que de la raison. Et cherchent aultre adherent que moy, ceulx qui veulent nombrer, entre les belliqueux et magnanimes conquerants, les roys de Castille et de Portugal, de ce qu'à douze cents lieues de leur oysifve demeure, par l'escorte de leurs facteurs, ils se sont rendus maistres des Indes d'une et d'aultre part, desquelles c'est à sçavoir s'ils auroient seulement le courage d'aller iouïr en presence.

L'empereur Iulian disoit encores plus : « Qu'un philosophe et un galant homme ne debvoient pas seulement respirer ; » c'est à dire ne donner aux necessitez corporelles que ce qu'on ne leur peult refuser, tenant touiours l'ame et le corps embesongnez à choses belles, grandes et vertueuses. Il avoit honte, si en public on le veoyoit cracher ou suer (ce qu'on dict aussi de la ieunesse lacedemonienne, et Xenophon de la persienne), parce qu'il estimoit que l'exercice, le travail continuel et la sobrieté debvoient avoir cuit et asseiché toutes ces superfluitez. Ce que dict Seneque ne ioindra pas mal en cet endroict, que les anciens Romains maintenoient leur ieunesse droicte : « Ils n'apprenoient, dict il, rien à leurs enfants qu'ils deussent apprendre assis. »

C'est une genereuse envie, de vouloir mourir mesme utilement et virilement ; mais l'effect n'en gist pas tant en nostre bonne resolution qu'en nostre bonne fortune : mille ont proposé de vaincre ou de mourir en combattant, qui ont failli à l'un et à l'aultre, les bleceures, les prisons, leur traversant ce desseing, et leur prestant une vie forcée ; il y a des maladies qui atterrent iusques à nos desirs et nostre cognoissance. Fortune ne debvoit pas seconder la vanité des legions romaines qui s'obligerent, par serment, de mourir ou de vaincre : *Victor, Marce Fabi, revertar ex acie : si fallo, Iovem patrem, Gradivumque Martem, aliosque iratos invoco deos*. Les Portugais disent qu'en certain endroict de leur conqueste des Indes, ils rencontrerent des soldats qui s'estoient condamnez, avecques horribles exsecrations, de n'entrer en aulcune composition que de se faire tuer ou demeurer victorieux ; et, pour marque de ce vœu, portoient la teste et la barbe rase. Nous avons beau nous hazarder et obstiner : il semble que les coups fuyent ceulx qui s'y presentent trop alaigrement, et n'arrivent volontiers à qui s'y presente trop volontiers, et corrompt leur fin. Tel ne pouvant obtenir de perdre sa vie par les forces adversaires, après avoir tout essayé, a esté contrainct, pour fournir à sa resolution d'en rapporter l'honneur ou de n'en rapporter pas la vie, se donner soy mesme la mort en la chaleur propre du combat. Il en est d'aultres exemples ; mais en voicy un : Philistus, chef de l'armee de mer du ieune Dionysius contre les Syracusains, leur presenta la battaille, qui feut asprement contestee, les forces estants pareilles : en icelle il eut du meilleur au commencement par sa prouesse ; mais, les Syracusains se rangeants autour de sa galere pour l'investir, ayant faict grands faits d'armes de sa personne pour se desvelopper, n'y esperant plus de ressource, s'osta de sa main la vie, qu'il avoit si liberalement abandonnee, et frustratoirement, aux mains ennemies.

Moley Moluch, roy de Fez, qui vient de gaigner contre Sebastian, roy de Portugal, cette iournee fameuse par la mort de trois roys, et par la transmission de cette grande couronne à celle de Castille, se trouva griefvement malade dez lors que les Portugais entrerent à main armee en son estat ; et alla touiours depuis en empirant vers la mort, et la prevoyant. Iamais homme ne se servit de soy plus vigoureusement et bravement. Il se trouva foible pour soustenir la pompe cerimonieuse de l'entree de son camp, qui est, selon leur mode, pleine de magnificence, et chargee de tout plein d'action ; et resigna cet honneur à son frere : mais ce feut aussi le seul office de capitaine qu'il resigna ; tous les aultres necessaires et utiles, il les feit treslaborieusement et exactement, tenant son corps couché, mais, son entendement et son courage debout et ferme iusques au dernier souspir, et aulcunement au delà. Il pouvoit miner ses ennemis, indiscretement advancez en ses terres ; et luy poisa merveilleusement qu'à faulte d'un peu de vie, et pour n'avoir qui substituer à la conduicte de cette guerre et aux affaires d'un estat troublé, il eust à chercher la victoire sanglante et hazardeuse, en ayant une aultre pure et nette entre ses mains :

toutefois il menagea miraculeusement la duree de sa maladie, à faire consumer son ennemy, et l'attirer loing de l'armee de mer et des places maritimes qu'il avoit en la coste d'Afrique, iusques au dernier iour de sa vie, lequel, par desseing, il employa et reserva à cette grande iournee. Il dressa sa battaille en rond, assiegeant de toutes parts l'ost des Portugais; lequel rond venant à courber et serrer, les empescha non seulement au conflict (qui feut tresaspre par la valeur de ce ieune roy assaillant), veu qu'ils avoient à monstrer visage à touts sens, mais aussi les empescha à la fuyte aprez leur roupte; et trouvants toutes les yssues saisies et closes, ils feurent contraincts de se reietter à eulx mesmes, *coarcervanturque non solum cæde, sed etiam fuga*, et s'amonceller les uns sur les aultres, fournissants aux vainqueurs une tresmeurtriere victoire et tresentiere. Mourant, il se feit porter et tracasser où le besoing l'appelloit, et, coulant le long des files, exhortoit ses capitaines et soldats, les uns aprez les aultres: mais un coing de sa battaille se laissant enfoncer, on ne le peut tenir qu'il ne montast à cheval l'espee au poing; il s'efforçoit pour s'aller mesler, ses gents l'arrestants, qui par la bride, qui par sa robbe et par ses estriers. Cet effort acheva d'accabler ce peu de vie qui luy restoit: on le recoucha. Luy, se resuscitant comme en sursault de cette pamoison, toute aultre faculté luy defaillant pour advertir qu'on leust sa mort, qui estoit le plus necessaire commandement qu'il eust lors à faire, afin de n'engendrer quelque desespoir aux siens par cette nouvelle, expira tenant le doigt contre sa bouche close, signe ordinaire de faire silence. Qui vescut oncques si long temps, et si avant en la mort? qui mourut oncques si debout?

L'extreme degré de traicter courageusement la mort, et le plus naturel, c'est la veoir, non seulement sans estonnement, mais sans soing, continuant libre le train de la vie iusques dedans elle, comme Caton, qui s'amusoit à estudier et à dormir, en ayant une violente et sanglante, presente en sa teste et en son cœur, et le tenant en sa main.

Chapitre xxii. — Des postes.

Ie n'ay pas esté des plus foibles en cet exercice, qui est propre à gents de ma taille, ferme et courte: mais i'en quitte le mestier; il nous essaye trop pour y durer trop longtemps. Ie lisois, à cette heure, que le roy Cyrus, pour recevoir plus facilement nouvelles de touts les costez de son empire, qui estoit d'une fort grande estendue, feit regarder combien un cheval pouvoit faire de chemin en un iour, tout d'une traicte; et, à cette distance, il establit des hommes qui avoient charge de tenir des chevaulx prets pour en fournir à ceulx qui viendroient vers luy; et disent aulcuns, que cette vistesse d'aller revient à la mesure du vol des grues.

Cesar dict que Lucius Vibullius Rufus, ayant haste de porter un advertissement à Pompeius, s'achemina vers luy iour et nuict, changeant de chevaulx, pour faire diligence: et luy mesme, à ce que dict Suetone, faisoit cent milles par iour sur un coche de louage; mais c'estoit un furieux courrier: là où les rivieres luy trenchoient son chemin, il les franchissoit à la nage, et ne se destournoit du droict, pour aller querir un pont ou un gué. Tiberius Nero, allant veoir son frere Drusus malade en Allemaigne, feit deux cents milles en vingt quatre heures, ayant trois coches. En la guerre des Romains contre le roi Antiochus, T. Sempronius Gracchus, dict Tite-Live, *per dispositos equos prope incredibili celeritate ab Amphissa tertio die Pellam pervenit:* et appert, à veoir le lieu, que c'estoient postes assises, non ordonnces freschement pour cette course.

L'invention de Cecina à r'envoyer des nouvelles à ceulx de sa maison, avoit bien plus de promptitude: il emporta quand et soy des arondelles, et les relaschoit vers leurs nids quand il vouloit r'envoyer de ses nouvelles, en les teignant de marque de couleur propre à signifier ce qu'il vouloit, selon qu'il avoit concerté avecques les siens.

Au theatre à Rome, les maistres de famille avoient des pigeons dans leur sein, ausquels ils attachoient des lettres, quand ils vouloient mander quelque chose à leurs gents au logis; et estoient dressez à en rapporter response. D. Brutus en usa, assiegé à Mutine; et aultres, ailleurs.

Au Peru, ils couroient sur les hommes, qui les chargeoient sur les espaules, à tout des portoires, par telle agilité, que, tout en courant, les premiers porteurs reiectoient aux seconds leur charge, sans arrester un pas.

I'entends que les Valachi, courriers du Grand Seigneur, font des extremes diligences, d'autant qu'ils ont loy de desmonter le premier passant qu'ils treuvent en leur chemin, en luy donnant leur cheval recreu ; et que pour se garder de lasser, ils se serrent à travers le corps bien estroictement d'une bande large, comme font assez d'aultres. Ie n'ay trouvé nul seiour à cet usage.

Chapitre XXIII. — Des mauvais moyens employés à bonne fin.

Il se treuve une merveilleuse relation et correspondance en cette universelle police des ouvrages de nature, qui montre bien qu'elle n'est ny fortuite ny conduicte par divers maistres. Les maladies et conditions de nos corps se voient aussi aux estats et polices : les royaumes, les republiques naissent, fleurissent, et fanissent de vieillesse, comme nous. Nous sommes subiects à une repletion d'humeurs, inutile et nuysible; soit de bonnes humeurs (car cela mesme les medecins le craignent; et parce qu'il n'y a rien de stable chez nous, ils disent que la perfection de santé trop alaigre et vigoreuse, il nous la fault essimer et rabattre par art, de peur que nostre nature, ne se pouvant rasseoir en nulle certaine place, et n'ayant plus où monter pour s'ameliorer, ne se recule en arriere en desordre et trop à coup? ils ordonnent pour cela aux athletes les purgations et les saignees, pour leur soustraire cette superabondance de santé) soit repletion de mauvaises humeurs, qui est l'ordinaire cause des maladies. De semblables repletions se veoient les estats souvent malades, et a lon accoustumé d'user de diverses sortes de purgation. Tantost on donne congé à une grande multitude de familles, pour en descharger le païs, lesquelles vont chercher ailleurs où s'accommoder aux despens d'aultruy : de cette façon nos anciens Francons, partis du fond d'Allemaigne, veindrent se saisir de la Gaule et en deschasser les premiers habitants; ainsi se forgea cette infinie marée d'hommes, qui s'escoula en Italie soubs Brennus et aultres ; ainsi les Goths et Vandales, comme aussi les peuples qui possedent à present la Grece, abandonnerent leur naturel païs pour s'aller loger ailleurs plus au large; et à peine est il deux ou trois coings au monde, qui n'ayent senti l'effect d'un tel remuement. Les Romains bastissoient par ce moyen leurs colonies; car sentants leur ville se grossir oultre mesure, ils la deschargeoient du peuple moins necessaire, et l'envoyoient habiter et cultiver les terres par eulx conquises : par fois aussi ils ont à escient nourry des guerres avecques aulcuns de leurs ennemis, non seulement pour tenir leurs hommes en haleine, de peur que l'oisifveté, mere de corruption, ne leur apportast quelque pire inconvenient,

 Et patimur longæ pacis mala ; sævior armis,
 Luxuria incumbit ;

mais aussi pour servir de saignee à leur republique, et esventer un peu la chaleur trop vehemente de leur ieunesse, escourter et esclaircir le branchage de ce tige foisonnant en trop de gaillardise ; à cet effect se sont ils aultrefois servis de la guerre contre les Carthaginois.

Au traité de Bretigny, Edouard troisiesme, roy d'Angleterre, ne voulut comprendre, en cette paix generale qu'il feit nostre roy, le differend du duché de Bretaigne, afin qu'il eust où se descharger de ses hommes de guerre, et que cette foule d'Anglois, de quoy il s'estoit servy aux affaires de deçà, ne se reiectast en Angleterre. Ce feust l'une des premieres raisons pourquoy nostre Philippe consentit d'envoyer Iean son fils à la guerre d'oultremer, afin d'amener quand et luy un grand nombre de ieunesse bouillante qui estoit en sa gendarmerie.

Il y en a plusieurs en ce temps qui discourent de pareille façon, souhaitants que cette esmotion chaleureuse, qui est parmy nous, se peust deriver à quelque guerre voisine, de peur que ces humeurs peccantes qui dominent pour cette heure nostre corps, si on ne les escoule ailleurs, maintiennent nostre fiebvre tousiours en force, et apportent enfin nostre entiere ruyne : et de vray, une guerre estrangiere est un mal bien plus doux que la civile. Mais ie ne crois que Dieu favorisast une si iniuste entreprinse, d'offenser et quereller aultruy pour nostre commodité.

 Nil mihi tam valde placeat, Rhamnusia virgo,
 Quod temere invitis suscipiatur heris.

Toutefois la foiblesse de nostre condition nous poulse souvent à cette necessité, de nous servir de maulvais moyens pour une bonne fin : Lycurgus, le plus vertueux et parfaict legislateur qui feust oncques, inventa cette tresinjuste façon, pour instruire son peuple à la temperance, de faire enyvrer par force les Ilotes qui estoient leurs serfs, à fin qu'en les veoyant ainsi perdus et ensepvelis dans le vin, les Spartiates prinsent en horreur le desbordement de ce vice. Ceulx là avoient encores plus de tort, qui permettoient anciennement que les criminels, à quelque sorte de mort qu'ils feussent condamnez, feussent deschirez touts vifs par les medecins, pour y veoir au naturel nos parties interieures, et en establir plus de certitude en leur art : car, s'il se fault desbaucher, on est plus excusable en le faisant pour la santé de l'ame que pour celle du corps : comme les Romains dressoient le peuple à la vaillance et au mespris des dangiers et de la mort, par ces furieux spectacles de gladiateurs et escrimeurs à oultrance qui se combattoient, detailloient et entretuoient en leur presence :

> Quid vesani aliud sibi vult ars impia ludi,
> Quid mortes invenum, quid sanguine pasta voluptas ?

et dura cet usage iusques à Theodosius, l'empereur :

> Arripe dilatam tua, dux, in tempora famam,
> Quodque patris superest, successor laudis habeto...
> Nullus in urbe cadat cuius sit poena voluptas...
> Iam solis contenta feris, infamis arena
> Nulla cruentalis homicidia ludat in armis.

C'estoit, à la verité, un merveilleux exemple, et de tresgrand fruict pour l'institution du peuple, de veoir touts les iours en sa presence cent, deux cents, voire mille couples d'hommes, armez les uns contre les aultres, se hacher en pieces avec une si extreme fermeté de courage, qu'on ne leur voit lascher une parole de foiblesse ou commiseration, iamais tourner le dos, ny faire seulement un mouvement lasche pour gauchir un coup de leur adversaire, ains tendre le col à son espee, et se presenter au coup : il est advenu à plusieurs d'entre eulx, estant blecez à mort de force playes, d'envoyer demander au peuple s'il estoit content de leur debvoir, avant que se coucher pour rendre l'esprit sur la place. Il ne falloit pas seulement qu'ils combattissent et mourussent constamment, mais encores alaigrement ; en maniere qu'on les hurloit et mauldissoit, si on les veoyoit estriver à recevoir la mort : les filles mesmes les incitoient :

> Consurgit ad ictus,
> Et, quoties victor ferrum iugulo inserit, illa
> Delicias ait esse suas, pectusque iacentis
> Virgo modesta iubet converso pollice rumpi.

Les premiers Romains employoient à cet exemple les criminels : mais depuis on y employa des serfs innocents, et des libres mesmes qui se vendoient pour cet effect, iusques à des senateurs et chevaliers romains, et encores des femmes :

> Nunc caput in mortem vendunt, et funus arenæ,
> Atque hostem sibi quisque parat, quum bella quiescunt.
> Hos inter fremitus novosque lusus...
> Stat sexus rudis insciusque ferri,
> Et pugnas capit improbus viriles,

ce que ie trouverois fort estrange et incroyable si nous n'estions accoustumez de veoir touts les iours, en nos guerres, plusieurs milliasses d'hommes estrangiers, engageants, pour de l'argent, leur sang et leur vie à des querelles où ils n'ont aulcun interest.

Chapitre XXIV. — De la grandeur romaine.

Ie ne veulx dire qu'un mot de cet argument infiny, pour montrer la simplesse de ceulx qui apparient à celle là les chestives grandeurs de ce temps. Au septiesme livre des Epistres familieres de Cicero (et que les grammairiens en ostent ce surnom de familieres, s'ils veulent, car, à la verité, il n'y est pas fort à propos ; et ceulx qui, au lieu de familieres, y ont substitué *ad familiares*, peuvent tirer quelque argument pour eulx de ce que dict Suetone en la vie de Cesar, qu'il y avoit un volume de lettres de luy *ad familiares*), il y en a une qui s'adresse à Cesar estant lors en la Gaule, en laquelle Cicero redict ces mots, qui estoient sur la fin d'une aultre lettre que Cesar luy avoit escript : « Quant « à Marcus Furius, que tu m'as recommendé, ie le feray roy de Gaule ; et si « tu veulx que i'advance quelque aultre de tes amis, envoye le moy. » Il n'estoit pas nouveau à un simple citoyen romain, comme estoit lors Cesar, de disposer des royaumes ; car il osta bien au roy Deiotarus le sien, pour le donner à un gentilhomme de la ville de Pergame, nommé Mithridates : et ceulx qui escrivent sa vie enregistrent plusieurs royaumes par luy vendus ; et Suetone dict qu'il tira pour un coup, du roy Ptolemaus, trois millions six cent mill' escus, qui feust bien prez de luy vendre le sien.

>Tot Galatæ, tot Puntus eat, tot Lydia nummis.

Marcus Antoine disoit que la grandeur du peuple romain ne se montroit pas tant par ce qu'il prenoit, que par ce qu'il donnoit : si en avoit il, quelque siecle avant Antonius, osté un, entre aultres, d'auctorité si merveilleuse, que, en toute son histoire, ie ne sçache marque qui porte plus hault le nom de son credit. Antiochus possedoit toute l'Aegypte, et estoit aprez à conquerir Cypre et aultres demourants de cet empire. Sur le progrez de ses victoires, C. Popilius arriva à luy de la part du senat ; et, d'abordee, refusa de luy toucher à la main, qu'il n'eust premierement leu les lettres qu'il luy apportoit. Le roy les ayant leues, et dict qu'il en delibereroit, Popilius circonscrit la place où il estoit, à tout sa baguette, en luy disant : « Rends moy response que ie puisse rapporter au senat, avant que tu partes de ce cercle. » Antiochus, estonné de la rudesse d'un si pressant commandement, aprez y avoir un peu songé : « Ie feray (dict il) ce que le senat me commande. » Lors le salua Popilius, comme amy du peuple romain. Avoir renoncé à une si grande monarchie et cours d'une si fortunee prosperité, par l'impression de trois traits d'escripture ! Il eut vrayement raison, comme il feit, d'envoyer depuis dire au senat, par ses ambassadeurs, qu'il avoit receu leur ordonnance de mesme respect que si elle feust venue des dieux immortels.

Touts les royaumes qu'Auguste gaigna par droict de guerre, il les rendit à ceulx qui les avoient perdus, ou en feit present à des estrangiers. Et, sur ce propos, Tacitus, parlant du roy d'Angleterre Cogidunus, nous faict sentir, par un merveilleux traict, cette infinie puissance : Les Romains, dict il, avoient accoustumé, de toute ancienneté, de laisser les roys qu'ils avoient surmontez, en la possession de leurs royaumes, soubs leur auctorité, « à ce qu'ils eussent « des roys mesmes, utils de la servitude : » *Ut haberent instrumenta servitutis et reges.* Il est vraysemblable que Solyman, à qui nous avons veu faire liberalité de Hongrie et aultres estats, regardoit plus à cette consideration qu'à celle qu'il avoit accoustumé d'alleguer, « Qu'il estoit saoul et chargé de tant de monarchies et de dominations que sa vertu ou celle de ses ancestres luy avoient acquis. »

Chapitre XXV. — De ne contrefaire le malade.

Il y a un epigramme en Martial, qui est des bons, car il y en a chez luy de toutes sortes, où il recite plaisamment l'histoire de Celius qui, pour fuyr à faire la court à quelques grands à Rome, se trouver à leur lever, les assister et les suyvre, feit la mine d'avoir la goutte ; et, pour rendre son excuse plus vraysemblable, se faisoit oindre les iambes, les avoit enveloppees, et contrefaisoit entierement le port et la contenance d'un homme goutteux. Enfin la fortune luy feit ce plaisir, de le rendre goutteux tout à faict.

>Tantum cura potest, et ars doloris !
>Desit fingere Cœlius podagram.

I'ay veu en quelque lieu d'Appian, ce me semble, une pareille histoire d'un qui, voulant eschapper aux prescriptions des triumvirs de Rome, pour se desrobber de la cognoissance de ceulx qui le poursuyvoient, se tenant caché et travesti, y adiousta encores cette invention, de contrefaire le borgne : quand il veint à recouvrer un peu plus de liberté, et qu'il voulut desfaire l'emplastre qu'il avoit long temps porté sur son œil, il trouva que sa veue estoit effectuellement perdue sous ce masque. Il est possible que l'action de la veue s'estoit hebetee pour avoir esté si long temps sans exercice, et que la force visive s'estoit toute reiectee en l'aultre œil ; car nous sentons evidemment que l'œil que nous tenons couvert r'envoye à son compaignon quelque partie de son effect, en maniere que celuy qui reste s'en grossit et s'en enfle : comme aussi l'oysifveté, avecques la chaleur des liaisons et des medicaments, avoit bien peu attirer quelque humeur podagrique au goutteux de Martial.

Lisant chez Froissard le vœu d'une troupe de ieunes gentilhommes anglois, de porter l'œil gauche bandé, iusqu'à ce qu'ils eussent passé en France et exploicté quelque faict d'armes sur nous ; ie me suis souvent chatouillé de ce pensement, qu'il leur eust prins comme à ces aultres, et qu'ils se feussent trouvez touts esborgnez au reveoir des maistresses pour lesquelles ils avoient faict l'entreprinse.

Les meres ont raison de tanser leurs enfants quand ils contrefont les borgnes, les boiteux, et les bicles, et tels aultres defauts de la personne : car, oultre ce que le corps, ainsi tendre, en peult recevoir un maulvais ply, ie ne sçais comment il semble que la fortune se ioue à nous prendre au mot ; et i'ay ouï reciter plusieurs exemples de gents devenus malades, ayant desseigné de feindre l'estre. De tout temps, i'ay apprins de charger ma main, et à cheval et à pied, d'une baguette ou d'un baston, iusques à y chercher de l'elegance, et de m'en seiourner, d'une contenance affettee : plusieurs m'ont menacé que fortune tourneroit un iour cette mignardise en necessité. Ie me fonde sur ce que ie serois tout le premier goutteux de ma race.

Mais alongeons ce chapitre, et le bigarrons d'une aultre piece, à propos de la cecité. Pline dict d'un qui, songeant estre aveugle, en dormant, se le trouva l'endemain, sans aulcune maladie precedente. La force de l'imagination peult bien ayder à cela, comme i'ay dict ailleurs ; et semble que Pline soit de cet advis : mais il est plus vraysemblable que les mouvements que le corps sentait au dedans, desquels les medecins trouveront, s'ils veulent, la cause, qui luy ostoient la veue, feurent occasion de songe.

Adioustons encores une histoire voisine de ce propos, que Seneque recite en l'une de ses lettres ; « Tu sçais, dict il, escrivant à Lucilius, que Harpasté, la folle de ma femme, est demeuree chez moy, pour charge hereditaire : car, de mon goust, ie suis ennemy de ces monstres ; et, si iay envie de rire d'un fol, il ne me le fault chercher gueres loing, ie ris de moy mesme. Cette folle a subitement perdu la veue. Ie te recite chose estrange, mais veritable : elle ne sent point qu'elle soit aveugle, et presse incessamment son gouverneur de l'emmener, parce qu'elle dict que ma maison est obscure. Ce que nous rions en elle, ie te prie croire qu'il advient à chascun de nous ; nul ne cognoist estre avare, nul convoiteux : encores les aveugles demandent un guide ; nous nous fourvoyons de nous mesmes. Ie ne suis pas ambiteux, disons nous ; mais à Rome on ne peult vivre aultrement : ie ne suis pas sumptueux ; mais la ville requiert une grande despense : ce n'est pas ma faulte si ie suis cholere, si ie n'ay encores estabil aulcun train asseuré de vie : c'est la faulte de la ieunesse. Ne cherchons pas hors de nous nostre mal, il est chez nous, il est planté en nos entrailles : et cela mesme, que nous ne sentons pas estre malades, nous rend la guarison plus malaysee. Si nous ne commenceons de bonne heure à nous panser, quand aurons nous pourveu à tant de playes et à tant de maulx ? Si avons nous une tresdouce medecine, que la philosophie ; car des aultres, on n'en sent le plaisir qu'aprez la guarison, cette cy plaist et guarit ensemble. » Voylà ce que dict Seneque, qui m'a emporté hors de mon propos ; mais il y a du proufit au change.

Chapitre XXVI. — Des poulces.

Tacitus recite que, parmy certains roys barbares, pour faire une obligation asseuree, leur maniere estoit de ioindre estroictement leurs mains droictes l'une l'autre, et s'entrelacer les poulces : et quand, à force de les presser, le sang en estoit monté au bout, ils les bleccoient de quelque legiere poincte, et puis se les entresucceoient.

Les medecins disent que les poulces sont les maistres doigts de la main : et que leur etymologie latine vient de *pollere*. Les Grecs l'appelent ἀντίχειρ, comme qui diroit une aultre main. Et il semble que par fois les Latins les prennent aussi en ce sens de main entiere :

   Sed nec vocibus excitata blandis,
   Molli pollice nec rogata, surgit.

C'estoit à Rome une signification de faveur, de comprimer et baisser les poulces,
> Fautor utroque tuum laudabit pollice ludum,

et de desfaveur, de les haulser et contourner en dehors :
> Converso pollice vulgi,
> Quemlibet occidunt populariter.

Les Romains dispensoient de la guerre ceulx qui estoient blecez au poulce, comme s'ils n'avoient plus la prinse des armes assez ferme. Auguste confisqua les biens à un chevalier romain qui avoit, par malice, coupé les poulces à deux siens ieunes enfants, pour les excuser d'aller aux armes : et avant luy, le senat, du temps de la guerre italique, avoit condamné Caius Vatienus à prison perpetuelle, et luy avoit confisqué touts ses biens, pour s'estre à escient coupé le poulce de la main gauche, pour s'exempter de ce voyage.

Quelqu'un, dont il ne me souvient point, ayant gagné une bataille navale, feit couper les poulces à ses ennemis vaincus, pour leur oster le moyen de combattre et de tirer la rame. Les Atheniens les feirent couper aux Aeginetes, pour leur oster la preference en l'art de marine.

En Lacedemone, le maistre chastioit les enfants en leur mordant le poulce.

Chapitre XXVII. — Couardise, mere de la cruauté.

I'ay souvent ouï dire que la couardise est mere de la cruauté : et si ay par experience apperceu que cette aigreur et aspreté de courage malicieux et inhumain s'accompaigne coustumierement de mollesse feminine; i'en ai veu des plus cruels, subiects à pleurer aysement, et pour des causes frivoles. Alexandre, tyran de Pheres, ne pouvoit souffrir d'ouïr au theatre le ieu des tragedies, de peur que ses citoyens ne le veissent gemir aux malheurs de Hecuba et Andromache, luy qui, sans pitié, faisoit cruellement meurtrir tant de gents touts les iours. Seroit ce foiblesse d'ame qui les rendist ainsi ployables à toutes extremitez? La vaillance, de qui c'est l'effect de s'exercer seulement contre la resistance,
> Nec nisi bellantis gaudet cervice iuvenci,

s'arreste à veoir l'ennemy à sa mercy : mais la pusillanimité, pour dire qu'elle est aussi de la feste, n'ayant peu se mesler à ce premier roolle, prend pour sa part le second, du massacre et du sang. Les meurtres des victoires s'exercent ordinairement par le peuple, et par les officiers du bagage · et ce qui faict veoir tant de cruautez inouïes aux guerres populaires, c'est que cette canaille de vulgaire s'aguerrit, et se gendarme, à s'ensanglanter iusques aux coudes, et deschiquetter un corps à ses pieds, n'ayant ressentiment d'aultre vaillance :
> Et lupus, et turpes instant morientibus ursi,
> Et quæcumque minor nobilitate fera est ·

Comme les chiens couards, qui deschirent en la maison et mordent les peaux des bestes sauvages qu'ils n'ont osé attaquer aux champs. Qu'est ce qui faict, en ce temps, nos querelles toutes mortelles ; et qu'au lieu que nos peres avoient quelque degré de vengeance, nous commenceons à cette heure par le dernier ; et ne se parle, d'arrivée, que de tuer ? quest ce, si ce n'est couardise?

Chascun sent bien qu'il y a plus de braverie et desdaing à battre son ennemy qu'à l'achever, et de le faire bouquer que de le faire mourir ; dadvantage, que l'appetit de vengeance s'en assouvit, et contente mieulx ; car elle ne vise qu'à donner ressentiment de soy : voylà pourquoy nous n'attaquons pas une beste ou une pierre quand elle nous blece, d'autant qu'elles sont incapables de sentir nostre revenche : et de tuer un homme, c'est le mettre à l'abry de nostre offense.

Et tout ainsi comme Bias crioit à un meschant homme : « Ie sçais que tost ou tard tu en seras puni, mais ie crains que ie ne le veoye pas ; » et plaignoit les Orchemeniens, de ce que la penitence que Lyciscus eut de la trahison contre eulx commise, venoit en saison qu'il n'y avoit personne de reste de ceulx qui en avoient esté interessez, et ausquels debvoit toucher le plaisir de cette penitence : tout ainsin est à plaindre la vengeance quand celuy envers lequel elle s'employe perd le moyen de la souffrir ; car, comme le vengeur y veult veoir pour en tirer du plaisir, il fault que celuy sur lequel il se venge y veoye aussi, pour en recevoir du desplaisir et de la repentance. « Il s'en repentira, » disons nous; et, pour lui avoir donné d'une pistolade dans la teste, estimons nous qu'il s'en repente? au rebours, si nous nous en prenons garde, nous trouverons qu'il nous faict la moue en tumbant; et il ne nous en sçait pas seulement maulvais gré, c'est bien loing de s'en repentir; et luy prestons le plus favorable de tous les offices de la vie, qui est de le faire mourir promptement et insensiblement; nous sommes à conniller, à trotter, et à fuyr les officiers de la justice qui nous suyvent; et luy est en repos. Le tuer, est bon pour eviter l'offense à venir; non pour venger celle qui est faicte : c'est une action plus de crainte, que de braverie; de precaution, que de courage; de deffense, que d'entreprinse. Il est apparent que nous quittons par là et la vraye fin de la vengeance, et le soing de nostre reputation : nous craignons, s'il demeure en vie, qu'il nous recharge d'une pareille : ce n'est pas contre luy, c'est pour toy, que tu t'en desfais.

Au royaume de Narsingue, cet expedient ne nous demeureroit inutile : là, non seulement les gents de guerre, mais aussi les artisants, desmeslent leurs querelles à coups d'espee. Le roy ne refuse point le camp à qui se veult battre, et assiste, quand ce sont personnes de qualité, estrenant le victorieux d'une chaisne d'or; mais, pour laquelle conquerir, le premier à qui il en prend envie peult venir aux armes avec celuy qui la porte; et pour s'estre desfaict d'un combat, il en a plusieurs sur les bras.

Si nous pensions, par vertu, estre tousiours maistres de nostre ennemy, et le gourmander à nostre poste, nous serions bien marris qu'il nous eschappast, comme il faict en mourant. Nous voulons vaincre, mais plus seurement que honorablement; et cherchons plus la fin, que la gloire, en nostre querelle.

Asinius Pollio, pour un honneste homme moins excusable, representa une erreur pareille; qui ayant escript des invectives contre Plancus, attendoit qu'il feust mort pour les publier : c'estoit faire la figue à un aveugle, et dire des pouilles à un sourd, et offenser un homme sans sentiment, plustost que d'encourir le hazard de son ressentiment. Aussi disoit on pour luy, « que ce n'estoit qu'aux lutins de luicter les morts. » Celuy qui attend à veoir trespasser l'aucteur duquel il veult combattre les escripts, que dict il, sinon qu'il est foible et noisif? On disoit à Aristote que quelqu'un avoit mesdict de luy : « Qu'il face plus, dict il, qu'il me fouette, pourveu que ie n'y sois pas. »

Nos peres se contentoient de revencher une iniure par un desmenti, un desmenti par un coup, et ainsi par ordre; ils estoient assez valeureux pour ne craindre pas leur adversaire vivant et oultragé : nous tremblons de frayeur, tant que nous le veoyons en pieds; et qu'il soit ainsi, nostre belle praticque d'auiourd'huy porte elle pas de poursuivre à mort aussi bien celuy que nous avons offensé que celuy qui nous a offensez? C'est aussi une espece de lascheté qui a introduicts en nos combats singuliers cet usage de nous accompaigner de seconds, et tiers, et quarts : c'estoit anciennement des duels; ce sont à cette heure rencontres et battailles. La solitude faisoit peur aux premiers qui l'inventerent, *quum in se cuique minimum fiduciæ esset;* car naturellement quelque compaignie que ce soit apporte confort et soulagement au dangier. On se servoit anciennement de personnes tierces, pour garder qu'il ne s'y feist desordre et desloyauté, et pour tesmoigner de la fortune du combat : mais depuis qu'on a prins ce train, qu'ils s'y engagent eulx mesmes, quiconque y est convié ne peult honnestement s'y tenir comme spectateur de peur qu'on ne luy attribue que ce soit faulte ou d'affection ou de cœur. Oultre l'iniustice d'une telle action, et vilenie, d'engager à la protection de vostre honneur aultre valeur et force que la vostre, ie treuve du desadvantage à un homme de bien, et qui pleinement se fie de soy, d'aller mesler sa fortune à celle d'un second : chascun court assez de hasard pour soy, sans le courir encores pour un aultre, et a assez à faire à s'asseurer de sa propre vertu pour la deffense de sa vie, sans commettre chose si chere en mains tierces. Car, s'il n'a esté expressement marchandé au contraire, des quatre, c'est une partie liee; si vostre second est à terre, vous en avez deux sus les bras, avecques raison : et de dire que c'est supercherie, elle l'est voirement; comme de charger, bien armé, un homme qui n'a qu'un tronçon d'espee, ou, tout sain, un homme qui est desia fort blecé; mais si ce sont advantages que vous ayez gaigné en combattant, vous vous en pouvez servir sans reproche. La disparité et inegalité ne se poise et considere que de l'estat en quoy se commence la meslee ; du reste, prenez vous en à la fortune : et quand vous en aurez, tout seul, trois sur vous, vos deux compaignons s'estants laissez tuer, on ne vous faict non plus de tort que ie ne ferois, à la guerre, de donner un coup d'espee à l'ennemy que ie verrois attaché à l'un des nostres, de pareil advantage. La nature de la société porte, où il y a trouppe contre trouppe, comme où nostre duc d'Orleans defia le roy d'Angleterre Henry, cent contre cent ; trois cents contre autant, comme les Argiens contre les Lacedemoniens ; trois à trois, comme les Horaciens contre les Curiaciens, Que la multitude de chasque part n'est consideree que pour un homme seul : par tout où il y a compaignie, le hazard y est confus et meslé.

I'ay interest domestique à ce discours : car mon frere sieur de Matecoulom feut convié, à Rome, à seconder un gentilhomme qu'il ne cognoissoit guere, lequel estoit deffendeur, et appellé par un aultre. En ce combat, il se trouva de fortune avoir en teste un qui luy estoit plus voisin et plus cogneu : ie vouldrois qu'on me feist raison de ces loix d'honneur qui vont si souvent chocquant et troublant celles de la raison. Aprez s'estre desfaict de son homme, voyant les deux maistres de la querelle en pieds encores et entiers, il alla descharger son compaignon. Que pouvoit il moins ? debvoit il se tenir coy, et regarder desfaire, si le sort l'eust ainsi voulu, celuy pour la deffense duquel il estoit là venu ? ce qu'il avoit faict iusques alors ne servoit rien à la besongne : la querelle estoit indecise. La courtoisie que vous pouvez et certes debvez faire à vostre ennemy, quand vous l'avez reduict en mauvais termes et à quelque grand desadvantage, ie ne veois pas comment vous la puissiez faire, quand il va de l'interest d'aultruy, où vous n'estes que suivant, où la dispute n'est pas vostre ; il ne pouvoit estre ny iuste, ny courtois, au hazard de celuy auquel il s'estoit presté. Aussi feut il delivré des prisons d'Italie par une bien soubdaine et solenne recommendation de nostre roy.

Indiscrete nation ! nous ne nous contentons pas de faire sçavoir nos vices et folies au monde, par reputation ; nous allons aux nations estrangieres pour les leur faire veoir en presence ! Mettez trois François aux deserts de Lybie, ils ne seront pas un mois ensemble, sans se harceler et esgratigner ; vous diriez que cette peregrination est une partie dressee pour donner aux estrangiers le plaisir de nos tragedies, et le plus souvent à tels qui s'eiouïssent de nos maulx et qui s'en mocquent. Nous allons apprendre en Italie à escrimer, et l'exerceons aux despens de nos vies, avant que de le sçavoir ; si fauldroit il, suivant l'ordre de la discipline, mettre la theorique avant la practique : nous trahissons nostre apprentissage :

> Primitiæ iuvenis miseræ, bellique propinqui
> Dura rudimenta !

Ie sçais bien que c'est un art utile à sa fin mesme (au duel des deux princes cousins germains, en Espagne, le plus vieil, dict Tite Live, par l'addresse des armes et par ruse, surmonta facilement les forces estourdies du plus ieune) ; et art, comme i'ay cogneu par experience, duquel la cognoissance a grossi le cœur à aulcuns outre leur mesure naturelle : mais ce n'est pas proprement vertu, puis qu'elle tire son appuy de l'addresse, et qu'elle prend aultre fondement que de soy mesme. L'honneur des combats consiste en la ialousie du courage, non de la science : et pourtant ay ie veu quelqu'un de mes amis, renommé pour grand maistre en cet exercice, choisir en ses querelles des armes qui lui ostassent le moyen de cet advantage, et lesquelles despendoient entierement de la fortune et de l'asseurance, afin qu'on n'attribuast sa victoire plustost à son escrime qu'à sa valeur ; et en mon enfance, la noblesse fuyoit la reputation de bien escrimer comme iniurieuse, et se desrobboit pour l'apprendre, comme un metier de subtilité desrogeant à la vraye et naïfve vertu.

> Non schivar, non parar, non ritirarsi
> Voglion costor, ne qui destrezza ha parte ;
> Non danno i colpi or finti, or pieni, or scarsi
> Toglie l' ira e 'l furor l' uso dell' arte.
> Odi le spade orribilmente urtarsi
> A mezzo il ferro ; il piè d' orma non parte ;
> Sempre è il piè fermo, e la man sempre in moto ;
> Nè scende taglio in van, nè punta a voto.

Les buttes, les tournois, les barrieres, l'image des combats guerriers, estoient l'exercice de nos peres : cet aultre exercice est d'aultant moins noble, qu'il ne regarde qu'une fin privee ; qui nous apprend à nous entreruyner, contre les loix et la iustice, et qui, en toute façon, produict tousiours des effects dommageables. Il est bien plus digne et mieulx seant de s'exercer en choses qui asseurent, non qui offensent nostre police, qui regardent la publique seureté et la gloire commune. Publius Rutilius, consul, feut le premier qui instruisit le soldat à manier ses armes par addresse et science, qui conioingnit l'art à la vertu, non pour l'usage de querelle privee, ce feut pour la guerre et querelles du peuple romain ; escrime populaire et civile : et, oultre l'exemple de Cesar, qui ordonna aux siens de tirer principalement au visage des gentsdarmes de Pompeius, en la battaille-de Pharsale, mille aultres chefs de guerre se sont ainsin advisez d'inventer nouvelle forme d'armes ; nouvelle forme de frapper et de se couvrir, selon le besoing de l'affaire present.

Mais, tout ainsi que Philopœmen condamna la luicte, en quoy il excelloit, d'autant que les preparatifs qu'on employoit à cet exercice estoient divers à ceulx qui appartiennent à la discipline militaire, à laquelle seule il estimoit les gents d'honneur se debvoir amuser : il me semble aussi que cette addresse à quoy on façonne ses membres, ces destours et mouvements à quoy on dresse la ieunesse en cette nouvelle eschole, sont non seulement inutiles, mais contraires plustost et dommageables à l'usage du combat militaire ; aussi y emploient communement nos gents des armes particulieres, et peculierement destinees à cet usage ; et i'ai veu qu'on ne trouvoit gueres bon qu'un gentilhomme, [convié à l'espee et au poignard, s'offrist en equipage de gentdarme ; ny qu'un autre offrist d'y aller avecques sa cappe, au lieu du poignard. Il est digne de consideration que Lachez, en Platon, parlant d'un apprentissage de manier les armes, conforme au nostre, dict n'avoir iamais de cette eschole veu sortir nul grand homme de guerre, et nommeement des maistres d'icelle : quant à ceulx là, nostre experience en dict bien autant. Du reste, au moins pouvons nous tenir que ce sont suffisances de nulle relation et correspondance; et, en l'institution des enfants de sa police, Platon interdict les arts de mener les poings, introduictes par Amycus et Epeius, et de luicter, par Antaeus et Cercyo, parce qu'elles ont aultre but que de rendre la ieunesse plus apte au service bellique, et n'y conferent point. Mais ie m'en vois un peu bien à gauche de mon theme.

L'empereur Maurice, estant adverty, par songes et plusieurs prognostiques, qu'un Phocas, soldat pour lors incogneu, le debvoit tuer, demandoit à son gendre Philippus qui estoit ce Phocas, sa nature, ses conditions et ses mœurs ; et comme, entre aultres choses, Philippus luy dict qu'il estoit lasche et craintif, l'empereur conclut incontinent par là qu'il estoit doncques meurtrier et cruel. Qui rend les tyrans si sanguinaires, c'est le soing de leur seureté, et que leur lasche cœur ne leur fournit d'aultres moyens de s'asseurer, qu'en exterminant ceulx qui les peuvent offenser, iusques aux femmes, de peur d'une esgratigneure :

Cuncta ferit, dum cuncta timet.

Les premieres cruautez s'exercent pour elles mesmes ; de là s'engendre la crainte d'une iuste revenche, qui produict aprez une enfileure de nouvelles cruautez, pour les estouffer les unes apres les aultres. Philippus, roy de Macedoine, celuy qui eust tant de fusees à desmesler avecques le peuple romain, agité de l'horreur des meurtres commis par son ordonnance, ne se pouvant resouldre contre tant de familles en divers temps offensees, print party de se saisir de touts les enfants de ceulx qu'il avoit faict tuer, pour, de iour en iour, les perdre l'un aprez l'aultre, et ainsin establir son repos.

Les belles matieres siesent bien, en quelque place qu'on les seme : moy, qui ay plus de soing du poids et utilité des discours que de leur ordre et suitte, ne doibs pas craindre de loger icy, un peu à l'escart, une tresbelle histoire. Quand elles sont si riches de leur propre beauté, et se peuvent seules trop soubstenir, ie me contente du bout d'un poil pour les ioindre à mon propos.

Entre les aultres condemnez par Philippus, avoit esté un Herodicus, prince des Thessaliens : aprez luy, il avoit encores depuis faict mourir ses deux gendres, laissants chascun un fils bien petit. Theoxena et Archo estoient les deux veufves. Theoxena ne peut estre induicte à se remarier, en estant fort poursuyvie. Archo espousa Poris, le premier homme d'entre les Acniens, et en eut nombre d'enfants, qu'elle laissa touts en bas aage. Theoxena espoinçonnee d'une charité maternelle envers ses nepveux, pour les avoir en sa conduicte et protection, espousa Poris.

Voicy venir la proclamation de l'edict du roy. Cette courageuse mere, se desfiant et de la cruauté de Philippus, et de la licence de ses satellites envers cette belle et tendre ieunesse, osa dire qu'elle les tueroit plustost de ses mains que de les rendre. Poris, effrayé de cette protestation, luy promet de les desrobber et emporter à Athenes, en la garde d'aulcuns siens hostes fideles. Ils prennent occasion d'une feste annuelle qui se celebroit à Aenie, en l'honneur d'Aeneas, et s'y en vont. Ayants assisté, le iour, aux cerimonies et banquet publicque, la nuict ils s'escoulent dans un vaisseau preparé, pour gaigner païs par mer. Le vent leur feut contraire; et, se trouvants le lendemain à la veue de la terre dont ils avoient desmaré, feurent suyvis par les gardes des ports. Au ioindre, Poris s'embesongnant à haster les mariniers pour la fuitte, Theoxena, forcenee d'amour et de vengeance, se reiectant à sa premiere proposition, faict apprets d'armes et de poison, et les presentant à leur veue : « Or sus, mes « enfants, la mort est meshuy le seul moyen de vostre deffense et liberté, et « sera matiere aux dieux de leur saincte iustice : ces espees traictes, ces couppes « pleines, vous en ouvrent l'entree : courage! Et toy, mon fils, qui es plus « grand, empoigne ce fer, pour mourir de la mort plus forte. » Ayants d'un costé cette vigoreuse conseillere, les ennemis de l'aultre à leur gorge, ils conrurent de furie chascun à ce qui luy feut le plus à main; et, demy morts, feurent iectez en la mer. Theoxena, fiere d'avoir si glorieusement pourveu à la seureté de touts ses enfants, accollant chauldement son mary : « Suyvons ces garsons, mon amy; et iouïssons de mesme sepulture avecques eulx. » Et se tenants ainsin embrassez, se precipiterent : de maniere que le vaisseau feut ramené à bord, vuide de ses maistres.

Les tyrans, pour faire touts les deux ensemble, et tuer, et faire sentir leur cholere, ont employé toute leur suffisance à trouver moyen d'alonger la mort. Ils veulent que leurs ennemis s'en aillent, mais non pas si viste qu'ils n'ayent loisir de savourer leur vengeance. Là dessus ils sont en grand'peine : car si les torments sont violents, ils sont courts; s'ils sont longs, ils ne sont pas assez douloureux à leur gré : les voylà à dispenser leurs engins. Nous en veoyons mille exemples en l'antiquité; et ie ne sçais si, sans y penser, nous ne retenons pas quelque trace de cette barbarie.

Tout ce qui est au delà de la mort simple me semble pure cruauté. Nostre iustice ne peult esperer que celuy que la crainte de mourir, et d'estre descapité, ou pendu, ne gardera de faillir, en soit empesché par l'imagination d'un feu languissant, ou des tenailles, ou de la roue. Et ie ne sçais cependant, si nous les iectons au desespoir; car en quel estat peult estre l'ame d'un homme, attendant vingt quatre heures la mort, brisé sur une roue, ou, à la vieille façon, cloué à une croix? Iosephe recite que pendant les guerres des Romains en Iudee, passant où l'on avoit crucifié quelques Iuifs, trois iours y avoit, il recogneut trois de ses amis, et obteint de les oster de là; les deux moururent, dict il, l'aultre vescut encores depuis.

Chalcondyle, homme de foy, aux memoires qu'il a laissez des choses advenues de son temps et prez de luy, recite pour extreme supplice celuy que l'empereur Mechmet practiquoit souvent, de faire trencher les hommes en deux parts par le faulx du corps, à l'endroict du diaphragme, et d'un seul coup de cimeterre : d'où il arrivoit qu'ils mourussent comme de deux morts à la fois; et veoyoit on, dict il, l'une et l'aultre part pleine de vie se demener long temps apres, pressee de torment. Ie n'estime pas qu'il y eust grande souffrance en ce mouvement : les supplices plus hideux a veoir ne sont pas tousiours les plus forts à souffrir; et treuve plus atroce ce que d'aultres historiens en recitent contre des seigneurs epirotes, qu'il les feit escorcher par le menu d'une dispensation si malicieusement ordonnee, que leur vie dura quinze iours à cette angoisse.

Et ces deux aultres : Croesus ayant faict prendre un gentilhomme, favori de Pantaleon, son frere, le mena en la boutique d'un foullon, où il le feit gratter et carder à coups de cardes et peignes de ce mestier, iusqu'à ce qu'il en mourust. Georges Sechel, chef de ces païsans de Poloigne, qui, soubs titre de la croisade, feirent tant de maulx, desfaict en bataille par le vayvode de Transsylvanie, et prins, feut trois iours attaché nud sur un chevalet, exposé à toutes les manieres de torments que chascun pouvoit apporter contre luy, pendant lequel temps on fit ieusner plusieurs aultres prisonniers. Enfin, luy vivant et veoyant, on abbruva de son sang Lucat, son cher frere, et pour le salut duquel seul il prioit, tirant sur soy toute l'envie de leurs mesfaicts : et feit lon paistre vingt de ses plus favoris capitaines, deschirants à belles dents sa chair, et en engloutissants les morceaux. Le reste du corps et parties du dedans, luy expiré, feurent mises bouillir, qu'on feit manger à d'aultres de sa suitte.

Chapitre XXVIII. — Toutes choses ont leur saison.

Ceulx qui apparient Caton le censeur au ieune Caton, meurtrier de soy mesme, apparient deux belles natures et de formes voisines. Le premier exploicta la sienne à plus de visages, et precelle en exploicts militaires et en utilité de ses vacations publicques ; mais la vertu du ieune, oultre ce que c'est blaspheme de luy en apparier null'aultre en vigueur, feut bien plus nette : car qui deschargeroit d'envie et d'ambition celle du censeur, ayant osé chocquer l'honneur de Scipion, en bonté et en toutes parties d'excellence de bien loing plus grand, et que luy, et que tout aultre homme de son siecle?

Ce qu'on dict, entre aultres choses, de luy, qu'en son extreme vieillesse il se meit à apprendre la langue grecque, d'un ardent appetit, comme pour assouvir une longue soif, ne me semble pas luy estre fort honorable ; c'est proprement ce que nous disons, « Retumber en enfantillage. » Toutes choses ont leur saison, les bonnes et tout ; et ie puis dire mon patenostre hors de propos ; comme on defera T. Quintius Flaminius de ce qu'estant general d'armee, on l'avoit veu à quartier, sur l'heure du conflict, s'amusant à prier Dieu, en une battaille qu'il gaigna.

Imponit finem sapiens et rebus honestis.

Eudemonidas, voyant Xenocrates, fort vieil, s'empresser aux leçons de son eschole : « Quand sçaura cettuy cy, dict il, s'il apprend encores ! » Et Philopœmen, à ceulx qui hault louoient le roy Ptolemaeus de ce qu'il durcissoit sa personne touts les iours à l'exercice des armes : « Ce n'est, dict il, pas chose louable à un roy de son aage de s'y exercer, il les debvroit hormais reellement employer. » Le ieune doibt faire ses apprets ; le vieil, en iouïr, disent les sages ; et le plus grand vice qu'ils remarquent en nous, c'est que nos desirs raieunissent sans cesse ; nous recommenceons tousiours à vivre.

Nostre estude et nostre envie debvroient quelquesfois sentir la vieillesse. Nous avons le pied à la fosse ; et nos appetits et poursuittes ne font que naistre :

Tu secanda marmora
Locas sub ipsum funus, et, sepulcri
Immemor, struis domos.

Le plus long de mes desseings n'a pas un an d'estendue : ie ne pense desormais qu'à finir, me desfoys de toutes nouvelles esperances et entreprinses, prends mon dernier congé de touts les lieux que ie laisse, et me despossede touts les iours de ce que i'ay. *Olim iam nec perit quidquam mihi, nec acquiritur... plus superest viatici quam viae.*

Vixi, et quem dederat cursum fortuna peregi.

C'est enfin tout le soulagement que ie treuve en ma vieillesse, qu'elle amortit en moy plusieurs desirs et soings de quoy la vie est inquietee ; le soing du cours du monde, le soing des richesses, de la grandeur, de la science, de la santé, de moy. Cettuy cy apprend à parler, lors qu'il luy fault apprendre à se taire pour iamais. On peult continuer à tout temps l'estude, non pas l'escholage : la sotte chose qu'un vieillard abecedaire !

Diversos diversa iuvant ; non omnibus annis
Omnia conveniunt.

S'il fault estudier, estudions un estude sortable à nostre condition, à fin que nous puissions respondre, comme celuy à qui, quand on demanda à quoy faire ces estudes en sa decrepitude, « A m'en partir meilleur, et plus à mon ayse, » respondict il. Tel estude feut celuy du ieune Caton, sentant sa fin prochaine, qui se rencontra au discours de Platon, De l'éternité de l'ame ; non, comme il fault croire, qu'il ne feust de long temps garny de toute sorte de munitions pour un tel deslogement ; d'asseurance, de volonté ferme et d'instruction, il en avoit plus que Platon n'en a en ses escripts ; sa science et son courage estoient, pour ce regard, au dessus de la philosophie : il print cette occupation, non pour le service de sa mort ; mais, comme celuy qui n'interrompit pas seulement son sommeil en l'importance d'une telle deliberation, il continua aussi sans chois et sans changement ses estudes avec les aultres actions accoustumées de sa vie. La nuict qu'il veint d'estre refusé de la preture, il la passa à iouer ; celle en laquelle il debvoit mourir, il la passa à lire : la perte ou de la vie, ou de l'office, tout luy feut un.

Chapitre XXIX. — De la vertu.

Ie treuve, par experience, qu'il y a bien à dire entre les boutees et saillies de l'ame, ou une resolue et constante habitude : et veois bien qu'il n'est rien que nous ne puissions, voire iusques à surpasser la divinité mesme, dict quelqu'un, d'autant que c'est plus de se rendre impassible, de soy, que d'estre tel, de sa condition originelle ; et iusques à pouvoir ioindre à l'imbecillité de l'homme une resolution et asseurance de Dieu ; mais c'est par secousses : et ez vies de ces heros du temps passé, il y a quelquesfois des traicts miraculeux, et qui semblent de bien loing surpasser nos forces naturelles ; mais ce sont traicts, à la verité ; et est dur à croire que de ces conditions ainsin eslevees, on en puisse teindre et abbruver l'ame en maniere qu'elles luy deviennent ordinaires et comme naturelles. Il nous eschoit à nous mesmes, qui ne sommes qu'avortons d'hommes, d'eslancer par fois nostre ame, esveillee par les discours ou exemples d'aultruy, bien loing au delà de son ordinaire : mais c'est une espece de passion, qui la poulse et agite, et qui la ravit aulcunement hors de soy ; car, ce tourbillon franchi, nous veoyons que, sans y penser, elle se desbande et relasche d'elle mesme, sinon iusques à la derniere touche, au moins iusques à n'estre plus celle là ; de façon que lors, à toute occasion, pour un oyseau ou un verre cassé, nous nous laissons esmouvoir à peu prez comme l'un du vulgaire. Sauf l'ordre, la moderation et la constance, i'estime que toutes choses soient faisables par un homme bien manque et defaillant en gros. A cette cause, disent les sages, il fault, pour iuger bien à poinct d'un homme, principalement contrerooller ses actions communes, et le surprendre en son à touts les iours.

Pyrrho, celuy qui bastit de l'ignorance une si plaisante science, essaya, comme touts les aultres vrayement philosophes, de faire respondre sa vie à sa doctrine. Et parce qu'il maintenoit la foiblesse du iugement humain estre si extreme que de ne pouvoir prendre party ou inclination, et le vouloit suspendre perpetuellement balancé, regardant et accueillant toutes choses comme indifferentes, on conte qu'il se maintenoit tousiours de mesme façon et visage : s'il avoit commencé un propos, il ne laissoit pas de l'achever, bien que celuy à qui il parloit s'en feust allé ; s'il alloit, il ne rompoit son chemin pour empeschement qui se presentast, conservé des precipices, du heurt des charrettes, et aultres accidents, par ses amis : car, de craindre ou eviter quelque chose, c'eust esté chocquer ses propositions, qui ostoient aux sens mesmes toute eslection et certitude. Quelquesfois il souffrit d'estre incisé et cauterisé, d'une telle constance, qu'on ne luy en feit pas seulement ciller les yeulx. C'est quelque chose de ramener l'ame à ces imaginations ; c'est plus d'y ioindre les effects ; toutesfois il n'est pas impossible : mais de les ioindre avecques telle perseverance et constance, que d'en establir son train ordinaire, certes, en ces entreprinses si esloingnees de l'usage commun, il est quasi incroyable qu'on le puisse. Voylà pourquoy, comme il feut quelquefois rencontré en sa maison, tansant bien asprement avecques sa sœur, et luy estant reproché de faillir en cela à son indifference : « Quoy, dict il, fault il qu'encores cette femmelette serve de tesmoignage à mes regles ? » Une aultre fois, qu'on le veit se deffendre d'un chien : « Il est, dict il, tresdifficile de despouiller entierement l'homme : et se fault mettre en debvoir et efforcer de combattre les choses, premierement par les effects, mais au pis aller, par la raison et par les discours. »

Il y a environ sept ou huict ans, qu'à deux lieues d'icy, un homme de village, qui est encores vivant, ayant la teste de longtemps rompue par la ialousie de sa femme, revenant un iour de la besongne, et elle le bienvegnant de ses criailleries accoustumees, entra en telle furie, que, sur le champ, à tout la serpe qu'il tenoit encores en ses mains, s'estant moissonné tout net les pieces qui la mettoient en fiebvre, les luy iecta au nez. Et il se dict qu'un ieune gentilhomme des nostres, amoureux et gaillard, ayant par sa perseverance, amolli enfin le cœur d'une belle maistresse, desesperé de ce que, sur le poinct de la charge, il s'estoit trouvé mol luy mesme et desfailly, et que

Non viriliter
Iners senile penis extulerat caput,

il s'en priva soubdain revenu au logis, et l'envoya, cruelle et sanglante victime, pour la purgation de son offense. Si c'eust esté par discours et religion, comme les presbtres de Cybele, que ne dirions nous d'une si haultaine entreprinse ?

Depuis peu de iours, à Bergerac, à cinq lieues de ma maison, contremont la riviere de Dordoigne, une femme ayant esté tourmentee et battue, le soir avant, de son mary, chagrin et fascheux de sa complexion, delibera d'eschapper à sa rudesse, au prix de sa vie; et s'estant, à son lever, accointée de ses voisines comme de coustume, leur laisant couler quelque mot de recommendation de ses affaires, prenant une sienne sœur par la main, la mena avecques elle sur le pont, et, aprez avoir prins congé d'elle, comme par maniere de ieu, sans montrer aultre changement ou alteration, se precipita du hault en bas en la riviere, où elle se perdit. Ce qu'il y a de plus en cecy, c'est que ce conseil meurit une nuict entiere dans sa teste.

C'est bien aultre chose des femmes indiennes : car estant leur coustume, aux maris d'avoir plusieurs femmes, et à la plus chere d'elles de se tuer aprez son mary, chascune, par le desseing de toute sa vie, vise à gaigner ce poinct et cet advantage sur ses compaignes; et les bons offices qu'elles rendent à leur mary ne regardent aultre recompense que d'estre preferees à la compaignie de sa mort.

> ... Ubi mortifero iacta est fax ultima lecto,
> Uxorum fusis stat pia turba comis :
> Et certamen habent lethi, quæ viva sequatur
> Coniugium ; pudor est non licuisse mori.
> Ardent victrices, et flammæ pectora præbent,
> Imponuntque suis ora perusta viris.

Un homme escrit encores en nos iours avoir veu en ces nations orientales cette coustume en credit, que non seulement les femmes s'enterrent aprez leurs maris, mais aussi les esclaves desquelles il a eu iouïssance; ce qui se faict en cette maniere : Le mary estant trespassé, la veufve peult, si elle veult (mais peu le veulent) demander deux ou trois mois d'espace à disposer de ses affaires. Le iour venu, elle monte à cheval, paree comme à nopces, et d'une contenance gaye, va, dict elle, dormir avecques son epoux, tenant en sa main gauche un mirouer, une flesche en l'aultre : s'estant ainsi promenee en pompe, accompagnee de ses amis et parents et de grand peuple en feste, elle est tantost rendue en lieu publicque destiné à tels spectacles : c'est une grande place, au milieu de laquelle il y a une fosse pleine de bois; et ioignant icelle, un lieu relevé de quatre ou cinq marches, sur lequel elle est conduicte, et servie d'un magnifique repas; aprez lequel, elle se met à baller et à chanter, et ordonne, quand bon luy semble, qu'on allume le feu. Cela faict, elle descend, et prenant par la main le plus proche des parents de son mary, ils vont ensemble à la riviere voisine, où elle se despouille toute nue, et distribue ses ioyaux et vestements à ses amis, et se va plongeant dans l'eau, comme pour y laver ses peschez : sortant de là, elle s'enveloppe d'un linge iaune de quatorze brasses de long; et, donnant de rechef la main à ce parent de son mary, s'en revont sur la motte, où elle parle au peuple, et recommande ses enfants, si elle en a. Entre la fosse et la motte, on tire volontiers un rideau, pour leur oster la veue de cette fournaise ardente, ce qu'aulcunes deffendent, pour tesmoigner plus de courage. Finy qu'elle a de dire, une femme luy presente un vase plein d'huile à s'oindre la teste et tout le corps, lequel elle iecte dans le feu quand elle en a faict, et en l'instant s'y lance elle mesme. Sur l'heure, le peuple renverse sur elle quantité de busches pour l'empescher de languir; et se change toute leur ioie en dueil et tristesse. Si ce sont personnes de moindre estoffe, le corps du mort est porté au lieu où on le veult enterrer, et là mis en son seant, la veufve, à genoux devant luy, l'embrassant etroictement; et se tient en ce poinct, pendant qu'on bastit autour d'eulx un mur qui, venant à se haulser iusques à l'endroict des espaules de la femme, quelqu'un des siens, par le derriere prenant sa teste, luy tord le col; et rendu qu'elle a l'esprit, le mur est soubdain monté et clos, où ils demeurent ensepvelis.

En ce mesme païs, il y avoit quelque chose de pareil en leurs gymnosophistes : car, non par la contrainte d'aultruy, non par l'impetuosité d'une humeur soubdaine, mais par expresse profession de leur regle, leur façon estoit, à mesure qu'ils avoient atteinct certain aage, ou qu'ils se veoyoient menacez par quelque maladie, de se faire desser un buchier, et au dessus un lict bien paré; et aprez avoir festoyé ioyeusement leur amis et cognoissants s'aller planter dans ce lict, en telle resolution, que le feu y estant mis, on ne les veist mouvoir ny pieds, ny mains : et ainsi mourut l'un d'eulx, Calanus, en presence de toute l'armee d'Alexandre le grand. Et n'estoit estimé entre eulx ny sainct, ny bienheureux, qui ne s'estoit ainsi tué, envoyant son ame purgée et purifiee par le feu, aprez avoir consommé tout ce qu'il y avoit de mortel et terrestre. Cette constante premeditation de toute la vie, c'est ce qui a faict le miracle.

Parmy nos aultres disputes, celle du *Fatum* s'en est meslee : et, pour attacher les choses et nostre volonté mesme à certaine et inevitable necessité, on est encores sur cet argument du temps passé, « Puisque Dieu prevoit toutes choses debvoir ainsin advenir, comme il faict sans doubte; il fault doncques qu'elles adviennent ainsin. » A quoy nos maistres respondent, « Que le veoir que quelque chose advienne, comme nous faisons, et Dieu de mesmes (car, tout luy estant present, il veoid plutost qu'il ne preveoit) ce n'est pas la forcer d'advenir : voire, nous veoyons, à cause que les choses adviennent ; et les choses n'adviennent pas, à cause que nous veoyons : l'advenement fait la science, et non la science l'advenement. Ce que nous veoyons advenir, advient; mais il pouvoit aultrement advenir; et Dieu, au registre des causes des advenements qu'il a en sa prescience, y a aussi celles qu'on appelle fortuites, et les volontaires qui dependent de la liberté qu'il a donné à nostre arbitrage, et sçait que nous fauldrons, parce que nous aurons voulu faillir. »

Or, i'ay veu assez de gents encourager leurs troupes de cette necessité fatale : car si nostre heure est attachee à certain poinct, ny les harquebusades ennemies, ny nostre fuyte et couardise, ne la peuvent advancer ou reculer. Cela est beau à dire; mais cherchez qui l'effectuera : et s'il est ainsi, qu'une forte et vifve creance tire aprez soy les actions de mesme, certes cette foy, de quoy nous remplissons tant la bouche, est merveilleusement legiere en nos siecles ; sinon que le mespris qu'elle a des œuvres, luy face desdaigner leur compaignie. Tant y a, qu'à ce mesme propos, le sire de Iouinville, tesmoing croyable autant que aultre, nous raconte des Bedoins, nation meslee aux Sarrasins, ausquels le roy sainct Louys eut affaire en la Terre saincte, qu'ils croyoient si fermement en leur religion, les iours d'un chascun estre de toute eternité prefix et comptez, d'une preordonnance inevitable, qu'ils alloient à la guerre nudz, sauf un glaive à la turquesque, et le corps seulement couvert d'un linge blanc . et pour leur plus extreme mauldisson, quand ils se courrouceoient aux leurs , ils avoient touiours en la bouche : « Mauldict sois tu comme celuy qui s'arme, de peur de la mort! » Voylà bien aultre preuve de creance et de foy que la nostre. Et de ce reng est aussi celle que donnerent ces deux religieux de Florence, du temps de nos peres : Estants en quelque controverse de science, ils s'accorderent d'entrer touts deux dans le feu, en presence de tout le peuple, et en la place publicque, pour la verification chascun de son party : et en estoient desia les apprets touts faicts, et la chose iustement sur le poinct de l'execution, quand elle feut interrompue par un accident improuveu.

Un ieune seigneur turc, ayant faict un signalé faict d'armes de sa personne, à la veue des deux battailles d'Amurath et de l'Huniade, prestes à se donner, enquis par Amurath, qui l'avoit, en si grande ieunesse et inexperience (car c'estoit la premiere guerre qu'il eust veu), rempli d'une si genereuse vigueur de courage, respondit : « Qu'il avoit eu pour souverain precepteur de vaillance un lievre : quelque iour, estant à la chasse, dict il, ie descouvris un lievre en forme; et encores que i'eusse deux excellents levriers à mon costé, si me sembla il, pour ne faillir poinct, qu'il valloit mieulx y employer encores mon arc; car il me faisoit fort beau ieu. Ie commenceay à descocher mes fleches, et iusques à quarante qu'il y avoit en ma trousse, non sans l'assener seulement, mais sans l'esveiller. Aprez tout, ie descouplay mes levriers aprez, qui n'y peurent non plus. I'apprins par là qu'il avoit esté couvert par sa destinée; et que ny les traicts ny les glaives ne portent que par le congé de nostre fatalité, laquelle il n'est en nous de reculer ni d'advancer. » Ce conte doibt servir à nous faire veoir en passant combien nostre raison est flexible à toute sorte d'images. Un personnage, grand d'ans, de nom, de dignité et de doctrine, se vantoit à moy d'avoir esté porté à certaine mutation tresimposante de sa foy par une incitation estrangiere, aussi bizarre; et au reste, si mal concluante, que ie la trouvois plus forte au revers : luy l'appelloit miracle, et moy aussi, à divers sens. Leurs historiens disent que la persuasion estant populairement semee entre les Turcs de la fatale et imployable prescription de leurs iours, ayde apparemment à les asseurer aux dangiers. Et ie cognois un grand prince qui en faict heureusement son proufict, soit qu'il la croye, soit qu'il la prenne pour excuse à se hazarder extraordinairement : Pourveu que fortune ne se lasse trop tost de luy faire espaule !

Il n'est point advenu de nostre memoire un plus admirable effect de resolution, que de ces deux qui conspirerent la mort du prince d'Orange. C'est merveille comment on peut eschauffer le second, qui l'executa, à une entreprinse en laquelle il estoit si mal advenu à son compaignon, y ayant apporté tout ce qu'il pouvoit, et, sur cette trace, et de mesmes armes, aller entreprendre un seigneur, armé d'une si fresche instruction de desfiance ; puissant de suitte d'amis et de force corporelle, en sa salle, parmy ses gardes, en une ville toute à sa devotion. Certes, il y employa une main bien determinee, et un courage esmeu d'une vigoreuse passion. Une poignard est plus seur pour assener ; mais d'autant qu'il a besoing de plus de mouvement et de vigueur de bras que n'a un pistolet, son coup est plus subiect à estre gauchy ou troublé. Que celui là ne courust à une mort certaine, ie n'y foys pas grand doubte ; car les esperances de quoy on eust sceu l'amuser ne pouvoient loger en entendement rassis, et la conduicte de son exploict montre qu'il n'en avoit pas faulte, non plus que de courage. Les motifs d'une si puissante persuasion peuvent estre divers, car nostre fantasie faict de soy et de nous ce qu'il lui plaist. L'execution qui feut faicte prez d'Orleans n'eut rien de pareil ; il y eut plus de hazard que de vigueur ; le coup n'estoit pas à la mort, si la fortune ne l'eust rendu tel ; et l'entreprinse de tirer, estant à cheval, et de loing, et à un qui se mouvoit au bransle de son cheval, feust l'entreprinse d'un homme qui aimoit mieulx faillir son effect que faillir à se sauver. Ce qui suyvit aprez le montra ; car il se transit et s'enivra de la pensee de si haulte execution, si qu'il perdit entierement son sens et à conduire sa fuyte, et à conduire sa langue en ses responses. Que luy falloit il, que recourir à ses amis au travers d'une riviere ? c'est un moyen où ie me suis iecté à moindres dangiers, et que i'estime de peu de hazard, quelque largeur qu'ait le passage, pourveu que vostre cheval treuve l'entree facile, et que vous prevoyez au delà un bord aysé, selon le cours de l'eau. L'aultre, quand on luy prononcea son horrible sentence : « I'y estois preparé, dict il ; je vous estonnerai de ma patience. »

Les Assassins, nation despendante de la Phœnicie, sont estimez, entre les Mahumetans, d'une souveraine devotion et pureté de mœurs. Ils tiennent que le plus court chemin à gaigner paradis, c'est de tuer quelqu'un de religion contraire. Parquoy on l'a veu souvent entreprendre, à un ou deux, en pourpoinct, contre des ennemis puissants, au prix d'une mort certaine, et sans aulcun soing de leur propre dangier. Ainsi feust assassiné (ce mot est emprunté de leur nom) nostre comte Raymond de Tripoli, au milieu de sa ville, pendant nos entreprinses de la guerre saincte ; et pareillement Conrad, marquis de Montferrat : les meurtriers conduicts au supplice, touts enflez et fiers d'un si beau chef d'œuvre.

Chapitre xxx. — D'un enfant monstrueux.

Ce conte s'en ira tout simple ; car ie laisse aux medecins d'en discourir. Ie veis avant hier un enfant que deux hommes et une nourrice, qui se disoient estre le pere, l'oncle, et la tante, conduisoient pour tirer quelque soul de le montrer à cause de son estrangeté. Il estoit, en tout le reste, d'une forme commune, et se soubstenoit sur ses pieds, marchoit et gazouilloit, environ comme les aultres de mesme aage : il n'avoit encores voulu prendre aultre nourriture que du tettin de sa nourrice, et ce qu'on essaya en ma presence de luy mettre en la bouche, il le maschoit un peu, et le rendoit sans avaller : ses cris sembloient bien avoir quelque chose de particulier : il estoit aagé de quatorze mois iustement. Au dessoubs de ses tettins, il estoit prins et collé à un aultre enfant, sans teste, et qui avoit le conduict du dos estouppé, le reste en entier ; car il luy avoit bien l'un bras plus court, mais il luy avoit esté rompu par accident, à leur naissance ; ils estoient ioincts face à face, et comme si un petit enfant en vouloit accoler un plus grandelet. La ioincture et l'espace par où ils se tenoient n'estoit que de quatre doigts, ou environ, en maniere que si vous retroussiez cet enfant imparfaict, vous voyez au dessoubs le nombril de l'aultre : ainsi la cousture se faisoit entre les tettins et le nombril. Le nombril de l'imparfait ne se pouvoit voir, mais ouy bien tout le reste de son ventre : voilà comme ce qui n'estoit pas attaché, comme bras, fessier, cuisses et iambes de cet imparfaict, demouroient pendants et branslants sur l'aultre, et lui pouvoit aller sa longueur iusques à my iambe. La nourrice nous adioustoit qu'il urinoit par touts les deux endroits; aussi estoient les membres de cet aultre nourris et vivants, et en mesme poinct que les siens, sauf qu'ils estoient plus petits et menus. Ce double corps, et ces membres divers se rapportant à une seule teste, pourroient bien fournir de favorable prognostique au roy, de maintenir sous l'union de ses loix ces parts et pieces diverses de nostre estat : mais, de peur que l'evenement ne le demente, il vault mieux le laisser passer devant ; car il n'est que de deviner en choses faictes, *ut, quum facta sunt, tam ad coniecturam aliqua interpretatione revocentur :* comme on dict d'Epimenides, qu'il devinoit à reculons.

Ie viens de veoir un pastre en Medoc, de trente ans ou environ, qui n'a aulcune montre des parties genitales, il a trois trous par où il rend son eau incessamment; il est barbu, a desir, et recherche l'attouchement des femmes.

Ce que nous appellons monstres ne le sont pas à Dieu, qui veoid en l'immensité de son ouvrage l'infinité des formes qu'il y a comprinses : et est à croire que cette figure qui nous estonne se rapporte et tient à quelque aultre figure de mesme genre, incogneu à l'homme. De sa toute sagesse il ne part rien que bon, et commun, et reglé : mais nous n'en veoyons pas l'assortiment et la relation. *Quod crebro videt, non miratur, etiamsi, cur fiat, nescit. Quod ante non vidit, id, si evenerit, ostentum esse censet.* Nous appellons contre nature, ce qui advient contre la coustume : rien n'est que selon elle, quel qu'il soit. Que cette raison universelle et naturelle chasse de nous l'erreur et l'estonnement que la nouvelleté nous apporte.

Chapitre xxxi. — De la cholere.

Plutarque est admirable partout, mais principalement où il iuge les actions humaines. On peult veoir les belles choses qu'il dict, en la comparaison de Lycurgus et de Numa, sur le propos de la grande simplesse que ce nous est, d'abandonner les enfants au gouvernement et à la charge de leurs peres. La plus part de nos polices, comme dict Aristote, laissent à chascun, en maniere des cyclopes, la conduicte de leurs femmes et de leurs enfants, selon leur folle et indiscrete fantasie : et quasi les seules Lacedemonienne et Cretense ont commis aux loix la discipline de l'enfance. Qui ne veoid qu'en un estat tout despend de cette education et nourriture ? et cependant, sans aulcune discretion, on la laisse à la mercy des parents, tant fols et meschants qu'ils soient.

Entre aultres choses, combien de fois il m'a prins envie, passant par nos rues, de dresser une farce pour venger des garsonnets que ie veoyois escorcher, assommer et meurtrir à quelque pere ou mere furieux et forcenez de cholere ! Vous leur voyez sortir le feu et la rage des yeulx.

> Rabie iecur incendente, feruntur
> Præcipites; ut saxa iugis abrupta, quibus mons
> Subtrahitur, clivoque latus pendente recedit,

(et, selon Hippocrates, les plus dangereuses maladies sont celles qui desfigurent le visage), à tout une voix trenchante et esclatante, souvent contre qui ne faict que sortir de nourrice. Et puis les voylà estropiez, estourdis de coups; et nostre iustice qui n'en faict compte, comme si ces esboittements et escloichements n'estoient pas des membres de nostre chose publicque :

> Gratum est, quod patriæ civem populoque dedisti ;
> Si facis, ut patriæ sit idoneus, utilis agris,
> Utilis et bellorum et pacis rebus agendis.

Il n'est passion qui esbranle tant la sincerité des iugements, que la cholere. Aulcun ne feroit doubte de punir de mort le iuge qui, par cholere, auroit condamné son criminel, pourquoy est il non plus permis aux peres et aux pedantes, de foucter les enfants et les chastier estants en cholere ? ce n'est plus correction, c'est vengeance. Le chastiement tient lieu de medecine aux enfants :

et souffririons nous un medecin qui feust animé et courroucé contre son patient ?

Nous mesmes, pour bien faire, ne debvrions iamais mettre la main sur nos serviteurs, tandis que la cholere nous dure. Pendant que le pouls nous bat et que nous sentons de l'esmotion, remettons la partie : les choses nous sembleront à la verité aultres, quand nous serons r'accoysez et refroidis. C'est la passion qui commande lors, c'est la passion qui parle; ce n'est pas nous; au travers d'elle, les faultes nous apparoissent plus grandes, comme les corps au travers d'un brouillas. Celuy qui a faim use de viande ; mais celuy qui veult user de chastiement n'en doibt avoir faim ny soif. Et puis, les chastiments qui se font avecques poids et discretion se receoivent bien mieulx et avecques plus de fruict de celuy qui les souffre : aultrement, il ne pense pas avoir esté iustement condamné par un homme agité d'ire et de furie ; et allegue, pour sa iustification, les mouvements extraordinaires de son maistre, l'inflammation de son visage, les serments inusitez, et cette sienne inquietude et precipitation temeraire ;

<blockquote>Ora tument ira, nigrescunt sanguine venæ,
Lumina Gorgoneo sævius igne micant.</blockquote>

Suetone recite que Caïus Robirius ayant esté condamné par Cesar, ce qui luy servit le plus envers le peuple, auquel il appella, pour lui faire gaigner sa cause, ce feut l'animosité et l'aspreté que Cesar avoit apporté en ce iugement.

Le dire est aultre chose que le faire : il fault considerer le presche à part, et le prescheur à part. Ceulx là se sont donné beau ieu en nostre temps, qui ont essayé de chocquer la verité de nostre Eglise par les vices de ses ministres; elle tire ses tesmoignages d'ailleurs : c'est une sotte façon d'argumenter, et qui reiecteroit toutes choses en confusion; un homme de bonnes mœurs peult avoir des opinions faulses ; et un meschant peult prescher verité, voire celuy qui ne la croit pas. C'est sans doubte une belle harmonie, quand le faire et le dire vont ensemble : et ie ne veulx pas nier que le dire, lors que les actions suyvent, ne soit de plus d'auctorité et efficace ; comme disoit Eudamidas, oyant un philosophe discourir de la guerre : « Ces propos sont beaux; mais celuy qui les tient n'en est pas croyable, car il n'a pas les aureilles accoustumees au son de la trompette : » et Cleomenes, oyant un rhetoricien haranguer de la vaillance, s'en print fort à rire ; et, l'aultre s'en scandalisant, il luy dict : « l'en ferois de mesme si c'estoit une arondelle qui en parlast; mais si c'estoit une aigle, ie l'orrois volontiers. » I'apperceois, ce me semble, ez escripts des anciens, que celuy qui dict ce qu'il pense, l'assene bien plus vivement que celui qui se contrefaict. Oyiez Cicero parler de l'amour de la liberté ; oyez en parler Brutus : les escripts mesmes, vous sonnent que cettuy cy estoit homme pour l'acheter au prix de la vie. Que Cicero, pere d'eloquence, traicte du mespris de la mort ; que Seneque en traicte aussi : celuy là traisne languissant, et vous sentez qu'il vous veult resoudre de chose de quoy il n'est pas resolu ; il ne vous donne point de cœur, car luy mesme n'en a point : l'autre vous anime et enflamme. Ie ne vois iamais aucteur, mesmement de ceulx qui traictent de la vertu et des actions, que ie ne recherche curieusement quel il a esté : car les ephores à Sparte, voyants un homme dissolu proposer au peuple un advis utile, luy commanderent de se taire, et prierent un homme de bien de s'en attribuer l'invention, et le proposer.

Les escripts de Plutarque, à les bien savourer, nous le descouvrent assez, et ie pense le cognoistre iusques dans l'ame; si vouldrois ie que nous eussions quelques memoires de sa vie. Et me suis iecté en ce discours à quartier, à propos du bon gré que ie sens à Aul. Gellius de nous avoir laissé par escript ce conte de ses mœurs, qui revient à mon subiect de la cholere : Un sien esclave, mauvais homme et vicieux, mais qui avoit les aureilles aulcunement abbruvees des leçons de philosophie, ayant esté, pour quelque sienne faulte, despouillé par le commandement de Plutarque, pendant qu'on le fouettoit, grondoit au commencement, « Que c'estoit sans raison, et qu'il n'avoit rien faict : » mais enfin, se mettant à crier, et iniurier bien à bon escient son maistre, luy reprochoit « qu'il n'estoit pas philosophe comme il s'en vantoit; qu'il luy avoit souvent ouï dire qu'il estoit laid de se courroucer, voire qu'il en avoit faict un livre ; et ce que lors, tout plongé en la cholere, il le faisoit si cruellement battre, desmentoit entierement ses escripts. » A cela Plutarque, tout froidement et tout rassis : « Comment, dict il, rustre, à quoy iuges tu que ie sois à cette heure courroucé? mon visage, ma voix, ma couleur, ma parole, te donne elle quelque tesmoignage que ie sois esmeu? ie ne pense avoir ny les yeulx effarouchez, ny le visage troublé, ny un cri effroyable : rougis ie? escume ie? m'eschappe il de dire chose de quoy i'aye à me repentir? tresaults ie? fremis ie de courroux? car, pour te dire, ce sont là les vrais signes de la cholere? » Et puis, se destournant à celuy qui fouettoit : « Continuez, luy dict il, tousiours votre besongne, pendant que cettuy cy et moy disputons. » Voylà son conte.

Archytas Tarentinus, revenant d'une guerre où il avoit esté capitaine general, trouva tout plein de mauvais mesnage en sa maison, et ses terres en friche, par le mauvais gouvernement de son receveur; et l'ayant faict appeler : « Va, luy dict il, que, si ie n'estois en cholere, ie t'estrillerois bien! » Platon de mesme, s'estant eschauffé contre l'un de ses esclaves, donna à Speusippus charge de le chastier, s'excusant d'y mettre la main luy mesme, sur ce qu'il estoit courroucé. Charillus, lacedemonien, à un Ilote qui se portoit insolemment et audacieusement envers luy, « Par les dieux, dict il, si ie n'estois courroucé, ie te ferois tout à cette heure mourir. »

C'est une passion qui se plaist en soy, et qui se flatte. Combien de fois, nous estant esbranlez sous une faulse cause, si on vient à nous presenter quelque bonne deffense ou excuse, nous despitons nous contre la verité mesme et l'innocence? I'ay retenu à ce propos un merveilleux exemple de l'antiquité : Piso, personnage partout ailleurs de notable vertu, s'estant esmeu contre un sien soldat, de quoy revenant seul du fourrage, il ne luy sçavoit rendre compte où il avoit laissé un sien compaignon, teint pour averé qu'il l'avoit tué, et le condamna soubdain à la mort. Ainsi qu'il estoit au gibet, voycy arriver ce compaignon esgaré : toute l'armee en feit grand'feste, et aprez force caresses et accollades des deux compaignons, le bourreau meine l'un et l'aultre en la presence de Piso, s'attendant bien toute l'assistance que ce luy seroit à luy mesme un grand plaisir. Mais ce feut au rebours : car, par honte et despit, son ardeur, qui estoit encores en son effort, se redoubla, et d'une subtilité que sa passion luy fournit soubdain, il en feit trois coupables, parce qu'il en avoit trouvé un innocent, et les feit despecher touts trois : le premier soldat, parce qu'il y avoit arrest contre luy; le second qui s'estoit egaré, parce qu'il estoit cause de la mort de son compaignon; et le bourreau, pour n'avoir obeï au commandement qu'on luy avoit faict.

Ceulx qui ont à negocier avecques des femmes testues, peuvent avoir essayé à quelle rage on les iecte, quand on oppose à leur agitation le silence et la froideur, et qu'on desdaigne de nourrir leur courroux. L'orateur Celius estoit merveilleusement cholere de sa nature : A un qui souppoit en sa compaignie, homme de molle et doulce conversation, et qui, pour ne l'esmouvoir, prenoit party d'approuver tout ce qu'il disoit, et d'y consentir : luy, ne pouvant souffrir son chagrin de se passer ainsi sans aliment : « Nie moy quelque chose, de par les dieux! dit il, afin que nous soyons deux. » Elles, de mesme, ne se courroucent qu'afin qu'on se contrecourrouce, à l'imitation des loix de l'amour. Phocion, à un homme qui luy troubloit son propos en l'iniuriant asprement, n'y feit aultre chose que se taire, et luy donner tout loisir d'espuiser sa cholere : cela faict, sans aulcune mention de ce trouble, il recommencea son propos en l'endroict où il l'avoit laissé. Il n'est replique si picquante comme un tel mespris.

Du plus cholere homme de France (et c'est tousiours imperfection, mais plus excusable à un homme militaire; car en cet exercice il y a certes des parties qui ne s'en peuvent passer), ie dis souvent que c'est le plus patient homme que ie cognoisse à brider sa cholere : elle l'agite de telle violence et fureur.

> Magno veluti quum flumma sonore
> Virgea suggeritur costis undantis aheni,
> Exsultantique æstu latices furit intus aquai
> Fumidus, atque alte spumis exuberat amnis;
> Nec iam se capit unda; volat vapor ater ad auras;

qu'il fault qu'il se contraigne cruellement pour la moderer. Et pour moy, ie ne sçache passion pour laquelle couvrir et soubtenir ie peusse faire un tel effort : ie ne vouldrois pas mettre la sagesse à si hault prix. Ie ne regarde pas tant ce qu'il faict, que combien il luy couste à ne faire pis.

Un aultre se vantoit à moy du reglement et doulceur de ses mœurs, qui est à la verité singuliere : ie luy disois que c'estoit bien quelque chose, notamment à ceulx, comme luy, d'eminente qualité, sur lesquels chascun a les yeulx, de se presenter au monde tousiours bien temperez; mais que le principal estoit de prouveoir au dedans et à soy mesme, et que ce n'estoit pas à mon gré bien mesnager ses affaires, que de se ronger interieurement : ce que ie craignois qu'il feist, pour maintenir ce masque et cette reglee apparence par le dehors.

On incorpore la cholere en la cachant; comme Diogenes dict à Demosthenes, lequel, de peur d'estre apperceu dans une taverne, se reculoit au dedans : « Tant plus tu te recules arriere, tant plus tu y entres. » Ie conseille qu'on donne plustost une buffe à la ioue de son valet, hors de saison, que de gehenner sa fantasie pour representer cette sage contenance; et aimerois mieulx produire mes passions, que de les couver à mes despens : elles s'alanguissent en s'esventant et en s'exprimant : il vault mieulx que leur poincte agisse au dehors, que de la plier contre nous. *Omnia vitia in aperto leviora sunt : et tunc perniciosissima, quum, simulata sanitate, subsidunt.*

I'advertis ceulx qui ont loy de se pouvoir courroucer en ma famille : Premierement qu'ils menagent leur cholere, et ne l'espandent pas à tout prix, car cela en empesche l'effect et le poids : la criaillerie temeraire et ordinaire passe en usage, et faict que chascun la mesprise; celle que vous employez contre un serviteur pour son larrecin ne se sent point, d'autant que c'est celle mesme qu'il vous a veu employer cent fois contre luy, pour avoir mal reincé un verre ou mal assis une escabelle : Secondement, qu'ils ne se courroucent point en l'air, et regardent que leur reprehension arrive à celuy de qui ils se plaignent; car ordinairement ils crient avant qu'il soit en leur presence; et durent à crier, un siecle aprez qu'il est party :

Et secum petulans amentia certat.

ils s'en prennent à leur umbre, et poulsent une tempeste en lieu où personne n'en est ny chastié ny interessé que du tintamarre de leur voix, tel qui n'en peult mais. I'accuse pareillement aux querelles ceulx qui bravent et se mutinent sans partie; il fault garder ces rodomontades où elles portent :

Mugitus veluti quum prima in prælia taurus
Terrificos ciet, atque irasci in cornua tentat,
Arboris obnixus trunco, ventosque lacessit
Ictibus, et sparsa ad pugnam proludit arena.

Quand ie me courrouce, c'est le plus vifvement, mais aussi le plus briefvement et secretement que ie puis : ie me perds bien en vistesse et en violence; mais non pas en trouble, si que i'aille iectant à l'abandon et sans choix toutes sortes de paroles iniurieuses, et que ie ne regarde d'assoeir pertinemment mes poinctes où i'estime qu'elles blecent le plus : car ie n'y employe communement que la langue. Mes valets en ont meilleur marché aux grandes occasions qu'aux petites : les petites me surprennent; et le malheur veult que depuis que vous estes dans le precipice, il n'importe qui vous ayt donné le bransle, vous allez tousiours iusques au fond : la cheute se presse, s'esmeut, et se haste d'elle mesme. Aux grandes occasions, cela me paye qu'elles sont si iustes, que chascun s'attend d'en veoir naistre une raisonnable cholere; ie me glorifie à tromper leur attente : ie me bande et prepare contre celles cy, elles me mettent en cervelle, et menacent de m'emporter bien loing, si ie les suyvois; aysement ie me garde d'y entrer, et suis assez fort, si ie l'attends, pour repoulser l'impulsion de cette passion, quelque violente cause qu'elle ayt; mais si elle me preoccupe et saisit une fois, elle m'emporte, quelque vaine cause qu'elle ayt. Ie marchande ainsin avecques ceulx qui peuvent contester avecques moy : « Quand vous me sentirez esmeu le premier, laissez moy aller à tort ou à droict : i'en feray de mesme à mon tour. » La tempeste ne s'engendre que de la concurrence des choleres, qui se produisent volontiers l'une de l'aultre, et ne naissent pas en un poinct : donnons à chascune sa course, nous voilà tousiours en paix. Utile ordonnance, mais de difficile execution. Par fois m'advient il aussi de representer le courroucé, pour le reglement de ma maison, sans aulcune vraye esmotion. A mesure que l'aage me rend les humeurs plus aigres, i'estudie à m'y opposer; et feray, si ie puis, que ie seray d'oresenavant d'autant moins chagrin et difficile, que i'auray plus d'excuse et d'inclination à l'estre quoyque par cy devant ie l'aye esté entre ceulx qui le sont le moins.

Encores un mot pour clorre ce pas. Aristote dict que « la cholere sert par fois d'armes à la vertu et à la vaillance. » Cela est vraysemblable : toutesfois ceulx qui y contredisent respondent plaisamment Que c'est un' arme de nouvel usage, car nous remuons les aultres armes, celle cy nous remue; nostre main ne la guide pas, c'est elle qui guide nostre main; elle nous tient, nous ne la tenons pas.

Chapitre xxxii. — Deffense de Seneque et de Plutarque.

La familiarité que i'ay avec ces personnages icy, et l'assistance qu'ils font à ma vieillesse, et à mon livre massonné purement de leurs despouilles, m'oblige à espouser leur honneur.

Quant à Seneque, parmy une milliasse de petits livrets, que ceulx de la religion pretendue reformee font courir pour la deffense de leur cause, qui partent par fois de bonne main, et qu'il est grand dommage n'estre embesongnee à meilleur subiect, i'en ai veu aultrefois un qui, pour alonger et remplir la similitude qu'il veult trouver du gouvernement de nostre pauvre feu roy Charles neufviesme avecques celuy de Neron, apparie feu monsieur le cardinal de Lorraine avec Seneque; leurs fortunes, d'avoir esté touts deux les premiers au gouvernement de leurs princes; et quand et quand leurs mœurs, leurs conditions, et leurs desportements. En quoy, à mon opinion, il faict bien de l'honneur audict seigneur cardinal : car, encores que ie sois de ceulx qui estiment autant son esprit, son eloquence, son zele envers sa religion et service de son roy, et sa bonne fortune d'estre nay en un siecle où il feut si nouveau et si rare, et quand et quand si necessaire pour le bien publique, d'avoir un personnage ecclesiastique de telle noblesse et dignité, suffisant et capable de sa charge ; si est ce qu'à confesser la verité, ie n'estime sa capacité de beaucoup prez telle, ny sa vertu si nette et entiere ny si ferme, que celle de Seneque.

Or, ce livre dequoy ie parle, pour venir à son but, faict une description de Seneque tresiniurieuse, ayant emprunté ces reproches de Dion l'historien, duquel ie ne crois aulcunement le tesmoignage : car, oultre qu'il est inconstant, qui, aprez avoir appellé Seneque tressage tantost, et tantost ennemy mortel des vices de Neron, le faict ailleurs avaricieux, usurier, ambitieux, lasche, voluptueux et contrefaisant le philosophe à faulses enseignes, sa vertu paroist si vifve et vigoureuse en ses escripts, et la deffense y est si claire à aulcunes de ces imputations, comme de sa richesse et despense excessifve, que ie n'en croirois aulcun tesmoignage au contraire ; et d'advantage, il est bien plus raisonnable de croire en telles choses les historiens romains, que les grecs et estrangiers : or, Tacitus et les aultres parlent treshonnorablement et de sa vie et de sa mort, et nous le peignent en toutes choses personnage tresexcellent et tresvertueux ; et ie ne veulx alleguer aultre reproche contre le iugement de Dion, que cettuy cy qui est inevitable, c'est qu'il a le sentiment si maladé aux affaires romaines, qu'il ose soubtenir la cause de Iulius Cesar contre Pompeius, et d'Antiochus contre Cicero.

Venons à Plutarque. Iean Bodin est un bon aucteur de nostre temps, et accompaigné de beaucoup plus de iugement que la tourbe des escrivailleurs de son siecle, et merite qu'on le iuge et considere : ie le treuve un peu hardy en ce passage de sa methode de l'histoire, où il accuse Plutarque non seulement d'ignorance (surquoy ie l'eusse laissé dire, cela n'estant pas de mon gibier), mais aussi en ce que cet aucteur escript souvent « des choses incroyables et entierement fabuleuses : » ce sont ces mots. S'il eust dict simplement, « les choses aultrement qu'elles ne sont, » ce n'estoit pas grande reprehension ; car ce que nous n'avons pas veu, nous le prenons des mains d'aultruy et à credit : et ie vois qu'à escient il recite par fois diversement mesme histoire ; comme le iugement des trois meilleurs capitaines qui eussent oncques esté, faict par Hannibal, il est aultrement en la vie de Flaminius, aultrement en celle de Pyrrhus. Mais, de le charger d'avoir prins pour argent comptant des choses incroyables et impossibles, c'est accuser de faulte de iugement le plus iudicieux aucteur du monde : et voicy son exemple : « comme, ce dict il, quand il recite qu'un enfant de Lacedemone se laissa deschirer tout le ventre à un regnardeau, qu'il avait desrobbé, et le tenoit caché soubs sa robbe, iusques à mourir plustost que de descouvrir son larrecin. » Ie treuve, en premier lieu, cet exemple mal choisi ; d'autant qu'il est bien malaysé de borner les efforts des facultez de l'ame, là où des forces corporelles nous avons plus de loy de les limiter et cognoistre : et à cette cause, si c'eust esté à moy à faire, i'eusse plustost choisi un exemple de cette seconde sorte ; et il y en a de moins croyables, comme, entre aultres, ce qu'il recite de Pyrrhus, « que, tout blecé qu'il estoit, il donna si grand coup d'espee à un sien ennemy, armé de toutes pieces, qu'il le fendit du hault de la teste iusques au bas, si bien que le corps se partit en deux parts. » En son exemple, ie ne treuve pas grand miracle, ny ne receois l'excuse dequoy il couvre Plutarque, d'avoir adiousté ce mot, « comme on dict, » pour nous advertir, et tenir en bride nostre creance ; car, si ce n'est aux choses receues par auctorité et reverence d'ancienneté ou de religion, il n'eust voulu ny recevoir luy mesme, ny nous proposer à croire choses de soy incroyables ; et que ce mot, « comme on dict, » on ne l'employe pas en ce lieu pour cet effect, il est aysé à veoir par ce que luy mesme nous raconte ailleurs, sur ce subiect de la patience des enfants lacedemoniens, des exemples advenus de son temps plus mal aysez à persuader : comme celuy que Cicero a tesmoigné aussi avant luy, « pour avoir (à ce qu'il dict) esté sur les lieux, » que iusques à leur temps, il se trouvoit des enfants, en cette preuve de patience à quoy on les essayait devant l'autel de Diane, qui souffroient d'y estre fouettez iusques à ce que le sang leur couloit par tout, non seulement sans s'escrier, mais encores sans gemir, et aulcuns iusques à y laisser volontairement la vie : et ce que Plutarque aussi recite, avecques cent aultres tesmoings, qu'au sacrifice, un charbon ardent s'estant coulé dans la manche d'un enfant lacedemonien, ainsi qu'il encensoit, il se laissa brusler tout le bras, iusques à ce que la senteur de la chair cuicte en veint aux assistants. Il n'estoit rien selon leur coustume, où il leur allast plus de la reputation, ny dequoy ils eussent à souffrir plus de blasme et de honte, que d'estre surprins en larrecin. Ie,suis imbu de la grandeur de ces hommes là, que non seulement il ne me semble point, comme à Bodin, que son conte soit incroyable, mais que ie ne le treuve pas seulement rare et estrange. L'histoire spartaine est pleine de mille plus aspres exemples et plus rares : elle est, à ce prix, toute miracle.

Marcellinus recite, sur ce propos du larrecin, que de son temps il ne s'estoit encores peu trouver aulcune sorte de torment qui peust forcer les Aegyptiens, surprins en ce mesfaict qui estoit fort en usage entre eulx, à dire seulement leur nom.

Un païsan espagnol, estant mis à la gehenne, sur les complices de l'homicide du preteur Lucius Piso, crioit au milieu des torments « Que ses amis ne bougeassent, et l'assistassent en toute seureté ; et qu'il n'estoit pas en la douleur de luy arracher un mot de confession : » et n'en eut aultre chose pour le premier iour. Le lendemain, ainsi qu'on le ramenoit pour recommencer son torment, s'esbranlant vigoureusement entre les mains de ses gardes, il alla froisser sa teste contre une paroy, et s'y tua.

Epicharis, ayant saoulé et lassé la cruauté des satellites de Neron, et soubtenu leur feu, leurs battures, leurs engins, sans aulcune voix de revelation de sa coniuration, tout un iour, rapportee à la gehenne l'endemein, les membres touts brisez, passa un lacet de sa robbe dans l'un des bras de sa chaize, à tout un nœud coulant, et y fourrant sa teste, s'estrangla du poids de son corps. Ayant le courage d'ainsi mourir, et se desrobber aux premiers torments, semble elle pas à escient avoir presté sa vie à cette espreuve de sa patience du iour precedent, pour se mocquer de ce tyran, et encourager d'aultres à semblable entreprinse contre luy ?

Et qui s'enquerra à nos argoulets des experiences qu'ils ont eues en ces guerres civiles, il se trouvera des effects de patience, d'obstination et d'opiniastreté parmy nos miserables siecles, et en cette tourbe molle et effeminee encores plus que l'aegyptienne, dignes d'estre comparez à ceulx que nous venons de reciter de vertu spartaine.

Ie sçais qu'il s'est trouvé des simples païsans s'estre laissez griller la plante des pieds, ecrasez le bout des doigts à tout le chien d'une pistole, poulser les yeulx sanglants hors de la teste, à force d'avoir le front serré d'un chorde, avant que de s'estre seulement voulu mettre à rançon. I'en ay veu un, laissé pour mort tout nu dans un fossé, ayant le col tout meurtri et enflé d'un licol qui y pendoit encores, avecques lequel on l'avoit tirassé toute la nuict à la queue d'un cheval, le corps percé en cent lieux à coups de dague qu'on luy avoit donnez, non pas pour le tuer, mais pour luy faire de la douleur et de la crainte; qui avoit souffert tout cela, et iusques à y avoir perdu parole et sentiment, resolu, à ce qu'il me dict, de mourir plustost de mille morts (comme de vray, quant à sa souffrance, il on avoit passé une toute entiere), avant que rien promettre; et si estoit un des plus riches laboureurs de toute la contree. Combien en a l'on veu se laisser patiemment brusler et rostir pour des opinions empruntees d'aultruy, ignorees et incogneues? J'ay cogneu cent et cent femmes, car ils disent que les testes de Gascoigne ont quelque prerogative en cela, que vous eussiez plustost faict mordre dans le fer chauld, que de leur faire desmordre une opinion qu'elles eussent conceue en cholere; elles s'exasperent à l'encontre des coups et de la contraincte : et celuy qui forgea le conte de la femme qui, pour aucune correction de menaces et bastonnades, ne cessoit d'appeller son mary Pouilleux, et qui, precipitee dans l'eau, haulsoit encores, en s'estouffant, les mains, et faisoit, au dessus de sa teste, signe de tuer des poulx, forgea un conte duquel en verité touts les iours on veoid l'image expresse en l'opiniastreté des femmes. Et est l'opiniastreté sœur de la constance, au moins en vigueur et fermeté.

Il ne fault pas iuger ce qui est possible et ce qui ne l'est pas, selon ce qui est croyable et incroyable à nostre sens, comme i'ay dict ailleurs; et est une grande faulte, et en laquelle toutesfois la pluspart des hommes tumbent, ce que ie ne dis pas pour Bodin, de faire difficulté de croire d'aultruy ce qu'eulx ne sçauroient faire, ou ne vouldroient. Il semble à chascun que la maistresse forme de l'humaine nature est en luy; selon elle, il fault regler touts les aultres : les allures qui ne se rapportent aux siennes sont feinctes et faulses. Quelle bestiale stupidité! Luy propose l'on quelque chose des actions ou facultez d'un aultre? La premiere chose qu'il appelle à la consultation de son iugement, c'est son exemple : selon qu'il en va chez luy, selon cela va l'ordre du monde. O l'asnerie dangereuse et insupportable! Moy, ie considere aulcuns hommes fort loing au dessus de moy, notamment entre les anciens; et, encores que ie recognoisse clairement mon impuissance à les suyvre de mille pas, ie ne laisse pas de les suyvre à veue, et iuger les ressorts qui les haulsent ainsi, desquels i'apperceois aulcunement en moy les semences : comme ie fois aussi de l'extreme bassesse des esprits, qui ne m'estonne et que ie ne mescrois non plus. Ie veois bien le tour que celles là se donnent pour se monter, et admire leur grandeur : et ces eslancements que ie treuve tresbeaux, ie les embrasse; et si mes forces n'y vont, au moins mon iugement s'y applique tresvolontiers.

L'aultre exemple qu'il allegue « des choses incroyables et entierement fabuleuses » dictes par Plutarque; c'est « qu'Agesilaus feut mulcté par les ephores, pour avoir attiré à soy seul le cœur et la volonté de ses citoyens. » Ie ne sçais quelle marque de faulseté il y treuve : mais tant y a, que Plutarque parle là des choses qui luy debvoient estre beaucoup mieulx cogneues qu'à nous; et n'estoit pas nouveau en Grece de veoir les hommes punis et exilez pour cela seul d'agreer trop à leurs citoyens, tesmoing l'ostracisme et le petalisme.

Il y a encores en ce mesme lieu un' aultre accusation qui me picque pour Plutarque, où il dict qu'il a bien assorty de bonne foy les Romains aux Romains, et les Grecs entre eulx; mais non les Romains aux Grecs, tesmoing, dict-il, Demosthenes et Cicero, Caton et Aristides, Sylla et Lysander, Marcellus et Pelopidas, Pompeius et Agesilaus : estimant qu'il a favorisé les Grecs, de leur avoir donné des compaignons si dispareils. C'est iustement attaquer ce que Plutarque a de plus excellent et louable; car en ses comparaisons (qui est la piece plus admirable de ses œuvres, et en laquelle, à mon advis, il s'est autant pleu), la fidelité et sincerité de ses iugements eguale leur profondeur et leur poids : c'est un philosophe qui nous apprend la vertu. Veoyons si nous le pourrons garantir de ce reproche de prevarication et faulseté. Ce que ie puis penser avoir donné occasion à ce iugement, c'est ce grand et esclatant lustre des noms romains que nous avons en la teste; il ne nous semble point que Demosthenes puisse eguler la gloire d'un consul, proconsul et preteur de cette grande republicque : mais, qui considerera la verité de la chose, et les hommes par eux mesmes, à quoy Plutarque a plus visé, et à balancer leurs mœurs, leurs naturels, leur suffisance que leur fortune, ie pense, au rebours de Bodin, que

Cicero et le vieux Caton en doibvent de reste à leurs compaignons. Pour son desseing, i'eusse plustost choisi l'exemple du ieune Caton comparé à Phocion; car en ce pair, il se trouveroit une plus vraysemblable disparité à l'advantage du Romain. Quant à Marcellus, Sylla et Pompeius, ie veois bien que leurs exploicts de guerre sont plus enflez, glorieux et pompeux que ceulx des Grecs que Plutarque leur apparie : mais les actions les plus belles et vertueuses, non plus en la guerre qu'ailleurs, ne sont pas tousiours les plus fameuses; ie veois souvent des noms de capitaines estouffez sous la splendeur d'aultres noms de moins de merite : tesmoing Labienus, Ventidius, Telesinus, et plusieurs aultres : et à le prendre par là, si i'avois à me plaindre pour les Grecs, pourrois ie pas dire que beaucoup moins est Camillus comparable à Themistocles, les Gracches à Agis et Cleomenes, Numa à Lycurgus? Mais c'est folie de vouloir iuger, d'un traict, les choses à tant de visages.

Quand Plutarque les compare, il ne les eguale pas pourtant : qui plus disertement et consciencieusement pourroit remarquer leurs differences? Vient il à parangonner les victoires, les exploicts d'armes, la puissance des armees conduictes par Pompeius, et ses triumphes, aveecques ceulx d'Agesilaus, « ie ne crois pas, dict il, que Xenophon mesme, s'il estoit vivant, encores qu'on luy ayt concedé d'escrire tout ce qu'il a voulu à l'advantage d'Agesilaus, osast les mettre en comparaison. » Parle il de conferer Lysander à Sylla? « il n'y a, dict il, point de comparaison, ny en nombre de victoires, ny en hazard de battailles; car Lysander ne gaigna seulement que deux battailles navales, etc. » Cela, ce n'est rien desrobber aux Romains : pour les avoir simplement presentez aux Grecs, il ne leur peult avoir faict iniure, quelque disparité qui puisse estre : et Plutarque ne les contrepoise pas entier; il n'y a en gros aulcune preference, il apparie les pieces et les circonstances, l'une aprez l'aultre, et les iuge separement. Parquoy, si on le vouloit convaincre de faveur, il falloit en espelucher quelque iugement particulier; ou dire, en general, qu'il auroit failly d'assortir tel Grec à tel Romain, d'autant qu'il en auroit d'aultres plus correspondants pour les apparier, et se rapportant mieulx.

Chapitre XXXIII. — L'histoire de Spurina.

La philosophie ne pense pas avoir mal employé ses moyens; quand elle a rendu à la raison la souveraine maistrise de nostre ame, et l'auctorité de tenir en bride nos appetits; entre lesquels, ceulx qui iugent qu'il n'y en a point de plus de plus violents que ceulx que l'amour engendre, ont cela, pour leur opinion, qu'ils tiennent au corps et à l'ame, et que tout l'homme en est possedé, en maniere que la santé mesme en despend, et est la medecine par fois contraincte de leur servir de maquerellage : mais, au contraire, on pourroit aussi dire que le meslange du corps y apporte du rabais et de l'affoiblissemennt; car tels desirs sont subiects à satieté, et capables de remedes materiels.

Plusieurs, ayants voulu delivrer leurs ames des alarmes continuelles que leur leur donnoit cet appetit, se sont servi d'incision et d'estrenchement des parties esmeues et alterees; d'aultres en ont du tout abattu la force et l'ardeur par frequente application des choses froides, comme de neige et de vinaigre : les haires de nos ayeulx estoient de cet usage; c'est une matiere tissue de poil de cheval, dequoy les uns d'entre'eulx faisoient des chemises, et d'aultres des ceinctures à gehenner leurs reins. Un prince me disoit, il n'y a pas long temps, que, pendant sa ieunesse, un iour de feste solenne, en la cour du roy François premier, où tout le monde estoit paré, il lui prinst envie de se vestir de la haire, qui est encores chez luy, de monsieur son pere; mais, quelque devotion qu'il eust, qu'il ne sceut avoir la patience d'attendre la nuict pour se despouiller, et en feut lon temps malade; adioustant qu'il ne pensoit pas qu'il y eust chaleur de ieunesse si aspre, que l'usage de cette recepte ne peust amortir : toutesfois à l'adventure ne les a il pas essayees les plus cuisantes; car l'experience nous faict veoir qu'une telle esmotion se maintient bien souvent soubs des habits rudes et marmiteux, et que les haires ne rendent pas tousiours heres ceulx qui les portent.

Xenocrates proceda plus rigoureusement : car ses disciples, pour essayer sa continence, luy ayants fourré dans son lict Laïs, cette belle et fameuse courtisane, toute nue, sauf les armes de sa beauté et folastres appasts, ses philtres; sentant qu'en despit de ses discours et de ses regles, le corps revesche commenccoit à se mutiner, il se feit brusler les membres qui avoient presté l'aureille à cette rebellion. Là où les passions qui sont toutes en l'ame, comme l'ambition, l'avarice, et aultres, donnent bien plus à faire à la raison : car elle n'y peult estre secourue que de ses propres moyens; ny ne sont ces appetits là capables de satieté, voire ils s'aiguisent et augmentent par la iouïssance.

Le seul exemple de Iulius Cesar peult suffire à nous montrer la disparité de ces appetits, car iamais homme ne feut plus addonné aux plaisirs amoureux. Le soing curieux qu'il avoit de sa personne en est un tesmoignage, iusques à se servir à cela des moyens les plus lascifs qui feussent lors en usage, comme de se faire pinceter tout le corps, et farder de parfums d'une extreme curiosité : et de soy il estoit beau personnage, blanc, de belle et alaigre taille, le visage plein, les yeulx bruns et vifs, s'il en fault croire Suetone; car les statues qui se veoyent de luy à Rome ne rapportent pas bien par tout à cette peincture. Oultre ses femmes, qu'il changea quatre fois, sans compter les amours de son enfance avecques le roy de Bithynie Nicomede, il eut le pucelage de cette tant renommee royne d'Aegypte, Cleopatra, tesmoing le petit Cesarion qui en nasquit : il feit aussi l'amour à Eunoé, royne de Mauritanie, et à Rome, à Postumia, femme de Servius Sulpitius; à Lollia, de Gabinius; à Tertulla, de Crassus; et à Mutia mesme, celle du grand Pompeius; qui feut la cause, disent les historiens romains, pourquoy son mary la repudia, ce que Plutarque confesse avoir ignoré; et les Curions père et fils reprocherent depuis à Pompeius, quand il espousa la fille de Cesar, qu'il se faisoit gendre d'un homme qui l'avoit faict cocu, et que luy mesme avoit accoustumé d'appeler Aegisthus : il entreteint, oultre tout ce nombre, Servilia, sœur de Caton et mere de Marcus Brutus, dont chascun tient que proceda cette grande affection qu'il portoit à Brutus, parce qu'il estoit nay en temps auquel il y avoit apparence qu'il feust yssu de luy. Ainsi i'ay raison, ce me semble, de le prendre pour homme extremement addonné à cette deshauche, et de complexion tresamoureuse : mais l'aultre passion de l'ambition, dequoy il estoit aussi infiniment blecé, venant à combattre celle là, elle luy feit incontinent perdre place.

Me ressouvenant, sur ce propos, de Mehemed, celuy qui subiugua Constantinople, et apporta la finale extermination du nom grec, ie ne sçache point où ces deux passions se treuvent plus egualement balancees; pareillement indefatigable ruffien et soldat; mais, quand en sa vie elles se presentent en concurrence l'une de l'aultre, l'ardeur querelleuse gourmande tousiours l'amoureuse ardeur; et cette cy, encores que ce feust hors sa naturelle saison, ne regaigna pleinement l'anctorité souveraine, que quand il se trouva en grande vieillesse, incapable de soubtenir le faix des guerres.

Ce qu'on recite pour un exemple contraire de Ladislaus, roy de Naples, est remarquable; que, bon capitaine, courageux et ambitieux, il se proposoit pour fin principale de son ambition, l'execution de sa volupté, et iouïssance de quelque rare beauté. Sa mort feut de mesme : ayant rengé, par un siege bien poursuivy, la ville de Florence si à destroict, que les habitants estoient aprez à composer de sa victoire, il la leur quita, pourveu qu'ils luy livrassent une fille de leur ville, dequoy il avoit ouï parler, de beauté excellente : force feut de la luy accorder, et garantir la publicque ruine par une iniure privee. Elle estoit fille d'un medecin fameux de son temps, lequel, se trouvant engagé en si vilaine nécessité, se resolut à une haulte entreprinse. Comme chascun paroit sa fille et l'attournoit d'ornements et ioyaux, qui la peussent rendre agreable à ce nouvel amant, luy aussy luy donna un mouchoir exquis en senteur et en ouvrage, duquel elle eust à se servir en leurs premieres approches : meuble qu'elles n'y oublient gueres, en ces quartiers là. Ce mouchoir, empoisonné selon la capacité de son art, venant à se frotter à ces chairs esmeues et pores ouverts, inspira son venin si promptement, qu'ayant soubdain changé leur sueur chaulde en froide, ils expirerent entre les bras l'un de l'aultre.

Ie m'en revoys à Cesar. Ses plaisirs ne luy feirent iamais desrobber une seule minute d'heure, ny destourner un pas, des occasions qui se presentoient pour son aggrandissement : cette passion regenta en luy si souverainement toutes les aultres, et posseda son ame d'une auctorité si pleine, qu'elle l'emporta où elle voulut. Certes, i'en suis despit, quand ie considere, au demourant, la grandeur de ce personnage et les merveilleuses parties qui estoient en luy; tant de suffisance en toute sorte de sçavoir, qu'il n'y a quasi science en quoy il n'ayt escript : il estoit tel orateur, que plusieurs ont preferé son eloquence à celle de Cicero; et luy mesme, à mon advis, n'estimoit luy debvoir gueres en cette partie, et ses deux Anticatons feurent principalement escripts pour contrebalancer le bien dire que Cicero avoit employé en son Caton. Au demourant, feut il iamais ame si vigilante, si actifve, et si patiente de labeur, que la sienne? et, sans doubte, encores estoit elle embellie de plusieurs rares semences de vertu, ie dis vifves, naturelles, et non contrefaictes : il estoit singulierement sobre, et si peu delicat en son manger, qu'Oppius recite qu'un iour luy ayant esté presenté à table, en quelque saulse, de l'huile medecinee, au lieu d'huile simple, il en mangea largement, pour ne faire honte à son hoste; une aultrefois, il feit fouetter son boulanger, pour luy avoir servy d'aultre pain que celuy du commun. Caton mesme avoit accoustumé de dire de luy, que c'estoit le premier homme sobre qui se feust acheminé à la ruyne de son païs. Et quant à ce que ce mesme Caton l'appela un iour yvrongne, cela advent en cette façon : Estants tous deux au senat, où il se parloit du faict de la coniuration de Catilina, de laquelle Cesar estoit soupçonné, on luy veint apporter de dehors un brevet, à cachetes : Caton, estimant que ce feust quelque chose de quoy les coniurez l'advertissent, le somma de le luy donner : c'estoit, de fortune, une lettre amoureuse que Servilia, sœur de Caton, luy escrivoit. Caton l'ayant leue, la luy reiecta, en luy disant : « Tiens, yvrongne; » Cela, dis ie, feut plustost un mot de desdaing et de cholere, qu'un exprez reproche de ce vice; comme souvent nous iniurions ceulx qui nous faschent, des premieres iniures qui nous viennent à la bouche, quoyqu'elles ne soyent nullement deues à ceulx à qui nous les attachons : ioinct que ce vice que Caton luy reproche est merveilleusement voisin de celuy auquel il avoit surprins Cesar; car Venus et Bacchus se conviennent volontiers, à ce que dict le proverbe; mais chez moy Venus est bien plus alaigre, accompagnee de la sobrieté.

Les exemples de sa doulceur et de sa clemence envers ceulx qui l'avoient offensé sont infinis; ie dis oultre ceulx qu'il donna pendant le temps que la guerre civile estoit encores en son progrez, desquels il faict luy mesme assez sentir, par ses escripts, qu'il se servoit pour amadouer ses ennemis, et leur faire moins craindre sa future domination et sa victoire. Mais si fault il dire que ces exemples là, s'ils ne sont suffisants à nous tesmoigner sa naïfve doulceur, ils nous montrent au moins une merveilleuse confiance et grandeur de courage en ce personnage : Il luy est advenu souvent de renvoyer des armees toutes entieres à son ennemy, aprez les avoir vaincues, sans daigner seulement les obliger par serment, sinon de le favoriser, au moins de se contenir sans luy faire la guerre : Il a prins trois et quatre fois tels capitaines de Pompeius, et autant de fois remis en liberté : Pompeius declaroit ses ennemis touts ceulx qui ne l'accompagnoient à la guerre; et luy, feit proclamer qu'il tenoit pour amis touts ceulx qui ne bougeoient, et qui ne s'armoient effectuellement contre luy : A ceulx de ses capitaines qui se desrobboient de luy, pour aller prendre aultre condition, il renvoyoit encores les armes, chevaulx, et equipages : Les villes qu'il avoit prinses par force, il les laissoit en liberté de suyvre tel party qu'il leur plairoit, ne leur donnant aultre garnison que la memoire de sa doulceur et clemence : Il deffendit, le iour de sa grande bataille de Pharsale, qu'on ne meist qu'à toute extremité la main sur les citoyens romains. Voylà des traicts bien hazardeux, selon mon iugement : et n'est pas merveilles si, aux guerres civiles que nous sentons, ceulx qui combattent, comme luy, l'estat ancien de leur païs n'en imitent l'exemple; ce sont moyens extraordinaires, et qu'il n'appartient qu'à la fortune de Cesar, et à son admirable pourvoyance, de heureusement conduire. Quand ie considere la grandeur incomparable de cette ame, i'excuse la victoire de ne s'estre peu despestrer de luy, voire en cette tresiniuste et tresinique cause.

Pour revenir à sa clemence, nous en avons plusieurs naïfs exemples au temps de sa domination, lorsque, toutes choses estant reduictes en sa main, il n'avoit plus à se feindre. Caius Memmius avoit escript contre luy des oraisons trespoignantes, ausquelles il avoit bien aigrement respondu; si ne laissa il bientost aprez d'ayder à le faire consul. Caius Calvus, qui avoit faict plusieurs epigrammes iniurieux contre luy, ayant employé de ses amis pour le reconcilier, Cesar se convia luy mesme à luy escrire le premier; et nostre bon Catulle, qui l'avoit testonné si rudement sous le nom de Mamurra, s'en estant venu excuser à luy, il le feit ce iour mesme souper à sa table. Ayant esté adverty d'aulcuns qui parloient mal de luy, il n'en feit aultre chose que declarer, en une sienne harangue publicque, qu'il en estoit adverty. Il craignoit encores moins ses ennemis, qu'il ne les haïssoit : aulcunes coniurations et assemblees qu'on faisoit contre sa vie luy ayant esté descouvertes, il se contenta de publier, par edit, qu'elles luy estoient cogneues, sans aultrement en poursuyvre les auctheurs. Quant au respect qu'il avoit à ses amis, Caius Oppius voyageant avecques luy, et se trouvant mal, il lui quitta un seul logis qu'il y avoit, et coucha toute la nuict sur la dure et au descouvert. Quant à sa iustice, il feit mourir un sien serviteur qu'il aimoit singulierement, pour avoir couché avecques la femme d'un chevalier romain, quoyque personne ne s'en plaignist. Iamais homme n'apporta, ny plus de moderation en sa victoire, ny plus de resolution en la fortune contraire.

Mais toutes ces belles inclinations feurent alterees et estouffees par cette furieuse passion ambitieuse à laquelle il se laissa si fort emporter, qu'on peult ayscement maintenir qu'elle tenoit le timon et le gouvernail de toutes ses actions : d'un homme liberal, elle en rendit un voleur publicque pour fournir à cette profusion et largesse, et luy feit dire ce vilain et tresiniuste mot, que si les plus meschants et perdus hommes du monde luy avoient esté fideles au service de son aggrandissement, il les cheriroit et advanceroit de son pouvoir, aussi bien que les plus gents de bien ; l'enyvra d'une vanité si extresme, qu'il osoit se vanter, en presence de ses concitoyens, « d'avoir rendu cette grande republicque romaine un nom sans forme et sans corps ; » et dire « que ses responses debvoient meshuy servir de loix ; » et recevoir assis le corps du senat venant vers luy ; et souffrir qu'on l'adorast et qu'on luy feist, en sa presence, des honneurs divins. Somme, ce seul vice, à mon advis, perdit en luy le plus beau et le plus riche naturel qui feut oncques ; et a rendu sa memoire abominable à touts gents de bien, pour avoir voulu chercher sa gloire de la ruyne de son païs et subversion de la plus puissante et fleurissante chose publicque que le monde verra iamais. Il se pourroit bien, au contraire, trouver plusieurs exemples de grands personnages ausquels la volupté a faict oublier la conduicte de leurs affaires, comme Marcus Antonius, et aultres ; mais où l'amour et ambition seroient en eguale balance, et viendroient à se chocquer de forces pareilles, ie ne foys aulcun doubte que cette cy ne gaignast le prix de la maistrise.

Or, pour me remettre sur mes brisees, c'est beaucoup de pouvoir brider nos appetits par le discours de la raison, ou de forcer nos membres, par violence, à se tenir en leur debvoir : mais de nous fouetter pour l'interest de nos voisins ; de non seulement nous desfaire de cette doulce passion qui nous chatouille, du plaisir que nous sentons de nous veoir agreables à aultruy, et aimez et recherchez d'un chascun, mais encores de prendre en haine et à contrecœur nos graces qui en sont cause, et condamner nostre beauté, parce que quelqu'aultre s'en eschauffe, ie n'en ai veu gueres d'exemples : cettuy cy en est. Spurina, ieune homme de la Toscane,

> Qualis gemma micat, fulvum quæ dividit aurum.
> Aut collo decus, aut capiti ; vel quale per artem
> Inclusum buxo, aut Oricia terebintho
> Lucet ebur :

estant doué d'une si singuliere beauté, et si excessive que les yeulx plus continents ne pouvoient en souffrir l'esclat continuemment, ne se contentant point de laisser sans secours tant de fiebvre et de feu, qu'il alloit attisant par tout, entra en furieux despit contre soy mesme et contre ces riches presents que nature luy avoit faicts, comme si on se debvoit prendre à eulx de la faulte d'aultruy, et detailla et troubla, à force de playes qu'il se feit à escient, et de cicatrices, la parfaicte proportion et ordonnance que nature avoit si curieusement observée en son visage.

Pour en dire mon advis, i'admire telles actions plus que ie ne les honore : ces excez sont ennemis de mes regles. Le desseing en feut beau et consciencieux, mais, à mon advis, un peu manque de prudence : quoy ? si sa laideur servit depuis à en iecter d'aultres au peché de mespris et de haine ; ou d'envie, pour la gloire d'une si rare recommandation ; ou de calomnie, interpretant cette humeur à une forcenee ambition : y a il quelque forme de laquelle le vice ne tire, s'il veult, occasion à s'exercer en quelque maniere? Il estoit plus iuste, et aussi plus glorieux, qu'il feist de ces dons de Dieu un subiect de vertu exemplaire et de reglement.

Ceulx qui se desrobbent aux offices communs, et à ce nombre infini de regles espineuses à tant de visages, qui lient un homme d'exacte preud'hommie en la vie civile, font, à mon gré, une belle espargne, quelque poincte d'aspreté peculiere qu'ils s'enioignent : c'est aulcunement mourir, pour fuyr la peine de bien vivre. Ils peuvent avoir aultre prix; mais le prix de la difficulté, il ne m'a iamais semblé qu'ils l'eussent, ny qu'en malaysance il y aye rien au delà de se tenir droict emmy les flots de la presse du monde, respondant et satisfaisant loyalement à touts les membres de sa charge. Il est à l'adventure plus facile de se passer nettement de tout le sexe, que de se maintenir deuement de tout poinct en la comparaison de sa femme; et à l'on dequoy couler plus incurieusement en la pauvreté, l'abondance iustement dispensee : l'usage conduict selon raison a plus d'aspreté que n'a l'abstinence; la moderation est vertu bien plus affaireuse que n'est la souffrance. Le bien vivre du ieune Scipion a mille façons; le bien vivre de Diogenes n'en a qu'une : cette cy surpasse d'autant en innocence les vies ordinaires, comme les exquises et accomplies la surpassent en utilité et en force.

Chapitre XXXIV. — Observation sur les moyens de faire la guerre, de Iulius Cesar.

On recite de plusieurs chefs de guerre, qu'ils ont eu certains livres en particuliere recommendation : comme le grand Alexandre, Homere; Scipion africain, Xenophon; Marcus Brutus, Polybius; Charles cinquiesme, Philippe de Comines; et dict on, de ce temps, que Machiavel est encores ailleurs en credit. Mais le feu mareschal Strozzi, qui avoit prins Cesar pour sa part, avoit sans doubte bien mieulx choisi; car, à la verité, ce debvroit estre le breviaire de tout homme de guerre, comme estant le vray et souverain patron de l'art militaire : et Dieu sçait encores de quelle grace et de quelle beauté il a fardé cette riche matiere, d'une facon de dire si pure, si delicate et si parfaicte, qu'à mon goust il n'y a aulcuns escripts au monde qui puissent estre comparables aux siens en cette partie.

Ie veulx icy enregistrer certains traicts particuliers et rares, sur le faict de ses guerres, qui me sont demeurez en memoire.

Son armee estant en quelque effroy, pour le bruit qui couroit des grandes forces que menoit contre luy le roy Iuba; au lieu de rabbattre l'opinion que ses soldats en avoient prinse, et apetisser les moyens de son ennemy, les ayant faict assembler pour les r'assurer et leur donner courage, il print une voye toute contraire à celle que nous avons accoustumé; car il leur dict qu'ils ne se meissent plus en peine de s'enquerir des forces que menoit l'ennemy, et qu'il en avoit eu bien certain advertissement : et lors il leur en feit le nombre surpassant de beaucoup et la verité et la renommee qui en couroit dans son armee; suyvant ce que conseille Cyrus en Xenophon; d'autant que la tromperie n'est pas de tel interest de trouver les ennemis par effect plus foibles qu'on n'avoit esperé, que de les trouver à la verité bien forts, aprez les avoir iugez foibles par reputation.

Il accoustumoit sur tout ses soldats à obeïr simplement, sans se mesler de contrerooler ou parler des desseings de leur capitaine, lesquels il ne leur communiquoit que sur le poinct de l'execution : et prenoit plaisir, s'ils en avoient descouvert quelque chose, de changer sur le champ d'advis, pour les tromper; et souvent, pour cet effect, ayant assigné un logis en quelque lieu, il passoit oultre, et allongeoit la iournee, et notamment s'il faisoit mauvais temps et pluvieux.

Les Souisses, au commencement de ses guerres de Gaule, ayants envoyé vers luy pour leur donner passage au travers des terres des Romains, estant deliberé de les empescher par force, il leur contrefeit un bon visage, et print quelques iours de delay à leur faire response, pour se servir de ce loisir à assembler son armee. Ces pauvres gents ne sçavoient pas combien il estoit excellent mesnager du temps; car il redict maintesfois que c'est la plus souveraine partie d'un capitaine que la science de prendre au poinct les occasions, et la diligence, qui est en ses exploicts, à la verité, inouïe et incroyable.

S'il n'estoit pas fort conscientieux, en cela, de prendre advantage sur son ennemy, soubs couleur d'un traicté d'accord, il l'estoit aussi peu en ce qu'il ne requeroit en ses soldats aultre vertu que la vaillance, ny ne punissoit gueres aultres vices que la mutination et la desobeïssance. Souvent, apres ses victoires, il leur laschoit la bride à toute licence, les dispensant pour quelque temps des regles de la discipline militaire, adioustant à cela, qu'il avoit des soldats si bien creez, que, touts parfumez et musquez, ils ne laissoient pas d'aller furieusement au combat. De vray, il aimoit qu'ils feussent richement armez, et leur faisoit porter des harnois gravez, dorez et argentez, afin que le soing de la conservation de leurs armes les rendist plus aspres à se deffendre. Parlant à eulx, il les appeloit du nom de Compaignons, que nous usons encore : ce qu'Auguste, son successeur, reforma, estimant qu'il l'avoit faict pour la necessité de ses affaires, et pour flatter le cœur de ceulx qui ne le suyvoient que volontairement :

> Rheni mihi Cæsarin undis
> Dux erat : hic socius ; facinus quos inquinat, æquat;

mais que cette façon estoit trop rabbaissee pour la dignité d'un empereur et general d'armee, et remet en train de les appeler seulement Soldats.

A cette courtoisie, Cesar mesloit toutefois une grande severité à les reprimer : la neufviesme legion s'estant mutinee auprez de Plaisance, il la cassa avecques ignominie, quoyque Pompeius feust lors encores en pieds, et ne la receut en grace qu'avecques plusieurs supplications : il les rappaisoit plus par auctorité et par audace que par doulceur.

Là où il parle de son passage de la riviere du Rhin, vers l'Allemaigne, il dict qu'estimant indigne de l'honneur du peuple romain qu'il passast son armee à navire, il feit dresser un pont, afin qu'il passast à pied ferme. Ce feust là qu'il bastit ce pont admirable, dequoy il dechiffre particulierement la fabrique : car il ne s'arreste si volontiers en nul endroict de ses faicts, qu'à nous representer la subtilité de ses inventions en telle sorte d'ouvrages de main.

I'y ay aussi remarqué cela, qu'il faict grand cas de ses exhortations aux soldats avant le combat : car, où il veult montrer avoir esté surprins ou pressé, il allegue tousiours cela, qu'il n'eut pas seulement loisir de haranguer son armee. Avant cette grande bataille contre ceulx de Tournay, « Cesar, dict il, ayant ordonné du reste, courut soubdainement où la fortune le porta, pour exhorter ses gents; et, rencontrant la dixiesme legion, il n'eut loisir de leur dire, sinon, Qu'ils eussent souvenance de leur vertu accoustumee; qu'ils ne s'estonnassent point, et soubteinssent hardiement l'effort des affaires : et parce que l'ennemy estoit desia approché à un iect de traict, il donna le signe de la bataille ; et de là estant passé soubdainement ailleurs pour en encourager d'aultres, il trouva qu'ils estoient desia aux prinses. » Voylà ce qu'il en dict en ce lieu là. De vray, sa langue luy a fait en plusieurs lieux de bien notables services ; et estoit, de son temps mesme, son eloquence militaire en telle recommendation, que plusieurs en son armee recueilloient ses harangues; et, par ce moyen, il en feut assemblé des volumes qui ont duré long temps aprez luy. Son parler avoit des graces particulieres; si que ses familiers, et entre aultres Auguste, oyant reciter ce qui en avoit esté recueilly, recognoissoit, iusques aux phrases et aux mots, ce qui n'estoit pas du sien.

La premiere fois qu'il sortit de Rome avecques charge publicque, il arriva en huict iours à la riviere du Rhône, ayant dans son coche, devant luy, un secretaire ou deux qui escrivoient sans cesse ; et derriere luy, celuy qui portoit son espee. Et certes, quand on ne feroit qu'aller, à peine pourroit on atteindre à cette promptitude dequoy, tousiours victorieux, ayant laissé la Gaule, et suyvant Pompeius à Brindes, il subiugua l'Italie en dix huict iours; reveint de Brindes à Rome; de Rome il s'en alla au fin fond de l'Espagne, où il passa des difficultez extremes en la guerre contre Afranius et Petreius, et au long siege de Marseille, de là il s'en retourna en la Macedoine, battit l'armee romaine de Pharsale, passa de là, suivant Pompeius, en Aegypte, laquelle il subiugua; d'Aegypte il veint en Syrie, et au païs de Pont, où il combattit Pharnaces ; de là en Afrique, où il desfeit Scipion et Iuba; et rebroussa encores, par l'Italie, en Espagne, où il desfeit les enfants de Pompeius :

> Ocyor et cœli flammis, et tigride fœta
> Ac veluti monis saxum de vertice præceps
> Quum ruit avulsum vento, seu turbidus imber

> Proluit, aut annis solvit sublapsa vetustas,
> Fertur in abruptum magno mons improbus actu,
> Exsultatque solo, silvas, armenta, virosque
> Involvens secum.

Parlant du siege d'Avaricum, il dict que c'estoit sa coustume de se tenir nuict et iour prez des ouvriers qu'il avoit en besongne. En toutes entreprinses de consequence, il faisoit tousiours la descouverte luy mesme, et ne passa iamais son armee en lieu qu'il n'eust premierement recogneu ; et, si nous croyons Suetone, quand il feit l'entreprinse de traiecter en Angleterre, il feut le premier à sonder le gué.

Il avoit accoustumé de dire, qu'il aimoit mieulx la victoire qui se conduisoit par conseil que par force ; et, en la guerre de Petreius et Afranius, la fortune luy presentant une bien apparente occasion d'advantage, il la refusa, dict il, esperant, avecques un peu plus de longueur, mais moins de hazard, venir à bout de ses ennemis. Il feit aussi là un merveilleux traict, de commander à tout son ost de passer à nage la riviere sans aulcune necessité.

> Rapuitque ruens in præ1ia miles,
> Quod fugiens timuisset, iter : mox uda receptis
> Membra fovent armis, gelidosque a gurgite, cursu
> Restituunt artus.

Ie le treuve un peu plus retenu et consideré en ses entreprinses qu'Alexandre : car cettuy cy semble rechercher et courir à force les dangiers, comme un impetueux torrent qui chocque et attaque sans discretion et sans chois tout ce qu'il rencontre ;

> Sic tauriformis volvitur Aufidus,
> Qui regna Dauni perfluit Appuli,
> Dum sævit, horrendamque cultis
> Diluviem meditatur agris ;

aussi estoit il embesongné en la fleur et premiere chaleur de son aage ; là où Cesar s'y prinst estant desia meur et bien advancé : oultre ce qu'Alexandre estoit d'une temperature plus sanguine, cholere et ardente, et si esmouvoit encores cette humeur par le vin, duquel Cesar estoit tresabstinent.

Mais où les occasions de la necessité se presentoient, et où la chose le requeroit, il ne feut iamais homme faisant meilleur marché de sa personne. Quant à moy, il me semble lire en plusieurs de ses exploicts une certaine resolution de se perdre, pour fuyr la honte d'estre vaincu. En cette grande bataille qu'il eut contre ceulx de Tournay, il courut se presenter à la teste des ennemis, sans bouclier, comme il se trouva, voyant la poincte de son armee s'esbranler ; ce qui luy est advenu plusieurs aultres fois. Oyant dire que ses gents estoient assiegez, il passa desguisé au travers l'armee ennemie pour les aller fortifier de sa presence. Ayant traversé à Dyrrachium, avecques bien petites forces, et voyant que le reste de son armee, qu'il avoit laissee à conduire à Antonius, tardoit à le suyvre, il entreprint luy seul de repasser la mer, par une tresgrande tormente, et se desrobba pour aller reprendre la teste de ses forces, les ports de delà et de toute la mer estant saisis par Pompeius. Et quant aux entreprinses qu'il a faictes à main armee, il y en a plusieurs qui surpassent en hazard tout discours de raison militaire ; car avecques combien foibles moyens entreprint il de subiuguer le royaulme d'Aegypte ; et depuis, d'aller attaquer les forces de Scipion et de Iuba, de dix parts plus grandes que les siennes ? Ces gents là ont eu ie ne sçais quelle plus qu'humaine confiance de leur fortune ; et disoit il qu'il falloit executer, non pas consulter, les haultes entreprinses. Aprez la battaille de Pharsale, comme il eust envoyé son armee devant en Asie, et passast avecques un seul vaisseau le destroict de l'Hellespont, il rencontra en mer Lucius Cassius, avecques dix gros navires de guerre ; il eut non seulement le courage de l'attendre, mais de tirer droict vers luy, et le sommer de se rendre ; et en veint à bout.

Ayant entreprins ce furieux siege d'Alesia, où il y avoit quatre vingt mille hommes de deffense, toute la Gaule s'estant eslevee pour luy courre sus et lever le siege, et dressé une armee de cent neuf mille chevaux et deux cents quarante mille hommes de pied, quelle hardiesse et maniacle confiance feut ce, de n'en vouloir pas abandonner son entreprinse, et se resouldre à deux si grandes difficultez ensemble ? lesquelles toutesfois il soubtient ; et aprez avoir gaigné cette grande bataille contre ceulx du dehors, rengea bientost à sa mercy ceulx qu'il tenoit enfermez. Il en advient autant à Lucullus, au siege de Tigranocerta, contre le roy Tigranes, mais d'une condition dispareille, veu la mollesse des ennemis à qui Lucullus avoit à faire.

Ie veulx icy remarquer deux rares evenements et extraordinaires, sur le faict de ce siege d'Alesia : l'un, que les Gaulois, s'assemblants pour venir trouver là Cesar, ayants faict denombrement de toutes leurs forces, resolurent en leur conseil de retrencher une bonne partie de cette grande multitude, de peur qu'ils n'en tumbassent en confusion. Cet exemple est nouveau, de craindre à estre trop : mais à le bien prendre, il est vraysemblable que le corps d'une armee doibt avoir une grandeur moderee, et reglee à certaines bornes, soit pour la difficulté de la nourrir, soit pour la difficulté de la conduire et tenir en ordre. Au moins seroit il bien aysé à verifier, par exemple, que ces armees monstrueuses en nombre n'ont gueres rien faict qui vaille. Suyvant le dire de Cyrus, en Xenophon, ce n'est pas le nombre des hommes, ains le nombre des bons hommes, qui faict l'advantage; le demourant servant plus de destourbier que de secours. Et Baiazet print le principal fondement de sa resolution de livrer iournee à Tamburlan, contre l'advis de touts ses capitaines, sur ce que le nombre innombrable des hommes de son ennemy luy donnoit certaine esperance de confusion. Scanderbech, bon iuge et tresexpert, avoit accoustumé de dire que dix ou douze mille combattants fideles debvoient baster à un suffisant chef de guerre, pour garantir sa reputation en toute sorte de besoing militaire. L'aultre poinct, qui semble estre contraire et à l'usage et à la raison de la guerre, c'est que Vercingetorix, qui estoit nommé chef et general de toutes les parties des Gaules revoltees, print party de s'aller enfermer dans Alesia : car celuy qui commande à tout un païs ne se doibt iamais engager, qu'au cas de cette extremité qu'il y allast de sa derniere place, et qu'il n'y eust rien plus à esperer qu'en la deffence d'icelle : aultrement il se doibt tenir libre, pour avoir moyens de pourvoir en general à toutes les parties de son gouvernement.

Pour revenir à Cesar, il devient, avecques le temps, un peu plus tardif et plus consideré, comme tesmoigne son familier Oppius; estimant qu'il ne debvoit aysecment hazarder l'honneur de tant de victoires, lequel une seule desfortune luy pourroit faire perdre. C'est ce que disent les Italiens, quand ils veulent reprocher cette hardiesse temeraire qui se veoid aux ieunes gents, les nommants « Necessiteux d'honneur, » *Bisognosi d'onore;* et qu'estants encores en cette grande faim et disette de reputation, ils ont raison de la chercher à quelque prix que ce soit, ce que ne doibvent pas faire ceulx qui en ont desia acquis à suffisance. Il y peut avoir quelque iuste moderation en ce desir de gloire, et quelque satieté en cet appetit, comme aux aultres; assez de gents le practiquent ainsi.

Il estoit bien esloigné de cette religion des anciens Romains, qui ne se vouloient prevaloir en leurs guerres que de la vertu simple et naïfve : mais encores y apportoit il plus de conscience que nous ne ferions à cette heure, et n'approuvoit pas toutes sortes de moyens pour acquerir la victoire. En la guerre contre Ariovistus, estant à parlementer avecques luy, il y surveint quelque remuement entre les deux armees, qui commencea par la faulte des gents de cheval d'Ariovistus : sur ce tumulte, Cesar se trouva avoir grand avantage sur ses ennemis; toutesfois il ne s'en voulut point prevaloir, de peur qu'on luy peust reprocher d'y avoir procedé de mauvaise foy.

Il avoit accoustumé de porter un accoustrement riche au combat, et de couleur esclatante, pour se faire remarquer.

Il tenoit la bride plus estroicte à ses soldats, et les tenoit plus de court, estant prez des ennemis.

Quand les anciens Grecs vouloient accuser quelqu'un d'extreme insuffisance, ils disoient en commun proverbe, « qu'il ne sçavoit ny lire ny nager : » il avoit cette mesme opinion, que la science de nager estoit tresutile à la guerre, et en tira plusieurs commoditez : s'il avoit à faire diligence, il franchissoit ordinairement à la nage les rivieres qu'il rencontroit; car il aimoit à voyager à pied comme le grand Alexandre. En Aegypte, ayant esté forcé, pour se sauver, de se mettre dans un petit batteau, et tant de gents s'y estants lancez quand et luy, qu'il estoit en dangier d'aller à fonds, il aima mieulx se iecter en la mer et gaigna sa flotte à nage, qui estoit plus de deux cents pas au delà, tenant en sa main gauche ses tablettes hors de l'eau, et traisnant à belles dents sa cotte d'armes, afin que l'ennemy n'en iouïst, estant desia bien advancé sur l'aage.

Iamais chef de guerre n'eut tant de creance sur ses soldats : au commencement de ses guerres civiles, les centeniers luy offrirent de souldoyer, chascun sur sa bourse, un homme d'armes ; et les gents de pieds, de le servir à leurs despens, ceulx qui estoient plus aysez entreprenants encores à desfrayer les plus necessiteux. Feu monsieur l'amiral de Chastillon nous feit voir dernierement un pareil cas en nos guerres civiles ; car les François de son armee fournissoient de leurs bourses au payement des estrangiers qui l'accompagnoient. Il ne se trouveroit gueres d'exemples d'affection si ardente et si preste parmy ceulx qui marchent dans le vieux train, sous l'ancienne police des loix ; la passion nous commande bien plus vivement que la raison : il est pourtant advenu en la guerre contre Annibal, qu'à l'exemple de la liberalité du peuple romain en la ville, les gentsd'armes et capitaines refuserent leur paye ; et appeloit on, au camp de Marcellus, Mercenaires, ceulx qui en prenoient. Ayant eu du pire auprez de Dyrrachium, ses soldats se veindrent d'eulx mesmes offrir à estre chastiez et punis ; de façon qu'il eut plus à les consoler qu'à les tanser : une sienne seule cohorte souteint quatre legions de Pompeius plus de quatre heures, iusques à ce qu'elle feut quasi toute desfaicte à coups de traicts, et se trouva dans la trenchee cent trente mille flesches. Un soldat, nommé Scaeva, qui commandoit à l'une des entrees, s'y mainteint invincible, ayant un œil crevé, une espaule et une cuisse percees, et son escu faulsé en deux cent trente lieux. Il est advenu à plusieurs de ses soldats, prins prisonniers, d'accepter plustost la mort que de vouloir promettre de prendre aultre party : Granius Petronius prins par Scipion en Afrique, Scipion, aprez avoir faict mourir ses compaignons, luy manda qu'il luy donnoit la vie, car il estoit homme de reng et questeur : Petronius respondict, « que les soldats de Cesar avoient accoustumé de donner la vie aux aultres, non la recevoir ; » et se tua tout soubdain de sa main propre.

Il y a infinis exemples de leur fidelité : il ne fault pas oublier le traict de ceulx qui feurent assiegez à Salone, ville partisane de Cesar contre Pompeius, pour un rare accident qui y adveint. Marcus Octavius les tenoit assiegez ; ceulx de dedans estants reduicts en extreme necessité de toutes choses, en maniere que pour suppleer au default qu'ils avoient d'hommes, la pluspart d'entre eulx y estants morts et blecez, ils avoient mis en liberté touts leurs esclaves, et pour le service de leurs engins, avoient esté contraincts de couper les cheveux de toutes les femmes à fin d'en faire des chordes, oultre une merveilleuse disette de vivres ; et ce neantmoins, resolus de iamais ne se rendre. Aprez avoir traisné ce siege en grande longueur, d'où Octavius estoit devenu plus nonchalant et moins attentif à son entreprinse, ils choisirent un iour sur le midy, et, comme ils eurent rengé les femmes et les enfants sur leurs murailles pour faire bonne mine, sortirent en telle furie sur les assiegeants qu'ayant enfoncé le premier, le second et tiers corps de garde, et le quatriesme et puis le reste, et, ayant faict du tout abandonner les trenchees, les chasserent iusques dans les navires ; et Octavius mesme se sauva à Dyrrachium, où estoit Pompeius. Ie n'ay point memoire pour cett'heure d'avoir veu aulcun aultre exemple, où les assiegez battent en gros les assiegeants, et gaignent la maistrise de la campagne ; ny qu'une sortie ayt tiré en consequence une pure et entiere victoire de battaille.

Chapitre XXXV. — De trois bonnes femmes.

Il n'en est pas à douzaines, comme chascun sçait, et notamment aux debvoirs de mariage ; car c'est un marché plein de tant d'espineuses circonstances, qu'il est malaysé que la volonté d'une femme s'y maintienne entiere long temps : les hommes, quoyqu'ils y soyent avecques un peu meilleure condition, y ont trop affaire. La touche d'un bon mariage, et sa vraye preuve, regarde le temps que la societé dure ; si elle a esté constamment doulce, loyale, et commode. En nostre siecle, elles reservent plus communement à estaler leurs bons offices et la vehemence de leur affection, envers leurs maris perdus ; cherchent au moins lors à donner tesmoignage de leur bonne volonté : tardif tesmoignage et hors de saison! Elles preuvent plustost par là qu'elles ne les aiment que morts : la vie est pleine de combustion; et le trespas, d'amour et de courtoisie. Comme les peres cachent l'affection envers leurs enfants; elles volontiers, de mesme, cachent la leur envers le mary, pour maintenir un honneste respect. Ce mystere n'est pas de mon goust; elles ont beau s'escheveler et s'esgratigner, ie m'en voys à l'aureille d'une femme de chambre et d'un secretaire : « Comment estoient ils? Comment ont ils vescu ensemble? » Il me souvient tousiours de ce bon mot, *iactantius mœrent, quæ minus dolent :* leur rechigner est odieux aux vivants, et vain aux morts. Nous dispenserons volontiers qu'on rie aprez, pourveu qu'on nous rie pendant la vie. Est ce pas de quoy ressusciter de despit, qui m'aura craché au nez pendant que i'estois, me vienne frotter les pieds quand ie ne suis plus? S'il y a quelque honneur à pleurer les maris, il n'appartient qu'à celles qui leur ont ri : celles qui ont pleuré en la vie, qu'elles rient en la mort, au dehors comme au dedans. Aussi ne regardez pas à ces yeulx moites et à cette piteuse voix; regardez ce port, ce teinct et l'embonpoint de ces ioues soubs ces grandes voiles; c'est par là qu'elles parlent françois : il en est peu de qui la santé n'aille en amendant, qualité qui ne sçait pas mentir. Cette cerimonieuse contenance ne regarde pas tant derriere soy, que devant; c'est acquest, plus que payement : en mon enfance, une honneste et tresbelle dame qui vit encores, veufve d'un prince, avoit ie ne sçais quoy plus en sa parure qu'il n'est permis par les loix de nostre veufvage : à ceulx qui le luy reprochoient, « C'est, disoit elle, que ie ne practique plus de nouvelles amitiez, et suis hors de volonté de me remarier. »

Pour ne disconvenir du tout à nostre usage, i'ay icy choisi trois femmes qui ont aussi employé l'effort de leur bonté et affection autour la mort de leurs maris · ce sont pourtant exemples un peu aultres, et si pressants, qu'ils tirent hardiment la vie en consequence.

Pline le ieune avoit, prez d'une sienne maison en Italie, un voisin merveilleusement tormenté de quelques ulceres qui lui estoient survenus ez parties honteuses. Sa femme, le veoyant si longuement languir, le pria de permettre qu'elle veist à loisir et de prez l'estat de son mal, et qu'elle luy diroit plus franchement qu'aulcun aultre ce qu'il avoit à en esperer. Aprez avoir obtenu cela de luy, et l'avoir curieusement consideré, elle trouva qu'il estoit impossible qu'il en peust guarir, et que tout ce qu'il avoit à attendre, c'estoit de traisner fort long temps une vie douloureuse et languissante : si luy conseilla, pour le plus seur et souverain remede, de se tuer; et le trouvant un peu mol à une si rude entreprinse : « Ne pense point, luy dict elle, mon amy, que les douleurs que ie te veois souffrir ne me touchent autant qu'à toy, et que pour m'en delivrer ie ne me vueille servir moy mesme de cette medecine que ie t'ordonne. Ie te veulx accompaigner à la guarison, comme i'ay faict à la maladie : oste cette crainte, et pense que nous n'aurons que plaisir en ce passage qui nous doibt delivrer de tels torments : nous nous en irons heureusement ensemble. » Cela dict, et ayant rechauffé le courage de son mary, elle resolut qu'ils se precipiteroient en la mer par une fenestre de leur logis qui y respondoit. Et pour maintenir iusques à sa fin cette loyale et vehemente affection dequoy elle l'avoit embrassé pendant sa vie, elle voulut encores qu'il mourust entre ses bras : mais de peur qu'ils ne luy faillissent, et que les estreinctes de ses enlacements ne veinssent à se relascher par la cheute et la crainte, elle se feit lier et attacher bien estroictement avecques luy par le fauls du corps; et abandonna ainsi sa vie pour le repos de celle de son mary. Celle là estoit de bas lieu; et parmy telle condition de gents, il n'est pas si nouveau d'y veoir quelque traict de rare bonté :

Extrema per illos
Iustitia excedens terris vestigia fecit.

Les aultres deux sont nobles et riches, où les exemples de vertu se logent rarement.

Arria, femme de Cecina Paetus, personnage consulaire, feut mere d'un' aultre Arria, femme de Thrasea Paetus, celuy duquel la vertu feut tant renommee du temps de Neron, et, par le moyen de ce gendre, mere grand' de Fannia; car la ressemblance des noms de ces hommes et femmes, et de leurs fortunes, en a faict mesconter plusieurs. Cette premiere Arria, Cecina Paetus, son mary, ayant esté prins prisonnier par les gents de l'empereur Claudius, aprez la desfaicte de Scribonianus, duquel il avoit suyvi le party, supplia ceulx qui l'emmenoient prisonnier à Rome de la recevoir dans leur navire, où elle leur seroit de beaucoup moins de despense et d'incommodité qu'un nombre de personnes qu'il leur fauldroit pour le service de son mary ; et qu'elle seule fourniroit à sa chambre, à sa cuisine, et à touts aultres offices. Ils l'en refuserent : et elle s'estant iectee dans un batteau de pescheur qu'elle loua sur le champ, le suyvit en cette sorte depuis la Sclavonie. Comme ils feurent à Rome, un iour, en presence de l'empereur, Iunia, veufve de Scribonianus, s'estant accostee d'elle familierement pour la societé de leurs fortunes, elle la repoulsa rudement avecques ces paroles : « Moy, dict elle, que ie parle à toy, ny que ie t'escoute ! à toy, au giron de laquelle Scribonianus feut tué ! et tu vis encores ? » Ces paroles, avecques plusieurs aultres signes, feirent sentir à ses parents qu'elle estoit pour se desfaire elle mesme, impatiente de supporter la fortune de son mary. Et Thrasea, son gendre, la suppliant sur ce propos de ne se vouloir perdre, et luy disant ainsi : « Quoy ! si ie courois pareille fortune à celle de Cecina, vouldriez vous que ma femme, vostre fille, en feist de mesme. » « Comment doncques ? si ie le vouldrois ! respondict elle : ouy, ouy, ie le vouldrois, si elle avoit vescu aussi long temps et d'aussi bon accord avecques toy, que i'ay faict avecques mon mary. » Ces responses augmentoient le soing qu'on avoit d'elle, et faisoient qu'on regardoit de plus prez à ses deportements. Un iour, aprez avoir dict à ceulx qui la gardoient, « Vous avez beau faire, vous me pouvez bien faire plus mal mourir, mais de me garder de mourir, vous ne sçauriez, » s'eslançant furieusement d'une chaire où elle estoit assise, elle s'alla de toute sa force chocquer la teste contre la paroy voisine ; duquel coup estant cheute de son long esvanouïe, et fort blecee, aprez qu'on l'eut à toute peine faicte revenir : « Ie vous disois bien, dict elle, que si vous me refusiez quelque façon aisee de me tuer, i'en choisirois quelque aultre, pour malaysee qu'elle feust. » La fin d'une si admirable vertu feut telle : son mary Paetus n'ayant pas le cœur assez ferme de soy mesme pour se donner la mort, à laquelle la cruauté de l'empereur le rengeoit ; un iour, entre aultres, aprez avoir premierement employé les discours et enhortements propres au conseil qu'elle luy donnoit à ce faire, elle print le poignard que son mary portoit, en le tenant nud en sa main, pour la conclusion de son exhortation, « Fais ainsi, Paetus, » luy dict elle ; et en mesme instant, s'en estant donné un coup mortel dans l'estomach, et puis l'arrachant de sa playe, elle le luy presenta, finissant quand et quand sa vie avecques cette noble, genereuse et immortelle parole, *Pæte, non dolet.* Elle n'eut loisir que de dire ces trois paroles d'une si belle substance : « Tiens, Paetus, il ne m'a point faict mal : »

> Casta suo gladium quum traderet Arria Pæto,
> Quem de visceribus traxerat ipsa suis :
> Si qua fides, vulnus quod feci non dolet, inquit,
> Sed quod tu facies, id mihi, Pæte, dolet :

il est bien plus vif en son naturel, et d'un sens plus riche : car et la playe et la mort de son mary, et les siennes, tant s'en fault qu'elles luy poisassent, qu'elle en avoit esté la consciliere et promotrice ; mais ayant faict cette haulte et courageuse entreprinse pour la seule commodité de son mary, elle ne regarde qu'à luy encores, au dernier traict de sa vie, et à luy oster la crainte de la suyvre en mourant. Paetus se frappa tout soubdain de ce mesme glaive : honteux, à mon advis, d'avoir eu besoing d'un si cher et precieux enseignement.

Pompeia Paulina, ieune et tresnoble dame romaine, avoit espousé Seneque en son extreme vieillesse. Neron, son beau disciple, envoya ses satellites vers luy pour luy denoncer l'ordonnance de sa mort ; ce qui se faisoit en cette maniere : Quand les empereurs romains de ce temps avoient condamné quelque homme de qualité, ils luy mandoient par leurs officiers de choisir quelque mort à sa poste, et de la prendre dans tel ou tel delay qu'ils luy faisoient prescrire selon la trempe de leur cholere, tantost plus pressé, tantost plus long. luy donnant terme pour disposer pendant ce temps là de ses affaires, et quelquefois luy ostant le moyen de ce faire, par la briefveté du temps : et, si le condamné estrivoit à leur ordonnance, ils menoient des gents propres à l'executer, ou luy coupant les veines des bras et des iambes, ou luy faisant avaller du poison par force ; mais les personnes d'honneur n'attendoient pas cette ne cessité, et se servoient de leurs propres medecins et chirurgiens à cet effect. Seneque ouït leur charge, d'un visage paisible et asseuré, et aprez, demanda du papier pour faire son testament : ce qui luy ayant esté refusé par le capitaine, il se tourna vers ses amis : « Puisque ie ne puis, leur dict il, vous laisser aultre chose en recognoissance de ce que ie vous doibs, ie vous laisse au moins ce que i'ai de plus beau, à sçavoir l'image de mes mœurs et de ma vie, laquelle ie vous prie conserver en vostre memoire ; afin qu'en ce faisant, vous acqueriez la gloire de sinceres et veritables amis : » et quand et quand, appaisant tantost l'aigreur de la douleur qu'il leur voyoit souffrir par doulces paroles, tantost roidissant sa voix, pour les en tanser : « Où sont, disoit il, ces beaux preceptes de la philosophie ? que sont devenues les provisions que par tant d'annees nous avons faictes contre les accidents de la fortune ? La cruauté de Neron nous estoit elle incogneue ? Que pouvions nous attendre de celuy qui avoit tué sa mere et son frere, sinon qu'il feist encores mourir son gouverneur qui l'a nourry et eslevé ? » Aprez avoir dict ces paroles en commun, il se destourne à sa femme, et l'embrassant estroictement, comme par la poisanteur de la douleur elle defailloit de cœur et de forces, la pria de porter un peu plus patiemment cet accident, pour l'amour de luy ; et que l'heure estoit venue où il avoit à montrer, non plus par discours et par disputes, mais par effect, le fruict qu'il avoit tiré de ses estudes ; et que sans doubte il embrassoit la mort, non seulement sans douleur, mais avecques alaigresse : « Parquoy, m'amie, disoit-il, ne la deshonore par tes larmes, à fin qu'il ne semble que tu t'aimes plus que ma reputation : appaise ta douleur, et te console en la cognoissance que tu as eu de moy et de mes actions, conduisant le reste de ta vie par les honnestes occupations ausquelles tu es adonnée. » A quoy Paulina ayant un peu reprins ses esprits, et reschauffé la magnanimité de son courage, par une tresnoble affection : « Non, Seneca, respondit elle, ie ne suis pas pour vous laisser sans ma compaignie en telle necessité ; ie ne veulx pas que vous pensiez que les vertueux exemples de vostre vie ne m'ayent encores apprins à sçavoir bien mourir : et quand le pourrois ie ny mieulx, ny plus honnestement, ny plus à mon gré, qu'avecques vous ? ainsi faictes estat que ie m'en voys quand et vous. »

Lors Seneque prenant en bonne part une si belle et glorieuse deliberation de sa femme, et pour se delivrer aussi de la crainte de la laisser aprez sa mort à la mercy et cruauté de ses ennemis : « Ie t'avois, Paulina, dict il, conseillé ce qui servoit à conduire plus heureusement ta vie : tu aimes doncques mieulx l'honneur de la mort ; vrayement ie ne te l'envierai point : la constance et la resolution soyent pareilles à nostre commune fin ; mais la beauté et la gloire soit plus grande de ta part. » Cela faict, on leur coupa en mesme temps les veines des bras ; mais parce que celles de Seneque, resserrees tant par la vieillesse que par son abstinence, donnoient au sang le cours trop long et trop lasche, il commanda qu'on lui coupast encores les veines des cuisses ; et, de peur que le torment qu'il en souffroit n'attendrist le cœur de sa femme, et pour se delivrer aussi soy mesme de l'affliction qu'il portoit de la veoir en si piteux estat, aprez avoir tres amoureusement prins congé d'elle, il la pria de permettre qu'on l'emportast en la chambre voisine, comme on feit. Mais toutes ces incisions estant encores insuffisantes pour le faire mourir, il commande à Statius Anneus, son medecin, de luy donner un bruvage de poison, qui n'eust gueres non plus d'effect ; car par la foiblesse et froideur des membres, elle ne peust arriver iusques au cœur : par ainsin on luy feit en oultre appreter un baing fort chauld ; et lors, sentant sa fin prochaine, autant qu'il eut d'haleine, il continua des discours tresexcellents sur le subiect de l'estat où il se trouvoit, que ses secretaires recueillirent tant qu ils peurent ouïr sa voix ; et demeurerent ses paroles dernieres, long temps depuis, en credit et honneur ez mains des hommes (ce nous est une bien fascheuse perte qu'elles ne soient venues iusques à nous). Comme il sentit les derniers traicts de la mort, prenant de l'eau du baing toute sanglante, il en arrousa sa teste, en disant : « Ie voue cette eau à Iupiter le liberateur. » Neron, adverty de tout cecy, craignant que la mort de Paulina, qui estoit des mieulx apparentees dames romaines, et envers laquelle il n'avoit nulles particulieres inimitiez, luy veinst à reproche, renvoya en toute diligence luy faire r'attacher ses playes : ce que ses gents d'elle feirent sans son sceu, estant desia demy morte et sans aulcun sentiment.

Et ce que, contre son desseing, elle vesquit depuis, ce feust treshonnorablement et comme il appartenoit à sa vertu, montrant par la couleur blesme de son visage, combien elle avoit escoulé de vie par ses blecçures.

Voylà mes trois contes tresveritables, que ie treuve aussi plaisants et tragiques que ceulx que nous forgeons à nostre poste pour donner plaisir au commun ; et m'estonne que ceulx qui s'addonnent à cela ne s'advisent de choisir plustost dix mille tresbelles histoires qui se rencontrent dans les livres, où ils auroient moins de peine, et apporteroient plus de plaisir et proufit : et qui en vouldroit bastir un corps entier et s'entretenant, il ne fauldroit qu'il fournist du sien que la liaison, comme la souldure d'un aultre metal ; et pourroit entasser par ce moyen force veritables evenements de toutes sortes, les disposant et diversifiant selon que la beauté de l'ouvrage le requerroit, à peu preu comme Ovide a cousu et rapiecé sa Metamorphose, de ce grand nombre de fables diverses.

En ce dernier couple, cela est encores digne d'estre consideré, Que Paulina offre volontiers à quitter la vie pour l'amour de son mary, et Que son mary avoit aultrefois quité aussi la mort pour l'amour d'elle. Il n'y a pour nous grand contrepoids à cet eschange ; mais, selon son humeur stoïque, ie crois qu'il pensoit avoir autant faict pour elle, d'alonger sa vie en sa faveur, comme s'il feust mort pour elle. En l'une des lettres qu'il escript à Lucilius, aprez qu'il luy a faict entendre comme, la fiebvre l'ayant prins à Rome, il monta soubdain en coche pour s'en aller à une sienne maison aux champs, contre l'opinion de sa femme qui le vouloit arrester ; et qu'il luy avoit respondu que la fiebvre qu'il avoit, ce n'estoit pas fiebvre du corps, mais du lieu ; il suyt ainsin : « Elle me laissa aller, me recommendant fort ma santé. Or, moy qui sçais que ie loge sa vie en la mienne, ie commence de pourvoir à moy, pour pourveoir à elle : le privilege que ma vieillesse m'avoit donné me rendant plus ferme et plus resolu à plusieurs choses, ie le perds, quand il me souvient qu'en ce vieillard il y en a une ieune à qui ie proufite. Puisque ie ne la puis renger à m'aimer plus courageusement, elle me renge à m'aimer moy mesme plus curieusement : car il fault prester quelque chose aux honnestes affections ; et, par fois, encores que les occasions nous pressent au contraire, il fault r'appeler la vie, voire avecques torment ; il fault arrester l'ame entre les dents, puisque la loy de vivre, aux gents de bien, si ce n'est pas aultant qu'il leur plaist, mais autant qu'ils doibvent. Celuy qui n'estime pas tant sa femme ou un sien amy, que d'en alonger sa vie, et qui s'opiniastre à mourir, il est trop delicat et trop mol : il fault que l'ame se commande cela, quand l'utilité des nostres le requiert ; il fault par fois nous prester à nos amis, et, quand nous vouldrions mourir pour nous, interrompre nostre desseing pour eulx. C'est tesmoignage de grandeur de courage, de retourner en la vie pour la consideration d'aultruy, comme plusieurs excellents personnages ont faict ; et est un traict de bonté singuliere, de conserver la vieillesse (de laquelle commodité la plus grande, c'est la nonchalance de sa duree, et un plus courageux et desdaigneux usage de la vie), si on sent que cet office soit doulx, agreable et proufitable à quelqu'un bien affectionné. Et en receoit on une tresplaisante recompense : car, qu'est il plus doux, que d'estre si cher à sa femme, qu'à sa consideration on en devienne plus cher à soy mesme ? Ainsi ma Pauline m'a chargé, non seulement sa crainte, mais encores la mienne : ce ne m'a pas esté assez de considerer combien resoluement ie pourrois mourir, mais i'ay consideré combien irresoluement elle le pourroit souffrir. Ie me suis contrainct à vivre, et c'est quelquefois magnanimité que vivre. » Voylà ses mots, excellents comme est son usage.

Chapitre xxxvi. — Des plus excellents hommes.

Si on me demandoit le chois de touts les hommes qui sont venus à ma cognoissance, il me semble en trouver trois excellents au dessus de touts les aultres.

L'un Homere : non pas qu'Aristote ou Varro, pour exemple, ne feussent à l'adventure aussi sçavants que luy, ny possible encores qu'en son art mesme Virgile ne luy soit comparable : ie le laisse à iuger à ceulx qui les cognoissent touts deux. Moy, qui n'en cognois que l'un, puis seulement dire cela, selon ma portee, que ie ne crois pas que les Muses mesmes allassent au delà du Romain :

> Tale facit carmen docta testudine, quale
> Cynthius impositis temperat articulis :

toutefois en ce iugement, encores ne fauldroit il pas oublier que c'est principalement d'Homere que Virgile tient sa suffisance ; que c'est son guide et maistre d'eschole; et qu'un seul traict de l'Iliade a fourny de corps et de matiere à cette grande et divine Aeneïde. Ce n'est pas ainsi que ie compte : i'y mesle plusieurs aultres circonstances qui me rendent ce personnage admirable, quasi au dessus de l'humaine condition ; et, à la verité, ie m'estonne souvent que luy, qui a produict et mis en credit au monde plusieurs deïtez par son auctorité, n'a gaigné reng de dieu luy mesme. Estant aveugle, indigent ; estant avant que les sciences feussent redigees en regle et observations certaines, il les a tant cogneues, que touts ceulx qui se sont meslez depuis d'establir des polices, de conduire guerres, et d'escrire ou de la religion, ou de la philosophie, en quelque secte que ce soit, ou des arts, se sont servis de luy comme d'un maistre tresparfaict en la cognoissance de toutes choses, et de ses livres comme d'une pepiniere de toute espece de suffisance :

> Qui, quid sit pulchrum, quid turpe, quid utile, quid non,
> Plenius ac melius Chrysoppo et Crantore dicti ;

et comme dict l'aultre,

> A quo, ceu fonte perenni,
> Vatum Pieriis ora rigantur aquis ;

et l'aultre,

> Adde Heliconiadum comites, quorum unus Homerus
> Sceptra potitus ;

et l'aultre,

> Cuiusque ex ore profuso
> Omnis posteritas latices in carmina duxit,
> Amnemque in tenues ausa est deducere rivos,
> Unius fœcunda bonis.

C'est contre l'ordre de nature qu'il a faict la plus excellente production qui puisse estre : car la naissance ordinaire des choses, elle est imparfaicte ; elles s'augmentent, se fortifient par l'accroissance : l'enfance de la poësie, et de plusieurs aultres sciences, il l'a rendeue meure, parfaicte, et accomplie. A cette cause le peult on nommer le premier et dernier des poëtes, suivant ce beau tesmoignage que l'antiquité nous a laissé de luy, « que n'ayant nul qui le peust imiter avant luy, il n'a eu nul aprez luy qui le peust imiter. » Ses paroles, selon Aristote, sont les seules paroles qui ayent mouvement et action : ce sont les seuls mots substanciels. Alexandre le grand, ayant rencontré, parmy les despouilles de Darius, un riche coffret, ordonna qu'on le luy reservast pour y loger son Homere : disant que c'estoit le meilleur et plus fidele conseiller qu'il eust en ses affaires militaires. « Pour cette mesme raison, disoit Cleomenes, fille d'Anaxandridas, que « c'estoit le poëte des Lacedemoniens, parce qu'il estoit tresbon maistre de la discipline guerriere. » Cette louange singuliere et particuliere luy est aussi demeuree, au iugement de Plutarque, « que c'est le seul aucteur du monde qui n'aiamais saoulé ne desgousté les hommes, se montrant aux lecteurs touiours tout aultre, et fleurissant tousiours en nouvelle grace. « Ce follastre d'Alcibiades, ayant demandé, à un qui faisoit profession des lettres, un livre d'Homere, luy donna un soufflet, parce qu'il n'en avoit point : comme qui trouveroit un de nos presbtres sans breviaire. Xenophanes se plaignoit un iour à Hieron, tyran de Syracuse, de ce qu'il estoit si pauvre qu'il n'avoit dequoy nourrir deux serviteurs : « Et quoy, luy respondit il, Homere, qui estoit beaucoup plus pauvre que toy, en nourrit bien plus de dix mille, tout mort qu'il est. » Que n'estoit ce dire, à Panaetius, quand il nommoit Platon « l'Homere des philosophes ? » Oultre cela, quelle gloire se peult comparer à la sienne ? il n'est rien qui vive en la bouche des hommes, comme son nom et ses ouvrages ; rien si cogneu et si receu que Troye, Helene, et ses guerres, qui ne feurent à l'adventure iamais : nos enfants s'appellent encores des noms qu'il forgea il y a plus de trois mille ans ; qui ne cognoist Hector et Achille ? Non seulement aulcunes races particulieres, mais la plus part des nations cherchent origine en ses inventions. Mahumet second de ce nom, empereur des Turcs, escrivant à nostre pape Pie second : « Ie m'estonne, dict il, comment les Italiens se bandent contre moy, attendu que nous avons nostre origine commune des Troyens, et que i'ay comme eulx interest de venger le sang d'Hector sur les Grecs, lesquels ils vont favorisant contre moy. » N'est ce pas une noble farce, de laquelle les roys, les choses publicques et les empereurs vont iouant leur personnage tant de siecles, et à laquelle tout ce grand univers sert de theatre. Sept villes grecques entrerent en debat du lieu de sa naissance : tant son obscurité mesme lui apporta d'honneur !

Smyrna, Rhodos, Colophon, Salamis, Chio, Argos, Athenæ.

L'aultre, Alexandre le grand : car, Qui considerera l'aage qu'il commencea ses entreprinses; le peu de moyen avecques lequel il feit un si glorieux desseing; l'auctorité qu'il gaigna en cette sienne enfance, parmy les plus grands et experimentez capitaines du monde desquels il estoit suyvi; la faveur extraordinaire dequoy fortune embrassa et favorisa tant de siens exploicts hasardeux, et à peu que ie ne die temeraires ;

Impellens quidquid sibi summa petenti
Obstaret, gaudensque viam fecisse ruina ;

cette grandeur, d'avoir, à l'aage de trente trois ans, passé victorieux toute la terre habitable, et, en une demie vie, avoir attainct tout l'effort de l'humaine nature, si que vous ne pouvez imaginer sa durée legitime, et la continuation de son accroissance en vertu et en fortune iusques à un iuste terme d'aage, que vous n'imaginiez quelque chose au dessus de l'homme, d'avoir faict naistre de ses soldats tant de branches royales, laissant aprez sa mort le monde en partage à quatre successeurs, simples capitaines de son armee, desquels les descendants ont depuis si long temps duré, maintenants cette grande possession: tant d'excellentes vertus qui estoient en luy, iustice, temperance, liberalité, foy en ses paroles, amour envers les siens, humanité envers les vaincus : car ses mœurs semblent, à la verité, n'avoir aulcun iuste reproche, ouy bien aulcunes de ses actions particulieres, rares, extraordinaires ; mais il est impossible de conduire si grands mouvements avecques les regles de la iustice, telles gents veulent estre iugez en gros par la maistresse fin de leurs actions : la ruyne de Thebes et de Persepolis, le meurtre de Menander, et du medecin d'Ephestion, de tant de prisonniers persiens à un coup, d'une troupe de soldats indiens, non sans interest de sa parole; des Cosseïens, iusques aux petits enfants, sont saillies un peu mal excusables ; car, quant à Clitus, la faulte en feut amendee oultre son poids, et tesmoigne cette action, autant que toute aultre, la debonnaireté de sa complexion, et que c'estoit de soy une complexion excellemment formee à la bonté, et a esté ingenieusement dict de luy, « qu'il avoit de la nature ses vertus, de la fortune ses vices : » quant à ce qu'il estoit un peu vanteur, un peu trop impatient d'ouïr mesdire de soy, et quant à ses mangeoires, armes et mors qu'il feit semer aux Indes, toutes ces choses me semblent pouvoir estre condonnees à son aage, et à l'estrange prosperité de sa fortune : Qui considerera quand et quand tant de vertus militaires, diligence, pourvoyance, patience, discipline, subtilité, magnanimité, resolution, bonheur, en quoy, quand l'auctorité d'Annibal ne nous l'auroit apprins, il a esté le premier des hommes; les rares beautez et conditions de sa personne, iusques au miracle ; ce port, et ce venerable maintien, soubs un visage si ieune, vermeil et flamboyant ;

Qualis, ubi Oceani perfusus Lucifer unda,
Quem Venus ante alios astrorum diligit ignes,
Extulit os sacrum cœlo, tenebrasque resolvit;

l'excellence de son sçavoir et capacité ; la duree et grandeur de sa gloire, pure, nette, exempte de tache et d'envie ; et qu'encores long temps aprez sa mort, ce feut une religieuse croyance d'estimer que ses medailles portassent bonheur à ceulx qui les avoient sur eulx ; et que plus de rois et de princes ont escript ses gestes, qu'aultres historiens n'ont escript les gestes d'aultre roy ou prince que ce soit ; et qu'encores à present les Mahumetans, qui mesprisent toutes aultres histoires, receoivent et honorent la sienne seule, par special privilege : Il confessera, tout cela mis ensemble, que i'ay eu raison de le preferer à Cesar mesme, qui seul m'a peu mettre en doubte du chois ; et il ne se peult nier qu'il n'y ayt plus du sien en ses exploicts, plus de la fortune en ceulx d'Alexandre. Ils ont eu plusieurs choses eguales ; et Cesar, à l'adventure, aulcunes plus grandes : ce feurent deux feux, ou deux torrents, à ravager le monde par divers endroicts ;

> Et velut immissi diversis partibus ignes
> Arentem in silvam, et virgulta sonantia lauro ;
> Aut ubi decursu rapido de montibus altis
> Dant sonitum spumosi amnes, et in æquora currunt,
> Quisque suum populatus iter :

mais quand l'ambition de Cesar auroit de soy plus de moderation, elle a tant de malheur, ayant rencontré ce vilain subiect de la ruyne de son païs, et de l'empirement universel du monde, que, toutes pieces ramassees et mises en la balance, ie ne puis que ie ne penche du costé d'Alexandre.

Le tiers, et le plus excellent, à mon gré, c'est Epaminondas. De gloire, il n'en a pas à beaucoup prez tant que d'aultres (aussi n'est ce pas une piece de la substance de la chose) : de resolution et de vaillance, non pas de celle qui est aiguisee par ambition, mais de celle que la sapience et la raison peuvent planter en une ame bien reglee, il en avoit tout ce qui s'en peult imaginer : de preuves de cette sienne vertu, il en a faict autant, à mon advis, qu'Alexandre mesme, et que Cesar; car encores que ses exploicts de guerre ne soyent ny si frequents, ny si enflez, ils ne laissent pas pourtant, à les bien considerer et toutes leurs circonstances, d'estre aussi poisants et roides, et portants autant de tesmoignage de hardiesse et de suffisance militaire. Les Grecs luy ont faict cet honneur, sans contredict, de le nommer le premier homme d'entre eulx : mais estre le premier de la Grece, c'est facilement estre le prime du monde. Quant à son sçavoir et suffisance, ce iugement ancien nous en est resté « que iamais homme ne sçeut tant, et ne parla si peu que luy; » car il estoit pythagorique de secte; et ce qu'il parla, nul ne parla iamais mieulx : excellent orateur et trespersuasif. Mais quant à ses mœurs et conscience, il a de bien loing surpassé touts ceulx qui se sont iamais meslez de manier affaires; car en cette partie, doibt estre principalement consideree, qui seule marque veritablement quels nous sommes, et laquelle ie contrepoise seule à toutes les aultres ensemble, il ne cede à aulcun philosophe, non pas à Socrates mesme : en cettuy cy l'innocence est une qualité propre, maistresse, constante, uniforme, incorruptible, au parangon de laquelle elle paroist, en Alexandre, subalterne, incertaine, bigarree, molle, et fortuite.

L'ancienneté iugea, qu'à espelucher par le menu touts les aultres grands capitaines, il se treuve en chascun quelque speciale qualité qui le rend illustre : en cettuy cy seul, c'est une vertu et suffisance pleine partout et pareille, qui, en touts les offices de la vie humaine, ne laisse rien à desirer de soy, soit en occupation publicque ou privee, ou paisible, ou guerriere, soit à vivre, soit à mourir grandement et glorieusement : ie ne cognois nulle ny forme, ny fortune d'homme que ie regarde avec tant d'honneur et d'amour.

Il est bien vray que son obstination à la pauvreté, ie la treuve aulcunement scrupuleuse, comme elle est peincte par ses meilleurs amis ; et cette seule action, haulte pourtant et tresdigne d'admiration, ie la sens un peu aigrette, pour, par souhait mesme, en la forme qu'elle estoit en luy, m'en desirer l'imitation.

Le seul Scipion Emilien, qui luy donneroit une fin aussi fiere et magnifique, et la cognoissance des sciences autant profonde et universelle, se pourroit mettre à l'encontre à l'aultre plat de la balance. Oh, quel desplaisir le temps m'a faict d'oster de nos yeulx, à poinct nommé, des premieres, la couple de vies, iustement la plus noble qui feust en Plutarque, de ces deux personnages, par le commun consentement du monde, l'un le premier des Grecs, l'aultre des Romains ! Quelle matiere ! quel œuvrier !

Pour un homme non sainct, mais que nous disons galant homme, de mœurs civiles et communes, d'une haulteur moderee, la plus riche vie, que ie sçache, à estre vescue entre les vivants, comme on dit, et estoffee de plus de riches parties et desirables, c'est, tout consideré, celle d'Alcibiades, à mon gré.

Mais quant à Epaminondas, pour exemple d'une excessive bonté, ie veulx adiouster icy aulcunes de ses opinions : Le plus doulx contentement qu'il eut en toute sa vie, il tesmoigna que c'estoit le plaisir qu'il avoit donné à son pere et à sa mere de sa victoire de Leuctres ; il couche de beaucoup, preferant leur plaisir au sien si iuste et si plein d'une tant glorieuse action : Il ne pensoit pas « qu'il feust loisible, pour recouvrer mesme la liberté de son païs, de tuer un homme sans cognoissance de cause; » voylà pourquoy il feut si froid à l'entreprinse de Pelopidas, son compaignon, pour la delivrance de Thebes : Il tenoit aussi, « qu'en une battaille il falloit fuir le rencontre d'un amy qui feust au party contraire, et l'espargner : » Et son humanité à l'endroict des ennemis mesmes l'ayant mis en souspeçon envers les Bœotiens, de ce qu'aprez avoir miraculeusement forcé les Lacedemoniens de luy ouvrir le pas qu'ils avoient entreprins de garder à l'entree de Moree, prez de Corinthe, il s'estoit contenté de leur avoir passé sur le ventre, sans les poursuyvre à toute oultrance, il feut deposé de l'estat de capitaine general, treshonorablement, pour une telle cause, et pour la honte que ce leur feut d'avoir, par necessité, à le remonter tantost aprez en son degré, et recognoistre combien despendoit de luy leur gloire et leur salut : la victoire le suyvant comme son umbre partout où il guidast ; la prosperité de son païs mourut aussi, luy mort, comme elle estoit nee par luy.

Chapitre XXXVII. — De la ressemblance des enfants aux peres.

Ce fagotage de tant de diverses pieces se faict en cette condition, que ie n'y mets la main que lors qu'une trop lasche oysifveté me presse, et non ailleurs que chez moy : ainsin il s'est basty à diverses poses et intervalles, comme les occasions me detiennent ailleurs par fois plusieurs mois. Au demourant, ie ne corrige point mes premieres imaginations par les secondes ; ouy, à l'adventure, quelque mot, mais pour diversifier, non pour oster. Ie veulx representer le progrez de mes humeurs, et qu'on veoye chasque piece en sa naissance. Ie prendrois plaisir d'avoir commencé plustost, et à recognoistre le train de mes mutations. Un valet qui me servoit à les escrire soubs moy, pensa faire un grand butin de m'en desrobber plusieurs pieces, choisies à sa poste : cela me console, qu'il n'y fera pas plus de gaing, que i'y ay faict de perte. Ie me suis envieilly de sept ou huict ans depuis que ie commenceay : ce n'a pas esté sans quelque nouvel acquest ; i'y ay practiqué la cholique, par la liberalité des ans : leur commerce et longue conversation ne se passe aysement, sans quelque tel fruict. Ie vouldrois bien, de plusieurs aultres presents qu'ils ont à faire à ceulx qui les hantent long temps, qu'ils en eussent choisi quelqu'un qui m'eust esté plus acceptable ; car ils ne m'en eussent sceu faire que i'eusse en plus grande horreur, dez mon enfance : c'estoit, à poinct nommé, de tous les accidents de la vieillesse, celuy que ie craignois le plus. I'avois pensé maintesfois, à part moy, que i'allois trop avant, et qu'à faire un si long chemin, ie ne fauldrois pas de m'engager enfin en quelque malplaisante rencontre : ie sentois et protestois assez, Qu'il estoit heure de partir, et qu'il falloit trencher la vie dans le vif et dans le sain, suyvant regle des chirurgiens, quand ils ont à couper quelque membre ; Qu'à celuy qui ne la rendoit à temps, nature avoit accoustumé de faire payer de bien rudes usures. Il s'en falloit tant que i'en feusse prest lors, qu'en dix huict mois ou environ qu'il y a que ie suis en ce malplaisant estat, i'ay desia apprins à m'y accommoder ; i'entre desia en composition de ce vivre choliqueux ; i'y treuve de quoy me consoler, et dequoy esperer : Tant les hommes sont accoquinez à leur estre miserable, qu'il n'est si rude condition qu'ils n'acceptent pour s'y conserver! Oyez Maecenas,

  Debilem facito manu,
  Debilem pede, coxa ;
  Lubricos quale dentes :
  Vita dum superest, bene est :

et couvroit Tamburlan d'une sotte humanité la cruauté fantastique qu'il exerceoit contre les ladres, en faisant mettre à mort autant qu'il en venoit à sa cognoissance, « pour, disoit-il, les delivrer de la vie qu'ils vivoient si penible : » car il n'y avoit nul d'eulx qui n'eust mieulx aimé estre trois fois ladre, que de n'estre pas : et Antisthenes le stoïcien, estant fort malade, et s'escriant : « Qui me delivrera de ces maulx ? » Diogenes, qui l'estoit venu veoir, luy presentant un couteau : « Cettuy cy, si tu veulx, bientost, » « Ie ne dis pas de la vie, repliqua il, ie dis des maulx. » Les souffrances qui nous touchent simplement par l'ame, m'affligent beaucoup moins qu'elles ne font la pluspart des aultres hommes, partie, par iugement, car le monde estime plusieurs choses horribles, ou evitables au prix de la vie, qui me sont à peu prez indifferentes ; partie, par une complexion stupide et insensible que i'ay aux accidents qui donnent à moy de droict fil; laquelle complexion i'estime l'une des meilleures pieces de ma naturelle condition : mais les souffrances vrayement essentielles et corporelles, ie les gouste bien vifvement. Si est ce pourtant, que, les prevoyant aultrefois d'une veue foible, delicate, et amollie par la iouissance de cette longue et heureuse santé et repos que Dieu m'a presté, la meilleure part de mon aage, ie les avois conceues, par imagination, si insupportables, qu'à la verité i'en avois plus de peur, que ie n'y ay trouvé de mal : par où i'augmente tousiours cette creance, Que la pluspart des facultez de nostre ame, comme nous les employons, troublent plus le repos de la vie, qu'elles n'y servent.

Ie suis aux prinses avecques la pire de toutes les maladies, la plus soubdaine, la plus douloureuse, la plus mortelle, et la plus irremediable; i'en ay desia essayé cinq ou six bien longs accez et penibles, toutesfois, ou ie me flatte, ou encore y a il en cet estat dequoy se soubtenir, à qui a l'ame deschargee de la crainte de la mort, et deschargee des menaces, conclusions et consequences dequoy la medecine nous enteste; mais l'effect mesme de la douleur n'a pas cette aigreur si aspre et si poignante, qu'un homme rassis en doibve entrer en rage et en desespoir. I'ay au moins ce proufit de la choluque, ce que ie n'avois encores peu sur moy, pour me concilier du tout et m'accointer à la mort, elle le parfera; car d'autant plus elle me pressera et importunera, d'autant moins me sera la mort à craindre. I'avois desia gaigné cela, de ne tenir à la vie que par la vie seulement; elle desnouera encores cette intelligence : et Dieu veuille qu'enfin, si son aspreté vient à surmonter mes forces, elle ne me reiecte à l'aultre extremité, non moins vicieuse, d'aimer et desirer à mourir!

    Summum nec metuas diem, nec optes :

ce sont deux passions à craindre, mais l'une a son remede bien plus prest que l'aultre.

Au demourant, i'ay tousiours trouvé ce precepte cerimonieux, qui ordonne si rigoureusement et exactement de tenir bonne contenance et un maintien desdaigneux et posé, à la souffrance des maulx. Pourquoy la philosophie, qui ne regarde que le vif et les effects, se va elle amusant à ces apparences externes? Qu'elle laisse ce soing aux farceurs et maistres de rhetorique, qui font tant d'estat de nos gestes : qu'elle condonne hardiment au mal cette lascheté voyelle, si elle n'est ny cordiale, ny stomachale, et preste ces plainctes volontaire au genre des soupirs, sanglots, palpitations, paslissements que nature a mis hors de nostre puissance : pourveu que le courage soit sans effroy, les paroles sans desespoir qu'elle se contente; qu'importe que nous tordions nos bras, pourveu que nous ne tordions nos peusees? elle nous dresse pour nous, non pour aultruy; pour estre, non pour sembler : qu'elle s'arreste à gouverner nostre entendement qu'elle a prins à instruire : qu'aux efforts de la choluque, elle maintienne l'ame capable de se recognoistre, de suyvre son train accoustumé, combattant la douleur et la soubtenant, non se prosternant honteusement à ses pieds; esmeue et eschauffee du combat, non abattue et renversee; capable de commerce, capable d'entretien, et d'aultre occupation, iusques à certaine mesure. En accidents si extremes, c'est cruauté de requerir de nous une desmarche si composee : si nous avons beau ieu, c'est peu que nous ayons mauvaise mine : si le corps se soulage en se plaignant, qu'il le face; si l'agitation luy plaist, qu'il se tourneboule et tracasse à sa fantasie; s'il luy semble que le mal s'evapore aulcunement (comme aulcuns medecins disent que cela ayde à la delivrance des femmes enceinctes), pour poulser hors la voix avecques plus grande violence, ou s'il en amuse son torment, qu'il crie tout à faict. Ne commandons point à cette voix qu'elle aille, mais permettons le luy. Epicurus ne pardonne pas seulement à son sage de crier aux torments, mais il le luy conseille. *Pugiles etiam, quum feriunt, in iactandis cæstibus ingemiscunt, quia profundenda voce omne corpus intenditur, venitque plaga vehementior.* Nous avons assez de travail du mal, sans nous travailler à ces regles superflues.

Ce que ie dis, pour excuser ceulx qu'on veoid ordinairement se tempester aux secousses et assaults de cette maladie : car pour moy, ie l'ay passee iusques à cette heure avecques un peu meilleure contenance, et me contente de gemir sans brailler : non pourtant que ie me mette en peine pour maintenir cette decence exterieure, car ie fois peu de compte d'un tel advantage, ie preste en cela au mal autant qu'il veult : mais, ou mes douleurs ne sont pas si excessifves, ou i'y apporte plus de fermeté que le commun. Ie me plains, ie me despite, quand les aigres poinctures me pressent ; mais ie n'en viens point au desespoir comme celuy là,

> Eiulatu, questu, gemitu, fremitibus
> Resonando multum flebiles voces refert :

ie me taste au plus espez du mal ; et ay tousiours trouvé que i'estois capable de dire, de penser, de respondre aussi sainement qu'en une aultre heure, mais non si constamment, la douleur me troublant et destournant. Quand on me tient le plus atterré, et ques les assistants m'espargnent, i'essaye souvent mes forces, et leur entame moy mesme des propos les plus esloignez de mon estat. Ie puis tout par un soubdain effort : mais ostez en la duree. Oh ! que n'ay ie la faculté de ce songeur de Cicero, qui, songeant embrasser une garse, trouva qu'il s'estoit deschargé de sa pierre emmy ses draps ! les miennes me desgarsent estrangement. Aux intervalles de cette douleur excessifve, lorsque mes ureteres languissent sans me ronger, ie me remets soubdain en ma forme ordinaire, d'autant que mon ame ne prend aultre alarme que la sensible et corporelle ; ce que ie doibs certainement au soing que i'ay eu à me preparer par discours à tels accidents :

> Laborum
> Nulla mihi nova nunc facies inopinave surgit :
> Omnia præcepi, atque animo mecum ante peregi.

Ie suis essayé pourtant un peu bien rudement pour un apprenti, et d'un changement bien soubdain et bien rude, estant cheu tout à coup d'une tresdoulce condition de vie et tresheureuse, à la plus douloureuse et penible qui se puisse imaginer : car, oultre ce que c'est une maladie bien fort à craindre d'elle mesme, elle faict en moy ses commencements beaucoup plus aspres et difficiles qu'elle n'a accoustumé : les accez me reprennent si souvent, que ie ne me sens quasi plus d'entiere santé. Ie maintiens toutesfois, iusques à cette heure, mon esprit en telle assiette, que, pourveu que i'y puisse apporter de la constance, ie me treuve en assez meilleure condition de vie que mille aultres, qui n'ont ny fiebvre ny mal que celuy qu'ils se donnent eulx mesmes par la faulte de leur discours.

Il est certaine façon d'humilité subtile, qui naist de la presumption, comme cette cy, Que nous recognoissons nostre ignorance en plusieurs choses, et sommes si courtois d'advouer qu'il y ayt ez ouvrages de nature aulcunes qualitez et conditions qui nous sont imperceptibles, et desquelles nostre insuffisance ne peult descouvrir les moyens et les causes : par cette honneste et conscientieuse declaration, nous esperons gaigner qu'on nous croira aussi de celles que nous dirons entendre. Nous n'avons que faire d'aller trier des miracles et des difficultez estrangieres ; il me semble que parmy les choses que nous voyons ordinairement, il y a des estrangetez si incomprehensibles, qu'elles surpassent toute la difficulté des miracles. Quel monstre est ce, que cette goutte de semence, de quoy nous sommes produicts, porte en soy les impressions, non de la forme corporelle seulement, mais des pensements et des inclinations de nos peres ? cette goutte d'eau, où loge elle ce nombre infiny de formes ? et comme porte elle ses ressemblances, d'un progrez si temeraire et si desreglé, que l'arriere-fils respondra à son bisayeul, le nepveu à l'oncle ? En la famille de Lepidus, à Rome, il y en a eu trois, non de suitte, mais par intervalles, qui nasquirent un mesme œil couvert de cartilage : A Thebes, il y avoit une race qui portoit dez le ventre de la mere la forme d'un fer de lance ; et qui ne le portoit, estoit tenu illegitime : Aristote dict qu'en certaine nation où les femmes estoient communes, on assignoit les enfants à leurs peres, par la ressemblance.

Il est à croire que ie doibs à mon pere cette qualité pierreuse ; car il mourut merveilleusement affligé d'une grosse pierre qu'il avoit à la vessie. Il ne s'aperceut de son mal que le soixante septiesme an de son aage ; et avant cela il n'en avoit eu aulcune menace ou ressentiment aux reins, aux costez, ny ailleurs ; et avoit vescu jusques lors en une heureuse santé, et bien peu subiecte à maladie ; et dura encores sept ans en ce mal, traisnant une fin de vie bien douloureuse. I'estois nay vingt cinq ans, et plus, avant sa maladie, et durant le cours de son meilleur estat, le troisiesme de ses enfants, en reng de naissance. Où se couvoit tant de temps la propension à ce default? et, lorsqu'il estoit si loing du mal, cette legiere piece de sa substance, de quoy il me bastit, comment emportoit elle pour sa part une si grande impression! et comment encores si couverte, que quarante cinq ans aprez i'aye commencé à m'en ressentir, seul iusques à cette heure entre tant de freres et de sœurs, et touts d'une mere? Qui m'esclaircira de ce progrez, ie le crairay d'autant d'aultres miracles qu'il voudra : pourveu que, comme ils font, il ne me donne pas en payement une doctrine beaucoup plus difficile et fantastique que n'est la chose mesme.

Que les medecins excusent un peu ma liberté; car par cette mesme infusion et insinuation fatale, i'ay receu la haine et le mespris de leur doctrine : cette antipathie que i'ay à leur art m'est hereditaire. Mon pere a vescu soixante et quatorze ans, mon ayeul soixante et neuf, mon bisayeul prez de quatre vingts, sans avoir gousté aulcune sorte de medecine; et, entre eulx, tout ce qui n'estoit de l'usage ordinaire tenoit lieu de drogue. La medecine se forme par exemples et experience : aussi faict mon opinion. Voilà pas une bien expresse experience, et bien advantageuse? ic ne sçais s'ils m'en trouveront trois en leurs registres, nays, nourris et trespassez en mesme fouyer, mesme toict, ayants autant vescu par leur conduicte. Il fault qu'ils m'advouent en cela, que si ce n'est la raison, au moins que la fortune est de mon party; or, chez les medecins, fortune vault bien mieulx que la raison. Qu'ils ne me prennent point à cette heure à leur advantage, qu'ils ne me menacent point, atterré comme ie suis; ce seroit supercherie. Aussi, à dire la verité, i'ai assez gaigné sur eulx par mes exemples domestiques, encores qu'ils s'arrestent là. Les choses humaines n'ont pas tant de constance : il y a deux cents ans, il ne s'en fault que dix huict, que cet essay nous dure, car le premier nasquit l'an mil quatre cents deux; c'est vrayment bien raison que cette experience commence à nous faillir. Qu'ils ne me reprochent point les maulx qui me tiennent à cette heure à la gorge : d'avoir vescu sain quarante sept ans pour ma part, n'est ce pas assez? quand ce sera le bout de ma carriere, elle est des plus longues.

Mes ancestres avoient la medecine à contrecœur par quelque inclination occulte et naturelle; car la veue mesme des drogues faisoit horreur à mon pere. Le seigneur de Gaviac, mon oncle paternel, homme d'Eglise, maladif dez sa naissance, et qui feit toutesfois durer cette vie debile iusques à soixante sept ans, estant tumbé aultrefois en une grosse et vehemente fiebvre continue, il feut ordonné par les medecins qu'on luy declareroit, s'il ne se vouloit ayder (ils appellent secours ce qui le plus souvent est empeschement), qu'il estoit infailliblement mort. Ce bon homme, tout effrayé comme il feut de cette horrible sentence, si respondict il, « Ie suis doncques mort. » Mais Dieu rendit tantost aprez vain ce prognostique. Le dernier des freres, ils estoient quatre, sieur de Bussaguet, et de bien loing le dernier se soubmeit seul à cet art, pour le commerce, ce crois ie, qu'il avoit avecques les aultres arts, car il estoit conseiller en la cour de parlement; et luy succeda si mal, qu'estant, par apparence, de plus forte complexion, il mourut pourtant long temps avant les aultres, sauf un, le sieur de Sainct Michel.

Il est possible que i'ay receu d'eulx cette dyspathie naturelle à la medecine : mais s'il n'y eust eu que cette consideration, i'eusse essayé de la forcer; car toutes ces conditions qui naissent en nous sans raison, elles sont vicieuses, c'est une espece de maladie qu'il fault combattre. Il peult estre que i'y avois cette propension; mais ie l'ay appuyee et fortifiee par les discours, qui m'en ont estably l'opinon que i'en ay : car ie hais aussi cette consideration de refuser la medecine pour l'aigreur de son goust; ce ne seroit aysement mon humeur, qui treuve la santé digne d'estre rachetee par touts les cauteres et incisions les plus penibles qui se facent : et, suyvant Epicurus, les voluptez me semblent à eviter, si elles tirent à leur suitte des douleurs plus grandes? et les douleurs à rechercher, qui tirent à leur suitte des voluptez plus grandes. C'est une precieuse chose que la santé, et la seule qui merite, à la verité, qu'on y employe, non le temps seulement, la sueur, la peine, les biens, mais encore la vie à sa poursuitte; d'autant que sans elle la vie nous vient à estre penible et iniurieuse; la volupté, la sagesse, la science et la vertu, sans elle, se ternissent et esvanouïssent : et aux plus fermes et tendus discours que la philosophie nous veuille imprimer au contraire, nous n'avons qu'à opposer l'image de Platon estant frappé du hault mal ou d'une apoplexie, et, en cette presupposition, le desfier d'appeller à son secours les riches facultez de son ame. Toute voye qui nous meneroit à la santé ne se peult dire, pour moy, ny aspre ni chere. Mais i'ay quelques autres apparences qui me font estrangement desfier de toute cette marchandise. Ie ne dis pas qu'il n'y en puisse avoir quelque art ; qu'il n'y ait, parmy tant d'ouvrages de nature, des choses propres à la conservation de nostre santé, cela est certain : i'entends bien qu'il y a quelque simple qui humecte, quelque aultre qui asseiche; ie sçais, par experience, et que les raiforts produisent des vents, et que les feuilles de sené laschent le ventre; ie sçais plusieurs telles experiences, comme ie sçais que le mouton me nourrit, et que le vin m'eschauffe; et disoit Solon que le manger estoit, comme les aultres drogues, une medecine contre la maladie de la faim; ie ne desadvoue pas l'usage que nous tirons du monde, ny ne doubte de la puissance et uberté de nature, et de son application à nostre besoing ; ie veois bien que les brochets et les arondes se treuvent bien d'elle : Ie me desfie des inventions de nostre esprit, de nostre science et art, en faveur duquel nous l'avons abandonnee et ses regles, et auquel nous ne sçavons tenir moderation ny limite. Comme nous appellons iustice, le pastissage des premieres loys qui nous tumbent en main, et leur dispensation et practique, tresinepte souvent et tresinique; et comme ceulx qui s'en mocquent, et qui l'accusent, n'entendent pas pourtant iniurier cette noble vertu, ains condamner seulement l'abus et profanation de ce sacré titre : de mesme, en la medecine, i'honore bien ce glorieux nom, sa proposition, sa promesse, si utile au genre humain; mais ce qu'il designe, entre nous, ie ne l'honore ny ne l'estime.

En premier lieu, l'experience me le faict craindre ; car, de ce que i'ay de cognoissance, ie ne veois nulle race de gents si tost malade, et si tard guarie, que celle qui est soubs la iuridiction de la medecine : leur santé mesme est alteree et corrompue par la contraincte des regimes. Les medecins ne se contentent point d'avoir la maladie en gouvernement; ils rendent la santé malade, pour garder qu'on ne puisse en aulcune saison eschapper leur auctorité : d'une santé constante et entiere, n'en tirent ils pas l'argument d'une grande maladie future ? I'ay esté assez souvent malade ; i'ay trouvé, sans leur secours, mes maladies aussi doulces à supporter (en ay essayé quasi de toutes les sortes), et aussi courtes qu'à nul aultre; et si n'y ay point meslé l'amertume de leurs ordonnances. La santé, ie l'ay libre et et entiere, sans regle et sans aultre discipline que de ma coustume et de mon plaisir : tout lieu m'est bon à m'arrester; car il ne fault aultres commoditez, estant malade, que celles qu'il me fault estant sain : Ie ne me passionne point d'estre sans medecin, sans apotiquaire et sans secours; de quoy i'en veois la pluspart plus affligez que du mal. Quoy ? eulx mesmes nous font ils veoir de l'heur et de la duree, en leur vie, qui nous puisse tesmoigner quelque apparent effect de leur science ?

Il n'est nation qui n'ayt esté plusieurs siecles sans la medecine, et les premiers siecles, c'est à dire les meilleurs et les plus heureux : et du monde la dixiesme partie ne s'en sert pas, encores à cette heure; infinies nations ne la cognoissent pas, où l'on vit et plusieurs sainement et plus longuement qu'on ne faict icy; et parmy nous, le commun peuple s'en passe heureusement ; les Romains avoient esté six cents ans avant que de la recevoir; mais, aprez l'avoir essayee, ils la chasserent de leur ville, par l'entremise de Caton le censeur, qui montra combien ayseement il s'en pouvoit passer, ayant vescu quatre vingts et cinq ans, et faict vivre sa femme iusqu'à l'extreme vieillesse, non pas sans medecine, mais ouy bien sans medecin ; car toute chose qui se treuve salubre à nostre vie se peult nommer medecine : il entretenoit, ce dict Plutarque, sa famille en santé, par l'usage, ce me semble, du lievre : comme les Arcades, dict Pline, guarissent toutes maladies avecques du laict de vache; et les Lybiens, dict Herodote, iouïssent populairement d'une rare santé, par cette coustume qu'ils ont, aprez que leurs enfants ont atteinct quatre ans, de leur cauteriser et brusler les veines du chef et des temples, par où ils coupent chemin, pour leur vie, à toute defluxion de rheume; et les gents de village de ce pays, à touts accidents, n'employent que le vin le plus fort qu'ils peuvent, meslé avec force safran et esprit : tout cela avec une fortune pareille.

Et à dire vray, de toute cette diversité et confusion d'ordonnances, quelle aultre fin et effect apres tout y a il, que de vuider le ventre? ce que mille simples domestiques peuvent faire : et si ne sçais si c'est utilement qu'ils disent, et si nostre nature n'a point besoing de la residence de ses excrements, iusques à certaine mesure, comme le vin a de sa lie pour sa conservation; vous veoyez souvent des hommes sains tumber en vomissements ou flux de ventre, par accident estrangier, et faire un grand vuidange d'excrements sans besoing aucun precedent, et sans aulcune utilité suyvante, voire avecques empirement et dommage.

C'est du grand Platon que i'apprins nagueres, que, de trois sortes de mouvements qui nous appartiennent, le dernier et le pire est celuy des purgations, que nul homme, s'il n'est fol, ne doibt entreprendre qu'à l'extreme necessité. On va troublant et esveillant le mal, par oppositions contraires ; il fault que ce soit la forme de vivre qui doulcement l'allanguisse et reconduise à sa fin : les violentes harpades de la drogue et du mal sont tousiours à nostre perte, puisque la querelle se desmesle chez nous, et que la drogue est un secours infiable, de sa nature ennemy à nostre santé, et qui n'a accez en nostre estat que par le trouble. Laissons un peu faire : l'ordre qui pourveoid aux pulces et aux taulpes, pourveoid aussi aux hommes qui ont la patience pareille, à se laisser gouverner, que les pulces et les taulpes : nous avons beau crier Bihore, c'est bien pour nous enrouer, mais non pour l'advancer ; c'est un ordre superbe et impiteux ; nostre crainte, nostre desespoir le desgoute et retarde de nostre ayde, au lieu de l'y convier; il doibt au mal son cours, comme à la santé; de se laisser corrompre en faveur de l'un, au preiudice des droicts de l'aultre, il ne le fera pas, il tumberoit en desordre. Suyvons, de par Dieu! suyvons : il meine ceulx qui suyvent; ceulx qui ne le suyvent pas, il les entraisne, et leur rage, et leur medecine ensemble. Faites ordonner une purgation à vostre cervelle: elle y sera mieulx employee qu'à vostre estomach.

On demandoit à un Lacedemonien, qui l'avoit faict vivre sain si long temps : « L'ignorance de la medecine, » respondict il : et Adrian l'empereur crioit sans cesse, en mourant, « Que la presse des medecins l'avoit tué. » Un mauvais luicteur se feit medecin : « Courage, luy dict Diogenes ; tu as raison : tu mettras à cette heure en terre ceulx qui t'y ont mis aultrefois. » Mais ils ont cet heur, selon Nicolas, que « le soleil esclaire leur succez, et la terre cache leur faulte. » Et oultre cela, ils ont une façon bien advantageuse à se servir de toutes sortes d'evenements : car, ce que la fortune, ce que la nature ou quelque aultre cause estrangiere (desquelles le nombre est infiny) produict en nous de bon et de salutaire, c'est le privilege de la medecine de se l'attribuer; touts les heureux succez qui arrivent au patient qui est sous son régime, c'est d'elle qu'il les tient; les occasions qui m'ont guary moy, et qui guarissent mille aultres qui n'appellent point les medecins à leurs secours, ils les usurpent en leurs subiects : et quant aux mauvais accidents, Ou ils les desadvouent tout à faict, en attribuant la coulpe au patient, par des raisons si vaines, qu'ils n'ont garde de faillir d'en treuver tousiours assez bon nombre de telles : « Il a descouvert son bras, il a ouï le bruit d'un coche,

    Rhedarum transitus arcto
   Vicorum in flexu ;

on a entr'ouvert sa fenestre; il s'est couché sur le costé gauche, ou il a passé par sa tête quelque pensement penible; » somme, une parole, un songe, une œuillade leur semble suffisante excuse pour se descharger de faulte : Ou, s'il leur plaist, ils se servent encores de cet empirement et en font leurs affaires, par cet aultre moyen qui ne leur peut iamais faillir : c'est de nous payer, lorsque la maladie se treuve reschauffee par leurs applications, de l'asseurance qu'ils nous donnent qu'elle seroit bien aultrement empiree sans leurs remedes ; celuy qu'ils ont iecté d'un morfondement en une fiebvre quotidiane, il eust eu, selon eulx, la continue. Ils n'ont garde de faire mal leurs besongnes, puisque le dommage leur revient à proufit. Vrayement ils ont raison de requerir du malade une application de creance favorable : il fault qu'elle le soit, à la verité, en bon escient et bien souple, pour s'appliquer à des imaginations si malaysees à croire. Platon disoit bien à propos, Qu'il n'appartenoit qu'aux medecins de mentir en toute liberté, puisque nostre salut despend de la vanité et faulsceté de leurs promesses. Aesope, aucteur de tresrare excellence, et duquel peu de gens descouvrent toutes les graces, est plaisant à nous representer cette auctorité tyrannique qu'ils usurpent sur ces pauvres ames affoiblies et abattues par le mal et la crainte ; car il conte qu'un malade estant interrogé par son medecin qu'elle operation il sentoit des medicaments qu'il luy avoit donnez : « l'ay fort sué, » respondit il ; « Cela est bon ! » dict le medecin. Une aultre fois il luy demanda encores comme il s'estoit porté depuis : « l'ay eu un froid extreme, feit il, et si ay fort tremblé ; » « Cela est bon ! » suyvit le medecin. A la troisiesme fois, il luy demanda derechef comment il se portoit : « Ie me sens, dict il, enfler et bouffir comme d'hydropisie : » « Voilà qui va bien ! » adiousta le medecin. L'un de ses domestiques venant, aprez, à s'enquerir à luy de son estat : « Certes, mon amy, respond il, à force de bien estre, ie me meurs. »

Il y avoit en Aegypte une loy plus iuste, par laquelle le medecin prenoit son patient en charge, les trois premiers iours, aux perils et fortunes du patient ; mais, les trois iours passez, c'estoit aux siens propres : car quelle raison y a il qu'Aesculapius leur patron ait esté frappé du fouldre pour avoir rappelé Hippolytus de mort à vie ;

> Nam Pater omnipotens, aliquem indignatus ab umbris
> Mortalem infernis ad lumina surgere vitæ,
> Ipse repertorem medicinæ talis, et artis,
> Fulmine Phœbigenam Stygias detrusit ad undas ;

et ses suyvants soient absouls, qui envoyent tant d'ames de la vie à la mort? Un medecin vantoit à Nicocles son art estre de grande auctorité : « Vrayement c'est mon, dict Nicocles, qui peut impunement tuer tant de gents. »

Au demourant, si i'eusse esté de leur conseil, i'eusse rendu ma discipline plus sacree et mysterieuse : ils avoient assez bien commencé : mais ils n'ont pas achevé de mesme. C'estoit un bon commencement, d'avoir faict les dieux et les daimons aucteurs de leur science, d'avoir prins un langage à part, une escriture à part ; quoy qu'en sente la philosophie, que c'est folie de conseiller un homme pour son proufit, par maniere non intelligible : *Ut si quis medicus imperet, ut sumat*

> Terrigenam, herbigradam, domiportam, sanguine cassam.

C'estoit une bonne regle en leur art, et qui accompaigne toutes les arts fantastiques, vaines et supernaturelles, Qu'il fault que la foy du patient preoccupe, par bonne esperance et assurance, leur effect et operation : laquelle regle ils tiennent iusques là, que le plus ignorant et grossier medecin, ils le treuvent plus propre à celuy qui a fiance en luy, que le plus experimenté et incogneu. Le chois mesme de la pluspart de leurs drogues est aulcunement mysterieux et divin : Le pied gauche d'une tortue, L'urine d'un lezard, La fiente d'un elephant, le foye d'une taulpe, Du sang tiré soubs l'aile droicte d'un pigeon blanc ; et pour nous aultres choliqueux (tant ils abusent desdaigneusement de nostre misere), Des crottes de rat pulverisees, et telles aultres singeries qui ont plus le visage d'un enchantement magicien que de science solide. Ie laisse à part le nombre impair de leurs pillules, la destination de certains iours et festes de l'annee, la distinction des heures à cueillir les herbes de leurs ingredients, et cette grimace rebarbative et prudente de leur port et contenance, dequoy Pline mesme se mocque. Mais ils ont failly, veulx ie dire, de ce qu'à ce beau commencement ils n'ont adiousté cecy, De rendre leurs assemblees et consultations plus religieuses et secretes : aulcun homme profane n'y debvoit avoir accez, non plus qu'aux secretes cerimonies d'Aesculape ; car il advient de cette faulte, que leur irresolution, la foiblesse de leurs arguments, divinations et fondements, l'aspreté de leurs contestations, pleines de haine, de ialousie, et de consideration particuliere, venants à estre descouvertes à un chascun, il fault estre merveilleusement aveugle, si on ne se sent bien hazardé entre leurs mains. Qui veid iamais medecin se servir de la recepte de son compaignon, sans y retrancher ou adiouster quelque chose? ils trahissent assez par là leur art et nous font veoir qu'ils y considerent plus leur reputation, et par consequent leur proufit, que l'interest de leurs patients. Celuy là de leurs docteurs est plus sage, qui leur a anciennement prescript qu'un seul se mesle de traicter un malade : car s'il ne faict rien qui vaille, le reproche à l'art de la medecine n'en sera pas fort grand, pour la faulte d'un homme seul ; et au rebours, la gloire en sera grande, s'il vient à bien rencontrer : là où quand ils sont beaucoup, ils descrient à touts les coups le mestier ; d'autant qu'il leur advient de faire plus souvent mal que bien, ils se debvoient contenter du perpetuel desaccord· qui se treuve ez opinions des principaux maistres et aucteurs anciens de cette science, lequel n'est cogneu que des hommes versez aux livres, sans faire veoir encores au peuple les controverses et inconstances de iugement qu'ils nourrissent et continuent entre eulx.

Voulons nous citer un exemple de l'ancien debat de la medecine? Herophilus loge la cause originelle des maladies, aux humeurs; Erasistratus, au sang des arteres; Asclepiades, aux atomes invisibles s'escoulants en nos pores; Alcmaeon, en l'exsuperance ou default de forces corporelles; Diocles, en l'inequalité des elements du corps, et en la qualité de l'air que nous respirons; Strato, en l'abondance, crudité, et corruption de l'aliment que nous prenons; Hyppocrates la loge aux esprits. Il y a l'un de leurs amis. qu'ils cognoissent mieulx que moy, qui s'escrie à ce propos, « Que la science la plus importante qui soit en nostre usage, comme celle qui a charge de nostre conservation et santé, c'est, de malheur, la plus incertaine, la plus trouble, et agiteee de plus de changements. » Il n'y a pas grand dangier de nous mescompter à la haulteur du soleil, ou en la fraction de quelque supputation astronomique : mais icy, où il y va de tout nostre estre, ce n'est pas sagesse de nous abandonner à la mercy de l'agitation de tant de vents contraires.

Avant la guerre peloponnesiaque, il n'estoit pas grands nouvelles de cette science. Hippocrates la meit en credit : tout ce que cettuy cy avoit establi, Chrysiphus le renversa; depuis, Erasistratus, petit fils d'Aristoto, tout ce que Chrysiphus en avoit escript : aprez ceulx cy, surveindrent les empiriques, qui preindrent une voye toute diverse des anciens au maniement de cet art : quand le credit de ces derniers commencea à s'envieillir, Herophilus meit en usage une aultre sorte de medecine, qu'Asclepiades veint à combattre et aneantir à son tour : à leur reng gaignerent auctorité les opinions de Themison, et depuis de Musa; et encores aprez, celles de Vectius Valens, medecin fameux par l'intelligence qu'il avoit avec Messalina : l'empire de la medecine tumba du temps de Neron à Thessalus, qui abolit et condamna tout ce qui en avoit esté tenu jusques à luy : la doctrine de cettuy cy feut abbattue par Crinas de Marseille, qui apporta de nouveau de regler toutes les operations medicales aux ephemerides et mouvements des astres, manger, dormir et boire, à l'heure qu'il plairoit à la lune et à Mercure; son auctorité feut bientost aprez supplantee par Charinus, medecin de cette mesme ville de Marseille : cettuy cy combattoit non seulement la medecine ancienne, mais encore l'usage des bains chaulds, publicque, et tant de siecles auparavant accoustumé; il faisoit baigner les hommes dans l'eau froide, en hyver mesme, et plongeoit les malades dans l'eau naturelle des ruisseaux. Iusques au temps de Pline, aucun Romain n'avoit encores daigné exercer la medecine : elle se faisoit par des estrangiers et Grecs, comme ellle se faict, entre nous François, par des Latineurs; car, comme dit un tresgrand medecin, nous ne recevons pas aysement la medecine que nous entendons, non plus que la drogue que nous cueillons. Si les nations desquelles nous retirons le gayac, la salseperille, et les bois d'esquine, ont des medecins, combien pensons nous, par cette mesme recommandation de l'estrangeté, la rareté et la cherté, qu'ils facent feste de nos choulx et de nostre persil? car qui oserait mespriser les choses recherchees de si loing, au hazard d'une si longue peregrination et si perilleuse? Depuis ces anciennes mutations de la medecine, il y en a eu infinies aultres iusques à nous; et, le plus souvent, mutations entieres et universelles, comme sont celles que produisent, de nostre temps, Paracelse, Fioravanti et Argenterius : car ils ne changent pas seulement une recepte, mais, à ce qu'on me dict, toute la contexture et police du corps de la medecine, accusants d'ignorance et de piperie ceulx qui en ont faict profession iusques à eulx. Ie vous laisse à penser où en est le pauvre patient.

Si encores nous estions assurez, quand ils se mescomptent, qu'il ne nous nuisist pas, s'il ne nous proufite; ce serait une bien raisonnable composition, de se hazarder d'acquerir du bien, sans se mettre en dangier de perte. Aesope faict ce conte, qu'un qui avoit acheté un More esclave, estimant que cette couleur luy feust venue par accident et mauvais traictement de son premier maistre. Ie feit medeciner de plusieurs bains et bruvages, avecques grand soing : il adveint que le More n'en amenda aulcunement sa couleur basanee, mais qu'il en perdit entierement sa premiere santé. Combien de fois nous advient il de veoir les medecins imputants les uns aux aultres la mort de leurs patients? Il me souvient d'une maladie populaire qui feut aux villes de mon voisinage, il y a quelques annees, mortelle et tresdangereuse : cet orage estant passé, qui avoit emporté un nombre infiny d'hommes, l'un des plus fameux medecins de toute la contree veint à publier un livret, touchant cette matiere, par lequel il se radvise de ce qu'ils avoyent usé de la saignee : et confesse que c'est l'une des causes principales du dommage qui en estoit advenu. Dadvantage, leurs aucteurs tiennent qu'il n'y a aulcune medecine qui n'ayt quelque partie nuisible : et si celles mesmes qui nous servent, nous offensent aulcunement, que doibvent faire celles qu'on nous applique du tout hors de propos? De moy, quand il n'y aurait aultre chose, i'estime qu'à ceulx qui haïssent le goust de la medecine, ce soit un dangereux effort, et de preiudice, de l'aller avaller à une heure si incommode, avec tant de contrecœur ; et crois que cela essaye merveilleusement le malade en une saison où il y a tant besoing de repos : oultre ce, qu'à considerer les occasions sur quoy ils fondent ordinairement la cause de nos maladies, elles sont si legieres et si delicates, que i'argumente par là qu'une bien petite erreur en la dispensation de leurs drogues peult nous apporter beaucoup de nuissance.

Or, si le mescompte du medecin est dangereux, il nous va bien mal ; car il fort malaysé qu'il n'y retumbe souvent : Il a besoing de trop de pieces, considerations et circonstances, pour affuster iustement son desseing : il faut qu'il cognoisse la complexion du malade, sa temperature, ses inclinations, ses actions, ses pensements mesmes, et ses imaginations ; il fault qu'il se responde des circonstances externes, de la nature du lieu, condition de l'air et du temps, assiette des planetes et leurs influences ; qu'il sçache, en la maladie, les causes, les signes, les affections, les iours critiques ; en la drogue, le poids, la force, le païs, la figure, l'aage, la dispensation ; et fault que toutes ces pieces il les sçache proportionner et rapporter l'une à l'autre pour en engendrer une parfaicte symmetrie : à quoy s'il fault tant soit peu, si de tant de ressorts il y a un tout seul qui tire à gauche, en voylà assez pour nous perdre. Dieu sçait de quelle difficulté est la cognoissance de la pluspart de ces parties : car, pour exemple, comment trouvera il le signe propre de la maladie, chascune estant capable d'un infiny nombre de signes? combien ont ils de debats entr'eulx et de doubtes sur l'interpretation des urines? aultrement d'où viendroit cette alteration continuelle que nous veoyons entr'eulx sur la cognoissance du mal? comment excuserions nous cette faulte, où ils tumbent si souvent, de prendre martre pour renard? Aux maulx que j'ay eu, pour peu qu'il y eust de difficulté, ie n'en ay iamais trouvé trois d'accord : ie remarque plus volontiers les exemples qui me touchent. Dernierement, à Paris, un gentilhomme feut taillé par l'ordonnance des medecins, auquel on ne trouva de pierre non plus à la vessie qu'à la main : et là mesme, un evesque, qui m'estoit fort amy, avoit esté sollicité, par la pluspart des medecins qu'il appelloit à son conseil, de se faire tailler ; i'aidois moy mesme, soubs la foy d'aultruy, à le luy suader : quand il feut trespassé, et qu'il feut ouvert, on trouva qu'il n'avoit mal qu'aux reins. Ils sont moins excusables en cette maladie, d'autant qu'elle est aulcunement palpable. C'est par là que la chirurgie me semble beaucoup plus certaine, parce qu'elle veoid et manie ce qu'elle faict ; il y a moins à coniecturer et à deviner : là où les medecins n'ont point de *speculum matricis* qui leur descouvre nostre cerveau, nostre poulmon, et nostre foye.

Les promesses mesmes de la medecine sont incroyables : car, ayants à prouveoir à divers accidents et contraires qui nous pressent souvent ensemble, et qui ont une relation quasi necessaire, comme la chaleur du foye, et froideur de l'estomach, ils nous vont persuadent que, de leurs ingredients, cetuy cy eschauffera l'estomach, cet aultre refreschira le foye ; l'un a sa charge d'aller droict aux reins, voire iusques à la vessie, sans estaler ailleurs ses operations, et conservant ses forces et sa vertu, en ce long chemin et plein de destourbiers, iusques au lieu au service duquel il est destiné, par sa proprieté occulte ; l'aultre assechera le cerveau ; celuy là hmmectera le poulmon. De tout cet amas, ayant faict une mixtion de bruvage, n'est ce pas quelque espece de resverie d'esperer que ces vertus s'aillent divisant et triant de cette confusion et meslange, pour courir à charges si diverses? ie craindrois infiniment qu'elles perdissent ou eschangeassent leurs etiquettes, et troublassent leurs quartiers. Et qui pourroit imaginer qu'en cette confusion liquide, ces facultez ne se corrompent, confondent, et alterent l'une l'aultre? Quoy, que l'execution de cette ordonnance despend d'un aultre officier, à la foy et mercy duquel nous abandonnons, encores un coup, nostre vie?

Comme nous avons des pourpoinctiers, des chaussetiers pour nous vestir; et en sommes d'aultant mieulx servis, que chascun ne se mesle que de son subiect, et a sa science plus restreincte et plus courte que n'a un tailleur qui embrasse tout; et comme à nous nourir, les grands, pour plus de commodité, ont des offices distinguez de potagers et de rostisseurs, dequoy un cuisinier, qui prend la charge universelle, ne peult si exquisement venir à bout : de mesme, à nous guarir, les Ægyptiens avoient raison de reiecter ce general mestier de medecin, et de descouper cette profession ; à chasque maladie, à chasque partie du corps, son œuvrier ; car cette partie en estoit bien plus proprement et moins confusement traictee, de ce qu'on ne regardoit qu'à elle specialement. Les nostres ne s'advisent pas, que, qui pourveoid à tout, ne pourveoid à rien ; que la totale police de ce petit monde leur est indigestible. Ce pendant qu'ils craignent d'arrester le cours d'un dysenterique, pour ne luy causer la fiebvre, ils me tuerent un amy qui valoit mieulx que touts tant qu'ils sont. Ils mettent leurs divinations au poids, à l'encontre des maulx presents ; et, pour ne guarir le cerveau au preiudice de l'estomach, offensent l'estomach et empirent le cerveau par ces drogues tumultuaires et dissenticuses.

Quant à la varieté et foiblesse des raisons de cet' art, elle est plus apparente qu'en aulcun' aultre art : Les choses aperitifves sont utiles à un homme choliqueux, d'autant qu'ouvrant les passages et les dilatant, elles acheminent cette matiere gluante de laquelle se bastit la grave et la pierre, et conduisent contrebas ce qui se commence à durcir et amasser aux reins : les choses aperitifves sont dangereuses à un homme choliqueux, d'autant qu'ouvrant les passages et les dilatant, elles acheminent vers les reins la matiere propre à bastir la grave, lesquels s'en saisissants volontiers pour cette propension qu'ils y ont, il est malaysé qu'ils n'en arrestent beaucoup de ce qu'on y aura charrié ; dadvantage, si de fortune il s'y rencontre quelque corps un peu plus grosset qu'il ne fault pour passer touts ces destroicts qui restent à franchir pour l'expeller au dehors ; ce corps estant esbranlé par ces choses aperitifves, et iecté dans ces canaux estroicts, venant à les boucher, acheminera une certaine mort et tresdouloureuse. Ils ont une pareille fermeté aux conseils qu'ils nous donnent de nostre regime de vivre : Il est bon de tumber souvent de l'eau ; car nous veoyons, par experience, qu'en la laissant croupir, nous lui donnons loisir de se descharger de ses excrements et de sa lie, qui servira de matiere à bastir la pierre en la vessie : il est bon de ne tumber point souvent de l'eau ; car les poisants excrements qu'elle traisne quand et elle ne s'emporteront point s'il n'y a de la violence, comme on veoid, par experience, qu'un torrent qui roule avecques roideur balaye bien plus nettement le lieu où il passe, que ne faict le cours d'un ruisseau mol et lasche : Pareillement, il est bon d'avoir souvent affaire aux femmes, car cela ouvre les passages, et acchemine la grave et le sable : il est bien aussi mauvais, car cela eschauffe les reins, les lasse et affoiblit : Il est bon de se baigner aux eaux chauldes, parce que cela relasche et amollit les lieux où se croupit le sable et la pierre : mauvais aussi est il, d'autant que cette application de chaleur externe ayde les reins à cuire, durcir et petrifier la matiere qui y est disposee : A ceulx qui sont aux bains, il est plus salubre de manger peu le soir, afin que le bruvage des eaux qu'ils ont à prendre lendemain matin face plus d'operation, rencontrant l'estomach vuide et non empesché : au rebours, il est meilleur de manger peu au disner, pour ne troubler l'operation de l'eau, qui n'est pas encores parfaicte, et ne charger l'estomach si soubdain aprez cet aultre travail ; et pour laisser l'office de digerer à la nuict, qui le sait mieulx faire que ne faict le iour, où le corps et l'esprit sont en perpetuel mouvement et action. Voylà comment ils vont bastelant et baguenaudant à nos despens en touts leurs discours ; et ne me sçauroient fournir proposition, à laquelle ie n'en rebastisse une contraire de pareille force. Qu'on ne crie donc plus aprez ceulx qui, en ce trouble, se laissent doulcement conduire à leur appetit et au conseil de nature, et se remettent à la fortune commune.

I'ay veu, par occasion de mes voyages, quasi touts les bains fameux de chrestienté; et, depuis quelques annees, ay commencé à m'en servir : car, en general, i'estime le baigner salubre, et crois que nous encourons non legieres incommoditez en nostre santé, pour avoir perdu cette coustume, qui estoit generalement observee au temps passé quasi en toutes les nations, et est encores en plusieurs, de se laver le corps touts les iours; et ne puis pas imaginer que nous ne vallions beaucoup moins de tenir ainsi nos membres encroustez, et nos pores estoupez de crasse : et quant à leur boisson, la fortune a faict premierement qu'elle ne soit aulcunement ennemie de mon goust ; secondement, elle est naturelle et simple, qui au moins n'est pas dangereuse si elle est vaine, dequoy ie prends pour repondant cette infinité de peuples de toutes sortes et complexions qui s'y assemble ; et, encores que ie n'y aye apperceu aulcun effect extraordinaire et miraculeux, ains que, m'en informant un peu plus curieusement qu'il ne se faict, i'ay trouvé mal fondez et fauls touts les bruits de telles operations qui se sement en ces lieux là, et qui s'y croyent (comme le monde va se pipant ayseement de ce qu'il desire), toutesfois aussi n'ay ie veu gueres de personnes que ces eaux ayent empiré, et ne leur peult on sans malice refuser cela, qu'elles n'esveillent l'appetit, facilitent la digestion, et nous prestent quelque nouvelle alaigresse, si on n'y va par trop abattu de forces; ce que ie desconseille de faire : elles ne sont pas pour relever une poisante ruyne; elles peuvent appuyer une inclination legiere, ou prouvoir à la menace de quelque alteration. Qui n'y apporte assez d'alaigresse, pour pouvoir iouïr le plaisir des compagnies qui s'y treuvent, et des promenades et exercices à quoy nous convie la beauté des lieux où sont communement assises ces eaux, il perd sans doubte la meilleure piece et plus asseuree de leur effect. A cette cause, i'ay choisi iusques à cette heure à m'arrester et à me servir de celles où il y avoit plus d'amœnité de lieu, commodité de logis, de vivres et de compaignies, comme sont, en France, les bains de Banieres ; en la frontiere d'Allemaigne, et de Lorraine, ceulx de Plombieres; en Souysse, ceulx de Bade ; en la Toscane, ceulx de Lucques, et specialement ceulx *della Villa*, desquels i'ay usé plus souvent et à diverses saisons.

Chasque nation a des opinions particulieres touchant leur usage, et des loix et formes de s'en servir, toutes diverses; et, selon mon experience, l'effect quasi pareil : le boire n'est aulcunement receu en Allemaigne; pour toutes maladies, ils se baignent, et sont à grenouiller dans l'eau quasi d'un soleil à l'aultre; en Italie, quand ils boivent neuf iours, ils s'en baignent pour le moins trente, et communement boivent l'eau mixtionnee d'aultres drogues, pour secourir son operation : on nous ordonne icy de nous promener pour la digerer; là, on les arreste au lict où ils l'ont prinse, iusques à ce qu'ils l'ayent vuidee, leur eschauffant continuellement l'estomach et les pieds : comme les Allemands ont de particulier de se faire generalement touts corneter et ventouser avecques scarification, dans le bain ; ainsin ont les Italiens leurs *doccie*, qui sont certaines gouttieres de cette eau chaulde, qu'ils conduisent par des cannes, et vont baignant une heure le matin, et autant l'aprez disnee, par l'espace d'un mois, ou la teste, ou l'estomach, ou aultre partie du corps à laquelle ils ont affaire. Il y a infinies aultres differences de coustumes en chasque contree; ou, pour mieulx dire, il n'y a quasi aulcune ressemblance des unes aux aultre. Voylà comment cette partie de medecine, à laquelle seule ie me suis laissé aller, quoyqu'elle soit la moins artificielle, si a elle sa bonne part de la confusion et incertitude qui se veoid partout ailleurs en cet art.

Les poëtes disent tout ce qu'ils veulent avecques plus d'emphase et de grace, tesmoing ces deux epigrammes,

> Alcon hesterno signum Iovis attigit : ille,
> Quamvis marmoreus, vim patitur medici.
> Ecce hodie, iussus transferri ex æde vetusta,
> Effertur quamvis sit deus atque lapis :

et l'aultre,

> Lotus nobiscum est, hilaris cœnavit, et idem
> Inventus mane est mortuus Andragoras.
> Tam subitæ mortis causam, Faustine, requiris ?
> In somnis medicum viderat Hermocratem :

sur quoy ie veulx faire deux contes :

Le baron de Caupene en Chalosse, et moy, avons en commun le droict de patronage d'un benefice qui est de grande estendue, au pied de nos montaignes, qui se nomme *Lahontan*. Il est des habitants de ce coing, ce qu'on dict de ceulx de la valle d'Angrougne : ils avoient une vie à part, les façons, les vestements et les mœurs à part ; regis et gouvernez par certaines polices et coustumes particulieres receues de pere en fils, ausquelles ils s'obligeoient, sans aultre contrainete que de la reverence de leur usage. Ce petit estat s'estoit continué de toute ancienneté en une condition si heureuse, qu'aulcun iuge voisin n'avoit esté en peine de s'informer de leur affaire ; aulcun advocat employé à leur donner advis, ny estrangier appellé pour esteindre leurs querelles, et n'avoit on iamais veu aulcun de ce destroict à l'aumosne : ils fuyoient les alliances et le commerce de l'aultre monde, pour n'alterer la pureté de leur police : iusques à ce, comme ils recitent, que l'un d'entre eulx, de la memoire de leurs peres, ayant l'ame espoinçonnée d'une noble ambition, alla s'adviser, pour mettre son nom en credit et reputation, de faire l'un de ses enfants maistre Iean, ou maistre Pierre, et l'ayant faict instruire à escrire en quelque ville voisine, le rendit enfin un beau notaire de village. Cettuy cy, devenu grand, commencea à desdaigner leurs anciennes coustumes, et à leur mettre en teste la pompe des regions de deçà : le premier de ses comperes à qui on escorna une chevre, il loy conseilla d'en demander raison aux iuges royaux d'autour de là ; et de cettuy cy à un aultre, iusques à ce qu'il eust tout abastardy. A la suite de cette corruption, ils disent qu'il en surveint incontinent un' aultre de pire consequence, par le moyen d'un medecin à qui il print envie d'espouser une de leurs filles, et de s'habituer parmy eulx. Cettuy cy commencea à leur apprendre premierement le nom des fiebvres, des rheumes et des apostumes, la situation du cœur, du foye et des intestins, qui estoit une seience iusques lors treseloignee de leur cognoissance ; et, au lieu de l'ail, de quoy ils avoient apprins à chasser toutes sortes de maulx, pour aspres et extremes qu'ils feussent, il les accoustuma, pour une toux ou pour un morfondement, à prendre les mixtions estrangieres, et commencea à faire traficque non de leur santé seulement, mais aussi de leur mort. Ils iurent que, depuis lors seulement, ils ont apperceu que le serein leur appesantissoit la teste, que le boire, ayant chauld, apportoit nuisance, et que les vents de l'automne estoient plus griefs que ceulx du printemps ; que, depuis l'usage de cette medecine, ils se treuvent accablez d'une legion de maladies inaccoustumees, et qu'ils apperceoivent un general deschet en leur ancienne vigueur, et leurs vies de moitié raccourcies. Voylà le premier de mes contes.

L'aultre est, qu'avant ma subiection graveleuse, oyant faire cas du sang de bouc à plusieurs, comme d'une manne celeste envoyee en ces derniers siecles pour la tutelle et conservation de la vie humaine, et en oyant parler à des gents d'entendement comme d'une drogue admirable et d'une operation infaillible ; moy, qui ay tousiours pensé estre en bute à touts les accidents qui peuvent toucher tout aultre homme, prins plaisir, en pleine santé, à me prouveoir de ce miracle, et commanday, chez moy, qu'on me nourrist un bouc selon la recepte : car il fault que ce soit aux mois les plus chaleureux de l'esté qu'on le retire, et qu'on ne lui donne à manger que des herbes aperitifves, et à boire que du vin blanc. Ie me rendis de fortune chez moy le iour qu'il debvoit estre tué : on me veint dire que mon cuisinier trouvoit dans la panse deux ou trois grosses boules qui se chocquoient l'une l'aultre parmy sa mangeaille. Ie feus curieux de faire apporter toute cette tripaille en ma presence, et feis ouvrir cette grosse et large peau. Il en sortit trois gros corps, legiers comme des esponges, de façon qu'il semble qu'ils soyent creux ; durs, au demourant, par le dessus, et fermes, bigarrez de plusieurs couleurs mortes ; l'un, parfaict en rondeur, à la mesure d'une courte boule ; les aultres deux, un peu moindres, ausquels l'arrondissement est imparfaict, et semble qu'il s'y acheminast. I'ay trouvé, m'en estant faict enquerir à ceulx qui ont accoustumé d'ouvrir de ces animaulx que c'est un accident rare et inusité. Il est vraysemblable que ce sont des pierres cousines des nostres : et s'il est ainsi, c'est une esperance bien vaine aux graveleux, de tirer leur guarison du sang d'une beste qui s'en alloit elle mesme mourir d'un pareil mal. Car de dire que le sang ne se sent pas de cette contagion, et n'en altere sa vertu accoustumee, il est plustost à croire qu'il ne s'engendre rien en un corps que par la conspiration et communication de toutes les parties : la masse agit tout' entiere, quoyque l'une piece y contribue plus que l'aultre, selon la diversité des operations : parquoy il y a grande apparence qu'en toutes les parties de ce bouc, il y avoit quelque qualité petrifiante. Ce n'estoit pas tant pour la crainte de l'advenir, et pour moy, que i'estois curieux de cette experience; comme c'estoit, qu'il advient chez moy, ainsi qu'en plusieurs maisons, que les femmes y font amas de telles menues drogueries pour en secourir le peuple, usant de mesme recepte qu'elles ne prennent pas pour elles, et si triumphent en bons evenements.

Au demourant, i'honore les medecins, non pas, suyvant le precepte, pour la necessité (car, à ce passage on en oppose un aultre du prophete, reprenant le roy Asa d'avoir eu recours au medecin), mais pour l'amour d'eulx mesmes, en ayant veu beaucoup d'honnestes hommes et dignes d'estre aimez. Ce n'est pas à eulx que i'en veulx, c'est à leur art : et ne leur donne pas grand blasme de faire leur proufit de nostre sottise, car la plus part du monde faict ainsi; plusieurs vacations, et moindres, et plus dignes que la leur, n'ont fondement et appuy qu'aux abus publicques. Io les appelle en ma compaignie quand ie suis malade, s'ils se rencontrent à propos, et demande à en estre entretenu, et les paye comme les aultres. Ie leur donne loy de me commander de m'abrier chauldement, si ie l'ayme mieulx ainsi que d'aultre sorte : ils peuvent choisir, d'entre les porreaux et les laictues, dequoy il leur plaira que mon bouillon se face, et m'ordonner le blanc ou le clairet; et ainsi de toutes aultres choses qui sont indifferentes à mon appetit et usage. I'entends bien que ce n'est rien faire pour eulx, d'autant que l'aigreur et l'estrangeté sont accidents de l'essence propre de la medecine. Lycurgus ordonnoit le vin aux Spartiates malades; pourquoy? parce qu'ils en haïssoient l'usage, sains : tout ainsi qu'un gentilhomme, mon voisin, s'en sert pour drogue tressalutaire à ses fiebvres, parce que, de sa nature, il en hait mortellement le goust. Combien en veoyons nous d'entre eulx estre de mon humeur? desdaigner la medecine pour leur service, et prendre une forme de vie libre, et toute contraire à celle qu'ils ordonnent à aultruy? Qu'est ce cela, si ce n'est abuser tout destroussement de nostre simplicité? car ils n'ont pas leur vie et leur santé moins chere que nous, et accommoderoient leurs effects à leur doctrine, s'ils n'en cognoissoient eulx mesmes la faulseté.

C'est la crainte de la mort et de la douleur, l'impatience du mal, une furieuse et indiscrete soif de la guarison, qui nous avcugle ainsi : c'est pure lascheté qui nous rend nostre croyance si molle et maniable. La plus part pourtant ne croyent pas tant, comme ils endurent et laissent faire; car ie les ois se plaindre, et en parler, comme nous; mais ils se resolvent enfin : « Que ferois ie doncques? » Comme si l'impatience estoit de soy quelque meilleur remede que la patience. Y a il aulcun de ceulx qui se sont laissez aller à cette miserable subiection, qui ne se rende egualement à toutes sortes d'impostures? qui ne se mette à la mercy de quiconque a cette impudence de luy donner promesse de sa guarison? Les Babyloniens portoient leurs malades en la place : le medecin, c'estoit le peuple; chascun des passants ayant, par humanité et civilité, à s'enquerir de leur estat, et, selon son experience, leur donner quelque advis salutaire. Nous n'en faisons gueres aultrement; il n'est pas une simple femmelette de qui nous n'employons les barbotages et les brevets : et, selon mon humeur, si i'avois à en accepter quelqu'une : i'accepterois plus volontiers cette medecine qu'aulcune aultre; d'autant qu'au moins il n'y a nul dommage à craindre. Ce qu'Homere et Platon disoient des Aegyptiens, qu'ils estoient touts medecins, il se doibt dire de touts peuples : il n'est personne qui ne se vante de quelque recepte, et qui ne la hasarde sur son voisin, s'il l'en veult croire. I'estois, l'aultre iour, en une compaignie, où ie ne sçais qui, de ma confrairie, apporta la nouvelle d'une sorte de pilulles compilees de cent et tant d'ingredients, de compte faict : il s'en esmeut une feste et une consolation singuliere; car quel rochier soubtiendroit l'effort d'une si nombreuse batterie? I'entends toutesfois, par ceulx qui l'essayerent, que la moindre petite grave ne daigna s'en esmouvoir.

Ie ne me puis desprendre de ce papier, que ie n'en die encores ce mot, sur ce qu'ils nous donnent, pour respondant de la certitude de leurs drogues, l'experience qu'ils ont faicte la plupart, et, ce crois ie, plus des deux tiers des vertus medicinales consistent en la quinteessence ou proprieté occulte des simples, de laquelle nous ne pouvons avoir aultre instruction que l'usage; car quinteessence n'est aultre chose qu'une qualité de laquelle, par nostre raison, nous ne sçavons trouver la cause. En telles preuves, celles qu'ils disent avoir acquise par l'inspiration de quelque daimon, ie suis content de les recevoir (car, quant aux miracles, ie n'y touche iamais); ou bien encores les preuves qui se tirent des choses qui, pour aultre consideration, tumbent souvent en nostre usage, comme si en la laine dequoy nous avons accoustumé de nous vestir, il s'est trouvé, par accident, quelque occulte proprieté dessicatifve qui guarisse les mules au talon, et si, au raisfort que nous mangeons pour la nourriture, il s'est rencontré quelque operation aperitifve : Galen recite qu'il advient à un ladre de recevoir guarison, par le moyen du vin qu'il beut, d'autant que de fortune une vipere s'estoit coulee dans le vaisseau. Nous trouvons, en cet exemple, le moyen et une conducte vraysemblable à cette experience comme aussi en celles ausquelles les medecins disent avoir esté acheminez par l'exemple d'aulcunes bestes : mais en la plus part des aultres experiences à quoy ils disent avoir esté conduicts par la fortune, et n'avoir eu aultre guide que le hazard, ie treuve le progrez de cette information incroyable. I'imagine l'homme, regardant autour de luy le nombre infiny des choses, plantes, animaulx, metaulx; ie ne sçais par où luy faire commencer son essay : et, quand sa premiere fantasie se iectera sur la corne d'un elan, à quoy il fault prester une creance bien molle et aysee, il se treuve encores autant empesché en sa seconde operation ; il luy est proposé tant de maladies et tant de circonstances, qu'avant qu'il soit venu à la certitude de ce poinct où doibt ioindre la perfection de son experience, le sens humain y perd son latin ; et avant qu'il ayt trouvé, parmy cette infinité de choses, que c'est cette corne; parmy cette infinité de maladies, l'epilepsie; tant de complexions, au melancholique; tant de saisons, en hyver; tant de nations, au François ; tant d'aages, en la vieillesse ; tant de mutations celestes, en la coniunction de Venus et de Saturne ; tant de parties du corps, au doigt : à tout cela, n'estant guidé ny d'argument, ny de coniecture, ny d'exemple, ny d'inspiration divine, ains du seul mouvement de la fortune ; il fauldroit que ce feust par une fortune parfaictement artificielle, reglee et methodique. Et puis, quand la guarison feut faicte, comment se peult il asseurer que ce ne feust Que le mal estoit arrivé à sa periode? ou Un effect du hazard? ou L'operation de quelque aultre chose qu'il eust ou mangé, ou beu, ou touché ce iour là, ou Le merite des prieres de sa mere grand'? Dadvantage, quand cette preuve auroit esté parfaicte, combien de fois feut elle reiteree ? et cette longue chordee de fortunes et de rencontres, r'enfilee, pour en conclure une regle? Quand elle sera conclue, par qui est ce? De tant de millions, il n'y a que trois hommes qui se meslent d'enregistrer leurs experiences : le sort aura il rencontré à poinct nommé l'un de ceulx cy? Quoy, si un aultre, et si cent aultres ont faict des experiences contraires? A l'adventure y verrons nous quelque lumiere, si tous les iugements et raisonnements des hommes nous estoient cogneus : mais que trois tesmoings et trois docteurs regentent l'humain genre, ce n'est pas la raison : il fauldroit que l'humaine nature les eust desputez et choisis, et qu'ils feussent declarez nos syndics par expresse procuration.

A MADAME DE DURAS.

« Madame, vous me trouvastes sur ce pas dernierement que vous me veintes veoir. Parce qu'il pourra estre que ces inepties se rencontreront quelquesfois entre vos mains, ie veulx aussi qu'elles portent tesmoignage que l'aucteur se sent bien fort honoré de la faveur que vous leur ferez. Vous y recognoistrez ce mesme port et ce mesme air que vous avez veu en sa conversation. Quand i'eusse peu prendre quelque aultre façon que la mienne ordinaire, et quelque aultre forme plus honnorable et meilleure, ie ne l'eusse pas faict; car ie ne veulx rien tirer de ces escripts, sinon qu'ils me representent à vostre memoire, au naturel. Ces mesmes conditions et facultez, que vous avez practiquees et recueillies, madame, avecques beaucoup plus d'honneur et de courtoisie qu'elles ne meritent, ie les veulx loger, mais sans alteration et changement, en un corps solide qui puisse durer quelques annees, ou quelques iours aprez moy, où vous les retrouverez, quand il vous plaira vous en refreschir la memoire, sans prendre aultrement la peine de vous en souvenir; aussi ne le valent elles pas : ie desire que vous continuez en moy la faveur de vostre amitié, par ces mesmes qualitez par le moyen desquelles elle a esté produicte.

« Ie ne cherche aulcunement qu'on m'aime et estime mieulx, mort, que vivant; l'humeur de Tibere est ridicule, et commune pourtant, qui avoit plus de soing d'estendre sa renommee à l'advenir, qu'il n'avoit de se rendre estimable et agreable aux hommes de son temps. Si i'estois de ceulx à qui le monde peut debvoir louange, ie l'en quitterois pour la moitié, et qu'il me l'a payast d'avance; qu'elle se hastast et ammoncelast tout autour de moy, plus espesse qu'alongee, plus pleine que durable; et qu'elle s'evanouist hardiement quand et ma cognoissance, et quand ce doux son ne touchera plus mes aureilles. Ce seroit une sotte humeur d'aller, à cette heure que ie suis prest d'abandonner le commerce des hommes, me produire à eulx par une nouvelle recommendation. Ie ne fois nulle recepte des biens que ie n'ay peu employer à l'usage de ma vie. Quel que ie soye, ie le veulx estre ailleurs qu'en papier : mon art et mon industrie ont esté employez à me faire valoir moy mesme; mes estudes, à m'apprendre à faire, non pas à escrire. I'ay mis touts mes efforts à former ma vie; voylà mon mestier et mon ouvrage; ie suis moins faiseur de livres, que de nulle aultre besongue. I'ay desiré de la suffisance, pour le service de mes commoditez presentes et essentielles, non pour en faire magasin et reserve à mes heritiers. Qui a de la valeur, si le face cognoistre en ses mœurs, en ses propos ordinaires, à traicter l'amour, ou des querelles, au ieu, au lict, à la table, à la conduicte de ses affaires, à son œconomie : ceulx que ie veois faire de bons livres soubs de meschantes chausses, eussent premierement faict leurs chausses, s'ils m'en eussent cru : demandez à un Spartiate s'il aime mieulx estre bon rhetoricien que bon soldat; non pas moy, que bon cuisinier, si ie n'avois qui m'en servist. Mon Dieu! madame, que ie haïrois une telle recommendation, d'estre habile homme, par escript; et estre un homme de neant et un sot, ailleurs! i'aime mieulx encores estre un sot, et icy, et là, que d'avoir si mal choisi où employer ma valeur. Aussi il s'en fault tant que i'attende à me faire quelque nouvel honneur par ces sottises, que ie ferai beaucoup si ie n'y en perds point, de ce peu que i'en avois acquis; car, oultre ce que cette peincture morte et muette desrobbera à mon estre naturel, elle ne se rapporte pas à mon meilleur estat, mais beaucoup descheu de ma premiere vigueur et alaigresse, tirant sur le flestri et le rance : ie suis sur le fond du vaisseau, qui sent tantost le bas et la lie.

« Au demourant, madame, ie n'eusse pas osé remuer si hardiment les mysteres de la medecine, attendu le credit que vous et tant d'aultres luy donnez, si ie n'y eusse esté acheminé par ses aucteurs mesmes. Ie crois qu'ils n'en ont que deux anciens latins, Pline et Celsus : si vous les veoyez quelque iour, vous trouverez qu'ils parlent bien plus rudement à leur art, que ie ne fois; ie ne fois que la pincer, ils l'esgorgent. Pline se mocque entre aultres choses, dequoy, quand ils sont au bout de leur chorde, ils ont inventé cette belle desfaicte, de r'envoyer les malades, qu'ils ont agitez et tourmentez, pour neant, de leurs drogues et regimes, les uns au secours des vœux et miracles, les aultres aux eaux chauldes. (Ne vous courroucez pas, madame; il ne parle pas de celles de deçà, qui sont soubs la protection de vostre maison et toutes Gramontoises.) Ils ont une tierce sorte de desfaicte, pour nous chasser d'auprez d'eulx, et se descharger des reproches que nous leur pouvons faire du peu d'amendement à nos maulx qu'ils ont eu si long tems en gouvernement qu'il ne leur reste plus aulcune invention à nous amuser, c'est de nous envoyer chercher la bonté de l'air de quelque aultre contree. Madame, en voylà assez : vous me donnez bien congé de reprendre le fil de mon propos, duquel ie m'estois destourné pour vous entretenir. »

Ce feut, ce me semble, Pericles, lequel estant enquis comme il se portoit : « Vous le pouvez, dict il, iuger par là, » en montrant des brevets qu'il avoit, attachez au col et au bras. Il vouloit inferer qu'il estoit bien malade, puisqu'il en estoit venu iusques là d'avoir recours à choses si vaines, et de s'estre laissé equipper en cette façon. Ie ne dis pas que ie ne puisse estre emporté un iour à cette opinion ridicule, de remettre ma vie et ma santé à la mercy et gouvernement des medecins; ie pourray tumber en cette resverie, ie ne me puis respondre de ma fermeté future : mais lors aussi, si quelqu'un s'enquiert à moy comment ie me porte, ie luy pourray dire, comme Pericles : « Vous le pouvez iuger par là, » montrant ma main chargee de six dragmes d'opiate. Ce sera un bien evident signe d'une maladie violente; i'auray mon iugement merveilleusement desmanché : si l'impatience et la frayeur gaignent cela sur moy, on en pourra conclure une bien aspre fiebvre en mon ame.

I'ay prins la peine de plaider cette cause, que i'entends assez mal, pour appuyer un peu et conforter la propension naturelle contre les drogues et practique de nostre medecine, qui s'est derivee en moy par mes ancestres ; à fin que ce ne feust pas seulement une inclination stupide et temeraire, et qu'elle eust un peu plus de forme ; aussi, que ceulx qui me veoyent si ferme contre les exhortements et menaces qu'on me faict quand mes maladies me pressent, ne pensent pas que ce soit simple opiniastreté ; ou qu'il y ayt quelqu'un si fascheux, qui iuge encores que ce soit quelque aiguillon de gloire : ce seroit un desir bien asseué de vouloir tirer honneur d'une action qui m'est commune avecques mon iardinier et mon muletier ! Certes, ie n'ay point le cœur si enflé ny si venteux, qu'un plaisir solide, charnu et moelleux, comme la santé, ie l'allasse eschanger pour un plaisir imaginaire, spirituel, et aëree : la gloire, voire celle des quatre fils Aymon, est trop cher achetee à un homme de mon humeur, si elle luy couste trois bons accez de cholique. La santé, de par Dieu ! Ceux qui aiment nostre medecine peuvent avoir aussi leurs considerations bonnes, grandes, et fortes ; ie ne hais point les fantasies contraires aux miennes : il s'en fault tant que ie m'effarouche de veoir de la discordance de mes iugements à ceulx d'aultruy, et que ie me rende incompatible à la societé des hommes pour estre d'aultre sens et party que le mien, qu'au rebours (comme c'est la plus generale façon que nature ayt suyvy, que la varieté, et plus aux esprits qu'aux corps, d'autant qu'ils sont de substance plus souple et susceptible de formes), ie treuve bien plus rare de veoir convenir nos humeurs et nos desseings. Et ne feut iamais au monde deux opinions pareilles, non plus que deux poils, ou deux grains : leur plus universelle qualité, c'est la diversité.

LIVRE TROISIÈME

Chapitre premier. — De l'utile et de l'honneste.

Personne n'est exempt de dire des fadaises ; le malheur est de les dire curieusement :

Nœ iste magno conatu magnas nugas dixerit.

Cela ne me touche pas : les miennes m'eschappent aussi nonchalamment qu'elles le valent ; d'où bien leur prend : ie les quitterois soubdain, à peu de coust qu'il y eust ; et ne les achette ny ne les vends que ce qu'elles poisent ; ie parle au papier, comme ie parle au premier que ie rencontre. Qu'il soit vray, voicy dequoy.

A qui ne doibt estre la perfidie detestable, puisque Tibere la refusa à si grand interest ? On lui manda d'Allemaigne que, s'il le trouvoit bon, on le desferoit d'Arminius par poison : c'estoit le plus puissant ennemy que les Romains eussent, qui les avoit si vilainement traictez soubs Varus, et qui seul empeschoit l'accroissement de sa domination en ces contrees là. Il feit response, « que le peuple romain avoit accoustumé de se venger de ses ennemis par voye ouverte, les armes en main ; non par fraude et en cachette : » il quitta l'utile pour l'honneste. C'estoit, me direz vous, un affronteur : Ie le crois ; ce n'est pas grand miracle, à gents de sa profession : mais la confession de la vertu ne porte pas moins en la bouche de celuy qui la hayt ; d'autant que la verité la luy arrache par force ; et que s'il ne la veult recevoir en soy, au moins il s'en couvre pour s'en parer.

Nostre bastiment, et public et privé, est plein d'imperfection : mais il n'y a rien d'inutile en nature, non pas l'inutilité mesme ; rien ne s'est ingeré en cet univers, qui n'y tienne place opportune. Nostre estre est cimenté de qualitez maladifves : l'ambition, la ialousie, l'envie, la vengeance, la superstition, le desespoir, logent en nous, d'une si naturelle possession, que l'image s'en recognoist aussi aux bestes ; voire et la cruauté, vice si desnaturé : car, au milieu de la compassion, nous sentons au dedans de ie ne sçais quelle aigredoulce pointe de volupté maligne à veoir souffrir aultruy, et les enfants la sentent :

> Suave mari magno, turbantibus æquora ventis,
> E terra magnum alterius spectare laborem :

desquelles qualitez qui osteroit les semences en l'homme, destruiroit les fondamentales conditions de nostre vie. De mesme, en toute police, il y a des offices necessaires, non seulement abiects, mais encores vicieux : les vices y treuvent leur reng, et s'employent à la cousture de nostre liaison, comme les venins à la conservation de nostre santé. S'ils deviennent excusables, d'autant qu'ils nous font besoing, et que la necessité commune efface leur vraye qualité, il fault laisser iouer cette partie aux citoyens plus vigoureux et moins craintifs, qui sacrifient leur honneur et leur conscience, comme ces autres anciens sacrifierent leur vie pour le salut de leur pays ; nous aultres, plus foibles, prenons des roolles et plus aysez et moins hazardeux. Le bien public requiert qu'on trahisse, et qu'on mente, et qu'on massacre : resignons cette commission à gents plus obeïssants et plus soupples.

Certes, i'ay eu souvent despit de veoir des iuges attirer, par fraudes et faulses esperances de faveur ou pardon, le criminel à descouvrir son faict, et y employer la piperie et l'impudence. Il serviroit bien à la iustice, et à Platon mesme qui favorise cet usage, de me fournir d'aultres moyens plus selon moy : c'est une iustice malicieuse ; et ne l'estime pas moins blecee par soy mesme que par aultruy. Ie respondis, n'y a pas long temps, qu'à peine trahirois ie le prince pour un particulier, qui serois tresmarry de trahir aulcun particulier pour le prince : et ne hais pas seulement à piper, mais ie hais aussi qu'on se pipe en moy ; ie n'y veulx pas seulement fournir de matiere et d'occasion.

En ce peu que i'ay eu à negocier entre nos princes, en ces divisions et subdivisions qui nous deschirent auiourd'huy, i'ay curieusement evité qu'ils se mesprinssent en moy, et s'enferrassent en mon masque. Les gents du mestier se tiennent les plus couverts, et se presentent et contrefont les plus moyens et les plus voysins qu'il peuvent : moy, ie m'offre par mes opinions les plus vifves, et par la forme plus mienne : tendre negociateur, et novice, qui aime mieulx faillir à l'affaire qu'à moy. C'a esté pourtant, iusques à cette heure, avecques tel heur (car certes fortune y a la principale part), que peu ont passé de main à aultre avecques moins de souspeçon, plus de faveur et de privauté. I'ay une façon ouverte, aysee à s'insinuer, et à se donner credit, aux premieres accointances. La naïfveté et la verité pure, en quelque siecle que ce soit, treuvent encores leur opportunité et leur mise. Et puis de ceulx là est la liberté peu suspecte et peu odieuse, qui besongent sans aulcun leur interest, et peuvent veritablement employer la response de Hyperides aux Atheniens, se plaignants de l'aspreté de son parler : « Messieurs, ne considerez pas si ie suis libre ; mais si ie le suis sans rien prendre, et sans amender par là mes affaires. » Ma liberté m'a aussi aysement deschargé du souspeçon de feinctise, par sa vigueur, n'espargnant rien à dire, pour poisant et cuisant qu'il feust (ie n'eusse peu dire pis, absent) ; et en ce qu'elle a une montre apparente de simplesse et de nonchalance. Ie ne pretends aultre fruict, en agissant, que d'agir ; et n'y attache longues suittes et propositions : chasque action faict particulierement son ieu ; porte s'il peult.

Au demourant, ie ne suis pressé de passion, ou hayneuse, ou amoureuse, envers les grands ; ny n'ay ma volonté garottee d'offense ou d'obligation particuliere. Ie regarde nos roys d'une affection legitime et civile, ny esmeue ny desmeue par interest privé, dequoy ie me sçais bon gré ; la cause generale et iuste ne m'attache non plus, que modereement et sans fiebvre ; ie ne suis pas subiect à ces hypotheques et engagements penetrants et intimes. La cholere et la hayne sont au delà du debvoir de la iustice; et sont passions servant seulement à ceulx qui ne tiennent pas assez à leur debvoir par la raison simple : *Utatur motu animi, qui uti ratione non potest.* Toutes intentions legitimes et equitables sont d'elles mesmes equables et temperees; sinon elles s'alterent en seditieuses et illegitimes : c'est ce qui me faict marcher partout la teste haulte, le visage et le cœur ouvert. A la verité, et ne craincls point de l'advouer, ie porterois facilement au besoing une chandelle à sainct Michel, l'aultre à son serpent; suyvant le desseing de la vieille : ie suyvrai le bon party iusques au feu, mais exclusifvement si ie puis : que Montaigne s'engouffre quand et la ruyne publicque, si besoing est; mais, s'il n'est pas besoing, ie sçauray bon gré à la fortune qu'il se sauve ; et autant que mon debvoir me donne de chorde, ie l'emploie à sa conservation. Feut ce pas Atticus, lequel se tenant au iuste party, et au party qui perdit, se sauva par sa moderation, en cet universel naufrage du monde, parmy tant de mutations et diversitez? Aux hommes, comme luy, privez, il est plus aysé, et en telle sorte de besongne, ie treuve qu'on peult iustement n'estre pas ambitieux à s'ingerer et convier soy mesme.

De se tenir chancelant et mestis, de tenir son affection immobile et sans inclination, aux troubles de son païs en une division publicque, ie ne le treuve ny beau ny honneste : *Ea non media, sed nulla via est, velut eventum exspectantium, quo fortunæ consilia sua applicent.* Cela peult estre permis envers les affaires des voysins ; et Gelon, tyran de Syracuse, suspendit ainsi son inclination, en la guerre des Barbares contre les Grecs, tenant une ambassade à Delphes avecques des presents, pour estre eu eschauguette à veoir de quel costé tumberoit la fortune, et prendre l'occasion à poinct, pour le concilier au victorieux. Ce seroit une espece de trahison, de le faire aux propres et domestiques affaires, ausquels necessairement il fault prendre party par application de desseing : mais de ne s'embesongner point, à homme qui n'a ni charge ny commandement exprez qui le presse, ie le treuve plus excusable (et si ne practique pour moy cette excuse) qu'aux guerres estrangieres; desquelles pourtant, selon nos lois, ne s'empesche qui ne veult. Toutesfois ceulx encores qui s'y engagent tout à faict, le peuvent avecques tel ordre et attrempance, que l'orage debvra couler par dessus leur teste, sans offense. N'avions nous pas raison de l'esperer ainsi du feu evesque d'Orleans, sieur de Morvilliers ? Et i'en cognois, entre ceulx qui y ouvrent valeureusement à cette heure, de mœurs ou si equables, ou si doulces, qu'ils seront pour demeurer debout, quelque iniurieuse mutation et cheute que le ciel nous appreste. Ie tiens que c'est aux rois proprement de s'animer contre les rois; et me mocque de ces esprits qui, de gayeté de cœur, se presentent à querelles si disproportionnees; car on ne prend pas querelle particuliere avecques un prince, pour marcher contre luy ouvertement et courageusement pour son honneur et selon son debvoir; s'il n'aime un tel personnage, il faict mieulx, il l'estime : et notamment, la cause des loix, et deffense de l'ancien estat, a tousiours cela, que ceulx mesme qui, pour leur desseing particulier, le troublent, en excusent les deffenseurs, s'ils ne les honorent.

Mais il ne fault pas appeler debvoir, comme nous faisons touts les iours, une aigreur et une intestine aspreté qui naist de l'interest et passion privee : ny courage, une conduicte traistresse et malicieuse : ils nomment zele, leur propension vers la malignité et violence : ce n'est pas la cause qui les eschauffe, c'est leur interest; ils attisent la guerre, non parce qu'elle est iuste, mais parce que c'est guerre.

Rien n'empesche qu'on ne se puisse comporter commodement entre des hommes qui se sont ennemis, et loyalement : conduisez vous y d'une, sinon par tout eguale affection (car elle peult souffrir differentes mesures), mais au moins temperee, et qui ne vous engage tant à l'un, qu'il puisse tout requerir de vous : et vous contentez aussi d'une moyenne mesure de leur grace; et de couler en eau trouble, sans y vouloir pescher.

L'aultre maniere, de s'offrir de toute sa force à ceulx là et à ceulx cy, tient encores moins de la prudence que la conscience. Celuy envers qui vous en trahissez un, duquel vous estes pareillement bien venu, sçait il pas que de soy vous en faictes autant à son tour ? il vous tient pour un meschant homme ; ce pendant il vous oit, et tire de vous, et faict ses affaires de vostre desloyauté:

car les hommes doubles sont utiles, en ce qu'ils apportent; mais il se fault garder qu'il n'emportent que le moins qu'on peult.

Ie ne dis rien à l'un, que ie ne puisse dire à l'aultre, à son heure, l'accent seulement un peu changé; et ne rapporte que les choses, ou differentes, ou cogneues, ou qui servent en commun. Il n'y a point d'utilité pour laquelle ie me permette de leur mentir. Ce qui a esté fié à mon silence, ie le cele religieusement; mais ie prends à celer le moins ie puis : c'est une importune garde, du secret des princes, à qui n'en a que faire. Ie presente volontiers ce marché, Qu'ils me fient peu; mais qu'ils se fient hardiment de ce que ie leur apporte. I'en ay tousiours plus sceu que ie n'ay voulu. Un parler ouvert ouvre un aultre parler, et le tire hors, comme faict le vin et l'amour. Philippides respondit sagement, à mon gré, au roy Lysimachus, qui luy disoit, « Que veulx tu que ie te communique de mes biens ? » « Ce que tu vouldras, pourveu que ce ne soit de tes secrets. » Ie voeis que chascun se mutine, si on luy cache le fond des affaires ausquels on l'employe, et si on luy en a desrobbé quelque arriere sens : pour moy, ie suis content qu'on ne m'en die non plus qu'on veult que i'en mette en besogne; et ne desire pas que ma science oultrepasse et contraigne ma parole. Si ie doibs servir d'instrument de tromperie, que ce soit au moins sauve ma conscience; ie ne veulx estre tenu serviteur ny si affectionné, ny si loyal, qu'on me treuve bon à trahir personne : qui est infidele à soy mesme, l'est excusablement à son maistre. Mais ce sont princes, qui n'acceptent pas les hommes à moitié, et mesprisent les serviteurs limitez et conditionnez : Il n'y a remede : ie leur dis franchement mes bornes; car esclave, ie ne le doibs estre que de la raison, encores n'en puis ie bien venir à bout. Et eulx aussi ont tort d'exiger d'un homme libre telle subiection à leur service et telle obligation, que de celuy qu'ils ont faict et acheté, ou duquel la fortune tient particulierement et expressement à la leur. Les loix m'ont osté de grand'peine ; elle m'ont choisi party, et donné un maistre : toute aultre superiorité et obligation doibt estre relative à celle là, et retranchee. Si n'est ce pas à dire, quand mon affection me porteroit aultrement, qu'incontinent i'y portasse la main : la volonté et les desirs se font loix eulx mesmes; les actions ont à la recevoir de l'ordonnance publicque.

Tout ce mien proceder est un peu bien dissonant à nos formes, ce ne seroit pas pour produire grands effects, ny pour y durer : l'innocence mesme ne sçauroit, à cette heure, ny negocier entre nous sans dissimulation, ny marchander sans menterie; aussi ne sont aulcunement de mon gibier les occupations publicques : ce que ma profession en requiert, ie l'y fournis en la forme que ie puis la plus privee. Enfant, on m'y plongea iusques aux aureilles, et il succedoit : si m'en desprins ie de belle heure. I'ay souvent depuis evité de m'en mesler, rarement accepté, iamais requis; tenant le dos tourné à l'ambition, mais, sinon comme les tireurs d'aviron qui s'advancent ainsin à reculons, tellement toutesfois, que, de ne m'y estre point embarqué i'en suis moins obligé à ma resolution qu'à ma bonne fortune : car il y a des voyes moins ennemies de mon goust, et plus conformes à ma portee, par lesquelles si elle m'eust appellé aultresfois au service publicque et à mon advancement vers le credit du monde, ie sçais que i'eusse passé par dessus la raison de mes discours, pour la suyvre. Ceulx qui disent communement, contre ma profession, que, ce que i'appelle franchise, simplesse et naïveté en mes mœurs, c'est art et finesse, et plutost prudence, industrie, que bonté; industrie, que nature; bon sens, que bon heur; me font plus d'honneur qu'ils ne m'en ostent : mais, certes, ils font ma finesse trop fine; et qui m'aura suyvi et espié de prez, ie luy donray gaigné, s'il ne confesse qu'il n'y a point de regle en leur eschole qui sçeut rapporter ce naturel mouvement, et maintenir une apparence de liberté et de licence, si pareille et inflexible, parmy des routes si tortues et diverses, et que toute leur attention et engin ne les y sçauroit conduire. La voye de la verité est une et simple; celle du proufit particulier, et de la commodité des affaires qu'on a en charge, double, inegale, et fortuite. I'ay veu souvent en usage ces libertez contrefaictes et artificielles, mais le plus souvent sans succez : elles sentent volontiers leur asne d'Aesope, lequel, par emulation du chien, veint à se iecter tout gayement, à deux pieds, sur les espaules de son maistre; mais autant que le chien recevoit de caresses, de pareille feste, le pauvre asne en receut deux fois autant de bastonnades : *id maxime quemque decet, quod est cuiusque suum maxime.* Ie ne veulx pas priver la tromperie de son reng ; ce seroit mal entendre le monde : ie sçais qu'elle a servy souvent proufitablement, et qu'elle maintient et nourrit la plus part des vacations des hommes. Il y a des vices legitimes ; comme plusieurs actions, ou bonnes ou excusables, illegitimes.

La iustice en soy, naturelle et universelle, est aultrement reglee, et plus noblement, que n'est cette aultre iustice speciale, nationale, contraincte au besoing de nos polices : *Veri iuris germanæque iustitiæ solidam et expressam effigiem nullam tenemus; umbra et imaginibus utimur :* si que le sage Dandamis, oyant reciter les Vies de Socrates, Pythagoras, Diogenes, les iugea grands personnages en toute aultre chose, mais trop asservis à la reverence des loix ; pour lesquelles auctoriser, et seconder, la vraye vertu a beaucoup à se desmettre de sa vigueur originelle ; et non seulement par leur permission plusieurs actions vicieuses ont lieu, mais encores à leur suasion : *ex senatus-consultis plebisquescitis scelera exercentur.* Ie suys le langage commun, qui faict difference entre les choses utiles et les honnestes, si que, d'aulcunes actions naturelles, non seulement utiles, mais necessaires, il les nomme deshonnestes et sales.

Mais continuons nostre exemple de la trahison. Deux pretendants au royaume de Thrace estoient tumbez en debat de leurs droicts ; l'empereur les empescha de venir aux armes : mais l'un d'eulx, soubs couleur de conduire un accord amiable par leur entreveue, ayant assigné son compagnon pour le festoyer en sa maison, le feit emprisonner et tuer. La iustice requeroit que les Romains eussent raison de ce forfaict : la difficulté en empeschoit les voies ordinaires : ce qu'ils ne peurent legitimement sans guerre et sans hazard, ils entreprindrent de le faire par trahison ; ce qu'ils ne peurent honnestement, ils le feirent utilement : à quoy se trouva propre un Pomponius Flaccus. Cettuy cy, soubs feinctes paroles et asseurances, ayant attiré cet homme dans ses rets, au lieu de l'honneur et faveur qu'il luy promettoit, l'envoya poings liez à Rome. Un traistre y trahit l'aultre, contre l'usage commun ; car ils sont pleins de defiance, et est malaysé de les surprendre par leur art : tesmoing la poisante experience que nous venons d'en sentir.

Sera Pomponius Flaccus qui vouldra, et en est assez qui le vouldront : quant à moy, et ma parole et ma foy sont, comme le demourant, pieces de ce commun corps ; leur meilleur effect, c'est le service public ; ie tiens cela pour presupposé. Mais, comme si on me commandoit que ie prinsse la charge du palais et des plaids, ie respondrois, « Ie n'y entends rien ; » ou la charge de conducteur de pionniers, ie dirois, « Ie suis appellé à un roolle plus digne : » de mesme qui me vouldroit employer à mentir, à trahir, et à me pariurer, pour quelque service notable, non que d'assassiner ou empoisonner, ie dirois, « Si i'ay volé ou desrobbé quelqu'un, envoyez moy plustost en gallere. » Car il est loisible à un homme d'honneur de parler ainsi que feirent les Lacedemoniens, ayants esté desfaicts par Antipater, sur le poinct de leurs accords : « Vous nous pouvez commander des charges poisantes et dommageables, autant qu'il vous plaira ; mais de honteuses et deshonnestes, vous perdrez vostre temps de nous en commander. » Chascun doibt avoir iuré à soy mesme ce que les roys d'Aegypte faisoient solennellement iurer à leurs iuges, « qu'ils ne se desvoyroient de leur conscience, pour quelque commandement qu'eulx mesmes leur en feissent. » A telles commissions, il y a note evidente d'ignominie et de condamnation : et qui vous la donne, vous accuse ; et vous la donne, si vous l'entendez bien, en charge et en peine. Autant que les affaires publicques s'amendent de vostre exploict, autant s'en empirent les vostres ; vous y faictes d'autant pis, que mieulx vous y faictes : et ne sera pas nouveau, ny a l'adventure sans quelque air de iustice, que celuy mesme vous ruyne, qui vous aura mis en besongne.

Si la trahison peult estre en quelque cas excusable ; lors seulement elle l'est, qu'elle s'employe à chastier et trahir la trahison. Il se treuve assez de perfidies, non seulement refusees, mais punies par ceulx en faveur desquels elles avoient esté entreprinses. Qui ne sçait la sentence de Fabricius à l'encontre du medecin de Pyrrhus ?

Mais cecy encores se treuve, que tel l'a commandee, qui par aprez l'a vengee rigoureusement sur celuy qu'il y avoit employé ; refusant un credit et pouvoir si effrené et desavouant un servage et une obeïssance si abandonnee et si lasche. Iaropelc, duc de Russie, practiqua un gentilhomme de Hongrie, pour trahir le roy de Poloigne Boleslaus, en le faisant mourir, ou donnant aux Russiens moyen de luy faire quelque notable dommage. Cettuy cy s'y porta en galant homme; s'addonna, plus que devant, au service de ce roy, obteint d'estre de son conseil et de ses plus feaulx. Avecques ces advantages, et choisissant à poinct l'opportunité de l'absence de son maistre, il trahit aux Russiens Visilicie, grande et riche cité, qui feut entierement saccagee et arse par eulx, avec occision totale, non seulement des habitants d'icelle de tout sexe et aage, mais de grand nombre de noblesse de là autour, qu'il y avoit assemblé, à ces fins. Iaropelc, assouvy de sa vengeance et de son courroux, qui pourtant n'estoit pas sans tiltre (car Boleslaus l'avoit fort offensé, et en pareille conduicte), et saoul du fruict de cette trahison, venant à en considerer la laideur nue et seule, et la regarder d'une veue saine et non plus troublee par sa passion, la print à un tel remors et contrecœur, qu'il en feit crever les yeulx, et couper la langue et les parties honteuses, à son executeur.

Antigonus persuada les soldats Argyraspides de luy trahir Eumenes, leur capitaine general, son adversaire : mais, l'eut il faict tuer aprez qu'ils le luy eurent livré, il desira luy mesme estre commissaire de la iustice divine, pour le chastiment d'un forfaict si detestable ; et les consigna entre les mains du gouverneur de la province, luy donnant tresexprez commandement de les perdre et mettre à malefin, en quelque maniere que ce feust, tellement que, de ce grand nombre qu'ils estoient, aulcun ne veid oncques puis l'air de Macedoine : mieulx il en avoit esté servi ; d'aultant le iugea il avoir esté plus meschamment et punissablement.

L'esclave qui trahit la cachette de P. Sulpicius, son maistre, feut mis en liberté, suyvant la promesse de la proscription de Sylla ; mais suyvant la promesse de la raison publicque, tout libre, il feut precipité du roc Tarpeïen.

Et nostre roy Clovis, au lieu des armes d'or qu'il leur avoit promis, feit pendre les trois serviteurs de Canacre, aprez qu'ils luy eurent trahy leur maistre, à quoy il les avoit practiquez.

Ils les font pendre avecques la bourse de leur payement au col : ayant satisfaict à leur seconde foy et speciale, ils satisfont à la generale et premiere.

Mahumet second, se voulant desfaire de son frere, pour la ialousie de la domination, suyvant le style de leur race, y employa l'un de ses officiers, qui le suffoqua, l'engorgeant de quantité d'eau prinse trop à coup : cela faict, il livra, pour l'expiation de ce meurtre, le meurtrier entre les mains de la mere du trespassé, car ils n'estoient freres que de pere : elle, en sa presence, ouvrit à ce meurtrier l'estomach ; et, tout chauldement, de ses mains, fouillant et arrachant son cœur, le iecta à manger aux chiens. Et à ceulx mesmes qui ne valent rien, il est si doulx, ayant tiré l'usage d'une action vicieuse, y pouvoir hormais couldre en toute seureté quelque traict de bonté et de iustice, comme par compensation et correction conscienciouse ; ioinct qu'ils regardent les ministres de tels horribles malefices comme gents qui les leur reprochent, et cherchent, par leur mort, d'estouffer la cognoissance et tesmoignage de telles menees.

Or, si par fortune on vous en recompense, pour ne frustrer la necessité publicque de cet extreme et desesperé remede, celuy qui le faict ne laisse pas de vous tenir, s'il ne l'est luy mesme, pour un homme mauldit et exsecrable, et vous tient plus traistre que ne faict celuy contre qui vous l'estes ; car il touche la malignité de vostre courage, par vos mains, sans desadveu, sans obiect : mais il vous employe, tout ainsi qu'on faict les hommes perdus aux executions de la haulte iustice, charge autant utile, comme elle est peu honneste. Oultre la vilété de telles commissions, il y a de la prostitution de conscience. La fille à Seianus, ne pouvant estre punie à mort, en certaine forme de iugement à Rome, d'aultant qu'elle estoit vierge, feut, pour donner passage aux loix, forcee par le bourreau, avant qu'il l'estranglast : non sa main seulement, mais son ame est esclave à la commodité publicque.

Quand le premier Amurath, pour aigrir la punition contre ses subiects qui avoient donné support à la parricide rebellion de son fils contre luy, ordonna que leurs plus proches parents presteroient la main à cette execution ; ie treuve treshonneste à aulcuns d'iceulx d'avoir choisi plustost d'estre iniustement tenus coulpables du parricide d'un aultre, que de servir la iustice, de leur propre parricide : et où, en quelques bicoques forcees de mon temps, i'ay veu des coquins, pour garantir leur vie, accepter de pendre leurs amis et consorts, ie les ay tenus de pire condition que les pendus. On dict que Witolde, prince de Lithuanie, introduisit en cette nation, que le criminel condamné à mort eust luy mesme de sa main à se desfaire, trouvant estrange qu'un tiers, innocent de la faulte, feust employé et chargé d'un homicide.

Le prince, quand une urgente circonstance, et quelque impetueux et inopiné accident du besoing de son estat, luy faict gauchir sa parole et sa foy, ou aultrement le iecte hors de son debvoir ordinaire, doibt attribuer cette necessité à un coup de la verge divine : vice n'est ce pas, car il a quitté sa raison à une plus universelle et puissante raison ; mais, certes, c'est malheur : de maniere qu'à quelqu'un qui me demandoit, « Quel remede ? » « Nul remede, feis ie, s'il feust veritablement gehenné entre ces deux extremes ; *sed videat, ne quæratur latebra periurio*, il le falloit faire ; mais s'il le feit sans regret, s'il ne luy greva de lé faire, c'est signe que sa conscience est en mauvais termes. » Quand il s'en trouveroit quelqu'un de si tendre conscience, à qui nulle guarison ne semblast digne d'un si poisant remede, ie ne l'en estimerois pas moins : il ne sçauroit perdre plus excusablement et decemment. Nous ne pouvons pas tout : ainsi comme ainsi nous fault il souvent, comme à la derniere anchre, remettre la protection de nostre vaisseau à la pure conduicte du ciel. A quelle plus iuste necessité se reserve il ? que luy est il moins possible à faire, que ce qu'il ne peult faire qu'aux despens de sa foy et de son honneur ? choses qui, à l'adventure, luy doibvent estre plus cheres que son propre salut, ouy, et que le salut de son peuple. Quand, les bras croisez, il appellera Dieu simplement à son ayde, n'aura il pas à esperer que la divine bonté n'est pour refuser la faveur de sa main extraordinaire à une main pure et iuste ? Ce sont dangereux exemples, rares et maladifves exceptions à nos regles naturelles ; il y fault ceder, mais avecques grande moderation et circonspection : aulcune utilité privee n'est digne pour laquelle nous facions cet effort à nostre conscience ; la publicque, bien, lors qu'elle est tresapparente et tresimportante.

Timoleon se garantit à propos de l'estrangeté de son exploict, par les larmes qu'il rendit, se souvenant que c'estoit d'une main fraternelle qu'il avoit tué le tyran ; et cela pincea iustement sa conscience, qu'il eust esté necessité d'achetter l'utilité publicque à tel prix de l'honnesteté de ses mœurs. Le senat mesme, delivré de servitude par son moyen, n'osa rondement decider d'un si hault faict, et deschiré en deux si poisants et contraires visages ; mais, les Syracusains ayants tout à poinct, à l'heure mesme, envoyé requerir les Corinthiens de leux protection, et d'un chef digne de restablir leur ville en sa premiere dignité, et nettoyer la Sicile de plusieurs tyranneaux qui l'oppressoient, il y deputa Timoleon, avecques cette nouvelle desfaicte et declaration : « Que, selon ce qu'il se porteroit bien ou mal en sa charge, leur arrest prendroit party, à la faveur du liberateur de son païs, ou à la desfaveur du meurtrier de son frere. » Cette fantastique conclusion a quelque excuse, sur le dangier de l'exemple et importance d'un faict si divers ; et feirent bien d'en descharger leur iugement, ou de l'appuyer ailleurs et en des considerations tierces. Or, les deportements de Timoleon en ce voyage rendirent bientost sa cause plus claire, tant il s'y porta dignement et vertueusement, en toutes façons : et le bonheur qui l'accompagna aux aspretez qu'il eut à vaincre en cette noble besongne, sembla luy estre envoyé par les dieux conspirants et favorables à sa iustification.

La fin de cettuy cy est excusable, si aulcune le pouvoit estre : mais le proufit de l'augmentation du revenu publicque, qui servit de pretexte au senat romain à cette orde conclusion que ie m'en voys reciter, n'est pas assez fort pour mettre à garant une telle iniustice : Certaines citez s'estoient rachetees à prix d'argent, et remises en liberté, avecques l'ordonnance et permission du senat, des mains de L. Sylla : la chose estant tumbee en nouveau iugement, le senat les condamna à estre taillables comme auparavant, et que l'argent qu'elles avoient employé pour se racheter demeureroit perdu pour elles. Les guerres civiles produisent souvent ces vilains exemples : Que nous punissons les privez, de ce qu'ils nous ont creu quand nous estions aultres ; et un mesme magistrat faict porter la peine de son changement à qui n'en peult mais ; le maistre fouette son disciple de docilité, et la guide son aveugle : horrible image de iustice !

Il y a des regles en la philosophie et faulses et molles. L'exemple qu'on nous propose, pour faire prevaloir l'utilité privee à la foy donnee, ne receoit pas assez de poids par la circonstance qu'ils y meslent : Des voleurs vous ont prins, ils vous ont remis en liberté, ayant tiré de vous serment du payement de certaine somme. On a tort de dire qu'un homme de bien sera quitte de sa foy, sans payer, estant hors de leurs mains. Il n'en est rien : ce que la crainte m'a faict une fois vouloir, ie suis tenu de le vouloir encores, sans crainte ; et, quand elle n'aura forcé que ma langue sans la volonté, encores suis ie tenu de faire la maille bonne de ma parole. Pour moy, quand par fois ell' a inconsiderement devancé ma pensee, i'ai faict conscience de la desadvouer pourtant : aultrement, de degré en degré, nous viendrons à abolir tout le droict qu'un tiers prend de nos promesses et serments. *Quasi vero forti vis possit adhiberi.* En cecy seulement a loy l'interest privé de nous excuser de faillir à nostre promesse, si nous avons promis chose meschante et inique de soy, car le droict de la vertu doibt prevaloir le droict de nostre obligation.

I'ay aultrefois logé Epaminondas au premier reng des hommes excellents, et ne m'en desdis pas. Iusques où montoit il la consideration de son particulier debvoir ? qui ne tua iamais homme qu'il eust vaincu ; qui, pour ce bien inestimable de rendre la liberté à son païs, faisoit conscience de tuer un tyran, ou ses complices, sans les formes de la iustice ; et qui iugeoit meschant homme, quelque bon citoyen qu'il feust, celuy qui, entre les ennemis et en la battaille, n'espargnoit son amy et son hoste. Voylà une ame de riche composition : il marioit aux plus rudes et violentes actions humaines la bonté et l'humanité, voire mesme la plus delicate qui se treuve en l'eschole de la philosophie. Ce courage si gros, enflé, et obstiné contre la douleur, la mort, la pauvreté, estoit ce nature, ou art, qui l'eust attendry iusques au poinct d'une si extreme doulceur et debonnaireté de complexion ? Horrible de fer et de sang, il va fracassant et rompant une nation invincible contre tout aultre que contre luy seul ; et gauchit au milieu d'une telle meslee, au rencontre de son hoste et de son amy. Vrayment celui là proprement commandoit bien à la guerre, qui luy faisoit souffrir le mors de la benignité, sur le poinct de sa plus forte chaleur, ainsin enflammee qu'elle estoit, et toute escumeuse de fureur et de meurtres. C'est miracle de pouvoir mesler à de telles actions quelque image de iustice ; mais il n'appartient qu'à la roideur d'Epaminondas d'y pouvoir mesler la doulceur et la facilité des mœurs les plus molles et la pure innocence : et, où l'un dict aux Mamertins « que les statuts n'avoient point de mise envers les hommes armez ; » l'aultre, au tribun du peuple, « que le temps de la iustice, et de la guerre, estoient deux ; » le tiers, « que le bruit des armes l'empeschoit d'entendre la voix des loix, » cettuy cy n'estoit pas seulement empesché d'entendre celle de la civilité et pure courtoisie. Avoit il pas emprunté de ses ennemis l'usage de sacrifier aux muses, allant à la guerre, pour destremper, par leur doulceur et gayeté, cette furie et aspreté martiale? Ne craignons point, aprez un si grand precepteur, d'estimer qu'il y a quelque chose illicite contre les ennemis mesmes ; que l'interest commun ne doibt pas tout requerir de touts, contre l'interest privé ; *manente memoria, etiam in dissidio publicorum fœderum, privati iuris;*

    Et nulla potentia vires
   Præstandi, ne quid peccet amicus, habet;

et que toutes choses ne sont pas loisibles à un homme de bien, pour le service de son roy, ny de la cause generale et des loix ; *non enim patria præstat omnibus officiis ;...... et ipsi conducit pios habere cives in parentes.* C'est une instruction propre au temps : nous n'avons que faire de durcir nos courages par ces lames de fer ; c'est assez que nos espaules le soyent ; c'est assez de tremper nos plumes en encre, sans les tremper en sang : si c'est grandeur de courage, et l'effect d'une vertu rare et singuliere, de mespriser l'amitié, les obligations privees, sa parole et la parenté, pour le bien commun et obeissance du magistrat : c'est assez vrayement, pour nous en excuser, que c'est une grandeur qui ne peult loger en la grandeur du courage d'Epaminondas.

I'abomine les enhortements enragez de cette aultre ame desreglee,

  ... Dum tela micant, non vos pietatis imago
  Ulla, nec adversa conspecti fronte parentes
  Commoveant; vultus gladio turbate verendos.

Ostons aux meschants naturels, et sanguinaires, et traistres, ce pretexte de raison ; laissons là cette iustice enorme et hors de soy, et nous tenons aux plus humaines imitations. Combien peult le temps et l'exemple ! En une rencontre de la guerre civile contre Cinna, un soldat de Pompeius ayant tué, sans y penser, son frere qui estoit au party contraire, se tua sur le champ soy mesme, de honte et de regret ; et quelques annees aprez, en une aultre guerre civile de ce mesme peuple, un soldat, pour avoir tué son frère, demanda recompense à ses capitaines.

On argumente mal l'honneur et la beauté d'une action, par son utilité ; et conclud on mal d'estimer que chascun y soit obligé ; et qu'elle soit honneste à chascun, si elle est utile :

  Omnia non pariter rerum sunt omnibus apta.

Choisissons la plus necessaire et plus utile de l'humaine societé ; ce sera le mariage : si est ce que le conseil des saincts treuve le contraire party plus honneste, et en exclud la plus venerable vacation des hommes ; comme nous assignons au haras les bestes qui sont de moindre estime.

Chapitre II. — Du repentir.

Les aultres forment l'homme : ie le recite ; et en represente un particulier bien mal formé, et lequel si i'avois à façonner de nouveau, ie ferois vrayement bien aultre qu'il n'est : meshuy, c'est faict. Or les traicts de ma peincture ne se fourvoyent point, quoyqu'ils se changent et diversifient : le monde n'est qu'une bransloire perenne ; toutes choses y branslent sans cesse, la terre, les rochiers du Caucase, les pyramides d'Aegypte, et du bransle publicque et du leur ; la constance mesme n'est aultre chose qu'un bransle plus languissant. Ie ne puis asseurer mon obiect ; il va trouble et chancelant, d'une yvresse naturelle : ie le prends en ce poinct, comme il est en l'instant que ie m'amuse à luy : ie ne peincts pas l'estre, ie peincts le passage, non un passage d'aage en aultre, ou, comme dict le peuple, de sept en sept ans, mais de iour en iour, de minute en minute : il fault accommoder mon histoire à l'heure ; ie pourray tantost changer, non de fortune seulement, mais aussi d'intention. C'est un contreroolle de divers et muables accidents, et d'imaginations irresolues, et, quand il y eschet, contraires ; soit que ie sois aultre moy mesme, soit que ie saisisse les subiects par aultres circonstances et considerations : tant y a que ie me contredis bien à l'adventure, mais la verité, comme disoit Desmades, ie ne la contredis point. Si mon ame pouvoit prendre pied, ie ne m'essaierois pas, ie me resouldrois : elle est tousiours en apprentissage et en espreuve.

Ie propose une vie basse et sans lustre : c'est tout un ; on attache aussi bien toute la philosophie morale à une vie populaire et privée, qu'à une vie de plus riche estoffe : chasque homme porte la forme entiere de l'humaine condition. Les aucteurs se communiquent au peuple par quelque marque speciale et estrangiere ; moy, le premier, par mon estre universel ; comme Michel de Montaigne, non comme grammairien, ou poëte, ou iurisconsulte. Si le monde se plaind dequoy ie parle trop de moy, ie me plains de quoy il ne pense seulement pas à soy. Mais est ce raison que, si particulier en usage, ie pretende me rendre public en cognoissance ? est il aussi raison, que ie produise au monde, où la façon et l'art ont tant de credit et de commandement, des effects de nature et cruds et simples, et d'une nature encores bien foiblette ? est ce pas faire une muraille sans pierre, ou chose semblable, que de bastir des livres sans science et sans art ? Les fantasies de la musique sont conduictes par art ; les miennes, par sort. Au moins i'ay cecy selon la discipline, Que iamais homme ne traicta subiect qu'il entendist, ne cogneust mieulx que ie fais celuy que i'ay entreprins ; et qu'en celuy là ie suis le plus sçavant homme qui vive : secondement, Que iamais aulcun ne penetra en sa matiere plus avant, ny en esplucha plus distinctement les membres et suittes, et n'arriva plus exactement et plus plainement à la fin qu'il s'estoit proposé à sa besogne. Pour la parfaire, ie n'ay besoing d'y apporter que la fidelité : celle là y est, la plus sincere et pure qui se treuve. Ie dis vray, non pas tout mon saoul, mais autant que ie l'ose dire : et l'ose un peu plus en veillissant ; car il semble que la coustume concede à cet aage plus de liberté de bavasser, et d'indiscretion à parler de soy. Il ne peult advenir icy, ce que ie veois advenir souvent, que l'artisan et sa besongne se contrarient : un homme de si honneste conversation a il faict un si sot escript? ou, des escripts si savants sont ils partis d'un homme de si foible conversation? Qui a un entretien commun, et ses escripts rares, c'est à dire que sa capacité est en lieu d'où il l'empruute, et non en luy. Un personnage sçavant n'est pas sçavant par tout; mais le suffisant est par tout suffisant, et à ignorer mesme : icy nous allons conformement, et tout d'un train, mon livre et moy. Ailleurs, on peult recommender et accuser l'ouvrage, à part de l'ouvrier : icy, non ; qui touche l'un, touche l'aultre. Celuy qui en iugera sans le cognoistre, se fera plus de tort qu'à moy : celuy qui l'aura cogneu, m'a du tout satisfaict. Heureux oultre mon merite, si j'ai seulement cette part à l'approbation publicque, que ie face sentir aux gents d'entendement que i'estois capable de faire mon proufit de la science, si i'en eusse eu ; et que ie meritois que la memoire me secourust mieulx.

Excusons icy ce que ie dis souvent, que ie me repens rarement, et que ma conscience se contente de soy, non comme de la conscience d'un ange ou d'un cheval, mais comme de la conscience d'un homme : adioustant tousiours ce refrain, non un refrain de cerimonie, mais de naïfve et essentielle soubmission, « que ie parle enquerant et ignorant, me rapportant de la resolution, purement et simplement, aux creances communes et legitimes. » Ie n'enseigne point, ie raconte.

Il n'est vice veritablement vice qui n'offense, et qu'un iugement entier n'accuse ; car il a de la laideur et incommodité si apparente, qu'à l'adventure ceulx là ont raison qui disent qu'il est principalement produict par bestise et ignorance : tant est il mal aysé d'imaginer qu'on le cognoisse sans le haïr ! La malice hume la plupart de son propre venin, et s'en empoisonne. La malice laisse, comme un ulcere en la chair, une repentance en l'ame, qui touiours s'esgratigne et s'ensanglante elle mesme ; car la raison efface les aultres tristesses et douleurs, mais elle engendre celle de la repentance, qui est plus griefve, d'autant qu'elle naist au dedans, comme le froid et le chauld des fiebvres est plus poignant que celuy qui vient du dehors. Ie tiens pour vices (mais chascun selon sa mesure) non seulement ceulx que la raison et la nature condamnent, mais ceulx aussi que l'opinion des hommes a forgé, voire faulse et erronee, si les loix et l'usage l'auctorise.

Il n'est pareillement bonté qui ne resiouïsse une nature bien nee ; il y a, certes, ie ne sçais quelle congratulation de bien faire, qui nous resiouit en nous mesmes, et une fierté genereuse qui accompaigne la bonne conscience : une ame courageusement vicieuse se peult à l'adventure garnir de securité ; mais de cette complaisance et satisfaction, elle ne s'en peult fournir. Ce n'est pas un legier plaisir de se sentir preservé de la contagion d'un siecle si gasté, et de dire en soy : « Qui me verroit iusques dans l'ame, encores ne me trouveroit il coupable, ny de l'affliction et ruyne de personne, ny de vengeance ou d'envie, ny d'offense publicque des loix, ny de nouvelleté et de trouble, ny de faulte à ma parole, et, quoy que la licence du temps permist et apprinst à chascun, si n'ay ie mis la main ny ez biens, ny en la bourse d'hommes françois, et n'ay vescu que sur la mienne, non plus en guerre qu'en paix ; ny ne me suis servy du travail de personne sans loyer. » Ces tesmoignages de la conscience plaisent ; et nous est grand benefice que cette esiouïssance naturelle, et le seul payement qui iamais ne nous manque.

De fonder la recompense des actions vertueuses sur l'approbation d'aultruy, c'est prendre un trop incertain et trouble fondement, signamment en un siecle corrompu et ignorant, comme cettuy cy : la bonne estime du peuple est iniurieuse : à qui vous fiez vous de veoir ce qui est louable ? Dieu me gard d'estre homme de bien selon la description que ie veois faire tous les iours, par honneur, à chascun de soy. *Quæ fuerant vitia, mores sunt.* Tels de mes amis ont parfois entreprins de me chapitrer et mercurialiser à cœur ouvert, ou de leur propre mouvement, ou semons par moy comme d'un office qui, à une ame bien faicte, non en utilité seulement, mais en doulceur aussi, surpasse touts les offices de l'amitié, ie l'ay tousiours accueilly des bras de la courtoisie et recognoissance les plus ouverts : mais, à en parler asture en conscience, i'ay souvent trouvé en leurs reproches et louanges tant de faulse mesure, que ie n'eusse gueres failly de faillir, plustost que de bien faire à leur mode. Nous aultres principalement, qui vivons une vie privée qui n'est en montre qu'à nous, debvons avoir establi un patron au dedans, auquel toucher nos actions, et, selon iceluy, nous caresser tantost, tantost nous chastier. I'ay mes loix et ma cour pour iuger de moy, et m'y adresse plus qu'ailleurs : ie restreinds bien selon aultruy mes actions, mais ie ne les estends que selon moy. Il n'y a que vous qui sçache si vous este lasche et cruel, ou loyal et devotieux : les aultres ne vous veoyent point, ils vous devinent par coniectures incertaines ; ils veoyent non tant vostre nature, que vostre art : par ainsi, ne vous tenez pas à leur sentence, tenez vous à la vostre : *Tuo tibi indicio est utendum... Virtutis et vitiorum grave ipsius conscientiæ pondus est : qua sublata, iacent omnia.*

Mais ce qu'on dict, que la repentance suyt de prez le peché, ne semble pas regarder le peché qui est en son hault appareil, qui loge en nous comme en son propre domicile : on peult desadvouer et desdire les vices qui nous surprennent, et vers lesquels les passions nous emportent; mais ceulx qui, par longue habitude, sont enracinez et anchrez en une volonté forte et vigoreuse, ne sont pas subiects à contradiction. Le repentir n'est qu'une desdicte de nostre volonté, et opposition de nos fantasies, qui nous pourmene à touts sens. Il fait desadvouer à celuy là sa vertu passee et sa continence :

Quæ mens est hodie, cur eadem non puero fuit ?
Vel cur his animis incolumes non redeunt genæ ?

C'est une vie exquise, celle qui se maintient en ordre iusques en son privé. Chascun peult avoir part au bastelage, et representer un honneste personnage en l'eschaffaud; mais au dedans et en sa poitrine, où tout nous est loisible, où tout est caché, d'y estre reglé, c'est le poinct. Le voysin degré, c'est de l'estre en sa maison, en ses actions ordinaires, desquelles nous n'avons à rendre raison à personne, où il n'y a point d'estude, point d'artifice : et pourtant Bias, peignant un excellent estat de famille : « De laquelle, dict il, le maistre soit tel au dedans par luy mesme, comme il est au dehors par la crainte de la loy et du dire des hommes : » et feut une digne parole de Iulius Drusus aux ouvriers qui luy offroient, pour trois mille escus, mettre sa maison en tel poinct que ses voysins n'auroient plus la vue qu'ils y avoient : « Ie vous en donneray, dict il, six mille, et faictes que chascun y veoye de toutes parts. » On remarque avecques honneur l'usage d'Agesilaus, de prendre, en voyageant, son logis dans les eglises, à fin que le peuple et les dieux mesmes veissent dans ses actions privees. Tel a esté miraculeux au monde, auquel sa femme et son valet n'ont rien veu seulement de remarquable; peu d'hommes ont esté admirez par leurs domestiques; nul a esté prophete non seulement en sa maison, mais en son païs, dict l'experience des histoires : de mesme aux choses de neant; et en ce bas exemple, se veoid l'image des grands. En mon climat de Gascoigne on tient pour drolerie de me veoir imprimé : d'autant que la cognoissance qu'on prend de moy s'esloigne de mon giste, i'en vaulx d'aultant mieulx; i'achete les imprimeurs en Guienne; ailleurs ils m'achetent. Sur cet accident se fondent ceulx qui se cachent vivants et presents, pour se mettre en credit trespassez et absents. I'aime mieulx en avoir moins; et ne me iecte au monde que pour la part que i'en tire : au partir de là, ie l'en quitte. Le peuple reconvoye celuy là, d'un acte publicque, avecques estonnement, iusqu'à sa porte : il laisse avec sa robbe ce roolle : il en retumbe d'autant plus bas, qu'il s'estoit plus hault monté; au dedans, chez luy, tout est tumultuaire et vil. Quand le reglement s'y trouveroit, il faut un iugement vif et bien trié pour l'appercevoir en ces actions basses et privees : ioinct que l'ordre est une vertu morne et sombre. Gaigner une bresche, conduire une ambassade, regir un peuple, ce sont actions esclatantes : tanser, rire, vendre, payer, aimer, haïr, et converser avecques les siens, et avecques soy mesme, doulcement et iustement, ne relascher point, ne se desmentir point; c'est chose plus rare, plus difficile, et moins remarquable. Les vies retirees soustiennent par là, quoy qu'on die, des debvoirs autant ou plus aspres et tendus, que ne le font les aultres vies; et les privez, dict Aristote, servent la vertu plus difficilement et haultement, que ne font ceulx qui sont en magistrat : nous nous preparons aux occasions eminentes, plus par gloire que par conscience. La plus courte façon d'arriver à la gloire, ce seroit faire pour la conscience ce que nous faisons pour gloire : et la vertu d'Alexandre me semble representer assez moins de vigueur en son theatre, que ne faict celle de Socrates en cette exercitation basse et obscure. Ie conceois ayseement Socrates en la place d'Alexandre, Alexandre en celle de Socrates, ie ne puis. Qui demandera à celuy là ce qu'il sçait faire, il respondra, « Subjuguer le monde : » qui le demandera à cettuy cy, il dira, « Mener l'humaine vie conformement à sa naturelle condition : » science bien plus generale, plus poisante, et plus legitime.

Le prix de l'ame ne consiste pas à aller hault, mais ordonneement ; sa grandeur ne s'exerce pas en la grandeur, c'est en la mediocrité. Ainsi que ceulx qui nous iugent et touchent au dedans, ne font pas grand' recepte de la lueur de nos actions publicques, et veoyent que ce ne sont que filets et poinctes d'eau fine reiaillies d'un fond au demourant limonneux et poisant ; en pareil cas, ceulx qui nous iugent par cette brave apparence du dehors concluent de mesme de nostre constitution interne ; et ne peuvent accoupler des facultez populaires et pareilles aux leurs, à ces aultres facultez qui les estonnent, si loing de leur visee. Ainsi donnons nous aux daimons des formes sauvages ; et qui non à Tamburlan des sourcils eslevez, des nazeaux ouverts, un visage affreux, et une taille desmesurée, comme est la taille de l'imagination qu'il en a conceue par le bruict de son nom ? Qui m'eust faict veoir Erasme aultrefois, il eust esté mal aysé que ie n'eusse prins pour adages et apophthegmes tout ce qu'il eust dict à son valet et à son hotesse. Nous imaginons bien plus sortablement un artisan sur sa garderobbe ou sur sa femme, qu'un grand president, venerable par son maintien et suffisance : il nous semble que de ces haults thrones ils ne s'abaissent pas iusques à vivre. Comme les ames vicieuses sont incitees souvent à bien faire par quelque impulsion estrangiere ; aussi sont les vertueuses, à faire mal : il les faut doneques iuger par leur estat rassis, quand elles sont chez elles ; si quelquefois elles y sont : ou au moins quand elles sont plus voysines du repos, et en leur naïfve assiette.

Les inclinations naturelles s'aydent et fortifient par institution ; mais elles ne se changent gueres et surmontent : mille natures de mon temps ont eschappé vers la vertu, ou vers le vice, au travers d'une discipline contraire.

> Sic ubi desuetuæ silvis in carcere clausæ
> Mansuevere feræ, et vultus posuere minaces,
> Atque hominem didicere pati, si torrida parvus
> Venit in ora cruor, redeunt rabiesque furorque,
> Admonitæque tument gustato sanguine fauces ;
> Fervet et a trepido vix abstinet ira magistro :

on n'extirpe pas ces qualitez originelles, on les couvre, on les cache. Le langage latin m'est comme naturel ; ie l'entends mieux que le françois : mais il y a quarante ans que ie ne m'en suis du tout point servy à parler, ny gueres à escrire. Si est ce qu'à des extremes et soubdaines esmotions, où ie suis tumbé deux ou trois fois en ma vie, et l'une, veoyant mon pere, tout sain, se renverser sur moy pasmé, i'ay tousiours eslancé du fond des entrailles les premieres paroles, latines : nature se sourdant, et s'exprimant à force, à l'encontre d'un si long usage ; et cet exemple se dict d'assez d'aultres.

Ceulx qui ont essayé de r'adviser les mœurs du monde de mon temps, par nouvelles opinions, reforment les vices de l'apparence ; ceulx de l'essence, ils les laissent là, s'ils ne les augmentent : et l'augmentation y est à craindre ; on se seiourne volontiers de tout aultre bienfaire, sur ces reformations externes, arbitraires, de moindre coust et de plus grand merite ; et satisfaict on à bon marché, par là, les aultres vices naturels, consubstantiels et intestins. Regardez un peu comment s'en porte nostre experience : il n'est personne, s'il s'escoute, qui ne descouvre en soy une forme sienne, une forme maistresse, qui luicte contre l'institution, et contre la tempeste des passions qui luy sont contraires. De moy, ie ne me sens gueres agiter par secousse ; ie me treuve quasi tousiours en ma place, comme font les corps lourds et poisants : si ie ne suis chez moy, i'en suis tousiours bien prez. Mes desbauches ne m'emportent pas fort loing, il n'y a rien d'extreme et d'estrange ; et si ay des r'advisements sains et vigoreux.

La vraye condamnation, et qui touche la commune façon de nos hommes, c'est que leur retraicte mesme est pleine de corruption et d'ordure ; l'idee de leur amendement, chafourree ; leur penitence, malade et en coulpe autant à peu prez que leur peché : aulcuns, ou pour estre collez au vice d'une attache naturelle, ou par longue accoustumance, n'en treuvent plus la laideur : à d'aultres (duquel regiment ie suis) le vice poise, mais ils le contrebalancent avecques le plaisir ou aultre occasion; et le souffrent et s'y prestent, à certain prix, vicieusement pourtant et laschement. Si se pourroit il, à l'adventure, imaginer si esloingnee disproportion de mesure, où, avecques iustice, le plaisir excuseroit le peché, comme nous disons de l'utilité; non seulement s'il estoit accidental et hors du peché, comme au larrecin, mais en l'exercice mesme d'iceluy, comme en l'accointance des femmes, où l'incitation est violente, et, dict on, par fois invincible. En la terre d'un mien parent, l'aultre iour que i'estois en Armagnac, ie vis un païsan que chascun surnomme le Larron. Il faisoit ainsi le conte de sa vie : Qu'estant nay mendiant, et trouvant qu'à gaigner son pain au travail de ses mains, il n'arriveroit iamais à se fortifier assez contre l'indigence, il s'advisa de se faire larron; et avoit employé à ce mestier toute sa ieunesse, en seureté, par le moyen de sa force corporelle : car il moissonnoit et vendangeoit des terres d'aultruy, mais c'estoit au loing et à si gros monceaux, qu'il estoit inimaginable qu'un homme en eust tant emporté en une nuict sur ses espaules; et avoit soing, oultré cela, d'egualer et disperser le dommage qu'il faisoit, si que la foule estoit moins importable à chasque particulier. Il se treuve à cette heure, en sa vieillesse, riche pour un homme de sa condition, mercy à cette trafique, de laquelle il se confesse ouvertement. Et pour s'accommoder avecques Dieu de ses acquests, il dict estre touts les iours aprez à satisfaire, par bienfaicts, aux successeurs de ceulx qu'il a desrobbez; et s'il n'acheve (car d'y pourveoir tout à la fois, il ne peult), qu'il en chargera ses heritiers : à la raison de la science qu'il a luy seul du mal qu'il a faict à chascun. Par cette description, soit vraye ou faulse, cettuy cy regarde le larrecin comme action deshonneste, et le hait; mais moins que l'indigence; s'en repent bien simplement, mais, en tant qu'elle estoit ainsi contrebalancee et compensee, il ne s'en repent pas. Cela, ce n'est pas une habitude qui nous incorpore au vice, et y conforme nostre entendement mesme, ny n'est ce vent impetueux qui va troublant et aveuglant à secousse nostre ame, et nous precipite pour l'heure, iugement et tout, en la puissance du vice.

Ie fois coustumierement entier ce que ie fois, et marche tout d'une piece; ie n'ay gueres de mouvement qui se cache et desrobbe à ma raison, et qui ne se conduise, à peu prez, par le consentement de toutes mes parties, sans division, sans sedition intestine : mon iugement en a la coulpe ou la louange entiere; et la coulpe qu'il a une fois, il l'a tousiours; car quasi dez sa naissance il est un, mesme inclination, mesme route, mesme force : et en matiere d'opinion universelles, dez l'enfance, ie me logeois au poinct où i'avois à me tenir. Il y a des pechez impetueux, prompts et subits; laissons les à part : mais en ces aultres pechez à tant de fois reprins, deliberez et consultez, ou pechez de complexion, ou pechez de profession et de vacation, ie ne puis pas concevoir qu'ils soient plantez si longtemps en un mesme courage, sans que la raison et la conscience de celuy qui les possede le vueille constamment, et l'entende ainsin : et le repentir qu'il se vante luy en venir à certain instant prescript, m'est un peu dur à imaginer et former. Ie ne suys pas la secte de Pythagoras, « que les hommes prennent une ame nouvelle quand ils approchent des simulacres des dieux pour recueillir leurs oracles; » sinon qu'il voulust dire cela mesme, Qu'il fault bien qu'elle soit estrangiere, nouvelle, et prestee pour le temps : la nostre montrant si peu de signe de purification et netteté condigne à cet office.

Ils font tout à l'opposite des preceptes stoïcques, qui nous ordonnent bien de corriger les imperfections et vices que nous recognoissons en nous, mais nous deffendent d'en alterer le repos de nostre ame : ceulx cy nous font accroire qu'ils en ont grande desplaisance et remors au dedans; mais d'amendement et correction, ny d'interruption, ils ne nous en font rien apparoir. Si n'est ce pas guarison, si on ne se descharge du mal : si la repentance poisoit sur le plat de la balance, elle emporteroit le peché. Ie ne treuve aulcune qualité si aysee à contrefaire que la devotion, si on n'y conforme les mœurs et la vie : son essence est abstruse et occulte; les apparences faciles et trompeuses.

Quant à moy, ie puis desirer en general estre aultre chose; ie puis condamner et me desplaire de ma force universelle, et supplier Dieu pour mon entiere reformation, et pour l'excuse de ma foiblesse naturelle; mais cela, ie ne le doibs nommer repentir, ce me semble, non plus que le desplaisir de n'estre ny ange ny Caton. Mes actions sont reglees et conformes à ce que ie suis et à ma condition; ie ne puis faire mieulx : et le repentir ne touche pas proprement les choses qui ne sont pas en nostre force; ouy bien le regret. I'imagine infinies natures plus haultes et plus reglees que la mienne; ie n'amende pourtant mes facultez : comme ny mon bras ny mon esprit ne deviennent plus vigoreux, pour en concevoir un aultre qui le soit. Si l'imaginer et desirer un agir plus noble que le nostre produisoit la repentance du nostre, nous aurions à nous repentir de nos operations plus innocentes, d'autant que nous iugeons bien qu'en la nature plus excellente elles auroient esté conduictes d'une plus grande perfection et dignité; et vouldrions faire de mesme. Lorsque ie consulte des deportements de ma ieunesse avecques ma vieillesse, ie treuve que ie les ay conduicts communement avecques ordre, selon moy : c'est tout ce que peult ma resistance. Ie ne me flatte pas; à circonstances pareilles, ie serois tousiours tel : ce n'est pas macheure, c'est plustost une teincture universelle, qui me tache. Ie ne cognois pas de repentance superficielle, moyenne, et de cerimonie : il fault qu'elle me touche de toutes parts, avant que ic la nomme ainsin; et qu'elle pince mes entrailles, et les afflige autant profondement que Dieu me veoid, et autant universellement.

Quant aux negoces, il m'est eschappé plusieurs bonnes adventures, à faulte d'heureuse conduicte : mes conseils ont pourtant bien choisi, selon les occurrences qu'on leur presentoit, leur façon est de prendre tousiours le plus facile et seur party. Ie treuve qu'en mes deliberations passees, i'ay, selon ma regle, sagement procedé, pour l'estat du subiect qu'on me proposoit, et en ferois autant d'icy à mille ans, en pareilles occasions; ie ne regarde pas quel il est à cette heure, mais quel il estoit, quand i'en consultois : la force de tout conseil gist au temps; les occasions et les matieres roulent et changent sans cesse. I'ay encouru quelques lourdes erreurs en ma vie, et importantes, non par faulte de bons advis, mais par faulte de bonheur. Il y a des parties secretes aux obiects qu'on manie, et indivinables, signamment en la nature des hommes; des conditions muettes, sans montre, incogneues parfois du possesseur mesme, qui se produisent et esveillent par des occasions survenantes : si ma prudence ne les a peu penetrer et profetizer, ie ne luy en sçais nul mauvais gré; sa charge se contient en ses limites : si l'evenement me bat, s'il favorise le party que i'ay refusé, il n'y a remede, ie ne m'en prends pas à moy, i'accuse ma fortune, non pas mon ouvrage; cela ne s'appelle pas repentir.

Phocion avoit donné aux Atheniens certain advis qui ne feut pas suyvi : l'affaire pourtant se passant, contre son opinion, avecques prosperité, quelqu'un luy dict : « Eh bien, Phocion, es tu content que la chose aille si bien ? » « Bien suis ie content, feit il, qu'il soit advenu cecy; mais ie ne me repens pas d'avoir conseillé cela. » Quand mes amis s'addressent à moi pour estre conseillez, ie le fois librement et clairement, sans m'arrester, comme faict quasi tout le monde, à ce que, la chose estant hazardeuse, il peult advenir au rebours de mon sens, par où ils ayent à me faire reproche de mon conseil; de quoy il ne me chault : car ils auront tort; et ie n'ay deu leur refuser cet office.

Ie n'ay gueres à me prendre de mes faultes, ou infortunes, à aultre qu'à moy : car, en effect, ie me sers rarement des advis d'aultruy, si ce n'est par honneur de cerimonie, sauf ou i'ay besoing d'instruction, de science, ou de la cognoissance du faict. Mais, ez choses où ie n'ay à employer que le iugement, les raisons estrangieres peuvent servir à m'appuyer, mais peu à me destourner : ie les escoute favorablement et decemment toutes; mais, qu'il m'en souvienne, ie n'en ay creu iusqu'à cette heure que les miennes. Selon moy, ce ne sont que mouches et atomes qui promenent ma volonté : ie prise peu mes opinions; mais ie prise aussi peu celles des aultres. Fortune me paye dignement : si ie ne receois pas de conseils, i'en donne aussi peu. I'en suis fort peu enquis, mais i'en suis encores moins creu; et ne sçache nulle entreprinse publicque ny privee que mon advis aye redressee et ramenee. Ceulx mesmes que la fortune y avoit aulcunement attachez, se sont laissez plus volontiers manier à toute aultre cervelle qu'à la mienne. Comme celuy qui suis bien autant ialoux des droicts de mon repos que des droicts de mon auctorité, ie l'aime mieulx ainsi : me laissant là, on faict selon ma profession, qui est de m'establir et contenir tout en moy. Ce m'est plaisir, d'estre desinteressé des affaires d'aultruy et desgagé de leur gariement.

En touts affaires, quand ils sont passez, comment que ce soit, i'y ai peu de regret; car cette imagination me met hors de peine, qu'ils debvoient ainsi passer : les voylà dans le grand cours de l'univers, et dans l'enchaisneure des causes stoïcques; vostre fantasie n'en peult, par souhait et imagination, remuer un poinct, que tout l'ordre des choses ne renverse, et le passé, et l'advenir.

Au demourant, ie hais cet accidental repentir que l'aage apporte. Celuy qui disoit anciennement estre obligé aux annees, dequoy elles l'avoient desfaict de la volupté, avoit aultre opinion que la mienne : ie ne sçauray iamais bon gré à l'impuissance, de bien qu'elle me face ; *nec tam aversa* **unquam videbitur** *ab opere suo providentia, ut debilitas inter optima inventa sit.* Nos appetits sont rares en la vieillesse, une profonde satieté nous saisit aprez le coup : en cela, ie ne veois rien de conscience; le chagrin et la foiblesse nous impriment une vertu lasche et catarrheuse. Il ne nous fault pas laisser emporter si entiers aux alterations naturelles, que d'en abastardir nostre iugement. La ieunesse et le plaisir n'ont pas faict aultrefois que i'aye mescogneu le visage du vice en la volupté ; ny ne faict, à cette heure, le desgoust que les ans m'apportent, que ie mescognoisse celuy de la volupté au vice : ores que ie n'y suis plus, i'en iuge comme si i'y estois. Moy, qui la secoue vifvement et attentifvement, treuve que ma raison est celle mesme que i'avois en l'aage plus licencieux, sinon, à l'adventure, d'autant qu'elle s'est affoiblie et empiree en vieillissant; et treuve que ce qu'elle refuse de m'enfourner à ce plaisir, en consideration de l'interest de ma santé corporelle, elle ne le feroit, non plus qu'aultrefois, pour la santé spirituelle. Pour la veoir hors de combat, ie ne l'estime pas plus valeureuse : mes tentations sont si cassantes et mortifiees, qu'elles ne valent pas qu'elle s'y oppose; tendant seulement les mains au devant, ie les coniure. Qu'on luy remette en presence cette ancienne concupiscence, ie crains qu'elle auroit moins de force à la soubtenir, qu'elle n'avoit aultrefois; ie ne luy veois rien iuger à part soy, que lors elle ne iugeast, ny aulcune nouvelle clarté : parquoy, s'il y a convalescence, c'est une convalescence maleficiee. Miserable sorte de remede, debvoir à la maladie sa santé! Ce n'est pas à nostre malheur de faire cet office ; c'est au bonheur de nostre iugement. On ne me faict rien faire par les offenses et afflictions, que les mauldire : c'est aux gents qui ne s'esveillent qu'à coups de fouet. Ma raison a bien son cours plus delivre en la prosperité ; elle est bien plus distraite et occupee à digerer les maulx que les plaisirs : ie veois bien plus clair en temps serein; la santé m'advertit, comme plus alaigrement, aussi plus utilement, que la maladie. Ie me suis advancé le plus que i'ay peu vers ma reparation et reglement, lorsque i'avois à en iouïr : ie serois honteux, et envieux, que la misere et l'infortune de ma vieillesse eust à se preferer à mes bonnes annees, saines, esveillees, vigoreuses, et qu'on eust à m'attirer, non par où i'ay esté, mais par où i'ay cessé d'estre.

A mon advis, c'est « le vivre heureusement, » non, comme disoit Antisthenes, « le mourir heureusement, » qui faict l'humaine felicité. Ie ne me suis pas attendu d'attacher monstrueusement la queue d'un philosophe à la teste et au corps d'un homme perdu; ny que ce chetif bout eust à desadvouer et desmentir la plus belle, entiere et longue partie de ma vie : ie me veulx presenter et faire veoir par tout uniformement. Si i'avois à revivre, ie revivrois comme i'ay vescu : ny ie ne plaings le passé, ny ie ne craincts l'advenir; et, si ie ne me deceois, il est allé du dedans environ comme du dehors. C'est une des principales obligations que i'aye à ma fortune, que le cours de mon estat corporel ayt esté conduict chasque chose en sa saison; i'en ay veu l'herbe, et les fleurs, et le fruict; et en veois la seicheresse : heureusement, puisque c'est naturellement. Ie porte bien doulcement les maulx que i'ay, d'autant qu'ils sont en leur poinct, et qu'ils me font aussi plus favorablement souvenir de la longue felicité de ma vie passee : pareillement, ma sagesse peult bien estre de mesme taille, en l'un et l'aultre temps; mais elle estoit bien de plus d'exploict et de meilleure grace, verte, gaye, naïfve, qu'elle n'est à present, cassee, grondeuse, laborieuse. Ie renonce doncques à ces reformations casuelles et douloureuses. Il fault que Dieu nous touche le courage; il fault que nostre conscience s'amende d'elle mesme, par renforcement de nostre raison, non par l'affoiblissement de nos appetits : la volupté n'en est en soy ny pasle ny descoulouree, pour estre apperceue par des yeulx chassieux et troubles.

On doibt aimer la temperance par elle mesme, et pour le respect de Dieu qui nous l'a ordonnee, et la chasteté; celle que les catarrhes nous prestent, et que ie doibs au benefice de ma cholique, ce n'est ny chasteté, ny temperance : on ne peult se vanter de mespriser et combattre la volupté, si on ne la veoid, si on l'ignore, et ses graces, et ses forces, et sa beauté plus attrayante ; ie cognois l'une et l'aultre, c'est à moy de le dire. Mais il me semble qu'en la vieillesse nos ames sont subiectes à des maladies et imperfections plus importunes qu'en la ieunesse ; ie le disois estant ieune ; lors on me donnoit de mon menton par le nez : ie le dis encores à cette heure, que mon poil gris m'en donne le credit. Nous appellons sagesse la difficulté de nos humeurs, le desgoust des choses presentes ; mais, à la verité, nous ne quittons pas tant les vices, comme nous les changeons, et, à mon opinion, en pis : oultre une sotte et caducque fierté, un babil ennuyeux, ces humeurs espineuses et inassociables, et la superstition, et un soing ridicule des richesses, lors que l'usage en est perdu, i'y treuve plus d'envie, d'iniustice et de malignité ; elle nous attache plus de rides en l'esprit qu'au visage ; et ne se veoid point d'ames, ou fort rares, qui en vieillissant ne sentent l'aigre et le moisi. L'homme marche entier vers son croist et vers son decroist. A veoir la sagesse de Socrates, et plusieurs circonstances de sa condamnation, i'oserois croire qu'il s'y presta aulcunement luy mesme, par prevarication, à desseing, ayant de si prez, aagé de soixante et dix ans, à souffrir l'engourdissement des riches allures de son esprit, et l'esblouïssement de sa clarté accoustumee. Quelles metamorphoses luy veois ie faire touts les iours en plusieurs de mes cognoissants! C'est une puissante maladie, et qui se coule naturellement et imperceptiblement : il y fault grande provision d'estude, et grande precaution, pour eviter les imperfections qu'elle nous charge, ou au moins affoiblir leur progrez. Ie sens que, nonobstant touts mes retrenchements, elle gaigne pied à pied sur moy : ie soubtiens tant que ie puis, mais ie ne sçais enfin où elle me menera moy mesme. A toutes adventures, ie suis content qu'on sache d'où ie seray tumbé.

Chapitre III. — De trois commerces.

Il ne fault pas se clouer si fort à ses humeurs et complexions : nostre principale suffisance, c'est sçavoir s'appliquer à divers usages. C'est estre, mais ce n'est pas vivre, que se tenir attaché et obligé par necessité à un seul train. les plus belles ames sont celles qui ont le plus de varieté et de souplesse. Voylà un honorable tesmoignage du vieux Caton : *Huic versatile ingenium sic pariter ad omnia fuit, ut natum ad id unum diceres, quodcumque ageret.* Si c'estoit à moy à me dresser à ma mode, il n'est aulcune si bonne façon où ie voulusse estre fiché, pour ne m'en sçavoir desprendre : la vie est un mouvement inegual, irregulier, et multiforme. Ce n'est pas estre amy de soy, et moins encores maistre, c'est en estre esclave, de se suyvre incessamment, et estre si prins à ses inclinations, qu'on n'en puisse fourvoyer, qu'on ne les puisse tordre. Ie le dis à cette heure, pour ne me pouvoir facilement despestrer de l'importunité de mon ame, en ce qu'elle ne sçait communement s'amuser, sinon où elle s'empesche, ny s'employer, que bandee et entiere ; pour legier subiect qu'on luy donne, elle le grossit volontiers, et l'estire, iusques au poinct où elle ayt à s'y embesongner de toute sa force : son oysifveté m'est, à cette cause, une penible occupation, et qui offense ma santé. La plus part des esprits ont besoing de matiere estrangiere pour se desgourdir et exercer : le mien en a besoing pour se rasseoir plustost et seiourner, *vitia otii negotio discutienda sunt ;* car son plus laborieux et principal estude, c'est s'estudier soy. Les livres sont, pour luy, du genre des occupations qui le desbauchent de son estude : aux premieres pensees qui luy viennent, il s'agite et faict preuve de sa vigueur à touts sens, exerce son maniement, tantost vers la force, tantost vers l'ordre et la grace, se renge, modere, et fortifie. Il a dequoy esveiller ses facultez par luy mesme ; nature luy a donné, comme à touts, assez de matiere sienne pour son utilité, et des subiects propres assez, où inventer et iuger.

Le mediter est un puissant estude et plein, à qui sçait se taster et employer vigoureusement : i'aime mieulx forger mon ame, que la meubler. Il n'est point d'occupation ny plus foible, ny plus forte, que celle d'entretenir ses pensees, selon l'ame que c'est ; les plus grandes en font leur vacation, *quibus vivere est cogitare :* aussi l'a nature favorisee de ce privilege, qu'il n'y a rien que nous puissions faire si longtemps, ny action à laquelle nous nous adonnions plus ordinairement et facilement. C'est la besongne des dieux, dict Aristote, de laquelle naist et leur beatitude et la nostre.

La lecture me sert specialement à esveiller par divers obiects mon discours; à embesongner mon iugement, non ma memoire. Peu d'entretiens doncques m'arrestent, sans vigueur et sans effort : il est vray que la gentillesse et la beauté me remplissent et occupent autant, ou plus, que le poids et la profondeur; et, d'autant que ie sommeille en toute aultre communication, et que ie n'y preste que l'escorce de mon attention, il m'advient souvent, en telle sorte de propos abattus et lasches, propos de contenance, de dire et respondre des songes et bestises, indignes d'un enfant et ridicules; ou de me tenir obstiné en silence, plus ineptement encores et incivilement. I'ay une façon resveuse qui me retire à moy, et, d'aultre part, une lourde ignorance et puerile de plusieurs choses communes : par ces deux qualitez, i'ay gagné qu'on puisse faire, au vray, cinq ou six contes de moy, aussi niais que d'aultre, quel qu'il soit.

Or, suyvant mon propos, cette complexion difficile me rend delicat à la practique des hommes, il me les fault trier sur le volet; et me rend incommode aux actions communes. Nous vivons et negocions avecques le peuple : si sa conversation nous importune, si nous desdaignons à nous appliquer aux ames basses et vulgaires (et les basses et vulgaires sont souvent aussi reglees que les plus deslices, et toute sapience est insipide qui ne s'accommode à l'insipience commune), il ne nous fault plus entremettre ny de nos propres affaires, ny de ceulx d'aultruy; et les publicques, et les privez se desmeslent avecques ces gents là. Les moins tendues et plus naturelles allures de nostre ame sont les plus belles; les meilleures occupations, les moins efforcees. Mon Dieu, que la sagesse faict un bon office à ceulx de qui elle renge les desirs à leur puissance! il n'est point de plus utile science : « Selon qu'on peult, » c'estoit le refrain et le mot favory de Socrates; mot de grande substance. Il fault addresser et arrester nos desirs aux choses les plus aysees et voysines. Ne m'est ce pas une sotte humeur, de disconvenir avecques un millier à qui ma fortune me ioinct, de qui ie ne me puis passer; pour me tenir à un ou deux qui sont hors de mon commerce, ou plustost à un desir fantastique de chose que ie ne puis recouvrer? Mes mœurs molles, ennemies de toute aigreur et aspreté, peuvent ayseement m'avoir deschargé d'envies et d'inimitiez; d'estre aimé, ie ne dis, mais de n'estre point haï, iamais homme n'en donna plus d'occasion; mais la froideur de ma conversation m'a desrobbé, avecques raison, la bienvueillance de plusieurs, qui sont excusables de l'interpreter à aultre et pire sens.

Ie suis trescapable d'acquerir et maintenir des amitiez rares et exquises; d'autant que ie me harpe avecques si grande faim aux accointances qui reviennent à mon goust, ie m'y produis, ie m'y iecte si avidement, que ie ne faulx pas ayseement de m'y attacher, et de faire impression où ie donne : i'en ay faict souvent heureuse preuve. Aux amitiez communes, ie suis aulcunement sterile et froid; car mon aller n'est pas naturel, s'il n'est à pleine voile : oultre ce, que ma fortune, m'ayant duict et affriandé de ieunesse à une amitié seule et parfaicte, m'a à la verité aulcunement desgouté des aultres, et trop imprimé en la fantasie qu'elle est beste de compaignie, non pas de troupe, comme disoit cet ancien; aussi, que i'ay naturellement peine à me communiquer à demy, et avecques modification, et cette servile prudence et souspeçonneuse qu'on nous ordonne en la conversation de ces amitiez nombreuses et imparfaictes : et nous l'ordonne lon principalement en ce temps, qu'il ne se peult parler du monde que dangereusement ou faulsement.

Si veois ie bien que qui a, comme moy, pour sa fin les commoditez de sa vie (ie dis les commoditez essentielles), doibt fuyr, comme la peste, ces difficultez et delicatesses d'humeur. Ie louerois une ame à divers estages, qui sçache et se tendre et se desmonter; qui soit bien partout où sa fortune la porte, qui puisse deviser avec son voisin de son bastiment, de sa chasse et de sa querelle, entretenir avecques plaisir un charpentier et un iardinier. I'envie ceulx qui sçavent s'apprivoiser au moindre de leur suitte, et dresser de l'entretien en leur propre train : et le conseil de Platon ne me plaist pas, de parler tousiours d'un langage maestral à ses serviteurs, sans ieu, sans familiarité, soit envers les masles, soit envers les femmes; car, oultre ma raison, il est inhumain et iniuste de faire tant valoir cette telle quelle prerogative de la forlune; et les polices où il se souffre moins de disparité entre les valets et les maistres me semblent les plus equitables. Les aultres s'estudient à eslancer et guinder leur esprit; moy, à le baisser et coucher : il n'est vicieux qu'en extension.

Narras, et genus Æaci,
Et pugnata sacro bella sub Ilio :
Quo Chium pretio cadum
Mercemur, quis aquam temperet ignibus,
Quo præbente domum, et quota,
Pelignis caream frigoribus, taces.

Ainsi, comme la vaillance lacedemonienne avoit besoing de moderation, et du son doulx et gracieux du ieu des fleutes, pour la flatter en la guerre, de peur qu'elle ne se iectast à la temerité et à la furie, là où toutes aultres nations ordinairement employent des sons et des voix aigues et fortes, qui esmeuvent et qui eschauffent à oultrance le courage des soldats : il me semble de mesme, contre la forme ordinaire, qu'en l'usage de nostre esprit, nous avons, pour la pluspart, plus besoing de plomb que d'ailes; de froideur et de repos, que d'ardeur et d'agitation. Sur tout, c'est à mon gré bien faire le sot, que de faire l'entendu entre ceulx qui ne le sont pas: parler tousiours bandé, *favellar in punta di forchetta*. Il fault se desmettre au train de ceulx avecques qui vous estes, et par fois affecter l'ignorance : mettez à part la force et la subtilité, en l'usage commun : c'est assez d'y reserver l'ordre : traisnez vous au demourant à terre, s'ils veulent.

Les sçavants chopent volontiers à cette pierre ; ils font tousiours parade de leur magistere, et sement leurs livres par tout; ils en ont en ce temps entonné si fort les cabinets et aureilles des dames, que si elles n'en ont retenu la substance, au moins elles en ont la mine : à toute sorte de propos et matiere, pour basse et populaire qu'elle soit, elles se servent d'une façon de parler et d'escrire nouvelle et sçavante,

Hoc sermone pavent, hoc iram, gaudia, curas,
Hoc cuncta effundunt animi secreta ; quid ultra ?
Concumbunt docte ;

et alleguent Platon et sainct Thomas, aux choses ausquelles le premier rencontré serviroit aussi bien de tesmoing : la doctrine qui ne leur a peu arriver en l'ame leur est demeuree en la langue. Si les bien nees me croient, elles se contenteront de faire valoir leurs propres et naturelles richesses : elles cachent et couvrent leurs beautez soubs des beautez estrangieres : c'est grande simplesse d'estouffer sa clarté, pour luire d'une lumiere empruntee; elles sont enterrees et ensepvelies soubs l'art, *de capsula totæ*. C'est qu'elles ne se cognoissent point assez : le monde n'a rien de plus beau; c'est à elles d'honorer les arts, et de farder le fard. Que leur fault il, que vivre aimees et honorees? elles n'ont et ne sçavent que trop pour cela : il ne fault qu'esveiller un peu et reschauffer les facultez qui sont en elles. Quand ie les veois attachees à la rhetorique, à la iudiciaire, à la logique, et semblables drogueries si vaines, et inutiles à leur besoing, i'entre en crainte que les hommes qui le leur conseillent le facent pour avoir loy de les regenter soubs ce titre : car quelle aultre excuse leur trouverois ie? Baste qu'elles peuvent, sans nous, renger la grace de leurs yeulx à la gayeté, à la severité et à la doulceur, assaisonner un nenny de rudesse, de doubte et de faveur, et qu'elles ne cherchent point d'interprete aux discours qu'on faict pour leur service : avecques cette science, elles commandent à baguette, et regentent les regents et l'eschole. Si toutesfois il leur fasche de nous ceder en quoy que ce soit, et veulent par curiosité avoir part aux livres, la poësie est un amusement propre à leur besoing : c'est un art folastre et subtil, desguisé, parlier, tout en plaisir, tout en montre, comme elles. Elles tireront aussi diverses commoditez de l'histoire. En la philosophie, de la part qui sert à la vie, elles prendront les discours qui les dressent à iuger de nos humeurs et conditions, à se deffendre de nos trahisons, à regler la temerité de leurs propres desirs, à mesnager leur liberté, allonger les plaisirs de la vie, et à porter humainement l'inconstance d'un serviteur, la rudesse d'un mary, et l'importunité des ans et des rides, et choses semblables. Voylà, pour le plus, la part que ie leur assignerois aux sciences.

Il y a des naturels particuliers, retirez et internes : ma forme essentielle est propre à la communication et à la production : ie suis tout au dehors et en evidence, nay à la société et à l'amitié. La solitude que i'aime et que ie presche, ce n'est principalement que ramener à moy mes affections et mes pensees; restreindre et resserrer non mes pas, ains mes desirs et mon soulcy, resignant la solicitude estrangiere, et fuyant mortellement la servitude et l'obligation, et non tant la foule des hommes, que la foule des affaires. La solitude locale, à dire verité, m'estend plustost, et m'eslargit au dehors ; ie me iecte aux affaires d'estat et à l'univers plus volontiers quand ie suis seul : au Louvre et en la presse, ie me resserre et contrains en ma peau ; la foule me repousse à moy; et ne m'entretiens iamais si follement, si licencieusement et particulierement, qu'aux lieux de respect et de prudence cerimonieuse : nos folies ne me font pas rire, ce sont nos sapiences. De ma complexion, ie ne suis pas ennemy de l'agitation des courts; i'y ay passé partie de la vie, et suis faict à me porter alaigrement aux grandes compagnies, pourveu que ce soit par intervalles et à mon poinct : mais cette mollesse de iugement, dequoy ie parle, m'attache par force à la solitude. Voire chez moy, au milieu d'une famille peuplee, et maison des plus frequentees, i'y veois des gents assez, mais rarement ceulx avecques qui i'aime à communiquer : et ie reserve là, et pour moy, et pour les aultres, une liberté inusitee; il s'y faict trefve de cerimonie, d'assistance et convoyements, et telles aultres ordonnances penibles de nostre courtoisie : oh! la servile et importune usance! Chascun s'y gouverne à sa mode, et entretient qui veult ses pensees : ie m'y tiens muet, resveur et enfermé, sans offense de mes hostes.

Les hommes de la societé et familiarité desquels ie suis en queste, sont ceux qu'on appelle honnestes et habiles hommes : l'image de ceulx icy me desgouste des aultres. C'est à le bien prendre, de nos formes, la plus rare ; et forme qui se doibt principalement à la nature. La fin de ce commerce, c'est simplement la privauté, frequentation et conference, l'exercice des ames, sans aultre fruict. En nos propos, touts subiects me sont egaux; il ne me chault qu'il y art ny poids ny profondeur; la grace et la pertinence y sont tousiours; tout y est teinct d'un iugement meur et constant, et meslé de bonté, de franchise, de gayeté, et d'amitié. Ce n'est pas au subiect des substitutions seulement que nostre esprit montre sa beauté et sa force, et aux affaires des rois; il la montre autant aux confabulations privees : ie cognois mes gents au silence mesme et à leur soubrire, et les descouvre mieulx, à l'adventure, à table qu'au conseil : Hippomachus disoit bien qu'il cognoissoit les bons luicteurs, à les veoir simplement marcher par une rue. S'il plaist à la doctrine de se mesler à nos devis, elle n'en sera point refusee, non magistrale, imperieuse et importune, comme de coustume, mais suffragante et docile elle mesme ; nous n'y cherchons qu'à passer le temps : à l'heure d'estre instruicts et preschez, nous l'irons trouver en son throsne; qu'elle se desmette à nous pour ce coup, s'il luy plaist; car, toute et desirable qu'elle est, ie presuppose qu'encores au besoing nous en pourrions nous bien du tout passer, et faire nostre effect sans elle. Une ame bien nee, et exercee à la praticque des hommes, se rend pleinement agreable d'elle mesme : l'art n'est aultre chose que le contrerolle et le registre des productions de telles ames.

C'est aussi pour moy un doulx commerce, que celuy des belles et honnestes femmes : *nam nos quoque oculos eruditos habemus*. Si l'ame n'y a pas tant à iouïr qu'au premier, les sens corporels, qui participent aussi plus à cettuy cy, le ramenent à une proportion voisine de l'aultre; quoyque, selon moy, non pas egale. Mais c'est un commerce où il se fault tenir un peu sur ses gardes, et notamment ceulx en qui le corps peult beaucoup, comme en moy. Ie m'y eschaulday en mon enfance, et y souffris toutes les rages que les poëtes disent advenir à ceulx qui s'y laissent aller sans ordre et sans iugement; il est vray que ce coup de fouet m'a servy depuis d'instruction ;

Quicumque Argolica de classe Capharea fugit,
Semper ab Euboicis vela retorquet aquis.

C'est folie d'y attacher toutes ses pensees, et s'y engager d'une affection furieuse et indiscrette. Mais d'aultre part s'y mesler sans amour et sans obligation de volonté, en forme de comediens, pour iouer un roole commun de l'aage et de la coustume, et n'y mettre du sien que les paroles, c'est, de vray, pourveoir à sa seureté, mais bien laschement, comme celuy qui abandonneroit son honneur, ou son proufit, ou son plaisir, de peur du dangier; car il est certain que, d'une telle practique, ceulx qui la dressent n'en peuvent esperer aulcun fruict qui touche et satisface une belle ame : il fault avoir, en bon escien desiré ce qu'on veult prendre, en bon escient, plaisir de iouïr; ie dis quand iniustement fortune favoriseroit leur masque; ce qui advient souvent, à cause de ce qu'il n'y a aulcune d'elles, pour malotrue qu'elle soit, qui ne pense estre bien aimable, qui ne se recommende par son aage, ou par son poil, ou par son mouvement (car de laides universellement il n'en est non plus que de belles : et les filles brachmanes qui ont faulte d'aultre recommendation, le peuple assemblé à cri publicque pour cet effect, vont en la place, faisant montre de leurs parties matrimoniales, veoir si par là au moins elles ne valent pas d'acquerir un mary) : par consequent il n'en est pas une qui ne se laisse facilement persuader au premier serment qu'on faict de la servir. Or, de cette trahison commune et ordinaire des hommes d'auiourd'hui, il fault qu'il advienne ce que desia nous montre l'experience; c'est qu'elles se rallient et reiectent à elles mesmes, ou entre elles, pour nous fuyr; ou bien qu'elles se rengent aussi de leur costé à cet exemple que nous leur donnons, qu'elles iouent leur part de la farce, et se prestent à cette negociation sans passion, sans soing et sans amour, *neque affectui suo, aut alieno, obnoxiæ;* estimants, suyvant la persuasion de Lysias en Platon, qu'elles se peuvent addonner plus utilement et commodement à nous, d'autant que moins nous les aimons : il en ira comme des comedies, le peuple y aura autant ou plus de plaisir que les comediens.

De moy, ie ne cognois non plus Venus sans Cupidon, qu'une maternité sans engeance : ce sont choses qui s'entreprestent et s'entredoibvent leur essence. Ainsi cette piperie reiaillit sur celuy qui la faict : il ne luy couste guerres; mais il n'acquiert aussi rien qui vaille. Ceulx qui ont faict Venus deesse ont regardé que sa principale beauté estoit incorporelle et spirituelle : mais celle que ces gents cy cherchent n'est pas seulement humaine, ny mesme brutale. Les bestes ne la veulent si lourde et si terrestre : nous veoyons que l'imagination et le desir les eschauffe souvent et solicite, avant le corps; nous veoyons en l'un et l'aultre sexe, qu'en la presse elles ont du chois et du triage en leurs affections, et qu'elles ont entre elles des accointances de longue bienvueillance; celles mesme à qui la vieillesse refuse la force corporelle, fremissent encores, hennissent et tressaillent d'amour; nous les veoyons, avant le faict, pleines d'esperance et d'ardeur, et, quand le corps a ioué son ieu, se chatouiller encores de la doulceur de cette souvenance, et en veoyons qui s'enflent de fierté au partir de là, et qui en produisent des chants de feste et de triumphe, lasses et saoules. Qui n'a qu'à descharger le corps d'une necesité naturelle, n'a que faire d'y embesongner aultruy avecques des appresls si curieux; ce n'est pas viande à une grosse et lourde faim.

Comme celuy qui ne demande point qu'on me tienne pour meilleur que ie suis, ie diray cecy des erreurs de ma ieunesse. Non seulement pour le dangier qu'il y a de la santé (si n'ay ie sceu si bien faire que ie n'en aye eu deux attaínctes, legieres toutesfois et preambulaires), mais encores par mespris, ie ne me suis gueres addonné aux accointances venales et publicques; i'ay voulu aiguiser ce plaisir par la difficulté, par le desir, et par quelque gloire; et aimois la façon de l'empereur Tibere, qui se prenoit en ses amours autant par la modestie et noblesse, que par aultre qualité; et l'humeur de la courtisane Flora, qui ne se prestoit à moins que d'un dictateur, ou consul, ou censeur, et prenoit son deduict en la dignité de ses amoureux. Certes, les perles et le brocadel y conferent quelque chose, et les tiltres, et le train.

Au demourant, ie faisois grand compte de l'esprit, mais pourveu que le corps n'en feust pas à dire; car, à respondre en conscience, si l'une ou l'aultre des deux beautez debvoit necessairement y faillir, i'eusse choisi de quitter plustost la spirituelle : elle a son usage en meilleures choses; mais au subiect de l'amour, subiect qui principalement se rapporte à la veue et à l'attouchement, on faict quelque chose sans les graces de l'esprit, rien sans les graces corporelles. C'est le vray advantage des dames, que la beauté; elle est si leur, que la nostre, quoyqu'elle desire des traits un peu aultres, n'est en son poinct que confuse avecques la leur, puerile et imberbe : on dict que chez le Grand Seigneur, ceulx qui le servent soubs tiltre de beauté, qui sont en nombre infiny, ont leur congé, au plus loing, à vingt et deux ans. Les discours, la prudence et les offices d'amitié se treuvent mieulx chez les hommes : pourtant gouvernent ils les affaires du monde.

Ces deux commerces sont fortuites et despendants d'aultruy ; l'un est ennuyeux par sa rareté, l'aultre se flestrit avec l'aage : ainsin ils n'eussent pas assez prouveu au besoing de ma vie. Celuy des livres, qui est le troisiesme, est bien plus seur et plus à nous : il cede aux premiers les aultres advantages ; mais il a pour sa part la constance et facilité de son service. Cettuy cy costoye tout mon cours, et m'assiste par tout ; il me console en la vieillesse et en la solitude ; il me descharge du poids d'une oysifveté ennuyeuse, et me desfaict à toute heure des compaignies qui me faschent ; il esmouse les poinctures de la douleur, si elle n'est du tout extreme et maistresse. Pour me distraire d'une imagination importune, il n'est que de recourir aux livres ; ils me destournent facilement à eulx, et me la desrobbent : et si ne se mutinent point, pour veoir que ie ne les recherche qu'au default de ces aultres commoditez, plus reelles, vifves et naturelles ; ils me receoivent tousiours de mesme visage. Il a bel aller à pied, dict on, qui mene son cheval par la bride ; et nostre Iacques, roy de Naples et de Sicile, qui beau, ieune et sain, se faisoit porter par païs en civiere, couché sur un meschant oreiller de plume, vestu d'une robbe de drap gris et un bonnet de mesme, suyvi cependant d'une grande pompe royale, lictieres, chevaulx à main de toutes sortes, gentilshommes et officiers, representoit une austerité tendre encores et chancelante : le malade n'est pas à plaindre, qui a la guarison en sa manche. En l'experience et usage de cette sentence, qui est tres veritable, consiste tout le fruict que ie tire des livres : ie ne m'en sers en effect, quasi non plus que ceulx qui ne les cognoissent point ; i'en iouïs, comme les avaricieux des tresors, pour sçavoir que i'en iouïray quand il me plaira : mon ame se rassasie et contente de ce droict de possession. Ie ne voyage sans livres, ny en paix, ny en guerre : toutesfois il se passera plusieurs iours, et des mois, sans que ie les employe ; ce sera tantost, dis ie, ou demain, ou quand il me plaira : le temps court et s'en va cependant, sans me blecer : car il ne se peult dire combien ie me repose et seiourne en cette consideration, qu'ils sont à mon costé pour me donner du plaisir à mon heure ; et à recognoistre combien ils portent de secours à ma vie. C'est la meilleure munition que i'aye trouvé à cet humain voyage ; et plaindz extrememement les hommes d'entendement qui l'ont à dire. I'accepte plustost toute aultre sorte d'amusement, pour legier qu'il soit, d'autant que cettuy cy ne me peult faillir.

Chez moy, ie me destourne un peu plus souvent à ma librairie, d'où, tout d'une main, ie commande à mon mesnage. Ie suis sur l'entree, et veois soubs moy mon iardin, ma bassecourt, ma court, et dans la pluspart des membres de ma maison. Là ie feuillette à cette heure un livre, à cette heure un aultre, sans ordre et sans desseing, à pieces descousues. Tantost ie resve ; tantost i'enregistre et dicte, en me promenant, mes songes que voicy. Elle est au troisieme estage d'une tour : le premier, c'est ma chapelle ; le second, une chambre et sa suitte, où ie me couche souvent, pour estre seul ; au dessus, elle a une grande garderobbe : c'estoit, au temps passé, le lieu plus inutile de ma maison. Ie passe là et la plus part des iours de ma vie, et la plus part des heures du iour : ie n'y suis iamais la nuict. A sa suitte est un cabinet assez poly, capable à recevoir du feu pour l'hyver, tresplaisamment percé : et si ie ne craignois non plus le soing que la despense, le soing qui me chasse de toute besongne, i'y pourrois facilement couldre à chasque costé une gallerie de cent pas de long et douze de large, à plain pied, ayant trouvé touts les murs montez, pour aultre usage, à la haulteur qu'il me fault. Tout lieu retiré requiert un promenoir ; mes pensees dorment, si ie les assis ; mon esprit ne va pas seul, comme si les iambes l'agitent : ceulx qui estudient sans livre en sont touts là. La figure en est ronde, et n'a de plat que ce qu'il faut à ma table et mon siege ; et vient m'offrant, en se courbant, d'une veue, touts mes livres, rengez sur des pulpitres à cinq degrez tout à l'environ. Elle a trois veues de riche et libre prospect, et seize pas de vuide en diametre. En hyver, i'y suis moins continuellement ; car ma maison est iuchee sur un tertre, comme dict son nom, et n'a point de piece plus esventee que cette cy, qui me plaist d'estre un peu penible et à l'escart, tant pour le fruict de l'exercice, que pour reculer de moy la presse. C'est là mon siege : i'essaye à m'en rendre la domination pure, et à soustraire ce seul coing à la communauté et coniugale, et filiale, et civile; par tout ailleurs ie n'ay qu'une auctorité verbale, en essence, confuse. Miserable à mon gré, qui n'a chez soy, où estre à soy; où se faire particulierement la court; où se cacher! L'ambition paye bien ses gents, de les tenir tousiours en montre, comme la statue d'un marché : *magna servitus est magna fortuna :* ils n'ont pas seulement leur retraict pour retraicte. Ie n'ay rien iugé de si rude en l'austerité de vie que nos religieux affectent, que ce que ie veois, en quelqu'une de leurs compaignies, avoir pour regle une perpetuelle societé de lieu, et assistance nombreuse entre eulx, en quelque action que ce soit; et treuve aulcunement plus supportable d'estre tousiours seul, que ne le pouvoir iamais estre.

Si quelqu'un me dict que c'est avilir les Muses, de s'en servir seulement de iouet et de passetemps; il ne sçait pas, comme moy, combien vault le plaisir, le ieu, et le passetemps : à peine que ie ne die toute aultre fin estre ridicule. Ie vis du iour à la iournee, et, parlant en reverence, ne vis que pour moy : mes desseings se terminent là. l'estudiay ieune pour l'ostentation; depuis, un peu pour m'assagir; à cette heure pour m'esbattre : iamais pour le quest. Une humeur vaine et despensiere que i'avois aprez cette sorte de meuble, non pour en prouveoir seulement mon besoing, mais, de trois pas au delà, pour m'en tapisser et parer, ie l'ay pieça abandonnee.

Les livres ont beaucoup de qualitez agreables à ceulx qui les sçavent choisir, mais, aulcun bien sans peine; c'est un plaisir qui n'est pas net et pur, non plus que les aultres; il a ses incommoditez, et bien poisantes : l'ame s'y exerce; mais le corps, duquel ie n'ay non plus oublié le soing, demeure ce pendant sans action, s'atterre, et s'attriste. Ie ne sçache excez plus dommageable pour moy, ny plus à eviter, en cette declinaison d'aage.

Voylà mes trois occupations favories et particulieres : ie ne parle point de celles que ie doibs au monde par obligation civile.

Chapitre iv. — De la diversion.

I'ay aultresfois esté employé à consoler une dame vrayement affligee; la plus part de leurs deuils sont artificiels et cerimonieux,

> Uberibus semper lacrymis, semperque paratis
> In statione sua, atque exspectantibus illum,
> Quo iubeat manare modo.

On y procede mal, quand on s'oppose à cette passion; car l'opposition les picque, et les engage plus avant à la tristesse : on exaspere le mal par la ialousie du debat. Nous veoyons, des propos communs, que ce que i'auray dict sans soing, si on vient à me le contester, ie m'en formalise, ie l'espouse, beaucoup plus ce a quoy i'aurois interest. Et puis, en ce faisant, vous vous presentez à vostre operation, d'une entree rude; là où les premiers accueils du medecin envers son patient doibvent estre gracieux, gays, et agreables : et iamais medecin laid et rechigné n'y feit œuvre. Au contraire doncques, il fault ayder, d'arrivee, et favoriser leur plaincte, et en tesmoigner quelque approbation et excuse. Par cette intelligence, vous gaignez credit à passer oultre, et, d'une facile et insensible inclination, vous vous coulez aux discours plus fermes et propres à leur guarison. Moy, qui ne desirois principalement que de piper l'assistance qui avoit les yeulx sur moy, m'advisay de plastrer le mal; aussi me trouve ie, par experience, avoir mauvaise main et infructueuse à persuader : ou ie presente mes raisons trop poinctues et trop seiches, ou trop brusquement, ou trop nonchalamment. Aprez que ie me feus appliqué un temps à son torment, ie n'essayay pas de la guarir par fortes et vifves raisons, parce que i'en ay faulte, ou que ie pensois aultrement faire mieulx mon effect; ny n'allay choisissant les diverses manieres que la philosophie prescript à consoler; Que ce qu'on plainct n'est pas mal, comme Cleanthes; que c'est un legier mal, comme les peripateticiens; Que se plaindre n'est action ny iuste ny louable, comme Chrysippus; ny cette cy d'Epicurus, plus voisine à mon style, de transferer la pensee des choses fascheuses aux plaisantes; Ny faire une charge de tout cet amas, le dispensant par occasion, comme Cicero : mais, declinant tout mollement nos propos, et les gauchissant peu à peu aux subiects plus voysins, et puis un peu plus esloingnez, selon qu'elle se prestoit plus à moy, ie luy desrobbay imperceptiblement cette pensee douloureuse, et la teins en bonne contenance, et du tout r'apaisee, autant que i'y feus. I'usay de diversion. Ceulx qui me suyvirent à ce mesme service n'y trouverent aucun amendement; car ie n'avois pas porté la coignee aux racines.

A l'adventure ay ie touché ailleurs quelque espece de diversions publiques · et l'usage des militaires, dequoy se servait Pericles en la guerre peloponnesiaque, et mille aultres ailleurs, pour revoquer de leur païs les forces contraires, est trop frequent aux histoires. Ce feut un ingenieux destour, dequoy le sieur d'Himbercourt sauva et soy et d'aultres, en la ville du Liege, où le duc de Bourgoigne, qui la tenoit assiegee, l'avoit faict entrer pour executer les convenances de leur reddition accordee. Ce peuple, assemblé de nuict pour y prouveoir, commence à se mutiner contre ces accords passez; et delibererent plusieurs de courre sus aux negociateurs qu'ils tenoient en leur puissance : luy, sentant le vent de la premiere ondee de ces gents qui venoient se ruer en son logis, lascha soubdain vers eulx deux des habitants de la ville (car il y en avoit aulcuns avecques luy), chargez de plus doulces et nouvelles offres à proposer en leur conseil, qu'il avoit forgees sur le champ pour son besoing. Ces deux arresterent la premiere tempeste, ramenants cette tourbe esmeue en la maison de ville, pour ouïr leur charge, et y deliberer. La deliberation feut courte : voicy desbonder un second orage autant animé que l'aultre; et luy, à leur despescher en teste quatre nouveaux et semblables intercesseurs, protestants avoir à leur declarer à ce coup des presentations plus grasses, du tout à leur contentement et satisfaction, par où ce peuple feut derechef repoussé dans le conclave. Somme, que, par telle dispensation d'amusements, divertissant leur furie et la dissipant en vaines consultations, il l'endormit enfin, et gaigna le iour, qui estoit son principal affaire.

Cet aultre conte est aussi de ce predicament : Atalante, fille de beauté excellente et de merveilleuse disposition, pour se desfaire de la presse de mille poursuyvants qui la demandoient en mariage, leur donna cette loy, « qu'elle accepteroit celuy qui l'egualeroit à la course, pourveu que ceulx qui y fauldroient en perissent la vie. » Il s'en trouva assez qui estimerent ce prix digne d'un tel hazard, et qui encoururent la peine de ce cruel marché. Hippomenes, ayant à faire son essay aprez les aultres, s'adressa à la deesse tutrice de cette amoureuse ardeur, l'appellant à son secours; qui, exauceant sa priere, le fournit de trois pommes d'or, et de leur usage. Le champ de la course ouvert, à mesure qu'Hippomenes sent sa maistresse luy presser les talons, il laisse eschapper, comme par inadvertance, l'une de ces pommes; la fille, amusee de sa beauté, ne fault point de se destourner pour l'amasser :

> Obstupuit virgo, nitidique cupidine pomi
> Declinat cursus, aurumque volubile tollit.

Autant en feit il, à son poinct, et de la seconde et de la tierce : iusques à ce que, par ce fourvoyement et divertissement, l'advantage de la course luy demeura. Quand les medecins ne peuvent purger le catarrhe, ils le divertissent et desvoyent à une aultre partie moins dangereuse : ie m'apperçois que c'est aussi la plus ordinaire recepte aux maladies de l'ame; *abducendus etiam nonnunquam animus est ad alia studia, sollicitudines, curas, negotia; loci denique mutatione, tanquam ægroti non convalescentes, sæpe curandus est;* on lui faict peu chocquer les maulx de droict fil; on ne luy en faict ny soustenir ny rabattre l'attaincte, on la luy fait decliner et gauchir.

Cette aultre leçon est trop haulte et trop difficile : c'est à faire à ceulx de la premiere classe de s'arrester purement à la chose, la considerer, la iuger : il appartient à un seul Socrates d'accointer la mort d'un visage ordinaire, s'en apprivoiser et s'en iouer; il ne cherche point la consolation hors de la chose; le mourir luy semble accident naturel et indifferent; il fiche là iustement sa veue, et s'y resoult, sans regarder ailleurs. Les disciples de Hegesias, qui se font mourir de faim, eschauffez des beaux discours de ses leçons, et si dru, que le roy Ptolemee luy feit deffendre de plus entretenir son eschole de ces homicides discours; ceulx là ne considerent point la mort en soy; ils ne la iugent point : ce n'est pas là où ils arrestent leur pensee; ils courent, ils visent à un estre nouveau.

Ces pauvres gents qu'on veoid, sur l'eschaffaud, remplis d'une ardente devotion, y occupants touts leurs sens autant qu'ils peuvent, les aureilles aux instructions qu'on leur donne, les yeulx et les mains tendues au ciel, la voix à des prieres haultes, avecques une esmotion aspre et continuelle, font, certes chose louable et convenable à une telle necessité : on les doibt louer de religion, mais non proprement de constance; ils fuyent la luicte, ils destournent de la mort leur consideration, comme on amuse les enfants pendant qu'on leur

..... A ces horribles apprests de la mort qui sont autour d'eulx.....

veult donner le coup de lancette. J'en ay veu, si par fois leur veue se ravaloit à ces horribles apprests de la mort qui sont autour d'eulx, s'en transir, et reiecter aveecques furie ailleurs leur pensee : à ceulx qui passent une profondeur effroyable, on ordonne de clorre ou destourner leurs yeulx.

Subrius Flavius, ayant, par le commandement de Neron, à estre desfaict, et par les mains de Niger, touts deux chefs de guerre : quand on le mena au champ où l'execution debvoit estre faicte, veoyant le trou, que Niger avoit faict caver pour le mettre, inegual et mal formé : « Ny cela mesme, dict il, se tournant aux soldats qui y assistoient, n'est selon la discipline militaire : » et, à Niger qui l'exhortoit de tenir la teste ferme, « Frapasses tu seulement aussi ferme ! » et devina bien ; car, le bras tremblant à Niger, il la luy coupa à divers coups. Cettuy cy semble avoir eu sa pensee droictement et fixement au subiect.

Celuy qui meurt en la meslee, les armes à la main, il n'estudie pas lors la mort, il ne la sent, ny ne la considere ; l'ardeur du combat l'emporte. Un honneste homme de ma cognoissance estant tumbé, comme il se battoit en estacade, et se sentant daguer à terre par son ennemy de neuf ou dix coups, chascun des assistants luy crioit qu'il pensast à sa conscience ; mais il me dict depuis, qu'encores que ces voix luy veinssent aux aureilles, elles ne l'avoient aulcunement touché, et qu'il ne pensa iamais qu'à se descharger et à se venger : il tua son homme en ce mesme combat. Beaucoup feit pour L. Silanus, celuy qui luy apporta sa condamnation, de ce qu'ayant ouï sa response, « qu'il estoit bien preparé à mourir, mais non pas de mains sceleretes, » il se rua sur luy avecques ses soldats pour le forcer ; et comme luy, tout desarmé, se deffendoit obstineement de poings et de pieds, il le feit mourir en ce desbat, dissipant en prompte cholere et tumultuaire le sentiment penible d'une mort longue et preparee à quoy il estoit destiné.

Nous pensons tousiours ailleurs : l'esperance d'une meilleure vie nous arreste et appuye ; ou l'esperance de la valeur de nos enfants ; ou la gloire future de nostre nom ; ou la fuyte des maulx de cette vie ; ou la vengeance qui menace ceulx qui nous causent la mort :

    Spero equidem mediis, si quid pia numina possunt,
    Supplicia hausurum scopulis, et nomine Dido
    Sæpe vocaturum...
    Audiam ; et hæc manes veniet mihi fama sub imos.

Xenophon sacrifioit, couronné, quand on luy veint annoncer la mort de son fils Gryllus en la battaille de Mantinee : au premier sentiment de cette nouvelle, il iecta sa couronne à terre ; mais, par la suitte du propos, entendant la forme d'une mort tresvaleureuse, il l'amassa, et remeit sur sa teste : Epicurus mesme se console, sur sa fin, sur l'eternité et l'utilité de ses escripts ; omnes clari et nobilitati labores fiunt tolerabiles : et la mesme playe, le mesme travail, ne poise pas, dict Xenophon, à un general d'armee comme à un soldat : Epaminondas print sa mort bien plus alaigrement, ayant esté informé que la victoire estoit demeuree de son costé : hæc sunt solatia, hæc fomenta summorum dolorum : et telles aultres circonstances nous amusent, divertissent et destournent de la consideration de la chose en soy. Voire, les arguments de la philosophie vont à touts coups costoyant et gauchissant la matiere, et à peine essuyant sa crouste : le premier homme de la premiere eschole philosophique et surintendante des aultres, ce grand Zenon, contre la mort : « Nul mal n'est honnorable ; la mort l'est ; elle n'est pas doncques mal : » contre l'yvrongnerie : « Nul ne fie son secret à l'yvrongne : chascun le fie au sage ; le sage ne sera doncques pas yvrongne. » Cela est ce donner au blanc ? I'ayme à veoir ces ames principales ne se pouvoir desprendre de nostre consorce ; tant parfaicts hommes qu'ils soyent, ce sont tousiours bien lourdement des hommes.

C'est une doulce passion que la vengeance, de grande impression et naturelle : ie le veois bien, encores que ie n'en aye aulcune experience. Pour en distraire dernierement un ieune prince, ie ne luy allois pas disant qu'il falloit prester la ioue à celuy qui vous avoit frappé l'aultre, pour le debvoir de charité ; ny ne luy allois representer les tragiques evenements que la poësie attribue à cette passion : ie la laissay là ; et m'amusay à luy faire gouster la beauté d'une image contraire, l'honneur, la faveur, la bienvueillance qu'il acquerroit par clemence et bonté : ie le destournay à l'ambition. Voylà comme l'on en faict.

Si vostre affection en l'amour est trop puissante, dissipez la, disent ils ; et disent vray, car ie l'ay souvent essayé avec utilité : rompez la à divers desirs, desquels il y en ayt un regent et un maistre, si voulez ; mais, de peur qu'il ne vous gourmande et tyrannise, affoiblissez le, seiournez le, en le divisant et divertissant :

> Quum morosa vago singultiet inguine vena,
> Coniicito humorem collectum in corpora quæque ·

et pourvoyez y de bonne heure, de peur que vous n'en soyez en peine, s'il vous a une fois saisi ;

> Si non prima novis conturbes vulnera plagis,
> Volgivagaque vagus venere ante recentis cures.

Ie feus aultrefois touché d'un puissant desplaisir, selon ma complexion ; et encores plus iuste que puissant : ie m'y feusse perdu à l'adventure, si ie m'en feusse simplement fié à mes forces. Ayant besoing d'une vehemente diversion pour m'en distraire, ie me feis par art amoureux, et par estude ; à quoy l'aage m'aydoit : l'amour me soulagea et retira du mal qui m'estoit causé par l'amitié. Par tout ailleurs, de mesme : une aigre imagination me tient ; ie treuve plus court, que de la dompter, la changer ; ie luy en substitue, si ie ne puis une contraire, au moins un' aultre : tousiours la variation soulage, dissoult, et dissipe. Si ie ne puis la combattre, ie luy eschappe ; et, en la fuyant, ie fourvoye, ie ruse : muant de lieu, d'occupation, de compaignie, ie me sauve dans la presse d'aultres amusements et pensees, où elle perd ma trace et m'esgare.

Nature procede ainsi, par le benefice de l'inconstance ; car le temps, qu'elle nous a donné pour souverain medecin de nos passions, gaigne son effect principalement par là, que fournissant aultres et aultres affaires à nostre imagination, il desmesle et corrompt cette premiere apprehension, pour forte qu'elle soit. Un sage ne veoid guere moins son amy mourant, au bout de vingt et cinq ans, qu'au premier an ; et, suyvant Epicurus, de rien moins ; car il n'attribuoit aulcun leniment des fascheries, ny à la prevoyance, ny à l'antiquité d'icelles : mais tant d'aultres cogitations traversent cette cy, qu'elle s'alanguit et se lasse enfin.

Pour destourner l'inclination des bruits communs, Alcibiades coupa les aureilles et la queue à son beau chien, et le chassa en la place ; afin que donnant ce subiect pour babiller au peuple, il laissast en paix ses aultres actions. I'ai veu aussi, pour cet effect, de divertir les opinions et coniectures du peuple et desvoyer les parleurs, des femmes couvrir leurs vrayes affections par des affections contrefaictes : mais i'en ay veu telle, qui, en se contrefaisant, s'est laissee prendre à bon escient, et a quitté la vraye et originelle affection pour la feincte ; et apprins par elle que ceulx qui se treuvent bien logez sont des sots de consentir à ce masque : les accueils et entretiens publicques estant reservez à ce serviteur aposté, croyez qu'il n'est guere habile s'il ne se met enfin à vostre place, et vous envoye à la sienne. Cela c'est proprement tailler et coudre un soulier, pour qu'un aultre le chausse.

Peu de chose nous divertit et destourne ; car peu de chose nous tient. Nous ne regardons gueres les suiects en gros et seuls ; ce sont des circonstances ou des images menues et superficielles qui nous frappent, et des vaines escorces qui reiaillissent des subiects,

> Folliculos ut nunc teretes æstate cicadæ
> Linquunt :

Plutarque mesme regrette sa fille par des singeries de son enfance : le souvenir d'un adieu, d'une action, d'une grace particuliere, d'une recommandation derniere, vous afflige : la robbe de Cesar troubla toute Rome, ce que sa mort n'avoit pas faict : le son mesme des noms, qui nous tintouine aux aureilles : « Mon pauvre maistre ! ou, Mon grand amy ! Helas ! mon cher pere ! ou, Ma bonne fille ! » Quand ces redictes me pincent, et que i'y regarde de prez, ie treuve que c'est une plaincte grammairienne et voyelle, le mot et le ton me blecent ; comme les exclamations des prescheurs esmeuvent leur auditoire souvent plus que ne font leurs raisons, et comme nous frappe la voix piteuse d'une beste qu'on tue pour nostre service ; sans que ie poise ou penetre cependant la vraye essence et massifve de mon subiect :

> His se stimulis dolor ipse lacessit :

ce sont les fondements de notre dueil.

L'opiniastreté de mes pierres, specialement en la verge, m'a par fois iecté en longues suppressions d'urine, de trois, de quatre iours, et si avant en la mort, que c'eust esté folie d'esperer l'eviter, voyre desirer; veu les cruels efforts que cet estat apporte. Oh! que ce bon empereur qui faisoit lier la verge à ses criminels, pour les faire mourir à faulte de pisser, estoit grand maistre en la science de bourrellerie! Me trouvant là, ie consideroîs par combien legieres causes et obiects l'imagination nourrissoit en moy le regret de la vie; de quels atomes se bastissoit en mon ame le poids et la difficulté de ce deslogement; a combien frivoles pensees nous donnions place en un si grand affaire : un chien, un cheval, un livre, un verre, et quoy non? tenoient en compte en ma perte ; aux aultres, leurs ambitieuses esperances, leur bourse, leur science, non moins sottement à mon gré. Ie veois nonchalamment la mort, quand ie la veois universellement, comme fin de la vie. Ie la gourmande en bloc : par le menu, elle me pille ; les larmes d'un laquays, la dispensation de ma desferre, l'attouchement d'une main cogneue, une consolation commune, me desconsole et m'attendrit. Ainsi nous troublent l'ame les plainctes des fables ; et les regrets de Didon et d'Ariadne passionnent ceulx mesmes qui ne les croyent point, en Virgile et en Catulle. C'est un exemple de nature obstinee et dure, n'en sentir aulcune esmotion, comme on recite, par miracle, de Polemon ; mais aussi ne paslit il pas seulement à la morsure d'un chien enragé qui luy emporta le gras de la iambe. Et nulle sagesse ne va si avant de concevoir la cause d'une tristesse si vifve et entiere par iugement, qu'elle ne souffre accession par la presence, quand les yeulx et les aureilles y ont leur part : parties qui ne peuvent estre agitees que par vains accidents.

Est ce raison que les arts mesmes se servent et facent leur proufit de nostre imbecillité et bestise naturelle? L'orateur, dict la rhetorique, en cette farce de son plaidoyer, s'esmouvera par le son de sa voix et par ses agitations feinctes, et se lairra piper à la passion qu'il represente ; il s'imprimera un vray dueil et essentiel, par le moyen de ce bastelage qu'il ioue, pour le transmettre aux iuges à qui il touche encores moins : comme font ces personnes qu'on loue aux mortuaires pour ayder à la cerimonie du dueil, qui vendent leurs larmes à poids et à mesure, et leur tristesse ; car encore qu'ils s'esbranlent en forme empruntee, toutesfois, en habituant et rengeant la contenance, il est certain qu'ils s'emportent souvent touts entiers, et receoivent en eulx une vraye melancholie. Ie feus, entre plusieurs aultres de ses amis, conduire à Soissons le corps de monsieur de Gramont, du siege de la Fere, où il feut tué ; ie consideray que par tout où nous passions, nous remplissions de lamentations et de pleurs le peuple que nous rencontrions, par la seule montre de l'appareil de nostre convoy ; car seulement le nom du trespassé n'y estoit pas cogneu. Quintilian dict avoir veu des comediens si fort engagez en un roole de dueil, qu'ils en pleuroient encores au logis ; et de soy mesme, qu'ayant prins à esmouvoir quelque passion en aultruy, il l'avoit espousee iusques à se trouver surprins, non seulement de larmes, mais d'une pasleur de visage et port d'homme vrayement accablé de douleur.

En une contree prez de nos montaignes, les femmes font le presbtre Martin ; car, comme elles agrandissent le regret du mary perdu, par la souvenance des bonnes et agreables conditions qu'il avoit, elles font tout d'un train aussi recueil, et publient ses imperfections ; comme pour entrer d'elles mesmes en quelque compensation, et se divertir de la pitié au desdaing : de bien meilleure grace encores que nous qui, à la porte du premier cogneu, nous picquons à luy prester des louanges nouvelles et faulses, et à le faire tout aultre quand nous l'avons perdu de veue, qu'il ne nous sembloit estre quand nous le veoyons ; comme si le regret estoit une partie instructive, ou que les larmes, en lavant nostre entendement, l'esclaircissent. Ie renonce dez à present aux favorables tesmoignages qu'on me vouldra donner, non parce que i'en seray digne, mais parce ie seray mort.

Qui demandera à celuy là, « Quel interest avez vous à ce siege? » « L'interest « de l'exemple, dira il, et de l'obeissance commune du prince : ie n'y pretends « proufit quelconque ; et de la gloire, ie sçais la petite part qui en peult tou- « cher un particulier comme moy : ie n'ay icy ny passion, ny querelle. » Voyez le pourtant, le lendemain, tout changé, tout bouillant et rougissant de cholere, en son reng de battaille pour l'assault : c'est la lueur de tant d'acier, et le feu et tintamarre de nos canons et de nos tambours qui luy ont iecté cette nouvelle rigueur et hayne dans les veines. Frivole cause! me direz vous. Comment cause? il n'en fault point pour agiter nostre ame; une resverie sans corps et sans suiect la regente et l'agite : que ie me iecte à faire des chasteaux en Espaigne, mon imagination m'y forge des commoditez et des plaisirs, desquels mon ame est reellement chatouillee et resiouïe. Combien de fois embrouillons nous nostre esprit de cholere ou de tristesse par telles umbres, et nous inserons en des passions fantastiques qui nous alterent et l'ame et le corps! Quelles grimaces estonnees, riardes, confuses, excite la resverie en nos visages! quelles saillies et agitations de membres et de voix! semble il pas de cet homme seul, qu'il aye des visions faulses d'une presse d'aultres hommes avecques qui il negocie, ou quelque daimon interne qui le persecute? Enquerez vous à vous où est l'obiect de cette mutation : est il rien, sauf nous, en nature, que l'inanité substante, sur quoy elle puisse? Cambyses, pour avoir songé, en dormant, que son frere debvoit devenir roy de Perse, le feit mourir; un frere qu'il aimoit, et duquel il s'estoit tousiours fié : Aristodemus, roy des Messeniens, se tua pour une fantasie qu'il print de mauvaise augure, de ie ne sçais quel hurlement de ses chiens; et le roy Midas en feit autant, troublé et fasché de quelque malplaisant songe qu'il avoit songé. C'est priser sa vie iustement ce qu'elle est, de l'abandonner pour un songe. Oyez pourtant nostre ame triumpher de la misere du corps, de sa foiblesse, de ce qu'il est en butte à toutes offenses et alterations : vrayement elle a raison d'en parler!

  O prima infelix fingenti terra Prometheo !
  Ille parum cauti pectoris egit opus.
  Corpora disponens, mentem non vidit in arte,
  Recta animi primum debuit esse via.

  Chapitre v. — Sur des vers de Virgile.

A mesure que les pensements utiles sont plus pleins et solides, ils sont aussi plus empeschants et plus onereux : le vice, la mort, la pauvreté, les maladies, sont subiects graves, et qui grevent. Il fault avoir l'ame bien instruicte des moyens de soubtenir et combattre les maulx, et instruicte des regles de bien vivre et de bien croire; et souvent l'esveiller et exercer en cette belle estude : mais à une ame de commune sorte, il faut que ce soit avec relasche et moderation; elle s'affolle, d'estre trop continuellement bandee. l'avois besoing en ieunesse, de m'advertir et soliciter, pour me tenir en office; l'alaigresse et la santé ne conviennent pas tant bien, dict on, avecques ces discours serieux et sages : ie suis à present en un aultre estat; les conditions de la vieillesse ne m'advertissent que trop, m'assagissent, et me preschent. De l'excez de la gayeté, ie suis tumbé en celuy de la severité, plus fascheux : par quoy, ie me laisse à cette heure aller un peu à la desbauche, par desseing, et employe quelquefois l'ame à des pensements folastres et ieunes, où elle seiourne. Ie ne suis meshuy que trop rassis, trop poisant, et trop meur : les ans me font leçon, touts les iours, de froideur et de temperance. Ce corps fuyt le deresglement, et le craind : il est à son tour de guider l'esprit vers la reformation; il regente, à son tour et plus rudement et imperieusement; il ne me laisse pas une une heure, ny dormant, ny veillant, chomer d'instructions de mort, de patience, et de penitence. Ie me deffends de la temperance, comme i'ay faict aultrefois de la volupté; elle me tire trop arriere, et iusques à la stupidité. Or, ie veulx estre maistre de moy, à touts sens : la sagesse a ses excez, et n'a pas moins besoing de moderation que la folie. Ainsi, de peur que ie ne seiche, tarisse et m'aggrave de prudence, aux intervalles que mes maulx me donnent,

  Mens intenta suis ne siet usque malis,

ie gauchis tout doulcement, et desrobbe ma veue de ce ciel orageux et nubileux que i'ay devant moy, lequel, Dieu mercy, ie considere bien sans effroy, mais non pas sans contention et sans estude; et me voys amusant en la recordation des ieunesses passees :

  Animus quod perdidit, optat,
  Atque in præterita se totus imagine versat.

Que l'enfance regarde devant elle; la vieillesse, derriere : estoit ce pas ce que signifioit le double visage de Ianus? Les ans m'entraisnent s'ils veulent, mais à reculons! autant que mes yeulx peuvent recognoistre cette belle saison expiree, ie les y destourne à secousses : si elle eschappe de mon sang et de mes veines, au moins n'en veulx ie desraciner l'image de la memoire;

Hoc est
Vivere bis, vita posse priore frui.

Platon ordonne aux vieillards d'assister aux exercices, danses et ieux de la ieunesse, pour se resiouïr, en aultruy, de la souplesse et beauté du corps qui n'est plus en eulx, et rappeller en leur souvenance la grace et faveur de cet aage verdissant; et veult qu'en ces esbats ils attribuent l'honneur de la victoire au ieune homme qui aura le plus esbaudi et resioui, et plus grand nombre d'entre eulx. Ie marquois aultrefois les iours poisants et tenebreux, comme extraordinaires; ceulx là sont tantost les miens ordinaires : les extraordinaires sont les beaux et sereins ; ie m'en voys au train de tressaillir, comme d'une nouvelle faveur, quand aulcune chose ne me deult. Que ie me chatouille, ie ne puis tantost plus arracher un pauvre rire de ce meschant corps; ie ne m'esgaye qu'en fantasie et en songe, pour destourner par ruse le chagrin de la vieillesse : mais, certes, il fauldroit aultre remede qu'en songe! Foible luicte de l'art contre la nature! C'est grand'simplesse d'alonger et anticiper, comme chascun fait, les incommoditez humaines : i'aime mieulx estre moins long temps vieil, que d'estre vieil avant que de l'estre : iusques aux moindres occasions de plaisir que ie puis rencontrer, ie les empoigne. Ie cognois bien, par ouï dire, plusieurs especes de voluptez prudentes, fortes, et glorieuses : mais l'opinion ne peult pas assez sur moy pour m'en mettre en appetit; ie ne les veulx pas tant magnanimes, magnifiques et fastueuses, comme ie les veulx doulcereuses, faciles et prestes : *A natura discedimus; populo nos damus, nullius rei bono auctori.* Ma philosophie est en action, en usage naturel et present, peu en fantasie : prinsse ie plaisir à iouer aux noisettes et à la toupie!

Non ponebat enim rumores ante salutem.

La volupté est qualité peu ambitieuse : elle s'estime assez riche de soy, sans y mesler le prix de la reputation; et s'aime mieulx à l'umbre. Il fauldroit donner le fouet à un ieune homme qui s'amuseroit à choisir le goust du vin et des saulces; il n'est rien que i'aye moins sceu et moins prisé ; à cette heure ie l'apprends : i'en ay grand'honte, mais qu'y ferois ie ? i'ay encores plus de honte et de despit des occasions qui m'y poulsent. C'est à nous à resver et à baguenauder ; et à la ieunesse à se tenir sur la reputation et sur le bon bout : elle va vers le monde, vers le credit : nous en venons : *Sibi arma, sibi equos, sibi hastas, sibi clavam, sibi pilam, sibi nationes et cursus habeant; nobis senibus, ex lusionibus multis, talos relinquant et tesseras :* les loix mesmes nous envoyent au logis. Ie ne puis moins, en faveur de cette chestifve condition où mon aage me poulse, que de luy fournir de iouets et d'amusoires, comme à l'enfance; aussi y retumbons nous : et la sagesse et la folie auront prou à faire, à m'estayer et secourir par offices alternatifs, en cette calamité d'aage ;

Misce stultitiam consiliis brevem.

Ie fuys de mesme les plus legieres poinctures; et celles qui ne m'eussent pas aultrefois esgratigné, me transpercent à cette heure : mon habitude commence de s'appliquer si volontiers au mal! *In fragili corpore, odiosa omnis offensio est.*

Mensque pati durum sustinet ægra nihil.

I'ay esté tousiours chastouilleux et delicat aux offenses; i'y suis plus tendre à cette heure, et ouvert par tout

Et minimæ vires frangere quassa valent.

Mon iugement m'empesche bien de regimber et gronder contre les inconvenients que nature m'ordonne de souffrir, mais non pas de les sentir : ie courrois d'un bout du monde à l'aultre, chercher un bon an de tranquillité plaisante et enjouee, moy qui n'ay aultre fin que vivre et me resiouïr. La tranquillité sombre et stupide se treuve assez pour moy; mais elle m'endort et enteste : ie ne m'en contente pas. S'il y a quelque personne, quelque bonne compaignie aux champs, en la ville, en France, ou ailleurs, resseante, ou voyagere, à qui les humeurs soyent bonnes, de qui les humeurs me soyent bonnes, il n'est que de siffler en paulme, ie leur iray fournir des Essays en chair et en os.

Puisque c'est le privilege de l'esprit, de se r'avoir de la vieillesse, il luy conseille, autant que ie puis, de le faire : qu'il verdisse, qu'il fleurisse ce pendant, s'il peult, comme le guy sur un arbre mort. Ie crainds que c'est un traistre; il s'est si estroictement affretté au corps, qu'il m'abandonne à touts coups, pour le suyvre en sa necessité : ie le flatte à part, ie le practique, pour neant ; i'ay beau essayer de le destourner de cette colligance, et luy presenter et Seneque et Catulle, et les dames et les danses royales ; si son compaignon a la cholique, il semble qu'il l'ayt aussi : les puissances mesmes qui luy sont particulieres et propres ne se peuvent lors soublever : elles sentent evidemment le morfondu ; il n'y a point d'alaigresse en ses productions, s'il n'en y a quand et quand au corps.

Nos maistres ont tort dequoy, cherchants les causes des eslancements extraordinaires de nostre esprit, oultre ce qu'ils en attribuent à un ravissement divin, à l'amour, à l aspreté guerriere, à la poësie, au vin, ils n'en ont donné sa part à la santé ; une santé bouillante, vigoureuse, pleine, oysifve, telle qu'aultrefois la verdeur des ans et la securité me la fournissoient par venues : ce feu de gayeté suscite en l'esprit des eloises vifves et claires, oultre nostre clairté naturelle, et entre les enthousiasmes, les plus gaillards, sinon les plus esperdus. Or bien, ce n'est pas merveille si un contraire estat affaisse mon esprit, le cloue, et en tire un effect contraire.

Ad nullum consurgit opus, cum corpore languet :

et veult encores que ie luy sois tenu dequoy il preste, comme il dict, beaucoup moins à ce consentement, que ne porte l'usage ordinaire des hommes. Au moins pendant que nous avons trefve, chassons les maulx et difficultez en nostre commerce ;

Dum licet, obducta solvatur fronte senectus :

tetrica sunt amœnanda iocularibus. I'ayme une sagesse gaye et civile, et fuys l'aspreté des mœurs et l'austerité, ayant pour suspecte toute mine rebarbatifve,

Tristemque vultus tetrici arrogantiam ;
Ut habet tristis quoque turba cinædos.

Ie crois Platon de bon cœur, qui dict Les humeurs faciles ou difficiles estre un grand preiudice à la bonté ou mauvaistié de l'ame. Socrates eut un visage constant, mais serein et riant ; non fascheusement constant comme vieil Crassus, qu'on ne veit iamais rire. La vertu est qualité plaisante et gaye.

Ie sçais bien que fort peu de gents rechigneront à la licence de mes escripts, qui n'ayent plus à rechigner à la licence de leur pensee : ie me conforme bien à leur courage ; mais i'offense leurs yeulx. C'est une humeur bien ordonnee, de pincer les escripts de Platon, et couler ses negociations pretendues avecques Phedon, Dion, Stella, Archeanassa ! *Non pudeat dicere, quod non pudet sentire.* Ie hais un esprit hargneux et triste, qui glisse par dessus les plaisirs de sa vie, et s'empoigne et paist aux malheurs ; comme les mouches qui ne peuvent tenir contre un corps bien poly et bien lissé, et s'attachent et reposent aux lieux scabreux et raboteux ; et comme les ventouses qui ne hument et appetent que le mauvais sang.

Au reste, ie me suis ordonné d'oser dire tout ce que i'ose faire ; et me desplais des pensees mesmes impubliables ; la pire de mes actions et conditions ne me semble pas si laide, comme ie treuve laïd et lasche de ne l'oser advouer. Chascun est discret en la confession ; on le debvroit estre en l'action : la hardiesse de faillir est aulcunement compensee et bridee par la hardiesse de le confesser : qui s'obligeroit à tout dire s'obligeroit à ne rien faire de ce qu'on est contrainct de taire. Dieu veuille que cet excez de ma licence attire nos hommes iusques à la liberté, par dessus ces vertus couardes et mineuses, nees de nos imperfections ; qu'aux despens de mon immoderation, ie les attire iusques au poinct de la raison ! Il fault veoir son vice et l'estudier, pour le redire : ceulx qui le celent à aultruy le celent ordinairement à eulx mesmes, et ne le tiennent pas pour assez couvert s'ils le voyent ; ils le soubstrayent et deguisent à leur propre conscience : *quare vitia sua nemo confitetur ? quia etiam nunc in illis est ; somnium narrare, vigilantis est.* Les maulx du corps s'esclaircissent en augmentant ; nous trouvons que c'est goutte, ce que nous nommions rheume, ou fouleure : les maulx de l'ame s'obscurcissent en leur force, le plus malade les sent le moins ; voylà pourquoy il les fault souvent remanier, au iour, d'une main impiteuse, les ouvrir et arracher du creux de nostre poictrine. Comme en matiere de mesfaicts, c'est, par fois, satisfaction que la seule confession. Est il quelque laideur au faillir, qui nous dispense de nous en debvoir confesser? Ie souffre peine à me feindre; si que i'evite de prendre les secrets d'aultruy en garde, n'ayant pas bien le cœur de desadvouer ma science : ie puis la taire ; mais la nier, ie ne puis sans effort et desplaisir : pour estre bien secret, il le fault estre par nature, non par obligation. C'est peu, au service des princes, d'estre secret, si on n'est menteur encores. Celuy qui s'enquestoit à Thales Milesius s'il debvoit solennellement nier d'avoir paillardé, s'il se feust addressé à moy, ie luy eusse respondu qu'il ne le debvoit pas faire; car le mentir me semble encores pire que la paillardise. Thales luy conseilla tout aultrement, et qu'il iurast, pour garantir le plus, par le moins : toutesfois ce conseil n'estoit pas tant eslection de vice que multiplication. Sur quoy disons ce mot, en passant, qu'on faict bon marché à un homme de conscience, quand on luy propose quelque difficulté au contrepoids du vice; mais quand on l'enferme entre deux vices, on le met à un rude chois, comme on feit Origene, ou qu'il idolastrast, ou qu'il se souffrist iouïr charnellement à un grand vilain Aethiopien qu'on luy presenta : il subit la premiere condition ; et viciensement, dict on. Pourtant ne seroient pas sans goust, selon leur erreur, celles qui nous protestent, en ce temps, qu'elles aimeroient mieulx charger leur conscience de dix hommes, que d'une messe.

Si c'est indiscretion de publier ainsi ses erreurs, il n'y a pas grand danger qu'elle passe en exemple et usage; car Ariston disoit que les vents que les hommes craignent le plus sont ceulx qui les descouvrent. Il fault rebrousser ce sot haillon qui cache nos mœurs : ils envoyent leur conscience au bordel, et tiennent leur contenance en regle : iusques aux traistres et assassins, ils espousent les loix de la cerimonie, et attachent là leur debvoir. Si n'est ce ny à l'iniustice de se plaindre de l'incivilité; ny à la malice, de l'indiscretion. C'est dommage qu'un meschant homme ne soit encores un sot, et que la decence pallie son vice : ces incrustations n'appartiennent qu'à une bonne et saine paroy, qui merite d'estre conservee, d'estre blanchie.

En faveur des huguenots qui accusent nostre confession auriculaire et privee, ie me confesse en public, religieusement et purement : sainct Augustin, Origene et Hippocrates ont publié les erreurs de leurs opinions; moy encores, de mes mœurs. Ie suis affamé de me faire cognoistre ; et ne me chault à combien, pourveu que ce soit veritablement : ou, pour dire mieulx, ie n'ay faim de rien ; mais ie fuys mortellement d estre prins en eschange par ceulx à qui il arrive de cognoistre mon nom. Celuy qui faict tout pour l'honneur et pour la gloire, que pense il gaigner, en se produisant au monde en masque, desrobbant son vray estre à la cognoissance du peuple? Louez un bossu de sa belle taille, il le doibt recevoir à iniure : si vous estes couard, et qu'on vous honnore pour un vaillant homme, est ce de vous qu'on parle? on vous prend pour un aultre ; i'aimerois aussi cher que celuy là se gratifiast des bonnetades qu'on luy faict, pensant qu'il soit maistre de la troupe, luy qui est des moindres de la suitte. Archelaus, roy de Macedoine, passant par la rue, quelqu'un versa de l'eau sur luy : les assistants disoient qu'ils debvoient le punir. « Ouy; mais, dict il, il n'a pas versé l'eau sur moy, mais sur celuy qu'il pensoit que ie fusse : » Socrates à celuy qui l'advertissoit qu'on mesdisoit de luy, « Poinct, dict il ; il n'y a rien en moy de ce qu'ils disent. » Pour moy, qui me loueroit d'estre bon pilote, d'estre bien modeste, ou d'estre bien chaste, ie ne luy debvrois nul grammercy; et pareillement, qui m'appelleroit traistre, voleur, ou yvrongne, ie me tiendrois aussi peu offensé. Ceulx qui se mescognoissent se peuvent paistre de faulses approbations; non pas moy, qui me veois, et qui me recherche iusques aux entrailles, qui sçais bien ce qui m'appartient : il me plaist d'estre moins loué, pourveu que ie sois mieulx cogneu; on me pourroit tenir pour sage, en telle condition de sagesse que ie tiens pour sottise. Ie m'ennuye que mes Essais servent les dames de meuble commun seulement, et de meuble de sale : ce chapitre me fera du cabinet ; i'aime leur commerce un peu privé; le publicque est sans faveur et saveur. Aux adieux, nous eschauffons, oultre l'ordinaire, l'affection envers les choses que nous abandonnons ; ie prends l'extreme congé des ieux du monde; voicy nos dernieres accolades.

Mais venons à mon theme. Qu'a faict l'action genitale aux hommes, si naturelle, si necessaire et si iuste, pour n'en oser parler sans vergongne, et pour l'exclure des propos serieux et reglez? Nous prononceons hardiment, *tuer*, *desrobber, trahir;* et cela, nous n'oserions qu'entre les dents. Est ce à dire que moins nous en exhalons en paroles, d'autant nous avons loy d'en grossir la pensee? car il est bon que les mots qui sont le moins en usage, moins escripts, et mieulx teus, sont les mieulx sceus et plus generalement cogneus; nul aage, nulles mœurs l'ignorent non plus que le pain : ils s'impriment en chascun, sans estre exprimez, et sans voix et sans figure; et le sexe qui le faict le plus a charge de le'taire le plus. Il est bon aussi, que c'est une action que nous avons mis en la franchise du silence, d'où c'est crime de l'arracher, non pas mesme pour l'accuser et iuger; n'y n'osons la fouetter, qu'en periphrase et peincture. Grand'faveur à un criminel, d'estre si execrable, que la iustice estime iniuste de le toucher et de le veoir, libre et sauvé par le benefice de l'aigreur de sa condamnation. N'en va il comme en matiere de livres, qui se rendent d'autant plus venaulx et publicques, de ce qu'ils sont supprimez? Ie m'en voys, pour moy, prendre au mot l'advis d'Aristote, qui dict, « L'estre honteux, servir d'ornement à la ieunesse, mais de reproche à la vieillesse. » Ces vers se preschent en l'eschole ancienne; eschole à laquelle ie me tiens plus qu'à la moderne : ses vertus me semblent plus grandes; ses vices, moindres :

> Ceux qui par trop fuyant Venus estrivent,
> Faillent autant que ceux qui trop la suyvent.
>
> Tu, dea, tu rerum naturam sola gubernas,
> Nec sine te quidquam dias in luminis oras
> Exoritur, neque fit lætum, nec amabile quidquam.

Ie ne sçais qui a peu malmesler Pallas et les Muses avecques Venus, et les refroidir envers l'Amour : mais ie ne veois aulcunes deités qui s'adviennent mieulx, ny qui s'entredoibvent plus. Qui ostera aux Muses les imaginations amoureuses leur desrobbera le plus bel entretien qu'elles ayent, et la plus noble matiere de leur ouvrage; et qui fera perdre à l'Amour la communication et service de la poësie, l'affoiblira en ses meilleures armes : par ainsin on charge le dieu d'accointance et de bienvueillance, et les deesses protectrices d'humanité et de iustice, du vice d'ingratitude et de mescognoissance. Ie ne suis pas de si long temps cassé de l'estat et suitte de ce dieu, que ie n'aye la memoire informee de ses forces et valeurs;

> Agnosco veteris vestigia flammæ :

il y a encores quelque demourant d'esmotion et chaleur aprez la fiebvre :

> Nec mihi deficiat calor hic, hiemantibus annis !

Tout asseiché que ie suis et appesanty, ie sens encores quelques tiedes restes de cette ardeur passee :

> Qual l' allo Egeo perche Aquilone o Noto
> Cessi, che tutto prima il volse escosse,
> Non s' accheta egli però : ma 'l suono e 'l moto
> Ritien dell' onde anco agitate e grosse :

mais de ce que ie m'y entends, les forces et valeur de ce dieu se treuvent plus vifves et plus animees en la peincture de la poësie qu'en leur propre essence,

> Et versus digitos habet :

elle represente ie ne sçais quel air plus amoureux que l'Amour mesme. Venus n'est pas si belle toute nue, et vifve, et haletante, comme elle est icy chez Virgile :

> Dixerat; et niveis hinc atque hinc diva lacertis
> Cunctantem amplexu molli fovet. Ille repente
> Accepit solitam flammam, notusque medullas
> Intravit calor, et labefacta per ossa cucurrit :
> Non secus atque olim tonitru quum rupta corusco
> Ignea rima micans percurrit lumine nimbos.
> . . . . Ea verba locutus,
> Optatos dedit amplexus, placidumque petivit
> Coniugis infusus gremio per membra soporem.

Ce que i'y treuve à considerer, c'est qu'il la peint un peu bien esmeue pour une Venus maritale; en ce sage marché, les appetits ne se treuvent pas si folastres; ils sont sombres et plus mousses. L'amour hait qu'on se tienne par ailleurs que par luy, et se mesle laschement aux accointances qui sont dressees et entretenues sous aultre tiltre, comme est le mariage : l'alliance, les moyens, y poisent par raison, autant ou plus que les graces et la beauté. On ne se marie pas pour soy, quoy qu'on die; on se marie autant, ou plus, pour sa posterité, pour sa famille; l'usage et l'interest du mariage touche nostre race, bien loing pardelà nous : pourtant me plaist cette façon, qu'on le conduise plustost par main tierce que par les propres, et par le sens d'aultruy que par le sien : tout cecy, combien à l'opposite des conventions amoureuses? Aussi est ce une espece d'inceste d'aller employer, à ce parentage venerable et sacré, les efforts et les extravagances de la licence amoureuse, comme il me semble avoir dict ailleurs : il fault, dict Aristote, toucher sa femme prudemment et severement, de peur qu'en la chastouillant trop lascifvement, le plaisir ne la face sortir hors des gonds de raison. Ce qu'il dict pour la conscience, les medecins le disent pour la santé : « Qu'un plaisir excessifvement chauld, voluptueux, et assidu, altere la semence, et empesche la conception : » disent d'aultre part, « qu'à une congression languissante, comme celle là est de sa nature, pour la remplir d'une iuste et fertile chaleur, il s'y fault presenter rarement et à notables intervalles, »

Quo rapiat sitiens Veuerem, interiusque recondat.

Ie ne veois point de mariages qui faillent plustost et se troublent que ceulx qui s'acheminent par la beauté et desirs amoureux : il y fault des fondements plus solides et plus constants, et y marcher d'aguet; cette bouillante alaigresse n'y vault rien.

Ceulx qui pensent faire honneur au mariage, pour y ioindre l'amour, font, ce me semble, de mesme ceulx qui, pour faire faveur à la vertu, tiennent que la noblesse n'est aultre chose que vertu. Ce sont choses qui ont quelque cousinage; mais il y a beaucoup de diversité : on n'a que troubler leur noms et leurs tiltres, on faict tort à l'une ou à l'autre de les confondre. La noblesse est une belle qualité, et introduicte avecques raison; mais d'autant que c'est une qualité despendant d'aultruy, et qui peult tumber en un homme vicieux et de neant, elle est en estimation bien loing au dessoubs de la vertu : c'est une vertu, si ce l'est, artificielle et visible; despendant du temps et de la fortune; diverse en forme, selon les contrees; vivante, et mortelle; sans naissance, non plus que la riviere du Nil; genealogique et commune; de suite et de similitude; tiree par consequence, et consequence bien foible. La science, la force, la bonté, la beauté, la richesse, toutes aultres qualitez, tumbent en communication et en commerce; cette cy se consomme en soy, de nulle emploite au service d'aultruy. On proposoit à l'un de nos roys le chois de deux competiteurs en une mesme charge, desquels l'un estoit gentilhomme, l'aultre ne l'estoit point : il ordonna que, sans respect de cette qualité, on choisist celuy qui auroit le plus de merite; mais où la valeur seroit entierement pareille, qu'alors on eust respect à la noblesse : c'estoit iustement luy donner son reng. Antigonus, à un ieune homme incogneu qui luy demandoit la charge de son pere, homme de valeur, qui venoit de mourir : « Mon amy, feit il, en tels bienfaicts, ie ne regarde pas tant la noblesse de mes soldats, comme ie foys leur prouesse. » De vray, il n'en doibt pas aller comme des officiers des roys de Sparte, trompettes, menestriers, cuisiniers, à qui en leur charge succedoient les enfants, pour ignorants qu'ils feussent, avant les plus experimentez du mestier.

Ceulx de Calecut font, des nobles, une espece par dessus l'humaine : le mariage leur est interdict, et toute aultre vacation, que bellique; de concubines, ils en peuvent avoir leur saoul, et les femmes autant de ruffiens, sans ialousie les uns des aultres : mais c'est un crime capital et irremissible de s'accoupler à personne d'aultre condition que la leur; et se tiennent pollus, s'ils en sont seulement touchez en passant, et, comme leur noblesse en estant merveilleusement iniuriee et interessee, tuent ceulx qui seulement ont approché un peu trop prez d'eulx : de maniere que les ignobles sont tenus de crier en marchant comme les gondoliers de Venise, au contour des rues, pour ne s'entrheurter : et les nobles leur commandent de se iecter au quartier qu'ils veulent : ceulx cy evitent par là cette ignominie, qu'ils estiment perpetuelle; ceulx là, une mort certaine. Nulle duree de temps, nulle faveur de prince, nul office, ou vertu, ou richesse peult faire qu'un roturier devienne noble : à quoy ayde cette coustume, que les mariages sont deffendus de l'un mestier à l'aultre, ne peult une de race courdonniere espouser un charpentier : et sont les parents obligez de dresser les enfants à la vacation des peres, precisement, et non à aultre vacation ; par où se maintient la distinction et continuation de leur fortune.

Un bon mariage, s'il en est, refuse la compaignie et conditions de l'amour : il tasche à representer celles de l'amitié. C'est une doulce société de vie, pleine de constance, de fiance, et d'un nombre infiny d'utiles et solides offices, et obligations mutuelles. Aulcune femme qui en savoure le goust,

Optato quam iunxit lumine tæda,

ne vouldroit tenir lieu de maistresse à son mary. si elle est logee en son affection comme femme, elle y est bien plus honnorablement et seurement logee. Quand il fera l'esmeu ailleurs et l'empressé, qu'on luy demande pourtant lors. « à qui il aimeroit mieulx arriver une honte, ou à sa femme ou à sa maistresse ? de qui la desfortune l'affligeroit le plus ? à qui il desire plus de grandeur ? » ces demandes n'ont aulcun doubte en un mariage sain.

Ce qu'il s'en veoid si peu de bons, est signe de son prix et de sa valeur. A le bien façonner et à le bien prendre, il n'est point de plus belle piece en nostre société : nous ne nous en pouvons passer, et allons avilissant. Il en advient ce qui se veoid aux cages : les oyseaux qui en sont dehors desesperent d'y entrer ; et d'un pareil soing en sortir, ceulx qui sont au dedans. Socrates, enquis Qui estoit plus commode, prendre ou ne point prendre de femmes : « Lequel des deux on face, dict il, on s'en repentira. » C'est une convention à laquelle se rapporte bien à poinct ce qu'on dict. *Homo homini*, ou *deus*, ou *lupus* : il fault la rencontre de beaucoup de qualitez à le bastir. Il se treuve en ce temps plus commode aux ames simples et populaires, où les delices, la curiosité et l'oysifveté ne le troublent pas tant : les humeurs desbauchees, comme est la mienne, qui hait toute sorte de liaison et d'obligation, n'y sont pas si propres ;

Et mihi dulce magis resoluto vivere collo.

De mon desseing, i'eusse fuy d'espouser la Sagesse mesme, si elle m'eust voulu : mais, nous avons beau dire, la coustume et l'usage de la vie commune nous emporte ; la plus part de mes actions se conduisent par exemple, non par chois : toutesfois ie ne m'y conviay pas proprement, on m'y mena, et y fus porté par des occasions estrangieres ; car non seulement les choses incommodes, mais il n'en est aulcune si laide et vicieuse et evitable, qui ne puisse devenir acceptable par quelque condition et accident : tant l'humaine posture est vaine ! et y feus porté, certes, plus mal preparé lors, et plus rebours, que ie ne suis à present, aprez l'avoir essayé : et tout licencieux qu'on me tient, i'ay en verité plus severement observé les loys de mariage, que ie n'avois ny promis ny esperé. Il n'est plus temps de regimber, quand on s'est laissé entraver : il fault prudemment mesnager sa liberté ; mais depuis qu'on s'est soubmis à l'obligation, il s'y fault tenir soubs les loix du debvoir commun, au moins s'en efforcer. Ceulx qui entreprennent ce marché pour s'y porter avecques hayne et mespris, font iniustement et incommodeement : et cette belle regle, que ie veois passer de main en main entre elles, comme un saint oracle,

Sers ton mary comme ton maistre,
Et t'en garde comme d'un traistre,

qui est à dire : « Porte toy envers luy d'une reverence contraincte, ennemie et desfiante, » cry de guerre et de desfi, est pareillement iniurieuse et difficile. Ie suis trop mol pour desseing si espineux : à dire vray, ie ne suis pas encores arrivé à cette perfection d'habileté et galantise d'esprit, que de confondre la raison avecques l'iniustice, et mettre en risee tout ordre et regle qui n'accorde à mon appetit : pour haïr la superstition, ie ne me iecte pas incontinent à l'irreligion. Si on ne faict tousiours son debvoir, au moins le fault il tousiours aimer et recognoistre : c'est trahison de se marier sans l'espouser. Passons oultre.

Nostre poëte represente un mariage plein d'accord et de bonne convenance, auquel pourtant il n'y a pas beaucoup de loyauté. A il voulu dire qu'il ne soit pas impossible de se rendre aux efforts de l'amour, et ce neantmoins reserver quelque debvoir envers le mariage ; et qu'on le peult blecer, sans le rompre tout à faict ? tel valet faire la mule au maistre, qu'il ne hayt pas pourtant. La beauté, l'opportunité, la destinee, car la destinee y met aussi la main,

Fatum est in partibus illis

> Quas sinus abscondit : nam, si tibi sidera cessent,
> Nil faciet longi mensura incognita nervi,

l'ont attachee à un estrangier, non pas si entiere peult estre, qu'il ne luy puisse rester quelque liaison par où elle tient encores à son mary. Ce sont deux desseings, qui ont des routes distinguees et non confondues : une femme se peult rendre à tel personnage, que nullement elle ne vouldroit avoir espousé; ie ne dis pas pour les conditions de la fortune, mais pour celles mesmes de la personne. Peu de gens ont espousé des amies, qui ne s'en soyent repentis; et, iusques en l'aultre monde, quel mauvais mesnage a faict Iupiter avecques sa femme, qu'il avoit premierement practiquee et iouïe par amourettes! c'est ce qu'on dict, Chier dans le panier, pour aprez le mettre sur sa teste. I'ay veu de mon temps, en quelque bon lieu, guarir honteusement et deshonnestement l'amour par le mariage : les considerations sont trop aultres. Nous aimons, sans nous empescher, deux choses diverses et qui se contrarient. Isocrates disoit que la ville d'Athenes plaisoit, à la mode que font les dames qu'on sert par amour : chascun aimoit à s'y venir promener, et y passer son temps; nul ne l'aimoit pour l'espouser, c'est à dire, pour s'y habituer et domicilier. I'ay avecques despit veu des maris haïr leurs femmes, de ce, seulement, qu'ils leur font tort : au moins ne les faut il pas moins aimer, pour raison de nostre faulte; par repentance et compassion au moins, elles nous en debvoient estre plus cheres.

Ce sont fins differentes, et pourtant compatibles, dict il, en quelques façon : Le mariage a, pour sa part, l'utilité, la iustice, l'honneur, et la constance; un plaisir plat, mais plus universel : L'amour se fonde au seul plaisir, et l'a, de vray, plus chastouilleux, plus vif et plus aigu; un plaisir attizé par la difficulté ; il y fault de la picqueure et de la cuisson : ce n'est plus amour, s'il est sans fleches et sans feu. La liberalité des dames est trop profuse au mariage, et esmousse la poincte de l'affection et du desir : pour fuyr à cet inconvenient, veoyez la peine qu'y prennent en leurs loix Lycurgus et Platon.

Les femmes n'ont pas tort du tout, quand elles refusent les regles de vie qui sont introduictes au monde; d'autant que ce sont les hommes qui les ont faictes sans elles. Il y a naturellement de la brigue et riotte entre elles et nous; le plus estroict consentement que nous ayons avecques elles, encores est il tumultuaire et tempestueux. A l'advis de nostre aucteur, nous les traitons inconsidereement en cecy : Aprez que nous avons cogneu qu'elles sont, sans comparaison, plus capables et ardentes aux effects de l'amour que nous, et que ce presbtre ancien l'a ainsi tesmoigné, qui avoit esté tantost homme tantost femme ,

> Venus huic erat utraque nota ;

et, en oultre, que nous avons apprins de leur propre bouche la preuve qu'en feirent autrefois, en divers siecles, un empereur et une emperiere de Rome, maistres ouvriers et fameux en cette besongne ; luy despucella bien en une nuict dix vierges sarmates ses captifves ; mais elle fournit reellement en une nuict, à vingt et cinq entreprinses, changeant de compaignie, selon son besoing et son goust,

> Adhuc ardens rigidæ tentigine vulvæ,
> Et lassata viris, nondum satiata, recessit ;

et que sur le differend advenu à Cateloigne, entre une femme se plaignant des efforts trop assiduels de son mary, non tant, à mon advis, qu'elle en feust incommodee (car ie ne crois les miracles qu'en foy), comme pour retrancher, soubs ce pretexte, et brider, en ce mesme qui est l'action fondamentale du mariage , l'auctorité des maris envers leurs femmes, et pour montrer que leurs hergnes et leur malignité passent oultre la couche nuptiale, et foulent aux pieds les graces et doulceurs mesmes de Venus ; à laquelle plaincte le mary respondoit, homme vraiment brutal et desnaturé. qu'aux iours mesmes de ieusne il ne s'en sçauroit passer à moins de dix; intervint ce notable arrest de la royne d'Aragon, par lequel, aprez meure deliberation de conseil, cette bonne royne, pour donner regle et exemple, à tout temps, de la moderation et modestie requise en un iuste mariage, ordonna, pour bornes legitimes et necessaires, le nombre de six par iour, relaschant et quittant beaucoup du besoing et desir de son sexe, « pour establir, disoit elle, une forme aysee, et par consequent permanente et immuable : » en quoy s'escrient les docteurs, « Quel doibt estre l'appetit et la concupiscence feminine, puisque leur raison, leur reformation et leur vertu se taille à ce prix ! » considerants le divers iugement de nos appetits ; car Solon, patron de l'eschole legiste, ne taxe qu'à trois fois par mois, pour ne faillir point, cette hantise coniugale : Aprez avoir creu, dis ie, et presché cela, nous sommes allez leur donner la continence peculierement en partage, et sur peines dernieres et extremes.

Il n'est passion plus pressante que cette cy, à laquelle nous voulons qu'elles resistent seules, non simplement comme à un vice de sa mesure, mais comme à l'abomination et exsecration, plus qu'à l'irreligion et au parricide ; et nous nous y rendons ce pendant, sans coulpe et reproche. Ceulx mesme d'entre nous qui ont essayé d'en venir à bout, ont assez advoué quelle difficulté, ou plustost impossibilité il y avoit, usant de remedes materiels, à mater, affoiblir et refroidir le corps : nous, au contraire, les voulons saines, vigoureuses, en bon poinct, bien nourries, et chastes ensemble; c'est à dire, et chauldes et froides ; car le mariage, que nous disons avoir charge de les empescher de brusler, leur apporte peu de refreschissement, selon nos mœurs : Si elles en prennent un à qui la vigueur de l'aage boult encores, il fera gloire de l'espandre ailleurs ;

> Sit tandem pudor ; aut eamus in ius :
> Multis mentula millibus redempta,
> Non est hæc tua, Basse ; vendidisti ;

le philosophe Polemon feut iustement appellé en iustice par sa femme, de ce qu'il alloit semant en un champ sterile le fruict deu au champ genital : Si c'est de ces aultres cassez, les voylà, en plein mariage, de pire condition que vierges et veufves. Nous les tenons pour bien fournies, parce quelles ont un homme auprez d'elles ; comme les Romains teindrent pour violee Clodia Lacta, vestale, que Caligula avoit approchee, encores qu'il feust averé qu'il ne l'avoit qu'approchee ; mais, au rebours, on recharge par là leur necessité, d'autant que l'attouchement et la compaignie de quelque masle que ce soit esveille leur chaleur, qui demeureroit plus quiete en la solitude; et à cette fin, comme il est vraysemblable, de rendre par cette circonstance et consideration leur chasteté plus meritoire, Boleslaus et Kinge sa femme, roys de Poloigne, la vouerent d'un commun accord, couchez ensemble, le iour mesme de leurs nopces, et la maintiendrent à la barbe des commoditez maritales.

Nous les dressons, dez l'enfance, aux entremises de l'amour; leur grace, leur attifeure, leur science, leur parole, toute leur instruction ne regarde qu'à ce but : leurs gouvernantes ne leur impriment aultre chose que le visage de l'amour, ne feust qu'en le leur representant continuellement pour les en desgouster. Ma fille (c'est tout ce que i'ay d'enfants) est en l'aage auquel les loix excusent les plus eschauffees de se marier ; elle est d'une complexion tardifve, mince et molle, et a esté par sa mere eslevee de mesme, d'une forme retiree et particuliere, si qu'elle ne commence encores qu'à se desniaiser de la naïfveté de l'enfance : elle lisoit un livre françois devant moy; le nom de *fouteau* s'y rencontra, nom d'un arbre cogneu ; la femme qu'ell' a pour sa conduicte l'arresta tout court un peu rudement, et la feit passer par dessus ce mauvais pas. Ie la laissay faire, pour ne troubler leurs regles ; car ie ne m'empesche aulcunement de ce gouvernement ; la police feminine a un train mysterieux, il fault le leur quitter : mais, si ie ne me trompe, le commerce de vingt laquays n'eust sceu imprimer en sa fantaisie, de six mois, l'intelligence et usage et toutes les consequences du son de ces syllabes scelerees, comme feit cette bonne vieille par sa reprimande et son interdiction.

> Motus doceri gaudet Ionicos
> Matura virgo, et frangitur artubus
> Iam nunc, et incestos amores
> De tenero meditatur ungui.

Qu'elles se dispensent un peu de la cerimonie; qu'elles entrent en liberté de discours : nous ne sommes qu'enfants au prix d'elles en cette science. Oyez leur representer nos poursuittes et nos entretiens ; elles vous font bien cognoistre que nous ne leur apportons rien qu'elles n'ayent sceu et digeré sans nous. Seroit ce, ce que dict Platon, qu'elles ayent esté garsons desbauchez aultrefois ? Mon aureille se rencontra un iour en lieu où elle pouvoit desrobber aulcun des discours faicts entre elles sans souspeçons : que ne puis ie le dire ? Nostre dame (feis ie) ! allons à cette heure estudier des phrases d'Amadis et des registres de Boccace et de l'Aretin, pour faire les habiles; nous employons vrayement bien nostre temps! Il n'est ny parole, ny exemple, ny desmarche, qu'elles ne sçachent mieulx que nos livres : c'est une discipline qui naist dans leurs veines;

     Et mentem Venus ipsa dedit,

que ces bons maistres d'eschole, nature, ieunesse et santé, leur soufflent continuellement dans l'ame; elles n'ont que faire de l'apprendre : elles l'engendrent :

    Nec tantum niveo gavisa est ulla columbo
    Compar, vel si quid dicitur improbius,
    Oscula mordendi semper decerpere rostro,
    Quantum præcipue multivola est mulier.

Qui n'eust tenu un peu en bride cette naturelle violence de leur desir, par la crainte et honneur dequoy on les a pourvues, nous estions diffamez. Tout le mouvement du monde se resoult et rend à cet accouplage; c'est une matiere infuse par tout; c'est un centre où toutes choses regardent. On veoid encores des ordonnances de la vieille et sage Rome, faictes pour le service de l'amour; et les preceptes de Socrates à instruire les courtisanes :

    Necnon libelli stoïci inter sericos
    Iacere pulvillos amant :

Zenon, parmy ses loix, regloit aussi les escarquillements et les secousses du despucellage. De quel sens estoit le livre du philosophe Strato, de la coniunction charnelle? et de quoy traictoit Theophraste, en ceulx qu'il intitula, l'un l'Amoureux, l'aultre de l'Amour? de quoy Aristippus, au sien Des anciennes delices? Que veulent pretendre les descriptions si estendues et si vifves en Platon, des amours de son temps plus hardies? et le livre de l'Amoureux, de Demetrius Phalereus? et Clinias, ou l'Amoureux forcé, de Heraclides Ponticus? et d'Antisthenes, celuy De faire les enfants, ou des Nopces; et l'aultre du Maistre ou de l'Amant? et d'Aristo, celuy des Exercices amoureux? de Cleanthes, un de l'Amour, l'aultre de l'Art d'aimer? les Dialogues amoureux de Sphaereus? et la fable de Iupiter et de Iuno, de Chrysippus, eshontee au delà de toute souffrance? et ses cinquante epistres si lascives? Ie veulx laisser à part les escripts des philosophes qui ont suivy la secte d'Epicurus, protectrice de la volupté. Cinquante deitez estoient, au temps passé, asservies à cet office; et s'est trouvé nation, où, pour endormir la concupiscence de ceulx qui venoient à la devotion, on tenoit aux temples des garses et des garsons à iouïr, et estoit acte de cerimonie de s'en servir avant venir à l'office : *nimirum propter continentiam incontinentia necessaria est; incendium ignibus exstinguitur.*

En la plus part du monde, cette partie de nostre corps estoit deifiee : en mesme province, les uns se l'escorchoient pour en offrir et consacrer un lopin; les aultres offroient et consacroient leur semence : en une aultre, les ieunes hommes se le perceoient publiquement et ouvroient en divers lieux entre chair et cuir, et traversoient, par ces ouvertures, des brochettes, les plus longues et grosses qu'ils pouvoient souffrir; et de ces brochettes faisoient aprez du feu, pour offrande à leurs dieux; estimez vigoreux et peu chastes, s'ils venoient à s'estonner par la force de cette cruelle douleur : ailleurs, le plus sacré magistrat estoit reveré et recogneu par ces parties là : et, en plusieurs cerimonies, l'effigie en estoit portee en pompe, à l'honneur de diverses divinitez; les dames aegyptiennes, en la feste des Bacchanales, en portoient au col un de bois, exquisement formé, grand et poisant, chascune selon sa force; oultre ce que la statue de leur dieu en representoit un qui surpassoit en mesure le reste du corps. Les femmes mariees, icy prez, en forgent, de leur couvrechef, une figure sur leur front, pour se glorifier de la iouïssance qu'elles en ont; et venant à estre veufves, le couchent en arriere, et ensepvelissent soubs leur coeffure. Les plus sages matrones, à Rome, estoient honnorees d'offrir des fleurs et des couronnes au dieu Priapus; et sur ses parties moins honnestes faisoit on seoir les vierges, au temps de leurs nopces. Encores ne sçais ie si i'ay veu en mes iours quelque air de pareille devotion. Que vouloit dire cette ridicule piece de la chaussure de nos peres, qui se veoid encores en nos Souysses? à quoy faire la montre que nous faisons, à cette heure, de nos pieces, en forme, soubs nos gregues; et souvent, qui pis est, oultre leur grandeur naturelle, par faulseté et imposture? Il me prend envie de croire que cette sorte de vestement feut inventee aux meilleurs et plus consciencieux siecles, pour ne piper le monde, pour que chascun rendit en public compte de son faict; les nations plus simples l'ont encore aulcunement rapportant au vray : lors, on instruisoit la science de l'ouvrier, comme il se faict de la mesure du bras ou du pied. Ce bon homme qui, en ma ieunesse, chastra tant de belles et antiques statues en sa grande ville, pour ne corrompre la veue, suyvant l'advis de cet aultre ancien bon homme,

Flagitii principium est, nudare inter cives corpora :

se debvoit adviser, comme aux mysteres de la bonne deesse toute apparence masculine en estoit forclose, que ce n'estoit rien advancer, s'il ne faisoit encores chastrer les chevaulx, et asnes, et nature enfin :

Omne adeo genus in terris, hominumque, ferarumque,
Et genus æquoreum, pecudes, pictæque volucres,
in furias ignemque ruunt.

Les dieux, dict Platon, nous ont fourni d'un membre inobedient et tyrannique, qui, comme un animal furieux, entreprend, par la violence de son appetit, de soubmettre tout à soy : de mesme aux femmes le leur, comme un animal glouton et avide, auquel si on refuse aliments en sa saison, il forcene, impatient de delay; et, soufflant sa rage en leur corps, empesche les conduicts, arreste la respiration, causant mille sortes de maulx; iusqu'à ce qu'ayant humé le fruict de la soif commune, il en ayt largement arrousé et ensemencé le fond de leur matrice.

Or, se debvoit adviser aussi mon legislateur, qu'à l'adventure est ce un plu chaste et fructueux usage, de leur faire de bonne heure cognoistre le vif, que de le leur laisser deviner selon la liberté et chaleur de leur fantaisie : au lieu des parties vrayes, elles en substituent, par desir et esperance, d'aultres extravagantes au triple; et tel de ma cognoissance s'est perdu, pour avoir faict la descouverte des siennes en lieu où il n'estoit encores au propre de les mettre en possession de leur plus serieux usage. Quel dommage ne font ces enormes pourtraicts que les enfants vont semant aux passages et escalliers des maisons royales ? de là leur vient un enorme mespris de nostre portee naturelle. Que sçait on, si Platon, ordonnant, aprez d'aultres republicques bien instituees, que les hommes et femmes, vieux, ieunes, se presentent nuds à la veue les uns des aultres, en ses gymnastiques, n'a pas regardé à cela ? Les Indiennes, qui veoyent les hommes à crud, ont au moins refroidy le sens de la veue ; et, quoy que dient les femmes de ce grand royaume du Pegu, qui, au dessoubs de la ceinture, n'ont à se couvrir qu'un drap fendu par le devant, et si estroict que, quelque cerimonieuse decence qu'elles y cherchent, à chasque pas on les veoid toutes, que c'est une invention trouvee aux fins d'attirer les hommes à elles et les retirer des masles, à quoy cette nation est du tout abandonnee, il se pourroit dire qu'elles y perdent plus qu'elles n'advancent, et qu'une faim entiere est plus aspre que celle qu'on a rassasiee, au moins par les yeulx : aussi disoit Livia, « qu'à une femme de bien, un homme nud n'est non plus qu'une image. » Les Lacedemoniennes, plus vierges femmes que ne sont nos filles, veoyoient touts les iours les ieunes hommes de leur ville despouillez en leurs exercices ; peu exactes elles mesmes à couvrir leurs cuisses en marchant, s'estimants, comme dict Platon, assez couvertes de leur vertu sans vertugade. Mais ceulx là, desquels parle sainct Augustin, ont donné un merveilleux effort de tentation à la nudité, qui ont mis en doubte, Si les femmes, au iugement universel, ressusciteront en leur sexe, et non plus tost au nostre, pour ne nous tenter encores en ce sainct estat. On les leurre, en somme, et acharne, par touts moyens; nous eschauffons et incitons leur imagination sans cesse : et puis nous crions au ventre. Confessons le vray, il n'en est gueres d'entre nous, qui ne craigne plus la honte qui luy vient des vices de sa femme que des siens ; qui ne se soigne plus (qualité esmerveillable !) de la conscience de sa bonne espouse que de la sienne propre; qui n'aimast mieulx estre voleur et sacrilege, et que sa femme feust meurtriere et heretique, que si elle n'estoit plus chaste que son mary : inique estimation de vices! Nous et elles sommes capables de mille corruptions plus dommageables et desnaturees que n'est la lascifveté : mais nous faisons et poisons les vices, non selon nature, mais selon nostre interest; par où ils prennent tant de formes inegales.

L'aspreté de nos decrets rend l'application des femmes à ce vice plus aspre et vicieuse que ne porte sa condition, et l'engage à des suittes pires que n'est leur cause : elles offriront volontiers d'aller au palais querir du gain, et, à la guerre, de la reputation, plustost que d'avoir, au milieu de l'oysifveté et des delices, à faire une si difficile garde; voyent elles pas qu'il n'est ny marchand, ny procureur, ny soldat, qui ne quitte sa besongne pour courre à cette aultre, et le crocheteur et le savetier, touts harassez et hallebrenez qu'ils sont de travail et de faim?

> Num tu, quæ tenuit dives Achæmenes,
> Aut pinguis Phrygiæ Mygdonias opes,
> Permutare velis crine Licymniæ,
> Plenas aut Arabum domos.
> Dum fragrantia detorquet ad oscula
> Cervicem aut facili sævitia negat,
> Quæ poscente magis gaudeat eripi,
> Interdum rapere occupet?

Ie ne sçais si les exploicts de Cesar et d'Alexandre surpassent en rudesse la resolution d'une belle ieune femme, nourrie, en nostre façon, à la lumiere et commerce du monde, battue de tant d'exemples contraires, et se maintenant entiere au milieu de mille continuelles et fortes poursuittes. Il n'y a point de faire plus espineux que ce non faire, n'y plus actif: ie treuve plus aysé de porter une cuirasse toute sa vie, qu'un pucelage; et est le vœu de la virginité le plus noble de touts les vœux, comme estant le plus aspre : *Diaboli virtus in lumbis est*, dict saint Ierosme.

Certes, le plus ardu et le plus vigoureux des humains debvoirs, nous l'avons resigné aux dames, et leur en quittons la gloire. Cela leur doibt servir d'un singulier aiguillon à s'y opiniaster ; c'est une belle matiere à nous braver, et à fouler aux pieds cette vaine preeminence de valeur et de vertu que nous pretendons sur elles : elles trouveront, si elles s'en prennent garde, qu'elles en seront non seulement tresestimees, mais aussi plus aimees. Un galant homme n'abandonne point sa poursuitte, pour estre refusé, pourveu que ce soit un refus de chasteté, non de chois : nous avons beau iurer, et menacer, et nous plaindre ; nous mentons, nous les en aimons mieulx : il n'est point de pareil leurre que la sagesse non rude et renfrongnee. C'est stupidité et lascheté, de s'opiniastrer contre la haine et le mespris ; mais contre une resolution vertueuse et constante, meslee d'une volonté recognoissante, c'est l'exercice d'une ame noble et genereuse. Elles peuvent recognoistre nos services iusques à certaine mesure, et nous faire sentir honnestement qu'elles ne nous desdaignent pas; car cette loy qui leur commande de nous abominer parce que nous les adorons, et nous haïr de ce que nous les aimons, elle est, certes, cruelle, ne feust que de sa difficulté : pourquoy n'orront elles nos offres et nos demandes, autant qu'elles se contiennent soubs le debvoir de la modestie ? que va l'on devinant qu'elles sonnent au dedans quelque sens plus libre ? Une royne de nostre temps disoit ingenieusement, « que de refuser ces abords, c'est tesmoignage de foiblesse, et accusation de sa propre facilité, et qu'une dame non tentee ne se pouvoit vanter de sa chasteté. » Les limites de l'honneur ne sont pas retranchez du tout si court : il a de quoy se relascher ; il peult se dispenser aulcunement, sans se forfaire ; au bout de sa frontiere, il y a quelque estendue, libre, indifferente, et neutre. Qui l'a peu chasser et acculer à force, iusques dans son coing et son fort, c'est un malhabile homme s'il n'est satisfaict de sa fortune : le prix de la victoire se considere par la difficulté. Voulez vous sçavoir quelle impression a faict en son cœur vostre servitude et vostre merite ? mesurez le à ses mœurs : telle peult donner plus, qui ne donne pas tant. L'obligation du bienfaict se rapporte entierement à la volonté de celui qui donne; les aultres circonstances qui tumbent au bien faire sont muettes, mortes, et casueles : ce peu luy couste plus à donner, qu'à sa compaigne son tout. Si en quelque chose la rareté sert d'estimation, ce doibt estre en cecy ; ne regardez pas combien peu c'est, mais combien peu l'ont : la valeur de la monnoye se change selon le coing et la marque du lieu.

Quoy que le despit et l'indiscretion d'aulcuns leur puisse faire dire sur l'excez de leur mescontentement, tousiours la vertu et la verité regaigne son advantage : i'en ay veu, desquelles la reputation a esté longtemps interessee par iniure, s'estre remises en l'approbation universelle des hommes par leur seule constance, sans soing et sans artifice : chascun se respent et se desment de ce qu'il en a creu ; de filles un peu suspectes, elles tiennent le premier reng entre les dames d'honneur. Quelqu'un disoit à Platon : « Tout le monde mesdict de vous : » « Laissez les dire, feit il ; ie vivrai de façon que ie leur feray changer de langage. » Oultre la crainte de Dieu, et le prix d'une gloire si rare, qui les doibt inciter à se conserver, la corruption de ce siecle les y force : et si i'estois en leur place, il n'est rien que ie ne feisse plustost que de commettre ma reputation en mains si dangereuses. De mon temps, le plaisir d'en conter (plaisir qui ne doibt gueres en doulceur à celuy mesme de l'effect) n'estoit permis qu'à ceulx qui avoient quelque amy fidele et unique : à present, les entretiens ordinaires des assemblees et des tables, ce sont les vanteries des faveurs receues et liberalité secrete des dames. Vrayement c'est trop d'abiection et de bassesse de cœur, de laisser ainsi fierement persecuter, paistrir, et fourrager ces tendres et mignardes doulceurs, à des personnes ingrates, indiscretes, et si volages.

Cette nostre exasperation immoderee et illegitime contre ce vice naist de la plus vaine et tempestueuse maladie qui afflige les ames humaines, qui est la ialousie.

> Quis vetat apposito lumen de lumine sumi ?
> Dent licet assidue, nil tamen inde perit.

Celle là, et l'envie sa sœur, me semblent des plus ineptes de la troupe. De cette cy, ie n'en puis gueres parler : cette passion, qu'on peinct si forte et si puissante, n'a, de sa grace, aulcune addresse en moi. Quant à l'aultre, ie la cognois, au moins de veue. Les bestes en ont ressentiment : le pasteur Chratis estant tumbé en l'amour d'une chevre, son bouc, ainsi qu'il dormoit, luy veint, par ialousie, choccquer la teste de la sienne, et la luy escraza. Nous avons monté l'excez de cette fiebvre, à l'exemple d'aulcunes nations barbares : les mieulx disciplinees en ont esté touchees, c'est raison, mais non pas transportees.

> Ense maritali nemo confossus adulter
> Purpureo Stygias sanguine tinxit aquas

Lucullus, Cesar, Pompeius, Antonius, Caton, et d'aultres braves hommes, feurent cocus, et le sceurent, sans en exciter tumulte ; il n'y eut, en ce temps là, qu'un sot de Lepidus qui en mourut d'angoisse.

> Ah ! tum te miserum malique fati.
> Quem attractis pedibus, patente porta,
> Percurrent raphanique mugilesque :

et le dieu de nostre poëte, quand il surprint avecques sa femme l'un de ses compagnons, se contenta de leur en faire honte.

> Atque aliquis de dis non tristibus optat
> Sic fieri turpis :

et ne laisse pourtant pas de s'eschauffer des molles caresses qu'elle luy offre, se plaignant qu'elle soit pour cela entree en desfiance de son affection :

> Quid causas petis ex alto ? fiducia cessit
> Quo tibi, diva, mei ?

voire, elle luy faict requeste pour un sien bastard,

> Arma rogo genitrix nato,

qui luy est liberalement accordee ; et parle Vulcan d'Aeneas avecques honneur.

> Arma acri facienda viro,

d'une humanité à la verité plus qu'humaine ; et cet excez de bonté, ie consens qu'on le quitte aux dieux :

> Nec divis homines componier æquum est.

Quant à la confusion des enfants, oultre ce que les plus graves legislateurs l'ordonnent et l'affectent en toutes leurs republicques, elle ne touche pas les femmes, où cette passion est, ie ne sçais comment, encores mieulx en son siege :

> Sæpe etiam Iuno, maxima cœlicolum,
> Coniugis in culpa flagravit quotidiana.

Lorsque la ialousie saisit ces pauvres ames foibles et sans resistance, c'est pitié comme elle les tirasse et tyrannise cruellement : elle s'y insinue soubs tiltre d'amitié ; mais, depuis qu'elle les possede, les mesmes causes qui servoient de fondement à la bienveillance servent de fondement de haine capitale. C'est, des maladies d'esprit, celle à qui plus de choses servent d'aliment, et moins de choses de remede : la vertu, la santé, le merite, la reputation du mary, sont les boutefeux de leur maltalent et de leur rage :

> Nullæ sunt inimicitiæ, nisi amoris, acerbæ.

Cette fiebvre laidit et corrompt tout ce qu'elles ont de bel et de bon d'ailleurs ; et d'une femme ialouse, quelque chaste qu'elle soit et mesnagiere, il n'est action qui ne sente à l'aigre et à l'importun : c'est une agitation enragee, qui les reiecte à une extremité du tout contraire à sa cause. Il feut bon d'un Octavius à Rome : Ayant couché avecques Pontia Postumia, il augmenta son affection par la iouïssance, et poursuyvit à toute instance de l'espouser : ne la pouvant persuader, cet amour extreme le precipita aux effects de la plus cruelle et mortelle inimitié ; il la tua. Pareillement, les symptomes ordinaires de cette aultre maladie amoureuse, ce sont les haines intestines, monopoles, coniurations,

> Notumque furens quid femina possit,

et une rage qui se ronge d'autant plus, qu'elle est contraincte de s'excuser du pretexte de bienveuillance.

Or, le debvoir de chasteté a une grande estendue : est ce la volonté que nous voulons qu'elles bridentᵉ c'est une piece bien souple et active ; elle a beaucoup de promptitude, pour la pouvoir arrester : comment ? si les songes les engagent parfois si avant, qu'elles ne s'en puissent desdire ; il n'est pas en elles, ni à l'adventure en la Chasteté mesme, puisqu'elle est femelle, de se deffendre des concupiscences et du desirer. Si leur volonté seule nous interesse, où en sommes nous ? Imaginez la grand' presse, à qui auroit ce privilege d'estre porté, tout empenné, sans yeulx et sans langue, sur le poing de chascune qui l'accepteroit : les femmes scythes crevoient les yeulx à touts leurs esclaves et prisonniers de guerre, pour s'en servir plus librement et couvertement. Oh ! le furieux advantage que l'opportunité ? Qui me demanderoit la premiere partie en l'amour, ie respondrois que c'est sçavoir prendre le temps ; la seconde de mesme ; et encores la tierce : c'est un dernier poinct qui peult tout.

I'ay eu faulte de fortune souvent, mais parfois aussi d'entreprinse : Dieu gard' de mal qui peult encores s'en mocquer. Il y fault en ce siecle plus de temerité, laquelle nos ieunes gens excusent, soubs pretexte de chaleur ; mais, si elles y regardoient de prez, elles trouveroient qu'elle vient plutost de mespris. Ie craignois superstitieusement d'offenser, et respecte volontiers ce que i'aime : oultre ce, qu'en cette marchandise, qui en oste la reverence en efface le lustre ; i'aime qu'on y face un peu l'enfant, le craintif, et le serviteur. Si ce n'est du tout en cecy, i'ay, d'ailleurs, quelques airs de la sotte honte de quoy parle Plutarque, et en a esté le cours de ma vie blecé et taché diversement ; qualité bien mal advenante à ma forme universelle : qu'est il de nous aussi, que sedition et discrepance ? I'ay les yeulx tendres à soubtenir un refus, comme à refuser : et me poise tant de poiser à aultruy, que, ez occasions où le le debvoir me force d'essayer la volonté de quelqu'un en chose doubteuse et qui luy couste, ie le fois maigrement et envy ; mais si c'est pour mon particulier, quoyque die veritablement Homere, « qu'à un indigent c'est une sotte vertu que la honte, » i'y commets ordinairement un tiers qui rougisse en ma place, et escondduis ceulx qui m'employent, de pareille difficulté ; si qu'il m'est advenu par fois d'avoir la volonté de nier, que ie n'en avois pas la force.

C'est doncques folie d'essayer à brider aux femmes un desir qui leur est si cuisant et si naturel : et quand je les ois se vanter d'avoir leur volonté si vierge et si froide, je me mocque d'elles ; elles se reculent trop arriere : Si c'est une vieille esdentee et descrepite, ou une ieune seiche et pulmonique ; s'il n'est du tout croyable, au moins elles ont apparence de le dire : Mais celles qui se meuvent et respirent encores, elles en empirent leur marché, d'autant que les excuses inconsiderees servent d'accusation ; comme un gentilhomme de mes voisins, qu'on souspeçonnoit d'impuissance,

> Languidior tenera cui pendens sicula beta
> Nunquam se mediam sustulit ad tunicam,

trois ou quatre iours aprez ses nopces, alla iurer tout hardiment, pour se iustifier, qu'il avoit faict vingt postes la nuict precedente ; de quoy on s'est servé depuis à le convaincre de pure ignorance, et à le desmarier : oultre que ce n'est rien dire qui vaille ; car il n'y a ny continence ny vertu, s'il n'y a de l'effort au contraire. Il est vray, faut il dire, que ie ne suis pas preste à me rendre : les saincts mesmes parlent ainsi. S'entend, de celles qui se vantent en bon escient de leur froideur et insensibilité, et qui veulent en estre creues d'un visage serieux ; car, quand c'est d'un visage affecté, où les yeulx desmentent leurs paroles, et du iargon de leur profession qui porte coup à contrepoil, ie le treuve bon. Ie suis fort serviteur de la naïfveté et de la liberté ; mais il n'y a remede : si elle n'est du tout niaise ou enfantine, elle est inepte, et messeante aux dames en ce commerce ; elle gauchit incontinent sur l'impudence. Leurs desguisements et leurs figures ne trompent que les sots ; le mentir y est en siege d'honneur : c'est un destour qui nous conduict à la verité par une faulse porte. Si nous ne pouvons contenir leur imagination, que voulons nous d'elles ? Les effects ? il en est assez qui eschappent à toute communication estrangiere, par lesquels la chasteté peult estre corrompue ;

> Illud sæpe facit, quod sine teste facit :

et ceux que nous craignons le moins, sont à l'adventure les plus à craindre, leurs pechez muets sont les pires :

> Offendor mœcha simpliciore minus.

Il est des effects qui peuvent perdre sans impudicité leur pudicité ; et, qui plus est, sans leur sceu : *obstetrix, virginis cuiusdam integritatem manu velut explorans, sive malevolentia, sive inscitia, sive casu, dum inspicit, perdidit :* telle a adiré sa virginité pour l'avoir cherchee ; telle s'en esbattant, l'a tuee. Nous ne sçaurions leur circonscrire precisement les actions que nous leur deffendons ; il fault concevoir nostre loy soubs paroles generales et incertaines : l'idee mesme que nous forgeons à leur chasteté est ridicule : car, entre les extremes patrons que i'en aye, c'est Fatua, femme de Faunus, qui ne se laissa veoir oncques, puis ses nopces, à masle quelconque ; et la femme de Hieron, qui ne sentoit pas son mary punais, estimant que ce feust une qualité commune à touts hommes : il fault qu'elles deviennent insensibles et invisibles, pour nous satisfaire.

Or, confessons que le nœud du iugement de ce debvoir gist principalement en la volonté : il y a peu de maris qui ont souffert cet accident, non seulement sans reproche et offense envers leurs femmes, mais avecques singuliere obligation et recommandation de leur vertu : telle, qui aimoit mieulx son honneur que sa vie, l'a prostitué à l'appetit forcené d'un mortel ennemy, pour sauver la vie à son mary, et a faict pour luy ce qu'elle n'eust aulcunement faict pour soy. Ce n'est pas ici le lieu d'estendre ces exemples, ils sont trop haults et trop riches pour estre representez en ce lustre ; gardons les à un plus noble siege : mais pour des exemples de lustre plus vulgaire, est il pas touts les iours des femmes, entre nous, qui, pour la seule utilité de leurs maris, se prestent, et par leur expresse ordonnance et entremise ? et anciennement Phaulius l'Argien offrit la sienne au roy Philippus par ambition ; tout ainsi que par civilité ce Galba, qui avoit donné à souper à Mecenas, veoyant que sa femme et luy commenceoient à complotter par œillades et signes, se laissa couler sur son coussin, representant un homme aggravé de sommeil, pour faire espaule à leurs amours : ce qu'il advoua d'assez bonne grace : car, sur ce poinct, un valet ayant prins la hardiesse de porter la main sur les vases qui estoient sur la table, il lui cria tout franchement : « Comment, coquin, veois tu pas que ie ne dors que pour Mecenas ? » Telle a les mœurs desbordees, qui a la volonté plus refermee que n'a cett' aultre qui se conduict soubs une apparence reglee. Comme nous en veoyons qui se plaignent d'avoir esté vouees à chasteté avant l'aage de cognoissance : i'en ay veu aussi se plaindre veritablement d'avoir esté vouees à la desbauche, avant l'aage de cognoissance ; le vice des parents en peult estre cause ; ou la force du besoing, qui est un rude conseiller. Aux Indes orientales, la chasteté y estant en singuliere recommendation, l'usage pourtant souffroit qu'une femme mariee se peust abandonner à qui luy prestoit un elephant ; et cela, avecques quelque gloire d'avoir esté estimee à si hault prix. Phedon le philosophe, homme de maison, aprez la prinse de son païs d'Elide, feit mestier de prostituer, autant qu'elle dura, la beauté de sa ieunesse à qui en voulut, à prix d'argent, pour en vivre. Et Solon fut le premier en la Grece, dict on, qui, par ses loix, donna la liberté aux femmes, aux despens de leur pudicité, de prouveoir au besoing de leur vie : coutume que Herodote dict avoir esté receue avant luy en plusieurs polices. Et puis, quel fruict de cette penible sollicitude? car, quelque iustice qu'il y ait en cette passion, encores fauldroit il veoir si elle nous charie utilement. est il quelqu'un qui les pense boucler par son industrie?

> Pone seram ; cohibe ; sed quis custodiet ipsos
> Custodes? cauta est, et ab illis incipit uxor :

quelle commodité ne leur est suffisante, en un siecle si sçavant?

La curiosité est vicieuse par tout; mais elle est pernicieuse icy : c'est folie de vouloir s'esclaircir d'un mal auquel il n'y a point de medecine qui ne l'empire et le rengrege; duquel la honte s'augmente et se publie principalement par la ialousie; duquel la vengeance blece plus nos enfants qu'elle ne nous guarit. Vous asseichez et mourez à la queste d'une si obscure verification. Combien piteusement y sont arrivez ceulx de mon temps qui en sont venus à bout! Si l'advertisseur n'y presente quand et quand le remede et son secours, c'est un advertissement iniurieux, et qui merite mieulx un coup de poignard que ne faict un desmentir. On ne se mocque pas moins de celuy qui est en peine d'y prouveoir, que de celuy qui l'ignore. Le charactere de la cornardise est indelebile ; à qui il est une fois attaché, il l'est tousiours : le chastiment l'exprime plus que la faulte. Il faict beau veoir arracher de l'umbre et du doubte nos malheurs privez, pour les trompetter en des eschaffauds tragiques; et malheurs qui ne pincent que par le rapport : car Bonne femme, et Bon mariage, se dict, non de qui l'est, mais duquel on se taist. Il fault estre ingenieux à eviter cette ennuyeuse et inutile cognoissance ; et avoient les Romains en coustume, revenants de voyage, d'envoyer au devant en la maison faire sçavoir leur arrivee aux femmes, pour ne les surprendre; et pourtant a introduict certaine nation que le prebstre ouvre le pas à l'espousee, le iour des nopces, pour oster au marié le doubte et la curiosité de chercher, en ce premier essay, si elle vient à luy vierge, ou blecee d'une amour estrangiere.

Mais le monde en parle. Ie sçais cent honnestes hommes cocus, honnestement et peu indecemment; un galant homme en est plainct, non pas desestimé. Faictes que vostre vertu estouffe vostre malheur; que les gents de bien en mauldissent l'occasion; que celuy qui vous offense tremble seulement à le penser. Et puis, de qui ne parle on en ce sens, depuis le petit iusques au plus grand?

> Tot qui legionibus imperitavit,
> Et melior quam in multis fuit, improbe rebus

veois tu qu'on engage en ce reproche tant d'honnestes hommes en ta presence? pense qu'on ne t'espargne non plus ailleurs. Mais iusques aux dames, elles s'en mocqueront : et de quoy se mocquent elles en ce temps plus volontiers que d'un mariage paisible et bien composé? Chascun de vous a faict quelqu'un cocu : or, nature est toute en pareilles, en compensation et vicissitude. La frequence de cet accident en doibt meshuy avoir moderé l'aigreur : le voylà tantost passé en coustume.

Miserable passion ! qui a cecy encores, d'estre incommunicable,

> Fors etiam nostris invidit questibus aures :

car à quel amy osez vous fier vos doleances, qui, s'il ne s'en rit, ne s'en serve d'acheminement et d'instruction pour prendre luy mesme sa part à la curee? Les aigreurs comme les doulceurs du mariage se tiennent secrettes pour les sages ; et, parmy les autres importunes conditions qui se treuvent en iceluy, cette cy, à un homme languagier, comme ie suis, est des principales, que la coustume rende indecent et nuisible qu'on communique à personne tout ce qu'on en sçait et qu'on en sent.

De leur donner mesme conseil à elles, pour les desgouter de la ialousie, ce seroit temps perdu : leur essence est si confite en souspeçon, en vanité et en curiosité, que de les guarir par voye legitime, il ne fault pas l'esperer. Elles s'amendent souvent de cet inconvenient par une forme de santé, beaucoup plus à craindre que n'est la maladie mesme : car, comme il y a des enchantements qui ne sçavent pas oster le mal qu'en le rechargeant à un aultre, elles reiectent ainsi volontiers cette fiebvre à leurs maris, quand elles la perdent. Toutesfois, à dire vray, ie ne sçais si on peult souffrir d'elles pis que la ialousie :

c'est la plus dangereuse de leurs conditions, comme de leurs membres, la teste. Pittacus disoit, « que chascun avoit son default; que le sien estoit la mauvaise teste de sa femme : hors cela, il s'estimeroit de tout poinct heureux. » C'est un bien poisant inconvenient, duquel un personnage si iuste, si sage, si vaillant, sentoit tout l'estat de sa vie alteré : que debvons nous faire, nous aultres hommelets? Le senat de Marseille eut raison d'interiner sa requeste à celuy qui demandoit la permission de se tuer, pour s'exempter de la tempeste de sa femme; car c'est un mal qui ne s'emporte iamais qu'en emportant la piece, et qui n'a d'aultre composition qui vaille, que la fuyte ou la souffrance, quoyque toutes les deux tresdifficiles. Celuy là s'y entendoit, ce me semble, qui dict « qu'un bon mariage se dressoit d'une femme aveugle, avecques un mary sourd. »

Regardons aussi que cette grande et violente aspreté d'obligation que nous leur enioignons, ne produise deux effects contraires à nostre fin : à sçavoir Qu'elle aiguise les poursuyvants; Et face les femmes plus faciles à se rendre; car, quant au premier poinct, montant le prix de la place, nous montons le prix et le desir de la conqueste. Seroit ce pas Venus mesme qui eust ainsi finement haulsé le chevet à sa marchandise par le macquerelage des loix, cognoissant combien c'est un sot deduit, qui ne le feroit valoir par fantasie et par cherté? enfin c'est toute chair de porc, que la saulse diversifie, comme disoit l'hoste de Flaminius. Cupidon est dieu felon : il fait son ieu à luicter la devotion et la iustice, c'est sa gloire, que sa puissance chocque tout'aultre puissance, et que toutes aultres regles cedent aux siennes;

    Materiam culpæ prosequiturque suæ.

Et quant au second poinct : serions nous pas moins cocus, si nous craignions moins de l'estre? suyvant la complexion des femmes; car la deffense les incite et convie :

    Ubi velis, nolunt ; ubi nolis, volunt ultro :
    Concessa pudet ire via.

Quelle meilleure interpretation trouverions nous au faict de Messalina? Elle feit au commencement son mary cocu à cachetes, comme il se faict : mais, conduisant ses parties trop aysement, par la stupidité qui estoit en luy, elle desdaigna soubdain cet usage; la voylà à faire l'amour à la descouverte, advouer des serviteurs, les entretenir et les favoriser à la veue d'un chascun : elle vouloit qu'il s'en ressentist. Cet animal ne se pouvant esveiller pour tout cela, et luy rendant ses plaisirs mols et fades par cette trop lasche facilité par laquelle il sembloit qu'il les auctorisast et legitimast, que feit elle? Femme d'un empereur sain et vivant, et à Rome, au theatre du monde, en plein midy, en feste et cerimonie publicque, et avecques Silius, duquel elle iouïssoit longtemps devant, elle se marie un iour que son mary estoit hors de la ville. Semble il pas qu'elle s'acheminast à devenir chaste, par la nonchalance de son mary? ou qu'elle cherchast un aultre mary qui luy aiguisast l'appetit par sa ialousie, et qui, en luy insistant, l'incitast? Mais la premiere difficulté qu'elle rencontra feut aussi la derniere : cette beste s'esveilla en sursault; on a souvent pire marché de ces lourdauds endormis; i'ay veu par experience que cette extreme souffrance, quand elle vient à se desnouer, produict des vengeances plus aspres; car, prenant feu tout à coup, la cholere et la fureur s'amoncelant en un, esclatte touts ses efforts à la premiere charge,

    Irarumque omnes effundit habenas

il la feit mourir, et grand nombre de ceulx de son intelligence, iusques à tel qui n'en pouvoit mais, et qu'elle avoit convié à son lit à coups d'escourgee.

Ce que Virgile dict de Venus et de Vulcan, Lucrece l'avoit dict plus sortablement d'une iouïssance desrobbee d'elle et de Mars :

    Belli fera mœnera Mavors
  Armipotens regit, in gremium qui sæpe tuum se
   Reiicit, æterno divinctus vulnere amoris;
  . . . .
   Pascit amore avidos inhians in te, dea, visus,
   Eque tuo pendet resupini spiritus ore :
   Hunc tu, diva, tuo recubantem corpore sancto
   Circumfusa super, suaveis ex ore loquelas
   Funde.

Quand ie rumine ce *reiicit, pascit, inhians, molli, fovet, medullas, labefacta, pendet, percurrit,* et cette noble *circumfusa,* mere du gentil *infusus,* i'ay desdaing de ces menues pointes et allusions verbales qui nasquirent depuis. A ces bonnes gents, il ne falloit d'aiguë et subtile rencontre : leur langage est tout plein, et gros d'une vigueur naturelle et constante : ils sont tout epigramme ; non la queuë seulement, mais la teste, l'estomach, et les pieds. Il n'y a rien d'efforcé, rien de traisnant, tout y marche d'une pareille teneur : *contextus virilis est; non sunt circa flosculos occupati.* Ce n'est pas une eloquence molle, et seulement sans offense : elle est nerveuse et solide, qui ne plaist pas tant, comme elle remplit et ravit ; et ravit le plus les plus forts esprits. Quand ie veois ces braves formes de s'expliquer, si vifves, si profondes, ie ne dis pas que c'est Bien dire, ie dis que c'est Bien penser. C'est la gaillardise de l'imagination qui esleve et enfle les paroles : *pectus est, quod disertum facit :* nos gents appellent iugement, langage ; et beaux mots, les pleines conceptions. Cette peincture est conduicte, non tant par dexterité de la main, comme pour avoir l'obiect plus vifvement empreinct en l'ame. Gallus parle simplement parce qu'il conceoit simplement : Horace ne se contente point d'une superficielle expression, elle le trahiroit ; il veoid plus clair et plus oultre dans les choses ; son esprit crochette et furette tout le magasin des mots et des figures, pour se representer ; et les luy fault oultre l'ordinaire, comme sa conception est oultre l'ordinaire. Plutarque dict qu'il veid le langage latin par les choses : icy de mesme ; le sens esclaire et produict les paroles, non plus de vent, ains de chair et d'os ; elles signifient plus qu'elles ne disent. Les imbecilles sentent encores quelque image de cecy : car en Italie ie disois ce qu'il me plaisoit, en devis communs ; mais aux propos roides, ie n'eusse osé me fier à un idiome que ie ne pouvois plier ny contourner oultre son allure commune : i'y veulx pouvoir quelque chose du mien.

Le maniement et employte des beaux esprits donne prix à la langue ; non pas l'innovant, tant, comme la remplissant de plus vigoreux et divers services, l'estirant et ployant ; ils n'y apportent point de mots, mais ils enrichissent les leurs, appesantissent et enfoncent leur signification et leur usage, luy apprennent des mouvements inaccoustumez, mais prudemment et ingenieusement. Et combien peu cela soit donné à touts, il se veoid par tant d'escrivains françois de ce siecle : ils sont assez hardis et desdaigneux, pour ne suyvre pas la route commune ; mais faulte d'invention et de discretion les perd ; il ne s'y veoid qu'une miserable affectation d'estrangeté, des deguisements froids et absurdes, qui, au lieu d'eslever, abattent la matiere : pourveu qu'ils se gorgiasent en la nouvelleté, il ne leur chault de l'efficace ; pour saisir un nouveau mot, ils quittent l'ordinaire, souvent plus fort et plus nerveux.

En nostre langage ie treuve assez d'estoffe, mais un peu faulte de façon : car il n'est rien qu'on ne feist du iargon de nos chasses et de nostre guerre, qui est un genereux terrein à emprunter ; et les formes de parler, comme les herbes, s'amendent et fortifient en les transplantant. Ie le treuve suffisamment abondant, mais non pas maniant et vigoreux suffisamment ; il succombe ordinairement à une puissante conception : si vous allez tendu, vous sentez souvent qu'il languist soubs vous, et fleschit ; et qu'à son default le latin se presente au secours, et le grec à d'aultres. D'aulcuns de ces mots que ie viens de trier, nous en appercevons plus malayseement l'energie, d'autant que l'usage et la frequence nous en ont aulcunement avily et rendu vulgaire la grace ; comme en nostre commun, il s'y rencontre des phrases excellentes, et des metaphores, desquelles la beauté flestrit de vieillesse, et la couleur s'est ternie par maniement trop ordinaire : mais cela n'oste rien du goust à ceulx qui ont bon nez, ny ne desroge à la gloire de ces anciens aucteurs qui, comme il est vraysemblable, meirent premierement ces mots en ce lustre.

Les sciences traictent les choses trop finement, d'une mode artificielle, et differente à la commune et naturelle. Mon page faict l'amour, et l'entend : lisez luy Leon hebreu, et Ficin ; on parle de luy, de ses pensees, de ses actions, et si n'y entend rien. Ie ne recognois pas chez Aristote la plus part de mes mouvements ordinaires ; on les a couverts et revestus d'une aultre robbe, pour l'usage de l'eschole : Dieu leur doibt bien faire ! Si i'estois du mestier, ie naturaliserois l'art, autant comme ils artialisent la nature. Laissons là Bembo et Equicola.

Quand i'escris, ie me passe bien de la compaignie et souvenance des livres, de peur qu'ils n'interrompent ma forme ; aussi qu'à la verité les bons aucteurs m'abattent par trop, et rompent le courage : ie foys volontiers le tour de ce peintre, lequel, ayant miserablement representé des coqs, deffendoit à ses garsons qu'ils ne laissassent venir en sa boutique aulcun coq naturel ; et aurois plustost besoing, pour me donner un peu de lustre, de l'invention du musicien Antigenides, qui, quand il avoit à faire la musique, mettoit ordre que, devant ou aprez luy, son auditoire feust abbruvé de quelques aultres mauvais chantres. Mais ie me puis plus malayseement desfaire de Plutarque : il est si universel et si plein, qu'à toutes occasions, et quelque subiect extravagant que vous ayez prins, il s'ingere à vostre besongne, et vous tend une main liberale et inespuisable de richesses et d'embellissements. Il m'en faict despit, d'estre si fort exposé au pillage de ceulx qui le hantent ; ie ne le puis si peu raccointer, que ie n'en tire cuisse ou aile.

Pour ce mien desseing, il me vient aussi à propos d'escrire chez moy, en païs sauvage, où personne ne m'ayde, ny me releve, ou ie ne hante communement homme qui entende le latin de son patenostre, et de françois un peu moins. Ie l'eusse faict meilleur ailleurs, mais l'ouvrage eust esté moins mien : et sa fin principale et perfection, c'est d'estre exactement mien. Ie corrigerois bien une erreur accidentale, dequoy ie suis plein, ainsi que ie cours inadvertemment ; mais les imperfections qui sont en moy ordinaires et constantes, ce seroit trahison de les oster. Quand on m'a dict, ou que moy mesme me suis dict : « Tu es trop espez en figures : Voylà un mot du creu de Gascoigne : Voylà une phrase dangereuse (ie n'en refuis aulcune de celles qui s'usent emmy les rues françoises ; ceulx qui veulent combattre l'usage par la grammaire se mocquent) : Voylà un discours ignorant : Voylà un discours paradoxe : En voylà un trop fol : Tu te ioues souvent ; on estimera que tu dies à droict ce que tu dis à feincte. » « Ouy, foys ie ; mais ie corrige les faultes d'inadvertance, non celles de coustume. Est ce pas ainsi que ie parle par tout ? me represente ie pas vifvement ? suffit. I'ay faict ce que i'ay voulu : tout le monde me recognoist en mon livre, et mon livre en moy. »

Or, i'ay une condition singeresse et imitatrice : quand ie me meslois de faire des vers (et n'en feis iamais que des latins), ils accusoient evidemment le poëte que ie venois dernierement de lire ; et de mes premiers Essays, aulcuns puent un peu l'estrangier : à Paris, ie parle un langage aulcunement aultre qu'à Montaigne. Qui que ie regarde avecques attention, m'imprime facilement quelque chose du sien : ce que ie considere, ie l'usurpe ; une sotte contenance, une desplaisante grimace, une forme de parler ridicule ; les vices plus ; d'autant qu'ils me poignent, ils s'accrochent à moy, et ne s'en vont pas sans secouer. On m'a veu plus souvent iurer par similitude que par complexion : imitation meurtriere, comme celle des singes horribles en grandeur et en force que le roy Alexandre rencontra en certaine contree des Indes, desquels aultrement il eust esté difficile de venir à bout, mais ils en presterent le moyen par cette leur inclination à contrefaire tout ce qu'ils veoyoient faire : car par là les chasseurs apprindrent de se chausser des souliers à leur veüe, avecques force nœuds de liens ; de s'affubler d'accoustrements de teste à tout des lacs courants, et oindre, par semblant, leurs yeulx de glux. Ainsi mettoit imprudemment à mal ces pauvres bestes leur complexion singeresse : ils s'engluoient, s'enchevestroient et garrotoient eulx mesmes. Cett' autre faculté de representer ingenieusement les gestes et paroles d'un aultre, par desseing, qui apporte souvent plaisir et admiration, n'est en moy non plus qu'en une souche. Quand ie iure selon moy, c'est seulement, Par Dieu ! qui est le plus droict de touts les serments. Ils disent que Socrates iuroit le Chien : Zenon, cette mesme interiection qui sert asture aux Italiens, Cappari : Pythagoras, L'eau et L'air. Ie suis si aysé à recevoir, sans y penser, ces impressions superficielles, qu'ayant eu en la bouche, Sire ou Altesse, trois iours de suitte ; huict iours apres ils m'eschappent pour Excellence ou pour Seigneurie, et ce que i'auray prins à dire en bastelant et en me mocquant, ie le diray lendemain serieusement. Pourquoy, à escrire, i'accepte plus envy les arguments battus, de peur que ie les traicte aux despens d'aultruy. Tout argument m'est egualement fertile : ie les prends sur une mouche : et Dieu vueille que celuy que i'ay ici en main n'ait pas esté prins par le commandement d'une volonté autant volage ! Que ie commence par celle qu'il me plaira; car les matieres se tiennent toutes enchaisnees les unes aux aultres.

Mais mon ame me desplaist, de ce qu'elle produict ordinairement ses plus profondes resveries, plus folles et qui me plaisent le mieulx, à l'improuveu et lorsque ie les cherche moins, lesquelles s'esvanouïssent soubdain, n'ayant sur le champ à les attacher; à cheval, à la table, au lict; mais plus à cheval, où sont mes plus larges entretiens. l'ay le parler un peu delicatement ialoux d'attention et de silence, si ie parle de force : qui m'interrompt m'arreste. En voyage, la necessité mesme des chemins coupe les propos; oultre ce, que ie voyage plus souvent sans compaignie propre à ces entretiens de suitte : par où ie prends tout loisir de m'entretenir moy mesme. Il m'en advient comme de mes songes : en songeant, ie les recommende à ma memoire (car ie songe volontiers que ie songe); mais, le lendemain, ie me represente bien leur couleur comme elle estoit, ou gaye, ou triste, ou estrange; mais, quels ils estoient au reste, plus i'ahanne à le trouver, plus ie l'enfonce en l'oubliance. Aussi des discours fortuites qui me tumbent en fantasie, il ne m'en reste en memoire qu'une vaine image; autant seulement qu'il m'en fault pour me faire ronger et despiter aprez leur queste, inutilement.

Or doncques, laissant les livres à part, et parlant plus materiellement et simplement, ie treuve, aprez tout, que l'amour n'est aultre chose que la soif de cette iouïssance, en un, subiect desiré; ny Venus, aultre chose que le plaisir à descharger ses vases, comme le plaisir que nature nous donne à descharger d'aultres parties; qui devient vicieux ou par immoderation, ou par indiscretion : pour Socrates, l'amour est appetit de generation; par l'entremise de la beauté. Et, considerant maintesfois la ridicule titillation de ce plaisir, les absurdes mouvements escervelez et estourdis dequoy il agite Zenon et Cratippus, cette rage indiscrette, ce visage enflammé de fureur et de cruauté au plus doux effect de l'amour, et puis cette morgue grave, severe et ecstatique en une action si folle; qu'on aye logé peslemesle nos delices et nos ordures ensemble; et que la supreme volupté aye du transy et du plaintif comme la douleur : ie crois qu'il est vray, ce que dict Platon, que l'homme a esté faict par les dieux pour leur iouet,

    Qunœam ista iocandi
  Sævitia !

et que c'est par mocquerie que nature nous a laissé la plus trouble de nos actions, la plus commune, pour nous egualer par là, et apparier les fols et les sages, et nous et les bestes. Le plus contemplatif et prudent homme, quand ie l'imagine en ce cette assiette, ie le tiens pour affronteur de faire le prudent et le contemplatif : ce sont les pieds du paon, qui abbattent son orgueil

    Ridentem dicere verum,
  Quid vetat?

Ceulx qui, parmy les ieux, refusent les opinions serieuses, font, dict quelqu'un, comme celuy qui craint d'adorer la statue d'un sainct, si elle est sans devantiere. Nous mangeons bien et beuvons comme les bestes : mais ce ne sont pas actions qui empeschent les offices de nostre ame, en celles là nous gardons nostre advantage sur elles ; cette cy met toute aultre pensee soubs le ioug, abrutit et abestit, par son imperieuse auctorité, toute la theologie et philosophie qui est en Platon, et si ne s'en plainct pas. Partout ailleurs vous pouvez garder quelque decence : toutes aultres operations souffrent des regles d'honnesteté : cette cy ne se peult pas seulement imaginer, que vicieuse ou ridicule; trouvez y, pour veoir, un procedé sage et discret. Alexandre disoit, qu'il se cognoissoit principalement mortel par cette action, et par le dormir. Le sommeil suffoque et supprime les facultez de nostre ame : la besongne les absorbe et dissipe de mesme; certes, c'est une marque, non seulement de nostre corruption originelle, mais aussi de nostre vanité et desformité.

D'un costé nature nous y poulse, ayant attaché à ce desir la plus noble, utile et plaisante de toutes ses fonctions; et la nous laisse, d'aultre part, accuser et fuyr comme insolente et deshonneste, en rougir, et recommender l'abstinence. Sommes nous pas bien brutes, de nommer brutale l'operation qui nous faict? Les peuples, ez religions, se sont rencontrez en plusieurs convenances, comme sacrifices, luminaires, encensements, ieunes, offrandes; et entre aultres, en la condemnation de cette action : toutes les opinions y viennent, oultre l'usage si estendu des circoncisions, qui en est une punition. Nous avons à l'adventure raison de nous blasmer de faire une si sotte production que l'homme ; d'appeller l'action, honteuse ; et honteuses, les parties qui y servent (asteure sont les miennes proprement honteuses et peneuses). Les Esseniens, dequoy parle Pline, se maintenoient, sans nourrice, sans maillot, plusieurs siecles, de l'abord des estrangiers qui, suyvants cette belle humeur, se rengeoient continuellement à eulx ; ayant toute une nation hazardé de s'exterminer, plustost que de s'engager à un engagement feminin, et de perdre la suitte des hommes, plustost que d'en forger un. Ils disent que Zenon n'eut affaire à femme qu'une fois en sa vie, et que ce feut par civilité, pour ne sembler desdaigner trop obstineement le sexe. Chascun fuyt à le veoir naistre, chascun court à le veoir mourir, pour le destruire, on cherche un champ spacieux, en pleine lumiere ; pour le construire, on se musse dans un creux tenebreux, et le plus contrainct qu'il se peult : c'est le debvoir, de se cacher et rougir pour le faire, et c'est gloire, et naissent plusieurs vertus, de le sçavoir desfaire : l'une est iniure, l'aultre est faveur ; car Aristote dict que Bonifier quelqu'un, c'est le Tuer, en certaine phrase de son païs. Les Atheniens, pour apparier la desfaveur de ces deux actions, ayants à mundifier l'isle de Deslos, et se iustifier envers Apollo, deffendirent au pourpris d'icelle tout enterrement, et tout enfantement ensemble. *Nostri nosmet pœnitet.*

Il y a des nations qui se couvrent en mangeant. Ie sçais une dame, et des plus grandes, qui a cette mesme opinion, Que c'est une contenance desagreable de mascher, qui rabbat beaucoup de leur grace et de leur beauté ; et ne se presente pas volontiers avecques appetit : et sçais un homme qui ne peult souffrir de veoir manger, ny qu'on le veoye, et fuyt toute assistance plus quand il s'emplit, que s'il se vuide. En l'empire Turc, il se veoid grand nombre d'hommes qui, pour exceller sur les aultres, ne se laissent iamais veoir quand ils font leurs repas, qui n'en font qu'un la semaine ; qui se deschiquettent et descoupent la face et les membres ; qui ne parlent iamais à personne : gents fanatiques, qui pensent honnorer leur nature en se desnaturant, qui se prisent de leur mespris, et s'amendent de leur empirement ! Quel monstrueux animal, qui se fait horreur à soy mesme, à qui ses plaisirs poisent, qui se tient à malheur ! Il y en a qui cachent leur vie,

        Exsiloque domos et dulcia limina mutant,

et la desrobbent de la veue des aultres hommes ; qui evitent la santé et l'alaigresse, comme qualitez ennemies et dommageables : non seulement plusieurs sectes, mais plusieurs peuples mauldissent leur naissance et benissent leur mort : il en est où le soleil est abominé, les tenebres adorees. Nous ne sommes ingenieux qu'à nous malmener ; c'est le vray gibbier de la force de nostre esprit : dangereux util en desreglement !

        O miseri ! quorum gaudia crimen habent.

Hé ! pauvre homme, tu as assez d'incommoditez necessaires, sans les augmenter par ton invention ; et es assez miserable de condition, sans l'estre par art ; tu as des laideurs reelles et essentielles, à suffisance, sans en forger d'imaginaires : trouves tu que tu sois trop à l'ayse, si la moitié de ton ayse ne te fasche ? trouves tu que tu ayes rempli touts les offices necessaires à quoy nature t'engage, et qu'elle soit manque et oisifve chez toy, si tu ne t'obliges à nouveaux offices ? Tu ne crains point d'offenser ses loix, universelles et indubitables ; et te picques aux tiennes, partisanes et fantastiques ; et d'autant plus qu'elles sont particulieres, incertaines, et plus contredictes, d'autant plus tu fois là ton effort : les ordonnances positifves de ta paroisse t'occupent et attachent ; celles de Dieu et du monde ne te touchent point. Cours un peu par les exemples de cette consideration ; ta vie en est toute.

Les vers de ces deux poëtes, traictants ainsi reserveement et discrettement de la lascifveté, comme ils font, me semblent la descouvrir et esclairer de plus prez. Les dames couvrent leur sein d'un reseul, les presbtres plusieurs choses sacrees, les peintres umbragent leur ouvrage, pour luy donner plus de lustre ; et dict on que le coup du soleil et du vent est plus poisant par reflexion qu'à droict fil. L'Aegyptien respondit sagement à celuy qui luy demandoit, « Que portes tu là caché soubs ton manteau ? » « Il est caché soubs mon manteau, afin que tu ne sçaches pas que c'est : » mais il y a certaines aultres choses qu'on cache pour les moutrer. Oyez cettuy là, plus ouvert,

> Et nudam pressi corpus ad usque meum :

il me semble qu'il me chaponne. Que Martial retrousse Venus à sa poste, il n'arrive pas à la faire paroistre si entiere : celuy qui dict tout, il nous saoule et nous desgoute. Celuy qui craint à s'exprimer, nous achemine à en penser plus qu'il n'y en a : il y a de la trahison en cette sorte de modestie ; et, notamment, nous entr'ouvrant, comme font ceulx cy, une si belle route à l'imagination. Et l'action et la peincture doibvent sentir leur larrecin.

L'amour des Espaignols et des Italiens, plus respectueuse et craintifve, plus mineuse et couverte, me plaist. Ie ne sçais qui, anciennement, desiroit le gosier allongé comme le col d'une grue, pour savourer plus longtemps ce qu'il avalloit ; ce souhait est mieulx en cette volupté viste et precipiteuse, mesme à telles natures comme est la mienne, qui suis vicieux en soubdaineté. Pour arrester sa fuyte, et l'estendre en preambules, entre eulx tout sert de faveur et de recompense ; une œuillade, une inclination, une parole, un signe. Qui se pourroit disner de la fumée du rost, feroit il pas une belle espargne ? C'est une passion qui mesle, à bien peu d'essence solide, beaucoup plus de vanité et resverie fiebvreuse : il la fault payer et servir de mesme.

Apprenons aux dames à se faire valoir, à s'estimer, à nous amuser, et à nous piper ; nous faisons nostre charge extreme la premiere, il y a tousiours de l'impetuosité françoise : faisant filer leurs faveurs, et les estalant en detail, chascun, iusques à la vieillesse miserable, y treuve quelque bout de lisiere, selon son vaillant et son merite. Qui n'a iouïssance qu'en la iouïssance, qui ne gaigne que du hault poinct, qui n'aime la chasse qu'en la prinse, il ne luy appartient pas de se mesler à nostre eschole : plus il y a de marches et degrez, plus il y a de haulteur et d'honneur au dernier siege ; nous debvrions plaire d'y estre conduicts, comme il se faict aux palais magnifiques, par divers portiques et passages, longues et plaisantes galleries, et plusieurs destours. Cette dispensation reviendroit à nostre commodité ; nous y arresterions, et nous y aimerions plus long temps : sans esperance et sans desir, nous n'allons plus rien qui vaille. Nostre maistrise et entiere possession leur est infiniment à craindre : depuis qu'elles sont du tout rendues à la mercy de nostre foy et constance, elles sont un peu bien hazardees ; ce sont vertus rares et difficiles : soubdain qu'elles sont à nous, nous ne sommes plus à elles ;

> Postquam cupidæ mentis satiata libido est,
> Verba nihil metuere, nihil periuria curant;

et Thrasonides, ieune homme grec, feut si amoureux de son amour, qu'il refusa, ayant gaigné le cœur d'une maistresse, d'en iouïr, pour n'amortir, rassasier et allanguir par la iouïssance cette ardeur inquiete, de laquelle il se glorifioit et se paissoit. La cherté donne goust à la viande : veoyez combien la forme des salutations, qui est particuliere à nostre nation, abastardit par sa facilité la grace des baisers, lesquels Socrates dict estre si puissants et dangereux à voler nos cueurs. C'est une desplaisante coustume, et iniurieuse aux dames, d'avoir à prester leurs levres à quiconque a trois valets à sa suitte, pour mal plaisant qu'il soit,

> Cuius livida naribus caninis
> Dependet glacies, rigetque barba...
> Centum occurrere malo culilingis :

et nous mesmes n'y gaignons gueres ; car, comme le monde se veoid party, pour trois belles il nous en fault baiser cinquante laides : et à un estomach tendre, comme sont ceulx de mon aage, un mauvais baiser en surpaye un bon.

Ils font les poursuyvants en Italie, et les transis, de celles mesmes qui sont à vendre ; et se deffendent ainsi : « Qu'il y a des degrez en la iouïssance ; et que par services ils veulent obtenir pour eulx celle qui est la plus entiere : elles ne vendent que le corps ; la volonté ne peult estre mise en vente, elle est trop libre et trop sienne. » Ainsi ceulx cy disent que c'est la volonté qu'ils entreprennent : et ont raison ; c'est la volonté qu'il fault servir et practiquer. I'ay horreur d'imaginer mien, un corps privé d'affection : et me semble que cette forceneric est voisine à celle de ce garson qui alla saillir par amour la belle image de Venus que Praxiteles avoit faicte; ou de ce furieux Aegyptien, eschauffé aprez la charongne d'une morte qui embaumoit et ensucroit : lequel donna occasion à la loy, qui feut faicte depuis en Aegypte, que les corps des belles et ieunes femmes, et de celles de bonne maison, seroient gardez trois iours avant qu'on les meist entre les mains de ceulx qui avoient charge de prouveoir à leur enterrement. Perander feit plus merveilleusement, qui estendit l'affection coniugale (plus reglee et legitime) à la iouïssance de Melissa sa femme trespassee. Ne semble ce pas estre une humeur lunatique de la Lune, ne pouvant aultrement iouïr de Endymion son mignon, l'aller endormir pour plusieurs mois, et se paistre de la iouïssance d'un garson qui ne se remuoit qu'en songe? Ie dis pareillement qu'on aime un corps sans ame, ou sans sentiment, quand on aime un corps sans son consentement et sans son desir. Toutes iouïssances ne sont pas unes; il y a des iouïssances etiques et languissantes : mille aultres causes que la bienvueillance nous peuvent acquerir cet octroy des dames; ce n'est suffisant tesmoignagne d'affection; il y peult escheoir de la trahison, comme ailleurs; elles n'y vont par fois que d'une fesse.

Tanquam thura merumque parent...
Absentem, marmoreamve putes..

I'en sçais qui aiment mieulx prester cela que leur coche, et qui ne se communiquent que par là. Il fault regarder si vostre compaignie leur plaist pour quelque aultre fin encores, ou pour celle là seulement, comme d'un gros garson d'estable; en quel reng, et à quel prix vous y estes logé,

Tibi si datur uni;
Quo lapide illa diem candidiore notet.

Quoy, si elle mange vostre pain à la saulse d'une plus agreable imagination?

Te tenet, absentes alios suspirat amores.

Comment? avons nous pas veu quelqu'un, en nos iours, s'estre servy de cette action à l'usage d'une horrible vengeance, pour tuer par là, et empoisonner, comme il feit, une honneste femme?

Ceulx qui cognoissent l'Italie ne trouveront iamais estrange si, pour ce subiect, ie ne cherche ailleurs des exemples; car cette nation se peult dire regente du reste du monde en cela. Ils ont plus communement des belles femmes, et moins de laides que nous; mais des rares et excellentes beautez, i'estime que nous allons à pair. Et en iuge autant des esprits : de ceulx de la commune façon, ils en ont beaucoup plus, et evidemment; la brutalité y est sans comparaison plus rare : d'ames singulieres et du plus hault estage, nous ne leur en debvons rien. Si i'avois à estendre cette similitude, il me sembleroit pouvoir dire de la vaillance, qu'au rebours elle est, au prix d'eulx, populaire chez nous et naturelle; mais on la veoid par fois en leurs mains, si pleine et si vigoureuse, qu'elle surpasse touts les plus roides exemples que nous en ayons. Les mariages de ce païs y clochent en cecy : leur coustume donne communement la loy si rude aux femmes, et si serve, que la plus esloignee accointance avecques l'estrangier leur est autant capitale que la plus voisine. Cette loy faict que toutes les approches se rendent necessairement substantielles; et, puisque tout leur revient à mesme compte, elles ont le chois bien aysé : et ont elles brisé ces cloisons, croyez qu'elles font bien *Luxuria ipsis vinculis, sicut fera bestia, irritata, deinde emissa*. Il leur fault un peu lascher les resnes:

Vidi ego nuper equum, contra sua frena tenacem,
Ore reluctanti fulminis ira modo :

on allanguit le desir de la compagnie, en luy donnant quelque liberté. Nous courons à peu prez mesme fortune : ils sont trop extremes en contraincte; nous, en licence. C'est un bel usage de nostre nation, qu'aux bonnes maisons nos enfants soyent receus, pour estre nourris et eslevez pages, comme en une eschole de noblesse; et est discourtoisie, dict on, et iniure, d'en refuser un gentilhomme : i'ay apperceu (car autant de maisons, autant de divers styles et formes) que les dames qui ont voulu donner aux filles de leur suitte les regles plus austeres, n'y ont pas eu meilleure adventure; il y fault de la moderation, il fault laisser bonne partie de leur conduicte à leur propre discretion; car, ainsi comme ainsi, n'y a il discipline qui les sceust brider de toutes parts. Mais il est bien vray que celle qui est eschappee, bagues saufves, d'un escholage libre, apporte bien plus de fiance de soy, que celle qui sort saine d'une eschole severe et prisonniere.

Nos peres dressoient la contenance de leurs filles à la honte et à la crainte (les ouvrages et les desirs tousiours pareils); nous, à l'asseurance : nous n'y entendons rien; c'est à faire aux Sarmates, qui n'ont loy de coucher avecques homme, que de leurs mains elles n'en ayent tué un aultre en guerre. A moy, qui n'y ay droict que par les aureilles, suffit si elles me retiennent pour le conseil, suyvant le privilege de mon aage. Ie leur conseille doncques, et à nous aussi, l'abstinence; mais, si ce siecle en est trop ennemy, au moins la discretion et la modestie; car, comme dict le conte d'Aristippus, parlant à des ieunes gents qui rougissoient de le veoir entrer chez une courtisane, « Le vice est de n'en pas sortir, non pas d'y entrer : » qui ne veult exempter sa conscience, qu'elle exempte son nom; si le fonds n'en vault gueres, que l'apparence tienne bon.

Ie loue la gradation et la longueur en la dispensation de leurs faveurs : Platon montre qu'en toute espece d'amour, la facilité et promptitude est interdicte aux tenants. C'est un traict de gourmandise, laquelle il fault qu'elles couvrent de toute leur art, de se rendre ainsi temerairement en gros, et tumultairement : se conduisant en leur dispensation ordonneement et mesurement, elles pipent bien mieulx nostre desir, et cachent le leur. Qu'elles fuyent tousiours devant nous; dis celles mesmes qui ont à se laisser attrapper : elles nous battent mieulx en fuyant, comme les Scythes. De vray, selon la loy que nature leur donne, ce n'est pas proprement à elles de vouloir et desirer; leur roolle est souffrir, obeïr, consentir : c'est pourquoy nature leur a donné une perpetuelle capacité; à nous, rare et incertaine : elles ont tousiours leur heure, afin qu'elles soyent tousiours prestes à la nostre, *pati natæ :* et où elle a voulu que nos appetits eussent montre et declaration prominente, ell' a faict que les leurs fussent occultes et intestins, et les a fournies de pieces impropres à l'ostentation, et simplement pour la deffensifve. Il fault laisser à la licence amazonienne les traicts pareils à cettuy cy : Alexandre passant par l'Hyrcanie, Thalestris, royne des Amazones, le veint trouver avec trois cents gens d'armes de son sexe, bien montez et bien armez, ayant laissé le demourant d'une grosse armee qui la suyvoit, au delà des voisines montaignes : et luy dict tout hault, et en public : « Que le bruit de ses victoires et de sa valeur l'avoit menee là, pour le veoir, luy offrir ses moyens et sa puissance au secours de ses entreprinses ; et que le trouvant si beau, ieune, et vigoreux, elle, qui estoit parfaicte en toutes ses qualitez, luy conseilloit qu'ils couchassent ensemble, afin qu'il nasquit, de la plus vaillante femme du monde, et du plus vaillant homme qui feust lors vivant, quelque chose de grand et de rare pour l'advenir. » Alexandre la remercia du reste : mais, pour donner temps à l'accomplissement de sa derniere demande, il arresta treize iours en ce lieu, lesquels il festoya le plus alaigrement qu'il peut, en faveur d'une si courageuse princesse.

Nous sommes, quasi en tout, iniques iuges de leurs actions comme elles sont des nostres : i'advoue la verité, lors qu'elle me nuit, de mesme que si elle me sert. C'est un vilain desreglement qui les poulse si souvent au change, et les empesche de fermir leur affection en quelque subiect que ce soit; comme on veoid de cette deesse à qui l'on donne tant de changements et d'amis : mais si est il vray que c'est contre la nature de l'amour, s'il n'est violent ; et contre la nature de la violence, s'il est constant. Et ceulx qui s'en estonnent, s'en escrient, et cherchent les causes de cette maladie en elles, comme desnaturee et incroyable, que ne veoyent ils combien souvent ils la receoivent en eulx, sans espouvantement et sans miracle? Il seroit à l'adventure plus estrange d'y veoir de l'arrest; ce n'est pas une passion simplement corporelle : si on ne treuve point de bout en l'avarice et en l'ambition, il n'y en a non plus en la paillardise ; elle vit encores aprez la satieté ; et ne lui peult on prescrire ny satisfaction constante, ny fin ; elle va tousiours oultre sa possession. Et si, l'inconstance leur est à l'adventure aulcunement plus pardonnable qu'à nous : elles peuvent alleguer, comme nous, l'inclination, qui nous est commune, à la varieté et à la nouvelleté ; et alleguer secondement, sans nous, Qu'elles achetent chat en sac : Ieanne, royne de Naples, feit estrangler Andreosse, son premier mary, aux grilles de sa fenestre, avecques un laqs d'or et de soye, tissu de sa main propre ; sur ce qu'aux corvees matrimoniales, elle ne luy trouvoit ny les parties, ny les efforts assez respondans à l'esperance qu'elle en avoit conceue à veoir sa taille, sa beauté, sa ieunesse et disposition, par où elle avoit esté prinse et abusee; Que l'action a plus d'effort que n'a la souffrance; ainsi, que de leur part tousiours au moins il est pourveu à la necessité, de nostre part il peult advenir aultrement. Platon, à cette cause, establit sagement par ses loix, avant tout mariage, pour decider de son opportunité, que les iuges veoyent les garsons, qui y pretendent, tout fin nuds, et les filles nues iusques à la ceinture seulement. Et nous essayant, elles ne nous treuvent, à l'adventure, pas dignes de leur chois :

> Experta latus, madidoque simillima loro
> Inguina, nec lassa stare coacta manu,
> Deserit imbelles thalamos.

Ce n'est pas tout que la volonté charie droict ; la foiblesse et l'incapacité rompent legitimement un mariage,

> Et quærendum aliunde foret nervosius illud,
> Quod posset zonam solvere virgineam,

pourquoy non ? et, selon sa mesure, une intelligence amoureuse plus licencieuse et plus actifve,

> Si blando nequeat superesse labori.

Mais n'est ce pas grande impudence, d'apporter nos imperfections et foiblesses en lieu où nous desirons plaire, et y laisser bonne estime de nous et recommendation ? Pour ce peu qu'il m'en fault à cette heure,

> Ad unum
> Mollis opus,

ie ne vouldrois importuner une personne que i'ay à reverer et craindre :

> Fuge suspicari
> Cuius undenum trepidavit ætas
> Claudere lustrum.

Nature se debvoit contenter d'avoir rendu cet aage miserable, sans le rendre encores ridicule. Ie hais de le veoir, pour un poulce de chestifve vigueur qui l'eschauffe trois fois la sepmaine, s'empresser et se gendarmer de pareille aspreté, comme s'il avoit quelque grande et legitime iournee dans le ventre ; un vray feu d'estoupe : et admire sa cuisson, si vifve et fretillante, en un moment si lourdement congelee et esteincte. Cet appetit ne debvroit appartenir qu'à la fleur d'une belle ieunesse : fiez vous y, pour veoir, à seconder cett' ardeur infatigable, pleine, constante et magnanime qui est en vous ; il vous la lairra vrayement en beau chemin : renvoyez le hardiment plustost vers quelque enfance molle, estonnee, et ignorante, qui tremble encores soubs la verge, et en rougisse ;

> Indum sanguineo veluti violaverit ostro
> Si quis ebur, vel mixta rubent ubi lilia multa
> Alba rosa.

Qui peult attendre, le lendemain, sans mourir de honte, le desdaing de ces beaux yeulx consens de sa lascheté et impertinence,

> Et taciti fecere tamen convicia vultus,

il n'a iamais senti le contentement et la fierté de les leur avoir battus et ternis par le vigoreux exercice d'une nuict officieuse et actifve. Quand i'en ay veu quelqu'une s'ennuyer de moy, ie n'en ay point incontinent accusé sa legiereté ; i'ay mis en doubte si ie n'avois pas raison de m'en prendre à nature plustost : certes, elle m'a traicté illegitimement et incivilement,

> Si non longa satis, si non bene mentula crassa.
> Nimirum sapiunt, videntque parvam
> Matronæ quoque mentulam illibenter ;

et d'une lesion enormissime. Chascune de mes pieces est egalement mienne, que toute aultre ; et nulle aultre ne me faict plus propement homme, que cette cy.

Ie doibs au public universellement mon pourtraict. La sagesse de ma leçon est en verité, en liberté, en essence, toute; desdaignant au roolle de ses vrays debvoirs, ces petites regles, feinctes, usuelles, provinciales; naturelle toute, constante, generale, de laquelle sont filles, mais bastardes, la civilité, la ceremonie. Nous aurons bien les vices de l'apparence, quand nous aurons eu ceulx de l'essence : quand nous aurons faict à ceulx icy, nous courrons sus aux aultres, si nous trouvons qu'il y faille courir; car il y a dangier que nous fantasions des offices nouveaulx, pour excuser nostre negligence envers les naturels offices, et pour les confondre. Qu'il soit ainsin, il se veoid Qu'ez les lieux où les faultes sont malefices, les malefices ne sont que faultes; Qu'ez nations où les loix de la bienseance sont plus rares et lasches, les loix primitifves de la raison commune sont mieulx observees : l'innumerable multitude de tant de debvoirs suffoquant nostre soing, l'allanguissant et dissipant. L'application aux legieres choses nous retire des iustes : oh, que ces hommes superficiels prennent une route facile et plausible, au prix de la nostre ! ce sont umbrages dequoy nous nous plastrons et entrepayons; mais nous n'en payons pas, ains en rechargeons nostre debte envers ce grand iuge qui trousse nos panneaux et haillons d'autour nos parties honteuses, et ne se feind point à nous veoir par tout, iusques à nos intimes et plus secrettes ordures : utile decence de nostre virginale pudeur, si elle luy pouvoit interdire cette descouverte. Enfin, qui desniaiseroit l'homme d'une si scrupuleuse superstition verbale, n'apporteroit pas grande perte au monde. Nostre vie est partie en folie, partie en prudence : qui n'en escript que reveremment et regulierement, il en laisse en arriere plus de la moitié. Ie ne m'excuse pas envers moi; et si ie le faisois, ce seroit plustost de mes excuses que ie m'excuserois, que d'aultre mienne faulte : ie m'excuse à certaines humeurs que i'estime plus fortes en nombre que celles qui sont de mon costé. En leur consideration, ie diray encores cecy (car ie desire de contenter chascun; chose pourtant tresdifficile, *esse unum hominem accommodatum ad tantam morum ac sermonum et voluntatum varietatem*) Qu'ils n'ont à se prendre proprement à moy de ce que ie fois dire aux auctoritez receues et approuvees de plusieurs siecles; et Que ce n'est pas raison qu'à faulte de rythme ils me refusent la dispense que mesme des hommes ecclesiastiques, des nostres, et des plus cretez, iouïssent en ce siecle : en voicy deux,

   Rimula, disperearr, ni monogramma tua est.
   Un vit d'amy la comtente et bien traicte.

Quoy tant d'aultres? I'ayme la modestie; et n'est par iugement que i'ay choisi cette sorte de parler scandaleux : c'est nature qui l'a choisi pour moy. Ie ne le loue, non plus que toutes formes contraires à l'usage receu; mais ie l'excuse, et, par circonstances tant generales que particulieres, en allege l'accusation.

Suyvons. Pareillement d'où peult venir cette usurpation d'auctorité souveraine que vous prenez sur celles qui vous favorisent à leurs despens,

   Si furtiva dedit nigra munuscula nocte,

que vous en investissez incontinent l'interest, la froideur, et une auctorité maritale? C'est une convention libre : que ne vous y prenez vous, comme vous les y voulez tenir? il n'y a point de prescription sur les choses volontaires. C'est contre la forme, mais il est vray pourtant, que i'ay en mon temps conduict ce marché, selon que sa nature peult souffrir, aussi consciencieusement qu'aultre marché, et avecques quelque air de iustice; et que ie ne leur ay tesmoigné de mon affection, que ce que i'en sentois; et leur en ay representé naïvement la decadence, la vigueur et la naissance, les accez et les remises : on n'y va pas tousiours un train. I'ay esté si espargnant à promettre, que ie pense avoir plus tenu que promis ny deu : elles y ont trouvé de la fidelité, iusques au service de leur inconstance, ie dis inconstance advouee, et par fois multipliee. Ie n'ay iamais rompu avec elles tant que i'y tenois, ne feust ce que par le bout d'un filet; et, quelques occasions qu'elles m'en ayent donné, n'ay iamais rompu iusques au mespris et à la haine : car telles privautez, lors mesme qu'on les acquiert par les plus honteuses conventions, encores m'obligent elles à quelque bienvueillance. De cholere, et d'impatience un peu indiscrette, sur le poinct de leurs ruses et desfuytes, et de nos contestations, ie leur en ay faict veoir par fois; car ie suis, de ma complexion, subiect à des esmotions brusques qui nuisent souvent à mes marchez, quoyqu'elles soyent legieres et courtes.

Si elles ont voulu essayer la liberté de mon iugement, ie ne me suis pas feinct à leur donner des advis paternels et mordants, et à les pincer où il leur cuisoit. Si ie leur ay laissé à se plaindre de moy, c'est plustost d'y avoir trouvé un amour, au prix de l'usage moderne, sottement consciencieux : i'ay observé ma parole ez choses dequoy on m'eust ayseement dispensé ; elles se rendoient lors parfois avec reputation, et soubs des capitulations qu'elles souffroit aysement estre faulses par le vainqueur : i'ay faict caler, soubs l'interest de leur honneur, le plaisir en son plus grand effort, plus d'une fois ; et où la raison me pressoit, les ay armees contre moy : si qu'elles se conduisoient plus seurement et severement par mes regles, quand elles s'y estoient franchement remises, qu'elles n'eussent faict par les leurs propres. I'ay, autant que i'ay peu, chargé sur moy seul le hazard de nos assignations, pour les en descharger ; et ay dressé nos parties tousiours par le plus aspre et inopiné, pour estre moins en souspeçon, et en oultre, par mon advis, plus accessible : ils sont ouverts principalement par les endroicts qu'ils tiennent de soy couverts ; les choses moins craintes sont moins deffendues et observees ; on peult oser plus aysement ce que personne ne pense que vous oserez, qui devient facile par sa difficulté. Iamais homme n'eut ses approches plus impertinemment genitales. Cette voye d'aimer est plus selon la discipline ; mais combien elle est ridicule à nos gents, et peu effectuelle, qui le sçait mieulx que moy ? si ne m'en viendra point le repentir : ie n'y ay plus que perdre :

> Me tabula sacer
> Votiva paries indicat uvida
> Suspendisse potenti
> Vestimenta maris deo :

il est à cette heure temps d'en parler ouvertement. Mais, tout ainsi comme à un aultre ie dirois, à l'adventure, « Mon amy, tu resves ; l'amour, de ton temps, a peu de commerce avecques la foy et la preud'hommie :

> Hæc si tu postules
> Ratione certa facere, nihilo plus agas,
> Quam si des operam, ut cum ratione insanias : »

aussi, au rebours, si c'estoit à moy de recommencer, ce seroit certes le mesme train, et par mesme progrez, pour infructueux qu'il me peust estre ; l'insuffisance et la sottise est louable en une action mesloüable : autant que ie m'esloingne de leur humeur en cela, ie m'approche de la mienne. Au demourant, en ce marché, ie ne me laissois pas tout aller ; ie m'y plaisois, mais ie ne m'y oubliois pas : ie reservois en son entier ce peu de sens et de discretion que nature m'a donné, pour leur service et pour le mien ; un peu d'esmotion, mais point de resverie. Ma conscience s'y engageoit aussi iusques à la desbauche et dissolution ; mais iusques à l'ingratitude, trahison, malignité et cruauté, non. Ie n'achetois pas le plaisir de ce vice à tout prix ; et me contentois de son propre et simple coust : *Nullum intra se vitium est.* Ie hais quasi à pareille mesure une oysifveté croupie et endormie, comme un embesongnement espineux et penible ; l'un me pince, l'aultre m'assoupit : i'aime autant les bleceures, comme les meurtrisseures ; et les coups trenchants, comme les coups orbes. I'ay trouvé en ce marché, quand i'y estois plus propre, une iuste moderation entre ces deux extremitez. L'amour est une agitation esveillee, vifve, et gaie ; ie n'en estois ny troublé, ny affligé, mais i'en estois eschauffé et encores alteré : il s'en fault arrester là, elle n'est nuisible qu'aux fols. Un ieune homme demandoit au philosophe Panetius, s'il sieroit bien au sage d'estre amoureux : « Laissons là le sage, respondit il ; mais toy et moy, qui ne le sommes pas, ne nous engageons point en chose si esmeue et violente, qui nous esclave à aultruy, et nous rende contemptibles à nous. » Il disoit vray, qu'il ne fault pas fier chose de soy si precipiteuse à une ame qui n'aye de quoy en soubtenir les venues, et de quoy rabattre par effect la parole d'Agesilaüs, « que la prudence et l'amour ne peuvent ensemble. » C'est une vaine occupation, il est vray, messeante, honteuse, et illegitime ; mais, à la conduire en cette façon, ie l'estime salubre, propre à desgourdir un esprit et un corps poisant ; et, comme medecin, ie l'ordonnerois à un homme de ma forme et de ma condition, autant volontiers qu'aulcune aultre recepte, pour l'esveiller et tenir en force bien avant dans les ans, et le dilayer des prinses de la vieillesse. Pendant que nous n'en sommes qu'aux fauxbourgs, que le pouls bat encores,

> Dum nova canities, dum prima et recta senectus,
> Dum superest Lachesi quod torqueat et pedibus me
> Porto meis, nullo dextram subeunte bacillo ;

nous avons besoing d'estre sollicitez et chatouillez par quelque agitation mordicante, comme est cette cy. Voyez combien elle a rendu de ieunesse, de vigueur et de gayeté au sage Anacreon : et Socrates, plus vieil que ie ne suis, parlant d'un obiect amoureux : « M'estant, dict il, appuyé contre son espaule, de la mienne, et approché ma teste à la sienne, ainsi que nous regardions ensemble dans un livre, ie sentis, sans mentir, soubdain une picqueure dans l'espaule, comme de quelque morsure de beste ; et feust plus de cinq iours depuis, qu'elle me fourmilloit : et m'escoula dans le cœur une demangeaison continuelle. » Un attouchement, et fortuite, et par une espaule, alloit eschauffer et alterer une ame refroidie et enervee par l'aage, et la premiere de toutes les humaines en reformation ! Pourquoy non dea ? Socrates estoit homme, et ne vouloit ny estre ny sembler aultre chose. La philosophie n'estrive point contre les voluptés naturelles, pourveu que la mesure y soit ioincte, et en presche la moderation, non la fuyte ; l'effort de sa resistance s'employe contre les estrangieres et bastardes ; elle dict que les appetits du corps ne doibvent pas estre augmentez par l'esprit ; et nous advertit ingenieusement de ne vouloir point esveiller nostre faim par la saturité ; de ne vouloir farcir, au lieu de remplir, le ventre ; d'eviter toute iouissance qui nous met en disette, et toute viande et boisson qui nous altere et affame ; comme, au service de l'amour, elle nous ordonne de prendre un obiect qui satisface simplement au besoing du corps ; qui n'esmeuve point l'ame, laquelle n'en doibt pas faire son faict, ains suyvre nuement et assister le corps. Mais ay ie pas raison d'estimer que ces preceptes, qui ont pourtant d'ailleurs, selon moy, un peu de rigueur, regardent un corps qui face son office ; et qu'à un corps abbatu, comme un estomach prosterné, il est excusable de le rechauffer et soubtenir par art, et, par l'entremise de la fantaisie, luy faire revenir l'appetit et l'alaigresse, puisque de soy il l'a perdue ?

Pouvons nous pas dire qu'il n'y a rien en nous, pendant cette prison terrestre, purement ny corporel, ny spirituel, et qu'iniurieusement nous desmembrons un homme tout vif ; et qu'il semble y avoir raison que nous nous portions envers l'usage du plaisir aussi favorablement au moins que nous faisons envers la douleur ? Elle estoit (pour exemple) vehemente, iusques à la perfection, en l'ame des saincts, par la penitence ; le corps y avoit naturellement part, par le droict de leur colligance, et si pouvoit avoir peu de part à la cause : si ne se sont ils pas contentez qu'il suyvist nuement, et assistant l'ame affligee ; ils l'ont affligé luy mesme de peines atroces et propres, à fin qu'à l'envy l'un de l'aultre l'ame et le corps plongeassent l'homme dans la douleur, d'autant plus salutaire que plus aspre. En pareil cas, aux plaisirs corporels, est ce pas iniustice d'en refroidir l'ame, et dire qu'il lui faille entraisner comme à quelque obligation et necessité contraincte et servile ? c'est à elle plustost de les couver et fomenter, de s'y presenter et convier, la charge de regir luy appartenant : comme c'est aussi à mon advis à elle, aux plaisirs qui luy sont propres, d'en inspirer et infondre au corps tout le ressentiment que porte sa condition, et de s'estudier qu'ils luy soyent doux et salutaires. Car c'est bien raison, comme ils disent, que le corps ne suyve point ses appetits au dommage de l'esprit : mais pourquoy n'est ce pas aussi raison que l'esprit ne suyve pas les siens au dommage du corps ?

Je n'ay point aultre passion qui me tienne en haleine : ce que l'avarice, l'ambition, les querelles, les procez, font à l'endroict des aultres, qui, comme moy, n'ont point de vacation assignee, l'amour le feroit plus commodeement ; il me rendroit la vigilance, la sobrieté, la grace, le soing de ma personne ; rasseureroit ma contenance, à ce que les grimaces de la vieillesse, ces grimaces difformes et pitoyables, ne veinssent à la corrompre ; me remettroit aux estudes sains et sages, par où ie me peusse rendre plus estimé et plus aimé, ostant à mon esprit le desespoir de soy et son usage, et le raccointant à soy ; me divertiroit de mille pensees ennuyeuses, de mille chagrins melancholiques que l'oisiveté nous charge en tel aage, et le mauvais estat de nostre santé ; reschaufferoit, au moins en songe, ce sang que nature abandonne ; soubtiendroit le menton, et allongeroit un peu les nerfs et la vigueur et alaigresse de la vie à ce pauvre homme qui s'en va le grand train vers sa ruyne. Mais i'entends bien que c'est une commodité fort mal aysée à recouvrer : par foiblesse et longue experience, nostre goust est devenu plus tendre et plus exquis ; nous demandons plus, lors que nous apportons moins ; nous voulons le plus choisir, lors que nous meritons le moins d'estre acceptez ; nous cognoissants tels, nous sommes moins hardis et plus desfiants ; rien ne nous peult asseurer d'estre aimez, veu nostre condition, et la leur. I'ay honte de me trouver parmy cette verte et bouillante ieunesse,

> Cuius in indomito constantior inguine nervus,
> Quam nova collibus arbor inhæret.

Qu'irions nous presenter nostre misere parmy cette alaigresse,

> Possint ut iuvenes viscre fervidi,
> Multo nod sine risu
> Dilapsam in cineres facem ?

Ils ont la force et la raison pour eulx ; faisons leur place, nous n'avons plus que tenir : et ce germe de beauté naissante ne se laisse manier à mains si gourdes, et practiquer à moyens purs materiels ; car, comme respondit ce philosophe ancien à celuy qui se mocquoit dequoy il n'avoit sçeu gaigner la bonne grace d'un tendron qu'il pourchassoit. « Mon amy, le hameçon ne mord pas à du fromage si frais. » Or, c'est un commerce qui a besoing de relation et de correspondance : les aultres plaisirs que nous recevons se peuvent recognoistre par recompenses de nature diverse ; mais cettuy cy ne se paye que de mesme espece de monnoye. En verité, en ce deduict, le plaisir que ie fois chatouille plus doulcement mon imagination que celuy que ie sens : or, cil n'a rien de genereux, qui peult recevoir plaisir où il n'en donne point ; c'est une vile ame, qui veult tout debvoir, et qui se plaist de nourrir de la conference avecques les personnes auxquelles il est en charge : il n'y a beauté, ny grace, ny privauté si exquise, qu'un galant homme deust desirer à ce prix. Si elles ne nous peuvent faire du bien que par pitié, i'aime bien mieulx ne vivre point que de vivre d'aulmosne. Ie 'vouldrois avoir droict de le leur demander, au style auquel i'ay veu quester en Italie : *Fate ben per voi;* ou à la guise que Cyrus enhortoit ses soldats, « Qui s'aymera, si me suyve. » Ralliez vous, me dira lon, à celles de vostre condition, que la compaignie de mesme fortune vous rendra plus aysees. Oh ! la sotte composition et insipide !

> Noto
> Barbam vellere mortuo leoni :

Xenophon employe pour obiection et accusation, à l'encontre de Menon, Qu'en son amour il embesongnast des obiects passant fleur. Ie treuve plus de volupté à seulement veoir le iuste et doux meslange de deux ieunes beautez, ou à le seulement considerer par fantasie, qu'à faire moy mesme le second d'un meslange triste et informe ; ie resigne cet appetit fantastique à l'empereur Galba, qui ne s'adonnoit qu'aux chaires dures et vieilles ; et à ce pauvre miserable,

> O ego di faciant talem te cernere possim,
> Caraque mutatis oscula ferre comis,
> Amplectique meis corpus nos pingue lacertis !

et entre les premieres laideurs, ie compte les beautez artificielles et forcees : Emonez, ieune gars de Chio, pensant par de beaux atours acquerir la beauté que nature luy ostoit, se presenta au philosophe Arcesilaüs, et luy demanda si un sage se pourroit voir amoureux : « Ouy dea, respondit l'aultre, pourveu que ce feust pas d'une beauté parée et sophistiquee comme la tienne. » La laideur d'une vieillesse advouee est moins vieille et moins laide, à mon gré, qu'un' aultre peinte et lissee. Le diray ie? pourveu qu'on ne m'en prenne à la gorge : l'amour ne me semble proprement et naturellement en sa saison, qu'en l'aage voisin de l'enfance ;

> Quem si puellarum insereres choro,
> Mire sagaces falleret hospites
> Discrimen obscurum, solutis
> Crinibus, ambiguoque vultu :

et la beauté non plus ; car, ce qu'Homere l'estend iusques à ce que le menton commence à s'umbrager, Platon mesme l'a remarqué pour rare ; et est notoire la cause pour laquelle si plaisamment le sophiste Bion appelloit les poils folets de l'adolescence, Aristogitons et Harmodiens : en la virilité, ie le treuve desia aulcunement hors de son siege, non qu'en la vieillesse ;

> Importunus enim transvolat aridas
> Quercus :

Marguerite, royne de Navarre, allonge, en femme, bien loing, l'advantage des femmes, ordonnant qu il est saison, à trente ans, qu'elles changent le tiltre de belles en bonnes. Plus courte possession nous luy donnons sur nostre vie, mieulx nous en valons. Voyez son port : c'est un mouton puerile. Qui ne sçait, en son eschole, combien on procede au rebours de tout ordre ? l'estude, l'exercitation, l'usage, sont voyes à l'insuffisance : les novices y regentent : *Amor ordinem nescit.* Certes, sa conduicte a plus de garbe, quand elle est meslee d'inadvertence et de trouble; les faultes, les succez contraires, y donnent poincte et grace : voyez comme il va chancellant, chopant et follastrant; on le met aux ceps, quand on le guide par art et sagesse ; et contrainct on sa divine liberté, quand on le soubmet à ces mains barbues et calleuses.

Au demourant, ie leur oys souvent peindre cette intelligence toute spirituelle, et desdaigner de mettre en consideration l'interest que les sens y ont : tout y sert; mais ie puis dire avoir veu souvent que nous avons excusé la foiblesse de leurs esprits en faveur de leurs beautez corporelles ; mais que ie n'ay point encores veu qu'en faveur de la beauté de l'esprit, tant rassis et meur soit il, elles vueillent prester la main à un corps qui tumbe tant soit peu en decadence. Que ne prend il envie à quelqu'une, de faire cette noble harde socratique du corps à l'esprit ? achetant au prix de ses cuisses, une intelligence et generation philosophique et spirituelle, le plus hault prix où elle les puisse monter ? Platon ordonne, en ses loix, que celuy qui aura faict quelque signalé et utile exploict en la guerre, ne puisse estre refusé, durant l'expedition d'icelle, sans respect de sa laideur ou de son aage, de baiser, ou aultre faveur amoureuse de qui il la vueille. Ce qu'il treuve si iuste, en recommandation de la valeur militaire, ne le peult il pas estre aussi en recommandation de quelque aultre valeur ? et que ne prend il envie à une de preoccuper, sur ses compaignes, la gloire de cet amour chaste ? chaste, dis ie bien;

> Nam si quando ad prælia ventum est.
> Ut quondam in stipulis magnus sine viribus ignis
> Incassum furit .

les vices qui s'estouffent en la pensee ne sont pas des pires.

Pour finir ce notable commentaire, qui m'est eschappé d'un flux de caquet, flux impetueux par fois, et nuisible ;

> Ut missum sponsi furtivo munere malum
> Procurrit casto virginis e gremio,
> Quod miseræ oblitæ molli sub veste locatum,
> Dum adventu matris prosilit, excutitur,
> Atque illud prono præceps agitur decursu :
> Huic manat tristi conscius ore rubor,

ie dis que les masles et femelles sont iectez en mesme moule : sauf l'institution et l'usage, la difference n'y est pas grande. Platon appelle indifferemment les uns et aultres à la societé de tous estudes, exercices, charges et vacations guerrieres et paisibles, en sa republique; et le philosophe Antisthenes ostoit toute distinction entre leur vertu et la nostre. Il est bien plus aysé d'accuser un sexe que d'excuser l'aultre : c'est ce qu'on dict, « Le fourgon se mocque de la paele. »

Chapitre VI. — Des coches.

Il est bien aysé à verifier que les grands aucteurs, escrivants des causes, ne se servent pas seulement de celles qu'ils estiment estre vrayes, mais de celles encores qu'ils ne croyent pas, pourveu qu'elles ayent quelque invention et beauté : ils disent assez veritablement et utilement, s'ils disent ingenieusement. Nous ne pouvons nous asseurer de la maistresse cause ; nous en entassons plusieurs, pour veoir si, par rencontre, elle se trouvera en ce nombre,

> Namque unam dicere causam
> Non satis est, verum plures, unde una tamen sit.

Me demandez vous d'où vient cette coustume de benir ceulx qui esternuent? Nous produisons trois sortes de vents : celuy qui sort par embas est trop sale : celuy qui sort par la bouche porte quelque reproche de gourmandise : le troisiesme est l'esternuement ; et parce qu'il vient de la teste, et sans blasme, nous luy faisons cet honneste recueil. Ne vous mocquez pas de cette subtilité ; elle est, dict on, d'Aristote.

Il me semble avoir veu en Plutarque (qui est, de touts les aucteurs que ie cognoisse, celuy qui a mieulx meslé l'art à la nature, et le iugement à la science), rendant la cause du soublevement d'estomach qui advient à ceulx qui voyagent en mer, que cela leur arrive de crainte, aprez avoir trouvé quelque raison par laquelle il prouve que la crainte peult produire un tel effect. Moy, qui y suis fort subiect, sçais bien que cette cause ne me touche pas : et le sçais, non par arguement, mais par necessaire experience. Sans alleguer ce qu'on m'a dict, qu'il en arrive de mesme souvent aux bestes, et specialement aux pourceaux, hors de toute apprehension de dangier ; et ce qu'un mien cognoissant m'a tesmoigné de soy, qu'y estant fort subiect, l'envie de vomir luy estoit passee, deux ou trois fois, se trouvant pressé de frayeur en grande tormente, comme à cet ancien, *peius vexabar, quam ut periculum mihi succurreret :* ie n'eus iamais peur sur l'eau, comme ie n'ay aussi ailleurs (et s'en est assez souvent offert de iustes, si la mort l'est), qui m'ayt troublé ou esblouï. Elle naist par fois de faulte de iugement, comme de faulte de cueur. Touts les dangiers que i'ay veu, c'a esté les yeulx ouverts, la veue libre, saine, et entiere : encores fault il du courage à craindre. Il me servit aultrefois, au prix d'aultres, pour conduire et tenir en ordre ma fuyte, qu'elle feust, sinon sans crainte, toutesfois sans effroy et sans estonnement : elle estoit esmeue, mais non pas estourdie ny esperdue. Les grandes ames vont bien plus oultre, et representent des fuytes, non rassises seulement et saines, mais fieres : disons celle qu'Alcibiades recite de Socrates, son compaignon d'armes : « Ie le trouvray, dict il, aprez la roupte de nostre ar-
« mee, luy et Lachez, des derniers entre les fuyants ; et le consideray tout à mon
« ayse, et en seureté ; car i'estois sur un bon cheval, et luy à pied, et avions
« ainsi combattu. Ie remarquay, premierement, combien il montroit d'advise-
« ment et de resolution, au prix de Lachez : et puis, la braverie de son marcher,
« nullement different du sien ordinaire ; sa veue ferme et reglee, considerant
« et iugeant ce qui se passoit autour de luy ; regardant tantost les uns, tantost
« les aultres, amis et ennemis, d'une façon qui encourageoit les uns, et signi-
« fioit aux aultres qu'il estoit pour vendre bien cher son sang et sa vie à qui
« essayeroit de la luy oster ; et se sauverent ainsi : car volontiers on n'attaque
« pas ceulx cy, on court aprez les effrayez. » Voylà le tesmoignagne de ce grand capitaine, qui nous apprend, ce que nous essayons touts les iours, qu'il n'est rien qui nous iecte tant aux dangiers, qu'une faim inconsideree de nous en mettre hors : *quo timoris minus est, eo minus ferme periculi est.*

Nostre peuple a tort de dire, « Celuy là craint la mort, » quand il veut exprimer qu'il y songe, et qu'il la preveoid. La prevoyance convient egualement à ce qui nous touche en bien et en mal : considerer et iuger le dangier est aulcunement le rebours de s'en estonner. Ie ne me sens pas assez fort pour soubstenir le coup et l'impetuosité de cette passion de la peur, ny d'aultre vehemente : si i'en estois un coup vaincu et atterré, ie ne m'en releverois iamais bien entier : qui auroit faict perdre pied à mon ame, ne la remettroit iamais droicte en sa place ; elle se retaste et recherche trop vifvement et profondement, et, pourtant, ne lairrait iamais ressoudre et consolider la playe qui l'auroit percee. Il m'a bien prins qu'aulcune maladie ne me l'ayt encores desmise : à chasque charge qui me vient, ie me presente et oppose en mon hault appareil ; ainsi, la premiere qui m'emporteroit me mettroit sans ressource. Ie n'en fois point à deux : par quelque endroict que le ravage faulsast ma levee, me voylà ouvert, et noyé sans remede. Epicurus dict, que le sage ne peult iamais passer à un estat contraire : i'ay quelque opinion de l'envers de cette sentence, Que qui aura esté une fois bien fol ne sera nulle aultre fois bien sage. Dieu me donne le froid selon la robbe, et me donne les passions selon le moyen de les soubtenir : nature m'ayant descouvert d'un costé, m'a couvert de l'aultre ; m'ayant desarmé de force, m'a armé d'insensibilité, et d'une apprehension reglee, ou mousse.

Or, ie ne puis souffrir longtemps (et les souffrois plus difficilement en ieunesse) ny coche, ny lictiere, ny bateau, et hais toute aultre voicture que de cheval, et en la ville et aux champs : mais ie puis souffrir la lictiere moins qu'un coche ; et par mesme raison, plus ayseement une agitation rude sur l'eau, d'où se produict la peur, que le mouvement qui se sent en temps calme. Par cette legiere secousse que les avirons donnent, desrobbant le vaisseau soubs nous, ie me sens brouiller, ie ne sçais comment, la teste et l'estomach ; comme ie ne puis souffrir soubs moy un siege tremblant. Quand la voile ou le cours de l'eau nous emporte egualement, ou qu'on nous toue, cette agitation unie ne me blece aulcunement : c'est un remuement interrompu qui m'offense ; et plus, quand il est languissant. Ie ne sçaurois aultrement peindre sa forme. Les medecins m'ont ordonné de me presser et cengler d'une serviette le bas du ventre, pour remedier à cet accident ; ce que ie n'ay point essayé, ayant accoustumé de luicter les defaults qui sont en moy, et les dompter par soy mesme.

Si i'en avois la memoire suffisamment informee, ie ne plaindrois mon temps à dire icy l'infinie varieté que les histoires nous presentent de l'usage des coches au service de la guerre ; divers, selon les nations, selon les siecles : de grand effect, ce me semble, et necessité : si que c'est merveille que nous en ayons perdu toute cognoissance. I'en diray seulement cecy, que tout freschement, du temps de nos peres, les Hongres les meirent tresutilement en besongne contre les Turcs ; en chascun y ayant un rondellier et un mousquetaire, et nombre de harquebuses rengees, prestes et chargees, le tout couvert d'une pavesade, à la mode d'une galliote. Ils faisoient front, à leur battaille, de trois mille tels coches ; et, aprez que le canon avoit ioué, les faisoient tirer, et avaller aux ennemis cette salve avant que de taster le reste, qui n'estoit pas un legier avancement ; ou descochoient lesdits coches dans leurs escadrons, pour les rompre et y faire iour ; oultre le secours qu'ils en pouvoient prendre, pour flanquer en lieux chatouilleux les troupes marchant à la campaigne, ou à couvrir un logis à la haste, et le fortifier. De mon temps, un gentilhomme, en l'une de nos frontieres, impos de sa personne, et ne trouvant cheval capable de son poids, ayant une querelle, marchoit par païs en coche, de mesme cette peincture, et s'en trouvoit tresbien. Mais laissons ces coches guerriers.

Comme à leur neantise n'estoit assez cogneue à meilleures enseignes, les derniers roys de nostre premiere race marchoient par païs en un chariot mené de quatre bœufs. Marc Antoine feut le premier qui se feit mener à Rome, et une garse menestriere quand et luy, par des lions attelez à un coche. Heliogabalus en feit depuis autant, se disant Cybele, la mere des dieux ; et aussi par des tigres, contrefaisant le Dieu Bacchus : il attela aussi par fois deux cerfs à son coche ; et une aultre fois quatre chiens ; et encores quatre garses nues, se faisant traisner par elles, tout nud. L'empereur Firmus feit mener son coche à des austruches de merveilleuse grandeur, de maniere qu'il sembloit plus voler que rouler.

L'estrangeté de ces inventions me met en teste cette aultre fantasie : Que c'est une espece de pusillanimité aux monarques, et un tesmoignage de ne sentir point assez ce qu'ils sont, de travailler à se faire valoir, et paroistre, par depenses excessifves : ce seroit chose excusable en païs estrangier ; mais parmy ses subiects, où il peut tout, il tire de sa dignité le plus extreme degré d'honneur où il puisse arriver : Comme à un gentilhomme, il me semble qu'il est superflu de se vestir curieusement en son privé ; sa maison, son train, sa cuisine, respondent assez de luy. Le conseil qu'Isocrates donne à son roy ne me semble sans raison. : « Qu'il soit splendide en meubles et ustensiles, d'autant que c'est une depense de duree qui passe iusques à ses successeurs ; et qu'il fuye toutes magnificences qui s'escoulent incontinent et de l'usage et de la memoire. » I'aimois à me parer quand i'estois cadet, à faulte d'aultre parure ; et me seoit bien : il en est sur qui les belles robbes pleurent. Nous avons des contes merveilleux de la frugalité de nos roys autour de leurs personnes, et en leurs dons ; grands roys en credit, en valeur, et en fortune. Demosthenes combat à oultrance la loy de sa ville qui assignoit les deniers publicques aux pompes des ieux et de leurs festes ; il veult que leur grandeur se montre en quantité de vaisseaux bien equippez, et bonnes armees bien fournies : et l'on raison d'accuser Theophrastus, qui establit, en son livre des richesses, un advis contraire, et maintient telle nature de despense estre le vray fruict de l'opulence : ce sont plaisirs, dict Aristote, qui ne touchent que la plus basse commune; qui s'esvanouïssent de la souvenance aussitost qu'on en est rassasié; et desquels nul homme iudicieux et grave ne peult faire estime. L'employte me sembleroit bien plus royale, comme plus utile, iuste et durable, en ports, en havres, fortifications et murs, en bastiments somptueux, en eglises, hospitaux, colleges, reformation de rues et chemins : en quoy le pape Gregoire treiziesme lairra sa memoire recommendable à long temps; et en quoy nostre royne Catherine tesmoigneroit à longes annees sa liberalité naturelle et munificence, si ses moyens suffisoient à son affection : la fortune m'a faict grand desplaisir d'interrompre la belle structure du pont neuf de nostre grande ville, et m'oster l'espoir, avant mourir, d'en veoir en train le service.

Oultre ce, il semble aux subiects, spectateurs de ces triumphes, qu'on leur faict montre de leurs propres richesses, et qu'on les festoye à leurs despens : car les peuples presument volontiers des roys, comme nous faisons de nos valets, qu'ils doibvent prendre soing de nous appréster en abondance tout ce qu'il nous fault, mais qu'ils n'y doibvent aulcunement toucher de leur part; et pourtant l'empereur Galba, ayant prins plaisir à un musicien pendant son souper, se feit porter sa boëte, et luy donna en sa main une poignée d'escus qu'il y pescha, avec ces paroles : « Ce n'est pas du publicque, c'est mien. » Tant y a, qu'il advient le plus souvent que le peuple a raison; et qu'on repaist ses yeulx de ce dequoy il avoit à paistre son ventre.

La liberalité mesme n'est pas bien en son lustre en main souveraine; les privez y ont plus de droict : car, à le prendre exactement, un roy n'a rien proprement sien, il se doibt soy mesme à aultruy : la iurisdiction ne se donne point en faveur du iuridiciant, c'est en faveur du iuridicié; on faict un superieur, non jamais pour son proufit, ains pour le proufit de l'inferieur; et un medecin pour le malade, non pour soy; toute magistrature, comme toute art, iecte sa fin hors d'elle, *nulla ars in se versatur :* parquoy les gouverneurs de l'enfance des princes, qui se picquent à leur imprimer cette vertu de largesse, et les preschent de ne sçavoir rien refuser, et n'estimer rien si bien employé que ce qu'ils donneront (instruction que i'ay veu en mon temps fort en credit), ou ils regardent plus à leur proufit qu'à celuy de leur maistre, ou ils entendent mal à qui ils parlent. Il est trop aysé d'imprimer la liberalité en celuy qui a de quoy y fournir autant qu'il veult, aux despens d'aultruy; et son estimation se reglant, non à la mesure du present, mais à la mesure des moyens de celuy qui l'exerce, elle vient à estre vaine en mains si puissantes : ils se treuvent prodigues, avant qu'ils soient liberaux : pourtant elle est peu de recommendation, au prix d'aultres vertus royales, et la seule, comme disoit le tyran Dionysius, qui se comporte bien avec la tyrannie mesme. Ie luy apprendrois plustost ce verset du laboureur ancien : Τῇ χειρὶ δεῖ σπείρειν, ἀλλὰ μὴ ὅλῳ τῷ θυλάκῳ, « qu'il fault, à qui en veult retirer fruict, semer de la main, non pas verser du sac : » il fault espandre le grain, non pas le respandre; et qu'ayant à donner, ou, pour mieulx dire, à payer et rendre à tant de gents selon qu'ils ont deservy, il en doibt estre loyal et advisé dispensateur. Si la liberalité d'un prince est sans discretion et sans mesure, ie l'aime mieulx avare.

La vertu royale semble consister le plus en la iustice; et de toutes les parties de la iustice, celle là remarque mieulx les roys, qui accompaigne la liberalité : car ils l'ont particulierement reservee à leur charge, là où toute aultre iustice, ils l'exercent volontiers par l'entremise d'aultruy. L'immoderee largesse est un moyen foible à leur acquerir bienvueillance; car elle rebute plus de gents qu'elle n'en practique : *Quo in plures usus sis, minus in multos uti possis...... Quid autem est stultius, quam, quod libenter facias, curare ut id diutius facere non possis?* et, si elle est employee sans respect du merite, faict vergongne à qui la receoit, et se receoit sans grace. Des tyrans ont esté sacrifiez à la haine du peuple par les mains de ceulx mesme qu'ils avoient iniquement advancez : telle maniere d'hommes estimants asseurer la possession des biens indeuement receus, s'ils montrent avoir à mespris et haine celuy duquel ils les tenoient, et se rallient au iugement et opinion commune en cela.

Les subiects d'un prince excessif en dons se rendent excessifs en demandes; ils se taillent non à la raison, mais à l'exemple. Il y a certes souvent de quoy rougir de nostre impudence : nous sommes surpayez selon iustice, quand la recompense eguale nostre service; car, n'en debvons nous rien à nos princes, d'obligation naturelle? S'il porte nostre despense, il fait trop; c'est assez qu'il l'ayde : le surplus s'appelle bienfaict, lequel ne se peult exiger; car le nom mesme de la Liberalité sonne Liberté. A nostre mode, ce n'est iamais faict; le receu ne se met plus en compte; on n'aime la liberalité que future : parquoy plus un prince s'espuise en donnant, plus il s'appauvrit d'amis. Comment assouviroit il les envies qui croissent à mesure qu'elles se remplissent? Qui a sa pensee à prendre, ne l'a plus à ce qu'il a prins : la convoitise n'a rien si propre que d'estre ingrate.

L'exemple de Cyrus ne duira pas mal en ce lieu, pour servir, aux roys de ce temps, de touche à recognoistre leurs dons bien ou mal employez, et leur faire veoir combien cet empereur les assenoit plus heureusement qu'ils ne font, par où ils sont reduicts à faire leurs emprunts, aprez, sur les subiects incogneus, et plustost sur ceulx à qui ils ont faict du mal que sur ceulx à qui ils ont faict du bien, et n'en reccoivent aydes où il y aye rien de gratuit que le nom. Crœsus lui reprochoit sa largesse, et calculoit à combien se monteroit son thresor, s'il eust eu les mains plus restreinctes. Il eut envie de iustifier sa liberalité; et, despeschant de toutes parts vers les grands de son estat qu'il avoit particulierement advancez, pria chascun de le secourir d'autant d'argent qu'il pourroit, à une sienne necessité, et le luy envoyer par declaration. Quand touts ces bordereaux luy feurent apportez, chascun de ses amis n'estimants pas que ce feust assez faire de luy en offrir seulement autant qu'il en avoit receu de sa munificence, y en meslant du sien propre beaucoup, il se trouva que cette somme se montoit bien plus que ne disoit l'espargne de Crœsus. Sur quoy Cyrus : « Ie ne suis pas moins amoureux des richesses que les aultres princes; et en suis plustost plus mesnagier : vous veoyez à combien peu de mise i'ay acquis le thresor inestimable de tant d'amis, et combien ils me sont plus fideles thresoriers, que ne seroient des hommes mercenaires, sans obligation, sans affection; et ma chevance mieulx logee qu'en des coffres appelants sur moy la haine, l'envie et le mespris des aultres princes. »

Les empereurs tiroient excuse à la superfluité de leurs ieux et montres publicques, de ce que leur auctorité despendoit aulcunement (au moins par apparence) de la volonté du peuple romain, lequel avoit de tout temps accoustumé d'estre flatté par telle sorte de spectacles et d'excez. Mais c'estoient particuliers qui avoient nourry cette coustume de gratifier leurs concitoyens et compaignons, principalement sur leur bourse, par telle profusion et magnificence; elle eut tout aultre goust, quand ce feurent les maistres qui veinrent à l'imiter : *pecuniarum translatio a iustis ad alienos non debet liberalis videri*. Philippus, de ce que son fils essayoit par presents de gaigner la volonté des Macedoniens, l'en tansa par une lettre, en cette maniere : « Quoy! as tu envie que tes subiects te tiennent pour leur boursier, non pour leur roy? Veux tu les practiquer? practique les des bienfaicts de ta vertu, non des bienfaicts de ton coffre. »

C'estoit pourtant une belle chose, d'aller faire apporter et planter, en la place aux arenes, une grande quantité de gros arbres, touts branchus et touts verts, representants une grande forest ombrageuse, despartie en belle symmetrie; et, le premier iour, iecter là dedans mille austruches, mille cerfs, mille sangliers, et mille daims, les abandonnant à piller au peuple : le lendemain, faire assommer en sa presence cent gros lions, cent leopards, et trois cents ours; et, pour le troisiesme iour, faire combattre à oultrance trois cents paires de gladiateurs, comme feit l'empereur Probus. C'estoit aussi belle chose, à veoir ces grands amphitheatres encroustez de marbre au dehors, labouré d'ouvrages et statues, le dedans reluisant de rares enrichissemens,

   Balteus en gemmis, en illita porticus auro :

touts les costez de ce grand vuide remplis et environnez, depuis le fonds iusques au comble, de soixante à quatre vingts rengs d'eschelons, aussi de marbre, couverts de carreaux,

   Exeat, inquit,
 Si pudor est, et de pulvino surgat equestri,
  Cuius res legi non sufficit ;

où se peussent renger cent mille hommes assis à leur ayse : et la place du fonds, où les ieux se iouoient, la faire premierement, par art, entr'ouvrir et fendre en crevasses, representant des antres qui vomissoient les bestes destinées au spectacle; et puis, secondement, l'inonder d'une mer profonde, qui charioit force monstres marins, chargee de vaisseaux armez, à representer une battaille navalle; et, tiercement, l'applanir et assicher de nouveau, pour le combat des gladiateurs; et, pour la quatriesme façon, la sabler de vermillon et de storax, au lieu d'arene, pour y dresser un festin solenne à tout ce nombre infiny de peuple, le dernier acte d'un seul iour.

> Quoties nos descendentis arenæ
> Vidimus in partes, ruptaque voragine terræ
> Emersisse feras, et eisdem sæpe latebris
> Aurea cum croceo creverunt arbuta libro !...
> Nec solum nobis silvestria cernere monstra
> Contigit; æquoreos ego cum certantibus ursis
> Spectavi vitulos, et equorum nomine dignum,
> Sed deforme pecus.

Quelquefois on y faict naistre une haulte montagne pleine de fruictiers et arbres verdoyants, rendant par son faiste un ruisseau d'eau, comme de la bouche d'une vifve fontaine : quelquesfois on y promena un grand navire, qui s'ouvroit et desprenoit de soy mesme, et, aprez avoir vomy de son ventre quatre ou cinq cents bestes à combat, se resserroit et s'esvanouïssoit, sans ayde : aultresfois, du bas de cette place, ils faisoient eslancer des surgeons et filets d'eau qui reiaillissoient contremont, et, à cette haulteur infinie, alloient arrousant et embaumant cette infinie multitude. Pour se couvrir de l'iniure du temps, ils faisoient tendre cette immense capacité, tantost de voiles de pourpre labourez à l'aiguille; tantost de soye d'une ou aultre couleur, et les advanceoient et retiroient en un moment, comme il leur venoit en fantasie :

> Quamvis non modico caleant spectacula sole,
> Vela reducuntur, quum venit Hermogenes.

Les rets aussi qu'on mettoit au devant du peuple pour le deffendre de la violence de ces bestes eslancees, estoient tissus d'or :

> Auro quoque torta refulgent
> Retia.

S'il y a quelque chose qui soit excusable en tels excez, c'est où l'invention et la nouveauté fournit d'admiration, non pas la despense : en ces vanitez mesme, nous descouvrons combien ces siecles estoient fertiles d'aultres esprits que ne sont les nostres. Il va de cette sorte de fertilité, comme il faict de toutes aultres productions de la nature : ce n'est pas à dire qu'elle y ayt lors employé son dernier effort : nous n'allons point; nous rodons plustost, et tournevirons çà et là ; nous nous promenons sur nos pas. Ie craincts que nostre cognoissance soit foible en touts sens; nous ne veoyons ny gueres loing, ni gueres arriere ; elle embrasse peu, et vit peu; courte et en estendue de temps, et en estendue de matiere.

> Vixere fortes ante Agamemnona
> Multi, sed omnes illacrymabiles
> Urgentur, ignotique longa
> Nocte.
> Et supera bellum Thebanum, et funera Troiæ,
> Multi alias alii quoque res cecinere poetæ :

et la narration de Solon, sur ce qu'il avoit apprins des presbtres d'Aegypte, de la longue vie de leur estat, et maniere d'apprendre et conserver les histoires estrangieres, ne me semble tesmoignage de refus en cette consideration. *Si interminatam in omnes partes magnitudinem regionum videremus et temporum, in quam se iniiciens animus et intendens, ita late longeque peregrinatur, ut nullam oram ultimi videat, in qua possit insistere : in hac immensitate..... infinita vis innumerabilium appareret formarum.* Quand tout ce qui est venu, par rapport du passé iusques à nous, seroit vray et seroit sceu par quelqu'un, ce seroit moins que rien, au prix de ce qui est ignoré. Et de cette mesme image du monde qui coule pendant que nous y sommes, combien chestifve et raccourcie est la cognoissance des plus curieux? non seulement des evenements particuliers, que fortune rend souvent exem--

plaires et poisans, mais de l'estat des grandes polices et nations, il nous en eschappe cent fois plus qu'il n'en vient à nostre science : nous nous escrions du miracle de l'invention de nostre artillerie, de nostre impression ; d'aultres hommes, un aultre bout du monde, à la Chine, en iouïssoit mille ans auparavant. Si nous veoyions autant du monde comme nous n'en veoyons pas, nous appercevrions, comme il est à croire, une perpetuelle multiplication et vicissitude de formes. Il n'y a rien de seul et de rare, eu esgard à nature, ouy bien eu esgard à notre cognoissance, qui est un miserable fondement de nos regles, et qui nous represente volontiers une tresfaulse image des choses. Comme vainement nous concluons auiourd'hui l'inclination et la decrepitude du monde, par les arguments que nous tirons de nostre propre foiblesse et decadence ;

> Iamque adeo est affecta ætas, effœtaque tellus ;

ainsi vainement concluoit cettuy là sa naissance et ieunesse, par la vigueur qu'il veoyoit aux esprits de son temps, abondants en nouvelletez et inventions de divers arts :

> Verum, ut opinor, habet novitatem summa, recensque
> Natura est mundi, neque pridem exordia cepit :
> Quare etiam quædam nunc artes expoliuntur,
> Nunc etiam augescunt ; nunc addita navigiis sunt
> Multa.

Nostre monde vient d'en trouver un aultre (et qui nous respond si c'est le dernier de ses freres, puisque les daimons, les Sibylles, et nous, avons ignoré cettuy cy jusqu'à cette heure?) non moins grand, plain et membru, que luy ; toutesfois si nouveau et si enfant, qu'on luy apprend encore son a, b, c : il n'y a pas cinquante ans qu'il ne sçavoit ny lettres, ny poids, ny mesures, ny vestements, ny bleds, ny vignes ; il estoit encores tout nud, au giron, et ne vivoit que des moyens de sa mere nourrice.

Si nous concluons bien de nostre fin, et ce poëte de la ieunesse de son siecle, cet aultre monde ne fera qu'entrer en lumiere, quand le nostre en sortira : l'univers tumbera en paralysie ; l'un membre sera perclus, l'aultre en vigueur. Bien craindz ie que nous aurons tres fort hasté sa declinaison et sa ruyne par nostre contagion ; et que nous luy aurons bien cher vendu nos opinions et nos arts. C'estoit un monde enfant ; si ne l'avons nous pas foueté et soubmis à nostre discipline par l'advantage de nostre valeur et forces naturelles, ny ne l'avons practiqué par nostre iustice et bonté, ny subiugué par nostre magnanimité. La plus part de leurs responses, et des negociations faictes avecques eulx, tesmoignent qu'ils ne nous debvoient rien en clarté d'esprit naturelle et en pertinence : l'espovantable magnificence des villes de Cusco et de Mexico, et, entre plusieurs choses pareilles, le iardin de ce roy où touts les arbres, les fruicts et toutes les herbes, selon l'ordre et grandeur qu'ils ont en un iardin, estoient excellemment formees en or, comme en son cabinet touts les animaulx qui naissoient en son estat et en ses mers, et la beauté de leurs ouvrages en pierrerie, en plume, en coton, en la peincture, montrent qu'ils ne nous cedoient non plus en l'industrie. Mais quant à la devotion, observance des loix, bonté, liberalité, loyauté, franchise, il nous a bien servy de n'en avoir pas tant qu'eulx : ils se sont perdus par cet advantage, et vendus et trahis eulx mesmes.

Quant à la hardiesse et courage, quant à la fermeté, constance, resolution contre les douleurs et la faim et la mort, ie ne craindrois pas d'opposer les exemples que ie trouverois parmi eulx aux plus fameux exemples anciens que nous ayons aux memoires de nostre monde pardeçà. Car pour ceulx qui les ont subiuguez, qu'ils ostent les ruses et bastelages dequoy ils se sont servis à les piper, et le iuste estonnement qu'apportoit à ces nations là de veoir arriver si inopinement des gents barbus, divers en langage, en religion, en forme et en contenance, d'un endroict du monde si esloigné, et où ils n'avoient iamais sceu qu'il y eust habitation quelconque, montez sur des grands monstres incogneus, contre ceulx qui n'avoient non seulement iamais veu de cheval, mais beste quelconque duicte à porter et soubtenir homme ny aultre charge ; garnis d'une peau luisante et dure, et d'une arme trenchante et resplendissante, contre ceulx qui, pour le miracle de la lueur d'un mirouer ou d'un coulteau, alloient eschangeant une grande richesse en or et en perles, et qui n'avoient ny science, ny matiere par où tout à loysir ils sceussent percer nostre acier; adioustez y les fouldres et tonnerres de nos pieces et harquebuses, capables de troubler Cesar mesme, qui l'en eust surprins autant inexperimenté et à cett' heure, contre des peuples nuds, si ce n'est où l'invention estoit arrivee de quelque tissu de cotton, sans aultres armes, pour le plus, que d'arcs, pierres, bastons et boucliers de bois; des peuples surprins, soubs couleur d'amitié et de bonne foy, par la curiosité de voir des choses estrangieres et incogneues : ostez, dis ie, aux conquerants cette disparité, vous leur ostez toute l'occasion de tant de victoires. Quand ie regarde cette ardeur incroyable dequoy tant de milliers d'hommes, femmes et enfants, se presentent et reiectent à tant de fois aux dangiers inevitables, pour la deffense de leurs dieux et de leur liberté; cette genereuse obstination de souffrir toutes extremitez et difficultez, et la mort, plus volontiers que de se soubmettre à la domination de ceulx de qui ils ont esté si honteusement abusez, et aulcuns choisissants plustost de se laisser defaillir par faim et par ieusne, estants prins, que d'accepter le vivre des mains de leurs ennemis, si vilement victorieuses; ie preveois que, à qui les eust attaquez pair à pair, et d'armes, et d'experience, et de nombre, il eust faict aussi dangereux, et plus, qu'en aultre guerre que nous veoyons.

Que n'est tombee soubs Alexandre, ou soubs ces anciens Grecs et Romains, une si noble conqueste; et une si grande mutation et alteration de tant d'empires et de peuples, soubs des mains qui eussent doulcement poly et desfriché ce qu'il y avoit de sauvage, et eussent conforté et promeu les bonnes semences que nature y avoit produict; meslant non seulement à la culture des terres et ornement des villes les arts de deçà, en tant qu'elles y eussent esté necessaires, mais aussi meslant les vertus grecques et romaines aux originelles du païs! Quelle reparation eust ce esté, et quel amendement à toute cette machine, que les premiers exemples et desportements nostres, qui se sont presentez par delà, eussent appellé ces peuples à l'admiration et imitation de la vertu, et eussent dressé entre eulx et nous, une fraternelle société et intelligence! Combien il eust esté aysé de faire son proufit d'ames si neufves, si affamees d'apprentissage, ayants, pour la plus part, de si beaux commencements naturels! Au rebours, nous nous sommes servis de leur ignorance et inexperience, à les plier plus facilement vers la trahison, luxure, avarice, et vers toute sorte d'inhumanité et de cruauté, à l'exemple et patron de nos mœurs. Qui meit iamais à tel prix le service de la mercadence et de la traficque? tant de villes rasees, tant de nations exterminees, tant de millions de peuples passez au fil de l'espee, et la plus riche et belle partie du monde bouleversee, pour la negociation des perles et du poivre? Mechaniques victoires! Iamais l'ambition, iamais les inimitiez publicques, ne poulserent les hommes, les uns contre les aultres, à si horribles hostilitez et calamitez si miserables.

En costoyant la mer à la queste de leurs mines, aulcuns Espaignols prindrent terre en une contree fertile et plaisante, fort habitee; et feirent à ce peuple leurs remontrances accoustumees : « Qu'ils estoient gents paisibles, venants de loingtaings voyages, envoyez de la part du roy de Castille, le plus grand prince de la terre habitable, auquel le pape, representant Dieu en terre, avoit donné la principauté de toutes les Indes : Que s'ils vouloient luy estre tributaires, ils seroient trezbenignement traitez : » Leur demandoient des vivres pour leur nourriture, et de l'or pour le besoing de quelque medecine; leur remontroient, au demourant, la creance d'un seul Dieu, et la verité de nostre religion, laquelle ils leurs conseilloient d'accepter; y adioustants quelques menaces. La response feut telle : « Que quant à estre paisibles, ils n'en portoient pas la mine, s'ils l'estoient : Quant à leur roy, puisqu'il demandoit, il debvoit estre indigent et necessiteux; et celuy qui luy avoit faict cette distribution, homme aimant dissention, d'aller donner à un tiers chose qui n'estoit pas sienne, pour le mettre en debat contre les anciens possesseurs : Quant aux vivres, qu'ils leur en fourniroient : D'or, ils en avoient peu, et que c'estoit chose qu'ils mettoient en null' estime, d'autant qu'elle estoit inutile au service de leur vie, là où tout leur soing regardoit seulement à la passer heureusement et plaisamment; pourtant ce qu'ils en pourroient trouver, sauf ce qui estoit employé au service de leurs dieux, qu'ils le prinssent hardiment : Quant à un seul Dieu, le discours leur en avoit pleu; mais qu'ils ne vouloient changer leur religion, s'en estants si utilement servis si longtemps; et qu'ils n'avoient accoustumé prendre conseil que de leurs amis et cognoissants : Quant aux menaces c'estoit signe de faulte de iugement, d'aller menaceant ceulx desquels la nature et les moyens estoient incogneus : Ainsi, qu'ils se despeschassent promptement de vuider leur terre ; car ils n'estoient pas accoustumez de prendre en bonne part les honnestetez et remonstrances de gents armez et estrangiers ; aultrement, qu'on feroit d'eulx comme de ces aultres, leur montrant les testes d'aulcuns hommes iusticiez autour de leur ville. » Voylà un exemple de la balbucie de cette enfance. Mais tant y a, que ny en ce lieu là, ny en plusieurs aultres où les Espaignols ne trouverent les marchandises qu'ils cherchoient, ils ne feirent arrest ny entreprinse, quelque autre commodité qu'il y eust : tesmoing mes Cannibales.

Des deux les plus puissants monarques de ce monde là, et à l'adventure de cettuy cy, roys de tant de roys, les derniers qu'ils en chasserent : celuy de Peru, ayant esté prins en une battaille, et mis à une rençon si excessive, qu'elle surpasse toute creance ; et celle là fidellement payee, et avoir donné, par sa conversation, d'un courage franc, liberal et constant, et d'un entendement net et bien composé, a print envie aux vainqueurs, aprez en avoir tiré un million trois cent vingt cinq mille cinq cents poisants d'or, oultre l'argent, et aultres choses qui ne monterent pas moins (si que leurs chevaulx n'alloient plus ferrez que d'or massif), de veoir encores, au prix de quelque desloyauté que ce feust, quel pouvoit estre le reste des thresors de ce roy, et iouïr librement de ce qu'il avoit resserré. On luy apposta une faulse accusation et preuve, Qu'il desseignoit de faire soublever ses provinces pour se remettre en liberté, sur quoy, par beau iugement de ceulx mesme qui luy avoient dressé cette trahison, on le condamna à estre pendu et estranglé publiquement, luy ayant faict racheter le torment d'estre bruslé tout vif, par le baptesme qu'on luy donna au supplice mesme ; accident horrible et inouï, qu'il souffrit pourtant sans se desmentir ny de contenance, ny de parole, d'une forme et gravité vrayement royale. Et puis, pour endormir les peuples estonnez et transis de chose si estrange, on contrefeit un grand dueil de sa mort, et luy ordonna on des sumptueuses funerailles.

L'aultre, roy de Mexico, ayant long temps deffendu sa ville assiegee, et montré en ce siege tout ce que peult et la souffrance et la perseverance, si oncques prince et peuple le montra ; et son malheur l'ayant rendu vif entre les mains des ennemis, avecques capitulation d'estre traité en roy ; aussi ne leur feit il rien veoir en la prison, indigne de ce tiltre : ne trouvant point, aprez cette victoire, tout l'or qu'ils s'estoient promis ; quand ils eurent tout remué et tout fouillé, ils se mirent à en chercher des nouvelles par les plus aspres gehennes de quoy ils se peurent adviser sur les prisonniers qu'ils tenoient ; mais pour n'avoir rien proufité, trouvant des courages plus forts que leurs torments, ils en vinrent enfin à telle rage, que, contre leur foy et contre tout droict des gents, ils condamnerent le roy mesme, et l'un des principaux seigneurs de sa court, à la gehenne en presence l'un de l'aultre. Ce seigneur, se trouvant forcé par la douleur, environné de braziers ardents, tourna sur la fin piteusement sa veue vers son maistre, comme pour luy demander mercy de ce qu'il n'en pouvoit plus : le roy, plantant fierement et rigoureusement les yeulx sur luy, pour reproche de sa lascheté et pusillanimité, luy dict seulement ces mots, d'une voix rude et ferme : « Et moy, suis ie dans un baing ? suis ie pas plus à mon ayse que toy ? » Celuy là soubdain aprez succomba aux douleurs, et mourut sur la place. Le roy, à demy rosty, feut emporté de là (car quelle pitié toucha iamais des ames si barbares, qui, pour la doubteuse information de quelque vase d'or à piller, feissent griller devant leurs yeulx un homme, non qu'un roy si grand et en fortune et en merite), mais ce feut que sa constance rendoit de plus en plus honteuse leur cruauté. Ils le pendirent depuis, ayant courageusement entrepris de se delivrer, par armes, d'une si longue captivité et subiection : où il feit sa fin digne d'un magnanime prince.

A une aultre fois, ils meirent brusler pour un coup, en mesme feu, quatre cent soixante hommes touts vifs : les quatre cents, du commun peuple ; les soixante, des principaux seigneurs d'une province, prisonniers de guerre simplement. Nous tenons d'eulx mesmes ces narrations ; car ils ne les advouent pas seulement, ils s'en vantent et les preschent. Seroit ce pour tesmoignage de leur iustice, ou zele envers la religion ? certes, ce sont voies trop diverses et ennemies d'une si saincte fin. S'ils se feussent proposé d'estendre nostre foy, ils eussent consideré que ce n'est pas en possession de terres qu'elle s'amplifie, mais en possession d'hommes ; et se feussent trop contentez des meurtres que la necessité de la guerre apporte, sans y mesler indifferemment une boucherie, comme sur des bestes sauvages, universelle, autant que le fer et le feu y ont peu attaindre ; n'en ayant conservé, par leur desseing, qu'autant qu'ils en ont voulu faire de miserables esclaves pour l'ouvrage et service de leurs minieres ; si que plusieurs des chefs ont esté punis à mort, sur les lieux de leur conqueste, par ordonnance des roys de Castille, iustement offensez de l'horreur de leurs deportements, et quasi touts desestimez et mal voulus. Dieu a meritoirement permis que ces grands pillages se soient absorbez par la mer en les transportant, ou par les guerres intestines dequoy ils se sont mangez entre eulx : et la plus part s'enterrerent sur les lieux sans aulcun fruict de leur victoire.

Quant à ce que la recepte, et entre les mains d'un prince mesnagier et prudent, respond si peu à l'esperance qu'on en donna à ses predecesseurs, et à cette premiere abondance de richesses· qu'on rencontra à l'abord de ces nouvelles terres (car encores qu'on en retire beaucoup, nous veoyons que ce n'est rien, au prix de ce qui s'en debvoit attendre), c'est que l'usage de la monnoye estoit entierement incogneu, et que par consequent leur or·se trouva tout assemblé, n'estant en aultre service que de montre et de parade, comme un meuble reservé de pere en fils par plusieurs puissants roys qui espuisoient tousiours leurs mines, pour faire ce grand monceau de vases et statues à l'ornement de leurs palais et de leurs temples : au lieu que nostre or est tout en employte et en commerce ; nous le menuisons et alterons en mille formes, l'espandons et dispersons. Imaginons que nos roys amoncelassent ainsi tout l'or qu'ils pourroient trouver en plusieurs siecles, et le gardassent immobile.

Ceulx du royaume de Mexico estoient aulcunement plus civilisez et plus artistes que n'estoient les aultres nations de là. Aussi iugeoient ils, ainsi que nous, que l'univers feust proche de sa fin ; et en preindrent pour signe la desolation que nous y apportasmes. Ils croyoient que l'estre du monde se despart en cinq aages, et en la vie de cinq soleils consecutifs, desquels les quatre avoient desia fourni leur temps, et que celuy qui leur esclairoit estoit le cinquiesme. Le premier perit avecques toutes les aultres creatures, par universelle inondation d'eaux : le second, par la cheute du ciel sur nous, qui estouffa toute chose vivante ; auquel aage ils assignent les geants, et en feirent voir aux Espaignols des ossements, à la proportion desquels la stature des hommes revenoit à vingt paulmes de hauteur : le troisieme, par feu qui embrasa et consuma tout : le quatriesme, par une esmotion d'air et de vent, qui abattit iusques à plusieurs montaignes ; les hommes n'en moururent point, mais ils feurent changez en magots : quelles impressions ne souffre la lascheté de l'humaine creance ? Aprez la mort de ce quatriesme soleil, le monde feut vingt cinq ans en perpetuelles tenebres ; au quinziesme desquels, feut creé un homme et une femme qui refeirent l humaine race : dix ans aprez, à certain de leurs iours, le soleil parut nouvellement creé ; et commence, depuis, le compte de leurs annees par ce iour là : le troisiesme iour de sa creation, moururent les dieux anciens ; les nouveaulx sont nays, depuis, du iour à la iournee. Ce qu'ils estiment de la maniere que ce dernier soleil perira, mon aucteur n'en a rien appris ; mais leur nombre de ce quatriesme changement rencontre à cette grande conionction des astres, qui produisit il y a huict cents tant d'ans, selon que les astrologiens estiment, plusieurs grandes alterations et nouvelletez au monde.

Quant à la pompe et magnificence, par où ie suis entré en ce propos, ny Grece, ny Rome, ny Aegypte, ne peult, soit en utilité, ou difficulté, ou noblesse, comparer aulcun de ses ouvrages au chemin qui se veoid au Peru, dressé par les roys du païs, depuis la ville de Quito iusques à celle de Cusco (il y a trois cents lieues), droict, uny, large de vingt cinq pas, pavé, revestu du costé et d'aultre de belles et haultes murailles, et le long d'icelles, par le dedans, deux ruisseaux perennes bordez de beaux arbres qu'ils nomment *Molly*. Où ils ont trouvé des montaignes et rochiers, ils les ont taillez et applanis, et comblé les fondrieres de pierre et de chaux. Au chef de chasque iournee, il y a de beaux palais, fournis de vivres, de vestements et d'armes, tant pour les voyageurs, que pour les armees qui ont à y passer. En l'estimation de cet ouvrage, i'ay compté la difficulté, qui est particulierement considerable en ce lieu là ; ils ne bastissoient point de moindres pierres que de dix pieds en carré ; ils n'avoient aultre moyen de charier qu'à force de bras, en traisnant leur charge ; et pas seulement l'art d'eschaffaulder, n'y sçachants aultre finesse que de haulser autant de terre contre leur bastiment, comme il s'esleve, pour l'oster aprez.

Retumbons à nos coches. En leur place, et de toute aultre voicture, ils se faisoient porter par les hommes, et sur les espaules. Ce dernier roy du Peru, le iour qu'il feut prins, estoit ainsi porté sur des brancars d'or, et assis dans une chaize d'or, au milieu de sa battaille. Autant qu'on tuoit de ces porteurs pour le faire cheoir à bas (car on le vouloit prendre vif), autant d'aultres, et à l'envy, prenoient la place des morts : de façon qu'on ne le peut oncques abbattre, quelque meurtre qu'on feist de ces gents là ; iusques à ce qu'un homme de cheval l'alla saisir au corps, et l'avalla par terre.

Chapitre vii. — De l'incommodité de la grandeur.

Puisque nous ne la pouvons aveindre, vengeons nous à en mesdire : si n'est ce pas entierement mesdire de quelque chose, d'y trouver des defaults ; il s'en treuve en toutes choses, pour belles et desirables qu'elles soyent. En general, elle a cet evident advantage, qu'elle se ravalle quand il luy dict, et qu'à peu prez elle a le chois de l'une et l'aultre condition : car on ne tumbe pas de toute haulteur ; il en est plus, desquelles on peut descendre sans tumber. Bien me semble il que nous la faisons trop valoir ; et trop valoir aussi la resolution de ceulx que nous avons ou veu ou ouï dire l'avoir mesprisee, ou s'en estre desmis de leur propre desseing : son essence n'est pas si evidemment commode, qu'on ne la puisse refuser sans miracle. Ie treuve l'effort bien difficile à la souffrance des maulx ; mais au contentement d'une mediocre mesure de fortune, et feyte de la grandeur, i'y treuve fort peu d'affaire : c'est une vertu, ce me semble, où moy, qui ne suis qu'un oyson, arriverois sans beaucoup de contention ; que doibvent faire ceulx qui mettroient encores en consideration la gloire qui accompaigne ce refus, auquel il peut eschoir plus d'ambition qu'au desir mesme et iouissance de la grandeur ? d'autant que l'ambition ne se conduict iamais mieulx selon soy, que par une voye esgarée et inusitee.

I'aiguise mon courage vers la patience ; ie l'affoiblis vers le desir : autant ay ie à souhaiter qu'un aultre, et laisse à mes souhaits autant de liberté et d'indiscretion ; mais pourtant, si ne m'est il iamais advenu de souhaiter ny empire ny royauté, ny l'eminence de ces haultes fortunes et commanderesses : ie ne vise pas de ce costé là ; ie m'aime trop. Quand ie pense à croistre, c'est bassement, d'une accroissance contraincte et couarde, proprement pour moy, en resolution, en prudence, en santé, en beauté, et en richesses encores ; mais ce credit, cette auctorité si puissante, foule mon imagination, et, tout à l'opposite de l'aultre, m'aimerois à l'adventure mieulx deuxiesme ou troisiesme à Perigueux, que premier à Paris ; au moins, sans mentir, mieulx troisiesme à Paris, que premier en charge. Ie ne veulx ny debattre avecques un huissier de porte, miserable incogneu ; ny faire fendre, en adoration, les presses où ie passe. Ie suis duict à un estage moyen, comme par ma sort, aussi par mon goust ; et ay montré, en la conduicte de ma vie et de mes entreprinses, que i'ay plutost fuy, qu'aultrement, d'eniamber par dessus le degré de fortune auquel Dieu logea ma naissance : toute constitution naturelle est pareillement iuste et aysee. I'ay ainsi l'ame poltronne, que ie ne mesure pas la bonne fortune selon sa haulteur ; ie la mesure selon sa facilité.

Mais si ie n'ay point le cœur gros assez, ie l'ay à l'equipollent ouvert, et qui m'ordonne de publier hardiment sa foiblesse. Qui me donneroit à conferer la vie de L. Thorius Balbus, galant homme, beau, sçavant, sain, entendu et abondant en toute sorte de commoditez et plaisirs, conduisant une vie tranquille et toute sienne, l'ame bien preparee contre la mort, la superstition, les douleurs, et aultres encombriers de l'humaine necessité, mourant enfin en battaille, les armes en la main, pour la deffense de son païs, d'une part : et d'aultre part, la vie de M. Regulus, ainsi grande et haultaine que chascun la cognoist, et sa fin admirable : l'une sans nom, sans dignité ; l'aultre exemplaire et glorieuse à merveilles : i'en dirois certes ce qu'en dit Cicero, si ie sçavois aussi bien dire que luy. Mais s'il me les falloit coucher sur la mienne, ie dirois aussi que la premiere est autant selon ma portee, et selon mon desir que ie conforme à ma portee, comme la seconde est loing au delà ; qu'à cette cy ie ne puis advenir, que par veneration ; i'adviendrois volontiers à l'aultre, par usage.

Retournons à nostre grandeur corporelle, d'où nous sommes partis. Ie suis desgousté de maistrise, et actifve et passive. Otanez, l'un des sept qui avoient droit de pretendre au royaume de Perse, print un party que i'eusse prins volontiers : c'est qu'il quita à ses compaignons son droict d'y pouvoir arriver par eslection ou par sort, pourveu que luy et les siens vecussent en cet empire hors de toute subiection et maistrise, sauf celles de loix antiques, et y eussent toute liberté qui ne porteroit preiudice à icelles : impatient de commander, comme d'estre commandé.

Le plus aspre et difficile mestier du monde, à mon gré, c'est faire dignement le roy. I'excuse plus de leurs faultes qu'on ne faict communement, en consideration de l'horrible poids de leur charge, qui m'estonne : il est difficile de garder mesure à une puissance si desmesurce; si est ce que c'est, envers ceulx mesme qui sont de moins excellente nature, une singuliere incitation à la vertu, d'estre logé en tel lieu où vous ne faciez aulcun bien qui ne soit mis en registre et en compte; et où le moindre bienfaire porte sur tant de gents, et où vostre suffisance, comme celle des prescheurs, s'addresse principalement au peuple, iuge peu exact, facile à piper, facile à contenter. Il est peu de choses ausquelles nous puissions donner le iugement sincere, parce qu'il en est peu ausquelles, en quelque façon, nous n'ayons particulier interest. La superiorité et inferiorité, la maistrise et la subiection, sont obligees à une naturelle envie et contestation; il fault qu'elles s'entrepillent perpetuellement. Ie ne crois ny l'une, ny l'aultre, des droicts de sa compaignie : laissons en dire à la raison, qui est inflexible et impassible, quand nous en pourrons finer. Ie feuilletois, il n'y a pas un mois, deux livres escossois, se combattants sur ce subiect : le populaire rend le roy de pire condition qu'un charretier; le monarchique le loge quelques brasses audessus de Dieu, en puissance et souveraineté.

Or, l'incommodité de la grandeur, que i'ay prins icy à remarquer par quelque occasion qui vient de m'en advertir, est cette cy : Il n'est, à l'adventure, rien plus plaisant au commerce des hommes que les essays que nous faisons les uns contre les aultres, par ialousie d'honneur et de valeur, soit aux exercices du corps ou de l'esprit; ausquels la grandeur souveraine n'a aulcune vraye part. A la verité, il m'a semblé souvent qu'à force de respect on y traicte les princes desdaigneusement et iniurieusement; car, ce dequoy ie m'offensois infiniment en mon enfance, que ceulx qui s'exerceoient avecques moy espargnassent de s'y employer à bon escient, pour me trouver indigne contre qui ils s'efforceassent, c'est ce qu'on veoid leur advenir tous les iours, chascun se trouvant indigne de s'efforcer contre eux : si on recognoist qu'ils ayent tant soit peu d'affection à la victoire, il n'est celuy qui ne se travaille à la leur prester, et qui n'aime mieulx trahir sa gloire que d'offenser la leur; on n'y employe qu'autant d'effort qu'il en fault pour servir à leur honneur. Quelle part ont ils à la meslee, en laquelle chascun est pour eulx? Il me semble veoir ces paladins du temps passé, se presentants aux ioustes et aux combats avecques corps et des armes faces. Brisson, courant contre Alexandre, se feignit en la course : Alexandre l'en tansa ; mais il luy en debvoit faire donner le fouet. Pour cette consideration, Carneades disoit : « que les enfants des princes n'apprennent rien à droict, qu'à manier les chevaulx; d'autant qu'en tout aultre exercice, chascun fleschit soubs eulx, et leur donne gaigné : mais un cheval, qui n'est ny flateur ny courtisan, verse le fils du roy par terre, comme il feroit le fils d'un crocheteur. »

Homere a esté contrainct de consentir que Venus feust blecee au combat de Troye, une si doulce saincte et si delicate, pour luy donner du courage et de la hardiesse; qualitez qui ne tumbent aulcunement en ceulx qui sont exempts de dangier : on faict courroucer, craindre, fuyr les dieux, s'enialouser, se douloir, et se passionner, pour les honnorer des vertus qui se bastissent entre nous de ces imperfections. Qui ne participe au hazard et difficulté, ne peult pretendre interest à l'honneur et plaisir qui suyt les actions hazardeuses. C'est pitié de pouvoir tant, qu'il advienne que toutes choses vous cedent : vostre fortune reiecte trop loing de vous la societé et la compaignie; elle vous plante trop à l'escart. Cette aysance et lasche facilité de faire tout baisser soubs soy, est ennemie de toute sorte de plaisir : c'est glisser, cela; ce n'est pas aller : c'est dormir; ce n'est pas vivre. Concevez l'homme accompaigné d'omnipotence, vous l'abysmez : il fault qu'il vous demande, par aulmosne, de l'empeschement et de la resistance; son estre et son bien est en indigence.

Leurs bonnes qualitez sont mortes et perdues; car elles ne se sentent que par comparaison, et on les en met hors : ils ont peu de cognoissance de la vraye louange, estants battus d'une si continuelle approbation et uniforme. Ont ils affaire au plus sot de leurs subiects? ils n'ont aulcun moyen de prendre advantage sur luy : en disant, « C'est pource qu'il est mon roy, » il luy semble avoir assez dict qu'il a presté la main à se laisser vaincre. Cette qualité estouffe et consomme les aultres qualitez vrayes et essentielles; elles sont enfoncées dans la royauté; et ne leur laisse, à eulx faire valoir, que les actions qui la touchent directement et qui luy servent, les offices de leur charge : c'est tant estre roy, qu'il n'est que par là. Cette lueur estrangiere qui l'environne, le cache et nous le desrobbe; nostre veue s'y rompt et s'y dissipe, estant remplie et arrestée par cette forte lumiere. Le senat ordonna le prix d'eloquence à Tibere : il le refusa, n'estimant pas que d'un iugement si peu libre, quand bien il eust esté veritable, il s'en peust ressentir.

Comme on leur cede touts advantages d'honneur, aussi conforte lon et auctorise les defaults et vices qu'ils ont, non seulement par approbation, mais aussi par imitation. Chascun des suyvants d'Alexandre portoit, comme luy, la teste à costé; et les flatteurs de Dionysius s'entreheurtoient en sa presence, poulsoient et versoient ce qui se rencontroit à leurs pieds, pour dire qu'ils avoient la veue aussi courte que luy. Les greveures ont aussi par fois servy de recommendation et faveur : i'en ay veu la surdité en affectation; et parce que le maistre haïssoit sa femme, Plutarque a veu les courtisans repudier les leurs qu'ils aimoient : qui plus est, la paillardise s'en est veue en credit, et toute dissolution, comme aussi la desloyauté, les blasphemes, la cruauté, comme l'heresie, comme la superstition, l'irreligion, la mollesse, et pis, si pis il y a; par un exemple encores plus dangereux que celuy des flateurs de Mithridates. qui, d'autant que leur maistre pretendoit à l'honneur de bon medecin, lui portoient à inciser et cauteriser leurs membres; car ces aultres souffrent cauteriser leur ame, partie plus delicate et plus noble.

Mais pour achever par où i'ay commencé, Adrian l'empereur debattant avecques le philosophe Favorinus de l'interpretation de quelque mot, Favorinus luy en quita bientost la victoire : ses amis se plaignants à luy : « Vous vous mocquez, feit il; vouldriez vous qu'il ne feust plus scavant que moy, luy qui commande à trente legions? » Auguste escrivit des vers contre Asinius Pollio : « Et moy dict Pollio, ie me tais; ce n'est pas sagesse d'escrire à l'envy de celuy qui peult proscrire : » et avoient raison; car Dionysius, pour ne pouvoir egualer Philoxenus en la poësie, et Platon en discours, en condamna l'un aux carrieres, et envoya vendre l'aultre esclave en l'isle d'Aegine.

Chapitre VIII. — De l'art de conferer.

C'est un usage de nostre iustice d'en condamner aulcuns pour l'advertissement des aultres. De les condamner, parce qu'ils ont failly ce seroit bestise, comme dict Platon, car ce qui est faict ne se peult desfaire; mais c'est à fin qu'ils ne faillent plus de mesme, ou qu'on fuye l'exemple de leur faulte : on ne corrige pas celuy qu'on pend; on corrige les aultres par luy. Ie fois de mesme : mes erreurs sont tantost naturelles et incorrigibles; mais ce que les honnestes hommes proufitent au public en se faisant imiter, ie le proufiteray à l'adventure à me faire eviter;

> Nonne vides. Albi ut male vivat filius? utque
> Barrus inops? magnum documentum, ne patriam rem
> Perdere quis velit;

publiant et accusant mes imperfections, quelqu'un apprendra de les craindre. Les parties que i'estime le plus en moy, tirent plus d'honneur de m'accuser que de me recommender : voylà pourquoy i'y retumbe, et m'y arreste plus souvent. Mais quand tout est compté, on ne parle iamais de soy, sans perte : les propres condamnations sont tousiours accrues; les louanges, mescrues. Il en peult estre aulcuns de ma complexion, qui m'instruit mieulx par contrarieté que par similitude, et par fuyte que par suyte : à cette sorte de discipline regardoit le vieux Caton, quand il dict « que les sages ont plus à apprendre des fols, que les fols des sages ; » et cet ancien ioueur de lyre, que Pausanias recite avoir accoustumé contraindre ses disciples d'aller ouïr un mauvais sonneur, qui logeoit vis à vis de luy, où ils apprinssent à haïr ses desaccords et faulses mesures : l'horreur de la cruauté me reiecte plus avant en la clemence, qu'aulcun patron de clemence ne me sçauroit attirer ; un bon escuyer ne redresse pas tant mon assiette, comme i'en veoyois de fascheux ; aussi ferme, que i'en veoyois de mols, aussi doulx, que i'en veoyois d'aspres; aussi bon, que i'en veoyois de meschants : mais ie me proposois des mesures invincibles.

Le plus fructueux et naturel exercice de nostre esprit, c'est, à mon gré la conference : i'en treuve l'usage plus doulx que d'aulcune aultre action de nostre vie ; et c'est la raison pourquoy, si i'estois asture forcé de choisir, ie consentirois plustost, ce crois ie, de perdre la veue, que l'ouïr ou le parler. Les Atheniens, et encores les Romains, conservoient en grand honneur cet exercice en leurs academies ; de nostre temps, les Italiens en retiennent quelques vestiges, à leur grand proufit, comme il se veoid par la comparaison de nos entendements aux leurs. L'estude des livres, c'est un mouvement languissant et foible qui n'eschauffe point : là où la conference apprend, et exerce, en un coup. Si ie confere avecques une ame ame forte et un rude iousteur, il me presse les flancs, me picque à gauche et à dextre; ses imaginations eslancent les miennes : la ialousie, la gloire, la contention, me poulsent et rehaulsent au dessus de moy mesme ; et l'unisson est qualité du tout ennuyeuse en la conference. Mais comme nostre esprit se fortifie par la communication des esprits vigoureux et reglez, il ne se peult dire combien il perd et s'abastardit par le continuel commerce et frequentation que nous avons avecques les esprits bas et maladifs : il n'est contagion qui s'espande comme celle là ; ie sçais par assez d'experience combien en vault l'aulne. I'aime à contester et à discourir ; mais c'est avecques peu d'hommes, et pour moy : car de servir de spectacle aux grands, et faire à l'envy parade de son esprit et de son caquet, ie treuve que c'est un mestier tresmesseant à un homme d'honneur.

La sottise est une mauvaise qualité ; mais de ne la pouvoir supporter, et s'en despiter et ronger, comme il m'advient, c'est une aultre sorte de maladie qui ne doibt gueres à la sottise en importunité ; et est ce qu'à present ie veulx accuser du mien. I'entre en conference et en dispute avecques grande liberté et facilité, d'autant que l'opinion treuve en moy le terrein mal propre à y penetrer et y poulser de haultes racines : nulles propositions m'estonnent, nulle creance me blece, quelque contrarieté qu'elle aye à la mienne ; il n'est si frivole et si extravagante fantasie qui ne me semble bien sortable à la production de l'esprit humain. Nous aultres, qui privons nostre iugement du droict de faire des arrests, regardons mollement les opinions diverses ; et si nous prestons le iugement, nous y prestons ayseement l'aureille. Où l'un plat est vuide du tout en la balance, ie laisse vaciller l'aultre soubs les songes d'une vieille ; et me semble estre excusable si i'accepte plustost le nombre impair : le ieudy, au prix du vendredy ; si ie m'aime mieulx douziesme ou quatorziesme, que treiziesme, à table ; si ie vois plus volontiers un lievre costoyant mon chemin, quand ie voyage ; et donne plustost le pied gauche que le droict à chausser. Toutes telles ravasseries, qui sont en credit autour de nous, meritent au moins qu'on les escoute : pour moy, elles emportent seulement l'inanité, mais elles l'emportent. Encores sont, en poids, les opinions vulgaires et casuelles aultre chose que rien, en nature ; et qui ne s'y laisse aller iusques là, tumbe à l'adventure au vice de l'opiniastreté, pour eviter celuy de la superstition.

Les contradictions doncques des iugements ne m'offensent ny m'alterent : elles m'esveillent seulement et m'exercent. Nous fuyons la correction : il s'y fauldroit presenter et produire, notamment quand elle vient par forme de conference, non de regence. A chasque opposition, on ne regarde pas si elle est iuste; mais à tort ou à raison, on s'en desfera : au lieu d'y tendre les bras, nous y tendons les griffes. Ie souffrirois estre rudement heurté par mes amis : « Tu es un sot; tu resves. » l'aime, entre les galants hommes, qu'on s'exprime courageusement; que les mots aillent où va la pensee : il nous fault fortifier l'ouïe, et la durcir contre cette tendreur du son cerimonieux des paroles

I'aime une societé et familiarité forte et virile; une amitié qui se flatte en l'aspreté et vigueur de son commerce, comme l'amour aux morsures et aux esgratigneures sanglantes : elle n'est pas assez vigoreuse et genereuse, si elle n'est querelleuse, si elle est civilisee et artiste, si elle craint le hurt, et a ses allures contrainctes : *Neque enim disputari, sine reprehensione, potest.* Quand on me contrarie, on esveille mon attention, non pas ma cholere, ie m'advance vers celuy qui me contredict, qui m'instruit : la cause de la verité debvroit estre la cause commune à l'un et à l'aultre. Que respondra il ? la passion du courroux luy a desia frappé le iugement; le trouble s'en est saisi avant la raison. Il seroit utile qu'on passast par gageure la decision de nos disputes; qu'il y eust une marque materielle de nos pertes, à fin que nous en teinssions estat; et que mon valet me peust dire : « Il vous cousta l'annee passee cent escus, à vingt fois, d'avoir esté ignorant et opiniastre. » Ie festoye et caresse la verité en quelque main que ie la treuve, et rends alaigrement et luy tends mes armes vaincues, de loing que ie la veois approcher; et, pourveu qu'on n'y procede point d'une trongne trop imperieusement magistrale, ie prends plaisir à estre reprins, et m'accommode aux accusateurs, souvent plus par raison de civilité que par raison d'amendement, aimant à gratifier et à nourrir la liberté de m'advertir par la facilité de ceder; ouy, à mes despens.

Toutesfois il est, certes, malaysé d'y attirer les hommes de mon temps : ils n'ont pas le courage de corriger, parce qu'ils n'ont pas le courage de souffrir à l'estre; et parlent tousiours avec dissimulation en presence les uns des aultres. Ie prends si grand plaisir d'estre iugé et cogneu, qu'il m'est comme indifferent en quelle des deux formes ie le sois; mon imagination se contredict elle mesme si souvent et condamne, que ce m'est tout un aultre le face, veu principalement que ie ne donne à sa reprehension que l'auctorité que ie veulx : mais ie romps paille avec celuy qui se tient si hault à la main, comme i'en cognois quelqu'un qui plaint son adversement s'il n'en est creu, et prend à iniure ou à estrive à le suyvre. Ce que Socrates recueilloit, tousiours riant, les contradictions qu'on faisoit à son discours, on pourroit dire que sa force en estoit cause ; et que l'advantage ayant à tumber certainement de son costé, il les acceptoit comme matiere de nouvelle victoire. Mais nous veoyons, au rebours, qu'il n'est rien qui nous y rende le sentiment si delicat, que l'opinion de la preeminence et le desdaing de l'adversaire; et que par raison, c'est au foible plustost d'accepter de bon gré les oppositions qui le redressent et rabillent. Ie cherche, à la verité, plus la frequentation de ceulx qui me gourment, que de ceulx qui me craignent : c'est un plaisir fade et nuisible d'avoir affaire à gents qui nous admirent et facent place. Antisthenes commanda à ses enfants « de ne sçavoir iamais gré ny grace à homme qui les louast. » Ie me sens bien plus fier de la victoire que ie gaigne sur moy, quand, en l'ardeur mesme du combat, ie fois plier soubs la force de la raison de mon adversaire, que ie ne me sens gré de la victoire que ie gaigne sur luy par sa foiblesse : enfin, ie reccois et advoue toute sorte d'attainctes qui sont de droict fil, pour foibles qu'elles soient; mais ie suis par trop impatient de celles qui se donnent sans forme. Il me chault peu de la matiere, et me sont les opinions unes ; et la victore du subiect à peu prez indifferente. Tout un iour ie contesteray paisiblement, si la conduicte du debat se suyt avecques ordre : ce n'est pas tant la force et la subtilité que ie demande, comme l'ordre : l'ordre qui se veoid touts les iours aux altercations des bergers et des enfants de boutique, iamais entre nous : s'ils se destracquent, c'est en incivilité; si faisons nous bien : mais leur tumulte et impatience ne les desvoye pas de leur theme, leur propos suyt son cours; s'ils previennent l'un l'aultre, s'ils ne s'attendent pas, au moins ils s'entendent. On respond tousiours trop bien pour moy, si on respond à ce que ie dis; mais, quand la dispute est troublee et desreglee, ie quite la chose, et m'attache à la forme avecques despit et indiscretion; et me iecte à une façon de debattre, testue, malicieuse et imperieuse, dequoy i'ay à rougir aprez. Il est impossible de traicter de bonne foy avecques un sot; mon iugement ne se corrompt pas seulement à la main d'un maistre si impetueux, mais aussi ma conscience.

Nos disputes debvroient estre deffendues et punies comme d'aultres crimes verbaux : quel vice n'esveillent elles et n'amoncellent, tousiours regies et commandees par la cholere? Nous entrons en inimitié, premierement contre les raisons ; et puis contre les hommes. Nous n'apprenons à disputer que pour contredire : et chascun contredisant et estant contredict, il en advient que le fruict du disputer, c'est perdre et aneantir la verité. Ainsi Platon, en sa Republique, prohibe cet exercice aux esprits ineptes et mal nays. A quoy faire vous mettez vous en voye de quester ce qui est, avecques celuy qui n'a ny pas, ny alleure qui vaille? On ne faict point tort au subiect, quand on le quitte pour veoir du moyen de le traicter; ie ne dis pas moyen scholastique et artiste; ie dis moyen naturel, d'un sain entendement. Que sera ce enfin? l'un va en orient, l'aultre en occident; ils perdent le principal et l'escartent dans la presse des incidents : au bout d une heure de tempeste, ils ne sçavent ce qu'ils cherchent; l'un est bas, l'aultre haut, l'aultre, costier; qui se prend à un mot et une similitude; qui ne sent plus ce qu'on luy oppose, tant il est engagé en sa course, et pense à se suyvre, non pas à vous; qui se trouvant foible de reins, craint tout, refuse tout, mesle dez l'entree et confond le propos, ou, sur l'effort du debat, se mutine à se taire tout plat, par une ignorance despite, affectant un orgueilleux mespris, ou une sottement modeste fuyte de contention : pourveu que cettuy cy frappe, il ne luy chault combien il descouvre; l'aultre compte ses mots, il les poise pour raisons; celuy là n'y employe que l'advantage de sa voix et de ses poulmons; en voylà un qui conclud contre soy mesme ; et cettuy cy qui vous assourdit de prefaces et digressions inutiles; cet aultre s'arme de pures iniures, et cherche une querelle d'Allemaigne, pour se desfaire de la societé et conference d'un esprit qui presse le sien; ce dernier ne veoid rien en la raison, mais il vous tient assiegé sur la closture dialectique de ses clauses, et sur les formules de son art.

Or, qui n'entre en defiance des sciences, et n'est en doubte s'il s'en peult tirer quelque solide fruict au besoing de la vie, à considerer l'usage que nous en avons? *nihil sanantibus litteris.* Qui a pris de l'entendement en la logique? où sont sont ces belles promesses : *nec ad melius vivendum, nec ad commodius disserendum.* Veoid on plus de barbouillage au caquet des harengieres, qu'aux disputes publicques des hommes de cette profession? l'aimerois mieulx que mon fils apprinst aux tavernes à parler, qu'aux escholes de la parlerie. Ayez un maistre ez art, conferez avecques luy ; que ne nous faict il sentir cette excellence artificielle, et ne ravit les femmes et les ignorants comme nous sommes, par l'admiration de la fermeté de ses raisons, de la beauté de son ordre? que ne nous domine il et persuade comme il veult? un homme si advantageux en matiere et en conduicte, pourquoy mesle il à son crime les iniures, l'indiscretion, et la rage? Qu'il oste son chapperon, sa robe, et son latin; qu'il ne batte pas nos aureilles d'Aristote tout pur et tout crud : vous le prendrez pour l'un d'entre nous, ou pis.

Il me semble de cette implication et entrelaceure du langage par où ils nous pressent, qu'il en va comme des ioueurs de passe-passe; leur souplesse combat et force nos sens, mais elle n'esbranle aulcunement nostre creance : hors ce bastelage, ils ne font rien qui ne soit commun et vil; pour estre plus sçavants, ils n'en sont pas moins ineptes. l'aime et honore le sçavoir, aultant que ceulx qui l'ont ; et, en son vray usage, c'est le plus noble et puissant acquest des hommes; mais en ceulx là (et il est un nombre infiny de ce genre) qui en establissent leur fondamentale suffisance et valeur, qui se rapportent de leur entendement à leur memoire, *sub aliena umbra latentes*, et ne peuvent rien que par livre; ie le hais, si ie l'ose dire, un peu plus que la bestise. En mon païs, et de mon temps, la doctrine amende assez les bourses, nullement les ames : si elle les rencontre mousses, elle les aggrave et suffoque, masse crue et indigeste; si deslices, elle les purifie volontiers, clarifie, et subtilise iusques à l'exinanition. C'est chose de qualité à peu prez indifferente; tresutile accessoire à une ame bien née, pernicieux à une aultre ame, et dommageable; ou plustost, chose de tresprecieux usage, qui ne se laisse pas posseder à vil prix : en quelque main c'est un sceptre ; en quelque aultre, une marotte.

Mais suyvons. Quelle plus grande victoire attendez vous, que d'apprendre à vostre ennemy qu'il ne vous peult combattre ? Quand vous gaignez l'advantage de vostre proposition, c'est la verité qui gaigne ; quand vous gaignez l'advantage de l'ordre et de la conduicte, c'est vous qui gaignez. Il m'est advis qu'en Platon et en Xenophon Socrates dispute plus en faveur des disputants qu'en faveur de la dispute, et pour instruire Euthydemus et Protagoras de la cognoissance de leur impertinence, plus que de l'impertinence de leur art : il empoigne la premiere matiere, comme celuy qui a une fin plus utile que de l'esclaircir ; à sçavoir, esclaircir les esprits qu'il prend à manier et exercer. L'agitation et la chasse est proprement de nostre gibbier : nous ne sommes pas excusables de la conduire mal et impertinemment ; de faillir à la prinse, c'est aultre chose : car nous sommes nays à quester la verité ; il appartient de la posseder, à une plus grande puissance ; elle n'est pas, comme disoit Democritus, cachee dans le fond des abysmes, mais plustost eslevee en haulteur infinie en la cognoissance divine. Le monde n'est qu'une eschole d'inquisition : ce n'est pas à qui mettra dedans, mais à qui fera les plus belles courses. Autant peult faire le sot celuy qui dict vray, que celuy qui dict faulx ; car nous sommes sur la maniere, non sur la matiere, du dire. Mon humeur est de regarder autant à la forme qu'à la substance, autant à l'advocat qu'à la cause, comme Alcibiades ordonnoit qu'on feist ; et touts les iours m'amuse à lire en des aucteurs, sans soing de leur science, y cherchant leur façon, non leur subiect : tout ainsi que ie poursuys la communication de quelque esprit fameux, à fin qu'il m'enseigne, mais à fin que ie le cognoisse, et que le cognoissant, s'il le vault, ie l'imite. Tout homme peult dire veritablement ; mais dire ordonneement, prudemment, et suffisamment, peu d'hommes le peuvent : par ainsi la faulseté qui vient d'ignorance ne m'offense point ; c'est l'ineptie. J'ay rompu plusieurs marchez qui m'estoient utiles, par l'impertinence de la contestation de ceulx avecques qui ie marchandois. Ie ne m'esmeus pas une fois l'an des faultes de ceulx sur lesquels i'ay puissance ; mais, sur le poinct de la bestise et opiniastreté de leurs allegations, excuses et deffenses asnieres et brutales, nous sommes touts les iours à nous en prendre à la gorge : ils n'entendent ny ce qui se dict ny pour quoy, et respondent de mesme ; c'est pour desesperer. Ie ne sens heurter rudement ma teste que par une aultre teste ; et entre plustost en composition avec le vice de mes gents, qu'avecques leur temerité, leur importunité, et leur sottise : qu'ils facent moins, pourveu qu'ils soient capables de faire ; vous vivez en esperance d'eschauffer leur volonté : mais d'une souche, il n'y a ny qu'esperer, ny que iouïr qui vaille.

Or quoy, si ie prends les choses aultrement qu'elles ne sont ? Il peult estre : et pourtant i'accuse mon impatience, et tiens, premierement, qu'elle est egualement vicieuse en celuy qui a droict, comme en celuy qui a tort ; car c'est tousiours un' aigreur tyrannique, de ne pouvoir souffrir une forme diverse à la sienne ; et puis, qu'il n'est, à la verité, point de plus grande fadeze et plus constante, que de s'esmouvoir et piequer des fadezes du monde, ni plus heteroclite, car elle nous formalise principalement contre nous : et ce philosophe du temps passé n'eust iamais eu faulte d'occasion à ses pleurs, tant qu'il se feust consideré. Myson, l'un des sept sages, d'une humeur timonienne et democritienne, interrogé, De quoy il rioit tout seul : « De ce mesme que ie ris tout seul, » respondit il. Combien de sottises dis ie et responds ie touts les iours, selon moy ; et volontiers doncques plus frequentes, selon aultruy ? si ie m'en mords les levres, qu'en doibvent faire les aultres ? Somme, il fault vivre entre les vivants, et laisser la riviere courre soubs le pont, sans nostre soing, ou, à tout le moins, sans notre alteration. De vray, pourquoy, sans nous esmouvoir, rencontrons nous quelqu'un qui ayt le corps tortu et mal basty ; et ne pouvons souffrir le rencontre d'un esprit mal rengé, sans nous mettre en cholere ? cette vicieuse aspreté tient plus au iuge qu'à la faulte. Ayant tousiours en la bouche ce mot de Platon : « Ce que ie treuve mal sain, n'est ce pas pour estre moy mesme mal sain ? ne suis ie pas moy mesme en coulpe ? mon advertissement se peult il pas renverser contre moy ? » Sage et divin refrain, qui fouette la plus universelle et la plus commune erreur des hommes. Non seulement les reproches que nous faisons les uns aux aultres, mais nos raisons aussi et nos arguments et matieres controverses, sont ordinairement retorquables à nous, et nous enferrons de nos armes : de quoy l'ancienneté m'a laissé assez de graves exemples. Ce feut ingenieusement dict et et bien à propos, par celuy qui l'inventa :

> Stercus cuique suum bene olet.

Nos yeulx ne veoyent rien en derriere : cent fois le iour, nous nous mocquons de nous sur le subiect de nostre voysin ; et detestons en d'aultres les defauts qui sont en nous plus clairement, et les admirons, d'une merveilleuse impudence et inadvertence. Encores hier ie feus à mesme de veoir un homme d'entendement et gentil personnage se mocquant, aussi plaisamment que iustement, de l'inepte façon d'un aultre qui rompt la teste à tout le monde du registre de ses genealogies et alliances, plus de moitié faulses (ceux là se iectent plus volontiers sur tels sots propos, qui ont leurs qualitez plus doubteuses et moins seures) ; et luy, s'il eust reculé sur soy, se feust trouvé non gueres moins intemperant et ennuyeux à semer et faire valoir la prerogative de la race de sa femme. Oh ! importune presumption, de laquelle la femme se veoid armee par les mains de son mary mesme ! S'il entendoit du latin, il luy fauldroit dire :

> Agesis ! hæc non insanit satis sua sponte ; instiga.

Ie n'entends pas que nul n'accuse, qui ne soit net (car nul n'accuseroit), voire ny net en mesme sorte de tache : mais i'entends que nostre iugement, chargeant sur un aultre, duquel pour lors il est question, ne nous espargne pas, d'une interne et severe iurisdiction. C'est office de charité, que qui ne peult oster un vice en soy cherche ce neanmoins à l'oster en aultruy, où il peult avoir moins maligne et revesche semence : ny ne me semble response à propos, celuy qui m'advertit de ma faulte, dire qu'elle est aussy en luy. Quoy pour cela ? tousiours l'advertissement est vray et utile. Si nous avions bon nez, nostre ordure nous debvroit plus puïr, d'autant qu'elle est nostre : et Socrates est d'advis que qui se trouveroit coulpable, et son fils, et un estrangier, de quelque violence et iniure, debvroit commencer par soy à se presenter à la condamnation de la iustice, et implorer, pour se purger, le secours de la main du bourreau ; secondement pour son fils, et dernierement pour l'estrangier : si ce precepte prend le ton un peu trop hault, au moins se doibt il presenter le premier à la punition de sa propre conscience.

Les sens sont nos propres et premiers iuges, qui n'apperceoivent les choses que par les accidents externes : et n'est pas merveille, si, en toutes les pieces du service de nostre societé, il y a un si perpetuel et universel meslange de cerimonies et apparences superficielles ; si que la meilleure et plus effectuelle part des polices consiste en cela. C'est tousiours à l'homme que nous avons affaire, duquel la condition est merveilleusement corporelle. Que ceulx qui nous ont voulu bastir, ces annees passees, un exercice de religion si contemplatif et immateriel, ne s'estonnent point s'il s'en treuve qui pensent qu'elle feust eschappee et fondue entre leurs doigts, si elle ne tenoit parmy nous comme marque, titre, et instrument de division et de part, plus que par soy mesme. Comme en la conference, la gravité, la robbe, et la fortune de celuy qui parle, donnent souvent credit à des propos vains et ineptes : il n'est pas à presumer qu'un monsieur si suivy, si redoubté, n'aye au dedans quelque suffisance aultre que populaire : et qu'un homme à qui on donne tant de commissions et de charges, si desdaigneux et si morguant, ne soit plus habile que cet aultre qui le salue de si loing, et que personne n'employe. Non seulement les mots, mais aussi les grimaces de ces gens là, se considerent et mettent en compte ; chascun s'appliquant à y donner quelque belle et solide interpretation. S'ils se rabbaissent à la conference commune, et qu'on leur presente aultre chose qu'approbation et reverence, ils vous assomment de l'auctorité de leur experience ; ils ont ouï, ils ont veu, ils ont faict : vous estes accablé d'exemples. Ie leur dirois volontiers que le fruict de l'experience d'un chirurgien n'est pas l'histoire de ses practiques, et se souvenir qu'il a guary quatre empestez et trois goutteux, s'il ne sçait de cet usage tirer de quoy former son iugement, et ne nous sçait faire sentir qu'il en soit devenu plus sage à l'usage de son art : comme en un concert d'instruments, on n'oyt pas un luth, une espinette, et la fleute ; on oyt une harmonie en globe, l'assemblage et le fruict de tout cet amas. Si les voyages et les charges les ont amendez, c'est à la production de leur entendement de le faire paroistre. Ce n'est pas assez de compter les experiences, il les fault poiser et assortir: et les fault avoir digerees et alambiquees, pour en tirer les raisons et conclusions qu'elles portent. Il ne feut iamais tant d'historiens; bon est il tousiours et utile de les ouïr, car ils nous fournissent tout plein de belles instructions et louables, du magasin de leur memoire; grande partie, certes, au secours de la vie: mais nous ne cherchons pas cela pour cette heure, nous cherchons si ces recitateurs et recueilleurs sont louables eulx mesmes.

Je haïs toute sorte de tyrannie, et la parliere, et l'effectuelle: ie me bande volontiers contre ces vaines circonstances qui pipent nostre iugement par les sens; et, me tenant au guet de ces grandeurs extraordinaires, ay trouvé que ce sont, pour le plus, des hommes comme les aultres:

> Rarus enim ferme sensus communis in illa
> Fortuna :

A l'adventure les estime lon et apperceoit moindres qu'ils ne sont d'autant qu'ils entreprennent plus, et se montrent plus : ils ne respondent point au faix qu'ils ont prins. Il fault qu'il y ayt plus de vigueur et de pouvoir au porteur qu'en la charge : celuy qui n'a pas remply sa force, il vous laisse deviner s'il a encores de la force au delà, et s'il a esté essayé iusques à son dernier poinct; celuy qui succombe à sa charge, il descouvre sa mesure et la foiblesse de ses espaules : c'est pourquoy on veoid tant d'ineptes ames entre les sçavantes, et plus que d'aultres; il s'en feust faict de bons hommes de mesnage, bons marchands, bons artisans: leur vigueur naturelle estoit taillee à cette proportion. C'est chose de grand poids que la science, ils fondent dessoubs : pour estaler et distribuer cette riche et puissante matiere, pour l'employer et s'en ayder, leur engin n'a ny assez de vigueur, ny assez de maniement : elle ne peult qu'en une forte nature; or elles sont bien rares : et les foibles, dict Socrates, corrompent la dignité de la philosophie, en la maniant; elle paroist et inutile et vicieuse, quand elle est mal estuyee. Voylà comment ils se gastent et affolent.

> Humani qualis simulator simius oris,
> Quem puer arridens pretioso stamine serum
> Velavit, nudasque nates ac terga reliquit,
> Ludibrium mensis.

A ceulx pareillement qui nous regissent et commandent, qui tiennent le monde en leur main, ce n'est pas assez d'avoir un entendement commun, de pouvoir ce que nous pouvons, ils sont bien loing au dessoubs de nous, s'ils ne sont bien loing au dessus; comme ils promettent plus, ils doibvent aussi plus.

Et pourtant leur est le silence, non seulement contenance de respect et gravité, mais encores souvent de proufit et de mesnage : car Megabysus, estant allé veoir Apelles en son ouvrouer, feut longtemps sans mot dire; et puis commencea à discourir de ses ouvrages : dont il receut cette rude reprimande : « Tandis que tu as gardé silence, tu semblois quelque grande chose, à cause de tes chaisnes et de ta pompe, mais maintenant qu'on t'a ouï parler, il n'est pas iusques aux garsons de ma boutique qui ne te mesprisent. » Ces magnifiques atours, ce grand estat, ne lui permettoient point d'estre ignorant d'une ignorance populaire, et de parler impertinemment de la peincture : il debvoit maintenir, muet, cette externe et presumptive suffisance. A combien de sottes ames, en mon temps, a servy une mine froide et taciturne, de titre de prudence et de capacité!

Les dignitez, les charges, se donnent necessairement plus par fortune que par merite; et a lon tort souvent de s'en prendre aux roys :au rebours; c'est merveille qu'ils y ayent tant d'heur, y ayants si peu d'addresse :

> Principis est virtus maxima, nosse suos :

car la nature ne leur a pas donné la veue qui se puisse estendre à tant de peuples, pour en discerner la precellence, et percer nos poictrines où loge la cognoissance de nostre volonté et de nostre meilleure valeur : il fault qu'ils nous trient par coniecture et à tastons; par la race, les richesses, la doctrine, la voix du peuple; tresfoibles arguments. Qui pourroit trouver moyen qu'on en peust trouver moyen par iustice, et choisir les hommes par raison, establiroit, de ce seul traict, une parfaicte forme de police.

« Ouy mais, il a mené à poinct ce grand affaire. » C'est dire quelque chose; mais ce n'est pas assez dire : car cette sentence est iustement receue, « Qu'il ne fault pas iuger les conseils par les evenements. » Les Carthaginois punissoient les mauvais advis de leurs capitaines, encores qu'ils feussent corrigez par une heureuse issue : et le peuple romain a souvent refusé le triumphe à des grandes et tresutiles victoires, parce que la conduicte du chef ne respondoit point à son bonheur. On s'apperceoit ordinairement, aux actions du monde, que la fortune, pour nous apprendre combien elle peult en toutes choses, et qui prend plaisir à rabbattre nostre presumption, n'ayant peu faire les malhabiles, sages, elle les faict heureux, à l'envy de la vertu, et se mesle volontiers à favoriser les executions où la trame est plus purement sienne : d'où il se veoid touts les iours que les plus simples d'entre nous mettent à fin de tres grandes besongnes et publicques et privees; et, comme Siramnez le Persien respondit à ceulx qui s'estonnoient comment ses affaires succedoient si mal, veu que ses propos estoient si sages, « Qu'il estoit seul maistre de ses propos, mais du succez de ses affaires c'estoit la fortune, » ceulx cy peuvent respondre de mesme, mais d'un contraire biais. La pluspart des choses du monde se font par elles mesmes ;

Fata viam inveniunt;

l'issue auctorise souvent une tresinepte conduicte : nostre entremise n'est quasi qu'une routine, et, plus communement, consideration d'usage et d'exemple, que de raison. Estonné de la grandeur de l'affaire, i'ay aultrefois sceu, par ceulx qui l'avoient mené à fin, leurs motifs et leur addresse; ie n'y ay trouvé que des advis vulgaires : et les plus vulgaires et usitez sont aussi peultestre les plus seurs et les plus commodes à la practique, sinon à la montre. Quoy, si les plus plattes raisons sont les mieulx assises; les plus basses et lasches, et les plus battues, se couchent mieulx aux affaires? Pour conserver l'auctorité du conseil des roys, il n'est pas besoing que les personnes prophanes y participent, et y veoyent plus avant que de la premiere barriere : il se doibt reverer à credit et en bloc, qui en veult nourrir la reputation. Ma consultation esbauche un peu la matiere, et la considere legierement par ses premiers visages : le fort et principal de la besongne, i'ay accoustumé de le resigner au ciel.

Permitte divis cetera.

L'heur et le malheur sont, à mon gré, deux souveraines puissances : c'est imprudence d'estimer que l'humaine prudence puisse remplir le roolle de la fortune; et vaine est l'entreprinse de celuy qui presume d'embrasser et causes et consequences, et mener par la main le progrez de son faict, vaine sur tout aux deliberations guerrieres. Il ne feut iamais plus de circonspection et prudence militaire, qu'il s'en veoid par fois entre nous : seroit ce qu'on craind de se perdre en chemin, se reservants à la catastrophe de ce ieu? Ie dis plus, que nostre sagesse mesme et consultation suyt, pour la pluspart, la conduicte du hazard : ma volonté et mon discours se remue tantost d'un air, tantost d'un aultre; et y a plusieurs de ces mouvements qui se gouvernent sans moy : ma raison a des impulsions et agitations iournalieres et casuelles :

Vertuntur species animorum, et pectora motus
Nunc alios, alios, dum nubila ventus agebat,
Concipiunt.

Qu'on regarde qui sont les plus puissants aux villes, et qui font mieulx leurs besongnes; on trouvera, ordinairement, que ce sont les moins habiles; il est advenu aux femmelettes, aux enfants, et aux insensez, de commander des grands estats, à l'egual des plus suffisants princes; et y rencontrent (dict Thucydides) plus ordinairement les grossiers que les subtils : nous attribuons les effets de leur bonne fortune à leur prudence;

Ut quisque fortuna utitur,
Ita præcellet; atque exinde sapere illum omnes dicimus :

par quoy ie dis bien, en toutes façons, que les evenements sont maigres tesmoings de nostre prix et capacité.

Or i'estois sur ce point, qu'il ne fault que veoir un homme eslevé en dignité : quand nous l'aurions cogneu, trois iours devant, homme de peu, il coule insensiblement, en nos opinions, une image de grandeur de suffisance ; et nous persuadons que, croissant de train et de credit, il est creu de merite : nous iugeons de luy, non selon sa valeur, mais à la mode des iectons, selon la prerogative de son reng. Que la chance tourne aussi, qu'il retumbe et se mesle à la presse, chascun s'enquiert avecques admiration de la cause qui l'avoit guindé si hault : « Est ce lui? faict on ; N'y sçavoit il aultre chose quand il y estoit? Les princes se contentent ils de si peu? Nous estions vrayement en bonnes mains ! » C'est chose que i'ay veu souvent de mon temps : voire, et le masque des grandeurs qu'on represente aux comedies nous touche aulcunement, et nous pipe. Ce que i'adore moi mesme aux roys, c'est la foule de leurs adorateurs : toute inclination et soubmission leur est deue, sauf celle de l'entendement ; ma raison n'est pas duicte à se courber et flechir, ce sont mes genoux. Melanthius, interrogé ce qu'il luy sembloit de la tragedie de Dyonysius : « Ie ne l'ay, dict il, point veue, tant elle est offusquee de langage : » aussi la pluspart de ceulx qui iugent les discours des grands debvroient dire : « Ie n'ay point entendu son propos, tant il estoit offusqué de gravité, de grandeur, et de maiesté. » Antisthenes suadoit un iour aux Atheniens qu'ils commandassent que leurs asnes feussent aussi bien employez au labourage des terres, comme estoient les chevaulx : sur quoy il luy feut repondu que cet animal n'estoit pas nay à un tel service : « C'est tout un, repliqua il; il n'y va que de vostre ordonnance ; car les plus ignorants et incapables hommes que vous employez aux commandements de vos guerres ne laissent pas d'en devenir incontinent tresdignes, parce que vous les y employez : » à quoy touche l'usage de tant de peuples qui canonizent le roy qu'ils ont faict d'entre eulx, et ne se contentent point de l'honnorer, s'ils ne l'adorent. Ceulx de Mexico, depuis que les ceremonies de son sacre sont parachevees, n'osent plus le regarder au visage ; ains, comme ils l'avoient deifié par sa royauté, entre les serments qu'ils luy font iurer de maintenir leur religion, leurs loix, leurs libertez, d'estre vaillant, iuste, et debonnaire, il iure aussi de faire marcher le soleil en sa lumiere accoustumee, esgoutter les nues en temps opportun, courir aux rivieres leurs cours, et faire porter à la terre toutes choses necessaires à son peuple.

Ie suis divers à cette façon commune ; et me desfie plus de la suffisance quand ie la veois accompaignee de grandeur de fortune et de recommendation populaire : il nous fault prendre garde combien c'est de parler à son heure, de choisir son poinct, de rompre le propos, ou le changer, d'une auctorité magistrale, de se deffendre des oppositions d'aultruy par un mouvement de teste, un soubris, ou un silence, devant une assistance qui tremble de reverence et de respect. Un homme de monstrueuse fortune, venant mesler son advis à certain legier propos, qui se demenoit tout laschement en sa table, commencea iustement ainsi : « Ce ne peult estre qu'un menteur ou ignorant qui dira aultrement que, etc. » Suyvez cette poincte philosophique, un poignard à la main.

Voicy un aultre advertissement, duquel ie tire grand usage : c'est Qu'aux disputes et conferences, touts les mots qui nous semblent bons ne doibvent pas incontinent estre acceptez. La plus part des hommes sont riches d'une suffisance estrangiere ; il peult bien advenir à tel de dire un beau traict, une bonne response et sentence, et la mettre en avant, sans en cognoistre la force. Qu'on ne tient pas tout ce qu'on emprunte, à l'adventure se pourra il verifier par moy mesme. Il n'y fault point tousiours ceder, quelque verité ou beauté qu'elle ayt : ou il la fault combattre à escient, ou se tirer arriere, soubs couleur de ne l'entendre pas, pour taster de toutes parts comment elle est logee en son aucteur. Il peult advenir que nous nous enferrons, et aydons au coup, oultre sa portee. I'ay aultrefois employé, à la necessité et presse du combat, des revirades qui ont faict faulsee oultre mon desseing et mon esperance : ie ne les donnois qu'en nombre, on les recevoit en poids. Tout ainsi comme, quand ie debats contre un homme vigoureux, ie me plais d'anticiper ses conclusions, ie luy oste la peine de s'interpreter, i'essaye de prevenir son imagination imparfaicte encores et naissante; l'ordre et la pertinence de son entendement m'advertit et menace de loing : de ces aultres ie fois tout le rebours ; il ne fault rien entendre que par eulx, ny rien presupposer. S'ils iugent en paroles universelles, « Cecy est bon, Cela ne l'est pas, » et qu'ils rencontrent; voyez si c'est la fortune qui rencontre pour eulx : qu'ils circonscrivent et restreignent un peu leur sentence; pour quoy c'est; par où c'est. Ces iugements universels, que ie veois si ordinaires, ne disent rien; ce sont gents qui saluent tout un peuple en foule et en troupe : ceulx qui en ont vraye cognoissance, le saluent et remarquent nommeement et particulierement; mais c'est une hazardeuse entreprinse : d'où i'ay veu, plus souvent que touts les iours; advenir que les esprits foiblement fondez, voulants faire les ingenieux à remarquer en la lecture de quelque ouvrage le poinct de la beauté, arrestent leur admiration, d'un si mauvais chois, qu'au lieu de nous apprendre l'excellence de l'aucteur, ils nous apprennent leur propre ignorance. Cette exclamation est seure, « Voylà qui est beau! » ayant ouï une entiere page de Virgile; par là se sauvent les fins : mais d'entreprendre à le suyvre par espaulettes, et de iugement exprez et trié, vouloir remarquer par où un bon aucteur se surmonte, poisant les mots, les phrases, les inventions, et ses diverses vertus, l'une aprez l'aultre : ostez vous de là. *Videndum est, non modo quid quisque loquatur, sed etiam quid quisque sentiat, atque etiam qua de causa quisque sentiat.* I'oys iournellement dire à des sots des mots non sots; ils disent une bonne chose : sçachons iusques où ils la cognoissent; veoyons par où ils la tiennent. Nous les aydons à employer ce beau mot et cette belle raison, qu'ils ne possedent pas; ils ne l'ont qu'en garde : ils l'auront produicte à l'adventure et à tastons : nous la leur mettons en credit et en prix. Vous leur prestez la main; à quoy faire? ils ne vous en sçavent nul gré, et en deviennent plus ineptes : ne les secondez pas, laissez les aller; ils manieront cette matiere comme gents qui ont peur de s'eschaulder; ils n'osent luy changer d'assiette et de iour, ny l'enfoncer : croulez la tant soit peu; elle leur eschappe; ils vous quittent, toute forte et belle qu'elle est : ce sont belles armes; mais elles sont mal emmanchees. Combien de fois en ay ie veu l'experience! Or, si vous venez à les esclaircir et confirmer, ils vous saisissent et desrobbent incontinent cet advantage de vostre interpretation : « C'estoit ce que ie voulois dire : voylà iustement ma conception; si ie ne l'ay ainsin exprimé, ce n'est que faulte de langue. » Soufflez. Il faut employer la malice mesme, à corriger cette fiere bestise. Le dogme d'Hegesias, « qu'il ne fault ny haïr ny accuser, ains instruire, » a de la raison ailleurs; mais ici c'est iniustice et inhumanité de secourir et redresser celuy qui n'en a que faire, et qui en vault moins. I'aime à les laisser embourber et empestrer encores plus qu'ils ne sont, et si avant, s'il est possible, qu'enfin ils se recognoissent.

La sottise et desreglement de sens n'est pas chose guarissable par un traict d'advertissement : et pouvons proprement dire de cette reparation que Cyrus respond à celuy qui le presse d'enhorter son ost, sur le poinct d'une bataille : « Que les hommes ne se rendent pas courageux et belliqueux sur le champ par une bonne harangue; non plus qu'on ne devient incontinent musicien, pour ouïr une bonne chanson. » Ce sont apprentissage qui ont à estre faits avant la main, par longue et constante institution. Nous debvons ce soing aux nostres, et cette assiduité de correction et d'instruction; mais d'aller prescher le premier passant, et regenter l'ignorance ou ineptie du premier rencontré, c'est un usage auquel ie veulx grand mal. Rarement le fois ie, aux propos mesme qui se passent avecques moy; et quitte plustost tout, que de venir à ces instructions reculees et magistrales; mon humeur n'est propre non plus à parler qu'à escrire pour les principiants : mais aux choses qui se disent en commun, ou entre aultres, pour faulses et absurdes que ie les iuge, ie ne me iecte iamais à la traverse, ny de parole ny de signe.

Au demourant, rien ne me despite tant en la sottise, que de quoy elle se plaist plus que aulcune raison ne se peult raisonnablement plaire. C'est malheur, que la prudence vous deffend de vous satisfaire et fier de vous, et vous renvoye tousiours mal content et craintif; là où l'opiniastreté et la temerité remplissent leurs hostes d'esiouïssance et d'asseurance. C'est aux plus malhabiles de regarder les aultres hommes par dessus l'espaule, s'en retournants tousiours du combat pleins d'alaigresse ; et, le plus souvent encores, cette oultrecuidance de langage et gayeté de visage leur donne gaigné, à l'endroict de l'assistance, qui est communement foible et incapable de bien iuger et discerner les vrais advantages. L'obstination et ardeur d'opinion est la plus seure preuve de bestise : est il rien certain, resolu, desdaigneux, contemplatif, grave, serieux, comme l'asne?

Pouvons nous pas mesler au tiltre de la conference et communication, les devis poinctus et coupez que l'alaigresse et la privauté introduict entre les amis, gaussants et gaudissants plaisamment et vifvement les uns les aultres? exercice auquel ma gayeté naturelle me rend assez propre; et s'il n'est aussi tendu et serieux que cet aultre exercice que ie viens de dire, il n'est pas moins aigu et ingenieux, ny moins proufitable, comme il sembloit à Lycurgus. Pour mon regard, i'y apporte plus de liberté que d'esprit, et y ay plus d'heur que d'invention : mais ie suis parfaict en la souffrance ; car i'endure la revenche, non seulement aspre, mais indiscrete aussi, sans alteration : et à la charge qu'on me faict, si ie n'ay de quoy repartir brusquement sur le champ, ie ne vois pas m'amusant à suyvre cette poincte, d'une contestation ennuyeuse et lasche, tirant à l'opiniastreté; ie la laisse passer, et, baissant ioyeusement les aureilles, remets d'en avoir raison à quelque heure meilleure : n'est pas marchand qui tousiours gaigne. La pluspart changent de visage et de voix où la force leur fault ; et, par une importune cholere, au lieu de se venger, accusent leur foiblesse ensemble et leur impatience. En cette gaillardise nous pinceons par fois des cordes secrettes de nos imperfections, lesquelles, rassis, nous ne pouvons toucher sans offense; et nous entradvertissons utilement de nos defaults.

Il y a d'aultres ieux de main, indiscrets et aspres, à la françoise, que ie hais mortellement; i'eai la peau tendre et sensible : i'en ay veu, en ma vie, enterrer deux princes de nostre sang royal. Il faict laid de se battre en s'esbattant

Au reste, quand ie veulx iuger de quelqu'un, ie luy demande combien il se contente de soy; iusques où son parler ou son esprit lui plaist. Ie veulx eviter ces belles excuses, « Ie le feis en me iouant ;

Ablatum mediis opus est incudibus istud ;

Ie n'y feus pas une heure; Ie ne l'ay reveu depuis. » Or, dis ie, laissons doncques ces pieces; donnez m'en une qui vous represente bien entier, par laquelle il vous plaise qu'on vous mesure : et puis, que trouvez vous le plus beau en vostre ouvrage? est ce ou cette partie, ou cette cy? Car ordinairement ie m'apperceois qu'on fault autant à iuger de sa propre besongne, que de celle d'aultruy, non seulement pour l'affection qu'on y mesle, mais pour n'avoir la suffisance de la cognoistre et distinguer : l'ouvrage, de sa propre force et fortune, peult seconder l'ouvrier, et le devancer oultre son invention et cognoissance. Pour moy, ie ne iuge la valeur d'aultre besongne plus obscurement que de la mienne ; et loge les Essais tantost bas, tantost hault, fort inconstamment et doubteusement. Il y a plusieurs livres utiles, à raison de leurs subiects, desquels l'aucteur ne tire aulcune recommendation ; et des bons livres, comme des bons ouvrages, qui font honte à l'ouvrier. I'escriray la façon de nos convives et de nos vestements, et l'escriray de mauvaise grace; ie publieray les edicts de mon temps, et les lettres des princes qui passent ez mains publicques ; ie feray un abregé sur un bon livre (et tout abbregé sur un bon livre est un sot abbregé), lequel livre viendra à se perdre, et choses semblables : la posterité retirera utilité singuliere de telles compositions; moy, quel honneur, si ce n'est de ma bonne fortune? Bonne part des livres fameux sont de cette condition.

Quand ie leus Philippe de Comines, il y a plusieurs annees, tresbon aucteur certes, ie remarquay ce mot pour non vulgaire : « Qu'il se fault bien garder faire tant de service à son maistre, qu'on l'empesche d'en trouver la iuste recompense : » ie debvois louer l'invention, non pas luy ; ie la rencontray en Tacitus, il n'y a pas long temps ; *Beneficia eo usque læta sunt, dum videntur exsolvi posse; ubi multum antevenere, pro gratia odium redditur :* et Seneque vigoreusement: *Nam qui putat esse turpe non reddere, non vult esse cui reddat :* et Cicero, d'un biais plus lasche : *Qui se non putat satisfacere, amicus esse nullo modo potest.* Le subiect, selon qu'il est, peult faire trouver un homme sçavant et memorieux ; mais, pour iuger en luy les parties plus siennes et plus dignes, la force et beauté de son ame, il fault sçavoir ce qui est bien sien, et ce qui ne l'est point : et, en ce qui n'est pas sien ; combien on luy doibt, en consideration du choix, disposition, ornement et langage qu'il a fourny. Quoy, s'il a emprunté la matiere, et empiré la forme, comme il advient souvent ! Nous aultres, qui avons peu de practique avecques les livres, sommes en cette peine, que quand nous veoyons quelque belle invention en un poëte nouveau, quelque fort argument en un prescheur, nous n'osons pourtant les en louer, que nous n'ayons prins instruction, de quelque sçavant, si cette piece leur est propre, ou si elle est estrangiere : iusques lors ie me tiens tousiours sur mes gardes.

Ie viens de courre d'un fil l'histoire de Tacitus (ce qui ne m'advient gueres ; il y a vingt ans que ie ne meis en livre une heure de suite) ; et l'ay faict à la suasion d'un gentilhomme que la France estime beaucoup, tant pour sa valeur propre, que pour une constante forme de suffisance et bonté qui se veoid en plusieurs freres qu'ils sont. Ie ne sache point d'aucteur qui mesle à un registre publicque tant de consideration des mœurs et inclinations particulieres : et me semble le rebours de ce qu'il luy semble à luy, Q'ayant specialement à suyvre les vies des empereurs de son temps, si diverses et extremes en toute sorte de formes, tant de notables actions que nommeement leur cruauté produisit en leurs subiects, il avoit une matiere plus forte et attirante à discourir et à narrer ; que s'il eust eu à dire des battailles et agitations universelles ; si que souvent ie le treuve sterile, courant par dessus ces belles morts, comme s'il craignoit nous fascher de leur multitude et longuenr. Cette forme d'histoire est de beaucoup la plus utile : les mouvements publicques despendent plus de la conduicte de la fortune ; les privez, de la nostre. C'est plustost un iugement, que deduction d'histoire ; il y a plus de preceptes que de contes : ce n'est pas un livre à lire, c'est un livre à estudier et apprendre ; il est si plein de sentences, qu'il y en a à tort et à droict ; c'est une pepiniere de discours ethiques et politiques, pour la provision et ornement de ceulx qui tiennent quelque reng au maniement du monde. Il plaide tousiours par raisons solides et vigoreuses, d'une façon poinctue et subtile, suyvant le style affecté du siecle ; ils aimoient tant à s'enfler, qu'où ils ne trouvoyent de la poincte et subtilité aux choses, ils l'empruntoient des paroles. Il ne retire pas mal à l'escrire de Seneque : il me semble plus charnu ; Seneque plus aigu. Son service est plus propre à un estat trouble et malade, comme est le nostre present ; vous diriez souvent qu'il nous peinct, et qu'il nous pince.

Ceulx qui doubtent de sa foy, s'accusent assez de luy vouloir mal d'ailleurs. Il a les opinions saines, et pend du bon party aux affaires romaines. Ie me plains un peu toutesfois de quoy il a iugé de Pompeius plus aigrement que ne porte l'advis des gents de bien qui ont vescu et traicté avecques luy ; de l'avoir estimé du tout pareil à Marius et à Sylla, sinon d'autant qu'il estoit plus couvert. On n'a pas exempté d'ambition son intention au gouvernement des affaires, ny de vengeance ; et ont craint ses amis mesmes que la victoire l'eust emporté oultre les bornes de la raison, mais non pas iusques à une mesure si effrenee : il n'y a rien, en sa vie, qui nous ayt menacé d'une si expresse cruauté et tyrannie. Encores ne fault il pas contrepoiser le soupçon à l'evidence : ainsi ie ne l'en crois pas. Que ses narrations soyent naïfves et droictes, il se pourroit, à l'adventure, argumenter de cecy mesme. Qu'elles ne s'appliquent pas tousiours exactement aux conclusions de ses iugements, lesquels il suyt selon la pente qu'il y a prinse, souvent oultre la matiere qu'il nous montre, laquelle il n'a daigné incliner d'un seul air. Il n'a pas besoing d'excuse d'avoir approuvé la religion de son temps, selon les loix qui luy commandoient, et ignoré la vraye : cela, c'est son malheur, non pas son default.

I'ay principalement consideré son iugement, et n'en suis pas bien esclaircy par tout : comme ces mots de la lettre que Tibere, vieil et malade, envoyoit au senat, « Que vous escriray ie, messieurs, ou comment vous escriray ie, ou que ne vous escriray ie point, en ce temps ? les dieux et les deesses me perdent pirement que ie ne me sens touts les iours perir, si ie le sçais ? » ie n'apperceois pas pourquoy il les applique si certainement à un poignant remords qui tormente la conscience de Tibere, au moins lors que i'estois à mesme, ie ne le veis point.

Cela m'a semblé aussi un peu lasche, qu'ayant eu à dire qu'il avoit exercé certain honorable magistrat à Rome, il s'aille excusant que ce n'est poinct par ostentation qu'il l'a dict : ce traict me semble bas de poil, pour un homme de sa sorte ; car le n'oser parler rondement de soy, accuse quelque faulte du cœur : un iugement roide et haultain, et qui iuge sainement et seurement, il use à toutes mains des propres exemples, ainsi que de chose estrangiere, et tesmoigne franchement de luy, comme de chose tierce. Il fault passer par dessus ces regles populaires de la civilité, en faveur de la verité et de la liberté. I'ose non seulement parler de moy, mais parler seulement de moy : ie fourvoye quand i'escris d'aultre chose, et me desrobbe à mon subiect. Ie n'aime pas si indiscretement, et ne suis si attaché et meslé à moy, que ie ne me puisse distinguer et considerer à quartier, comme un voysin, comme un arbre : c'est pareillement faillir de ne veoir pas iusques où on vault, ou d'en dire plus qu'on n'en veoid. Nous debvons plus d'amour à Dieu qu'à nous, et le cognoissons moins ; et si en parlons tout nostre saoul.

Si ces escripts rapportent aulcune chose de ses conditions, c'estoit un grand personnage, droicturier et courageux, non d'une vertu superstitieuse, mais philosophique et genereuse. On le pourra trouver hardy en ses tesmoignages ; comme où il tient qu'un soldat portant un faix de bois, ses mains se roidirent de froid, et se collerent à sa charge, si qu'elles y demeurerent attachees et mortes, s'estants desparties des bras. I'ay accoustumé, en telles choses, de plier soubs l'auctorité de si grands tesmoignages.

Ce qu'il dict aussi, que Vespasian, par la faveur du dieu Serapis, guarit en Alexandrie une femme aveugle, en luy oignant les yeulx de sa salive, et ie ne sçais quel aultre miracle, il le faict par l'exemple et debvoir de touts bons historiens. Ils tiennent registre des evenements d'importance : parmy les accidents publicques, sont aussi les bruits et opinions populaires. C'est leur roole de reciter les communes creances, non pas de les regler ; cette part touche les theologiens, et les philosophes directeurs des consciences : pourtant tressagement, ce sien compaignon, et grand homme comme luy : *Equidem plura transcribo, quam credo ; nam nec affirmare sustineo, de quibus dubito, nec subducere, quæ accepi :* et l'aultre : *Hæc neque affirmare, neque refellere operæ prætium est..... famæ rerum standum est.* Et escrivant en un siecle auquel la creance des prodiges commenceoit à diminuer, il dict ne vouloir pourtant laisser d'inserer en ses annales, et donner pied à chose receue de tant de gents de bien, et avecques si grande reverence de l'antiquité : c'est tres bien dict. Qu'ils nous rendent l'histoire, plus selon qu'ils receivent, que selon qu'ils estiment. Moy qui suis roy de la matiere que ie traicte, et qui n'en doibs compte à personne, ne m'en crois pourtant pas du tout : ie hazarde souvent des boutades de mon esprit, desquelles ie me desfie, et certaines finesses verbales dequoy ie secoue les aureilles ; mais ie laisse courir à l'adventure. Ie veois qu'on s'honnore de pareilles choses ; ce n'est pas à moy seul d'en iuger. Ie me presente debout et couché : le devant et le derriere ; à droicte et à gauche, et en touts mes naturels plis. Les esprits, voire pareils en force, ne sont pas tousiours pareils en application et en goust.

Voylà ce que la memoire m'en presente en gros, et assez incertainement : touts iugements en gros sont lasches et imparfaicts.

Chapitre IX. — De la vanité.

Il n'en est, à l'adventure, aulcune plus expresse que d'en escrire si vainement. Ce que la Divinité nous a si divinement exprimé debvroit estre soigneusement et continuellement medité par les gents d'entendement. Qui ne veoid que i'ai prins une route par laquelle, sans cesse et sans travail, i'iray autant qu'il y aura d'encre et de papier au monde ? Ie ne puis tenir registre de ma vie par mes actions ; fortune les met trop bas : ie le tiens par mes fantasies. Si ay ie veu un gentilhomme qui ne communiquoit sa vie que par les operations de son ventre : vous veoyiez chez luy, en montre, un ordre de bassins de sept ou huict iours : c'estoit son estude, ses discours : tout aultre propos luy puoit. Ce sont icy, un peu plus civilement, des excrements d'un vieil esprit, dur tantost, tantost lasche, et tousiours indigeste. Et quand seray ie à bout de representer une continuelle agitation et mutation de mes pensées, en quelque matiere qu'elles tumbent, puisque Diomedes remplit six mille livres du seul subiect de la grammaire? Que doibt produire le babil, puisque le begayement et desnouement de la langue estouffa le monde d'une si horrible charge de volumes! Tant de paroles pour les paroles seules! O Pythagoras, que n'esconiuras tu cette tempeste! On accusoit un Galba, du temps passé, de ce qu'il vivoit oyseusement : il respondit que « chascun devoit rendre raison de ses actions, non pas de son seiour. » Il se trompoit ; car la iustice a cognoissance et animadversion aussi sur ceulx qui choment.

Mais il y debvroit avoir quelque coerction des loix contre les escrivains ineptes et inutiles, comme il y a contre les vagabonds et faineants ; on banniroit des mains de nostre peuple, et moy, et cent aultres. Ce n'est pas mocquerie : l'escrivaillerie semble estre quelque symptome d'un siecle desbordé ; quand escrivismes nous tant, que depuis que nous sommes en trouble? quand les Romains tant, que lors de leur ruyne? Oultre ce, que l'affinement des esprits, ce n'en est pas l'assagissement, en une police : cet embesongnement oisif naist de ce que chascun se prend laschement à l'office de sa vacation, et s'en desbauche.

La corruption du siecle se faict par la contribution particuliere de chascun de nous : les uns y conferent la trahison, les aultres l'iniustice, l'irreligion, la tyrannie, l'avarice, la cruauté, selon qu'ils sont plus puissants : les plus foibles y apportent la sottise, la vanité, l'oysifveté ; desquels ie suis. Il semble que ce soit la saison des choses vaines, quand les dommageables nous pressent : en un temps où le meschamment faire est si commun, de ne faire qu'inutilement il est comme louable. Ie me console que ie serai des derniers sur qui il fauldra mettre la main : ce pendant qu'on pourvoira aux plus pressants, i'auray loy de m'amender ; car il me semble que ce seroit contre raison de poursuyvre les menus inconvenients, quand les grands nous infestent. Et le medecin Philotimus, à un qui luy presentoit le doigt à panser, auquel il recognoissoit, au visage et à l'haleine, un ulcere aux poumons : « Mon amy, feit il, ce n'est pas à cette heure le temps de t'amuser à tes ongles. »

Ie veis pourtant sur ce propos, il y a quelques annees, qu'un personnage de qui i'ay la memoire en recommendation singuliere, au milieu de nos grands maulx, qu'il n'y avoit ny loix, ny iustice, ny magistrat qui feist son office non plus qu'à cette heure, alla publier ie ne sçais quelles chetifves reformations sur les habillements, la cuisine, et la chicane. Ce sont amusoires dequoy on paist un peuple malmené, pour dire qu'on ne l'a pas du tout mis en oubly. Ces aultres font de mesme, qui s'arrestent à deffendre, à toute instance, des formes de parler, les danses et les ieux, à un peuple abandonné à toute sorte de vices exsecrables. Il n'est pas temps de se laver et descrasser, quand on est attainct d'une bonne fiebvre : c'est à faire aux seuls Spartiates, de se mettre à se peigner et testonner, sur le poinct qu'ils se vont precipiter à quelque extreme hazard de leur vie.

Quant à moy, i'ay cette aultre pire coustume, que si i'ay un escarpin de travers, ie laisse encores de travers et ma chemise et ma cappe : ie desdaigne de m'amender à demy. Quand ie suis en mauvais estat, ie m'acharne au mal, ie m'abandonne par desespoir, et me laisse aller vers la cheute, et iecte, comme l'on dict, le manche aprez la cognee ; ie m'obstine à l'empirement, et ne m'estime plus digne de mon soing : ou tout bien, ou tout mal. Ce m'est faveur, que la desolation de cet estat se rencontre à la desolation de mon aage : ie souffre plus volontiers que mes maulx en soient rechargez, que si mes biens en eussent esté troublez. Les paroles que i'exprime au malheur sont paroles de despit : mon courage se herisse, au lieu de s'applatir ; et, au rebours des aultres, ie me treuve plus devot en la bonne qu'en la mauvaise fortune, suyvant le precepte de Xenophon, sinon suyvant sa raison ; et fois plus volontiers les doulx yeulx au ciel pour le remercier, que pour le requerir. I'ay plus de soing d'augmenter la santé, quand elle me rit, que ie n'ay de la remettre, quand ie l'ai escartee : les prosperitez me servent de discipline et d'instruction ; comme aux aultres les adversitez et les verges. Comme si la bonne fortune estoit incompatible avecques la bonne conscience, les hommes ne se rendent gents de bien qu'en la mauvaise. Le bonheur m'est un singulier aiguillon à la moderation et modestie : la priere me gaigne : la menace me rebute ; la faveur me ploye, la crainte me roidit.

Parmy les conditions humaines, cette-cy est assez commune, de nous plaire plus des choses estrangieres que des nostres, et d'aimer le remuement et le changement :

> Ipsa dies ideo nos grato perluit haustu,
> Quod permutatis Hora recurrit equis :

i'en tiens ma part. Ceulx qui suyvent l'aultre extremité, de s'agreer en eulx mesmes ; d'estimer ce qu'ils tiennent, au dessus du reste ; et de ne recognoistre aulcune forme plus belle que celle qu'ils veoyent ; s'ils ne sont plus advisez que nous, ils sont à la verité plus heureux : ie n'envie point leur sagesse, mais ouy leur bonne fortune.

Cette humeur avide des choses nouvelles et incogneues ayde bien à nourrir en moy le desir de voyager ; mais assez d'aultres circonstances y conferent : ie me destourne volontiers du gouvernement de ma maison. Il y a quelque commodité à commander, feust ce dans une grange, et à estre obeï des siens ; mais c'est un plaisir trop uniforme et languissant : et puis, il est, par necessité, meslé de plusieurs pansements fascheux ; tantost l'indigence et l'oppression de vostre peuple, tantost la querelle d'entre vos voysins, tantost l'usurpation qu'ils font sur vous, vous afflige ;

> Aut verberatæ grandine vineæ.
> Fundusque mendax, arbore nunc aquas
>   Culpante, nunc torrentia agros
>   Sidera, nunc hiemes iniquas :

et qu'à peine, en six mois, envoyera Dieu une saison dequoy vostre receveur se contente bien à plain ; et que si elle sert aux vignes, elle ne nuise aux prez ;

> Aut nimiis torret fervoribus ætherius sol,
> Aut subiti perimunt imbres, gelidæque pruinæ,
> Flabraque ventorum violento turbine vexant :

ioinct le soulier neuf et bien formé, de cet homme du temps passé qui vous blece le pied ; et que l'estrangier n'entend pas combien il vous couste, et combien vous prestez à maintenir l'apparence de cet ordre qu'on veoid en vostre famille, et qu'à l'adventure l'achetez vous trop cher.

Ie me suis prins tard au mesnage : ceulx que nature avoit fait naistre avant moy m'en ont deschargé long temps : i'avois desia prins un aultre ply, plus selon ma complexion. Toutesfois de ce que i'en ay veu, c'est une occupation plus empeschante que difficile : quiconque est capable d'aultre chose, le sera bien ayseement de celle là. Si ie cherchois à m'enrichir, cette voye me sembleroit trop longue : i'eusse servy les roys, traficque plus fertile que toute aultre. Puisque ie ne pretends acquerir que la reputation de n'avoir rien acquis, non plus que dissipé, conformement au reste de ma vie, impropre à faire bien et à faire mal qui vaille, et que ie ne cherche qu'à passer ; ie le puis faire, Dieu mercy, sans grande attention. Au pis aller, courez tousiours, par retrenchement de despense, devant la pauvreté : c'est à quoy ie m'attends, et de me reformer, avant qu'elle m'y force. I'ay estably au demourant, en mon ame, assez de degrez à me passer de moins que ce que i'ay ; ie dis, passer avecques contentement : *non æstimatione census, verum victu atque cultu, terminatur pecuniæ modus.* Mon vray besoing n'occupe pas si iustement tout mon avoir, que, sans venir au vif, fortune n'ayt où mordre sur moy. Ma presence, toute ignorante et desdaigneuse qu'elle est, preste grande espaule à mes affaires domestiques : ie m'y employe, mais despiteusement ; ioinct que i'ay cela chez moy, que pour brusler à part la chandelle par mon bout, l'aultre bout ne s'espargne de rien.

Les voyages ne me blecent que par la despense, qui est grande et oultre mes forces, ayant accoustumé d'y estre avec equipage non necessaire seulement, mais encores honneste : il me les en fault faire d'autant plus courts et moins frequents ; et n'y emploie que l'escume et ma reserve, temporisant et différant, selon qu'elle vient. Ie ne veulx pas que le plaisir du promener corrompe le plaisir du repos ; au rebours, i'entends qu'ils se nourrissent et favorisent l'un l'aultre. La fortune m'a aydé en cecy ; que, puisque ma principale profession en cette vie estoit de la vivre mollement, et plustost laschement qu'affaireusement, elle m'a osté le besoing de multiplier en richesses, pour pourvoir à la multitude de mes heritiers. Pour un, s'il n'a assez de ce dequoy i'ay eu si plantureusement assez, à son dam; son imprudence ne meritera pas que ie luy en desire dadvantage. Et chascun, selon l'exemple de Phocion, pourveoid suffisamment à ses enfants, qui leur pourveoid, en tant qu'ils ne luy sont dissemblables. Nullement serois ie d'advis du faict de Crates : il laissa son argent chez un banquier, avecques cette condition : « Si ses enfants estoient des sots, qu'il le leur donnast; s'ils estoient habiles, qu'il le distribuast aux plus sots du peuple : » comme si les sots, pour estre moins capables de s'en passer, estoient plus capables d'user des richesses!

Tant y a que le dommage qui vient de mon absence ne me semble point meriter, pendant que i'auray de quoy le porter, que ie refuse d'accepter les occasions qui se presentent de me distraire de cette assistance penible.

Il y a tousiours quelque piece qui va de travers : les negoces, tantost d'une maison, tantost d'une aultre, vous tirassent; vous esclairez toutes choses de trop prez; votre perspicacité vous nuit icy, comme si faict elle assez ailleurs. Ie me desrobbe aux occasions de me fascher, et me destourne de la cognoissance des choses qui vont mal : et si ne puis tant faire, qu'à toute heure ie ne heurte chez moy en quelque rencontre qui me desplaise; et les friponneries qu'on cache le plus, sont celles que ie sçais le mieulx : il en est que, pour faire moins mal, il fault ayder soy mesme à cacher. Vaines poinctures; vaines par fois, mais tousiours poinctures. Les plus menus et gresles empeschements sont les plus perceants : et comme les plus petites lettres lassent plus les yeux, aussi nous picquent plus les petits affaires. La tourbe des menus maulx offense plus que la violence d'un, pour grand qu'il soit. A mesure que ces espines sont drues et desliees, elles nous mordent plus aigu et sans menaces, nous surprenant facilement à l'impourveu. Ie ne suis pas philosophe : les maulx me foulent selon qu'ils poisent, et poisent selon la forme, comme selon la matiere, et souvent plus : i'en ai plus de perspicacité que le vulgaire, si i'y ay plus de patience; enfin, s'ils ne me blecent, ils me pesent. C'est chose tendre que la vie, et aysee à troubler. Depuis que i'ay le visage tourné vers le chagrin, *nemo enim resistit sibi, quum cœperit impelli*, pour sotte cause qui m'y ait porté, i'irrite l'humeur de ce costé là : qui se nourrit aprez et s'exaspere, de son propre bransle, attirant et emmoncellant une matiere sur aultre de quoy se paistre :

Stillicidi casus lapidem cavat :

ces ordinaires gouttieres me mangent et m'ulcerent. Le inconvenients ne sont iamais legiers : ils sont continuels et irreparables, nommeement quand ils naissent des membres du mesnage, continuels et inseparables. Quand ie considere mes affaires de loing et en gros, ie treuve, soit pour n'en avoir la memoire gueres exacte, qu'ils sont allez iusques à cette heure en prosperant, oultre mes comptes et mes raisons : i'en retire, ce me semble, plus qu'il n'y en a; leur bonheur me trahit. Mais suis ie au dedans de la besongne, veois ie marcher toutes ces parcelles,

Tum vero in curas animum diducimus omnes :

mille choses m'y donnent à desirer et craindre. De les abandonner du tout, il m'est tresfacile; de m'y prendre sans m'en peiner, tresdifficile. C'est pitié, d'estre en lieu où tout ce que vous voyez vous embesongne et vous concerne : et me semble iouïr plus gayement les plaisirs d'une maison estrangiere, et y apporter le goust plus libre et pur. Diogenes respondit selon moy, à celuy qui luy demanda quelle sorte de vin il trouvoit le meilleur : « L'estrangier, » feit il.

Mon pere aimoit à bastir Montaigne, où il estoit nay; et, en toute cette police d'affaires domestiques, i'aime à me servir de son exemple et de ses regles; et y attacheray mes successeurs autant que ie pourray. Si ie pouvois mieulx pour luy, ie le ferois : ie me glorifie que sa volonté s'exerce encores et agisse par moy. Ia Dieu ne permette que ie laisse faillir entre mes mains aulcune image de vie que ie puisse rendre à un si bon pere! Ce que ie me suis meslé d'achever quelque vieux pan de mur, et de renger quelque piece de bastiment mal dolé, c'a esté certes regardant plus à son intention qu'à mon contentement : et accuse ma faineance de n'avoir passé oultre à parfaire les beaux commencements qu'il a laissés en sa maison, d'autant plus que ie suis en grands termes d'en estre le dernier possesseur de ma race, et d'y porter la derniere main.

Car, quant à mon application particuliere, ny ce plaisir de bastir, qu'on dict estre si attrayant, ny la chasse, ny les iardins, ny ces aultres plaisirs de la vie retiree, ne me peuvent beaucoup amuser : c'est chose dequoy ie me veulx mal, comme de toutes aultres opinions qui me sont incommodes ; ie ne me soucie pas tant de les avoir vigoureuses et doctes, comme ie me soulcie de les avoir aysees et commodes à la vie ; elles sont bien assez vrayes et saines, si elles sont utiles et agreables. Ceux qui, m'oyants dire mon insuffisance aux occupations du mesnage, me viennent souffler aux aureilles que c'est desdaing, et que ie laisse de sçavoir les instruments du labourage, ses saisons, son ordre, comment on faict mes vins, comme on ente, et de sçavoir le nom et la forme des herbes et des fruicts, et l'apprest des viandes dequoy ie vis, le nom et le prix des estoffes de quoy ie m'habille, pour avoir à cœur quelque plus haulte science, ils me font mourir : cela, c'est sottise, et plustost bestise que gloire ; ie m'aimerois mieulx bon escuyer que bon logicien :

> Quin tu aliquid saltem potius, quorum indiget usus,
> Viminibus mollique paras detexere iunco ?

Nous empeschons nos pensees du general et des causes et conduictes universelles qui se conduisent tresbien sans nous ; et laissons en arriere nostre faict, et Michel, qui nous touche encores de plus prez que l'homme. Or, i'arreste bien chez moy le plus ordinairement ; mais ie voudrois m'y plaire plus qu'ailleurs :

> Sit meæ sedes utinam senectæ,
> Sit modus lasso maris, et viarum,
> Militiæque !

ie ne sçais si i'en viendray à bout. Ie vouldrois qu'au lieu de quelque aultre piece de sa succession, mon pere m'eust resigné cette passionnee amour qu'en ses vieux ans il portoit à son mesnage ; il estoit bien heureux de ramener ses desirs à sa fortune, et de se sçavoir plaire de ce qu'il avoit : la philosophie politique aura bel accuser la bassesse et sterilité de mon occupation, si i'en puis une fois prendre le goust comme luy. Ie suis de cet advis, Que la plus honnorable vocation est de servir au public et estre utile à beaucoup ; *fructus enim ingenii et virtutis, omnisque præstantiæ, tum maximus capitur, quum in proximum quemque confertur :* pour mon regard, ie m'en despars ; partie par conscience (car par où ie veois le poids qui touche telles vacations, ie veois aussi le peu de moyens que i'ay d'y fournir ; et Platon, maistre ouvrier en tout gouvernement politique, ne laissa de s'en abstenir), partie par poltronerie. Ie me contente de iouir le monde, sans m'en empresser ; de vivre une vie seulement excusable, et qui seulement ne poise ny à moy ny à aultruy.

Iamais homme ne se laissa aller plus plainement et plus laschement au soing et gouvernement d'un tiers, que ie ferois, si i'avois à qui. L'un de mes souhaits, pour cette heure, ce seroit de trouver un gendre qui sceut appaster commodement mes vieux ans, et les endormir ; entre les mains de qui ie deposasse, en toute souveraineté, la conduicte et usage de mes biens ; qu'il en feist ce que i'en fois, et gaignast sur moy ce que i'y gaigne, pourveu qu'il y apportast un courage vrayement recognoissant et amy. Mais quoy ! nous vivons en un monde où la loyauté des propres enfants est incogneue.

Qui a la garde de ma bourse en voyage, il l'a pure et sans contreroole ; aussi bien me tromperoit il en comptant : et si ce n'est un diable, ie l'oblige à bien faire, par une si abandonnee confiance. *Multi fallere docuerunt, dum timent falli ; et aliis ius peccandi, suspicando, fecerunt.* La plus commune seureté que ie prends de mes gents, c'est la mescognoissance : ie ne presume les vices que i'aprez que ie les ay veus ; et m'en fie plus aux ieunes, que i'estime moins gastez par mauvais exemple. I'oys plus volontiers dire, au bout de deux mois, que i'ay despendu quatre cents escus, que d'avoir les aureilles battues touts les soirs, de trois, cinq, sept : si ay ie esté desrobbé aussi peu qu'un aultre, de cette sorte de larrecin. Il est vray que ie preste la main à l'ignorance ; ie nourris, à escient, aulcunement trouble et incertaine la science de mon argent ; iusques à certaine mesure, ie suis content d'en pouvoir doubter. Il fault laisser un peu de place à la desloyauté ou imprudence de vostre valet : s'il nous en reste en gros de quoy faire nostre effect, cet excez de la liberalité de la fortune, laissons le un peu plus courre à sa mercy : la portion du glanneur. Aprez tout, ie ne prise pas tant la foy de mes gents, comme ie mesprise leur iniure. Oh! le vilain et sot estude, d'estudier son argent, se plaire à le manier, poiser, et recompter! c'est par là que l'avarice faict ses approches.

Depuis dixhuict ans que ie gouverne des biens, ie n'ay sceu gaigner sur moy de veoir ny tiltres ny mes principaulx affaires, qui ont necessairement à passer par ma science et par mon soing. Ce n'est pas un mespris philosophique des choses transitoires et mondaines; ie n'ay pas le goust si espuré, et les prise pour le moins ce qu'elles valent : mais certes c'est paresse et negligence inexcusable et puerile. Que ne ferois ie plustost, que de lire un contract? et plustost, que d'aller secouant ces paperasses poudreuses, serf de mes negoces, ou, encores pis, de ceulx d'aultruy, comme font tant de gents à prix d'argent? Ie n'ay rien cher que le soulcy et la peine; et ne cherche qu'à m'anonchalir et avachir. I'estois, ce crois ie, plus propre à vivre de la fortune d'aultruy, s'il se pouvoit sans obligation et sans servitude : et si ne sçais à l'examiner de prez, si, selon mon humeur et mon sort, ce que i'ay à souffrir des affaires, et des serviteurs, et des domestiques, n'a point plus d'abiection, d'importunité et d'aigreur, que n'auroit la suitte d'un homme, nay plus grand que moy, qui me guidast un peu à mon ayse : *servitus obedientia est fracti animi et abiecti, arbitrio carentis suo.* Crates feit pis, qui se iecta en la franchise de la pauvreté, pour se desfaire des indignitez et cures de la maison. Cela ne ferois ie pas; ie hais la pauvreté à pair de la douleur : mais ouy bien, changer cette sorte de vie à une aultre moins brave et moins affaireuse.

Absent, ie me despouille de touts tels pensements; et sentirois moins la ruyne d'une tour, que ie ne fois, present, la cheute d'une ardoise. Mon ame se desmesle bien ayseement à part; mais, en presence, elle souffre, comme celle d'un vigneron : une rene de travers à mon cheval, un bout d'estriviere qui batte ma iambe, me tiendront tout un iour en eschec. l'esleve assez mon courage à l'encontre des inconvenients; les yeulx, ie ne puis.

Sensus! o superi, sensus!

Ie suis, chez moy, respondant de tout ce qui va mal. Peu de maistres (ie parle de ceulx de moyenne condition, comme est la mienne), et, s'il en est, ils sont plus heureux, se peuvent tant reposer sur un second, qu'il ne leur reste bonne part de la charge. Cela oste volontiers quelque chose de ma façon au traictement des survenants; et en ay peu arrester quelqu'un, par adventure, plus par ma cuisine que par ma grace, comme font les fascheux : et oste beaucoup du plaisir que ie debvrois prendre chez moy de la visitation et assemblee de mes amis. La plus sotte contenance d'un gentilhomme en sa maison, c'est de le veoir empesché du train de sa police, parler à l'aureille d'un valet, en menacer un aultre des yeulx; elle doibt couler insensiblement, et representer un cours ordinaire : et treuve laid qu'on entretienne ses hostes du traictement qu'on leur faict, autant à l'excuser qu'à le vanter. I'aime l'ordre et la netteté,

Et cantharus et lanx
Ostendunt mihi me.

au prix de l'abondance; et regarde chez moy exactement à la necessité, peu à la parade. Si un valet se bat chez aultruy, si un plat se verse, vous n'en faites que rire : vous dormez, ce pendant que monsieur renge avecques son maistre d'hostel son faict pour vostre traictement du lendemain. I'en parle selon moy; ne laissant pas, en general, d'estimer combien c'est un doulx amusement, à certaines natures, qu'un mesnage paisible, prospere, conduict par un ordre reglé : et ne voulant attacher à la chose mes propres erreurs et inconvenients, ny desdire Platon, qui estime la plus heureuse occupation à chascun, « Faire ses particuliers affaires sans iniustice. »

Quand ie voyage, ie n'ay à penser qu'à moy, et à l'employte de mon argent; cela se dispose d'un seul precepte : il est requis trop de parties à amasser; ie n'y entends rien. A despendre, ie m'y entends un peu, et à donner iour à ma despense, qui est de vray son principal usage : mais ie m'y attends trop ambitieusement; qui la rend ineguale et difforme, et en oultre immoderee en l'un et l'autre visage : si elle paroist, si elle sert, ie m'y laisse indiscretement aller; et me resserre autant indiscretement, si elle ne luit, et si elle ne me rit. Qui que ce soit, ou art, ou nature, qui nous imprime cette condition de vivre par la relation à aultruy, nous faict beaucoup plus de mal que de bien : nous nous defraudons de nos propres utilitez, pour former les apparences à l'opinion commune ; il ne nous chault pas tant quel soit nostre estre en nous et en effect, comme quel il soit en la cognoissance publicque : les biens mesmes de l'esprit et la sagesse nous semblent sans fruict, si elle n'est iouïe que de nous, si elle ne se produict à la veue et approbation estrangiere. Il y en a de qui l'or coule à gros bouillons par des lieux soubterrains, imperceptiblement ; d'aultres l'estendent tout en lames et en feuilles : si qu'aux uns les liards valent escus, aux aultres le rebours ; le monde estimant l'employte et la valeur, selon la montre. Tout soing curieux autour des richesses sent à l'avarice : leur dispensation mesme, et la liberalité trop ordonnee et artificielle, elles ne valent pas une advertence et solicitude penible : qui veult faire sa despense iuste, la faict estroicte et contraincte. La garde et l'employte sont, de soy, choses indifferentes, et ne prennent couleur de bien ou de mal, que selon l'application de nostre volonté.

L'aultre cause qui me convie à ces promenades, c'est la disconvenance aux mœurs presentes de nostre estat. Ie me consolerois aysement de cette corruption, pour le regard de l'interest publicque ;

> Peioraque sæcula ferri
> Temporibus, quorum sceleri non invenit ipsa
> Nomen, et a nullo posuit natura metallo ;

mais pour le mien, non : i'en suis en particulier trop pressé ; car, en mon voysinage, nous sommes tantost, par la longue licence de ces guerres civiles, envieillis en une forme d'estat si desbordee,

> Quippe ubi fas versum atque nefas,

qu'à la verité c'est merveille qu'elle se puisse maintenir :

> Armati terram exercent, semperque recentes
> Convectare iuvat prædas, et vivere rapto.

Enfin ie vois, par nostre exemple, que la societé des hommes se tient et se coud, à quelque prix que ce soit ; en quelque assiette qu'on les couche, ils s'appilent et se rengent en se remuant et en s'entassant : comme des corps mal unis, qu'on empoche sans ordre, treuvent d'eulx mesmes la façon de se joindre et s'emplacer les uns parmy les aultres, souvent mieulx que l'art ne les eust sceu disposer. Le roy Philippus feit un amas des plus meschants hommes et incorrigibles qu'il peut trouver, et les logea touts en une ville qu'il leur feit bastir, qui en portoit le nom : i'estime qu'ils dresserent, des vices mesmes, une contexture politique entre eulx, et une commode et iuste societé. Ie vois, non une action, ou trois, ou cent, mais des mœurs, en usage commun et receu, si farouches, en inhumanité surtout et desloyauté, qui est pour moy la pire espece des vices, que ie n'ay point le courage de les concevoir sans horreur ; et les admire, quasi autant que ie les deteste : l'exercice de ces meschancetez insignes porte marque de vigueur et force d'ame, autant que d'erreur et desreglement. La nécessité compose les hommes et les assemble : cette cousture fortuite se forme aprez en loix ; car il en a esté d'aussi sauvages qu'aulcune opinion humaine puisse enfanter, qui toutesfois ont maintenu leurs corps avecques autant de santé et longueur de vie que celles de Platon et Aristote sçauroient faire : et certes toutes ces descriptions de police, feinctes par art, se treuvent ridicules et ineptes pour mettre en practique.

Ces grandes et longues altercations, de la meilleure forme de societé, et des regles plus commodes à nous attacher, sont altercations propres seulement à l'exercice de nostre esprit : comme il se treuve ez arts plusieurs subiects qui ont leur essence en l'agitation et en la dispute, et n'ont aulcune vie hors de là. Telle peincture de police serait de mise en un nouveau monde ; mais nous prenons un monde desia faict et formé à certaines coustumes ; nous ne l'engendrons pas, comme Pyrrha, ou comme Cadmus. Par quelque moyen que nous ayons loy de le redresser et renger de nouveau, nous ne pouvons gueres le tordre de son accoustumé ply, que nous ne rompions point. On demandoit à Solon s'il avoit estably les meilleures loix qu'il avoit peu aux Atheniens : « Ouy bien, respondit il, de celles qu'ils eussent receues. » Varro s'excuse de pareil air : « Que s'il avoit tout de nouveau à escrire de la religion, il diroit ce qu'il en croid ; mais, estant desia receue et formee, il en dira selon l'usage plus que selon nature. »

Non par opinion, mais en verité, l'excellente et meilleure police est, à chascune nation, celle soubs laquelle elle s'est maintenue : sa forme et commodité despend de l'usage. Nous nous desplaisons volontiers de la condition presente; mais ie tiens pourtant que d'aller desirant le commandement de peu, en un estat populaire; ou en la monarchie, une aultre espece de gouvernement, c'est vice et folie

> Aime l'estat, tel que tu le veois estre :
> S'il est royal, aime la royauté ;
> S'il est de peu, ou bien communauté,
> Aime l' aussi ; car Dieu t'y a faict naistre.

Ainsi en parloit le bon monsieur de Pibrac, que nous venons de perdre; un esprit si gentil, les opinions si saines, les mœurs si doulces. Cette perte, et celle qu'en mesme temps nous avons faicte de monsieur de Foix, sont pertes importantes à nostre couronne. Ie ne sçais s'il reste à la France de quoy substituer une aultre coulpe pareile à ces deux Gascons, en sincerité et en suffisance, pour le conseil de nos roys. C'estoient ames diversement belles, et certes, selon le siecle, rares et belles, chascune en sa forme : mais qui les avoit logees en cet aage, si disconvenables et si disproportionnees à nostre corruption et à nos tempestes?

Rien ne presse un estat, que l'innovation; le changement donne seul forme à l'iniustice et à la tyrannie. Quand quelque piece se desmanche, on peult l'estayer; on peult s'opposer à ce que l'alteration et corruption naturelle à toutes choses ne nous esloingne trop de nos commencements et principes : mais d'entreprendre à refondre une si grande masse, et à changer les fondements d'un si grand bastiment, c'est à faire à ceulx qui, pour descrasser, effacent, qui veulent amender les deffaults particuliers par une confusion universelle, et guarir les maladies par la mort; *non tam commutandarum, quam evertendarum rerum cupidi.* Le monde est inepte à se guarir ; il est si impatient de ce qui le presse, qu'il ne vise qu'à s'en desfaire, sans regarder à quel prix. Nous veoyons, par mille exemples, qu'il se guarit ordinairement à ses depens. La descharge du mal present n'est pas guarison, s'il n'y a, en general, amendement de condition : la fin du chirurgien n'est pas de faire mourir la mauvaise chair; ce n'est que l'acheminement de sa cure : il regarde au delà, d'y faire renaistre la naturelle, et rendre la partie à son deu estre. Quiconque propose seulement d'emporter ce qui le masche, il demeure court; car le bien ne succede pas necessairement au mal ; un aultre mal luy peult succeder, et pire : comme il advint aux tueurs de Cesar, qui iecterent la chose publicque à tel poinct, qu'ils eurent à se repentir de s'en estre meslez. A plusieurs depuis, iusques à nos siecles, il est advenu de mesme : les François mes contemporanees sçavent bien qu'en dire. Toutes grandes mutations esbranlent l'estat, et le desordonnent.

Qui viseroit droict à la guarison, et en consulteroit avant toute œuvre, se refroidiroit volontiers d'y mettre la main. Pacuvius Calavius corrigea le vice de ce proceder, par un exemple insigne. Ses concitoyens estoient mutinez contre leurs magistrats : luy, personnage de grande auctorité en la ville de Capoue, trouva un iour moyen d'enfermer le senat dans le palais ; et, convoquant le peuple en la place, leur dict, Que le iour estoit venu auquel, en pleine liberté, ils pouvoient prendre vengeance des tyrans qui les avoient si long temps oppressez, lesquels il tenoit à sa mercy, seuls et desarmez : feut d'avis qu'au sort on les tirast hors, l'un aprez l'aultre, et de chascun on ordonnast particulierement, faisant sur le champ executer ce qui en seroit decreté; pourveu aussi que tout d'un train ils advisassent d'establir quelque homme de bien en la place du condamné, à fin qu'elle ne demeurast vuide d'officier. Ils n'eurent pas plustost ouï le nom d'un senateur, qu'il s'esleva un cry de mescontentement universel à l'encontre de luy : « Ie veois bien, dict Pacuvius, il fault desmettre cettuy cy ; c'est un meschant : ayons en un bon en change. » Ce feut un prompt silence; tout le monde se trouvant bien empesché au chois. Au premier plus effronté, qui dict le sien, voylà un consentement de voix encores plus grand à refuser celuy là : cent imperfections et iustes causes de le rebuter. Ces humeurs contradictoires s'estant eschauffees, il advient encores pis du second senateur, et du tiers : autant de discorde à l'eslection, que de convenance à la desmission. S'estant inutilement lassez à ce trouble, ils commencent, qui deçà, qui delà, à se desrobber peu à peu de l'assemblee, rapportant chascun cette resolution en son ame, « Que le plus vieil et mieux cogneu mal est tousiours plus supportable que le mal recent et inexperimenté. »

Pour nous veoir bien piteusement agitez (car que n'avons nous faict ?

> Eheu ! cicatricum et sceleris pudet,
> Fratrumque : quid nos dura refugimus
> Ætas ? quid intactum nefasti
> Liquimus ? unde manum iuventus
> Metu deorum continuit ? quibus
> Pepercit aris ?

ie ne vois pas soubdain me resolvant :

> Ipsa si velit Salus,
> Servare prorsus non potest hanc familiam :

nous ne sommes pas pourtant, à l'adventure, à nostre dernier periode. La conservation des estats est chose qui vraysemblablement surpasse nostre intelligence : c'est, comme dict Platon, chose puissante, et de difficile dissolution, qu'une civile police ; elle dure souvent contre des maladies mortelles et intestines, contre l'iniure des loix iniustes, contre la tyrannie, le desbordement et ignorance des magistrats, licence et sedition des peuples. En toutes nos fortunes, nous nous comparons à ce qui est au dessus de nous, et regargardons vers ceulx qui sont mieulx : mesurons nous à ce qui est au dessoubs ; il n'en est point de si miserable qui ne treuve mille exemples où se consoler. C'est nostre vice, que nous veoyons plus mal volontiers ce qui est dessus nous, que volontiers ce qui est dessoubs. Si, disoit Solon, « Qui dresseroit un tas de touts les maulx ensemble, qu'il n'est aulcun qui ne choisist plustost de remporter avecques soy les maulx qu'il a, que de venir à division legitime, avecques touts les aultres hommes, de ce tas de maulx, et en prendre sa quote part. » Nostre police se porte mal mal : il en a esté pourtant de plus malades, sans mourir. Les dieux s'esbattent de nous à la pelotte, et nous agitent à toutes mains.

> Enimvero dii nos homines quasi pilas habent.

Les astres ont totalement destiné l'estat de Rome pour exemplaire de ce qu'ils peuvent en ce genre : il comprend en soy toutes les formes et adventures qui touchent un estat; tout ce que l'ordre y peult, et le trouble, et l'heur, et le malheur. Qui se doibt desesperer de sa condition, veoyant les secousses et mouvements dequoy celuy là feut agité, et qu'il supporta? Si l'estendue de la domination est la santé d'un estat (dequoy ie ne suys aulcunement d'advis, et me plaist Isocrates qui instruit Nicocles non d'envier les princes qui ont des dominations larges, mais qui sçavent bien conserver celles qui leur sont escheues), celuy là ne feut iamais si sain, que quand il feut le plus malade. La pire de ses formes luy feut la plus fortunee : à peine recognoist on l'image d'aulcune police soubs les premiers empereurs; c'est la plus horrible et la plus espesse confusion qu'on puisse concevoir; toutesfois il la supporta, il y dura, conservant non pas une monarchie resserree en ses limites, mais tant de nations si diverses, si esloingnees, si mal affectionnees, si desordonnecment commandees et iniustement conquises :

> Nec gentibus ullis
> Commodat iu populum, terræ pelagique potentem,
> Invidiam fortuna suam.

Tout ce qui bransle ne tumbe pas. La contexture d'un si grand corps tient s plus d'un clou; il tient mesme par son antiquité : comme les vieux bastimentà ausquels l'aage a desrobbé le pied, sans crouste et sans ciment, qui pourtant vivent et se soubtiennent en leur propre poids,

> Nec iam validis radicibus hærens,
> Pondere tuta suo est.

D'advantage, ce n'est pas bien procedé de recognoistre seulement le flanc et le fossé, pour iuger de la seureté d'une place; il faut veoir par où on y peult venir, en quel estat est l'assaillant : peu de vaisseaux fondent de leur propre poids, et sans violence estrangiere. Or tournons les yeulx par tout; tout croule autour de nous : en touts les grands estats, soit de chrestienté, soit d'ailleurs, que nous cognoissons, regardez y, vous y trouverez une evidente menace de changement et de ruyne :

> Et sua sunt illis incommoda, parque per omnes
> Tempestas.

Les astrologues ont beau ieu à nous advertir, comme ils le font, de grandes alterations et mutations prochaines : leurs divinations sont presentes et palpables, il ne fault pas aller au ciel pour cela. Nous n'avons pas seulement à tirer consolations de cette societé universelle de mal et de menace, mais encores quelque esperance pour la duree de nostre estat; d'autant que naturellement rien ne tumbe là où tout tumbe : la maladie universelle est la santé particuliere; la conformité est qualité ennemie à la dissolution. Pour moy, ie n'en entre point au desespoir, et me semble y veoir des routes à nous sauver :

> Deus hæc fortasse benigna
> Reducet in sedem vice.

Qui sçait si Dieu vouldra qu'il en advienne comme des corps qui se purgent et remettent en meilleur estat par longues et griefves maladies, lesquelles leur rendent une santé plus entiere et plus nette que celles qu'elles leur avoient osté? Ce qui me poise le plus, c'est qu'à compter les symptomes de nostre mal, i'en veois autant de naturels, et de ceulx que le ciel nous envoye et proprement siens, que de ceulx que nostre desreglement et l'imprudence humaine y conferent : il semble que les astres mesmes ordonnent que nous avons assez duré, et oultre les termes ordinaires. Et cecy aussi me poise, que le plus voysin mal qui nous menace, ce n'est pas alteration en la masse entiere et solide, mais sa dissipation et divulsion : l'extreme de nos craintes.

Encores en ces ravasseries icy crainds ie la trahison de ma memoire, que, par inadvertence, elle m'aye faict enregistrer une chose deux fois. Ie hais à me recognoistre; et ne retaste iamais qu'envy ce qui m'est une fois eschappé. Or, ie n'apporte ici rien de nouvel apprentissage; ce sont imaginations communes : les ayant à l'adventure conçues cent fois, i'ay peur de les avoir desia enroollees. La redicte est par tout ennuyeuse, feust ce dans Homere; mais elle est ruyneuse aux choses qui n'ont qu'une montre superficielle et passagiere. Ie me desplais de l'inculcation, voire aux choses utiles, comme en Seneque; et l'usage de son eschole stoïque me desplaist, de redire sur chasque matiere, tout au long et au large, les principes et presuppositions qui servent en general, et realleguer tousiours de nouveau les arguments et raisons communes et universelles;

Ma memoire s'empire cruellement touts les iours;

> Pocula Lethæos ut si ducentia somnos
> Arente fauce traxerim.

Il faudra doresnavant (car, Dieu mercy, iusques à cette heure, il n'en est pas advenu de faulte) qu'au lieu que les aultres cherchent temps et occasion de penser à ce qu'ils ont à dire, ie fuye à me preparer, de peur de m'attacher à quelque obligation de laquelle i'aye à despendre. L'estre tenu et obligé me fourvoye, et le despendre d'un si foible instrument qu'est ma memoire. Ie ne lis iamais cette histoire, que ie ne m'en offense d'un ressentiment propre et naturel : Lyncestes, accusé de coniuration contre Alexandre, le iour qu'il feut mené en la presence de l'armee, suyvant la coustume, pour estre ouï en ses deffenses, avoit en sa teste une harangue estudiee, de laquelle, tout hesitant et begayant, il prononcea quelques paroles. Comme il se troubloit de plus en plus, ce pendant qu'il luicte avecques sa memoire et qu'il la retaste, le voylà chargé et tué à coups de pique par les soldats qui luy estoient plus voysins, le tenants pour convaincu : son estonnement et son silence leur servit de confession; ayant eu en prison tant de loisir de se preparer, ce n'est plus, à leur advis, la memoire qui lui manque; c'est la conscience qui lui bride la langue et luy oste la force. Vrayment c'est bien dict : le lieu estonne, l'assistance, l'exspectation, lors mesme qu'il n'y va que de l'ambition de bien dire ; que peult on faire, quand c'est une harangue qui porte la vie en consequence ?

Pour moy, cela mesme, que ie sois lié à ce que i'ay à dire, sert à m'en desprendre. Quand ie me suis commis et assigné entierement à ma memoire, ie prends si fort sur elle, que ie l'accable ; elle s'effraye de ma charge. Autant que ie m'en rapporte à elle, ie me mets hors de moy, iusques à essayer ma contenance ; et me suis veu quelque iour en peine de celer la servitude en laquelle i'estois entravé : là ou mon desseing est de representer, en parlant, une profonde nonchalance d'accent et de visage, et des mouvements fortuites et impremeditez, comme naissants des occasions presentes, aimant aussi cher ne rien dire qui vaille, que de montrer estre venu preparé pour bien dire ; chose messeante, surtout à gents de ma profession, et chose de trop grande obligation à qui ne peult beaucoup tenir. L'apprest donne plus à esperer qu'il ne porte : on se met souvent sottement en pourpoinct, pour ne saulter pas mieulx qu'en saye : *nihil est his, qui placere volunt, tam adversarium, quam exspectatio.* Ils ont laissé, par escript, de l'orateur Curio, que quand il proposoit la distribution des pieces de son oraison, en trois, ou en quatre, ou le nombre de ses arguments ou raisons, qu'il luy advenoit volontiers, ou d'en oublier quelqu'un, ou d'y en adiouster un ou deux de plus. I'ay tousiours bien evité de tumber en cet inconvenient, ayant haï ces promesses et prescriptions, non seulement pour la desfiance de ma memoire, mais aussi pour ce que cette forme retire trop à l'artiste : *simpliciora militares decent.* Baste, que ie me suis meshuy promis de ne prendre plus la charge de parler en lieu de respect : car, quant à parler en lisant son escript, oultre ce qu'il est tresinepte, il est de grand desadvantage à ceulx qui, par nature, pouvoient quelque chose en l'action ; et de me iecter à la mercy de mon invention presente, encores moins ; ie l'ay lourde et trouble, qui ne sçauroit fournir aux soubdaines necessitez et importantes.

Laisse, lecteur, courir encores ce coup d'essay, et ce troisiesme alongeail du reste des pieces de ma peincture. I'adiouste, mais ie ne corrige pas. Premierement, parce que celuy qui a hypothequé au monde son ouvrage, ie treuve apparence qu'il n'y aye plus de droict : qu'il die, s'il peult, mieulx ailleurs, et ne corrompe la besongne qu'il a vendue. De telles gents, il ne fauldroit rien acheter qu'aprez leur mort. Qu'ils y pensent bien, avant que de se produire : qui les haste ? Mon livre est tousiours un, sauf qu'à mesure qu'on se met à le renouveler, à fin que l'acheteur ne s'en aille les mains du tout vuides, ie me donne loy d'y attacher ; comme ce n'est qu'une marqueterie mal ioincte, quelque embleme surnumeraire ; ce ne sont que surpoids qui ne condamnent point la premiere forme, mais donnent quelque prix particulier à chascune des suivantes, par une petite subtilité ambitieuse : de là toutesfois il adviendra facilement qu'il s'y mesle quelque transposition de chronologie, mes comptes prenants place selon leur opportunité, non tousiours selon leur aage.

Secondement, à cause que, pour mon regard, ie craincls de perdre au change : mon entendement ne va pas tousiours avant, il va à reculons aussi ; ie ne me desfie gueres moins de mes fantasies, pour estre secondes ou tierces, que premieres, ou presentes, ou passees : nous nous corrigeons aussi sottement souvent, comme nous corrigeons les aultres. Ie suis envieilly de nombre d'ans depuis mes premieres publications, qui feurent l'an mil cinq cents quatre vingts : mais ie fois doubte que ie sois assagi d'un poulce. Moy, asture, et moy, tantost, sommes bien deux ; quand meilleur, ie n'en puis rien dire. Il feroit bel estre vieil, si nous ne marchions que vers l'amendement : c'est un mouvement d'ivrongne, titubant, vertigineux, informe ; ou des ioncs que l'air manie casuellement selon soy. Antiochus avoit vigoreusement escript en faveur de l'Academie : il print sur ses vieulx ans un aultre parti : lequel des deux ie suyvisse, seroit ce pas tousiours suyvre Antiochus ? Aprez avoir establi le doubte, vouloir establir la certitude des opinions humaines, estoit ce pas establir le doubte, non la certitude, et promettre, qui luy eust donné encores un aage à durer, qu'il estoit tousiours en termes de nouvelle agitation, non tant meilleure, qu'aultre ?

La faveur publique m'a donné un peu plus de hardiesse que ie n'esperois : mais ce que je craincls le plus, c'est de saouler ; i'aimerois mieulx poindre, que lasser, comme a faict un sçavant homme de mon temps. La louange est tousiours plaisante, de qui, et pour quoy elle vienne : si fault il, pour s'en agreer iustement, estre informé de sa cause ; les imperfections mesme ont leur moyen de se recommender : l'estimation vulgaire et commune se veoid peu heureuse en rencontre ; et, de mon temps, ie suis trompé si les pires escripts ne sont ceulx qui ont gaigné le dessus du vent populaire. Certes, ie rends graces à des honnestes hommes qui daignent prendre en bonne part mes foibles efforts : il n'est lieu où les faultes de la façon paroissent tant, qu'en une matiere qui de soy n'a point de recommendation. Ne te prends point à moy, lecteur, de celles qui se coulent icy par la fantasie ou inadvertence d'aultruy ; chasque main, chasque ouvrier y apporte les siennes : ie ne me mesle, ny d'ortographe (et ordonne seulement qu'ils suyvent l'ancienne), ny de la punctuation ; ie suis peu expert en l'un et en l'aultre. Où ils rompent du tout le sens, ie m'en donne peu de peine, car au moins ils me deschargent : mais où ils en substituent un fauls, comme ils font si souvent, et me destournent à leur conception, ils me ruynent. Toutesfois, quand la sentence n'est forte à ma mesure, un honneste homme la doibt refuser pour mienne. Qui cognoistra combien ie suis peu laborieux, combien ie suis faict à ma mode, croira facilement que ie redicterois plus volontiers encores autant d'Essais, que de m'assuiettir à resuyvre ceulx cy pour cette puerile correction.

Ie disois doncques tantost, qu'estant planté en la plus profonde miniere de ce nouveau metal non seulement ie suis privé de grande familiarité avecques gents d'aultres mœurs que les miennes, et d'aultres opinions, par lesquelles ils tiennent ensemble d'un nœud, qui commande tout aultre nœud ; mais encores ie ne suis pas sans hazard parmy ceulx à qui tout est egualement loisible, et desquels la pluspart ne peult meshuy empirer son marché vers nostre iustice ; d'où naist l'extreme degré de licence. Comptant toutes les particulieres circonstances qui me regardent, ie treuve homme des nostres à qui la deffense des loix couste, et en gaing cessant, et en dommage emergeant, disent les clercs, plus qu'à moy : et tels font les braves de leur chaleur et aspreté, qui font beaucoup moins que moy, en, iuste balance. Comme maison de tout temps libre, de grand abord, et officieuse à chascun (car ie ne me suis iamais laissé induire d'en faire un util de guerre, laquelle ie veois chercher plus volontiers où elle est le plus esloingnee de mon voysinage), ma maison a merité assez d'affection populaire, et seroit bien malaysé de me gourmander sur mon fumier ; et i'estime à un merveilleux chef d'œuvre et exemplaire, qu'elle soit encores vierge de sang et de sac, soubs un si long orage, tant de changements et agitations voysines : car, à dire vray, il estoit possible, à un homme de ma complexion, d'eschapper à une forme constante et continue, quelle qu'elle feust ; mais les invasions et incursions contraires, et alternations et vicissitudes de la fortune, autour de moy, ont iusqu'à cette heure plus exasperé qu'amolly l'humeur du pays, et me rechargent de dangiers et difficultez invincibles.

I'eschappe : mais il me desplait que ce soit plus par fortune, voire et par ma prudence, que par iustice ; et me desplait d'estre hors la protection des loix, et soubs aultre sauvegarde que la leur. Comme les choses sont, ie vis, plus qu'à demy, de la faveur d'aultruy ; qui est une rude obligation. Ie ne veulx debvoir ma seureté, ny à la bonté et benignité des grands ; qui s'agreent de ma legalité et liberté, ny à la facilité des mœurs de mes predecesseurs, et miennes : car quoy, si i'estois aultre ? Si mes deportements et la franchise de ma conversation obligent mes voysins, ou la parenté ; c'est cruauté qu'ils s'en puissent acquitter en me laissant vivre, et qu'ils puissent dire : « Nous luy condonnons la libre continuation du service divin en la chapelle de sa maison, toutes les eglises d'autour estant par nous desertes ; et luy condonnons l'usage de ses biens et de sa vie, comme il conserve nos femmes et nos bœufs au besoing. » De longue main chez moy, nous avons part à la louange de Lycurgus Athenien, qui estoit general depositaire et gardien des bourses de ses concitoyens. Or, ie tiens qu'il fault vivre par droict, et par auctorité, non par recompense, ny par grace. Combien de galants hommes ont mieulx aimé perdre la vie, que la debvoir ! Ie fuys à me soubmettre à toute sorte d'obligation, mais sur tout à celle qui m'attache par debvoir d'honneur. Ie ne treuve rien si cher, que ce qui m'est donné, et ce que pour quoy ma volonté demeure hypothequee par tiltre et gratitude ; et receois plus volontiers les offices qui sont à vendre : ie crois bien ; pour ceulx cy, ie ne donne que de l'argent ; pour les aultres, ie me donne moy mesme.

Le nœud qui me tient par la loy d'honnesteté me semble bien plus pressant et plus poisant, que n'est celuy de la contraincte civile ; ou me garrote plus doulcement par un notaire, que par moy : n'est ce pas raison, que ma conscience soit beaucoup plus engagee à ce en quoy on s'est simplement fié d'elle ? Ailleurs, ma foy ne doibt rien, car on ne luy a rien presté : qu'on s'ayde de la fiance et asseurance qu'on a prinse hors de moy. I'aimerois bien plus cher rompre la prison d'une muraille et des loix, que de ma parole. Ie suis delicat à l'observation de mes promesses, iusques à la superstition ; et les fois en touts subiects volontiers incertaines et conditionnelles. A celles qui sont de nul poids, ie donne poids de la ialousie de ma regle ; elle me gehenne et charge de son propre interest : ouy, ez entreprinses toutes miennes et libres, si i'en dis le poinct, il me semble que ie me le prescris, et que le donner à la science d'aultruy, c'est le preordonner à soy ; il me semble que ie le promets, quand ie le dis : ainsi i'esvente peu mes propositions. La condamnation que ie fais de moy est plus vifve et plus roide que n'est celle des iuges, qui ne me prennent que par le visage de l'obligation commune ; l'estreincte de ma conscience, plus serree et plus severe. Ie suys laschement les debvoirs ausquels on m'entraisneroit si ie n'y allois : *hoc ipsum ita iustum est, quod recte fit, si est voluntarium.* Si l'action n'a quelque splendeur de liberté, elle n'a point de grace ny d'honneur.

Quod me ius cogit, vix voluntate impetrent :

où la necessité me tire, i'aime à lascher la volunté ; *quia quidquid imperio cogitur, exigenti magis, quam præstanti, acceptum refertur.* I'en sçais qui suyvent cet air iusques à l'iniustice ; donnent plustost qu'ils ne rendent ; prestent plustost qu'ils ne paient ; font plus escharsement bien à celuy à qui ils en sont tenus. Ie ne vois pas là, mais ie touche contre.

I'aime tant à me descharger et desobliger, que i'ay parfois compté à proufit les ingratitudes, offenses et indignitez que i'avois receu de ceulx à qui, ou par nature, ou par accident, i'avois quelque debvoir d'amitié ; prenant cette occasion de leur faulte, par autant d'acquit et descharge de ma debte. Encores que ie continue à leur payer les offices apparents de la raison publicque, ie treuve grande espargne pourtant à faire par iustice ce que ie faisois par affection, et à me soulager un peu de l'attention et solicitude de ma volonté au dedans ; *est prudentis sustinere, ut currum, sic impetum benevolentiæ,* laquelle i'ay trop urgente et pressante où ie m'adonne, au moins pour un homme qui ne veult estre aulcunement en presse : et me sert cette mesnagerie, de quelque consolation aux imperfections de ceulx qui me touchent ; ie suis bien desplaisant qu'ils en vaillent moins, mais tant y a que i'en espargne aussi quelque chose de mon application et engagement envers eux. I'approuve celuy qui aime moins son enfant, d'autant qu'il est ou teigneux, ou bossu, et non seulement quand il est malicieux, mais aussi quand il est malheureux et mal nay (Dieu mesme en a rabbatu cela de son prix et estimation naturelle) ; pourveu qu'il se porte en ce refroidissement avecques moderation et iustice exacte : en moy, la proximité n'allege pas les defauts, elle les aggrave plustost.

Aprez tout, selon que ie m'entends en la science du bienfaict et de recognoissance, qui est une subtile science et de grand usage, ie ne veois peesonne plus libre et moins endebté que ie suis iusques à cette heure. Ce que ie doibs, ie le doibs simplement aux obligations communes et naturelles : il n'en est point qui soit plus nettement quitte d'ailleurs ;

Nec sunt mihi nota potentum
Munera.

Les princes me donnent prou, s'ils ne m'ostent rien ; et me font assez de bien quand ils ne me font point de mal : c'est tout ce que i'en demande. Oh ! combien ie suis tenu à Dieu de ce qu'il lui a pleu que i'aye receu immediatement de sa grace tout ce que i'ay ! Combien ie supplie instamment sa saincte misericorde, que iamais ie ne doibve un essentiel grammercy à personne ! Bien henreuse franchise qui m'a conduict si loing ! Qu'ell' acheve ! I'essaye à n'avoir exprez besoing de nul ; *in me omnis spes est mihi :* c'est chose que chascun peult en soy, mais plus facilement ceulx que Dieu à mis à l'abry des necessitez naturelles et urgentes. Il faict bien piteux et hazardeux despendre d'un aultre. Nous mesmes, qui est la plus iuste adresse et la plus seure, nous ne sommes pas assez asseurez. Ie n'ay rien mien, que moy; et si en est la possession, en partie manque et empruntee. Ie me cultive et encourage, qui est le plus fort, et encores en fortune, pour y trouver de quoy me satisfaire, quand ailleurs tout m'abandonneroit. Eleus Hippias ne se fournit pas seulement de science, pour, au giron des Muses, se pouvoir ioyeusement escarter de toute aultre compaignie au besoing, ny seulement de la cognoissance de la philosophie, pour apprendre à son ame de se contenter d'elle, et se passer virilement des commoditez qui lui viennent du dehors, quand le sort l'ordonne : il feut si curieux d'apprendre encores à faire sa cuisine, et son poil, ses souliers, ses robbes, ses souliers, ses bragues, pour se fonder en soy autant qu'il pourroit, et soubstraire au secours estrangier. On iouït bien plus librement et plus gayement des biens empruntez, quand ce n'est pas une ieuïssance obligee et contraincte par le besoing; et qu'on a, et en sa volonté, et en sa fortune, la force et les moyens de s'en passer. Ie me cognois bien; mais il m'est malaysé d'imaginer nulle si pure libéralité de personne envers moy, nulle hospitalité si franche et gratuite, qui ne me semblast disgraciee, tyrannique, et teincte de reproche, si la necessité m'y avoit enchevestré. Comme le donner est qualité ambitieuse et de prerogative, aussi est l'accepter qualité de soubmission : tesmoing l'iniurieux et querelleux refus que Baiazet feit des presents que Temir luy envoyoit : et ceulx qu'on offrit, de la part de l'empereur Soliman, à l'empereur de Calicut, le meirent en si grand despit, que non seulement il les refusa rudement, disant que ny luy ny ses predecesseurs n'avoient accoustumé de prendre, et que c'estoit leur office de donner; mais, en oultre, feit mettre en un cul de fosse les ambassadeurs envoyez à cet effect. Quand Thetis, dit Aristote, flatte Iupiter; quand les Lacedemoniens flattent les Atheniens, ils ne vont pas leur refreschissant la memoire des biens qu'ils leur ont faicts, qui est tousiours odieuse, mais la memoire des bienfaicts qu'ils ont receu d'eulx. Ceulx que ie veois si familierement employer tout chascun et s'y engager, ne le feroient pas, s'ils savouroient comme moy la doulceur d'une pure liberté, et s'ils poisoient, autant que doibt poiser à un homme sage, l'engageure d'une obligation : elle se paye à l'adventure quelquefois, mais elle ne se dissoult iamais. Cruel garrottage à qui aime affranchir les coudees de sa liberté en touts sens! Mes cognoissants, et au dessus et au dessoubs de moy, sçavent s'ils en ont iamais veu de moins solicitant, requerant, suppliant, ny moins chargeant sur aultruy. Si ie le suis au delà de tout exemple moderne, ce n'est pas grande merveille, tant de pieces de mes mœurs y contribuant; une peu de fierté naturelle, l'impatience du refus, contraction de mes desirs et desseings, inhabileté à toute sorte d'affaires, et, mes qualités plus favories, l'oysifveté, la franchise ; par tout cela, i'ay prins à haine mortelle d'estre tenu ny à aultre, ny par aultre, que moy. I'employe bien vivvement tout ce que ie puis à m'en passer, avant que i'employe la beneficence d'un aultre, en quelque, ou legiere, ou poisante, occasion ou besoing que ce soit. Mes amis m'importunent estrangement quand ils me requierent de requerir un tiers : et ne me semblent gueres moins de coust, desengager celuy qui me doibt, usant de luy, que m'engager envers celuy qui ne me doibt rien. Cette condition ostee, et cett' aultre, Qu'ils ne vueillent de moy chose negocieuse et soulcieuse (car i'ay denoncé à tout soing guerre capitale), ie suis commodement facile et prest au besoing de chascun. Mais i'ay encores plus fuy à recevoir, que ie n'ay cherché à donner ; aussi est il bien plus aysé, selon Aristote. Ma fortune m'a peu permis de bien faire à aultruy; et ce peu qu'elle m'en a permis, elle l'a assez maigrement logé. Si elle m'eust faict naistre pour tenir quelque reng entre les hommes, i'eusse esté ambitieux de me faire aimer, non de me faire craindre ou admirer : l'exprimerai ie plus insolemment? i'eusse autant regardé au plaire qu'au proufiter. Cyrus, tressagement, et par la bouche d'un tresbon capitaine et meilleur philosophe encore, estime sa bonté et ses bienfaicts loing au delà de sa vaillance et belliqueuses conquestes ; et le premier Scipion, par tout où il se peult faire valoir, poise sa debonnaireté et humanité au dessus de sa hardiesse et de ses victoires ; et a tousiours en la bouche ce glorieux mot, « Qu'il a laissé aux ennemis autant à l'aimer, qu'aux amis. » Ie veux doncques dire que, s'il fault ainsi debvoir quelque chose, ce doibt estre à plus legitime tiltre que celuy de quoy ie parle, auquel la loy de cette miserable guerre m'engage; et non d'un si gros debte comme celui de ma totale conservation : il m'accable.

Ie me suis couché mille fois chez moy, imaginant qu'on me trahiroit et assommeroit cette nuict là; composant avecques la fortune, que ce feust sans effroy et sans langueur : et me suis escrié, aprez mon patenostre,

Impius hæc tam culta novalia miles habebit !

Quel remede? c'est le lieu de ma naissance et de la pluspart de mes ancestres; ils y ont mis leur affection et leur nom. Nous nous durcissons à tout ce que nous nous accoustumons : et, à une miserable condition comme est la nostre, c'a esté un tresfavorable present de nature que l'accoustumance, qui endort nostre sentiment à la souffrance de plusieurs maulx. Les guerres civiles ont cela de pire que les aultres guerres, de nous mestre chascun en eschauguette en sa propre maison :

> Quam miserum, porta vitam muroque tueri,
> Vix suæ tutum viribus esse domus!

C'est grande extremité d'estre pressé iusques dans son mesnage et repos domestique. Le lieu où ie me tiens est tousiours le premier et le dernier à la batterie de nos troubles, et où la paix n'a iamais son visage entier :

> Tum quoque, quum pax est, trepidant formidine belli.
> Quoties pacem fortuna lacessit,
> Hæc iter est bellis... Melius, fortuna, dedisses
> Orbe sub Eoo sædem, gelidaque sub Arcto,
> Errantesque domos.

Ie tire, par fois, le moyen de me fermir contre ces considerations, de la nonchalance et lascheté : elles nous menent aussi aulcunement à la resolution. Il m'advient souvent d'imaginer avecques quelque plaisir les dangiers mortels, et les attendre : ie me plonge, la teste baissee, stupidement dans la mort, sans la considerer et recognoistre, comme dans une profondeur muette et obscure qui m'engloutit d'un sault, et m'estouffe en un instant d'un puissant sommeil, plein d'insipidité et indolence. Et en ces morts courtes et violentes, la consequence que i'en preveois me donne plus de consolation, que l'effect, de trouble. Ils disent, Comme la vie n'est pas la meilleure pour estre longue, que la mort est la meilleure pour n'estre pas longue. Ie ne m'estrange pas de l'estre mort, comme i'entre en confidence avecques le mourir. Ie m'enveloppe et me tapis en cet orage, qui me doibt aveugler et ravir de furie, d'une charge prompte et insensible. Encores s'il advenoit, comme disent aulcuns iardiniers, que les roses et violettes naissent plus odoriferantes prez des aulx et des oignons, d'autant qu'ils sucent et tirent à eulx ce qu'il y a de mauvaise odeur en la terre ; aussi que ces depravees natures humassent tout le venin de mon air et du climat, et m'en rendissent d'autant meilleur et plus pur, par leur voysinage, que ie ne perdisse pas tout! Cela n'est pas : mais de cecy il en peult estre quelque chose, Que la bonté est plus belle et plus attrayante quand elle est rare ; et que la contrarieté et diversité roidit et resserre en soy le bienfaire, et l'enflamme par la ialousie de l'opposition et par la gloire. Les voleurs, de leur grace, ne m'en veulent pas particulierement : ne fois ie pas moy à eulx; il m'en fauldroit à trop de gents. Pareilles consciences logent soubs diverses sortes de robbes; pareille cruauté, desloyauté, volerie; et d'autant pire qu'elle est plus lasche, plus seure et plus obscure soubs l'umbre des loix. Ie hais moins l'iniure professe que traistresse ; guerriere, que pacifique et iuridique. Nostre fiebvre est survenue en un corps qu'elle n'a de gueres empiré : le feu y estoit, la flamme s'y est prinse : le bruit est plus grand ; le mal, de peu. Ie responds ordinairement à ceulx qui me demandent raison de mes voyages : « Que ie sçais bien ce que ie fuys, mais non pas ce que ie cherche. » Si on me dict que parmy les estrangiers il y peult avoir aussi peu de santé, et que leurs mœurs ne valent pas mieulx que les nostres, ie responds premierement, qu'il est malaysé,

> Tam multæ scelerum facies!

secondement, que c'est tousiours gaing, de changer un mauvais estat à un estat incertain ; et, que les maulx d'aultruy ne nous doibvent pas poindre comme les nostres.

Ie ne veulx pas oublier cecy, Que ie ne me mutine iamais tant contre la France, que ie ne regarde Paris de bon œil : elle a mon cœur dez mon enfance : et m'en est advenu, comme des choses excellentes; plus i'ay veu, depuis, d'aultres villes belles, plus la beauté de cette cy peult et gaigne sur mon affection : ie l'aime par elle mesme, et plus en son estre seul, que rechargee de pompe estrangiere : ie l'aime tendrement, iusques à ses verrues et à ses taches : ie ne suis François que par cette grande cité, grande en peuples, grande en felicité de son assiette ; mais surtout grande et incomparable en varieté, et diversitez de commoditez; la gloire de la France, et l'un des plus nobles ornements du monde. Dieu en chasse loing nos divisions! Entiere et unie, ie la treuve deffendue de toute aultre violence : ie l'advise, que de touts les partis, le pire sera celuy qui la mettra en discorde ; et ne crainds pour elle, qu'elle mesme ; et crainds pour elle, autant certes que pour aultre piece de cet estat. Tant qu'elle durera, ie n'auray faulte de retraicte où rendre mes abbois ; suffisante à me faire perdre le regret de tout'aultre retraicte.

Non parce que Socrates l'a dict, mais parce qu'en verité c'est mon humeur, et à l'adventure non sans quelque excez, i'estime touts les hommes mes compatriotes ; et embrasse un Polonois comme un François, postposant cette liaison nationale à l'universelle et commune. Ie ne suis gueres feru de la douceur d'un air naturel : les cognoissances toutes neufves et toutes miennes me semblent bien valoir ces aultres communes et fortuites cognoissances du voysinage ; les amitiez pures de nostre acquest emportent ordinairement celles ausquelles la communication du climat, ou du sang, nous ioignent. Nature nous a mis au monde libres et desliez ; nous nous emprisonnons en certains destroicts, comme les roys de Perse, qui s'obligeoient de ne boire iamais aultre eau que celle du fleuve de Choaspez, renonceoient, par sottise, à leur droict d'usage en toutes les aultres eaulx, et asseichoient, pour leur regard, tout le reste du monde. Ce que Socrates feit sur sa fin, d'estimer une sentence d'exil pire qu'une sentence de mort contre soy, ie ne seray, à mon advis, iamais ny si cassé, ny si estroictement habitué en mon païs, que ie le feisse : ces vies celestes ont assez d'images que i'embrasse par estimation plus que par affection ; et en ont aussi de si eslevees et extraordinaires, que, par estimation mesme, ie ne les puis embrasser, d'autant que ie ne les puis concevoir : cette humeur feut bien tendre à un homme qui iugeoit le monde sa ville ; il est vrai qu'il desdaignoit les peregrinations, et n'avoit gueres mis le pied hors le territoire d'Attique. Quoy? qu'il plaignoit l'argent de ses amis à desengager sa vie ; et qu'il refusa de sortir de prison par l'entremise d'aultruy, pour ne desobeïr aux loix en un temps qu'elles estoient d'ailleurs si fort corrompues. Ces exemples sont de la premiere espece pour moy ; de la seconde, sont d'aultres que ie pourrois trouver en ce mesme personnage : plusieurs de ces rares exemples surpassent la force de mon action, mais aulcuns surpassent encores la force de mon iugement.

Oultre ces raisons, le voyager me semble un exercice proufitable : l'ame y a une continuelle exercitation à remarquer des choses incogneues et nouvelles ; et ie ne sçache point meilleure eschole, comme i'ai dict souvent, à façonner la vie, que de luy proposer incessamment la diversité de tant d'aultres vies, fantaisies et usances, et luy faire gouster une si perpetuelle varieté de formes de nostre nature. Le corps n'y est ny oisif, ny travaillé ; et cette moderee agitation le met en haleine. Ie me tiens à cheval sans desmonter, tout coliqueux que ie suis, et sans m'y ennuyer, huict et dix heures,

Vires ultra sortemque senectæ :

nulle saison m'est ennemie, que le chauld aspre d'un soleil poignant, car les ombrelles, dequoy, depuis les anciens Romains, l'Italie se sert, chargent plus le bras qu'ils ne deschargent la teste. Ie vouldrois sçavoir quelle industrie c'estoit aux Perses, si anciennement, et en la naissance de la luxure, de se faire du vent frez et des umbrages à leur poste, comme dict Xenophon. I'aime les pluyes et les crottes, comme les canes. La mutation d'air et de climat ne me touche point ; tout ciel m'est un : ie ne suis battu que des alterations internes que ie produis en moy ; et celles là m'arrivent moins en voyageant. Ie suis mal aysé à esbranler ; mais estant avoyé, ie voeis tant qu'on veult : i'estrive autant aux petites entreprinses qu'aux grandes, et à m'esquiper pour faire une iournee et visiter un voysin, que pour un iuste voyage. I'ai apprins à faire iournees à l'espaignole, d'une traicte ; grandes et raisonnables iournees : et, aux extremes chaleurs, les passe de nuict, du soleil couchant iusques au levant. L'aultre façon, de repaistre en chemin, en tumulte et haste, pour la disnee, nommeement aux courts iours, est incommode. Mes chevaulx en valent mieulx : iamais cheval ne m'a failly, qui a sceu faire avec moy la premiere iournee. Ie les abbruve partout ; et regarde seulement qu'ils ayent assez de chemin de reste, pour battre leur eau. La paresse à me lever donne loysir à ceulx qui me suyvent de disner à leur ayse, avant partir : pour moy, ie ne mange iamais trop tard ; l'appetit me vient en mangeant, et point aultrement ; ie n'ay point de faim qu'à table.

Aulcuns se plaignent de quoy ie me suys agreé à continuer cet exercice, marié et vieil. Ils ont tort : il est mieulx temps d'abandonner sa maison, quand on l'a mise en train de continuer sans nous ; quand on y a laissé de l'ordre qui ne desmente point sa forme passee : c'est bien plus d'imprudence de s'esloigner, laissant en sa maison une garde moins fidele, et qui ayt moins de soing de pourveoir à votre besoing.

La plus utile et honorable science et occupation à une mere de famille, c'est la science du mesnage. I'en veois quelqu'une avare : de mesnagieres, fort peu ; c'est sa maistresse qualité, et qu'on doibt chercher avant toute aultre, comme seul douaire qui sert à ruyner ou sauver nos maisons. Qu'on ne m'en parle pas : selon que l'experience m'en a apprins, ie requiers d'une femme mariee, au dessus de toute aultre vertu, la vertu œconomique. Ie l'en mets au propre, luy laissant par mon absence tout le gouvernement en main. Ie veois avecques despit, en plusieurs mesnages, monsieur revenir maussade et tout marmiteux du tracas des affaires, environ midy, que madame est encores aprez à se coeffer et attiffer en son cabinet : c'est une affaire aux ruynes ; encores ne sçais ie : il est ridicule et iniuste que l'oysiveté de nos femmes soit entretenue de nostre sueur et travail. Il n'adviendra, que ie puisse, à personne d'avoir l'usage de ses biens plus liquide que moy, plus quiete et plus quite. Si le mary fournit de matiere, nature mesme veult qu'elles fournissent de forme.

Quant aux debvoirs de l'amitié maritale qu'on pense estre interessez par cette absence, ie ne le crois pas. Au rebours, c'est une intelligence qui se refroidit volontiers par une trop continuelle assistance, et que l'assiduité blece. Toute femme estrangiere nous semble honneste femme : et chascun sent, par experience, que la continuation de se veoir ne peult representer le plaisir que l'on sent à se desprendre et reprendre à secousses. Ces interruptions me remplissent d'une amour recente envers les miens, et me redonnent l'usage de ma maison plus doux : la vicissitude eschauffe mon appetit vers l'un, et puis vers l'aultre party. Ie sçais que l'amitié a les bras assez longs pour se tenir et se ioindre d'un coing du monde à l'aultre, et specialement cette cy, où il y a une continuelle communication d'offices, qui en reveillent l'obligation et la souvenance. Les stoïciens disent bien qu'il y a si grande colligance et relation entre les sages, que celuy qui disne en France repaist son compaignon en Aegypte ; et qui estend seulement son doigt où que ce soit, touts les sages qui sont sur la terre habitable en sentent ayde. La iouïssance et la possession appartiennent principalement à l'imagination : elle embrasse plus chauldement et plus continuellement ce qu'elle va querir, que ce que nous touchons. Comptez vos amusements iournaliers ; vous trouverez que vous estes lors plus absent de vostre amy, quand il vous est present : son assistance relasche vostre attention, et donne liberté à vostre pensée de s'absenter à toute heure, pour toute occasion. De Rome en hors, ie tiens et regente ma maison, et les commoditez que i'y ai laissé : ie veois croistre mes murailles, mes arbres et mes rentes, et descroistre, à deux doigts prez comme quand i'y suis :

> Ante oculos errat domus, errat forma locorum.

Si nous ne iouïssons que ce que nous touchons, adieu nos escus quand ils sont en nos coffres ; et nos enfants, s'ils sont à la chasse. Nous les voulons plus prez. Au iardin, est ce loing ? à une demi iournee ? quoy, à dix lieues, est ce loing ou prez ? Si c'est prez : quoy, onze, douze, treize ? et ainsi pas à pas. Vrayement, celle qui sçaura prescrire à son mary « Le quantiesme pas finit le prez, et le quantiesme pas donne commencement au long, » ie suis d'advis qu'elle l'arreste entre deux ;

> Excludat iurgia finis...
> Utor permisso ; caudæque pilos ut equinæ
> Paulatim vello, et demo unum, demo etiam unum,
> Dum cadat elusus ratione ruentis acervi,

et qu'elles appellent hardiment la philosophie à leur secours ; à qui quelqu'un pourroit reprocher, Puis qu'elle ne veoid ny l'un ny l'aultre bout de la ioincture entre le trop et le trop peu, le long et le court, le legier et le poisant, le prez et le loing ; Puis qu'elle n'en recognoist le commencement ny la fin, Qu'elle iuge bien incertainement du milieu : *rerum natura nullam nobis dedit cognitionem finium.* Sont elles pas encores femmes et amies des trespassez, qui ne sont pas au bout de cettuy cy, mais en l'aultre monde ? Nous embrassons et ceulx qui ont esté, et ceulx qui ne sont point encores, non que les absents. Nous n'avons pas faict marché, en nous mariant, de nous tenir continuellement accouez l'un à l'aultre, comme ie ne sçais quels petits animaulx que nous veoyons, ou comme les ensorcelez de Karenty, d'une maniere chienninc : et ne doibt une femme avoir les yeulx si gourmandement fichez sur le devant de son mary, qu'elle n'en puisse veoir le derriere, où besoing est. Mais ce mot de ce peintre si excellent de leurs humeurs seroit il point de mise en ce lieu, pour representer la cause de leurs plainctes ?

> Uxor, si cesses, aut te amare cogitat,
> Aut tete amari, aut potare, aut animo obsequi ;
> Et tibi bene esse soli, quum sibi sit male;

ou bien seroit ce pas que, de soy, l'opposition et contradiction les entretient et nourrit ; et qu'elles s'accommodent assez, pourveu qu'elles vous incommodent?

En la vraye amitié, de laquelle ie suis expert, ie me donne à mon amy, plus que ie ne le tire à moy. Ie n'aime pas seulement mieulx luy faire bien, que s'il m'en faisoit : mais encores, qu'il s'en fasse, qu'à moy : il m'en faict lors le plus, quand il s'en faict : et si l'absence luy est ou plaisante ou utile, elle m'est bien plus doulce que sa presence, et ce n'est proprement absence, quand il y a moyen de s'entr'advertir. I'ay tiré aultrefois usage de nostre esloignement, et commodité : nous remplissions mieulx et estendions la possession de la vie, en nous separant : il vivoit, il iouïssoit, il veoyoit pour moy, et moy pour luy, autant pleinement que s'il y eust esté : l'une partie de nous demeuroit oysifve quand nous estions ensemble ; nous nous confondions : la separation du lieu rendoit la conionction de nos volontez plus riche. Cette faim insatiable de la presence corporelle accuse un peu la foiblesse en la iouïssance des ames.

Quant à la vieillesse, qu'on m'allegue : au rebours, c'est à la ieunesse à s'asservir aux opinions communes, et se contraindre pour aultruy ; elle peult fournir à touts les deux, au peuple et à soy : nous n'avons que trop à faire à nous seuls. A mesure que les commoditez nous faillent, soubstenons nous par les artificielles. C'est iniustice d'excuser la ieunesse de suyvre ses plaisirs, et deffendre à la vieillesse d'en chercher. Ieune, ie couvrois mes passions enioueces, de prudence ; vieil, ie desmesle les tristes, de desbauche. Si prohibent les loix platoniques de peregriner avant quarante ans ou cinquante, pour rendre la peregrination plus utile et instructifve. Ie consentirois plus volontiers à cet aultre second article des mesmes loix, qui l'interdict aprez les soixante.

« Mais, en tel aage, vous ne reviendrez iamais d'un si long chemin. » Que m'en chault il? ie ne l'entreprends, ni pour en revenir, ny pour le parfaire : i'entreprends seulement de me bransler, pendant que le bransle me plaist ; et me promene pour me promener. Ceulx qui courent un benefice ou un lievre, ne courent pas : ceulx là courent, qui courent aux barres, et pour exercer leur course. Mon desseing est divisible par tout : il n'est pas fondé en grandes esperances ; chaque iournee en faict le bout : et le passage de ma vie se conduict de mesme. I'ai veu pourtant assez de lieux esloignez, ou i'eusse desiré qu'on m'eust arresté. Pourquoy non, si Chrysippus, Cleanthes, Diogenes, Zenon, Antipater, tant d'hommes sages, de la secte plus renfrongnee, abandonnerent bien leur païs, sans aulcune occasion de s'en plaindre, et seulement pour la iouïssance d'un aultre air? Certes le plus grand desplaisir de mes peregrinations, c'est que ie n'y puisse apporter cette resolution d'establir ma demeure où ie me plairois : et qu'il me faille tousiours proposer de revenir, pour m'accommoder aux humeurs communes.

Si ie craignois de mourir en aultre lieu que celuy de ma naissance ; si ie pensois mourir moins à mon ayse, esloigné des miens ; à peine sortirois ie hors de France : ie ne sortirois pas sans effroy hors de ma paroisse ; ie sens la mort qui me pince continuellement la gorge ou les reins. Mais ie suis aultrement faict ; elle m'est une par tout. Si toutefois i'avois à choisir, ce seroit, ce crois ie, plustost à cheval, que dans un lict ; hors de ma maison et loing des miens. Il y a plus de crevecœur que de consolation à prendre congé de ses amis : i'oublie volontiers ce debvoir de nostre entregent : car des offices de l'amitié, celuy là est le seul desplaisant ; et oublierois ainsi volontiers à dire ce grand et eternel adieu. S'il se retire quelque commodité de cette assistance, il s'en tire cent incommoditez. I'ay veu plusieurs, mourants bien piteusement, assiegez de tout ce train ; cette presse les estouffe. C'est contre le debvoir, et est tesmoignage de peu d'affection et de peu de soing, de vous laisser mourir en repos : l'un tormente vos yeulx, l'aultre vos aureilles, l'aultre la bouche ; il n'y a sens, ny membre, qu'on vous fracasse. Le cœur vous serre de pitié, d'ouïr les plainctes des amis ; et de despit, à l'adventure, d'ouïr d'aultres plainctes feinctes et masquées. Qui a tousiours eu le goust tendre, affoibly ; il l'a encores plus : il luy fault, en une si grande necessité, une main doulce, et accommodee à son sentiment, pour le gratter iustement où il luy cuit ; ou qu'on ne le grate point du tout. Si nous avons besoing de sage femme, à nous mettre au monde, nous avons bien besoing d'un homme encores plus sage, à nous en tirer. Tel, et amy, le fauldroit il acheter bien cherement pour le service d'une telle occasion. Ie ne suis point arrivé à cette vigueur desdaigneuse qui se fortifie en soy mesme, que rien n'ayde, ny ne trouble : ie suis d'un poinct plus bas ; ie cherche à conniller, et à me desrobber de ce passage, non par crainte, mais par art. Ce n'est pas mon advis de faire, en cette action, preuve ou montre de ma constance. Pour qui ? lors cessera tout le droict et l'interest que i'ay à la reputation. Ie me contente d'une mort recueillie en soy, quiete, et solitaire, toute mienne, convenable à ma vie retiree et privee : au rebours de la superstition romaine, où l'on estimoit malheureux celuy qui mouroit sans parler, et qui n'avoit ses plus proches à luy clorre les yeulx. I'ay assez affaire à me consoler, sans avoir à consoler aultruy ; assez de pensees en la teste, sans que les circonstances m'en apportent de nouvelles ; et assez de matieres à m'entretenir, sans l'emprunter. Cette partie n'est pas du roole de la societé, c'est l'acte à un seul personnage. Vivons et rions entre les nostres ; allons mourir et rechigner entre les incogneus : on treuve, en payant, qui vous tourne la teste, et qui vous frotte les pieds ; qui ne vous presse qu'autant que vous voulez, vous presentant un visage indifferent, vous laissant gouverner et plaindre à vostre mode.

Ie me desfais tous les iours, par discours, de cette humeur puerile et inhumaine qui faict que nous desirons d'esmouvoir, par nos maulx, la compassion et le deuil de nos amis : nous faisons valoir nos inconvenients oultre leur mesure, pour attirer leurs larmes ; et la fermeté que nous louons en chascun à soubtenir sa mauvaise fortune, nous l'accusons et reprochons à nos proches, quand c'est en la nostre : nous ne nous contentons pas qu'ils se ressentent de nos maulx, si encores ils ne s'en affligent. Il faut estendre la ioye ; mais retrencher autant qu'on le peult la tristesse. Qui se faict plaindre sans raison, est homme pour n'estre pas plainct quand la raison y sera : c'est pour n'estre iamais plainct, que se plaindre tousiours, faisant si souvent le piteux, qu'on ne soit pitoyable à personne. Qui se fait mort, vivant, est subiect d'estre tenu pour vif, mourant.

I'en ay veu prendre la chevre de ce qu'on leur trouvoit le visage frez, et le pouls posé ; contraindre leur ris, parce qu'il trahissoit leur guarison ; et haïr la santé, de ce qu'elle n'estoit pas regrettable : qui bien plus est, ce n'estoient pas femmes. Ie represente mes maladies, pour le plus, telles qu'elles sont, et evite les paroles de mauvais prognostique, et les exclamations composees. Sinon l'alaigresse, au moins la contenance rassise des assistants est propre prez d'un sage malade : pour se veoir en un estat contraire, il n'entre point en querelle avecques la santé ; il luy plaist de la contempler en aultruy, forte et entiere, et en iouïr au moins par compaignie : pour se sentir fondre contrebas, il ne reiecte pas du tout les pensees de la vie, ny ne fuyt les entretiens communs. Ie veulx estudier la maladie, quand ie suis sain : quand elle y est, elle y est, elle faict son impression assez reelle, sans que mon imagination l'ayde. Nous nous preparons, avant la main, aux voyages que nous entreprenons, et y sommes resolus : l'heure qu'il nous fault monter à cheval, nous la donnons à l'assistance, et, en sa faveur, l'estendons.

Ie sens ce proufit inesperé de la publication de mes mœurs, qu'elle me sert aulcunement de regle : il me vient par fois quelque consideration de ne trahir l'histoire de ma vie ; cette publicque declaration m'oblige de me tenir en ma route, et à ne desmentir l'image de mes conditions, communement moins desfigurees et contredictes que ne porte la malignité et maladie des iugements d'auiourd'huy. L'uniformité et simplesse de mes mœurs produict bien un visage d'aysee interpretation ; mais, parce que la façon en est un peu nouvelle et hors d'usage, elle donne trop beau ieu à la mesdisance. Si est il vray qu'à qui me veult loyalement iniurier, il me semble fournir bien suffisamment où mordre en mes imperfections advouees et cogneues ; et de quoy s'y saouler, sans s'escarmoucher au vent. Si, pour en preoccuper moy mesme l'accusation et la descouverte, il luy semble que ie luy esdente sa morsure ; c'est raison qu'il prenne son droict vers l'amplification et extension, l'offense a ses droicts oultre la iustice ; et que les vices dequoy ie luy montre des racines chez moy, il les grossisse en arbres ; qu'il y emploie non seulement ceulx qui me possedent, mais ceulx aussi qui ne font que me menacer, iniurieux vices et en qualité et en nombre ; qu'il me batte par là. l'embrasserois volontiers l'exemple du philosophe Bion : Antigonus le vouloit picquer sur le subiect de son origine : il luy coupa broche : « Ie suis, dict il, fils d'un serf, boucher, stigmatizé, et d'une putain, que mon pere espousa par la bassesse de sa fortune : touts deux furent punis pour quelque mesfaict. Un orateur m'acheta enfant, me trouvant beau et advenant ; et m'a laissé, mourant, touts ses biens : lesquels ayant transportez en cette ville d'Athenes, ie me sui addonné à la philosophie. Que les historiens ne s'empeschent à chercher nouvelles de moy ; ie leur en diray ce qui en est. » La confession genereuse et libre enerve le reproche, et desarme l'iniure. Tant y a que, tout compté, il me semble qu'aussi souvent on me loue, qu'on me desprise, oultre la raison : comme il me semble aussi que dez mon enfance, en reng et degré d'honneur, on m'a donné lieu plustost au dessus, qu'au dessoubs, de ce qui m'appartient. Ie me trouverois mieulx en païs auquel ces ordres feussent ou reglez ou mesprisez. Entre les hommes, depuis que l'altercation de la prerogative au marcher ou à se seoir passe trois repliques, elle est incivile. Ie ne craincts point de ceder ou preceder iniquement, pour fuyr à une si importune contestation ; et iamais homme n'a eu envie de presseance, à qui ie ne l'aye quitee.

Oultre ce proufit que ie tire d'escrire de moy, i'en ay esperé cet aultre, que s'il advenoit que mes humeurs plussent et accordassent à quelque honneste homme, avant mon trepas, il rechercheroit de nous iondre. Ie luy ay donné beaucoup de païs gaigné ; car, tout ce qu'une longue cognoissance et familiarité luy pourroit avoir acquis en plusieurs annees, il l'a veu en trois iours en ce registre, plus seurement et exactement. Plaisante fantasie ! plusieurs choses que ie ne vouldrois dire au particulier, ie les dis au public ; et, sur mes plus secretes sciences ou pensees, renvoye à une boutique de librairie mes amis plus feaux ;

> Excutienda damus præcordia.

Si, à si bonnes enseignes, ie sçavois quelqu'un qui me feust propre, certes, ie l'irois trouver bien loing : car la doulceur d'une sortable et agreable compaignie ne se peult assez acheter à mon gré. Oh ! un amy ! Combien est vraye cette ancienne sentence, « Que l'usage en est plus necessaire et plus doulx que des elements de l'eau et du feu ! »

Pour revenir à mon conte : Il n'y a doncques pas beaucoup de mal de mourir loing, et à part : si estimons nous à debvoir de nous retirer pour des actions naturelles, moins disgraciees que cette cy, et moins hideuses. Mais encores ceulx qui en viennent là, de traisner languissants un long espace de vie, ne debvroient, à l'adventure, souhaiter d'empescher de leur misere une grande famille : pourtant les Indois, en certaine province, estimoient iuste de tuer celuy qui seroit tumbé en telle necessité ; en une aultre de leurs provinces, ils l'abandonnoient seul à se sauver comme il pourroit. A qui ne se rendent ils enfin ennuyeux et insupportables ? les offices communs n'en vont point iusques là. Vous apprenez la cruauté par force à vos meilleurs amis, durcissant et femme et enfants, par long usage, à ne sentir et plaindre plus vos maulx. Les soupirs de ma cholique n'apportent plus d'esmoy à personne. Et quand nous tirerions quelque plaisir de leur conversation, ce qui n'advient pas tousiours, pour la disparité des conditions qui produict aysement mespris ou envie envers qui que ce soit, n'est ce pas trop d'en abuser tout un aage? Plus ie les verrois se contraindre de bon cœur pour moy, plus ie plaindrois leur peine. Nous avons loy de nous appuyer, non pas de nous coucher si lourdement, sur aultruy, et nous estayer en leur ruyne, comme celuy qui faisoit esgorger des petits enfants, pour se servir de leur sang à guarir une sienne maladie; ou cet aultre à qui on fournissoit des ieunes tendrons à couver la nuict ses vieux membres, et mesler la doulceur de leur haleine à la sienne aigre et poisante. La decrepitude est qualité solitaire. Ie suis sociable iusques à l'excez; si me semble il raisonnable que meshuy ie soubstraye de la veue du monde mon importunité, et la couve moy seul; que ie m'appile et me recueille en ma coque, comme les tortues; que i'apprenne à veoir les hommes, sans m'y tenir. Ie leur ferois oultrage en un pas si pendant : il est temps de tourner le dos à la compaignie.

« Mais, en ces voyages, vous serez arresté miserablement en un caignard, où tout vous manquera. » La plus part des choses necessaires, ie les porte quand et moy : et puis, nous ne sçaurions eviter la fortune, si elle entreprend de nous courre sus. Il ne me fault rien d'extraordinaire, quand ie suis malade : ce que nature ne peult en moy, ie ne veulx pas qu'un bolus le face.

Tout au commencement de mes fiebvres et des maladies qui m'alterrent, entier encores et voysin de la santé, ie me reconcilie à Dieu par les dernier offices chrestiens, et m'en treuve plus libre et deschargé, me semblant en avoir d'autant meilleure raison de la maladie. De notaire et de conseil, il m'en fault moins que de medecins. Ce que ie n'auray estably de mes affaires, tout sain, qu'on ne s'attende point que ie le face malade. Ce que ie veulx faire pour le service de la mort, est tousiours faict; ie n'oserois le delayer d'un seul iour : et, s'il n'y a rien de faict, c'est à dire, Ou que le doubte m'en aura retardé le chois (car par fois c'est bien choisir de ne choisir pas), Ou que tout à faict ie n'auray rien voulu faire.

I'escris mon livre à peu hommes, à peu d'annees. Si c'eust esté une matiere de duree, il l'eust fallu commettre à un langage plus ferme. Selon la variation continuelle qui a suyvi le nostre iusques à cette heure, qui peult esperer que sa forme presente soit en usage d'icy à cinquante ans? il escoule touts les iours de nos mains; et, depuis que ie vis, s'est alteré de moitié. Nous disons qu'il est asture parfaict : autant en dict du sien chasque siecle. Ie n'ay garde de l'en tenir là, tant qu'il fuyra et s'ira difformant comme il le faict. C'est aux bons et utiles esprits de le clouer à eulx; et ira son credit selon la fortune de nostre estat. Pourtant ne crains ie point d'y inserer plusieurs articles privez qui consument leur usage entre les hommes qui vivent auiourd'huy, et qui touchent à la particuliere science d'aulcuns, qui y verront plus avant que de la commune intelligence. Ie ne veulx pas, aprez tout, comme ie veois souvent agiter la memoire des trespassez, qu'on aille debattant : « Il iugeoit, il vivoit ainsin : Il vouloit ceci : S'il eust parlé sur sa fin, il eust dict, il eust donné : Ie le cognoissois mieulx que tout aultre. » Or, autant que la bienseance me le permet, ie fois ici sentir mes inclinations et affections; mais plus librement et plus volontiers le fois ie de bouche à quiconque desire en estre informé. Tant y a, qu'en ces memoires, si on y regarde, on trouvera que i'ay tout dict, ou tout designé : ce que ie ne puis exprimer, ie le montre au doigt :

> Verum animo satis hæc vestigia parva sagaci
> Sunt, per quæ possis cognoscere cetera tute.

ie ne laisse rien à desirer et deviner de moy. Si on doibt s'en entretenir, ie veulx que ce soit veritablement et iustement : ie reviendrois volontiers de l'aultre monde, pour desmentir celuy qui me formeroit aultre que ie n'estois, feust ce pour m'honnorer. Des vivants mesme, ie sens qu'on parle tousiours aultrement qu'ils ne sont : et, si à toute force ie n'eusse maintenu un amy que i'ay perdu, on me l'eust deschiré en mille contraires visages.

Pour achever de dire mes foibles humeurs, i'advoue qu'en voyageant ie n'arrive gueres en logis où il ne me passe par la fantasie si i'y pourray estre et malade, et mourant, à mon ayse. Ie veulx estre logé en lieu qui me soit bien particulier, sans bruit, non maussade, ou fumeux, ou estouffé. Ie cherche à flatter la mort par ces frivoles circonstances; ou, pour mieulx dire, à me descharger de tout aultre empeschement, à fin que ie n'aye qu'à m'attendre à elle, qui me poisera volontiers assez, sans aultre recharge. Ie veulx qu'elle ayt sa part à l'aisance et commodité de ma vie : c'en est un grand lopin, et d'importance ; et espere meshuy qu'il ne desmentira pas le passé. La mort a des formes plus aysees les unes que les aultres, et prend diverses qualitez selon al fantasie de chascun : entre les naturelles, celle qui vient d'affoiblissement et appesantissement me semble molle et doulce ; entre les violentes, i'imagine plus malayseement un precipice qu'une ruyne qui m'accable ; et un coup trenchant d'une espee qu'une harquebusade, et eusse plustost beu le breuvage de Socrates que de me frapper comme Caton ; et, quoy que ce soit un, si sent mon imagination difference, comme de la mort à la vie, à me iecter dans une fournaise ardente, ou dans le canal d'une platte riviere : tant sottement nostre crainte regarde plus au moyen qu'à l'effect ! Ce n'est qu'un instant ; mais il est de tel poids, que ie donnerois volontiers plusieurs iours de ma vie pour le passer à ma mode. Puisque la fantasie d'un chascun treuve du plus et du moins en son aigreur, puisque chascun a quelque chois entre les formes de mourir, essayons un peu plus avant d'en trouver quelqu'une deschargee de tout desplaisir. Pourroit on pas la rendre encores voluptueuse, comme les Commourants d'Antonius et de Cleopatra ? Ie laisse à part les efforts que la philosophie et la religion produisent, aspres et exemplaires : mais entre les hommes de peu, il s'en est trouvé, comme un Petronius et un Tigellius à Rome, engagez à se donner la mort, qui l'ont comme endormie par la mollesse de leurs appresls ; ils l'ont faicte couler et glisser parmi la lascheté de leurs passetemps accoustumez, entre des garses et bons compaignons ; nul propos de consolation, nulle mention de testament, nulle affectation ambitieuse de constance, nul discours de leur condition future ; parmi les ieux, les festins, faceties, entretiens communs et populaires, et la musique, et des vers amoureux. Ne sçaurions nous imiter cette resolution en plus honneste contenance ? Puisqu'il y a des morts bonnes aux fols, bonnes aux sages ; trouvons en qui soient bonnes à ceulx d'entre deux. Mon imagination m'en presente quelque visage facile, et, puisqu'il fault mourir, desirable. Les tyrans romains pensoient donner la vie au criminel à qui ils donnoient le chois de sa mort. Mais Theophraste, philosophe si delicat, si modeste, si sage, a il pas esté forcé, par la raison, d'oser dire ce vers latinisé par Ciceron,

Vitam regit fortuna, non sapientia ?

La fortune ayde à la facilité du marché de ma vie, me l'ayant logee en tel poinct, qu'elle ne faict meshuy ny besoing aux miens, ny empeschement ; c'est une condition que i'eusse acceptee en toutes les saisons de mon aage ; mais en cette occasion de trousser mes bribes et de plier bagage, ie prends plus particulierement plaisir à ne leur apporter ny plaisir, ny desplaisir en mourant. Elle a, d'une artiste compensation, faict que ceulx qui peuvent pretendre quelque materiel fruict de ma mort, en receoivent d'ailleurs, conioinctement, une materielle perte. La mort s'appesantit souvent en nous, de ce qu'elle poise aux aultres ; et nous interesse de leur interest, quasi autant que du nostre, et plus et tout parfois.

En cette commodité de logis que ie cherche, ie n'y mesle pas la pompe et l'amplitude, ie la hais plustost ; mais certaine propreté simple, qui se rencontre plus souvent aux lieux où il y a moins d'art, et que nature honore de quelque grace toute sienne. *Non ampliter, sed munditer convivium. Plus salis, quam sumptus.* Et puis, c'est affaire à ceulx que les affaires entrainsent en plein hyver par les Grisons, d'estre surprins en chemin en cette extremité : moy, qui le plus souvent voyage pour mon plaisir, ne me guide pas si mal : s'il faict laid à droicte, ie prends à gauche ; si ie me treuve mal propre à cheval, ie m'arreste ; en faisant ainsi, ie ne veois à la verité rien qui ne soit aussi plaisant et commode que ma maison : il est vray que ie treuve la superfluité tousiours superflue, et remarque de l'empeschement en la delicatesse mesme et en l'abondance. Ay ie laissé quelque chose à veoir derriere moy i'y retourne ; c'est tousiours mon chemin : ie ne trace aulcune ligne certaine, ny droicte ny courbe. Ne treuve ie point, où ie vois, ce qu'on m'avoit dict, comme il advient souvent que les iugements d'aultruy ne s'accordent pas aux miens, et les ay trouvez le plu souvent fauls ; ie ne plaints pas ma peine, i'ay apprins que ce qu'on disoit n'y est point.

I'ay la complexion du corps libre, et le goust commun, autant qu'homme du monde : la diversité des façons d'une nation à aultre ne me touche que par le plaisir de la varieté : chasque usage a sa raison. Soyent des assiettes d'estain, de bois, de terre; bouilly ou rosty; beurre, ou huyle, de noix, ou d'olive; chauld ou froid, tout m'est un; et si un, que vieillissant, i'accuse cette genereuse faculté, et aurois besoing que la delicatesse et le chois arrestast l'indiscretion de mon appetit, et par fois soulageast mon estomach. Quand i'ay esté ailleurs qu'en France, et que, pour me faire courtoisie, on m'a demandé si ie voulois estre servy à la françoise, ie m'en suis mocqué, et me suis tousiours iecté aux tables les plus espesses d'estrangiers. I'ay honte de veoir nos hommes enyvrez de cette sotte humeur, de s'effaroucher des formes contraires aux leurs : il leur semble estre hors de leur element, quand ils sont hors de leur village; où qu'ils aillent, ils se tiennent à leurs façons, et abominent les estrangières. Retrouvent ils un compatriote en Hongrie, ils festoient cette adventure; les voylà à se rallier, et à se recoudre ensemble, à condamner tant de mœurs barbares qu'ils veoyent : pourquoy non barbares, puis qu'elles ne sont françoises? Encores sont ce les plus habiles qui les ont recogneues, pour en mesdire. La pluspart ne prennent l'aller que pour le venir : ils voyagent couverts et resserrez, d'une prudence taciturne et incommunicable, se deffendants de la contagion d'un air incogneu. Ce que ie dis de ceulx là me ramentoit, en chose semblable, ce que i'ay par fois apperceu en aulcuns de nos ieunes courtisans : ils ne tiennent qu'aux hommes de leur sorte; nous regardent comme des gents de l'aultre monde, avecques desdaing, ou pitié. Ostez leur les entretiens des mysteres de la court, ils sont hors de leur gibbier; aussi neufs pour nous et malhabiles, comme nous sommes à eulx. On dict bien vray, qu'un honneste homme, c'est un homme meslé. Au rebours, ie peregrine tressaoul de nos façons; non pour chercher des Gascons en Sicile, i'en ay assez laissé au logis : ie cherche des Grecs plustost, et des Persans; i'accointe ceulx là, ie les considere; c'est là où ie me preste, et où ie m'employe. Et qui plus est, il me semble que ie n'ay rencontré gueres de manieres qui ne vaillent les nostres : ie couche de peu; car à peine ay ie perdu mes girouettes de veue.

Au demourant, la pluspart des compaignies fortuites que vous rencontrez en chemin, ont plus d'incommodité que de plaisir : ie ne m'y attache point, moins asteure que la vieillesse me particularise et sequestre aulcunement des formes communes. Vous souffrez pour aultruy, ou aultruy pour vous : l'un et l'autre inconvénient est poisant; mais le dernier me semble encores plus rude. C'est une rare fortune, mais de soulagement inestimable, d'avoir un honneste homme, d'entendement ferme, et de mœurs conformes aux vostres, qui aime à vous suyvre : i'en ay eu faulte extreme en touts mes voyages. Mais une telle compaignie, il la fault avoir choisie et acquise dez le logis. Nul plaisir n'a saveur pour moy, sans communication : il ne me vient pas seulement une gaillarde pensee en l'ame, qu'il ne me fasche de l'avoir produicte seul, et n'ayant à qui l'offrir. *Si cum hac exceptione detur sapientia, ut illam inclusam teneam, nec enuntiem, reiiciam.* L'aultre l'avoit monté d'un ton au dessus : *Si contigerit ea vita sapienti, ut in omnium rerum affluentibus copiis, quamvis omnia, quæ cognitione digna sunt, summo otio secum ipse consideret et contempletur; tamen, si solitudo tanta sit, ut hominem videre non possit, excedat e vita.* L'opinion d'Archytas m'agree, qu'il feroit desplaisant, au ciel mesme, et à se promener dans ces grands et divins corps celestes, sans l'assistance d'un compagnon. Mais il vault mieulx encores estre seul, qu'en compaignie ennuyeuse et inepte. Aristippus s'aimoit à vivre estrangier par tout :

> Me si fata meis paterentur ducere vitam
> Auspiciis,

ie choisirois à la passer le cul sur la selle,

> Visere gestiens,
> Qua parte debacchentur ignes,
> Qua nebulæ, pluviique rores.

« Avez vous pas des passe temps plus aysez? De quoy avez vous faulte? Vostre maison est elle pas en bel air et sain, suffisamment fournie, et capable plus que suffisamment? La maiesté royale y a peu plus d'une fois en sa pompe. Vostre famille n'en laisse elle pas en reglement plus au dessoubs d'elle, qu'elle n'en a au dessus en eminence? Y a il quelque pensee locale qui vous ulcere, extraordinaire, indigestible;

<blockquote>Quæ te nunc coquat et vexet sub pectore fixa?</blockquote>

Où cuidez vous pouvoir estre sans empeschement et sans destourbier? *Nunquam simpliciter fortuna indulget.* Voyez doncques qu'il n'y a que vous qui vous empeschez : et vous vous suyvrez par tout, et vous plaindrez par tout; car il n'y a satisfaction ça bas, que pour les ames ou brutales ou divines. Qui n'a du contentement à une si iuste occasion, où pense il le trouver? A combien de milliers d'hommes arreste une telle condition que la vostre le but de leurs souhaits? Reformez vous seulement; car en cela vous pouvez tout : là où vous n'avez droict que de patience envers la fortune; *nulla placida quies est, nisi quam ratio composuit.* »

Ie veois la raison de cet advertissement, et la veois tresbien : mais on auroit plustost faict, et plus pertinemment, de me dire, en un mot : « Soyez sage. » Cette resolution est oultre la sagesse; c'est son ouvrage et sa production : ainsi faict le medecin, qui va criaillant aprez un pauvre malade languissant, « qu'il se resiouïsse : » il luy conseilleroit un peu moins ineptement, s'il luy disoit : « Soyez sain. » Pour moy, ie ne suis qu'un homme de la commune sorte. C'est un precepte salutaire, certain, et d'aysee intelligence, « Contentez vous du vostre; » c'est à dire, de la raison; l'execution pourtant n'en est non plus aux plus sages qu'en moy. C'est une parole populaire, mais elle a une terrible estendue : que ne comprend elle? Toutes choses tumbent en discretion et modification. Ie sçais bien qu'à le prendre à la lettre, ce plaisir de voyager porte tesmoignage d'inquietude et d'irresolution : aussi sont ce nos maistresses qualitez et predominantes. Ouy, ie le confesse, ie ne veois rien seulement en songe et par souhait, où ie me puisse tenir; la seule varieté me paye, et la possession de la diversité; au moins si quelque chose me paye. A voyager, cela mesme me nourrit, que ie me puis arrester sans interest, et que i'ay où m'en divertir commodement. I'aime la vie privee, parce que c'est par mon chois que ie l'aime, non par disconvenance à la vie publique, qui est à l'adventure autant selon ma complexion : i'en sers plus gaiement mon prince, parce que c'est par libre eslection de mon iugement et de ma raison, sans obligation particuliere; et que ie n'y suis pas reiecté ny contrainct, pour estre irrecevable à tout aultre party, et mal voulu : ainsi du reste. Ie hais les morceaux que la necessité me taille; toute commodité me tiendroit à la gorge, de laquelle seule i'aurois à despendre :

<blockquote>Alter remus aquas, alter mihi radat arenas :</blockquote>

une seule chorde ne m'arreste iamais assez. « Il y a de la vanité, dites vous, en cet amusement. » Mais où non? et ces beaux preceptes sont vanité : et vanité toute la sagesse : *Dominus novit cogitationes sapientium, quoniam vanæ sunt.* Ces exquises subtilitez ne sont propres qu'au presche : ce sont discours qui nous veulent envoyer touts bastez en l'aultre monde. La vie est un mouvement materiel et corporel, action imparfaicte de sa propre essence, et desreglee : ie m'employe à la servir selon elle.

<blockquote>Quisque suos patimur manes.</blockquote>

Sic est faciendum, ut contra naturam universam nihil contendamus; ea tamen conservata, propriam sequamur. A quoy faire ces poinctes eslevees de la philosophie, sur lesquelles aulcun estre humain ne se peult rasseoir? et ces regles, qui excedent nostre usage et nostre force?

Ie veois souvent qu'on nous propose des images de vie, lesquelles, ny le proposant, ny les auditeurs, n'ont aulcune esperance de suyvre, ny, qui plus est, envie. De ce mesme papier où il vient d'escrire l'arrest de condamnation contre un adultere, le iuge en desrobbe un lopin pour en faire un poulet à la femme de son compaignon : celle à qui vous viendrez de vous frotter illicitement, criera plus asprement tantost, en vostre presence mesme, à l'encontre d'une pareille faulte de sa compaigne, que ne feroit Porcie : et tel condamne les hommes à mourir pour des crimes qu'il n'estime point faultes. I'ay veu, en ma ieunesse, un galant homme presenter d'une main, au peuple, des vers excellents et en beauté et en desbordement; et de l'aultre main, en mesme instant, la plus querelleuse reformation theologienne dequoy le monde se soit desieuné il y a long temps. Les hommes vont ainsin : on laisse les loix et preceptes suyvre leur voye; nous en tenons une aultre, non par desreglement de mœurs seulement, mais par opinion souvent, et par iugement contraire. Sentez lire un discours de philosophie; l'invention, l'eloquence, la pertinence, frappe incontinent vostre esprit et vous esmeut : il n'y a rien qui chatouille ou poigne vostre conscience; ce n'est pas à elle qu'on parle. Est il pas vray? Si disoit Ariston, « que ny une estuve, ny une leçon n'est d'aulcun fruict, si elle ne nettoye et ne decrasse. » On peult s'arrester à l'escorce; mais c'est aprez qu'on en a retiré la mouëlle : comme, aprez avoir avalé le bon vin d'une belle coupe, nous en considerons les graveures et l'ouvrage. En toutes les chambres de la philosophie ancienne, cecy se trouvera, qu'un mesme ouvrier y publie des regles de temperance, et publie ensemble des escripts d'amour et des-bauche : et Xenophon, au giron de Clinias, escrivit contre la vertu aristippique. Ce n'est pas qu'il y ayt une conversion miraculeuse qui les agite à ondees : mais c'est que Solon se represente tantost soy mesme, tantost en forme de legislateur; tantost il parle pour la presse, tantost pour soy; et prend pour soy les regles libres et naturelles, s'asseurant d'une santé ferme et entiere :

Curentur dubii medicis maioribus ægri.

Antisthenes permet au sage d'aimer, et faire à sa mode ce qu'il trouve estre opportun, sans s'attendre aux loix : d'autant qu'il a meilleur advis qu'elles, et plus de cognoissance de la vertu. Son disciple Diogenes disoit : « Opposer aux perturbations, la raison; à fortune, la confidence; aux loix, nature. » Pour les estomachs tendres, il fault des ordonnances contrainctes et articielles; les bons estomachs se servent simplement des prescriptions de leur naturel appetit : ainsi font nos medecins, qui mangent le melon et boivent le vin frez, ce pendant qu'ils tiennent leur patient obligé au syrop et à la panade. « Ie ne sçais quels livres, disoit la courtisanne Laïs, quelle sapience, quelle philosophie; mais ces gents là battent aussi souvent à ma porte, qu'aulcuns aultres. » D'autant que nostre licence nous porte tousiours au delà de ce qui nous est loisible et permis, on a estrecy, souvent oultre la raison universelle, les preceptes et les loix de nostre vie :

Nemo satis credit tantum delinquere, quantum
Permittas.

Il seroit à desirer qu'il y eust plus de proportion du commandement, à l'obeïssance : et semble la visee iniuste, à laquelle on ne peult atteindre. Il n'est si homme de bien, qu'il mette à l'examen des loix toutes ses actions et pensees, qui ne soit pendable dix fois en sa vie; voire tel qu'il seroit tresgrand dommage et tresiniuste de punir et de perdre :

Ole, quid ad te
De cute quid faciat ille, vel illa sua ?

et tel pourroit n'offenser point les loix, qui n'en meriteroit point la louange d'homme de vertu, et que la philosophie feroit tresiustement fouetter : tant cette relation est trouble et inegualе! Nous n'avons garde d'estre gents de bien selon Dieu; nous ne le sçaurions estre selon nous : l'humaine sagesse n'arriva iamais aux debvoirs qu'elle s'estoit elle mesme prescripts : et, si elle y estoit arrivee, elle s'en prescriroit d'aultres au delà, où elle aspirast tousiours et prestendist : tant nostre estat est ennemy de constance! L'homme s'ordonne à soy mesme d'estre necessairement en faulte : il n'est gueres fin de tailler son obligation, à la raison d'un aultre estre que le sien : à qui prescript il ce qu'il s'attend que personne ne face? luy est il iniuste de ne faire point ce qu'il luy est impossible de faire? Les loix qui nous condamnent à ne pouvoir pas, nous condamnent de ce que nous ne pouvons pas.

Au pis aller, cette difforme liberté de se presenter à deux endroicts, et les actions d'une façon, les discours de l'aultre, soit loisible à ceulx qui disent les choses : mais elle ne le peult estre à ceulx qui se disent eulx mesmes, comme ie fois; il fault que i'aille de la plume comme des pieds. La vie commune doibt avoir conference aux aultres vies : la vertu de Caton estoit vigoureuse oultre la raison de son siecle; et à un homme qui se mesloit de gouverner les aultres, destiné au service commun, il se pourroit dire que c'estoit une iustice, sinon iniuste, au moins vaine et hors de saison. Mes mœurs mesmes qui ne disconviennent de celles qui courent, à peine de la largeur d'un poulce, me rendent pourtant aulcunement farouche à mon aage, et inassociable. Ie ne sçais pas si ie me treuve desgousté, sans raison, du monde que ie hante ; mais ie sçais bien que ce seroit sans raison si ie me plaignois qu'il feust desgousté de moy, puisque ie le suis de luy. La vertu assignee aux affaires du monde est une vertu à plusieurs plis, encoigneures et coudes, pour s'appliquer et ioindre à l'humaine foiblesse ; meslee et artificielle, non droicte, nette, constante, ny purement innocente. Les annales reprochent iusques à cette heure à quelqu'un de nos roys de s'estre trop simplement laissé allé aux consciencieuses persuasions de son confesseur ; les affaires d'estat ont des preceptes plus hardis :

<blockquote>
Exeat aula,
Qui vult esse pius.
</blockquote>

I'ay aultrefois essayé d'employer au service des maniements publicques les opinions et regles de vivre, ainsi rudes, neufves, impolies ou impollues, comme ie les ay nees chez moy, ou rapportees de mon institution, et desquelles ie me sers, sinon si commodement, au moins seurement, en particulier ; une vertu scholastique et novice : ie les y ay trouvees ineptes et dangereuses. Celuy qui va en la presse, il fault qu'il gauchisse, qu'il serre ses coudes, qu'il recule, ou qu'il advance, voire qu'il quitte le droict chemin, selon ce qu'il rencontre ; qu'il vive non tant selon soy, que selon aultruy, non selon ce qu'il se propose, mais selon ce qu'on luy propose, selon le temps, selon les hommes, selon les affaires. Platon dict que ce qui eschappe, brayes nettes, du maniement du monde, c'est par miracle qu'il en eschappe ; et dict aussi, que quand il ordonne son philosophe chef d'une police, il n'entend pas le dire d'une police corrompue, comme celle d'Athenes, et encores bien moins comme la nostre, envers lesquelles la sagesse mesme perdroit son latin ; et une bonne herbe, transplantee en solage fort divers à sa condition, se conforme bien plustost à iceluy, qu'elle ne le reforme à soy. Ie sens que si i'avois à me dresser tout à faict à telles occupations, il m'y fauldroit beaucoup de changement et de rabillage. Quand ie pourrois cela sur moy (et pourquoy ne le pourroy ie avecques le temps et le soing ?), ie ne le vouldrois pas. De ce peu que ie me suis essayé en cette vacation, ie m'en suis autant desgousté : ie me sens fumer en l'ame, par fois, aulcunes tentations vers l'ambition ; mais ie me bande et obstine au contraire :

<blockquote>
At tu, Catulle, obstinatus obdura.
</blockquote>

On ne m'y appelle gueres, et ie m'y convie aussi peu : la liberté et l'oysifveté, qui sont mes maistresses qualitez, sont qualitez diametralement contraires à ce mestier là. Nous ne sçavons pas distinguer les qualitez des hommes ; elles ont des divisions et bornes malaysees à choisir, et delicates : de conclure, par la suffisance d'une vie particuliere, quelque suffisance à l'usage publicque, c'est mal conclu : tel se conduict bien, qui ne conduict pas bien les aultres ; et faict des Essais, qui ne sçauroit faire des effects : tel dresse bien un siege, qui dresseroit mal une battaille ; et discourt bien en privé, qui harangueroit mal un peuple ou un prince : voire, à l'adventure est ce plustost tesmoignage à celuy qui peult l'un, de ne pouvoir point l'aultre, qu'aultrement. Ie treuve que les esprits haults ne sont de gueres moins aptes aux choses basses, que les bas esprits aux haultes. Estoit il à croire que Socrates eust appresté aux Atheniens matiere de rire à ses despens, pour n'avoir oncques sceu compter les suffrages de sa tribu, et en faire rapport au conseil ? certes, la veneration en quoy i'ay les perfections de ce personnage, merite que sa fortune fournisse, à l'excuse de mes principales imperfections, un si magnifique exemple. Nostre suffisance est detaillee à menues pieces : la mienne n'a point de latitude, et si est chetifve en nombre. Saturninus, à ceulx qui luy avoient deferé tout commandement : « Compaignons, dict il, vons avez perdu un bon capitaine, pour en faire un mauvais general d'armee. »

Qui se vante, en un temps malade comme cettuy cy, d'employer au service du monde une vertu naïfve et sincere, ou il ne la cognoist pas, les opinions se corrompants avecques les mœurs (de vray, oyez la leur peindre, oyez la pluspart se glorifier de leurs deportements, et former leurs regles ; au lieu de peindre la vertu, ils peignent l'iniustice toute pure et le vice, et la presentent ainsi faulse à l'institution des princes); ou, s'il la cognoist, il se vante à tort, et, quoy qu'il die, faict mille choses de quoy sa conscience l'accuse. Ie croirois volontiers Seneca de l'experience qu'il en feit en pareille occasion, pourveu qu'il m'en voulust parler à cœur ouvert. La plus honnorable marque de bonté en une telle necessité, c'est recognoistre librement sa faulte et celle d'aultruy; appuyer, et retarder de sa puissance, l'inclination vers le mal; suyvre envy cette pente; mieulx espererer, et mieulx desirer. I'apperceois, en ces desmembrements de la France et divisions où nous sommes tumbez, chascun se travailler à deffendre sa cause, mais iusques aux meilleurs, avecques desguisement et mensonge : qui en escriroit rondement, en escriroit temerairement et vicieusement. Le plus iuste party, si est ce encores le membre d'un corps vermoulu et verreux; mais, d'un tel corps, le membre moins malade s'appelle sain, et à bon droict, d'autant que nos qualitez n'ont tiltre qu'en la comparaison : l'innocence civile se mesure selon les lieux et saisons. I'aimerois bien à veoir en Xenophon une telle louange d'Agesilaus : estant prié par un prince voysin avecques lequel il avoit aultrefois esté en guerre, de le laisser passer en ses terres, il l'octroya, luy donnant passage à travers le Peloponnese; et non seulement ne l'emprisonna ou empoisonna, le tenant à sa mercy, mais l'accueillit courtoisement, suyvant l'obligation de sa promesse, sans luy faire offense. A ces humeurs là, ce ne seroit rien dire; ailleurs et en aultre temps, il se fera compte de la franchise et magnanimité d'une telle action : ces babouins capettes s'en feussent mocquez : si peu retire l'innocence spartaine à la françaises. Nous ne laissons pas d'avoir des hommes vertueux; mais c'est selon nous. Qui a ses mœurs establies en reglement au dessus de son siecle; ou qu'il torde et esmousse ses regles; ou, ce que ie luy conseille plustost, qu'il se retire à quartier, et ne se mesle point de nous : qu'y gaigneroit il?

> Egregium sanctumque virum si cerno, bimembri
> Hoc monstrum puero, et miranti iam sub aratro
> Piscibus inventis, et fœtæ comparo mulæ

On peult regretter les meilleurs temps, mais non pas fuyr aux presents : on peult desirer aultres magistrats, mais il fault, ce nonobstant, obeïr à ceulx icy; et à l'adventure y a il plus de recommendation d'obeïr aux mauvais qu'aux bons. Autant que l'image des loix receues et anciennes de cette monarchie reluira en quelque coing, m'y voylà planté : si elles viennent par malheur à se contredire et empescher entr'elles, et produire deux parts, de chois doubteux et difficile, mon eslection sera volontiers d'eschapper et me desrobber à cette tempeste; nature m'y pourra prester ce pendant la main, ou les hazards de la guerre. Entre Cesar et Pompeius, ie me feusse franchement declaré : mais entre ces trois voleurs qui veinrent depuis, ou il eust fallu se cacher, ou suyvre le vent : ce que i'estime loisible, quand la raison ne guide plus.

> Quo diversus abis?

Cette farcisseure est un peu hors de mon theme, ie m'esgare, mais plustost par licence que par mesgarde: mes fantasies se suyvent, mais par fois c'est de loing; et se regardent, mais d'une veue oblique. I'ay passé les yeulx sur tel dialogue de Platon, miparty d'une fantastique bigarrure; le devant à l'amour, tout le bas à la rhetorique : ils ne craignent point ces nuances, et ont une merveilleuse grace à se laisser ainsi rouler au vent, ou à le sembler. Les noms de mes chapitres n'en embrassent pas tousiours la matiere; souvent ils la denotent seulement par quelque marque : comme ces aultres, l'Andrie, l'Eunuche; ou ceulx cy, Sylla, Cicero, Torquatus. I'aime l'allure poëtique, à saults et à gambades : c'est un' art, comme dict Platon, legiere, volage, demoniacle. Il est des ouvrages en Plutarque où il oublie son theme; où le propos de son argument ne se treuve que par incident, tout estouffé en matiere estrangiere : voyez ses allures au Daimon de Socrates. O Dieu! que ces gaillardes escapades, que cette variation a de beauté : et plus lors, que plus elle retire au nonchalant et fortuite! C'est l'indiligent lecteur qui perd mon subiect, non pas moy : il s'en trouvera tousiours en un coing quelque mot qui ne laisse pas d'estre bastant, quoyqu'il soit serré. Ie vois au change, indiscretement et tumultuairement: mon style et mon esprit vont vagabondant de mesme. Il fault avoir un peu de folie, qui ne veult avoir plus de sottise, disent et les preceptes de nos maistres, et encores plus leurs exemples. Mille poëtes traisnent et languissent à la prosaïque : mais la meilleure prose ancienne, et ie la seme ceans indifferemment pour vers, reluit par tout de la vigueur et hardiesse poëtique, et represente quelque air de sa fureur. Il luy fault, certes, quitter la maistrise et preeminence en la parlerie. Le poëte, dict Platon, assis sur le trepied des Muses, verse, de furie, tout ce qui luy vient en la bouche, comme la gargouille d'une fontaine, sans le ruminer et poiser, et luy eschappe des choses de diverse couleur, de contraire substance, et d'un cours rompu : luy mesme est tout poëtique; et la vieille theologie est toute poësie, disent les sçavants; et la premiere philosophie, c'est l'original langage des dieux. I'entends que la matiere se distingue soy mesme : elle montre assez où elle se change, où elle conclud, où elle commence, où elle se reprend, sans l'entrelacer de paroles de liaison et de cousture, introduictes pour le service des aureilles foibles ou nonchalantes, et sans me gloser moy mesme. Qui est celuy qui aime mieulx n'estre pas leu, que de l'estre en dormant, ou en fuyant? *nihil est tam utile, quod in transitu prosit.* Si prendre des livres, estoit les apprendre; et si les veoir, estoit les regarder; et les parcourir, les saisir : i'aurois tort de me faire du tout si ignorant que ie dis. Puisque ie ne puis arrester l'attention du lecteur par le poids : *manco male*, s'il advient que ie l'arreste par mon embrouilleure. « Voiremais, Il se repentira par aprez de s'y estre amusé. » C'est mon; mais il s'y sera tousiours amusé. Et puis, il est des humeurs comme cela, à qui l'intelligence porte desdaing; qui m'en estimeront mieulx de ce qu'ils ne sçauront ce que ie dis; ils concluront la profondeur de mon sens, par l'obscurité; laquelle, à parler en bon escient, ie hais bien fort, et l'eviterois, si ie me sçavois eviter. Aristote se vante en quelque lieu de l'affecter : Vicieuse affectation! Parce que la coupure si frequente des chapitres, dequoy i'usois au commencement, m'a semblé rompre l'attention avant qu'elle soit nee, et la dissouldre, desdaignant s'y coucher pour si peu et se recueillir, ie me suis mis à les faire plus, qui requierent de la proposition et du loisir assigné. En telle occupation, à qui on ne veult donner une seule heure, on ne veult rien donner : et ne faict on rien pour celuy pour qui on ne faict qu'aultre chose faisant. Ioinct qu'à l'adventure ay ie quelque obligation particuliere à ne dire qu'à demy, à dire confusement, à dire discordamment. Ie veulx doncques mal à cette raison troublefeste, et ces proiects extravagants qui travaillent la vie, et ces opinions si fines, si elles ont de la verité; ie la treuve trop chere et trop incommmode. Au rebours, ie m'employe à faire valoir la vanité mesme et l'asnerie, si elle m'apporte du plaisir; et me laisse aller aprez mes inclinations naturelles, sans les contreroolller de si prez.

I'ay veu ailleurs des maisons ruynees, et des statues, et du ciel, et de la terre : ce sont tousiours des hommes. Tout cela est vray; et si pourtant ne sçaurois reveoir si souvent le tumbeau de cette ville, si grande et si puissante, que ie ne l'admire et revere. Le soing des morts nous est en recommandation : or, i'ay esté nourry, dez mon enfance, avecques ceulx icy : i'ay eu cognoissance des affaires de Rome, long temps avant que ie l'aye eue de ceulx de ma maison : ie sçavois le Capitole et son plan, avant que ie sceusse le Louvre; et le Tibre, avant la Seine. I'ay eu plus en teste les conditions et fortunes de Lucullus, Metellus, et Scipion, que ie n'ay d'aulcuns hommes des nostres : ils sont trespassez; si est bien mon pere aussi entierement qu'eulx, et s'est esloigné de moy et de la vie, autant en dix-huict ans, que ceulx là ont faict en seize cents; duquel pourtant ie ne laisse pas d'embrasser et practiquer la memoire, l'amitié et la société, d'une parfaicte union et tresvifve. Voire, de mon humeur, ie me rends plus officieux envers les trespassez; ils ne s'aydent plus; ils en requierent, ce me semble, d'autant plus mon ayde. La gratitude est là iustement en son lustre; le bienfaict est moins richement assigné, où il y a retrogradation et reflexion. Arcesilaus, visitant Ctesibius malade, et le trouvant en pauvre estat, luy fourra tout bellement, soubs le chevet du lict, de l'argent qu'il luy donnoit; et en le luy celant, luy donnoit, en oultre, quittance de luy en sçavoir gré. Ceulx qui ont merité de moy de l'amitié et de la recognoissance, ne les ont iamais perdues pour n'y estre plus; ie les ay mieulx payez, et plus soigneusement, absents et ignorants : ie parle plus affectueusement de mes amis, quand il n'y a plus moyen qu'ils le sçachent. Or, i'ay attaqué cent querelles pour la deffense de Pompeius, et pour la cause de Brutus; cette accointance dure encores entre nous : les choses presentes mesmes, nous ne les tenons que par la fantasie. Me trouvant inutile à ce siecle, ie me reiecte à cet aultre; et en suis si embabouïné, que l'estat de cette vieille Rome, libre, iuste et florissante (car ie n'en aime ny la naissance, ny la vieillesse), m'interesse et me passionne : par quoy ie ne sçaurois reveoir si souvent l'assiette de leurs rues et de leurs maisons, et ces ruines profondes iusques aux antipodes, que ie ne m'y amuse. Est ce par nature, ou par erreur de fantasie, que la veue des places que nous sçavons avoir esté hantees et habitees par personnes desquelles la memoire est en recommendation, nous esmeut aulcunement plus qu'ouïr le recit de leurs faicts, ou lire leurs escripts? *Tanta vis admonitionis inest in locis!.... Et id quidem in hac urbe infinitum; quacumque enim ingredimur, in aliquam historiam vestigium ponimus.* Il me plaist de considerer leur visage, leur port, et leurs vestements : ie remasche ces grands noms entre dents, et les fois retentir à mes aureilles : *Ego illos veneror, et tantis nominibus semper assurgo.* Des choses qui sont en quelque partie grandes et admirables, i'en admire les parties mesmes communes : ie les veisse volontiers diviser, promener, et souper. Ce seroit ingratitude de mespriser les reliques et images de tant d'honnestes hommes et si valeureux, lesquels i'ay veu vivre et mourir, et qui nous donnent tant de bonnes instructions par leur exemple, si nous les sçavions suyvre.

Et puis, cette mesme Rome que nous veoyons, merite qu'on l'aime : confederce de si long temps, et par tant de tiltres, à nostre couronne; seule ville commune et universelle : le magistrat souverain qui y commande est recogneu pareillement ailleurs : c'est la ville metropolitaine de toutes les nations chrestiennes; l'Espaignol et le François, chascun y est chez soy; pour estre des princes de cet estat, il ne fault qu'estre de chrestienté, où qu'elle soit. Il n'est lieu ça bas que le ciel ayt embrassé avec telle influence de faveur, et telle constance; sa ruyne mesme est glorieuse et enflee :

> Laudandis pretiosior ruinis :

encores retient elles, au tumbeau, des marques et usages d'empire : *Ut palam sit, uno in loco gaudentis opus esse naturæ.* Quelqu'un se blasmeroit, et se mutineroit en soy mesme, de se sentir chatouiller d'un si vain plaisir : nos humeurs ne sont pas trop vaines, qui sont plaisantes; quelles qu'elles soient qui contentent constamment un homme capable de sens commun, ie ne sçaurais avoir le cœur de le plaindre.

Ie doibs beaucoup à la fortune, de quoy iusques à cette heure elle n'a rien faict contre moy d'oultrageux, au moins au delà de ma portée. Seroit ce pas sa façon, de laisser en paix ceulx de qui elle n'est point importunee?

> Quanto quisque sibi plura negaverit,
> A dis plura feret : nil cupientium
> Nudus castra peto...
>   Multa petentibus
> Desunt multa.

Si elle continue, elle me rencontrera trescontent et satisfaict :

> Nihil supra
> Deos lacesso.

Mais gare le heurt! il en est mille qui rompent au port. Ie me console ayseement de ce qui adviendra icy, quand ie n'y seray plus : les choses presentes m'embesongnent assez :

> Fortunæ cetera mando :

aussi n'ay ie point cette forte liaison qu'on dit attacher les hommes à l'advenir, par les enfants qui portent leur nom et leur honneur; et on doibs desirer à l'adventure d'autant moins, s'ils sont si desirables. Ie ne tiens que trop au monde et à cette vie, par moy mesme; ie me contente d'estre en prinse de la fortune par les circonstances proprement necessaires à mon estre, sans luy allonger par ailleurs sa iurisdiction sur moy; et n'ay iamais estimé qu'estre sans enfants, feust un default qui deust rendre la vie moins complette et moins contente : la vacation sterile a bien aussi ses commoditez. Les enfants sont du nombre des choses qui n'ont pas fort dequoy estre desirees, notamment à cette heure, qu'il seroit si difficile de les rendre bons : *bona iam nec nasci licet, ita corrupta sunt semina;* et si ont iustement dequoy estre regrettees, à qui les perd aprez les avoir acquises.

Celuy qui me laissa maison en charge prognostiquoit que ie la deusse ruyner, regardant à mon humeur si peu casaniere. Il se trompa : me voicy comme i'y entray, sinon un peu mieulx ; sans office pourtant et sans benefice.

Au demourant, si la fortune ne m'a faict aulcune offense violente et extraordinaire, aussi n'a elle pas, de grace : tout ce qu'il y a de ses dons chez nous, il y est avant moy, et au delà de cent ans ; ie n'ay particulierement aulcun bien essentiel et solide que ie doibve à sa liberalité. Elle m'a faict quelques faveurs venteuses, honnoraires et titulaires, sans substance ; et me les a aussi, à la verité, non pas accordees, mais offertes, Dieu sçait, à moy qui suis tout materiel, qui ne me paye que de la realité, encores bien massifve ; et qui, si ie l'osois confesser, ne trouverois l'avarice gueres moins excusable que l'ambition ; ny la douleur moins evitale que la honte ; ny la santé moins desirable que la doctrine ; ou la richesse, que la noblesse.

Parmy ses faveurs vaines, ie n'en ay point qui plaise tant à cette niaise humeur qui s'en paist chez moy, qu'une Bulle authentique de bourgeoisie romaine, qui me feut octroyee dernierement que i'y estois, pompeuse en sceaux et lettres dorees, et octroyee avecques toute gracieuse liberalité. Et parce qu'elles se donnent en divers style, plus ou moins favorable ; et, qu'avant que i'en eusse veu, i'eusse esté bien ayse qu'on m'en eust montré un formulaire, ie veulx, pour satisfaire à quelqu'un, s'il s'en treuve malade, de pareille curiosité à la mienne, la transcrire icy en sa forme :

« Quod Horatius Maximus, Martius Cecius, Alexander Mutus, almæ urbis
« Conservatores, de Illmo viro Michaele de Montano, equite Sancti Michaelis,
« et a cubiculo regis Christianissimi, Romana civitate donando, ad Senatum
« retulerunt ; S. P. Q. R. de ea re ita fieri censuit.

« Quum, veteri more et instituto, cupide illi semper studioseque suscepti
« sint, qui virtute ac nobilitate præstantes, magno Reipublicæ nostræ usui atque
« ornamento fuissent, vel esse aliquando possent : Nos, maiorum nostrorum
« exemplo atque auctoritate permoti, præclaram hanc consuetudinem nobis
« imitandam ac servandam fore censemus. Quamobrem quum Illmus Michael
« Montanus, eques Sancti Michaelis, et a cubiculo regis Christianissimi, Romani
« nominis studiosissimus, et familiæ laude atque splendore, et propriis virtu-
« tum meritis dignissimus sit, qui summo Senatus Populique Romani iudicio ac
« studio in Romanam civitatem adsciscatur ; placere Senatui P. Q. R., Illmum
« Michaelem Montanum, rebus omnibus ornatissimum, atque huic inclyto Populo
« carissimum, ipsum posterosque in Romanam civitatem adscribi, ornarique
« omnibus et præmiis et honoribus, quibus illi fruuntur, qui cives patriciique
« Romani nati, aut iure optimo facti sunt. In quo censere Senatum P. Q. R.,
« se non tam illi ius civitatis largiri, quam debitum tribuere, neque magis
« beneficium dare, quam ab ipso accipere, qui, hoc civitatis munere acci-
« piendo, singulari civitatem ipsam ornamento atque honore affecerit. Quam
« quidem S. C. auctoritatem iidem Conservatores per Senatus P. Q. R. scribas
« in acta referri atque in Capitolii cura servari, privilegiumque huiusmodi fieri,
« solitoque urbis sigillo communiri curarunt. Anno ab urbe condita cIↃ ccc xxxi ;
« post Christum natum m. d. lxxxi, iii idus martii.

« Horatius Fuscus, *sacri S. P. Q. R. scriba.*
« Vincent. Martholus, *sacri S. P. Q. R. scriba.* »

N'estant bourgeois d'aulcune ville, ie suis bien ayse de l'estre de la plus noble qui feut et qui sera oncques. Si les aultres se regardoient attentifvement, comme ie fois, ils se trouveroient, comme ie fois, pleins d'inanité et de fadeze. De m'en desfaire, ie ne puis, sans me desfaire moy mesme. Nous en sommes tout confits, tant les uns que les aultres : mais ceulx qui ne les sentent en ont un peu meilleur compte : encores ne sçais ie.

Cette opinion et usance commune, de regarder ailleurs qu'à nous, a bien pourveu à nostre affaire ; c'est un obiect plein de mescontentement ; nous n'y veoyons que misere et vanité : pour ne nous desconforter, nature a reiecté bien à propos l'action de nostre veue, au dehors. Nous allons en avant à vau l'eau ; mais de rebrousser vers nous nostre course, c'est un mouvement penible : la mer se brouille et s'empesche ainsi, quand elle est repoulsee à soy. Regardez, dict chascun, les bransles du ciel ; regardez au public, à la querelle de cettuy là, au pouls d'un tel, au testament de cet aultre; somme, regardez tousiours, hault ou bas, ou à costé, ou devant, ou derriere vous. C'estoit un commandement paradoxe, que nous faisoit anciennement ce dieu à Delphes, Regardez dans vous; recognoissez vous; tenez vous à vous : vostre esprit et vostre volonté qui se consomme ailleurs, ramenez la en soy : vous vous escoulez, vous vous respandez; appilez vous, soubstenez vous : on vous trahit, on vous dissipe, on vous desrobbe à vous. Veois tu pas que ce monde tient toutes ses vues contrainctes au dedans, et ses yeulx ouverts à se contempler soy mesme? C'est tousiours vanité pour toy, dedans et dehors : mais elle est moins vanité, quand elle est moins estendue. Sauf toy, ô homme, disoit ce dieu, chasque chose s'estudie la premiere, et a, selon son besoing, des limites à ses travaulx et desirs. Il n'en est une seule si vuide et necessiteuse que toy, qui embrasses l'univers. Tu, es le scrutateur, sans cognoissance; le magistrat, sans iurisdiction; et aprez tout, le badin de la farce.

Chapitre x. — De mesnager sa volonté.

Au prix du commun des hommes, peu de choses me touchent, ou, pour mieulx dire, me tiennent : car c'est raison qu'elles touchent, pourveu qu'elles ne nous possedent. l'ay grand soing d'augmenter, par estude et par discours, ce privilege d'insensibilité, qui est naturellement bien advancé en moy : i'espouse et me passionne par consequent de peu de choses. I'ay la veue claire, mais ie l'attache à peu d'obiects : le sens, delicat et mol; mais l'apprehension et l'application, ie l'ay dure et sourde. Ie m'engage difficilement : autant que ie puis, ie m'employe tout à moy; et, en ce subiect mesme, ie briderois pourtant et soubstiendrois volontiers mon affection, qu'elle ne s'y plonge trop entiere, puisque c'est un subiect que ie possede à la mercy d'aultruy, et sur lequel la fortune a plus de droict que ie n'ay : de maniere que, iusques à la santé, que i'estime tant, il me seroit besoing de ne le pas desirer et m'y addonner si furieusement, que i'en treuve les maladies importables. On se doibt moderer entre la haine de la douleur et l'amour de la volupté; et ordonne Platon une moyenne route de vie entre les deux. Mais aux affections qui me distrayent de moy, et attachent ailleurs, à celles là certes m'oppose ie de toute ma force. Mon opinion est, Qu'il se fault prester à aultruy, et ne se donner qu'à soy mesme. Si ma volonté se trouvoit aysee à s'hypothequer et s'appliquer, ie n'y durerois pas; ie suis trop tendre, et par nature et par usage :

Fugax rerum, securaque in otia natus.

Les debats contestez et opiniastrez qui donneroient avantage à mon adversaire, l'yssue qui rendroit honteuse ma chaulde poursuite me rongeroit, à l'adventure, bien cruellement : si ie mordois à mesme, comme font les aultres, mon ame n'auroit iamais la force de porter les alarmes et esmotions qui suyvent ceulx qui embrassent tant; elle seroit incontinent disloquee par cette agitation intestine. Si quelquesfois on m'a poulsé au maniement d'affaires estrangieres, i'ay promis de les prendre en main, non pas au poulmon et au foye; de m'en charger, non de les incorporer; de m'en soigner, ouy; de m'en passionner, nullement : i'y regarde, mais ie ne les couve point. l'ay assez à faire à disposer et renger la presse domestique que i'ay dans mes entrailles et dans mes veines, sans y loger et me fouler d'une presse estrangiere : et suis assez interressé de mes affaires essenciels, propres et naturels, sans en convier d'aultres forains. Ceulx qui sçavent combien ils se doibvent, et de combien d'offices ils sont obligez à eulx, treuvent que nature leur a donné cette commission peine assez, et nullement oysifve : « Tu as bien largement affaire chez toy, ne t'esloingne pas. »

Les hommes se donnent à louage : leurs facultez ne sont pas pour eulx, elles sont pour ceulx à qui ils s'asservissent : leurs locataires sont chez eulx, ce ne sont pas eulx. Cette humeur commune ne me plaist pas. Il fault mesnager la liberté de nostre ame, et ne l'hypothequer qu'aux occasions iustes, lesquelles sont en bien petit nombre, si nous iugeons sainement. Voyez les gents apprins à se laisser emporter et saisir : ils le font partout, aux petites choses comme aux grandes, à ce qui ne les touche point, comme à ce qui les touche; ils s'ingerent indifferemment où il y a de la besongne et de l'obligation; et sont sans vie, quand ils sont sans agitation tumultuaire : *in negotiis sunt, negotii causa :* ils ne cherchent la besongne que pour embesoügnement, Ce n'est pas qu'ils veuillent aller, tant comme c'est qu'ils ne se peuvent tenir : ne plus ne moins qu'une pierre esbranlee en sa cheute, qui ne s'arreste iusqu'à tant qu'elle se couche. L'occupation est, à certaine maniere de gents, marque de suffisance et de dignité; leur esprit cherche son repos au bransle, comme les enfants au berceau : ils se peuvent dire autant serviables à leurs amis, comme importuns à eulx mesmes. Personne ne distribue son argent à aultruy; chascun y distribue son temps et sa vie : il n'est rien de quoy nous soyons si prodigues, que de ces choses là, desquelles seules l'avarice nous seroit utile et louable. Ie prends une complexion toute diverse : ie me tiens sur moy, et communement desire mollement ce que ie desire; et desire peu; m'occupe et embesongne de mesme, rarement et tranquillement. Tout ce qu'ils veulent et conduisent, ils le font de toute leur volonté et vehemence. Il y a tant de mauvais pas, que, pour le plus seur, il fault un peu legierement et superficiellement couler ce monde, et le glisser, non pas l'enfoncer. La volupté mesme est douloureuse en sa profondeur.

> Incedis per ignes
> Suppositos cineri doloso.

Messieurs de Bordeaux m'esleurent maire de leur ville, estant esloingné de France, et encores plus esloingné d'un tel pensement. Ie m'en excusay; mais on m'apprint que i'avois tort, le commandement du roy s'y interposant aussi. C'est une charge qui doibt sembler d'aultant plus belle, qu'elle n'a ny loyer ny gaing, aultre que l'honneur de son execution. Elle dure deux ans; mais elle peult estre continuee par seconde eslection, ce qui advient tresrarement : elle le feut à moy; et ne l'avoit esté que deux fois auparavant, quelques annees y avoit, à monsieur de Lanssac, et freschement à monsieur de Biron, mareschal de France, en la place duquel ie succeday; et laissay la mienne à monsieur de Matignon, aussi mareschal de France : glorieux de si noble assistance ;

> Uterque bonus pacis bellique minister.

La fortune voulut part à ma promotion, par cette particuliere circonstance qu'elle y meit du sien, non vaine du tout: car Alexandre desdaigna les ambassadeurs corinthiens qui luy offroient la bourgeoisie de leur ville ; mais quand ils veinrent à luy deduire comme Bacchus et Hercules estoient aussi en ce registre, il les en remercia gracieusement.

A mon arrivee, ie me deschiffray fidelement et consciencieusement tout tel que ie me sens estre; sans memoire, sans vigilance, sans experience et sans vigueur; sans haine aussi, sans ambition, sans avarice, et sans violence : à ce qu'ils feussent informez et instruicts de ce qu'ils avoient à attendre de mon service; et parce que la cognoissance de feu mon pere les avoit seule incitez à cela, et l'honneur de sa memoire, ie leur adioustay bien clairement que ie serois tresmarry que quelque chose quelconque feist autant d'impression en ma volonté, comme avoient faict aultrefois en la sienne leurs affaires, et leur ville, pendant qu'il l'avoit en gouvernement, en ce lieu mesme auquel ils m'avoyent appellé. Il me souvenoit de l'avoir veu vieil, en mon enfance, l'ame cruellement agitee de cette tracasserie publicque, oubliant le doulx air de sa maison, où la foiblesse des ans l'avoit attaché long temps avant, et son mesnage, et sa santé; et mesprisant certes sa vie, qu'il y cuida perdre, engagé pour eulx à des longs et penibles voyages. Il estoit tel; et luy partoit cette humeur d'une grande bonté de nature; il ne feut iamais ame plus charitable et populaire. Ce train, que ie loue en aultruy, ie n'ayme point à le suyvre; et ne suis pas sans excuse.

Il avoit ouï dire qu'il se falloit oublier pour le prochain; que le particulier ne venoit en aulcune consideration au prix du general. La pluspart des regles et preceptes du monde prennent ce train, de nous poulser hors de nous, et chasser en la place, à l'usage de la société publicque : ils ont pensé faire un bel effect de nous destourner et distraire de nous, presupposants que nous n'y teinssions que trop et d'une attache trop naturelle, et n'ont espargné rien à dire pour cette fin; car il n'est pas nouveau aux sages de prescher les choses comme elles servent, non comme elles sont. La verité a ses empeschements, incommoditez et incompatibilitez avecques nous : il nous fault souvent tromper, à fin que nous ne nous trompions; et ciller nostre veue, eslourdir nostre entendement, pour les redresser et amender : *imperiti enim iudicant, et qui frequenter in hoc ipsum fallendi sunt, ne errent.* Quand ils nous ordonnent d'aymer, avant nous, trois, quatre, et cinquante degrez de choses, ils representent l'art des archers qui, pour arriver au poinct, vont prenant leur visee grande espace au dessus de la bute : pour dresser un bois courbe, on le recourbe au rebours.

I'estime qu'au temple de Pallas, comme nous veoyons en toutes aultres religions, il y avoit des mysteres apparents, pour estre montrez au peuple; et d'aultres mysteres plus secrets et plus haults, pour estre montrez seulement à ceulx qui en estoient profez : il est vraysemblable qu'en ceulx cy se treuve le vray poinct de l'amitié que chascun se doibt; non une amitié faulse qui nous faict embrasser la gloire, la science, la richesse, et telles choses, d'une affection principale et immoderee, comme membres de nostre estre; ny une amitié molle et indiscrette, en laquelle il advient ce qui se veoid au lierre, qu'il corrompt et ruyne la paroy qu'il accole; mais une amitié salutaire et reglee, egualement utile et plaisante. Qui en sçait les debvoirs et les exerce, il est vrayement du cabinet des Muses; il a attainct le sommet de la sagesse humaine et de nostre bonheur : cettuy cy, sçachant exactement ce qu'il se doibt, treuve dans son roolle, qu'il doibt appliquer à soy l'usage des aultres hommes et du monde; et, pour ce faire, contribuer à la societé publicque les debvoirs et offices qui le touchent. Qui ne vit aulcunement à aultruy, ne vit gueres à soy : *qui sibi amicus est, scito hunc amicum omnibus esse.* La principale charge que nous ayons, c'est à chascun sa conduicte; et est ce pour quoy nous sommes icy. Comme qui oublieroit de bien et sainctement vivre, et penseroit estre quite de son debvoir, en y acheminant et dressant les aultres, ce seroit un sot : tout de mesme, qui abbandonne, en son propre, le sainement et gayement vivre, pour en servir aultruy, prend à mon gré un mauvais et desnaturé party.

Ie ne veulx pas qu'on refuse, aux charges qu'on prend, l'attention, les pas, les paroles, et la sueur, et le sang au besoing :

> Non ipse pro caris amicis,
> Aut patria, timidus perire :

mais c'est par emprunt, et accidentalement; l'esprit se tenant tousiours en repos et en santé; non pas sans action, mais sans vexation, sans passion. L'agir simplement luy couste si peu, qu'en dormant mesme il agit : mais il luy fault donner le bransle avecques discretion; car le corps reçoit les charges qu'on luy met sus, iustement selon qu'elles sont; l'esprit les estend et les appesantit souvent à ses despens, leur donnant la mesure que bon luy semble. On faict pareilles choses avecques divers efforts, et differente contention de volonté; l'un va bien sans l'aultre : car combien de gents se hazardent touts les iours aux guerres, dequoy il ne leur chault; et se pressent aux dangiers des battailles, desquelles la perte ne leur troublera pas le voysin sommeil? tel en sa maison, hors de ce dangier qu'il n'oseroit avoir regardé, est plus passionné de l'yssue de cette guerre, et en a l'ame plus travaillee, que n'a le soldat qui y employe son sang et sa vie. I'ay peu me mesler des charges publicques, sans me despartir de moy, de la largeur d'une ongle; et me donner à aultruy, sans m'oster à moy. Cette aspreté et violence des desirs empesche plus qu'elle ne sert à la conduicte de ce qu'on entreprend; nous remplit d'impatience envers les evenements ou contraires ou tardifs, et d'aigreur et de souspeçon envers ceulx avecques qui nous negocions. Nous ne conduisons iamais bien la chose de laquelle nous sommes possedez et conduicts :

> Male cuncta ministrat
> Impetus.

Celuy qui n'y employe que son iugement et son addresse, il y procede plus gayement; il feint, il ploye, il differe tout à son ayse, selon le besoing des occasions; il fault d'attaincte, sans torment et sans affliction, prest et entier pour une nouvelle entreprinse; il marche tousiours la bride à la main. En celuy qui est enyvré de cette intention violente et tyrannique, on veoid, par necessité, beaucoup d'imprudence et d'iniustice : l'impetuosité de son desir l'emporte; ce sont mouvements temeraires, et, si fortune n'y preste beaucoup, de peu de fruict. La philosophie veult qu'au chastiement des offenses receues, nous en distrayons la cholere; non à fin que la vengeance en soit moindre, ains, au rebours, à fin qu'elle en soit d'autant mieulx assenee et plus poisante, à quoy il luy semble que cette impetuosité porte empeschement. Non seulement la cholere trouble; mais, de soy, elle lasse aussi les bras de ceulx qui chastient : ce feu estourdit et consomme leur force : comme en la precipitation, *festinatio tarda est*, la hasliveté se donne elle mesme la iambe, s'entrave et s'arreste; *ipsa se velocitas implicat*. Pour exemple, selon ce que i'en veois par usage ordinaire, l'avarice n'a point de plus grand destourbier que soy mesme : plus elle est tendue et vigoreuse, moins elle en est fertile ; communement elle attrappe plus promptement les richesses, masquee d'une image de liberalité.

Un gentilhomme, treshomme de bien et mon amy, cuida brouiller la santé de sa teste, par une trop passionnee attention et affection aux affaires d'un prince, son maistre : lequel maistre s'est ainsi peinct soy mesme à moy, « Qu'il veoid le poids des accidents, comme un aultre; mais qu'à ceulx qui n'ont point de remede, il se resoult soubdain à la souffrance ; aux aultres, aprez y avoir ordonné les provisions necessaires, ce qu'il peut faire promptement par la vivacité de son esprit, il attend en repos ce qui s'en peult ensuyvre. » De vray, ie l'ay veu à mesme, maintenant une grande nonchalance et liberté d'actions et de visage au travers de bien grands affaires et bien espineux : ie le treuve plus grand et plus capable en une mauvaise qu'en une bonne fortune; ses pertes luy sont plus glorieuse qus ses victoires, et son dueil que son triumphe.

Considerez qu'aux actions mesmes qui sont vaines et frivoles, au ieu des eschecs, de la paulme, et semblables, cet engagement aspre et ardent d'un desir impetueux iecte incontinent l'esprit et les membres à l'indiscretion et au desordre; on s'esblouït, on s'embarrasse soy mesme : celuy qui se porte plus modereement envers le gaing et la perte, il est tousiours chez soy; moins il se picque et passionne au ieu, il le conduict d'autant plus advantageusement et seurement.

Nous empeschons, au demourant, la prinse et la serre de l'ame, à luy donner tant de choses à saisir : les unes, il les luy fault seulement presenter, les aultres attacher, les aultres incorporer : elle peult et doibt estre instruicte de ce qui la touche proprement, et qui proprement est de son avoir et de sa substance. Les loix de nature nous apprennent ce que iustement il nous fault. Aprez que les sages nous ont dict que, selon elle, personne n'est indigent, et que chascun l'est selon l'opinion, ils distinguent ainsi subtilement les desirs qui viennent d'elle, de ceulx qui viennent du desreglement de nostre fantaisie : ceulx desquels on veoit le bout sont siens, ceulx qui fuient devant nous, et desquels nous ne pouvons ioindre la fin, sont nostres : la pauvreté des biens est aysee à guarir; la pauvreté de l'ame, impossible :

> Nam si, quod satis est homini, id satis esse potesset,
> Hoc sat erat, nunc quum hoc non est, qui credimu' porro
> Divitias ullas animum mi explere potesse ?

Socrates, veoyant porter en pompe par sa ville grande quantité de richesses, ioyaux et meubles de prix : « Combien de choses, dict il, ie ne desire point ! » Metrodorus vivoit du poids de douze onces par iour; Epicurus, à moins : Metrocles dormoit, en hyver, avecques les moutons ; en esté, aux cloistres des eglises : *Sufficit ad in natura, quod poscit*. Cleanthes vivoit de ses mains, et se vantoit que Cleanthes, s'il vouloit, nourriroit encores un aultre Cleanthes.

Si ce que nature exactement et originellement nous demande pour la conservation de nostre estre, est trop peu (comme de vray combien à bon compte nostre vie se peult maintenir, il ne se doibt exprimer mieulx que par cette consideration, Que c'est si peu, qu'il eschappe la prinse et le choc de la fortune par sa petitesse), dispensons nous de quelque chose plus oultre ; appellons encore nature, l'usage et condition de chascun de nous; taxons nous, traictons nous à cette mesure ; estendons nos appartenances et nos comptes iusques là; car iusques là il me semble bien que nous avons quelque excuse. L'accoustumance est une seconde nature, et non moins puissante. Ce qui manque à ma coustume, ie tiens qu'il me manque; et i'aimerois presque egualement qu'on m'ostast la vie, que si on me l'essimoit, et retrenchoit bien loing de l'estat auquel ie l'ay vescue si longtemps. Ie ne suis plus en termes d'un grand changement, ny de me iecter à un nouveau train et inusité, non pas mesme vers l'augmentation. Il n'est plus temps de devenir aultre ; et comme ie plaindrois quelque grande adventure qui me tumbast à cette heure entre mains, qu'elle ne seroit venue en temps que i'en peusse iouïr ;

> Quo mihi fortunas, si non conceditur uti ?

ie ne me plaindrois de mesme de quelque acquest interne. Il vault quasi mieulx iamais, que si tard, devenir honneste homme, et bien entendu à vivre, lorsqu'on n'a plus de vie. Moy, qui m'en vois, resignerois facilement à quelqu'un qui veinst, ce que i'apprends de prudence pour le commerce du monde : moustarde aprez disner. Ie n'ay que faire du bien duquel ie ne puis, rien faire : à quoy la science, à qui n'a plus de teste? C'est iniure et desfaveur de fortune, de nous offrir des presents qui nous remplissent d'un iuste despit, de nous avoir failly en leur saison. Ne me guidez plus, ie ne puis plus aller. De tant de membres qu'a la suffisance, la patience nous suffit. Donnez la capacité d'un excellent dessus au chantre qui a les poulmons pourris, et d'eloquence à l'eremite relegué aux deserts d'Arabie. Il ne fault point d'art à la cheute : la fin se treuve, de soy, au bout de chasque besongne. Mon monde est failly, ma forme expiree : ie suis tout du passé, et suis tenu de l'auctoriser et d'y conformer mon yssue. Ie veulx dire cecy par maniere d'exemple : Que l'eclipsement nouveau des dix iours du pape m'ont prins si bas, que ie ne m'en puis bonnement accoustrer : ie suis des annees ausquelles nous comptions aultrement. Un si ancien et long usage me vendique et rappelle à soy ; ie suis contrainct d'estre un peu heretique par là : incapable de nouvelleté, mesme correctifve. Mon imagination, en despit de mes dents, se iecte tousiours dix iours plus avant ou plus arriere, et grommelle à mes aureilles : « Cette regle touche ceulx qui ont à estre. » Si la santé mesme, si sucree, vient à me retrouver par boutades, c'est pour me donner regret, plustost que possession, de soy : ie n'ay plus où la retirer. Le temps me laisse : sans luy rien ne se possede. Oh ! que ie ferois peu d'estat de ces grandes digitez eslectifves, que ie veois au monde ; qui ne se donnent qu'aux hommes prets à partir : ausquelles on ne regarde pas tant combien duement on les exercera, que combien peu longuement on les exercera ; dez l'entree on vise à l'yssue. Somme, me voicy aprez d'achever cet homme, non d'en refaire un aultre. Par long usage, cette forme m'est passee en substance, et fortune en nature.

Ie dis doneques que chascun d'entre nous foiblets, est excusable d'estimer sien ce qui est comprins soubs cette mesure ; mais aussi, au delà de ces limites, ce n'est plus que confusion : c'est la plus large estendue que nous puissions octroyer à nos droicts. Plus nous amplifions nostre besoing et possession, d'autant plus nous engageons nous aux coups de la fortune et des adversitez. La carriere de nos desirs doibt estre circonscripte et restreincte à un court limite des commoditez les plus proches et contiguës ; et doibt, en oultre, leur course se manier, non en ligne droicte qui fasse bout ailleurs, mais en rond duquel les deux poinctes se tiennent et terminent en nous et par un brief contour. Les actions qui se conduisent sans cette reflexion (s'entend voysine reflexion et essentielle), comme sont celles des avaricieux, des ambitieux, et tant d'aultres qui courent de poincte, desquels la course les emporte tousiours devant eulx, ce sont actions erronees et maladifves.

La plupart de nos vacations sont farcesques ; *mundus universus exercet histrioniam.* Il fault iouer deuement nostre roole, mais comme roole d'un personnage emprunté : du masque et de l'apparence, il n'en fault pas faire une essence reelle : ny de l'estrangier, le propre : nous ne sçavons pas distinguer la peau de la chemise ; c'est assez de s'enfariner le visage sans s'enfariner la poictrine. I'en veois qui se transforment et se transsubstancient en autant de nouvelles figures et de nouveaux estres qu'ils entreprennent de charges, et qui se prelatent iusques au foye et aux intestins, et entraisnent leur office iusques en leur garderobbe : ie ne puis leur apprendre à distinguer les bonnetades qui les regardent de celles qui regardent leur commission, ou leur suitte, ou leur mule ; *tantum se fortunæ permittunt, etiam ut naturam dediscant :* ils enflent et grossissent leur ame et leur discours naturel, selon la haulteur de leur siege magistral. Le maire, et Montaigne, ont tousiours esté deux, d'une separation bien claire. Pour estre advocat ou financier, il n'en fault pas mescognoistre la fourbe qu'il y a en telles vacations : un honneste homme n'est pas comptable du vice ou sottise de son mestier, et ne doibt pourtant en refuser l'exercice ; c'est l'usage de son païs, et il y a du proufit : il faut vivre du monde, et s'en prevaloir, tel qu'on le treuve. Mais le iugement d'un empereur doibt estre au dessus de son empire, et le veoir et considerer comme accident estrangier, et luy, doibt sçavoir iouïr de soy à part, et se communiquer comme Iacques et Pierre, au moins à soy mesme.

Ie ne sçais pas m'engager si profondement et si entier : quand ma volonté me donne à un party, ce n'est pas d'une si violente obligation, que mon entendement s'en infecte. Aux presents brouillis de cet estat, mon interest ne m'a faict mescognoistre ny les qualitez louables en nos adversaires, ny celles qui sont reprochables en ceulx que i'ay suyvis. Ils adorent tout ce qui est de leur costé : moy ie n'excuse pas seulement la pluspart des choses qui sont du mien : un bon ouvrage ne perd pas ses graces pour plaider contre moy. Hors le nœud du debat, ie me suis maintenu en equanimité et pure indifference ; *neque extra necessitates belli, præcipuum odium gero* : de quoy ie me gratifie d'autant, que ie veois communement faillir au contraire : *utatur motu animi, qui uti ratione non potest*. Ceux qui allongent leur cholere et leur haine au delà des affaires, comme faict la pluspart, montrent qu'elle leur part d'ailleurs, et de cause particuliere : tout ainsi comme, à qui estant guary de son ulcere la fiebvre demeure encores, montre qu'elle avoit un aultre principe plus caché. C'est qu'ils n'en ont point à la cause, en commun, et en tant qu'elle blece l'interest de touts et de l'estat ; mais luy en veulent seulement en ce qu'elle leur masche en privé : voylà pourquoy ils s'en picquent de passion particuliere, et au dela de la iustice et de la raison publicque : *non tam omnia universi, quam ea, quæ ad quemque pertinerent, singuli carpebant*. Ie veulx que l'advantage soit pour nous ; mais ie ne forcene point, s'il ne l'est. Ie me prends fermement au plus sain des partis, mais ie n'affecte pas qu'on me remarque specialement ennemy des aultres, et oultre la raison generale. I'accuse merveilleusement cette vicieuse forme d'opiner : « Il est de la Ligue, car il admire la grace de monsieur de Guise. L'activité du roy de Navarre l'estonne : il est huguenot. Il treuve cecy à dire des mœurs du roy : il est seditieux en son cœur ; » et ne conceday pas au magistrat mesme qu'il eust raison de condamner un livre, pour avoir logé entre les meilleurs poëtes de ce siecle un heretique. N'oserions nous dire d'un voleur, qu'il a belle greve ? Faut il, si elle est putain, qu'elle soit aussi punaise ? Aux siecles plus sages, revoqua on le superbe titre de Capitolinus, qu'on avoit auparavant donné à Marcus Manlius, comme conservateur de la religion et liberté publicque ? estouffa on la memoire de sa liberalité et de ses faicts d'armes, et recompenses militaires octroyees à sa vertu, parce qu'il affecta depuis la royauté, au preiudice des loix de son païs ? S'ils ont prins en haine un advocat, l'endemain il leur devient ineloquent. I'ay touché ailleurs le zèle qui poulse des gents de bien à semblables faultes. Pour moy, ie sçais bien dire, « Il faict meschamment cela, et vertueusement cecy. » De mesme, aux prognosticques ou evenements sinistres des affaires, ils veulent que chascun, en son party, soit aveugle ou hebeté ; que nostre persuasion et iugement serve, non à la verité, mais au proiect de nostre desir. Ie fauldrois plustost vers l'aultre extremité : tant ie crains que mon desir me suborne ; ioinct, que ie me desfie un peu tendrement des choses que ie souhaitte.

J'ay veu, de mon temps, merveilles en l'indiscrette et prodigieuse facilité des peuples à se laisser mener et manier la creance et l'esperance, où il a pleu et servy à leurs chefs, par dessus cent mescomptes les uns sur les aultres, par dessus les phantosmes et les songes. Ie ne m'estonne plus de ceulx que les singeries d'Apollonius et de Mahumet embufflerent. Leur sens et entendement est entierement estouffé en leur passion : leur discretion n'a plus d'aultre chois, que ce qui leur rit, et qui conforte leur cause. I'avois remarqué souverainement cela au premier de nos partis fiebvreux ; cet aultre qui est nay depuis, en l'imitant, le surmonte : par où ie m'advise que c'est une qualité inseparable des erreurs populaires : aprez la premiere qui part, les opinions s'entrepoulsent, suyvant le vent, comme les flots ; on n'est pas du corps, si on ne s'en peult desdire, si on ne vague le train commun. Mais, certes, on faict tort aux partis iustes, quand on les veult secourir de fourbes ; i'y ay tousiours contredict : ce moyen ne porte qu'envers les testes malades ; envers les saines, il y a des voyes plus seures, et non seulement plus honnestes, à maintenir les courages et excuser les accidents contraires.

Le ciel n'a point veu un si poisant desaccord que celuy de Cesar et de Pompeius, ny ne verra pour l'advenir : toutesfois il me semble recognoistre, en ces belles ames, une grande moderation de l'un envers l'autre ; c'estoit une ialousie d'honneur et de commandement, qui ne les emporta pas à haine furieuse et indiscrette : sans malignité, et sans detraction : en leurs plus aigres exploicts, ie descouvre quelque demourant de respect et de bienveuillance ; et iuge ainsi, que, s'il leur eust esté possible, chascun d'eulx eust desiré de faire son affaire sans la ruyne de son compaignon, plustost qu'avecques sa ruyne. Combien aultrement il en va de Marius et de Sylla ! prenez y garde.

Il ne fault pas se precipiter si esperduement aprez nos affections et interests. Comme, estant ieune, ie m'opposois au progrez de l'amour que ie sentois trop advancer sur moy, et m'estudiois qu'il ne me feust pas si agreable qu'il veinst à me forcer, enfin, et captiver du tout à sa mercy : i'en use de mesme à toutes aultres occasions, où ma volonté se prend avecques trop d'appetit ; ie me penche à l'opposite de son inclination, comme ie la veois se plonger, et enyvrer de son vin : ie fuys à nourrir son plaisir si avant, que ie ne l'en puisse plus r'avoir sans perte sangle. Les ames qui, par stupidité, ne veoyent les choses qu'à demi, iouïssent de cet heur, que les nuisibles les blecent moins : c'est une ladrerie spirituelle qui a quelque air de santé, et telle santé que la philosophie ne mesprise pas du tout ; mais pourtant ce n'est pas raison de la nommer sagesse, ce que nous faisons souvent. Et de cette maniere se mocqua quelqu'un anciennement de Diogenes, qui alloit embrassant en plein hyver, tout nud, une image de neige pour l'essay de sa patience ; celuy là le rencontrant en cette desmarche : « As tu grand froid à cette heure? » luy dict il. « Du tout point, » respond Diogenes. « Or, suyvit l'aultre, que penses tu donc faire de difficile et d'exemplaire à tenir là? » Pour mesurer la constance, il fault necessairement sçavoir la souffrance.

Mais les ames qui auront à veoir les evenements contraires et les iniures de la fortune en leur profondeur et aspreté, qui auront à les poiser et gouster selon leur aigreur naturelle et leur charge, qu'elles employent leur art à se garder d'en enfiler les causes, et en destournent les advenues ; que feit le roy Cotys : il paya liberalement la belle et riche vaisselle qu'on luy avoit presentee ; mais parce qu'elle estoit singulierement fragile, il la cassa incontinent luy mesme, pour s'oster de bonne heure une si aysee matiere de courroux contre ses serviteurs. Pareillement, i'ay volontiers evité de n'avoir mes affaires confus, et n'ay cherché que mes biens feussent contigus à mes proches, et ceulx à qui i'ay à me ioindre d'une estroicte amitié, d'où naissent ordinairement matiere d'alienation et dissociation. I'aymois aultrefois les ieux hazardeux des chartes, et dez : ie m'en suis desfaict il y a long temps, pour cela seulement que, quelque bonne mine que ie feisse en ma perte, ie ne laissois pas d'en avoir, au dedans, de la picqueure. Un homme d'honneur, qui doibt sentir un desmentir et une offense iusques au cœur, qui n'est pour prendre une mauvaise excuse en payement et consolation de sa perte, qu'il evite le progrez des affaires doubteux et des altercations contentieuses. Ie fuys les complexions tristes et les hommes hargneux, comme les empestez ; et aux propos que ie ne puis traicter sans interest et sans esmotion, ie ne m'y mesle, si le debvoir ne m'y force : *melius non incipient, quam desinent.* La plus seure façon est doncques, Se preparer avant les occasions.

Ie sçais bien qu'aulcuns sages ont prins aultre voye, et n'ont pas craint de se harper et engager iusques au vif à plusieurs obiects : ces gents là s'asseurent de leur force, soubs laquelle ils se mettent à couvert en toute sorte de succez ennemis, faisant luicter les maulx par la vigueur de la patience :

> Velut, rupes, vastum quæ prodit in æquor,
> Obvia ventorum furiis, expostaque ponto,
> Vim cunctam atque minas perfert cœlique marisque,
> Ipsa immota manens.

N'attaquons pas ces exemples, nous n'y arriverions point. Ils s'obstinent à veoir resoluement, et sans se troubler, la ruyne de leur païs, qui possedoit et commandoit toute leur volonté : pour nos ames communes, il y a trop d'effort et trop de rudesse à cela. Caton en abandonna la plus noble vie qui feut oncques : à nous aultres petits, il fault fuyr l'orage de plus loing : il fault pourveoir au sentiment, non à la patience; et eschever aux coups que nous ne sçaurions parer. Zenon, voyant approcher Chremonidez, ieune homme qu'il aymoit, pour se seoir auprez de luy, se leva sobdain ; et Cleanthes luy en demandant la raison : « l'entends, dict il, que les medecins ordonnent le repos principalement, et deffendent l'esmotion à toutes tumeurs. « Ne vous rendez pas aux attraicts de la beauté ; soubstenez la, efforcez vous au contraire. » « Fuyez la, faict il, courez hors de sa veue et de son rencontre, comme d'une poison puissante, qui s'eslance et frappe de loing. » Et son bon disciple, feignant ou recitant, mais, à mon advis, recitant plustost que feignant, les rares perfections de ce grand Cyrus, le faict desfiant de ses forces à porter les attraicts de la divine beauté de cette illustre Panthee, sa captifve, et en commettant la visite et garde à un aultre qui eust moins de liberté que luy. Et le Saint Esprit, de mesme. *Ne nos inducas in tentationem :* nous ne prions pas que nostre raison ne soit combattue et surmontée par la concupiscence ; mais qu'elle n'en soit pas seulement essayee ; que nous ne soyons conduicts en estat où nous ayons seulement à souffrir les approches, solicitations, et tentations du peché ; et supplions nostre Seigneur de maintenir nostre conscience tranquille, plainement et parfaictement delivree du commerce du mal.

Ceulx qui disent avoir raison de leur passion vindicatifve, ou de quelqu'aultre passion penible, disent souvent vray comme les choses sont, mais non pas comme feurent; ils parlent à nous, lorsque les causes de leur erreur sont nourries et advancees par eulx mesmes, mais reculez plus arriere, rappellez ces causes à leur principe ; là, vous les prendrez sans vert. Veulent ils que leur faulte soit moindre, pour estre plus vieille ; et que d'un iniuste commencement la suitte soit iuste ? Qui desirera du bien à son païs comme moy, sans s'en ulcerer ou maigrir, il sera desplaisant, mais non pas transi, de le veoir mesnaceant ou sa ruyne, ou une duree non moins ruyneuse : pauvre vaisseau, que les flots, les vents, et le pilote, tirassent à si contraires desseings?

   In tam diversa, magister,
 Ventus, et unda, trahunt.

Qui ne bee point aprez la faveur des princes, comme aprez chose dequoy il ne se sçauroit passer, ne se picque pas beaucoup de la froideur de leur recueil et de leur visage, ny de l'inconstance de leur volonté. Qui ne couve point ses enfants, ou ses honneurs, d'une propension esclave, ne laisse pas de vivre commodement aprez leur perte. Qui faict bien principalement pour sa propre satisfaction, ne s'altere gueres pour veoir les hommes iuger de ses actions contre son merite. Un quart d'once de patience prouveoit à tels inconveniens. Ie me treuve bien de cette recepte, me rachetant des commencements, au meilleur compte que ie puis ; et me sens avoir eschappé par son moyen beaucoup de travail et de difficultez. Avecques bien peu d'effort, i'arreste ce premier bransle de mes esmotions, et abandonne le subiect qui me commence à poiser, et avant qu'il m'emporte. Qui n'arreste le partir n'a garde d'arrester la course : qui ne sçait leur fermer la porte ne les chassera pas, entrees : qui ne peult venir à bout du commencement ne viendra pas à bout de la fin ; ny n'en soubstiendra la cheute, qui n'en a peu soutenir l'esbranlement : *et enim ipsæ se impellunt, ubi semel a ratione discessum est ; ipsaque sibi imbecillitas indulget, in altumque provehitur imprudens, nec reperit locum consistendi.* Ie sens à temps les petits vents qui me viennent taster et bruire au dedans, avantcoureurs de la tempeste :

   Ceu flamina prima
 Quum deprensa fremunt silvis, et cæca volutant
 Murmura, venturos nautis prodentia ventos :

A combien de fois me suis ie faict une bien evidente iniustice, pour fuyr le hazard de la recevoir encores pire des iuges, aprez un siecle d'ennuys, et d'ordes et viles practiques, plus ennemies de mon naturel, que n'est la gehenne et le feu ! *Convenit a litibus, quantum licet, et nescio an paulo plus etiam, quam licet, abhorrentem esse : est enim non modo liberale, paululum non-*

nunquam de suo iure decedere, sed interdum etiam fructuosum. Si nous estions bien sages, nous nous debvrions resiouïr et vanter, ainsi que i'ouïs un iour bien naïfvement un enfant de grande maison faire feste à chascun, de quoy sa mere venoit de perdre son procez, comme sa toux, sa fiebvre, ou aultre chose d'importune garde. Les faveurs mesmes que la fortune pouvoit m'avoir donné, parentez et accointances envers ceulx qui ont souveraine auctorité en ces choses là, i'ay beaucoup faict, selon ma conscience, de fuyr instamment de les employer au preiudice d'aultruy, et de ne monter, par dessus leur droicte valeur, mes droits. Enfin i'ay tant faict par mes iournees (à la bonne heure le puisse ie dire!) que me me voicy encores vierge de procez, qui n'ont pas laissé de se convier plusieurs fois à mon service, par bien iuste tiltre, s'il m'eust pleu d'y entendre; et vierge de querelles : i'ay, sans offense de poids, passifve ou active, escoulé tantost une longue vie, et sans avoir ouï pis que mon nom ; Rare grace du ciel !

Nos plus grandes agitations ont des ressorts et causes ridicules : combien encourut de ruyne nostre dernier duc de Bourgoigne, pour la querelle d'une charrettee de peaux de mouton! et l'engraveure d'un cachet, feut ce pas la premiere et maistresse cause du plus horrible croulement que cette machine aye oncques souffert? car Pompeius et Cesar ce ne sont que les reiectons et la suitte des deux aultres : et i'ay veu de mon temps les plus sages testes de ce royaume, assemblees avecques grande cerimonie et publicque despense, pour des traictez et accords, desquels la vraye decision despendoit cependant en toute souveraineté des devis du cabinet des dames, et inclination de quelque femmelette. Les poëtes ont bien entendu cela, qui ont mis, pour une pomme, la Grece et l'Asie à feu et à sang. Regardez pour quoy celuy là s'en va courre fortune de son honneur et de sa vie, à tout son espee et son poignard; qu'il vous die d'où vient la source de ce debat; il ne le peult faire sans rougir; tant l'occasion est vaine et frivole!

A l'enfourner, il n'y va que d'un peu d'advisement; mais depuis que vous estes embarqué, toutes les chordes tirent; il y faict besoing de grandes provisions bien plus difficiles et importantes. De combien il est plus aysé de n'y entrer pas que d'en sortir! Or, il faut proceder au rebours du roseau, qui produict une longue tige et droicte, de la premiere venue; mais aprez, comme s'il s'estoit allanguy et mis hors d'haleine, il vient à faire des nœuds frequents et espez, comme des pauses qui montrent qu'il n'a plus cette premiere vigueur et constance : il fault plustost commencer bellement et froidement, et garder son haleine et ses vigoreux eslans au fort et perfection de la besongne. Nous guidons les affaires, en leurs commencements, et les tenons à nostre mercy; mais, par aprez, quand ils sont esbranlez, ce sont eulx qui nous guident emportent, et avons à les suyvre.

Pourtant n'est ce pas à dire que ce conseil m'ayt deschargé de toute difficulté, et que ie n'aye eu de la peine souvent à gourmer et et brider mes passions : elles ne se gouvernent pas tousiours selon la mesure des occasions, et ont leurs entrees mesmes souvent aspres et violentes. Tant y a, qu'il s'en tire une belle espargne, et du fruict; sauf pour ceulx qui, au bien faire, ne se contentent de nul fruict, si la reputation en est à dire : car, à la verité, un tel effect n'est en compte qu'à chascun en soy; vous en estes plus content, mais non plus estimé, vous estant reformé avant que d'estre en danse et que la matiere feust en veue. Toutesfois aussi, non en cecy seulement, mais en touts aultres debvoirs de la vie, la route de ceulx qui visent à l'honneur est bien diverse à celle que tiennent ceulx qui se proposent l'ordre et la raison. I'en treuve qui se mettent inconsidereement et furieusement en lice, et s'alentissent en la course. Comme Plutarque dict que ceulx qui, par le vice de la mauvaise honte, sont mols et faciles à accorder quoy qu'on leur demande, sont faciles aprez à faillir de parole et à se desdire : pareillement qui entre legierement en querelle est subiect d'en sortir aussi legierement. Cette mesme difficulté qui me garde de l'entamer, m'inciteroit d'y tenir ferme, quand ie serois esbranlé et eschauffé. C'est une mauvaise façon : depuis qu'on y est, il fault aller, ou crever. « Entreprenez froidement, disoit Bias, mais poursuivez ardemment. » De faulte de prudence, on retumbe en faulte de cœur, qui est encores moins supportable.

La pluspart des accords de nos querelles du iour d'huy sont honteux et menteurs : nous ne cherchons qu'à sauver les apparences, et trahissons ce pendant et desadvouons nos vrayes intentions; nous plastrons le faict. Nous sçavons comment nous l'avons dict et en quel sens, et les assistants le sçavent, et nos amis à qui nous avons voulu faire sentir nostre advantage : c'est aux despens de nostre franchise, et de l'honneur de nostre courage, que nous desadvouons nostre pensee, et cherchons des connillieres en la faulseté, pour nous accorder; nous nous desmentons nous mesmes, pour sauver un desmentir que nous avons donné à un aultre. Il ne fault pas regarder si vostre action ou vostre parole peult avoir aultre interpretation; c'est vostre vraye et sincere intepretation qu'il fault meshuy maintenir, quoy qu'il vous couste. On parle à vostre vertu et à vostre conscience; ce ne sont parties à mettre en masque : laissons ces vils moyens et ces expedients à la chicane du palais. Les excuses et reparations que ie vois faire tous les iours pour purger l'indiscretion, me semblent plus laides que l'indiscretion mesme. Il vauldroit mieulx l'offenser encores un coup, que de s'offenser soy mesme en faisant telle amende à son adversaire. Vous l'avez bravé, esmeu de cholere; et vous l'allez rappaiser et flatter, en vostre froid et meilleur sens : ainsi vous soubmettez plus que vous ne vous estiez advancé. Ie ne treuve aulcun dire si vicieux à un gentilhomme, comme le desdire me semble luy estre honteux, quand c'est un desdire qu'on luy arrache par auctorité; d'autant que l'opiniastreté luy est plus excusable que la pusillanimité. Les passions me sont autant aysees à eviter, comme elles me sont difficiles à moderer : *exscinduntur facilius animo, quam temperantur.* Qui ne peult attaindre à cette noble impassibilité stoïque, qu'il se sauve au giron de cette mienne stupidité populaire : ce que ceulx là faisoyent par vertu, ie me duis à le faire par complexion. La moyenne region loge les tempestes : les deux extremes, des hommes philosophes, et des hommes ruraux, concurrent en tranquillité et en bonheur :

> Felix qui potuit rerum cognoscere causas,
> Atque metus omnes et inexorabile fatum
> Subiecit pedibus, strepitumque Acherontis avari !
> Fortunatus et ille, deos qui novit agrestes,
> Panaque, Silvanumque senem, Nymphasque sorores.

De toutes choses les naissances sont foibles et tendres : pourtant fault il avoir les yeulx ouverts aux commencements; car comme lors en sa petitesse, on n'en descouvre pas le dangier; quand il est accreu, on n'en descouvre plus le remede. I'eusse rencontré un million de traverses touts les iours plus malaysees à digerer, au cours de l'ambition, qu'il ne m'a esté malaysé d'arrester l'inclination naturelle qui m'y portoit :

> Iure perhorrui
> Late conspicuum tollere verticem.

Toutes actions publicques sont subiectes à incertaines et diverses interpretations; car trop de testes en iugent. Aulcuns disent de cette mienne occupation de ville (et ie suis content d'en parler un mot, non qu'elle le vaille, mais pour servir de montre de mes mœurs en telles choses), que ic m'y suis porté en homme qui s'esmeut trop laschement, et d'une affection languissante ; et ils ne sont pas du tout esloingnez d'apparence. I'essaye à tenir mon ame et mes pensees en repos, *quum semper natura, tum etiam ætate iam quietus;* et si elles se desbauchent parfois à quelque impression rude et penetrante, c'est, à la verité sans mon conseil. De cette langueur naturelle on ne doibt pourtant tirer aulcune preuve d'impuissance (car faulte de soing, et faulte de sens, ce sont deux choses), et moins, de mescognoissance et d'ingratitude envers ce peuple, qui employa touts les plus extremes moyens qu'il eust en ses mains à me gratifier, et avant m'avoir cogneu, et aprez ; et feit bien plus pour moy, en me redonnant ma charge, qu'en me la donnant premierement. Ie luy veulx tout le bien qui se peult ; et certes, si l'occasion y eust esté, il n'est rien que i'eusse espargné pour son service. Ie me suis esbranlé pour luy, comme ie fois pour moy. C'est un bon peuple, guerrier et genereux, capable pourtant d'obeïssance et discipline, et de servir à quelque bon usage, s'il y est bien guidé. Ils disent aussi cette mienne vacation s'estre passee sans marque et sans trace. Il est bon ! on accuse ma cessation en un temps où quasi tout le monde estoit convaincu de trop faire. I'ay un agir trepignant, où la volunté me charrie ; mais cette poincte est ennemye de perseverance. Qui se vouldra servir de moy selon moy, qu'il me donne des affaires où il fasse besoing de vigueur et de liberté, qui ayent une conduicte droicte et courte, et encores hazardeuse ; i'y pourray quelque chose : s'il la fault longue, subtile, laborieuse, artificielle et tortue, il fera mieulx de s'addresser à quelque aultre. Toutes charges importantes ne sont pas difficiles : i'estois preparé à m'enbesongner plus rudement un peu, s'il en eust esté grand besoing ; car il est en mon pouvoir de faire quelque chose plus que ie ne fois, et que ie n'ayme à faire. Ie ne laissay, que ie sçache, aulcun mouvement que le debvoir requist en bon escient de moy. I'ay facilement oublié ceulx que l'ambition mesle au debvoir, et couvre de son tiltre ; ce sont ceulx qui le plus souvent remplissent les yeulx et les aureilles, et contentent les hommes : non pas la chose, mais l'apparence les paye ; s'ils noyent du bruict, il leur semble qu'on dorme. Mes humeurs sont contradictoires aux humeurs bruyantes : i'arresterois bien un trouble, sans me troubler ; et chastierois un desordre, sans alterations : ay ie besoing de cholere et d'inflammation ? ie l'emprunte, et m'en masque. Mes mœurs sont mousses ; plustost fades qu'aspres. Ie n'accuse pas un magistrat qui dorme, pourveu que ceulx qui sont soubs sa main dorment quand et luy : les loix dorment de mesme. Pour moy, ie loue une vie glissante, sombre et muette : *neque submissam et abiectam, neque se efferentem ;* ma fortune le veult ainsi. Ie suis nay d'un famille qui a coulé sans esclat et sans tumulte, et de longue memoire, particulierement ambitieuse de preud'homme.

Nos hommes sont si formez à l'agitation et ostentation, que la bonté, la moderation, l'equabilité, la constance, et telles qualitez quietes et obscures, ne se sentent plus : les corps raboteux se sentent ; les polis se manient imperceptiblement : la maladie se sent ; la santé, peu ou point ; ny les choses qui nous oignent, au prix de celles qui nous poignent. C'est agir pour sa reputation et proufit particulier, non pour le bien, de remettre à faire en la place ce qu'on peult faire en la chambre du conseil ; et en plein midy, ce qu'on eust faict la nuict precedente ; et d'estre ialoux de soy mesme de ce que son compaignon faict aussi bien : ainsi faisoyent aulcuns chirurgiens de Grece les operations de leur art sur des eschaffauds, à la veue des passants, pour en acquerir plus de practique et de chalandise. Ils iugent que les bons reglements ne se peuvent entendre qu'au son de la trompette. L'ambition n'est pas un vice de petits compaignons, et de tels efforts que les nostres. On disoit à Alexandre : « Vostre pere vous lairra une grande domination, aysee et pacifique ; » ce garson estoit envieux des victoires de son pere, et de la iustice de son gouvernement ; il n'eust pas voulu iouïr l'empire du monde mollement et paisiblement. Alcibiades, en Platon, aime mieulx mourir ieune, beau, riche, noble, sçavant, tout cela par excellence, que de s'arrester en l'estat de cette condition : cette maladie est, à l'adventure, excusable en une ame si forte et si plaine. Quand ces ametes naines et chestifves s'en vont embabouinant, et pensent espandre leur nom, pour avoir iugé à droict une affaire, ou continué l'ordre des gardes d'une porte de ville, ils en montrent d autant plus le cul, qu'ils esperent en haulser la teste. Ce menu bien faire n'a ne corps ne vie ; il va s'esvanouïssant à la premiere bouche, et ne se promene que d'un carrefour de rue à l'aultre. Entretenez en hardiment vostre fils et vostre valet, comme cet ancien, qui n'ayant aultre auditeurs de ses louanges, et consent de sa valeur, se bravoit avecques sa chambriere, en s'escriant : « O Perrette, le galant et suffisant homme de maistre que tu as ! » Et tretenez vous en vous mesme, au pis aller ; comme un conseiller de ma cognoissance, ayant desgorgé une battelee de paragraphes, d'une extreme contention, et pareille ineptie, s'estant retiré de la chambre du conseil au pissoir du palais, feut ouï marmotant entre les dents, tout conscieucieusement : « *Non nobis, Domine, non nobis, sed nomini tuo da gloriam.* » Qui ne peult d'ailleurs, si se paye de sa bourse.

La renommee ne se prostitue pas à si vil compte : les actions rares et exemplaires, à qui elle est deue, ne souffriroient pas la compagnie de cette foule innumerable de petites actions iournalieres. Le marbre eslevera vos tiltres tant qu'il vous plaira, pour avoir faict rapetasser un pan de mur, ou descrotter un ruisseau publicque ; mais non pas les hommes qui ont du sens. Le bruit ne suyt pas toute bonté, si la difficulté et estrangeté n'y est ioincte : voire ny la simple estimation n'est deue à nulle action qui naist de la vertu, selon les stoïciens; et ne veulent qu'on sçache seulement gré à celuy qui, par temperance, s'abstient d'une vieille chassieuse.

Ceulx qui ont cogneu les admirables qualitez de Scipion l'Africain, refusent la gloire que Panaetius luy attribue d'avoir esté abstinent de dons, comme gloire non tant sienne, comme de son siecle. Nous avons les voluptez sortables à nostre fortune; n'usurpons pas celles de la grandeur : les nostres sont plus naturelles; et d'autant plus solides et seures, qu'elles sont plus basses. Puisque ce n'est par conscience, au moins par ambition, refusons l'ambition : desdaignons cette fiaim de renommee et d'honneur, basse et belistresse, qui nous le faict coquiner de toute sorte de gents (*quæ est ista laus, quæ possit e macello peti?*) par moyens abiects, et à quelque vil prix que ce soit : c'est deshonneur d'estre ainsin honnoré. Apprenons à n'estre non plus avides, que nous sommes capables, de gloire. De s'enfler de toute action utile et innocente, c'est à faire à gents à qui elle est extraordinaire et rare : ils la veulent mettre pour le prix qu'elle leur couste. A mesure qu'un bon effect est plus esclatant, ie rabbats de sa bonté le souspeçon en quoy i'entre qu'il soit produict, plus pour estre bon : estalé, il est à demy vendu. Ces actions là on bien plus de grace qui eschappent de la main de l'ouvrier, nonchalamment et sans bruict, et que quelque honneste homme choisit aprez, et r'esleve de l'umbre. pour les poulser en lumiere à cause d'elles mesmes. *Mihi quidem laudabiliora videntur omnia, quæ sine venditatione, et sine populo teste fiunt,* dict le plus glorieux homme du monde.

Ie n'avois qu'à conserver, et durer, qui sont effects sourds et insensibles : l'innovation est de grand lustre; mais elle est interdicte en ce temps, où nous sommes pressez, et n'avons à nous deffendre que des nouvelletez. L'abstinence de faire est souvent aussi genereuse que le faire; mais elle est moins au iour, et ce peu que ie vaulx es quasi tout de cette espece. En somme, les occasions en cette charge ont suyvi ma complexion; de quoy ie leur sçais tresbon gré : est il quelqu'un qui desire estre malade pour veoir son medecin en besongne ? et fauldroit il pas fouetter le medecin qui nous desiroit la peste, pour mettre son art en practique ? ie n'ay point eu cett'humeur inique et assez commune, de de desirer que le trouble et la maladie des affaires de cette cité rehaulsast et honnorast mongouvernement : i'ay presté de bon cœur l'espaule à leur aysance et facilité. Qui me vouldra sçavoir gré de l'ordre, de la doulce et muette tranquillité qui a accompaigné ma conduicte; au moins ne peult il me priver de la part qui m'en appartient, par le tiltre de ma bonne fortune. Et ie suis ainsi faict, que i'ayme autant estre heureux que sage, et debvoir mes succez purement à la grace de Dieu qu'à l'entremise de mon operation. l'avois assez disertement publié au monde mon insuffisance en tels maniements publiques : i'ay encores pis que l'insuffisance ; c'est qu'elle ne me desplaist gueres, et que ie ne cherche gueres à la guarir, veû le train de vie que i'ay desseigné. Ie ne me suis, en cette entremise, non plus satisfaict à moy mesme ; mais à peu prez i'en suis arrivé à ce que ie m'en estois promis; et si ay de beaucoup surmonté ce que i'en avois promis à ceulx à qui i'avois à faire : car ie promets volontiers un peu moins de ce que ie puis et de ce que i'espere tenir. Ie m'asseure n'y avoir laissé ny offense, ny haine : d'y laisser regret et desir de moy, ie sçais à tout le moins bien cela, que ie ne l'ay pas fort affecté :

> Mene huic confidere monstro !
> Mene salis placidi vultum, fluctusque quietos
> Ignorare!

Chapitre xi. — Des boiteux.

Il y a deux ou trois ans qu'on accourcit l'an de dix iours, en France. Combien de changements doibvent suyvre cette reformation ! ce feut proprement remuer le ciel et la terre à la fois. Ce neantmoins, il n'est rien qui bouge de sa place; mes voysins treuvent l'heure de leurs semences, de leur recolte, l'opportunité de leurs negoces, les iours nuisibles et propices, au mesme point iustement où ils les avoient assignez de tout temps : ny l'erreur ne se sentoit en nostre usage; ny l'amendement ne s'y sent : Tant il y a d'incertitude par tout ! tant nostre appercevance est grossiere, obscure et obtuse ! On dict que ce reglement se pouvoit conduire d'une façon moins incommode, soubstrayant, à l'exemple d'Auguste, pour quelques années, le iour du bissexte, qui, ainsi comme ainsin, est un iour d'empeschement et de trouble, iusques, à ce qu'on feust arrivé à satisfaire exactement ce debte; ce que mesme on n'a pas faict par cette correction, et demeurons encores en arrerages de quelques iours; et si, par mesme moyen, on pouvoit prouvoir à l'advenir, ordonnant qu'aprez la revolution de tel ou tel nombre d'annees, ce iour extraordinaire seroit tousiours eclipsé; si que nostre mescompte ne pourroit d'ores en avant exceder vingt et quatre heures. Nous n'avons aultre compte du temps que les ans : il y a tant de siecles que monde s'en sert; et si, c'est une mesure que nous n'avons encores achevé d'arrester, et telle, que nous doublons tous les iours qu'elle forme les aultres nations luy ont diversement donné et quel en estoit l'usage. Quoy, ce que disent aulcuns, que les cieux se compriment vers nous en vieillissant, et nous iectent en incertitude des heures mesme et des iours, et des mois ? ce que dict Plutarque, qu'encores de son temps l'astrologie n'avoit sceu borner le mouvement de la lune : nous voylà bien commandez pour tenir registre des choses passees !

Ie resvassois presentement, comme ie fois souvent, sur ce. combien l'humaine raison est un instrument libre et vague. Ie veois ordinairement que les hommes, aux faicts qu'on leur propose, s'amusent plus volontiers à en chercher la raison qu'à en chercher la verité. Ils passent passent par dessus les presuppositions ; mais ils examinent curieusement les consequences : ils laissent les choses, et courent aux causes. Plaisants causeur ! La cognoissance des causes touche seulement celuy qui a la conduicte des choses ; non à nous, qui n'en avons plus la souffrance, et qui en avons l'usage parfaictement plein et accompli selon nostre besoing, sans en penetrer l'origine et l'essence ; ny le vin n'en est plus plus plaisant à celuy qui en scait les facultez premieres. Au contraire, et le corps et l'ame interrompent et alterent le droit qu'ils ont de l'usage du monde et d'eulx mesmes, y meslant l'opinion de science : les effects nous nous touchent, mais les moyens, nullement. Le determiner et le distribuer appartient à la maistrise et à la regence ; comme à la subiection et apprentissage ; l'accepter. Reprenons nostre coustume. Ils commencent ordinairement ainsi : « Comment est ce que cela se faict ? » « Mais se faict il ? » fauldroit il dire. Nostre discours est est capable d'estoffer cent aultres mondes, et d'en trouver les principes et la contexture ; il ne luy fault ny matiere ny baze : laissez le courre ; il bastit aussi bien sur le vuide que sur le plain, et de l'inanité que de matiere ;

Dare pondus idonea fumo ;

ie treuve, quasi par tout, qu'il fauldroit dire : « Il n'en est rien ; » et employerois souvent souvent cette response ; mais ie n'ose ; car ils crient que c'est une desfaicte produicte de foiblesse d'esprit et d'ignorance, et me fault ordinairement basteler, par compaignie, à traicter des subiects et contes frivoles que je mescrois entierement : ioinct qu'à la verité, il est un peu rude et querelleux de nier tout sec une proposition de faict ; et peu de gents faillent, notamment aux choses malayscees à persuader, d'affermer qu'ils l'ont veue, ou d'alleguer des tesmoings desquels l'auctorité arreste notre contradiction. Suyvant cet usage, nous sçavons les fondements et les moyens de mille choses qui ne feurent oncques ; et s'escarmouche le monde en mille questions, desquelles et le Pour et le Contre est fauls. *Ita finitima sunt falsa veris... ut in præcipitem locum non debeat se sapiens committere.*

La verité et le mensonge ont leurs visages conformes ; le port, le goust, et les allures pareilles : nous les regardons de mesme œil. Ie treuve que nous ne sommes pas seulement lasches à nous desffendre de la piperie, mais que nous cherchons et convions à nous y enferrer : nous aymons à nous embrouiller en la vanité, comme conforme à nostre estre.

I'ay veu la naissance de plusieurs miracles de mon temps : encores qu'ils s'estouffent en noissant, nous ne laissons pas de prevoir le train qu'ils eussent prins, s'ils eussent vescu leur aage ; car il n'est que de trouver le bout du fil, on en desvide tant qu'on veult ; et y a plus loing de rien à la plus petite chose du monde, qu'il n'y a de celle là iusques à la plus grande. Or, les premiers qui sont abbreuvez de ce commencement d'estrangeté, venants à semer leur histoire, sentent, par les oppositions qu'on leur faict, où loge la difficulté de la persuasion, et vont calfeutrant cet endroict de quelque piece faulse : oultre ce, qui, *insita hominibus libidine alendi de industria rumores*, nous faisons naturellement conscience de rendre ce qu'on nous a presté, sans quelque usure et accession de nostre creu. L'erreur particuliere faict premierement l'erreur publicque ; et, à son tour aprez, l'erreur publicque faict l'erreur particuliere. Ainsi va tout un bastiment, s'estoffant et formant de main en main ; de maniere que le plus eloingné tesmoing en est mieulx instruict que le plus voysin : et le dernier informé, mieulx persuadé que le premier. C'est un progrez naturel : car quiconque croit quelque chose estime que c'est ouvrage de charité de la persuader à un aultre, et, pour ce faire, ne craind point d'adiouster, de son invention, autant qu'il veoid estre necessaire en son conte, pour suppleer à la resistance et au default qu'il pense estre en la conception d'aultruy. Moy mesme, qui fois singuliere conscience de mentir, et qui ne me soulcie gueres de donner creance et auctorité à ce que ie dis, m'aperceois toutesfois, aux propos que i'ay en main, qu'estant eschauffé, ou par la resistance d'un aultre, ou par la propre chaleur de ma narration, ie grossis et enfle mon subiect par voix, mouvements, vigueur et force de paroles, et encores par extension et amplification, non sans interest de la verité naïfve ; mais ie le fois en condition pourtant, qu'au premier qui me ramene, et qui me demande la verité nue et crue, ie quite soubdain mon effort, et la luy donne sans exageration, sans emphase et remplissage. La parole naïfve et bruyante, comme est la mienne ordinaire, s'emporte volontiers à l'hyperbole. Il n'est rien à quoy communement les hommes soyent plus tendus qu'à donner voye à leurs opinions : où le moyen ordinaire nous fault, nous y adioustons le commandement, la force, le fer et le feu. Il y a du malheur d'en estre là, que la meilleure touche de la verité ce soit la multitude des croyants, en une presse où les fols surpassent de tant les sages en nombre. *Quasi vero quidquam sit tam valde, quam nihil sapere, vulgare. Sanitatis patrocinium est, insanientium turba.* C'est chose difficile de resouldre son iugement contre les opinions communes : la premiere persuasion, prinse du subiect mesme, saisit les simples ; de là elle s'espand aux habitants soubs l'auctorité du nombre et antiquité des tesmoignages. Pour moy, de ce que ie n'en croirois pas un, ie n'en croirois pas cent uns ; et ie ne iuge pas les opinions par les ans.

Il y a peu de temps que l'un de nos princes, en qui la goutte avoit perdu un beau naturel et une alaigre composition, se laissa si fort persuader au rapport qu'on faisoit des merveilleuses operations d'un presbtre, qui, par la voye des paroles et des gestes, guarissoit toutes maladies, qu'il fit un long voyage pour l'aller trouver, et, par la force de son apprehension, persuada et endormit ses iambes pour quelques heures, si qu'il entira du service qu'elles avoient desapprins luy faire il y avoit long temps. Si la fortune eust laissé emmonceler cinq ou six telles adventures, elles estoient capables de mettre ce miracle en nature. On trouva, depuis, tant de simplesse et si peu d'art en l'architecte de tels ouvrages, qu'on le iugera indigne d'aulcun chastiment : comme si feroit on de la pluspart de telles choses, qui les recognoitroit en leur giste. *Miramur ex intervallo fallentia :* nostre veue represente ainsi souvent de loing des images estranges, qui s'esvanouissent en s'approchant ; *nunquam ad liquidum fama perducitur.*

C'est merveille de combien vains commencements et frivoles causes naissent ordinairement si fameuses impressions ! Cela mesme en empesche l'information : car, pendant qu'on cherche des causes et des fins fortes et poisantes, et dignes d'un si grand nom, on perd les vrayes ; elles eschappent de nostre veue par leur petitesse ; et, à le verité, il est requis un bien prudent, attentif et subtil inquisiteur en telles recherches, indifferent, en non preoccupé. Iusques à cette heure, touts ces miracles et evenements estranges se cachent devant moy. Ie n'ay veu monstre et miracle au monde plus exprez que moy mesme : on s'apprivoise à toute estrangeté par l'usage et le temps, mais plus ie hante et me cognois, plus ma difformité m'estonne, moins ie m'entends en moy.

Le principal droict d'advancer et produire tels accidents est reservé à la fortune. Passant avant hier dans un village, à deux lieues de ma maison, ie trouvay la place encores toute chaulde d'un miracle qui venoit d'y faillir : par lequel le voyageur avoit esté amusé plusieurs mois ; et commenceoient les provinces voysines de s'en esmouvoir, et y accourir à grosses troupes de toutes qualitez.

Un ieune homme du lieu s'estoit ioué à contrefaire, une nuict, en sa maison, la voix d'un esprit, sans penser à aultre finesse qu'à iouïr d'un badinage present : cela luy ayant un peu mieulx succedé qu'il n'esperoit, pour estendre sa farce à plus de ressorts, il y associa une fille de village, du tout stupide et niaise; et feurent trois enfin, de mesme aage et pareille suffisance : et de presches domestiques en feirent des presches publicques, se cachants soubs l'autel de l'eglise, ne parlants que de nuict, et deffendants d'y apporter aulcune lumiere. De paroles qui tendoient à la conversion du monde, et menace du iour du iugement (car ce sont subiects soubs l'auctorité et reverence desquels l'imporance se tapit plus ayseement) ils veinrent à quelques visions et mouvements si niais et si ridicules, qu'à peine y a il rien si grossier au ieu des petits enfants. Si toutesfois la fortune y eust voulu prester un peu de faveur, qui sçait iusques où se feust accreu ce bastelage ? Ces pauvres diables sont à cette heure en prison : et porteront volontiers la peine de la sottise commune, et ne sçais si quelque iuge se vengera sur eulx de la sienne. On veoid clair en cette cy, qui est descouverte; mais en plusieurs choses de pareille qualité, surpassant nostre cognoissance, ie suis d'advis que nous soubstenions nostre iugement, aussi bien à reiecter qu'à recevoir.

Il s'engendre beaucoup d'abus au monde, ou, pour le dire plus hardiement, touts les abus du monde s'engendrent, de ce qu'on nous apprend à craindre de faire profession de nostre ignorance, et que nous sommes tenus d'accepter tout ce que nous ne pouvons refuter : nous parlons de toutes choses par preceptes et resolution. Le style, à Rome, portoit que cela mesme qu'un tesmoing deposoit pour l'avoir vu de ses yeulx, et ce qu'un iuge ordonnoit de sa plus certaine science, estoit conceu en cette forme de parler, « Il me semble. » On me faict haïr les choses vraysemblables, quand on me les plante infaillibles : i'ayme ces mots, qui amollissent et moderent la temerité de nos propositions : « A l'adventure, Aulcunement, Quelque, On dict, Ie pense, » et semblables : et si i'eusse eu à dresser des enfants, ie leur eusse tant mis en la bouche cette façon de respondre, enquestante, non resolutifve : « Qu'est ce à dire? Ie ne l'entends pas, Il pourroit estre, Est il vray? » qu'ils eussent plustost gardé la forme d'apprentifs à soixante ans, que de representer les docteurs à dix ans, comme ils font. Qui veult guarir de l'ignorance, il fault la confesser.

Iris est fille de Thaumantis : l'admiration est fondement de toute philosophie; l'inquisition, le progrez; l'ignorance, le bout. Voire dea, il y a quelque ignorance forte et genereuse, qui ne doibt rien en honneur et en courage à la science : ignorance pour laquelle concevoir il n'y a pas moins de science qu'à concevoir la science. Ie veis en mon enfance un procez que Corras, conseiller de Thoulouse, feit imprimer, d'un accident estrange : de deux hommes qui se presentoient l'un pour l'aultre. Il me soubvient (et ne me soubvient aussi d'aultre chose) qu'il me sembla avoir rendu l'imposture de celuy qu'il iugea coulpable, si merveilleuse et excedant de si long nostre cognoissance et la sienne qui estoit iuge, que ie trouvay beaucoup de hardiesse en l'arrest qui l'avoit condamné à estre pendu. Recevons quelque forme d'arrest qui die, « La cour n'y entend rien : » plus librement et ingenuement que ne feirent les areopagites, lesquels, se trouvants pressez d'une cause qu'ils ne pouvoient desvelopper, ordonnerent que les parties en viendroient à cent ans.

Les sorcieres de mon voysinage courent hazard de leur vie, sur l'advis de chasque nouvel aucteur qui vient donner corps à leurs songes. Pour accommoder les exemples que la divine parole nous offre de telles choses, trescertains et irrefragables exemples, et les attacher à nos evenements modernes, puisque nous n'en yeoyons ny les causes, ny les moyens, il y fault aultre engin que le nostre : il appartient, à l'adventure, à ce seul trespuissant tesmoignage de nous dire, « Cettuy cy en est, et celle là; et non, cet aultre. » Dieu en doibt estre creu, c'est vrayement bien raison; mais non pourtant un d'entre nous, qui s'estonne de sa propre narration (et necessairement il s'en estonne, s'il n'est hors du sens), soit qu'il l'employe au faict d'aultruy, soit qu'il l'employe contre soy mesme.

Ie suis lourd, et me tiens un peu au massif et au vraysemblable, evitant les reproches anciens, *Maiorem fidem homines adhibent iis, quæ non intelligunt. — Cupidine humani ingenii, libentius obscura creduntur.* Ie veois bien qu'on se courrouce; et me deffend ou d'en doubter, sur peine d'iniures exsecrables : nouvelle façon de persuader! Pour Dieu mercy, ma creance ne se manie pas à coup de poing. Qu'ils gourmandent ceulx qui accusent de faulseté leur opinion; ie ne l'accuse que de difficulté et de hardiesse, et condamne l'affirmation opposite, egualement avecques eulx, sinon si imperieusement. Qui establit son discours par braverie et commendement, montré que la raison y est foible. Pour une altercation verbale et scholastique, qu'ils ayent autant d'apparence que leurs contradicteurs; *videantur sane, non affirmentur modo:* mais en la consequence effectuelle qu'ils en tirent, ceulx cy ont bien de l'advantage. A tuer les gents, il fault une clarté lumineuse et nette; et est nostre vie trop reelle et essencielle, pour garantir ces accidents supernaturels et fantastiques.

Quant aux drogues et poisons, ie les mets hors de mon compte; ce sont homicides, et de la pire espece : toutesfois en cela mesme, on dict qu'il ne fault pas tousiours s'arrester à la propre confession de ces gents icy; car on leur a veu par fois s'accuser d'avoir tué des personnes qu'on trouvoit saines et vivantes. En ces aultres accusations extravagantes, ie dirois volontiers que c'est bien assez qu'un homme, quelque recommendation qu'il aye, soit creu de ce qui est humain : de ce qui est hors de sa conception, et d'un effect supernaturel, il en doibt estre creu lors seulement qu'une approbation supernaturelle l'a auctorisé. Ce privilege qu'il a pleu à Dieu donner à aulcuns de nos tesmoignages, ne doibt pas estre avily et communiqué legierement. I'ay les aureilles battues de mille tels contes : « Trois le veirent un tel iour, en levant : Trois les veirent lendemain, en occident : à telle heure, tel lieu, ainsi vestu : » certes ie ne m'en croirois pas moy mesme. Combien treuve ie plus naturel et plus vraysemblable que deux hommes mentent, que ie ne fois qu'un homme, en douze heures, passe, quand et les vents, d'orient en occident : combien plus naturelle que nostre entendement soit emporté de sa place par la volubilité de nostre esprit detraqué, que cela, qu'un de nous soit envolé sur un balay, au long du tuyau de sa cheminee, en chair et en os, par un esprit estrangier! Ne cherchons pas des illusions du dehors et incogneues, nous qui sommes perpetuellement agitez d'illusions domestiques et nostres. Il me semble qu'on est pardonnable de mescroire une merveille, autant au moins qu'on peult en destourner et elider la verification par voye non merveilleuse; et suys l'advis de saint Augustin, « Qu'il vault mieulx pencher vers le doubte que vers l'asseurance, ez choses de difficile preuve et dangereuse creance. »

Il y a quelques annees que ie passay par les terres d'un prince souverain, lequel en ma faveur, et pour rabbattre mon incredulité, me feit cette grace de me faire veoir en sa presence, au lieu particulier, dix ou douze prisonniers de ce genre, et une vieille entre aultres, vrayement bien sorciere en laideur et deformité, tresfameuse de longue main en cette profession. Ie veis et preuves et libres confessions, et ie ne sçais quelle marque insensible sur cette miserable vieille; et m'enquis, et parlay tout mon saoul, y apportant la plus saine attention que ie peusse; et ne suis pas homme qui me laisse gueres garotter le iugement par preoccupation. Enfin, et en conscience, ie leur eusse plustost ordonné de l'ellebore que de la ciguë : *captisque res magis mentibus, quam consceleratis, similis visa;* la iustice à ses propres corrections pour telles maladies. Quant aux oppositions et arguments que des honnestes hommes m'ont faict, et là, et souvent ailleurs, ie n'en ay point senty qui m'attachent, et qui ne souffrent solution tousiours plus vraysemblable que leurs conclusions. Bien est vray que les preuves et raisons qui se fondent sur l'experience et sur le faict, celles là, ie ne les desnoue point; aussi n'ont elle point de bout : ie les trenche souvent comme Alexandre son nœud. Aprez tout, c'est mettre ses coniectures à bien hault prix, que d'en faire cuire un homme tout vif.

On recite par divers exemples (et Præstantius de son pere), que, assopy et endormy bien plus lourdement que d'un parfaict sommeil, il fantasia estre iument, et servir de sommier à des soldats : et ce qu'il fantasioit, il l'estoit. Si les sorciers songent ainsi materiellement; si les songes par fois se peuvent ainsin incorporer en effects, encores ne crois ie pas que nostre volonté en eust tenue à la iustice : ce que ie dis, comme celuy qui n'est pas iuge ny conseiller des roys, ny s'en estime de bien loing digne, ains homme du commun, nay et voué à l'obeïssance de la raison publicque, et en ses faicts, et en ses dicts. Qui mettroit mes resveries en compte, au preiudice de la plus chestifve loi de son village, ou opinion, ou coustume, il se feroit grand tort, et encores autant à moy; car, en ce que ie dis, ie ne pleuvis aultre certitude, sinon que c'est ce que lors i'en avois eu la pensee, pensee tumultuaire et vacillante. C'est par maniere de devis que ie parle de tout, et de rien par maniere d'advis; *nec me pudet, ut istos, fateri nescire, quod nesciam :* ie ne serois pas si hardy à parler, s'il m'appartenoit d'en estre creu; et feut ce que ie respondis à un grand, qui se plaignoit de l'aspreté et contention de mes enhortements. Vous sentant bandé et preparé d'une part, ie vous propose l'aultre, de tout le soing que ie puis, pour esclaircir vostre iugement, non pour l'obliger. Dieu tient vos courages, et vous fournira de chois. Ie ne suis pas si presomptueux, de desirer seulement que mes opinions donnassent pente à chose de telle importance : ma fortune ne les a pas dressees à si puissantes et si eslevees conclusions. Certes, i'ay non seulement des complexions en grand nombre, mais aussi des opinions assez, desquelles ie desgousterois volontiers mon fils, si i'en avois. Quoy, si les plus vrayes ne sont pas tousiours les plus commodes à l'homme? tant il est de sauvage composition !

A propos, ou hors de propos, il n'importe; on dict en Italie, en commun proverbe, que celuy là ne cognoist pas Venus en sa parfaicte doulceur, qui n'a couché avecques la boiteuse. La fortune ou quelque particulier accident ont mis, il y a long temps, ce mot en la bouche du peuple : et se dict des masles comme des femelles; car la royne des Amazones respondict au Scythe qui la convioit à l'amour : άριστα χωλὸς οἰφεῖ, Le boiteux le faict le mieulx. En cette republicque feminine, pour fuyr la domination des masles, elles les stropioient dez l'enfance, bras, iambes, et aultres membres qui leur donnoient advantage sur elles, et se servoient d'eulx à ce seulement à quoy nous nous servons d'elles par deça. I'eusse dict que le mouvement detraqué de la boiteuse apportast quelque nouveau plaisir à la besongne, et quelque poincte de doulceur à ceulx qui l'essayent; mais ie viens d'apprendre que mesme la philosophie ancienne en a decidé : elle dict que les iambes et cuisses des boiteuses ne recevant, à cause de leur imperfection, l'aliment qui leur est deu, il en advient que les parties genitales qui sont au dessus sont plus plaines, plus nourries et vigoreuses; ou bien que ce default empeschant l'exercice, ceulx qui en sont entachez dissipent moins leurs forces, et en viennent plus entiers aux ieux de Venus : qui est aussi la raison pour quoy les Grecs descrioient les tisserandes, d'estre plus chauldes que les aultres femmes, à cause du mestier sedentaire qu'elles font, sans grand exercice du corps. De quoy ne pouvons nous raisonner à ce prix là? De celles icy ie pourrois aussi dire que ce tremoussement que leur ouvrage leur donne ainsin assises, les esveille et solicite, comme faict les dames le croulement et tremblement de leurs coches.

Ces exemples servent ils pas à ce que ie disois au commencement : Que nos raisons anticipent souvent l'effect, et ont l'estendue de leur iurisdiction si infinie, qu'elles iugent et s'exercent en l'inanité mesme, et au non estre? Oultre la flexibilité de nostre invention à forger des raisons à toutes sortes de songes, nostre imagination se treuve pareillement facile à recevoir des impressions de le faulseté, par bien frivoles apparences; car, par la seule auctorité de l'usage ancien et publicque de ce mot, ie me suis aultresfois faict accroire avoir receu plus de plaisir d'une femme, de ce qu'elle n'estoit pas droite, et mis cela au compte de ses graces.

Torquato Tasso, en la comparaison qu'il faict de la France à l'Italie, dict avoir remarqué cela, que nous avons les iambes plus grailes que les gentilshommes italiens, et en attribue la cause à ce que nous sommes continuellement à cheval : qui est celle mesme de laquelle Suetone tire une toute contraire conclusion; car il dict, au rebours, que Germanicus avoit grossi les siennes par continuation de ce mesme exercice. Il n'est rien si souple et erratique que nostre entendement; c'est le soulier de Theramenes, bon à touts pieds : et il est double et divers; et les matieres, doubles et diverses. « Donne moy une dragme d'argent, » disoit un philosophe cynique à Antigonus : « Ce n'est pas present du roy, » respondict il : « Donne moy doncques un talent : » « Ce n'est pas present pour cynique. »

> Seu plures calor ille vias et cæca relaxat
> Spiramenta, novas veniat qua succus in herbas :
> Seu durat magis, et venas adstringit hiantes
> Ne tenues pluviæ, rapidive potentia solis
> Acrior, aut Boreæ penetrabile frigus adurat.

Ogni medaglia ha il suo riverso. Voylà pourquoy Climotachus disoit anciennement que Carneades avoit surmonté les labeurs d'Hercules, pour avoir arraché des hommes le consentement, c'est à dire l'opinion et la temerité de iuger. Cette fantasie de Carneades, si vigoureuse, nasquit, à mon advis, anciennement de l'impudence de ceulx qui font profession de sçavoir, et de leur oultrecuidance desmesurée. On meit Aesope en vente avecques deux aultres esclaves : l'acheteur s'enquit du premier ce qu'il sçavoit faire ; celuy là, pour se faire valoir, respondit monts et merveilles, qu'il sçavoit et cecy et cela : le deuxiesme en respondit de soy autant ou plus · quand ce feut à Aesope, et qu'on luy eut aussi demandé ce qu'il sçavoit faire : « Rien, dict il, car ceulx cy ont tout preoccupé : ils sçavent tout. » Ainsin est il advenu en l'eschole de la philosophie : la fierté de ceulx qui attribuoient à l'esprit humain la capacité de toutes choses causa en d'aultres, par despit et par emulation, cette opinion, qu'il n'est capable d'aulcune chose : les uns tiennent en l'ignorance cette mesme extremité que les aultres tiennent en la science ; à fin qu'on ne puisse nier que l'homme ne soit immoderé par tout, et qu'il n'a point d'arrest, que celuy de la necessité, et impuissance d'aller oultre.

Chapitre XII. — De la physionomie.

Quasi toutes les opinions que nous avons sont prinses par auctorité et à credit : il n'y a point de mal ; nous ne sçaurions pirement choisir, que par nous, en un siecle si foible. Cette image des discours de Socrates que ses amis nous ont laissee, nous ne l'approuvons que pour la reverence de l'approbation publicque ; ce n'est pas par nostre cognoissance : ils ne sont pas selon nostre usage : s'il naissoit, à cette heure, quelque chose de pareil, il est peu d'hommes qui le prisassent. Nous n'appercevons les graces que poinctues, bouffies, et enflees d'artifice : celles qui coulent soubs la naïveté et simplicité, eschappent ayseement à une veue grossiere comme est la nostre ; elles ont une beauté delicate et cachee ; il fault la veue nette, et bien purgee, pour descouvrir cette secrette lumiere. Est ce pas la naïveté, selon nous, germaine à la sottise, et qualité de reproche ? Socrates faict mouvoir son ame d'un mouvement naturel et commun ; ainsi dict un païsan, ainsi dict une femme : il n'a iamais eu la bouche que cochers, menuisiers, savetiers et massons : ce sont inductions et similitudes tirees des plus vulgaires et cogneues actions des hommes ; chascun l'entend. Soubs une si vile forme, nous n'eussions iamais choisi la noblesse et splendeur de ses conceptions admirables, nous qui estimons plates et basses toutes celles que la doctrine ne r'esleve, qui n'appercevons la richesse qu'en montre et en pompe. Nostre monde n'est formé qu'à l'ostentation : les hommes ne s'enflent que de vent, et se manient à bonds, comme les balons. Cettuy cy ne se propose point de vaines fantasies : sa fin feut, Nous fournir de choses et de preceptes qui reellement et plus ioinctement servent à la vie ;

> Servare modum, finemque tenere,
> Naturamque sequi.

Il feut aussi tousiours un et pareil, et se monta, non par boutade, mais par complexion, au dernier poinct de vigueur ; ou pour mieulx dire, il ne monta rien, mais ravalla plustost et ramena à son poinct originel et naturel, et luy soubmeit la vigueur, les aspretez et les difficultez ; car, en Caton, on veoid bien à clair que c'est une allure tendue bien loing au dessus des communes : aux braves exploicts de sa vie, et en sa mort, on le sent tousiours monté sur ses grands chevaulx : cettuy cy ralle à terre, et, d'un pas mol et ordinaire, traicte les plus utiles discours, et se conduict, et à la mort, et aux plus espineuses traverses qui se puissent presenter, au train de la vie humaine.

Il est bien advenu que le plus digne homme d'estre cogneu et d'estre presenté au monde pour exemplé, ce soit celuy duquel nous ayons plus certaine cognoissance : il a esté esclairé par les plus clairvoyants hommes qui feurent oncques ; les tesmoings que nous avons de luy sont admirables en fidelité et en suffisance. C'est grand cas, d'avoir peu donner tel ordre aux pures imaginations d'un enfant, que, sans les alterer ou estirer, il en ayt produict les plus beaux effects de nostre ame : il ne la represente ny eslevee, ny riche; il ne la represente que saine, mais certes d'une bien alaigre et nette sanié. Par ces vulgaires ressorts et naturels, par ces fantasies ordinaires et communes, sans s'esmouvoir et sans se picquer, il dressa non seulement les plus reglees, mais les plus haultes et vigoreuses creances, actions et mœurs, qui feurent oncques. C'est luy qui ramena du ciel, où elle perdoit son temps, la sagesse humaine, pour la rendre à l'homme, où est sa plus iuste et plus laborieuse besongne. Veoyez le plaider devant ses iuges; veoyez par quelles raisons il esveille son courage aux hazards de la guerre; quels arguments fortifient sa patience contre la calomnie, la tyrannie, la mort, et contre la teste de sa femme : il n'y a rien d'emprunté de l'art et des sciences; les plus simples y recognoissent leurs moyens et leur force ; il n'est possible d'aller plus arriere et plus bas. Il a faict grand'faveur à l'humaine nature, de monter combien elle peult d'elle mesme.

Nous sommes, chascun, plus riches que nous ne pensons; mais on nous dresse à l'emprunt et à la queste ; on nous duict à nous servir plus de l'aultruy que du nostre. En aulcune chose, l'homme ne sçait s'arrester au poinct de son besoing : de volupté, de richesse, de puissance, il en embrasse plus qu'il n'en peult estreindre : son avidité est incapable de moderation. Ie treuve qu'en curiosité de sçavoir, il en est de mesme : il se taille de la besongne bien plus qu'il n'en peult faire, et bien plus qu'il n'en a affaire, estendant l'utilité du sçavoir autant qu'est sa matiere : *ut omnium rerum, sic litterarum quoque, intemperantia laboramus* ; et Tacitus a raison de louer la mere d'Agricola, d'avoir bridé en son fils un appetit trop bouillant de science.

C'est un bien, à le regarder d'yeulx fermes, qui a, comme les aultres biens des hommes, beaucoup de vanité et foiblesse propre et naturelle, et d'un cher coust. L'acquisition en est bien plus hazardeuse que de toute aultre viande ou boisson : car, ailleurs, ce que nous avons acheté, nous l'emportons au logis, en quelque vaisseau ; et là, nous avons loy d'en examiner la valeur, combien, et à quelle heure nous en prendrons : mais les sciences, nous ne les pouvons, d'arrivee, mettre en aultre vaisseau qu'en nostre ame ; nous les avallons en les achetant, et sortons du marché ou infects desià, ou amendez : il y en a qui ne font qee nous empescher et charger, au lieu de nourrir ; et telles encores qui, soubs tiltre de nous guarir, nous empoisonnent. I'ay prins plaisir de veoir, en quelque lieu, des hommes, par devotion, faire vœu d'ignorance, comme de chasteté, de pauvreté, de penitence : c'est aussi chastrer nos appetits desordonnez, d'esmousser cette cupidité qui nous espoinçonne à l'estude des livres, et priver l'ame de cette complaisance voluptueuse qui nous chatouille par l'opinion de science ; et est richement accomplir le vœu de pauvreté, d'y ioindre encores celle de l'esprit. Il ne nous fault gueres ee doctrine pour vivre à nostre ayse : et Socrates nous apprend qu'elle est en nous, et la maniere de l'y trouver et de s'en ayder. Toute cette nostre suffisance, qui est au delà de la naturelle, est à peu prez vaine et superflue; c'est beaucoup si elle ne nous charge et trouble plus qu'elle ne nous sert : *paucis opus est litteris ad mentem bonam :* ce sont des excez fiebvreux de nostre esprit, instrument brouillon et inquiet.

Recueillez en vous; vous trouverez en vous les arguments de la nature contre la mort, vrays, et les plus propres à vous servir à la necessité : ce sont ceulx qui font mourir un paysan, et des peuples entiers, aussi constamment qu'un philosophe. Feusse ie mort moins alaigrement avant qu'avoir veu les Tusculanes? i'estime que non : et quand ie me treuve au propre, ie sens que ma langue s'est enrichie; mon courage, de peu ; il est comme nature me le forgea, et se targue pour le conflit, non que d'une marche naturelle et commune : les livres m'ont servy non tant d'instruction que d'exercitation. Quoy, si la science, essayant de nous armer de nouvelles deffenses contre les inconveniens naturels, nous a plus imprimé en la fantasie leur grandeur et leur poids, qu'elle n'a ses raisons et subtilitez à nous en couvrir? Ce sont voirement subtilitez, par où elle nous esveille souvent bien vainement : les aucteurs mesmes plus serrez et plus sages, veoyez, autour d'un bon argument, combien ils en sement d'aultres legiers, et, qui y regarde de prez, incorporels; ce ne sont qu'arguties verbales, qui nous trompent : mais d'autant que ce peult estre utilement, ie ne les veult pas aultrement espelucher; il y en a ceans assez de cette condition, en divers lieux, ou par emprunt, ou par imitation. Si se fault il prendre un peu garde de n'appeler par force ce qui n'est que gentillesse; et ce qui n'est qu'aigu, solide; ou bon, ce qui n'est que beau; *quæ magis gustata, quam potata, delectant :* tout ce qui plaist ne paist pas, *ubi non ingenii, sed animi negotium agitur.*

A veoir les efforts que Seneque se donne pour se preparer contre la mort; à le veoir suer d'ahan pour se roidir et pour s'asseurer, et se desbattre si long temps en cette perche, i'eusse esbranlé sa reputation, s'il ne l'eust, en mourant, trez vaillamment maintenue. Son agitation si ardente, si frequente, montre qu'il estoit chauld et impetueux luy mesme (*magnus animus remissius loquitur, et securius... non est alius ingenio, alius animo color*, il le fault convaincre à ses despens); et montre aulcunement qu'il estoit pressé de son adversaire. La façon de Plutarque, d'autant plus qu'elle est plus desdaigneuse et plus destendue, elle est, selon moy, d'autant plus virile et plus persuasifve : ie croirois ayseement que son ame avoit les mouvements plus asseurez et plus reglez. L'un, plus aigu, nous picque et eslance en sursault; touche plus l'esprit : l'aultre, plus solide, nous informe, establit et conforte constamment; touche plus l'entendement. Celuy là ravit nostre iugement : cettuy cy le gaigne. I'ay veu pareillement d'aultres escripts, encores plus reverez, qui, en la peincture du combat qu'ils soubstiennent contre les aiguillons de la chair, les representent si cuisants, si puissants et invincibles, que nous mesmes, qui sommes de la voierie du peuple, avons autant à admirer l'estrangeté et vigueur incogneue de leur tentation que leur resistance.

A quoy faire nous allons nous gendarmant par ces efforts de la science? Regardons à terre : les pauvres gents que nous y veoyons espandus, la teste penchante aprez leur besongne, qui ne sçavent ny Aristote ny Caton, ny exemple ny precepte; de ceulx là tire nature touts les iours des effects de constance et de patience plus purs et plus roides que ne sont ceux que nous estudions si curieusement en l'eschole : combien en veois ie ordinairement qui mescognoissent la pauvreté; combien qui desirent la mort, ou qui la passent sans alarme et sans affliction? Celui là qui fouït mon iardin, il a, ce matin, enterré son pere ou son fils. Les noms mesme, dequoy ils appellent les maladies, en addoulcissent et amollissent l'aspreté : la Phthysie, c'est la toulx pour eux; la Dyssenterie, devoyement d'estomach ; un Pleuresis, c'est un morfondement : et, selon qu'ils les nomment doulcement, ils les supportent aussi; elles sont bien griefves, quand elles rompent leur travail ordinaire; ils ne s'allictent que pour mourir. *Simplex illa et aperta virtus in obscuram et solertem scientiam versa est.*

I'escrivois cecy environ le temps qu'une forte charge de nos troubles se croupit plusieurs mois, de tout son poids, droict sur moy : i'avois, d'une part, les ennemis à ma porte; d'aultre part, les picoreurs, pires ennemis, *non armis, sed vitiis certatur;* et essayois toute sorte d'iniures militaires à la fois :

> Hostis adest dextra lævaque a parte timendus,
> Vicinoque malo terret utrumque latus.

Monstrueuse guerre! les aultres agissent au dehors; cette cy encores contre soy, se ronge et se desfaict par son propre venin. Elle est de nature si maligne et ruyneuse, qu'elle se ruyne quand et quand le reste, et se deschire et despece de rage. Nous la veoyons plus souvent se dissouldre par elle mesme, que par disette d'aulcune chose necessaire, ou par la force ennemie. Toute discipline la fuyt : elle vient guarir la sedition, et en est pleine; veult chastier la desobeïssance, et en montre l'exemple; et, employee à la deffense des loix, faict sa part de rebellion à l'encontre des siennes propres. Où en sommes nous ? nostre medecine porte infection !

> Nostre mal s'empoisonne
> Du secours qu'on luy donne.

> Exsuperat magis, ægrescitque medendo.

> Omnia fanda, nefanda, malo permista furore,
> Iustificam nobis mentem avertere deorum.

En ces maladies populaires, on peult distinguer, sur le commencement, les sains, des malades; mais quand elles viennent à durer, comme la nostre, tout le corps s'en sent, et la teste et les talons : aulcune partie n'est exempte de corruption; car il n'est air qui se hume si gouluemnt, qui s'espande et penetre, comme faict la licence. Nos armees ne se lient et tiennent plus que par ciment estrangier : des François on ne sçait plus faire un corps d'armee constant et reglé. Quelle honte! il n'y a qu'autant de discipline que nous en font veoir des soldats empruntez! Quant à nous, nous nous conduisons à discretion, et non pas du chef, chascun selon selon la sienne ; il a plus à faire au dedans qu'au dehors : c'est au commandant de suyvre, courtizer et plier, à luy seul d'obeir; tout le reste est libre et dissolu. Il me plaist de veoir combien il y a de lascheté et de pusillanimité en l'ambition ; par combien d'abiection et de servitude il luy fault arriver à son but : mais cecy me desplaist il, de veoir des natures debonnaires, et capables de iustice, se corrompre touts les iours au maniement et commandement de cette confusion. La longue souffrance engendre la coustume; la coustume, le consentement et l'imitation. Nous avions assez d'ames mal nees, sans gaster les bonnes et genereuses : si que, si nous continuons, il restera malayseement à qui fier la santé de cet estat, au cas que fortune nous la redonne :

> Hunc saltem everso iuvenem succurrere seclo
> Ne prohibete

Qu'est devenu cet ancien precepte? que les soldats ont plus à craindre leur chef que l'ennemy : et ce merveilleux exemple? qu'un pommier s'estant trouvé enfermé dans le pourpris du camp de l'armee romaine, elle feut veue l'endemain en desloger, laissant au possesseur le compte entier de ses pommes, meures et delicieuses. I'aymerois bien que nostre ieunesse, au lieu du temps qu'elle employe à des peregrinations moins utiles, et apprentissages moins honnorables, elle le meist, moitié à veoir de la guerre sur mer, soubs quelque bon capitaine commandeur de Rhodes; moitié à recognoistre la discipline des armees turkesques : car elle a beaucoup de difference et d'advantages sur la nostre : cecy en est, que nos soldats deviennent plus licencieux aux expeditions; là, plus retenus et craintifs : car les offenses ou larrecins sur le menu peuple, qui se punissent de bastonnades en la paix, sont capitales en la guerre; pour un œuf prins sans payer, ce sont, de compte prefix, cinquante coups de baston ; pour toute aultre chose, tant legiere soit elle, non necessaire à la nourriture, on les empale, ou decapite sans deport. Ie me suis estonné, en l'histoire de Selim, le plus cruel conquerant qui feut oncques, veoir que, lorsqu'il subiugua l'Aegypte, les beaux iardins d'autour de la ville de Damas, touts ouverts, et en terre de conqueste, son armee campant sur le mesme, feurent laissez vierges des mains des soldats, parce qu'ils n'avoient pas eu le signe de piller.

Mais est il quelque mal en une police, qui vaille estre combattu par une drogue si mortelle? non pas, disoit Favonius, l'usurpation de la possession tyrannique d'une republicque. Platon, de mesme, ne consent pas qu'on face violence au repos de son païs, pour le guarir, et n'accepte pas l'amendement qui trouble et hazarde tout, et qui couste le sang et ruyne des citoyens; establissant l'office d'un homme de bien, en ce cas, de laisser tout là; seulement prier Dieu qu'il y porte sa main extraordinaire ; et semble sçavoir mauvais gré à Dion, son grand amy, d'y avoir un peu aultrement procedé. I'estois platonicien de ce costé là, avant que ie sceusse qu'il y eust de Platon au monde. Et si ce personnage doibt purement estre refusé de nostre consorce, luy qui, par la sincerité de nostre conscience, merita envers la faveur divine de penetrer si avant en la chrestienne lumiere, au travers des tenebres publicques du monde de son temps, ie ne pense pas qu'il nous siese bien de nous laisser instruire à un païen, combien c'est d'impieté de n'attendre de Dieu nul secours simplement sien, et sans nostre cooperation. Ie doubte souvent si, entre tant de gents qui se meslent de telle besongne, nul s'est rencontré d'entendement si imbecile, à qui on aye en bon escient persuadé, Qu'il alloit vers la reformation, par la derniere des difformations; Qu'il tiroit vers son salut, par les plus expresses causes que nous ayons de trescertaine damnation; Que, renversant la police, le magistrat et les loix, en la tutelle desquelles Dieu l'a colloqué, desmembrant sa mere et en donnant à ronger les pieces à ses anciens ennemis, remplissant des haines parricides les courages fraternels, appellant à son ayde les diables et les furies, il puisse apporter secours à la sacrosaincte douleeur et iustice de la loy divine. L'ambition, l'avarice, la cruauté, la vengeance, n'ont point assez de propre et naturelle impetuosité ; amorçons les et les attisons par le glorieux tiltre de iustice et de devotion. Il ne se peult imaginer un pire estat de choses, qu'où la meschanceté vient à estre legitime, et prendre, avecques le congé du magistrat, le manteau de la vertu : *nihil in speciem fallacius, quam prava religio, ubi deorum numen prætenditur sceleribus :* l'extreme espece d'iniustice, selon Platon, c'est que ce qui est iniuste soit tenu pour iuste.

Le peuple y souffrit bien largement lors, non les dommages presents seulement,

> Undique totis
> Usque adeo turbatur agris.

mais les futurs aussi : les vivants y eurent à patir ; si eurent ceulx qui n'estoient encores nays : on le pilla, et moy par consequent, iusques à l'esperance, luy ravissant tout ce qu'il avoit à s'appresler à vivre pour longues annees :

> Quæ nequeunt secum ferre aut abducere, perdunt ;
> Et cremat insontes turba scelesta sasas.
>
> Muris nulla fides, squalent populatibus agri.

Oultre cette secousse, i'en souffris d'aultres : i'encourus les inconvenients que la moderation apporte en telles maladies : ie feus pelaudé à toutes mains ; au gibelin, i'estois guelphe ; au guelphe, gibelin : quelqu'un de mes poëtes dict bien cela, mais ie ne sçais où c'est. La situation de ma maison, et l'accointance des hommes de mon voysinage, me presentoient d'un visage ; ma vie et mes actions d'un aultre. Il ne s'en faisoit point des accusations formees, car il n'y avoit où mordre ; ie ne desempare iamais les loix, et qui m'eust recherché m'en eust deu de reste : c'estoient suspicions muettes qui couroient soubs main, ausquelles il n'y a iamais faulte d'apparence, en un meslange si confus. non plus que d'esprits ou envieux ou ineptes. I'ayde ordinairement aux presumptions iniurieuses que la fortune seme contre moy, par une façon que i'ay dez tousiours, de fuyr à me iustifier, executer et interpreter ; estimant que c'est mettre ma conscience en compromis, de plaider pour elle ; *perspicuitas enim argumentatione elevatur :* et, comme si chascun veoyoit en moy aussi clair que je fois, au lieu de me tirer arriere de l'accusation, ie m'y advance, et la rencheris plustost par une confession ironique et mocqueuse, si ie ne m'en tais tout à plat, comme de chose indigne de response. Mais ceulx qui le prennent pour une trop haultaine confiance ne m'en veulent gueres moins de mal que ceulx qui le prennent pour foiblesse d'une cause indeffensible ; nommeement les grands, envers lesquels faulte de soubmission est l'extreme faulte, rudes à toute iustice qui se cognoist, qui se sent, non desmise, humble et suppliante, : i'ay souvent heurté à ce pilier. Tant y a que, de ce qui m'advient lors, un ambitieux s'en feust pendu ; si eust faict un avaricieux. Ie n'ay soing quelconque d'acquerir,

> Sit mihi, quod nunc est, etiam minus ; et mihi vivam
> Quod superest ævi, si quid superesse volent di :

mais les pertes qui me viennent par l'iniure d'aultruy, soit larrecin, soit violence, me pincent environ comme un homme malade et gehenné d'avarice. L'offense a, sans mesure, plus d'aigreur que n'a la perte. Mille diverses sortes de maulx accoururent à moy à la file : ie les eusse plus gaillardement soufferts à la foule.

Ie pensay desià, entre mes amis, à qui ie pourrois commettre une vieillesse necessiteuse et disgraciee : aprez avoir rodé les yeulx partout, ie me trouvay en pourpoinct. Pour se laisser tumber à plumb, et de si hault, il fault que ce soit entre les bras d'une affection solide, vigoreuse et fortunee : elles sont rares, s'il y en a. Enfin, ie cogneus que le plus seur estoit de me fier à moy mesme de moy et de ma necessité ; et s'il m'advenoit d'estre froidement en la grace de la fortune, que ie me recommendasse de plus fort à la mienne, m'attachasse, regardasse de plus prez à moy.

En toutes choses, les hommes se iectent aux appuis estrangiers, pour espargner les propres, seuls certains et seuls puissants, qui sçait s'en armer : chascun court ailleurs, et à l'advenir, d'autant que nul n'est arrivé à soy. Et me resolus que c'estoient utiles inconvenients : d'autant, Premierement, qu'il fault advertir à coups de fouet les mauvais disciples, quand la raison n'y peult assez ; comme, par le feu et violence des coings, nous ramenons un bois tortu à sa droicture. Ie me presche, il y a si long temps, de me tenir à moy, et separer des choses estrangieres : toutesfois, ie tourne encores tousiours les yeulx à costé ; l'inclination, un mot favorable d'un grand, un bon visage, me tente : Dieu sçait s'il en est cherté en ce temps, et quel sens il porte ! i'ois encores, sans rider le front, les subornements qu'on me faict pour me tirer en place marchande ; et m'en deffends si mollement, qu'il semble que ie souffrisse plus volontiers d'en estre vaincu. Or, à un esprit si indocile, il fault des bastonnades ; et fault rebattre et resserrer, à bons coups de mail, ce vaisseau qui se desprend, se descout, qui s'eschappe et desrobbe de soy. Secondement, que cet accident me servoit d'exercitation pour me preparer à pis ; si moy, qui, et par le benefice de la fortune, et par la condition de mes mœurs, esperois estre des derniers, venois à estre, des premiers, attrapé de cette tempeste ; m'instruisant de bonne heure à contraindre ma vie, et la renger pour un nouvel estat. La vraye liberté c'est pouvoir toute chose sur soy : *potentissimus est, qui se habet in potestate.* En un temps ordinaire et tranquille, on se prepare à des accidents moderez et communs : mais en cette confusion, où nous sommes depuis trente ans, tout homme françois, soit en particulier, soit en general, se veoid à chasque heure sur le poinct de l'entier renversement de sa fortune ; d'autant fault il tenir son courage fourni de provisions plus fortes et vigoreuses. Sçachons gré au sort de nous avoir faict vivre en un siecle non mol, languissant, ny oysif : tel qui ne l'eust esté par aultre moyen, se rendra fameux par son malheur. Comme ie ne lis gueres ez histoires ces confusions des aultres estats, que ie n'aye regret de ne les avoir peu mieulx considerer, present : ainsi faict ma curiosité, que ie m'aggree aulcunement de veoir de mes yeulx ce notable spectacle de nostre mort publicque, ses symptomes et sa forme ; et, puisque ie ne la puis retarder, ie suis content d'estre destiné à y assister, et m'en instruire. Si cherchons nous avidement de recognoistre en umbre mesme, et en la fable des theatres, la montre des ieux tragiques de l'humaine fortune : ce n'est pas sans compassion de ce que nous oyons ; mais nous nous plaisons d'esveiller nostre desplaisir, par la rareté de ces pitoyables evenements. Rien ne chatouille, qui ne pince. Et les bons historiens fuyent, comme un' eau dormante et mer morte, des narrations calmes, pour regaigner les seditions, les guerres, où ils sçavent que nous les appellons.

Ie doubte si ie puis assez honnestement advouer à combien vil prix du repos et tranquillité de ma vie, ie l'ay plus de moitié passee en la ruyne de mon païs. Ie me donne un peu trop bon marché de patience, ez accidents qui ne me saisissent au propre ; et, pour me plaindre à moy, regarde non tant ce qu'on m'oste, que ce qui me reste de sauve, et dedans et dehors. Il y a de la consolation à eschever tantost l'un, tantost l'aultre, des maulx qui nous guignent de suitte, et assenent ailleurs autour de nous : aussi, qu'en matiere d'interests publicques, à mesure que mon affection est plus universellement espandue, elle en est plus foible ; ioinct qu'il est vray, à demy, *tantum ex publicis malis sentimus, quantum ad privatas res pertinet;* et que la santé d'où nous partismes estoit telle, qu'elle soulage elle mesme le regret que nous en debvrions avoir. C'estoit santé, mais non qu'à la comparaison de la maladie qui l'a suyvie ; nous ne sommes cheus de gueres hault ; la corruption et le brigandage qui est en dignité et en office, me semble le moins supportable ; on nous vole moins iniurieusement dans un bois qu'en lieu de seureté. C'estoit une ioincture universelle de membres gastez en particulier, à l'envy les uns des aultres, et, la pluspart, d'ulceres envieillis, qui ne recevoyent plus ny ne demandoient guarison.

Ce croulement doncques m'anima, certes, plus qu'il ne m'atterra, à l'ayde de ma conscience, qui se portoit non paisiblement seulement mais fierement ; et ne trouvois en quoy me plaindre de moy. Aussi, comme Dieu n'envoye iamais non plus les maulx que les biens touts purs aux hommes, ma santé tenu bon ce temps là, oultre son ordinaire ; et, ainsi que sans elle ie ne puis rien, il est peu de choses que ie ne puisse avecques elle. Elle me donna moyen d'esveiller toutes mes provisions, et de porter la main au devant de la playe qui eust passé volontiers plus oultre : et esprouvay, en ma patience, que i'avois quelque tenue contre la fortune ; et qu'à me faire perdre mes arçons, il falloit un grand heurt. Ie ne le dis pas pour l'irriter à me faire une charge plus vigoureuse : ie suis son serviteur ; ie luy tends les mains : pour Dieu, qu'elle se contente! Si ie sens ses assaults? si fais. Comme ceulx que la tristesse accable et possede se laissent pourtant par intervalles tastonner à quelque plaisir, et leur eschappe un soubsrire : ie puis aussi assez sur moy pour rendre mon estat ordinaire paisible et deschargé d'ennuyeuse imagination; mais ie me laisse pourtant, à boutades, surprendre des morsures de ces malplaisantes pensees, qui me battent pendant que ie m'arme pour les chasser, ou pour les luicter.

Voicy un aultre rengregement de mal qui m'arriva à la suitte du reste : Et dehors et dedans ma maison, ie feus accueilli d'une peste, vehemente au prix de toute aultre : car, comme les corps sains sont subiects à plus griefves maladies, d'autant qu'ils ne peuvent estre forcez que par celles là ; aussi mon air tressalubre, où d'aulcune memoire, la contagion, bien que voysine, n'avoit sceu prendre pied, venant à s'empoisonner, produisit des effects estranges,

        Mista senum et iuvenum densantur funera ; nullum
          Sæva caput Proserpina fugit :

i'eus à souffrir cette plaisante condition, que la veue de ma maison m'estoit effroyable; tout ce qui y estoit, estoit sans garde, et à l'abandon de qui en avoit envie. Moy, qui suis si hospitalier, feus en trespenible queste de retraicte pour ma famille; une famille esgaree, faisant peur à ses amis et à soy mesme, en horreur, où qu'elle cherchast à se placer : ayant à changer de demeure, soubsdain qu'un de la troupe commenceoit à se douloir du bout du doigt ; toutes maladies sont alors prinses pour peste ; on ne se donne pas le loisir de les recognoistre. Et c'est le bon, que, selon les regles de l'art, à tout dangier qu'on approche, il fault estre quarante iours en transe de ce mal : l'imagination vous exerceant ce pendant à sa mode, et enfiebvrant vostre santé mesme. Tout cela m'eust beaucoup moins touché, si ie n'eusse eu à me ressentir de la peine d'aultruy, et servir six mois miserablement de guide à cette caravane, car ie porte en moy mes preservatifs, qui sont, resolution et souffrance. L'apprehension ne me presse gueres, laquelle on craint particulierement en ce mal ; et si, estant seul, ie l'eusse voulu prendre, c'eust esté une fuyte bien plus gaillarde et plus esloingnee : c'est une mort qui ne me semble des pires ; elle est communement courte, d'estourdissement, sans douleur, consolee par la condition publicque, sans cerimonie, sans dueil, sans presse. Mais quant au monde des environs, la centiesme partie des ames ne se peult sauver :

          Videas desertaque regna
      Pastorum, et longe saltus lateque vacantes.

En ce lieu, mon meilleur revenu est manuel : ce que cent hommes travailloient pour moy, chome pour long temps.

Or lors, quel exemple de resolution ne veismes nous en la simplicité de tout ce peuple? Generalement, chascun renonceoit au soing de la vie : les raisins demeurerent suspendus aux vignes, le bien principal du païs; touts indifferemment se preparants et attendants la mort, à ce soir ou au lendemain, d'un visage et d'une voix si peu effroyee, qu'il sembloit qu'ils eussent compromis à cette necessité, et que ce feust une condemnation universelle et inevitable. Elle est tousiours telle : mais à combien peu tient la resolution au mourir? la distance et difference de quelques heures, la seule consideration de la compaignie, nous en rend l'apprehension diverse. Veoyez ceulx cy : pour ce qu'ils meurent en mesme mois, enfants, ieunes, vieillards, ils ne s'estonnent plus, ils ne se pleurent plus. I'en veis qui craignoient de demeurer derriere, comme en une horrible solitude : et n'y cogneus communement aultre soing que des sepultures ; il leur faschoit de veoir les corps espars emmy les champs, à la mercy des bestes, qui y peuplerent incontinent. Comment les fantasies humaines se descoupent! les Neorites, nation qu'Alexandre subiugua, iectent les corps des morts au plus profond de leurs bois, pour y estre mangez : seule sepulture estimee entr'eulx heureuse. Tel, sain, faisoit desia sa fosse : d'aultres s'y couchoient encores vivants ; et un manœuvre des miens, avecques ses mains et ses pieds, attira sur soy la terre en mourant. Estoit ce pas s'abriter pour s'endormir plus à son ayse, d'une entreprinse en haulteur aulcunement pareille à celle des soldats romains qu'on trouva, aprez la iournee de Cannes, la teste plongee dans des trous, qu'ils avoient faicts et comblez de leurs mains en s'y suffoquant? Somme toute, une nation feut incontinent, par usage, logee en une marche qui ne cede en roideur à aulcune resolution estudiee et consultee.

... Quel exemple de resolution ne veismes nous en la simplicité de tout ce peuple ?...

La pluspart des instructions de la science à nous encourager, ont plus de montre que de force, et plus d'ornement que de fruict. Nous avons abandonné nature, et luy voulons apprendre sa leçon; elle qui nous menoit si heureusement et si seurement : et cependant les traces de son instruction, et ce peu qui, par le benefice de l'ignorance, reste de son image empreint en la vie de cette tourbe rustique d'hommes impolis, la science est contraincte de l'aller touts les iours empruntant pour en faire patron à ses disciples de constance, d'innocence, et de tranquillité. Il faict beau veoir, Que ceulx cy, pleins de tant de belles cognoissances, ayent à imiter cette sotte simplicité, et à l'imiter aux premieres actions de la vertu; et Que nostre sapience apprenne, des bestes mesmes, les plus utiles enseignements aux plus grandes et necessaires parties de nostre vie, comme il nous fault vivre et mourir, mesnager nos biens, aymer et eslever nos enfants, entretenir iustice : singulier tesmoignage de l'humaine maladie ; et Que cette raison, qui se manie à nostre poste, trouvant tousiours quelque diversité et nouvelleté, ne laisse chez nous aulcune trace apparente de la nature ; et en ont faict les hommes, comme les parfumiers de l'huile ; ils l'ont sophistiquee de tant d'argumentations et de discours appellez du dehors, qu'elle en est devenue variable et particuliere à chascun, et a perdu son propre visage, constant et universel, et nous fault en chercher tesmoignage des bestes, non subiect à faveur, corruption, ny à diversité d'opinions : car il est bien vray qu'elles mesmes ne vont pas tousiours exactement dans la route de nature ; mais ce qu'elles en desvoyent, c'est si peu, que vous en appercevez tousiours l'orniere : tout ainsi que les chevaulx qu'on mene en main font bien des bonds et des escapades, mais c'est à la longueur de leurs longes, et suyvent ce neantmoins tousiours les pas de celuy qui les guide ; et comme l'oyseau prend son vol, mais soubs la bride de sa filiere. *Exsilia, tormenta, bella, morbos, naufragia meditare..... ut nullo sis malo tiro :* à quoy nous sert cette curiosité de preoccuper touts les inconvenients de l'humaine nature, et nous preparer avecques tant de peine à l'encontre de ceulx mesmes qui n'ont, à l'adventure, point à nous toucher ? *parem passis tristitiam facit, pati posse;* non seulement le coup, mais le vent et le pet, nous frappe : ou, comme les plus fiebvreux, car certes c'est fiebvre, aller dez à cette heure vous faire donner le fouet, parce qu'il peult advenir que fortune vous le fera souffrir un iour ; et prendre vostre robbe fourree dez la S. Iean, parce que vous en aurez besoing à Noël ? Iectez vous en l'experience de touts les maulx qui vous peuvent arriver, nommeement des plus extremes ; esprouvez vous là, disent ils ; asseurez vous là. Au rebours, le plus facile et plus naturel seroit en descharger mesme sa pensee : ils ne viendront pas assez tost ; leur vray estre ne nous dure pas assez ; il fault que nostre esprit les estende et alonge, et qu'avant la main il les incorpore en soy et s'en entretienne, comme s'ils ne poisoient pas raisonnablement à nos sens. « Ils poiseront assez, quand ils y seront, dict un des maistres, non de quelque tendre secte, mais de la plus dure ; ce pendant, favorise toy, crois ce que tu aymes le mieulx : que te sert il d'aller recueillant et prevenant ta malefortune, et de perdre le present, par la crainte du futur ; et estre, dez cette heure, miserable, parce que tu le doibs estre avecques le temps ? » Ce sont ses mots. La science nous faict volontiers un bon office, de nous instruire bien exactement des dimensions des maulx,

Curis acuens mortalia corda !

ce seroit dommage, si partie de leur grandeur eschappoit à nostre sentiment et cognoissance !

Il est certain qu'à la pluspart, la preparation à la mort a donné plus de torment que n'a faict la souffrance. Il feut iadis veritablement dict, et par un bien iudicieux aucteur, *Minus afficit sensus fatigatio, quam cogitatio*. Le sentiment de la mort presente nous anime parfois, de soy mesme, d'une prompte resolution de ne plus eviter chose du tout inevitable : plusieurs gladiateurs se sont veus, au temps passé, aprez avoir couardement combattu, avaller courageusement la mort, offrants leur gosier au fer de l'ennemy, et le conviants. La veue de la mort à venir a besoing d'une fermeté lente, et difficile par consequent à fournir. Si vous ne sçavez pas mourir, ne vous chaille ; nature vous en informera sur le champ, plainement et suffisamment ; elle fera exactement cette besongne pour vous : n'en empeschez vostre soing :

Incertam frustra, mortales, funeris horam
Quæritis, et qua sit mors aditura via.
Pœna minor, certam subito perferre ruinam
Quod timeas, gravius sustinuisse diu.

Nous troublons la vie par le soing de la mort ; et la mort, par le soing de la vie : l'une nous ennuye ; l'aultre nous effraye. Ce n'est pas contre la mort que nous nous preparons, c'est chose trop momentanee ; un quart d'heure de passion, sans consequence, sans nuisance, ne merite pas des preceptes particuliers : à dire vray, nous nous preparons contre les preparations de la mort. La philosophie nous ordonne d'avoir la mort tousiours devant les yeulx, de la preveoir et considerer avant le temps, et nous donne, aprez, les regles et les precautions pour prouveoir à ce que cette prevoyance et cette pensee ne nous blece : ainsi font les medecins qui nous iectent aux maladies, afin qu'ils ayent où employer leur drogues et leur art. Si nous n'avons sceu vivre, c'est iniustice de nous apprendre à mourir, et difformer la fin de son total : si nous avons sceu vivre constamment et tranquillement, nous sçaurons mourir de mesme. Ils s'en vanteront tant qu'il leur plaira, *tota philosophorum vita commentatio mortis est;* mais il m'est advis que c'est bien le bout, non pourtant le but, de la vie ; c'est sa fin, son extremité, non pourtant son obiect : elle doibt estre elle mesme à soy sa visee, son desseing; son droict estude est se regler, se conduire, se souffrir. Au nombre de plusieurs aultres offices, que comprend le general et principal chapitre du Sçavoir vivre, est cet article de Sçavoir mourir, et des plus legiers, si nostre crainte ne luy donnoit poids.

À les iuger par l'utilité, et par la verité naïfve, les leçons de la simplicité ne cedent gueres à celles que nous presche la doctrine ; au contraire. Les hommes sont divers en sentiment et en force : il les fault mener à leur bien selon eulx, et par routes diverses.

     Quo me cumque rapit tempestas, deferor hospes.

Ie ne veis iamais païsan de mes voysins entrer en cogitation de quelle contenance et asseurance il passeroit cette heure derniere : nature luy apprend à ne songer à la mort que quand il se meurt ; et lors, il y a meilleure grace qu'Aristote, lequel la mort presse doublement, et par elle, et par une si longue premeditation : pourtant feut ce l'opinion de Cesar, que la moins premeditee mort estoit la plus heureuse et plus deschargee : *Plus dolet, quam necesse est, qui ante dolet, quam necesse est.* L'aigreur de cette imagination naist de nostre curiosité : nous nous empeschons tousiours ainsi, voulants devancer et regenter les prescriptions naturelles. Ce n'est qu'aux docteurs d'en disner plus mal, touts sains, et se renfrongner de l'image de la mort : le commun n'a besoing ny de remede, ny de consolation, qu'au heurt et au coup ; et n'en considere qu'autant iustement qu'il en souffre. Est ce pas ce que nous disons, que la stupidité et faulte d'apprehension du vulgaire luy donne cette patience aux maulx presents, et cette profonde nonchalance des sinistres accidents futurs ; que leur ame, pour estre plus crasse et obtuse, est moins penetrable et agitable? Pour Dieu ! s'il est ainsi, tenons d'oresenavant eschole de bestise : c'est l'extreme ruict que les sciences nous promettent, auquel cette cy conduict si doulcement ses disciples.

Nous n'aurons pas faulte de bons regents, interpretes de la simplicité naturelle ; Socrates en sera l'un : car, de ce qu'il m'en souvient, il parle environ en ce sens, aux iuges qui deliberent de sa vie : « I'ay peur, messieurs, si ie vous prie de ne me faire mourir, que ie m'enferre en la delation de mes accusateurs, qui est, Que ie fois plus l'entendu que les aultres, comme ayant quelque cognoissance plus cachee des choses qui sont au dessus et au dessoubs de nous. Ie sçais que ie n'ay ny frequenté, ny recogneu la mort, ny n'ay veu personne qui ayt essayé ses qualitez, pour m'en instruire. Ceulx qui la craignent presupposent la cognoistre : quant à moy, ie ne sçais ny quelle elle est, ny quel il faict en l'aultre monde. À l'adventure est la mort chose indifferente, à l'adventure desirable. Il est à croire pourtant, si c'est une transmigration d'une place à aultre, qu'il y a de l'amendement d'aller vivre avecques tant de grands personnages trespassez, et d'estre exempt d'avoir plus affaire à iuges iniques et corrompus : si c'est un aneantissement de nostre estre, c'est encores amendement d'entrer en une longue et paisible nuict ; nous ne sentons rien de plus doulx en la vie qu'un repos et sommeil tranquille et profond, sans songes. Les choses que ie sçais estre mauvaises, comme d'offenser son prochain, et desobeïr au superieur, soit Dieu, soit homme, ie les evite soigneusement : celles desquelles ie ne sçais si elles sont bonnes ou mauvaises, ie ne les sçaurois craindre. Si ie m'en vois mourir, et vous laisse en vie, les dieux seuls veoyent à qui, de vous ou de moy, il en ira mieulx. Par quoy, pour mon regard, vous en ordonnerez comme il vous plaira. Mais, selon ma façon de conseiller les choses iustes et utiles, ie dis bien que, pour vostre conscience, vous ferez mieulx de m'eslargir, si vous ne veoyez plus avant que moy en ma cause ; et, iugeant selon mes actions passees, et publicques, et privees, selon mes intentions, et selon le proufit que tirent touts les iours de ma conversation tant de nos citoyens et ieunes et vieux, et le fruict que ie vous fois à touts, vous ne pouvez deuement vous descharger envers mon merite, qu'en ordonnant que ie sois nourry, attendu ma pauvreté, au Prytanee, aux despens publicques, ce que souvent ie vous ay veu, à moindre raison, octroyer à d'aultres. Ne prenez pas à obstination ou desdaing, que, suyvant la coustume, ie n'aille vous suppliant et esmouvant à commiseration. I'ay des amis et des parents, n'estant, comme dict Homere, engendré ny de bois, ny de pierre, non plus que les aultres, capables de se presenter avecques des larmes et le dueil; et ay trois enfants esplorez, de quoy vous tirer à pitié : mais le ferois honte à nostre ville, en l'aage que ie suis, et en telle reputation de sagesse que m'en voicy en prevention, de m'aller desmettre à si lasches contenances. Que diroit on des aultres Atheniens ? I'ay tousiours admonesté ceulx qui m'ont ouï parler, de ne racheter leur vie par une action deshonneste; et, aux guerres de mon païs, à Amphipolis, à Potidee, à Delie, et aultres où ie me suis trouvé, i'ay montré, par effects, combien i'estois loing de garantir ma seureté par ma honte. Dadvantage, i'interesserois vostre debvoir, et vous convierois à choses laides ; car ce n'est pas à mes prieres de vous persuader, c'est aux raisons pures et solides de la iustice. Vous avez iuré aux dieux d'ainsi vous maintenir : il sembleroit que ie voulsisse souspeçonner et recriminer de ne croire pas qu'il y en aye; et moy mesme tesmoignerois contre moy, de ne croire point en eulx comme ie doibs, me desfiant de leur conduicte, et ne remettant purement en leurs mains mon affaire. Ie m'y fie du tout; et tiens pour certain qu'ils feront en cecy, selon qu'il sera plus propre à vous et à moy : les gents de bien, ny vivants, ny morts, n'ont aulcunement à se craindre des dieux. »

Voylà pas un playdoyer puerile, d'une haulteur inimaginable, veritable, franc et iuste, au delà de tout exemple ; et employé en quelle necessité ? Vrayement ce feut raison qu'il le preferat à celuy que ce grand aurateur Lysias avoit mis par escript pour luy; excellemment façonné au style iudiciaire, mais indigne d'un si noble criminel. Eust on ouï de la bouche de Socrates une voix suppliante ? cette superbe vertu eust elle calé au plus fort de sa montre ? et sa riche et puissante nature eust elle commis à l'art sa deffense; et, en son plus hault essay, renoncé à la verité et naïveté, ornements de son parler, pour se parer du fard des figures, et feinctes d'un' oraison apprinse ! Il feit tressagement, et selon luy, de ne corrompre point une teneur de vie incorruptible, et une si saincte image de l'humaine forme, pour alonger d'un an sa decrepitude, et trahir l'immortelle memoire de cette fin glorieuse. Il debvoit sa vie, non pas à soy, mais à l'exemple du monde : seroit ce pas dommage publicque qu'il l'eust achevee d'un' oysifve et obscure façon ? Certes, une si nonchalante et molle consideration de sa mort meritoit que la posterité la considerast d'autant plus pour luy; ce qu'elle feit : et il n'y a rien en la iustice si iuste, que ce que la fortune ordonna pour sa recommendation ; car les Atheniens eurent en telle abomination ceulx qui en avoient esté cause, qu'on les fuyoit comme personnes excommuniees; on tenoit pollu tout ce à quoy ils avoient touché ; personne à l'estuve ne lavoit avecques eulx, personne ne les saluoit ny accointoit; si qu'enfin ne pouvant plus porter cette haine publicque, ils se pendirent eulx mesmes.

Si quelqu'un estime que, parmy tant d'aultres exemple que i'avois à choisir pour le service de mon propos, ez dicts de Socrates, i'aye mal trié cettuy cy; et qu'il iuge ce discours estre eslevé au dessus des opinions communes : ie l'ay faict à escient; car ie iuge aultrement; et tiens que c'est un discours, en reng et en naïfveté, bien plus arriere et plus bas que les opinions communes. Il represente, en une hardiesse inartificielle et securité enfantine, la pure et premiere impression et ignorance de nature ; car il est croyable que nous avons naturellement crainte de la douleur, mais non de la mort, à cause d'elle : c'est une partie de nostre estre, non moins essentielle que le vivre. A quoy faire nous en auroit nature engendré la haine et l'horreur, veu qu'elle luy tient reng de tresgrande utilité, pour nourrir la succession et vicissitude de ses ouvrages ? et qu'en cette republicque universelle, elle sert plus de naissance et d'augmentation, que de perte ou ruyne ?

Sic rerum summa novatur.

Mille animas una necata dedit,

la defaillance d'une vie est le passage à mille aultres vies. Nature a empreint aux bestes le soing d'elles et leur conservation : elles vont iusques là, de craindre leur empirement, de se heurter et blecer, que nous les enchevestrions et battions, accidents subiects à leur sens et experience : mais que nous les tuyons, elles ne le peuvent craindre, ny n'ont la faculté d'imaginer et conclure la mort si dict on encores qu'on les veoid, non seulement la souffrir gayement (la pluspart des chevaulx hennissent en mourant, les cygnes la chantent), mais de plus, la recherchent à leur besoing, comme portent plusieurs exemples des elephants.

Oultre ce, la façon d'argumenter de laquelle se sert icy Socrates, est elle pas admirable egalement en simplicité et en vehemence ? Vrayement il est bien plus aysé de parler comme Aristote, et vivre comme Cesar, qu'il n'est aysé de parler et vivre comme Socrates : là, loge l'extreme degré de perfection et de difficulté ; l'art n'y peult ioindre. Or, nos facultez ne sont pas ainsi dressees ; nous ne les essayons, ny ne les cognoissons : nous nous investissons de celles d'aultruy, et laissons chomer les nostres : comme quelqu'un pourroit dire de moy, que i'ay seulement faict icy un amas de fleurs estrangieres, ny ayant fourny du mien que le filet à les lier.

Certes, i'ay donné à l'opinion publicque, que ces parements empruntez m'accompaignent ; mais ie n'entends pas qu'ils me couvrent et qu'ils me cachent : c'est le rebours de mon desseing, qui ne veulx faire montre que du mien, et de ce qui est mien par nature ; et si ie m'en feusse cru, à tout hazard i'eusse parlé tout fin seul. Ie m'en charge de plus fort touts les iours, oultre ma proposition et ma forme premiere, sur la fantasie du siecle, et par oysifveté. S'il me messied à moy, comme ie le crois, n'importe : il peult estre utile à quelque aultre. Tel allegue Platon et Homere, qui ne le veid oncques : et moy, ay prins des lieux assez, ailleurs qu'en leur source. Sans peine et sans suffisance, ayant mille volumes de livres autour de moy en ce lieu où i'escris, i'emprunteray presentement, s'il me plaist d'une douzaine de tels ravaudeurs, gents que ie ne feuillette gueres, de quoy esmailler le traicté de la Physionomie : il ne fault que l'epistre liminaire d'un Allemand pour me farcir d'allegations. Et nous allons quester par là une friande gloire, à piper le sot monde ! Ces pastissages de lieux communs, dequoy tant de gents mesnagent leur estude, ne servent gueres qu'à subiects communs, et servent à nous montrer, non à nous conduire : ridicule fruict de la science, que Socrates exagite si plaisamment contre Euthydemus. I'ay veu faire des livres de choses ny iamais estudiees, ny entendues ; l'aucteur commettant à divers de ses amis sçavants la recherche de cette cy et de cette aultre matiere à le bastir, se contentant, pour sa part, d'en avoir proiecté le desseing, et lié par son industrie ce fagot de provisions incogneues : au moins est sien l'encre et le papier. Cela, c'est en conscience acheter ou emprunter un livre, non pas le faire ; c'est apprendre aux hommes, non qu'on sçait faire un livre, mais, ce de quoy ils pouvoient estre en doubte, qu'on ne le sçait pas faire. Un president se vantoit, où i'estois, d'avoir amoncelé deux cents tant de lieux estrangiers en un sien arrest presidental : en le preschant, il effaceoit la gloire qu'on luy donnoit : Pusillanime et absurde vanterie, à mon gré, pour un tel subiect et telle personne ! Ie foys le contraire ; et, parmy tant d'emprunts, ie suis bien ayse d'en pouvoir desrobber quelqu'un, le desguisant et difformant à nouveau service : au hazard que ie laisse dire que c'est une faulte d'avoir entendu son naturel usage, ie luy donne quelque particuliere adresse de ma main, à ce qu'il en soit d'autant moins purement estrangier. Ceulx cy mettent leurs larrecins en parade et en compte ; aussi ont ils plus de credit aux lois que moy : nous aultres naturalistes, estimons qu'il y ayt grande et incomparable preference de l'honneur de l'invention à l'honneur de l'allegation.

Si i'eusse voulu parler par la science, i'eusse parlé plus tost ; i'eusse escript du temps plus voysin de mes estudes, que i'avois plus d'esprit et de memoire ; et me feusse plus fié à la vigueur de cet aage là, qu'à cettuy cy, si i'eusse voulu faire mestier d'escrire. Et quoy, si cette faveur gracieuse que la fortune m'a nagueres offerte par l'entremise de cet ouvrage, m'eust peu rencontrer en telle saison, au lieu de celle cy, où elle est egalement desirable à posseder, et preste à perdre ? Deux de mes cognoissants, grands hommes en cette faculté, ont perdu par moitié, à mon advis, d'avoir refusé de se mettre au iour à quarante ans, pour attendre les soixante.

La maturité a ses defaults, comme la verdeur, et pires; et autant est la vieillesse incommode à cette nature de besongne, qu'à tout aultre : quiconque met sa decrepitude soubs la presse, faict folie, s'il espere en espreindre des humeurs qui ne sentent le disgracié, le resveur et l'assopy ; nostre esprit se constipe et s'espaissit en vieillissant. Ie dis pompeusement et opulemment l'ignorance, et dis la science maigrement et piteusement ; accessoirement cette cy et accidentalement, celle là expressement et principalement: et ne traicte à poinct nommé de rien, que du rien ; ny d'aulcune science, que de celle de l'inscience. I'ay choisi le temps où ma vie, que i'ay à peindre, ie l'ay toute devant moy; ce qui en reste tient plus de la mort : et de ma mort seulement, si ie la rencontrois babillarde, comme font d'aultres, donrois ie encores volontiers advis au peuple, en deslogeant.

Socrates a esté un exemplaire parfaict en toutes grandes qualitez. I'ay despit qu'il eust rencontré un corps et un visage si disgraciez, comme ils disent, et si disconvenable à la beauté de son ame ; luy si amoureux et si affolé de la beauté : nature luy feit iniustice. Il n'est rien plus vraysemblable que la conformité et relation du corps à l'esprit. *Ipsi animi, magni refert, quali in corpore locati sint : multa enim e corpore existunt, quæ acuant mentem ; multa, quæ obtundant :* cettuy cy parle d'une laideur desnaturee, et difformité de membres ; mais nous appellons laideur aussi, une mesadvenance au premier regard, qui loge principalement au visage, et nous desgouste par bien legieres causes, par le teint, une tache, une rude contenance, par quelque cause souvent inexplicable, en des membres pourtant bien ordonnez et entiers. La laideur, qui revestoit un' ame tresbelle en La Boëtie, estoit de ce predicament. cette laideur superficielle, qui est toutesfois la plus imperieuse, est de moindre preiudice à l'estat de l'esprit, et a peu de certitude en l opinion des hommes. L'aultre, qui d'un plus propre nom s'appelle difformité, plus substancielle, porte plus volontiers coup iusques au dedans : non pas tout soulier de cuir bien lissé, mais tout soulier bien formé montre l'interieure forme du pied : Comme Socrates disoit de la sienne, qu'elle en accusoit iustement autant en son ame, s'il ne l'eust corrigee par institution. Mais, en le disant, ie tiens qu'il se mocquoit, suyvant son usage ; et iamais ame si excellente ne se feit elle mesme.

Ie ne puis dire assez souvent combien i'estime la beauté qualité puissante et advantageuse : il l'appelloit, « une courte tyrannie ; » et Platon, « le privilege de nature. » Nous n'en avons point qui la surpasse en credit : elle tient le premier reng au commerce des hommes ; elle se presente au devant ; seduict et preoccupe nostre iugement, avecques grande auctorité et merveilleuse impression. Phryné perdoit sa cause entre les mains d'un excellent advocat, si, ouvrant sa robbe, elle n'eust corrompu ses iuges par l'esclat de sa beauté. Et ie treuve que Cyrus, Alexandre, Cesar, ces trois maistres du monde, ne l'ont pas oubliee à faire leurs grands affaires ; non a pas le premier Scipion. Un mesme mot embrasse en grec le bel et le bon : et le Sainct Esprit appelle souvent bons, ceulx qu'il veult dire beaux. Ie maintiendrois volontiers le reng des biens, selon que portoit la chanson que Platon dict avoir esté triviale, prinse de quelque ancien poëte : « La Santé, la Beauté, la Richesse. » Aristote dict, Aux beaux appartenir le droict de commander ; et, quand il en est de qui la beauté approche celle des images des dieux, Que la veneration leur est pareillement deue : à celuy qui luy demandoit pourquoy plus longtemps et plus souvent on hantoit les beaux : « Cette demande, feit il, n'appartient à estre faicte que par un aveugle. » La pluspart, et les plus grands philosophes, payerent leur escholage, et acquirent la sagesse, par l'entremise et faveur de leur beauté. Non seulement aux hommes qui me servent, mais aux bestes aussi, ie la considere à deux doigts prez de la bonté.

Si me semble il que ce traict et façon de visage, et ces lineaments, par lesquels on argumente aulcunes complexions internes et nos fortunes à venir, est chose qui ne loge pas bien directement et simplement soubs le chapitre de beauté et de laideur : non plus que toute bonne odeur et serenité d'air n'en promet pas la santé ; ny toute espesseur et puanteur, l'infection en temps pestilent. Ceulx qui accusent les dames de contredire leur beauté par leurs mœurs, ne rencontrent pas tousiours : car en une face qui ne sera pas trop bien composee, il peult loger quelque air de probité et de fiance ; comme, au rebours, i'ay leu parfois, entre deux beaux yeulx, des menaces d'une nature maligne et dangereuse. Il y a des physionomies favorables ; et, en une presse d'ennemis victorieux, vous choisirez incontinent parmy des hommes incogneus, l'un plustost que l'aultre, à qui vous rendre et fier vostre vie, et non proprement par la consideration de la beauté.

C'est une foible garantie que la mine ; toutesfois elle a quelque consideration : et si i'avois à les fouetter, ce seroit plus rudement les meschants qui desmentent et trahissent les promesses que nature leur avoit plantees au front ; ie punirois plus aigrement la malice, en une apparence debonnaire. Il semble qu'il y ayt aulcuns visages heureux, d'aultres malencontreux : et crois qu'il y a quelque art à distinguer les visages debonnaires, des niais ; les severes des rudes ; les malicieux des chagrins ; les desdaigneux, des melancholiques, et telles aultres qualitez voysines. Il y a des beautez, non fieres seulement, mais aigres ; il y en a d'aultres doulces, et, encores, au delà, fades : d'en prognostiquer les adventures, ce sont matieres que ie laisse indecises.

I'ay prins, comme i'ay dict ailleurs, bien simplement et cruement, pour mon regard, ce precepte ancien : « Que nous ne sçaurions faillir à suyvre nature : » que le souverain precepte, c'est de « Se conformer à elle. » Ie n'ay pas corrigé, comme Socrates, par la force de la raison, mes complexions naturelles, et n'ay aulcunement troublé, par art, mon inclination : ie me laisse aller, comme ie suis venu ; ie ne combats rien ; mes deux maistresses vivent, de leur grace, en paix et bon accord : mais le laict de ma nourrice a esté, Dieu mercy ! mediocrement sain et temperé. Diray ie cecy en passant ? que ie veois tenir en plus de prix qu'elle ne vault, qui est seule quasi en usage entre nous, certaine image de preud'hommie scholastique, serve des preceptes, contraincte soubs l'esperance et la crainte. Ie l'ayme telle que les loix et religions non facent, mais parfacent et auctorisent ; qui se sente de quoy se soubstenir sans ayde ; nee en nous de ses propres racines, par la semence de la raison universelle, empreinte de tout homme non denaturé. Cette raison, qui redresse Socrates de son vicieux ply, le rend obeïssant aux hommes et aux dieux qui commandent en sa ville, courageux en la mort, non parce que son ame est immortelle, mais parce qu'il est mortel. Ruineuse instruction à toute police, et bien plus dommageable qu'ingenieuse et subtile, qui persuade aux peuples la religieuse creance suffire seule, et sans les mœurs, à contenter la divine justice ! l'usage nous faict veoir une distinction enorme entre la devotion et la conscience.

I'ay une apparence favorable, et en forme, et en interpretation :

> Quid dixi, habere me ? Imo habui, Chreme :
>
> Heu ! tantum attriti corporis ossa vides :

et qui faict une contraire montre à celle de Socrates. Il m'est souvent advenu que, sur le simple credit de ma presence et de mon air, des personnes qui n'avoient aulcune cognoissance de moy s'y sont grandement fiees, soit pour leurs propres affaires, soit pour les miennes ; et en ay tiré, ez païs estrangiers, des faveurs singulieres et rares. Mais ces deux experiences valent, à l'adventure, que ie les recite particulierement : Un quidam delibera de surprendre ma maison et moy ; son art feut d'arriver seul à ma porte, et d'en presser un peu instamment l'entree. Ie le cognoissois de nom, et avois occasion de me fier de luy, comme de mon voisin et aulcunement mon allié : ie luy feis ouvrir, comme ie fois à chascun. Le voici tout effroyé, son cheval hors d'haleine, fort harassé. Il m'entretient de cette fable : « Qu'il venoit d'estre rencontré, à une demie lieue de là par un sien ennemy, lequel ie cognoissois aussi, et avois ouï parler de leur querelle ; que cet ennemy luy avoit merveilleusement chaussé les esperons ; et qu'ayant esté surprins en desarroy, et plus foible en nombre, il s'estoit iecté à ma porte à sauveté ; qu'il estoit en grand' peine de ses gents, lesquels il disoit tenir pour morts ou prins. » I'essayay tout naïfvement de le conforter, asseurer, et refreschir. Tantost aprez, voylà quatre ou cinq de ses soldats qui se presentent, en mesme contenance et effroy, pour entrer ; et puis d'aultres, et d'aultres encore aprez, bien equippez et bien armez, iusques à vingt cinq ou trente, feignants avoir leur ennemy aux talons. Ce mystere commenceoit à taster mon souspeçon : ie n'ignorois pas en quel siecle ie vivois, combien ma maison pouvoit estre enviee ; et avois plusieurs exemples d'aultres de ma cognoissance, à qui il estoit mesadvenu de mesme. Tant y a, que, trouvant qu'il n'y avoit point d'acquest d'avoir commencé à faire plaisir, si ie n'achevois, et ne pouvant me desfaire sans tout rompre, ie me laissay aller au party le plus naturel et le plus simple, comme ie fois tousiours, commandant qu'ils entrassent. Aussi, à la verité, ie suis peu desfiant et souspeçonneux de ma nature; ie penche volontiers vers l'excuse et l'interpretation plus doulce : ie prends les hommes selon le commun ordre; et ne crois pas ces inclinations perverses et desnaturees, si ie n'y suis forcé par grand tesmoignage, non plus que les monstres et miracles : et suis homme, en oultre, qui me commets volontiers à la fortune, et me laisse aller à corps perdu entre ses bras; dequoy, iusques à cette heure, i'ay eu plus d'occasion de me louer que de me plaindre, et l'ay trouvee et plus advisee, et plus amie de mes affaires, que ie ne suis. Il y a quelques actions en ma vie, desquelles on peult iustement nommer la conduicte difficile, ou, qui vouldra, prudente : de celles là mesmes, posez que la tierce partie soit du mien, certes les deux tierces sont richement à elle. Nous faillons, ce me semble, en ce que nous ne nous fions pas assez au ciel de nous, et pretendons plus de nostre conduicte, qu'il ne nous appartient; pourtant se fourvoyent si souvent nos desseings : il est envieux de l'estendue que nous attribuons aux droicts de l'humaine prudence, au preiudice des siens; et nous les raccourcit d'autant plus que nous les amplifions. Ceulx cy se teinrent à cheval, en ma court; le chef avecques moy dans ma salle, qui n'avoit voulu qu'on establast son cheval, disant avoir à se retirer incontinent qu'il auroit eu nouvelles de ses hommes. Il se veid maistre de son entreprinse : et n'y restoit sur ce poinct que l'execution. Souvent depuis il a dict (car il ne craignoit pas de faire ce conte) que mon visage et ma franchise luy avoient arraché la trahison des poings. Il remonta à cheval, ses gents ayants continuellement les yeulx sur luy, pour veoir quel signe il leur donneroit, bien estonnez de le voir sortir, et abandonner son advantage.

Une aultre fois, me fiant à ie ne sçais quelle trefve qui venoit d'estre publiee en nos armees, ie m'acheminay à un voyage, par païs estrangement chatouilleux. Ie ne feus pas si tost esventé, que voylà trois ou quatre cavalcades de divers lieux pour m'attraper : l'une me ioignit à la troisiesme iournee, où ie feus chargé par quinze ou vingt gentilshommes masquez, suivis d'une ondee d'argoulets. Me voylà prins et rendu, retiré dans l'espez d'une forest voysine, desmonté, devalisé, mes cofres fouillez, ma boite prinse, chevaulx et esquipage dispersé à nouveaulx maistres. Nous feusmes long temps à contester dans ce hallier, sur le faict de ma rançon, qu'ils me tailloient si haulte, qu'il paroissoit bien que ie ne leur estoit gueres cogneu. Ils entrerent en grande contestation de ma vie. De vray, il y avoit plusieurs circonstances qui me menaceoient du danger où i'en estois.

Tunc animis opus, Ænea, tunc pectore firmo.

Ie me mainteins tousiours, sur le tiltre de ma trefve, à leur quiter seulement le gaing qu'ils avoient faict de ma despouille, qui n'estoit pas à mespriser, sans promesse d'aultre rançon. Aprez deux ou trois heures que nous eusmes esté là, et qu'ils m'eurent faict monter sur un cheval qui n'avoit garde de leur eschapper, et commis ma conduicte particuliere à quinze ou vingt harquebuziers, et dispersé mes gents à d'aultres, ayant ordonné qu'on nous menast prisonniers diverses routes, et moy desià acheminé à deux ou trois harquebuzades de là,

Iam prece Pollucis, iam Castoris implorata :

voicy une soubdaine et tresinopinee mutation qui leur print. Ie veis revenir à moy le chef, avecques paroles plus doulces : se mettant en peine de rechercher en la trouppe mes hardes escartees, et me les faisant rendre, selon qu'il s'en pouvoit recouvrer, iusques à ma boite. Le meilleur present qu'ils me feirent, ce feut enfin ma liberté : le reste ne me touchoit gueres en ce temps là. La vraye cause d'un changement si nouveau, et de ce r'advisement sans aulcune impulsion apparente, et d'un repentir si miraculeux, en tel temps, en une entreprinse pourpensee et deliberee, et devenue iuste par l'usage (car d'arrivee ie leur confessay ouvertement le party duquel i'estois, et le chemin que ie tenois), certes, ie ne sçais pas bien encores quelle elle est. Le plus apparent qui se demasqua, et me feit cognoistre son nom, me redict lors plusieurs fois que ie debvois cette delivrance à mon visage, liberté et fermeté de mes paroles, qui me rendoient indigne d'une telle mesadventure, et me demanda asseurance d'une pareille. Il est possible que la bonté divine se voulut servir de ce vain instrument pour ma conservation : elle me deffendit encores l'endemain d'aultres pires embusches, desquelles ceulx cy mesmes m'avoient adverty. Le dernier est encores en pieds, pour en faire le conte ; le premier feut tué il n'y a pas long temps.

Si mon visage ne respondoit pour moy, si on ne lisoit en mes yeulx et en ma voix la simplicité de mon intention, ie n'eusse pas duré sans querelle et sans offense si long temps, avecques cette indiscrette liberté de dire à tort et à droict ce qui me vient en fantasie, et iuger temerairement des choses. Cette façon peult paroistre, avecques raison, incivile et mal accommodee à nostre usage ; mais oultrageuse et malicieuse, ie n'ay veu personne qui l'en ayt iugee ; ny qui se soit picqué de ma liberté, s'il l'a receue de ma bouche : les paroles redictes ont, comme aultre son, aultre sens. Aussi ne hais ie personne ; et suis si lasche à offenser, que, pour le service de la raison mesme, ie ne le puis faire ; et lorsque l'occasion m'a convié aux condemnations criminelles, i'ay plustost manqué à la iustice : *ut magis peccari nolim, quam satis animi ad vindicanda peccata habeam.* On reprochoit, dict on, à Aristote, d'avoir esté trop misericordieux envers un meschant homme · « I'ay esté, de vray, dict il, misericordieux envers l'homme, non envers la meschanceté. » Les iugements ordinaires s'exasperent à la punition par l'horreur du mesfaict : cela mesme refroidit le mien ; l'horreur du premier meurtre m'en faict craindre un second ; et la laideur de la premiere cruauté m'en fait abhorrer toute imitation. A moy, qui ne suis qu'escuyer de trefles, peult toucher ce qu'on disoit de Charillus, roy de Sparte : « Il ne sçauroit estre bon, puisqu'il n'est pas mauvais aux meschants : » ou bien ainsi, car Plutarque le presente en ces deux sortes, comme mille aultres choses, diversement et contrairement : « Il fault bien qu'il soit bon, puisqu'il l'est aux meschants mesmes. » De mesme qu'aux actions legitimes, ie me fasche de m'y employer quand c'est envers ceulx qui s'en desplaisent ; aussi, à dire verité, aux illegitimes, ie ne fois pas assez de conscience de m'y employer, quand c'est envers ceulx qui y consentent.

Chapitre XIII. — De l'experience.

Il n'est desir plus naturel que le desir de cognoissance. Nous essayons tous les moyens qui nous y peuvent mener ; quand la raison nous fault, nous y employons l'experience,

> Per varios usus artem experientia fecit,
> Exemplo monstrante viam,

qui est un moyen de beaucoup plus foible et plus vil ; mais la verité est chose si grande, que nous ne debvons desdaigner aulcune entremise qui nous y conduise. La raison a tant de formes, que nous ne sçavons à laquelle nous prendre : l'experience n'en a pas moins ; la consequence que nous voulons tirer de la conference des evenements est mal seure, d'autant qu'ils sont tousiours dissemblables. Il n'est aulcune qualité si universelle, en cette image des choses, que la diversité et varieté. Et les Grecs, et les Latins, et nous, pour le plus exprez exemple de similitude, nous servons de celuy des œufs ; toutesfois il s'est trouvé des hommes, et notamment un en Delphes, qui recognoissoit des marques de difference entre les œufs, si qu'il n'en prenoit iamais l'un pour l'aultre ; et y ayant plusieurs poules, sçavoit iuger de laquelle estoit l'œuf. La dissimilitude s'ingere d'elle mesme en nos ouvrages : nul art peult arriver à la similitude ; ny Perrozet, ny aultre, ne peult si soigneusement polir et blanchir l'envers de ses chartes, qu'aulcuns ioueurs ne les distinguent, à les voir seulement couler par les mains d'un aultre. La ressemblance ne faict pas tant, un ; comme la difference faict, aultre. Nature s'est obligee à ne rien faire aultre, qui ne feust dissemblable.

Pourtant, l'opinion de celuy là ne me plaist gueres, qui pensoit, par la multitude des lois, brider l'auctorité des iuges, en leur taillant leurs morceaux ; il ne sentoit point qu'il y a autant de liberté et d'estendue à l'interpretation des loix, qu'à leur façon : et ceulx là se mocquent, qui pensent appetisser nos debats et les arrester, en nous r'appellant à l'expresse parole de la Bible ; d'autant que nostre esprit ne treuve pas le champ moins spacieux à contrerooller le sens d'aultruy qu'à representer le sien, et comme s'il y avoit moins d'animosité et d'aspreté à gloser qu'à inventer. Nous veoyons combien il se trompoit ; car nous avons en France plus de loix que tout le reste du monde ensemble, et plus qu'il n'en fauldroit à regler touts les mondes d'Epicurus ; *ut olim flagitiis, sic nunc legibus laboramus :* et si avons tant laissé à opiner et decider à nos iuges, qu'il ne feut iamais liberté si puissante et si licencieuse. Qu'ont gaigné nos legislateurs à choisir cent mille especes et faicts particuliers, et y attacher cent mille loix ? ce nombre n'a aucune proportion avecques l'infinie diversité des actions humaines ; la multiplication de nos inventions n'arrivera pas à la variation des exemples : adioutez y en cent fois autant ; il n'adviendra pas pourtant que des evenemens à venir, il s'en treuve qui, en tout ce grand nombre de milliers d'evenements choisis et enregistrez, en rencontre un auquel il se puisse ioindre et apparier si exactement, qu'il n'y reste quelque circonstance et diversité qui requiere diverse consideration de iugement. Il y a peu de relation de nos actions, qui sont en perpetuelle mutation avecques les loix fixes et immobiles : les plus desirables, ce sont les plus rares, plus simples, et generales ; et encores crois ie qu'il vauldroit mieulx n'en avoir point du tout, que de les avoir en tel nombre que nous avons.

Nature les donne tousiours plus heureuses que ne sont celles que nous nous donnons : tesmoing la peincture de l'aage doré des poëtes, et l'estat où nous veoyons vivre les nations qui n'en ont point d'aultres : en voylà qui, pour touts iuges, employent en leurs causes le premier passant qui voyage le long de leurs montaignes ; et ces aultres eslisent, le iour du marché, quelqu'un d'entr'eulx, qui, sur le champ, decide touts leurs procez. Quel dangier y auroit il que les plus sages vuidassent ainsi les nostres, selon les occurrences, et à l'œil, sans obligation d'exemple et de consequence ? A chasque pied, son soulier. Le roy Ferdinand, envoyant des colonies aux Indes, prouveut sagement qu'on n'y menast aulcuns escholiers de la iurisprudence, de crainte que les procez ne peuplassent en ce nouveau monde, comme estant science, de sa nature, generatrice d'altercation et division : iugeant avecques Platon, que « C'est une mauvaise provision de païs, que iurisconsultes et medecins. »

Pourquoy est ce que nostre langage commun, si aysé à tout aultre usage, devient obscur et non intelligible en contract et testament ; et que celuy qui s'exprime si clairement, quoy qu'il die et escrive, ne treuve en cela aulcune maniere de se declarer qui ne tumbe en doubte et contradiction ? si ce n'est que les princes de cet art, s'appliquants d'une peculiere attention à trier des mots solennes et former des clauses artistes, ont tant poisé chaque syllabe, espeluché si primement chasque espece de cousture, que les voylà enfrasquez et embrouillez en l'infinité des figures, et si menues partitions, qu'elles ne peuvent plus tumber soubs aulcun reglement et prescription, ny aulcune certaine intelligence : *confusum est, quidquid usque in pulverem sectum est.*

Qui a veu des enfants, essayants de renger à certain nombre une masse d'argent vif ; plus ils le pressent et petrissent, et s'estudient à le contraindre à leur loy, plus ils irritent la liberté de ce genereux metal ; il fuyt à leur art, et se va menuisant et esparpillant, au delà de tout compte : c'est de mesme ; car en subdivisant ces subtilitez, on apprend aux hommes d'accroistre les doubtes ; on nous met en train d'estendre et diversifier les difficultez, on les allonge, on les disperse. En semant les questions et les retaillant, on faict fructifier et foisonner le monde en incertitude et en querelle ; comme la terre se rend fertile, plus elle est esmiee et profondement remuee : *Difficultatem facit doctrina.* Nous doubtions sur Ulpian, et redoubtons encores sur Bartolus et Baldus. Il falloit effacer la trace de cette diversité innumerable d'opinions, non point s'en parer, et en entester la posterité. Ie ne sçais qu'en dire ; mais il se sent, par experience, que tant d'interpretations dissipent la verité et la rompent. Aristote a escript pour estre entendu : s'il ne l'a peu, moins le fera un moins habile et un tiers, que celuy qui traicte sa propre imagination. Nous ouvrons la matiere, et l'espandons en la destrempant ; d'un subiect nous en faisons mille, et retumbons, en multipliant et subdivisant, à l'infinité des atomes d'Epicurus. Iamais deux hommes ne iugerent pareillement de mesme chose ; et est impossible de véoir deux opinions semblables exactement, non seulement en divers hommes, mais en mesme homme à diverses heures. Ordinairement ie treuve à doubter en ce que le commentaire n'a daigné toucher ; ie brunche plus volontiers en païs plat : comme certains chevaulx que ie cognois, qui choppent plus souvent en chemin uny.

Qui ne diroit que les gloses augmentent les doubtes et l'ignorance, puisqu'il ne se veoid aulcun livre, soit humain, soit divin, sur qui le monde s'embesongne, duquel l'interpretation face tarir la difficulté? le centiesme commentaire le renvoye à son suyvant, plus espineux et plus scabreux que le premier ne l'avoit trouvé ; quand est il convenu entre nous, « ce livre en a assez, il n'y a meshuy plus que dire ? » Cecy se veoid mieulx en la chicane : on donne auctorité de loy à infinis docteur, infinis arrests, et à autant d'interpretations ; trouvons nous pourtant quelque fin au besoing d'interpreter ? s'y veoid il quelque progrez et advancement vers la tranquillité ? nous fault il moins d'advocats et de iuges, que lors que cette masse de droict estoit encores en sa premiere enfance ? Au contraire, nous obscurcissons et ensepvelissons l'intelligence ; nous ne la descouvrons plus qu'à la mercy de tant de clostures et barrieres. Les hommes mescognoissent la maladie naturelle de leur esprit : il ne faict que fureter et quester, et va sans cesse tournoyant, bastissant, et s'empestrant en sa besongne, comme nos vers à soye, et s'y estouffe ; *mus in pice :* il pense remarquer de loing ie ne sçais quelle apparence de clarté et verité imaginaire ; mais, pendant qu'il y court, tant de difficultez luy traversent la voye, d'empeschements et de nouvelles questes, qu'elles l'esgarent et l'enyvrent : non gueres aulcunement qu'il advient aux chiens d'Esope, lesquels descouvrants quelque apparence de corps mort flotter en mer, et ne le pouvants approcher, entreprindrent de boire cette eau, d'asseicher le passage, et s'y estoufferent. A quoy se rencontre ce qu'un Crates disoit des escripts de Heraclitus, « qu'ils avoient besoing d'un lecteur bon nageur, » à fin que la profondeur et poids de sa doctrine ne l'engloutist et suffoquast. Ce n'est rien que foiblesse particuliere , qui nous faict contenter de ce qu'aultres, ou que nous mesmes, avons trouvé en cette chasse de cognoissance ; un plus habile ne s'en contentera pas : il y a tousiours place pour un suyvant, ouy et pour nous mesmes, et route par ailleurs. Il n'y a point de fin en nos inquisitions : nostre fin est en l'aultre monde. C'est signe de raccourcissement d'esprit, quand il se contente ; ou signe de lasseté. Nul esprit genereux ne s'arreste en soy ; il pretend tousiours, et va oultre ses forces ; il a des eslans au delà de ses effects : s'il ne s'advance, et ne se presse, et ne s'accule, et ne se chocque et tournevire, il n'est vif qu'à demy ; ses poursuites sont sans terme et sans forme ; son aliment, c'est admiration, chasse, ambiguité : ce que declaroit assez Apollo, parlant tousiours à nous doublement, obscurement et obliquement ; ne nous repaissant pas, mais nous amusant et embesongnant. C'est un mouvement irregulier, perpetuel, sans patron et sans but : ses inventions s'eschauffent, se suyvent, et s'entreproduisent l'une l'aultre :

> Ainsi veoid on, en un ruisseau coulant,
> Sans fin l'une eau aprez l'aultre roulant ;
> Et tout de reng, d'un eternel conduict,
> L'une suyt l'aultre, et l'une l'aultre fuyt.
> Par cette cy celle là est poulsee,
> Et ceste cy par l'aultre est devancee :
> Tousiours l'eau va dans l'eau ; et tousiours est ce
> Mesme ruisseau, et tousiours eau diverse.

Il y a plus affaire à interpreter les interpretations, qu'à interpreter les choses ; et plus de livres sur les livres, que sur aultre subiect : nous ne faisons que nous entregloser. Tout fourmille de commentaires : d'aucteurs, il en est grand cherté. Le principal et plus fameux sçavoir de nos siecles, est ce pas sçavoir entendre les sçavants ? est ce pas la fin commune et derniere de touts estudes ? Nos opinions s'entent les unes sur les aultres ; la premiere sert de tige à la seconde, la seconde à la tierce : nous eschellons ainsi de degré en degré ; et advient de là que le plus hault monté a souvent plus d'honneur que de merite, car il n'est monté que d'un grain sur les espaules du penultime.

Combien souvent, et sottement à l'adventure, ay ie estendu mon livre à parler de soy ? sottement quand ce ne seroit que pour cette raison, qu'il me debvoit souvenir de ce que ie dis des aultres qui en font de mesme, « Que ces œillades si frequentes à leur ouvrage tesmoignent que le cœur leur frissonne de son amour ; et les rudoyements mesmes desdaigneux dequoy ils le battent, que ce ne sont que mignardises et affeteries d'une faveur maternelle; » suyvant Aristote, à qui et se priser et se mespriser naissent souvent de pareil air d'arrogance. Car mon excuse, « Que ie doibs avoir en cela plus de liberté que les aultres, d'autant qu'à poinct nommé, i'escris de moy et de mes escripts, comme de mes aultres actions; Que mon theme se renverse en soy: » ie ne sçais si chascun la prendra.

I'ay veu en Allemaigne que Luther a laissé autant de divisions et d'altercations sur le doubte de ses opinions, et plus, qu'il n'en esmeut sur les Escriptures sainctes. Nostre contestation est verbale: Ie demande que c'est que Nature, Volupté, Cercle, et Substitution; la question est de paroles, et se paye de mesme. Une pierre, c'est un corps: mais qui presseroit, « Et corps, qu'est-ce? » « Substance; » « Et substance, quoy? » ainsi de suitte, acculeroit enfin le respondant au bout de son Calepin. On eschange un mot pour un aultre mot, et souvent plus incogneu: ie sçais mieulx que c'est qu'Homme, que ie ne sçais que c'est Animal, ou Mortel, ou Raisonnable. Pour satisfaire à un doubte, ils m'en donnent trois; c'est la teste d'Hydra. Socrates demandoit à Menon « Que c'estoit que vertu. » « Il y a, dict Menon, vertu d'homme et de femme, de magistrat et d'homme privé, d'enfant et de vieillard. » « Voicy qui va bien, s'escria Socrates: nous estions en cherche d'une vertu; tu nous en apportes un exaim. » Nous communiquons une question; on nous en redonne une ruchee. Comme nul evenement et nulle forme ne ressemble entierement à une aultre; aussi ne differe l'une de l'aultre entierement: ingenieux meslange de nature. Si nos faces n'estoient semblables, on ne sçauroit discerner l'homme de la beste; si elles n'estoient dissemblables, on ne sçauroit discerner l'homme de l'homme: toutes choses se tiennent par quelque similitude; tout exemple cloche; et la relation qui se tire de l'experience est tousiours desfaillante et imparfaicte. On ioinct toutesfois les comparaisons par quelque bout: ainsi servent les loix, et s'assortissent ainsin à chascun de nos affaires par quelque interpretation destournee, contraincte et biaise.

Puisque les loix ethiques, qui regardent le debvoir particulier de chascun en soy, sont si difficiles à dresser, comme nous veoyons qu'elles sont; ce n'est pas merveille si celles qui gouvernent tant de particuliers le sont dadvantage. Considerez la forme de cette iustice qui nous regit; c'est un vray tesmoignage de l'humaine imbecillité: Tant il y a de contradiction et d'erreur! Ce que nous trouvons faveur et rigueur en la iustice, et y en trouvons tant, que ie ne sçais si l'entre-deux s'y treuve si souvent, ce sont parties maladifves et membres iniustes du corps mesme et essence de la iustice. Des païsans viennent de m'advertir en haste qu'ils ont laissé presentement, en une forest qui est à moy, un homme meurtry de cent coups, qui respire encores, et qui leur a demandé de l'eau par pitié, et du secours pour le soubslever: disent qu'ils n'ont osé l'approcher, et s'en sont fuys, de peur que les gents de la iustice ne les y attrapassent, et, comme il se faict de ceulx qu'on rencontre prez d'un homme tué, ils n'eussent à rendre compte de cet accident, à leur totale ruyne; n'ayants ny suffisance, ny argent, pour deffendre leur innocence. Que leur eusse ie dict? il est certain que cet office d'humanité les eust mis en peine.

Combien avons nous descouvert d'innocents avoir esté punis, ie dis dans la coulpe des iuges; et combien en y a il eu que nous n'avons pas descouverts? Cecy est advenu de mon temps: Certains sont condamnez à la mort pour un homicide; l'arrest, sinon prononcé, au moins conclu et arresté. Sur ce poinct, les iuges sont advertis, par les officiers d'une cour subalterne voysine, qu'ils tiennent quelques prisonniers, lesquels advouent disertement cet homicide, et apportent à tout ce faict une lumiere indubitable. On delibere si pourtant on doibt interrompre et differer l'execution de l'arrest donné contre les premiers: on considere la nouvelleté de l'exemple, et sa consequence pour accrocher les iugements; que la condamnation est iuridiquement passee; les iuges privez de repentance. Somme, ces pauvres diables sont consacrés aux formules de la iustice. Philippus, ou quelque aultre, pourveut à un pareil inconvenient, en cette maniere: Il avoit condamné en grosses amendes un homme envers un aultre, par un iugement resolu. La verité se descouvrant quelque temps aprez, il se trouva qu'il avoit iniquement iugé. D'un costé estoit la raison de la cause; de l'aultre costé la raison des formes iudiciaires: il satisfeit aulcunement à toutes les deux, laissant en son estat la sentence, et recompensant, de sa bourse, l'interest du condemné. Mais il avoit affaire à un accident reparable : les miens feurent pendus irreparablement. Combien ay ie veu de condemnations plus crimineuses que le crime !

Tout cecy me faict soubvenir de ces anciennes opinions : « Qu'il est force de faire tort en detail, qui veult faire droict en gros ; et iniustice en petites choses, qui veult venir à chef de faire iustice ez grandes : Que l'humaine iustice est formée au modele de la medecine, selon laquelle tout ce qui est utile est aussi iuste et honneste : Et de ce que tiennent les stoïciens, que nature mesme procede contre iustice, en la pluspart de ses ouvrages : Et de ce que tiennent aussi les cyrenaïques, qu'il n'y a rien iuste de soy ; que les coustumes et loix forment la iustice : Et les theodoriens, qui treuvent iuste au sage le larrecin ; le sacrilege, toute sorte de paillardise, s'il cognoist qu'elle lui soit proufitable. » Il n'y a remede : i'en suis là, comme Alcibiades, que ie ne me representeray iamais, que ie puisse, à homme qui decide de ma teste ; où mon honneur et ma vie despende de l'industrie et soing de mon procureur plus que de mon innocence. Ie me hazarderois à une telle iustice, qui me recogneust du bien faict, comme du mal faict ; où i'eusse autant à esperer qu'à craindre : l'indemnité n'est pas monnoye suffisante à un homme qui faict mieulx que de ne faillir point. Nostre iustice ne nous presente que l'une de ses mains, et encores la gauche ; quiconque il soit, il en sort avecques perte.

En la Chine, duquel royaume la police et les arts, sans commerce et cognoissance des nostres, surpassent nos exemples en plusieurs parties d'excellence, et duquel l'histoire m'apprend combien le monde est plus ample et plus divers, que ny les anciens ny nous ne penetrons, les officiers deputez par le prince pour visiter l'estat de ses provinces, comme ils punissent ceulx qui malversent en leur charge, ils remunerent aussi, de pure liberalité, ceulx qui s'y sont bien portez oultre la commune sorte, et oultre la necessité de leur debvoir : on s'y presente, non pour se garantir seulement, mais pour y acquerir ; ny simplement pour estre payé, mais pour y estre estrené.

Nul iuge n'a encores, Dieu mercy, parlé à moy comme iuge, pour quelque cause que ce soit, ou mienne ou tierce, ou criminelle ou civile : nulle prison m'a receu, non pas seulement pour m'y promener ; l'imagination m'en rend la veue, mesme du dehors, desplaisante. Ie suis si affady aprez la liberté, que qui me deffendroit l'accez de quelque coing des Indes, i'en vivrois aulcunement plus mal à mon ayse : et tant que ie trouveray terre, ou air ouvert ailleurs, ie ne croupiray en lieu où il me faille cacher. Mon Dieu ! que mal pourrois ie souffrir la condition où ie veois tant de gents, clouez à un quartier de ce royaume, privez de l'entree des villes principales, et des courts, et de l'usage des chemins publicques, pour avoir querellé nos loix ! Si celles que ie sers me menaceoient seulement du bout du doigt, ie m'en irois incontinent en trouver d'aultres, où que ce feust. Toute ma petite prudence, en ces guerres civiles où nous sommes, s'employe à ce qu'elles n'interrompent pas ma liberté d'aller et venir.

Or, les loix se maintiennent en credit, non parce qu'elles sont iustes, mais parce qu'elles sont loix : c'est le fondement mystique de leur auctorité, elles n'en ont point d'aultre ; qui bien leur sert. Elles sont souvent faictes par des sots ; plus souvent par des gents qui, en haine d'egualité, ont faulte d'equité ; mais tousiours par des hommes, aucteurs vains et irresolus.

Il n'est rien si lourdement et largement faultier, que les loix : ny si ordinairement. Quiconque leur obeït par ce qu'elles sont iustes, ne leur obeït pas iustement par où il doibt. Les nostres françoises prestent aulcunement la main, par leur desreglement et deformité, au desordre et corruption qui se veoid en leur dispensation et execution : le commandement est si trouble et si inconstant, qu'il excuse aulcunement et la desobeissance, et le vice de l'interpretation, e l'administration et de l'observation. Quel que soit doncques le fruict que nous pouvons avoir de l'experience, à peine servira beaucoup à nostre institution celle que nous tirons des exemples estrangiers, si nous faisons si mal nostre proufit de celle que nous avons de nous mesmes, qui nous est plus familiere, et, certes, suffisante à nous instruire de ce qu'il nous fault. Ie m'estudie plus qu'aultre subiect : c'est ma metaphysique, c'est ma physique.

> Qua Deus hanc mundi temperet arte domum ;
> Qua venit exoriens, qua deficit unde coactis
> Cornibus in plenum menstrua luna redit ;

Unde salo superant venti, quid flamine captet
Eurus, et in nubes unde perennis aqua;
Sit ventura dies, mundi quæ subruat arces,
Quærite, quos agitat mundi labor.

En cette université, ie me laisse ignoramment et negligemment manier à la loy generale du monde : ie la sçauray assez, quand ie la sentiray ; ma science ne luy peult faire changer de route : elle ne se diversifiera pas pour moy ; c'est folie de l'esperer, et plus grande folie de s'en mettre en peine puisqu'elle est necessairement semblable, publique, et commune. La bonté et capacité du Gouverneur nous doibt, à pur et à plein, descharger du soing de gouvernement : les inquisitions et contemplations philosophiques ne servent que d'aliment à nostre curiosité. Les philosophes, avecques grand'raison, nous renvoyent aux regles de nature ; mais elles n'ont que faire de si sublime cognoissance : ils les falsifient, et nous presentent son visage peinct, trop hault en couleur et trop sophistique ; d'où naissent tant de divers pourtraicts d'un subiect si uniforme. Comme elle nous a fourny de pieds, à marcher ; aussi a elle de prudence, à nous guider en la vie : prudence non tant ingenieuse, robuste et pompeuse, comme celle de leur invention ; mais, à l'advenant, facile, quiete et salutaire, et qui faict treshien ce que l'aultre dict, en celuy qui a l'heur de sçavoir l'employer naïfvement et ordonneement, c'est à dire naturellement. Le plus simplement se commettre à nature, c'est s'y commettre le plus sagement. Oh! que c'est un doulx et mol chevet, et sain, que l'ignorance et l'incuriosité, à reposer une teste bien faicte !

I'aimerois mieulx m'entendre bien en moy, qu'en Ciceron. De l'experience que i'ay de moy, ie treuve assez de quoy me faire sage, si i'estois bon escholier : qui remet en sa memoire l'excez de sa cholere passee, et iusques où cette fiebvre l'emporta, veoid la laideur de cette passion mieulx que dans Aristote, et en conceoit une haine plus iuste : qui se soubvient des maulx qu'il a courus, de ceulx qui l'ont menacé, des legieres occasions qui l'ont remué d'un estat à aultre, se prepare par là aux mutations futures, et à la recognoissance de sa condition. La vie de Cesar n'a point plus d'exemple que la nostre pour nous; et emperiere, et populaire, s'est tousiours une vie, que touts accidents humains regardent. Escoutons y seulement; nous nous disons tout ce que dequoy nous avons principalement besoing : qui se soubvient de s'estre tant et tant de fois mescompté de son propre iugement, et est il pas un sot de n'en entrer pour iamais en desfiance ? Quand ie me treuve convaincu, par la raison d'aultruy, d'une opinion faulse, ie n'apprends pas tant ce qu'il m'a dict de nouveau, et cette ignorance particuliere, ce seroit peu d'acquest ; comme en general i'apprends ma debilité et la trahison de mon entendement : d'où ie tire la reformation de toute la masse. En toutes mes aultres erreurs, ie fois de mesme ; et sens de cette regle grande utilité à la vie : ie ne regarde pas l'espece et l'individu, comme une pierre où i'ay bronché; i'apprends à craindre mon allure partout, et m'apprends à la regler. D'apprendre qu'on a dict ou faict une sottise, ce n'est rien que cela : il fault apprendre qu'on n'est qu'un sot ; instruction bien plus ample et importante. Les fauls pas que ma memoire m'a faict si souvent, lors mesme qu'elle s'asseure le plus de soy, ne sont pas inutilement perdus; elle a beau me iurer à cette heure et m'asseurer, ie secoue les aureilles ; la premiere opposition qu'on faict à son tesmoignage me met en suspens, et n'oserois me fier d'elle en chose de poids, ny la garantir sur le faict d'aultruy : et n'estoit que ce que ie fois par faulte de memoire, les aultres le font encores plus souvent par faulte de foy, ie prendrois tousiours, en chose de faict, la verité, de la bouche d'un aultre, plustost que de la mienne. Si chascun espioit de prez les effects et circonstances des passions qui le regentent, comme i'ay faict de celles à qui i'estois tumbé en partage, il les verroit venir, et rallentiroit un peu leur impetuosité et leur course : elles ne nous saultent pas tousiours au collet d'un prinsault; il y a de la menace et des degrez

Fluctus uti primo cœpit quum albescere vento,
Paulatim sese tollit mare, et altius undas
Erigit, inde imo consurgit ad æthera fundo.

Le iugement tient chez moy un siege magistral, au moins il s'en efforce soigneusement; il laisse mes appetits aller leur train, et la haine, et l'amitié, voire et celle que ie me porte à moy mesme, sans s'en alterer et corrompre : s'il ne peult reformer les aultres parties selon soy, au moins ne se laisse il pas difformer à elles; il faict son ieu à part.

L'advertissement à chascun « De se cognoistre, » doibt estre d'un important effect, puisque ce Dieu de science et de lumiere le feit planter au front de son temple, comme comprenant tout ce qu'il avoit à nous conseiller : Platon dict aussi que prudence n'est aultre chose que l'execution de cette ordonnance; et Socrates le verifie par le menu, en Xenophon. Les difficultez et l'obscurité ne s'apperceoivent en chascune science que par ceulx qui y ont entree; car encores faut il quelque degré d'intelligence, à pouvoir remarquer qu'on ignore; et faulte poulser à une porte, pour sçavoir qu'elle nous est close : d'où naist cette platonique subtilité, que « Ny ceulx qui sçavent n'ont à s'enquerir, d'autant qu'ils sçavent; Ny ceulx qui ne sçavent, d'autant que pour s'enquerir il fault sçavoir de quoy on s'enquiert. » Ainsin en cette cy « De se cognoistre soy mesme, » ce que chascun se veoid si resolu et satisfaict, ce que chascun y pense estre suffisamment entendu, signifie que chascun n'y entend rien du tout; comme Socrates apprend à Euthydeme. Moy, qui ne fois aultre profession, y treuve une profondeur et varieté si infinie, que mon apprentissage n'a aultre fruict que de me faire sentir combien il me reste à apprendre.

A ma foiblesse, si souvent recogneue, ie doibs l'inclination que i'ay à la modestie, à l'obeissance des creances qui me sont prescriptes, à une constante froideur et moderation d'opinions, et la haine de cette arrogance importune et querelleuse se croyant et fiant tout à soy, ennemie capitale de discipline et de verité. Oyez les regenter; les premieres sottises qu'ils mettent en avant, c'est au style qu'on establit les religions et les loix. *Nihil est turpius, quam cognitioni et perceptioni assertionem approbationemque præcurrere.* Aristarchus disoit qu'anciennement à peine se trouva il sept sages au monde; et que, de son temps, à peine se trouvoit il sept ignorants : aurions nous pas plus de raison que luy, de le dire en nostre temps? L'affirmation et l'opiniastreté sont signes exprez de bestise. Cettuy cy aura donné du nez à terre cent fois pour un iour; le voylà sur ses ergots, aussi resolu et entier que devant : vous diriez qu'on luy a infus, depuis, quelque nouvelle ame et vigueur d'entendement, et qu'il luy advient comme à cet ancien fils de la terre, qui reprenoit nouvelle fermeté et se renforceoit par sa cheute;

> Cui quum tetigere parentem,
> Iam defecta vigent renovate robore membra ;

ce testu indocile pense il pas reprendre un nouvel esprit, pour reprendre une nouvelle dispute? C'est par experience que i'accuse l'humaine ignorance, qui est, à mon advis, le plus seur party de l'eschole du monde. Ceulx qui ne la veulent conclure en eulx, par un si vain exemple que le mien, ou que le leur, qu'ils la recognoissent par Socrates, le maistre des maistres : car le philosophe Antisthenes, à ses disciples, « Allons, disoit il, vous et moy ouïr Socrates : là ie seray disciple avecques vous : » et, soubstenant ce dogme de sa secte stoïque, « que la vertu suffisoit à rendre une vie pleinement heureuse et n'ayant besoing de chose quelconque; » « Sinon de la force de Socrates, » adioustoit il.

Cette longue attention que i'employe à me considerer, me dresse à iuger aussi, passablement, des aultres; et est peu de choses dequoy ie parle plus heureusement et excusablement : il m'advient souvent de veoir et distinguer plus exactement les conditions de mes amis, qu'ils ne font eulx mesmes; i'en ai estonné quelqu'un par la pertinence de ma description, et l'ay adverty de soy. Pour m'estre, dez mon enfance, dressé à mirer ma vie dans celle d'aultruy, i'ay acquis une complexion studieuse en cela; et, quand i'y pense, ie laisse eschapper autour de moy peu de choses qui y servent, contenances, humeurs, discours, l'estudie tout : ce qu'il me fault fuyr, ce qu'il me fault suyvre. Ainsin à mes amis, ie descouvre, par leurs productions, leurs inclinations internes; non pour renger cette infinie varieté d'actions, si diverses et si descoupees, à certains genres et chapitres, et distribuer distinctement mes partages et divisions en classes et regions cogneues;

> Sed neque quam multæ species, et nomina quæ sint,
> Est numerus.

Les sçavants parlent, et denotent leurs fantasies, plus specifiquement et par le menu : moy, qui n'y veois qu'autant que l'usage m'en informe, sans regle, presente generalement les miennes, et à tastons ; comme en cecy, ie prononce ma sentence par articles descousus, ainsi que de chose qui ne se peult dire à la fois et en bloc : la relation et la conformité ne se treuve point en telles ames que les nostres, basses et communes. La sagesse est un bastiment solide et entier, dont chasque piece tient son rang, et porte sa marque : *sola sapientia in se tota conversa est.* Ie laisse aux artistes, et ne sçais s'ils en viennent à bout en chose si meslee, si menue et fortuite, de renger en bandes cette infinie diversité de visages, et arrester nostre inconstance, et la mettre par ordre. Non seulement ie treuve malaysé d'attacher nos actions les unes aux aultres ; mais, chascune à part soy, ie treuve malaysé de la designer proprement par quelque qualité principale : tant elles sont doubles, et bigarrees à divers lustres. Ce qu'on remarque pour rare au roy de Macedoine, Perseus, « Que son esprit, ne s'attachant à aulcune condition, alloit errant par tout genre de vie, et representant des mœurs si essorees et vagabondes, qu'il n'estoit cogneu, ny de luy, ny d'aultres, quel homme ce feut, » me semble à peu prez convenir à tout le monde ; et, pardessus touts, i'ay veu quelque aultre, de sa taille, à qui cette conclusion s'appliqueroit plus proprement encores, ce crois ie : Nulle assiette moyenne ; s'emportant tousiours de l'un à l'aultre extreme par occasions indivinables ; nulle espece de train, sans traverse et contrarieté merveilleuse ; nulle faculté simple : si que le plus vraysemblablement qu'on en pourra feindre un iour, ce sera, Qu'il affectoit et estudioit de se rendre cogneu pour estre mecognoissable. Il faict besoing d'aureilles bien fortes, pour s'ouïr franchement iuger : et, parce qu'il en est peu qui le puissent souffrir sans morsure, ceulx qui se hasardent de l'entreprendre envers nous nous montrent un singulier effect d'amitié ; car c'est aymer sainement, d'entreprendre à blecer et offenser pour proufiter. Ie treuve rude de iuger celuy là, en qui les mauvaises qualitez surpassent les bonnes : Platon ordonne trois parties à qui veult examiner l'ame d'un aultre, Science, Bienvueillance, Hardiesse.

Quelquesfois on me demandoit à quoy i'eusse pensé estre bon, qui se feust advisé de se servir de moy pendant que i'en avois l'aage ;

> Dum melior vires sanguis dabat, æmula necdum
> Temporibus geminis canebat sparsa senectus :

A rien ; dis ie : et m'excuse volontiers de ne sçavoir faire chose qui m'esclave à aultruy. Mais i'eusse dict ses veritez à mon maistre, et eusse contreroollé ses mœurs, s'il eust voulu : non en gros, par leçons scholastiques que ie ne sçais point, et n'en veois naistre aulcune vraye reformation en ceulx qui les sçavent ; mais les observants pas à pas, en toute opportunité, et en iugeant l'œil, piece à piece, simplement et naturellement ; luy faisant veoir quel il est en l'opinion commune ; m'opposant à ces flatteurs. Il n'y a nul de nous qui ne valust moins que les roys, s'il estoit ainsi continuellement corrompu, comme ils sont, de cette canaille de gents : comment, si Alexandre, ce grand et roy et philosophe, ne s'en peut deffendre ? I'eusse eu assez de fidelité, de iugement et de liberté, pour cela. Ce seroit un office sans nom, aultrement il perdroit son effect et sa grace ; et est un roolle qui ne peult indifferemment appartenir à touts : car la verité mesme n'a pas ce privilege d'estre employee à toute heure et en toute sorte ; son usage, tout noble qu'il est, a ses circonscriptions et limites. Il advient souvent, comme le monde est, qu'on la lasche à l'aureille du prince, non seulement sans fruict, mais dommageablement, et encores iniustement : et ne me fera lon pas accroire qu'une saincte remontrance ne puisse estre appliquee vicieusement ; et que l'interest de la substance ne doibve souvent ceder à l'interest de la forme.

Ie vouldrois, à ce mestier, un homme content de sa fortune,

> Quod sit, esse velit, nihilque malit,

et nay de moyenne fortune : d'autant que, d'une part, il n'auroit point de crainte de toucher vifvement et profondement le cœur du maistre, pour ne perdre par là le cours de son advancement ; et d'aultre part, pour estre d'une condition moyenne, il auroit plus aysee communication à toute sorte de gents. Ie le vouldrois à un homme seul ; car respandre le privilege de cette liberté et privauté à plusieurs, engendreroit une nuisible irreverence ; ouy, de celuy là ie requerrois surtout la fidelité du silence.

Un roy n'est pas à croire, quand il se vante de sa constance à attendre la rencontre de l'ennemy, pour sa gloire ; si, pour son proufit et amendement, il ne peult souffrir la liberté des paroles d'un amy, qui n'ont aultre effort que de luy pincer l'ouïe, le reste de leur effect estant en sa main. Or, il n'est aulcune condition d'hommes qui ayt si grand besoing, que ceulx là, de vrays et libres advertissements : ils soubstiennent une vie publicque, et ont à agreer à l'opinion de tant de spectateurs, que, comme on a accoustumé de leur taire tout ce qui les divertit de leur route, ils se treuvent, sans le sentir, engagez en la haine et detestation de leurs peuples, pour des occasions souvent qu'ils eussent peu eviter, à nul interest de leurs plaisirs mesme, qui les en eust advisez et redressez à temps. Communement leurs favoris regardent à soy, plus qu'au maistre : et il leur va de bon ; d'autant qu'à la verité, la pluspart des offices de la vraye amitié sont, envers le souverain, en un rude et perilleux essay, de maniere qu'il y faict besoing, non seulement de beaucoup d'affection et de franchise, mais encores de courage.

Enfin, toute cette fricassee que ie barbouille ici n'est qu'un registre des essais de ma vie, qui est, pour l'interne santé, exemplaire assez, à prendre l'instruction à contrepoil : mais quant à la santé corporelle, personne ne peult fournir d'experience plus utile que moy, qui la presente pure, nullement corrompue par art et par opination. L'experience est proprement sur son fumier au subiect de la medecine, où la raison luy quitte toute la place. Tibere disoit, que quiconque avoit vescu vingt ans se debvoit respondre des choses qui luy estoient nuisibles ou salutaires, et se sçavoir conduire sans medecine, et le pouvoit avoir apprins de Socrates, lequel, conseillant à ses disciples soigneusement, et comme un tresprincipal estude, l'estude de leur santé, adioustoit qu'il estoit malaysé qu'un homme d'entendement, prenant garde à ses exercices, à son boire et à son manger, ne discernast mieulx que tout medecin ce qui luy estoit bon ou mauvais. Si faict la medecine profession d'avoir toujours l'experience pour touche de son operation ; ainsi Platon avoit raison de dire que, pour estre vray medecin, il seroit necessaire que celuy qui l'entreprendroit eust passé par toutes les maladies qu'il veult guarir, et par touts les accidents et circonstances de quoy il doibt iuger. C'est raison qu'ils prennent la verole, s'ils la veulent sçavoir panser. Vrayement ie m'en fierois à celuy là : car les aultres nous guident, comme celuy qui peint les mers, les escueils et les ports, estant assis sur sa table, et y faict promener le modele d'un navire en toute seureté ; iectez le à l'effect, il se sçait par où s'y prendre. Ils font telle description de nos maulx, que faict une trompette de ville qui crie un cheval ou un chien perdu : Tel poil, telle haulteur, telle aureille ; mais presentez le luy, il ne le cognoist pas pourtant. Pour Dieu ! que la medecine me face un iour quelque bon et perceptible secours, voeir comme ie crieray de bonne foy,

Tandem efficaci do manus scientiæ !

Les arts qui promettent de nous tenir le corps en santé, et l'ame en santé, nous promettent beaucoup : mais aussi n'en est point qui tiennent moins ce qu'elles promettent. Et, en nostre temps, ceulx qui font profession de ces arts entre nous, et montrent moins les effects que touts aultres hommes : on peult dire d'eulx, pour le plus, qu'ils vendent les drogues medecinales ; mais qu'ils soient medecins, cela ne peult on dire. I'ay assez vescu pour mettre en compte l'usage qui m'a conduict si loing : pour qui en vouldra gouster, i'en ay faict l'essay, son eschanson. En voicy quelques articles, comme la soubvenance me les fournira : ie n'ay poinct de façon qui ne soit allee variant selon les accidents, mais i'enregistre celles que i'ay plus souvent veu en train, qui ont eu plus de possession en moy iusqu'asteure.

Ma forme de vie est pareille en maladie comme en santé : mesme lict, mesmes heures, mesmes viandes me servent, et mesme bruvage ; ie n'y adiouste du tout rien, que la moderation du plus et du moins, selon ma force et appetit. Ma santé, c'est maintenir sans destourbir mon estat accoustumé. Ie veois que la maladie m'en desloge d'un costé ; si ie crois les medecins, ils m'en destourneront de l'aultre ; et, par fortune, et par art, me voylà hors de ma route. Ie ne crois rien plus certainement que cecy : Que ie ne sçaurois estre offensé par l'usage des choses que i'ay si long temps accoustumees. C'est à la coustume de donner forme à nostre vie, telle qu'elle luy plaist : elle peult tout en cela ; c'est le bruvage de Circé, qui diversifie nostre nature comme bon luy semble. Combien de nations, et à trois pas de nous, estiment ridicule la crainte du serein qui nous blece si apparemment ! et nos bateliers et nos paīsans s'en mocquent. Vous faites malade un Allemand, de le coucher sur un matelas ; comme un Italien sur la plume, et un François sans rideau et sans feu. L'estomach d'un Espaignol ne dure pas à nostre forme de manger ; ny le nostre, à boyre à la souysse. Un Allemand me feit plaisir, à Auguste, de combatre l'incommodité de nos fouyers, par ce mesme argument dequoy nous nous servons ordinairement à condemner leurs poësies : car, à la verité, cette chaleur croupie, et puis la senteur de cette matiere reschauffee, dequoy ils sont composez, enteste la pluspart de ceulx qui n'y sont pas experimentez ; moy non ; mais, au demourant, estant cette chaleur eguale, constante et universelle, sans lueur, sans fumee, sans le vent que l'ouverture de nos cheminees nous apporte, elle a bien, par ailleurs, de quoy se comparer à la nostre. Que n'imitons nous l'architecture romaine ? car on dict qu'anciennement le feu ne se faisoit en leurs maisons que par le dehors et au pied d'icelles ; d'où s'inspiroit la chaleur à tout le logis, par des tuyaux practiquez dans l'espez du mur, lesquels alloient embrassant les lieux qui en debvaient estre eschauffez : ce que j'ay veu clairement signifié, ie ne sçais où, en Seneque. Cettuy cy, m'oyant loué les commoditez et beautez de sa ville, qui le merite certes, commencea à me plaindre de quoy i'avois à m'en esloingner : et des premiers inconvenients qu'il m'allegua, ce feut la poisanteur de teste que m'apporteroient les cheminees ailleurs. Il avoit ouï faire cette plaincte à quelqu'un, et nous l'attachoit, estant privé, par l'usage, de l'appercevoir chez luy. Toute chaleur qui vient du feu m'affoiblit et m'appesantit ; si disoit Evenus, que le meilleur condiment de la vie estoit le feu : ie prends plustost toute aultre façon d'eschapper au froid.

Nous craignons les vins au bas ; en Portugal, cette fumee est en delices et est le bruvage des princes. En somme, chasque nation a plusieurs coustumes et usances qui sont non seulement incognues, mais farouches et miraculeuses, à quelque aultre nation. Que ferons nous à ce peuple qui ne faict recepte que de tesmoignages imprimez, qui ne croid les hommes s'ils ne sont en livre, ny la verité, si elle n'est d'aage competent ? nous mettons en dignité nos sottises, quand nous les mettons au moule : il y a bien pour luy aultre poids, de dire « Ie l'ay leu : » que si vous dites : « Ie l'ay ouï dire. » Mais moy, qui ne mescrois non plus la bouche, que la main, des hommes ; et qui sçais qu'on escript autant indiscretement qu'on parle ; et qui estime ce siecle comme un aultre passé, i'allegue aussi volontiers un mien amy que Aulugelle et que Macrobe ; et ce que i'ay veu, que ce qu'ils ont escript : et, comme ils tiennent, de la vertu, qu'elle n'est pas plus grande, pour estre plus longue ; i'estime de mesme de la verité, que pour estre plus vieille, elle n'est pas plus sage. Ie dis souvent que c'est pure sottise, qui nous faict courir aprez les exemples estrangiers et scholastiques : leur fertilité est pareille, à cette heure, à celle du temps d'Homere et de Platon. Mais n'est ce pas que nous cherchons plus l'honneur de l'allegation que la verité du discours ? comme si c'estoit plus, d'emprunter de la boutique de Vascosan ou de Plantin nos preuves, que de ce qui se veoid en nostre village ; ou bien, certes, que nous n'avons pas l'esprit d'espelucher et faire valoir ce qui se passe devant nous, et le iuger assez vifvement, pour le tirer en exemple ; car si nous disons que l'auctorité nous manque pour donner foy à nostre tesmoignage, nous le disons hors de propos ; d'autant qu'à mon advis, des plus ordinaires choses et plus communes et cogneues, si nous sçavions trouver leur iour, se peuvent former les plus grands miracles de nature et les plus merveilleux exemples, notamment sur le subiect des actions humaines.

Or, sur mon subiect, laissant les exemples que ie sçais par les livres, et ce que dict Aristote d'Andron argien, qu'il traversoit sans boire les arides sablons de la Lybie, un gentilhomme, qui s'est acquitté dignement de plusieurs charges, disoit, où i'estois, qu'il estoit allé de Madrid à Lisbonne, en plein esté, sans boire. Il se porte vigoreusement pour son aage, et n'a rien d'extraordinaire en l'usage de sa vie, que cecy, d'estre deux ou trois mois, voire un an, ce m'a il dict, sans boire. Il sent de l'alteration; mais il la laisse passer, et tient que c'est un appetit qui s'alanguit ayseement de soy mesme; et boit plus par caprice que pour le besoing ou pour le plaisir.

En voicy d'un aultre : Il n'y a pas long temps que ie rencontray l'un des plus sçavants hommes de France entre ceulx de non mediocre fortune, estudiant au coing d'une salle qu'on luy avoit rembarré de tapisserie, et autour de luy, un tabut de ses valets, plein de licence. Il me dict, et Seneque quasi autant de soy, qu'il faisoit son proufit de ce tintamarre; comme si, battu de ce bruit, il se ramenast et resserrast plus en soy pour la contemplation, et que cette tempeste de voix repercutast ses pensees au dedans : estant escholier à Padoue, il eust son estude si long temps logé à la batterie des coches et du tumulte de la place, qu'il se forma non seulement au mespris, mais à l'usage du bruit, pour le service de ses estudes. Socrates respondit à Alcibiades, s'estonnant comme il pouvoit porter le continuel tintamarre de la teste de sa femme, « Comme ceulx qui sont accoustumez à l'ordinaire bruit des roues à puiser l'eau. » Ie suis bien au contraire; i'ay l'esprit tendre et facile à prendre l'essor : quand il est empesché à part soy, le moindre bourdonnement de mouche l'assassine.

Seneque, en sa ieunesse, ayant mordu chauldement, à l'exemple de Sextius, de ne manger chose qui eust prins mort, s'en passoit dans un an, avecques plaisir, comme il dict; et s'en desporta, seulement pour n'estre souspeçonné d'emprunter ceste regle d'aulcunes religions nouvelles qui la semoyent : il print, quand et quand, des preceptes d'Attalus, de ne se coucher plus sur des loudiers qui enfondrent, et employa iusqu'à la vieillesse ceulx qui ne cedent point au corps. Ce que l'usage de son temps luy faict compter à rudesse, le nostre nous le faict tenir à mollesse.

Regardez la difference du vivre de mes valets à bras, à la mienne; les Scythes et les Indes n'ont rien plus esloingné de ma force et de ma forme. Ie sçais avoir retiré de l'aulmosne, des enfants, pour m'en servir, qui bientost aprez m'ont quité et ma cuisine et leur livree, seulement pour se rendre à leur premiere vie : et en trouvay un, amassant depuis des moules, emmy la voierie, pour son disner, que par priere, ny par menace, ie ne sceus distraire de la saveur et doulceur qu'il trouvoit en l'indigence. Les gueux ont leurs magnificences et leurs voluptez, comme les riches, et, dict on, leurs dignitez et ordres politiques. Ce sont effects de l'accoustumance : elle nous peult duire, non seulement à telle forme qu'il luy plaist (pourtant, disent les sages, nous fault il planter à la meilleure, qu'elle nous facilitera incontinent), mais aussi au changement et à la variation, qui est le plus noble et le plus utile de ses apprentissages. La meilleure de mes complexions corporelles, c'est d'estre flexible et peu opiniastre : i'ay des inclinations plus propres et ordinaires, et plus agreables, que d'aultres; mais, avecques bien peu d'effort, ie m'en destourne et me coule ayseement à la façon contraire. Un ieune homme doibt troubler ses regles, pour esveiller sa vigueur, la garder de moisir et s'apoltronnir : et n'est train de vie si sot et si debile que celuy qui se conduit par ordonnance et discipline :

> Ad primum lapidem vectari quum placet, hora
> Sumitur ex libro; si prurit frictus ocelli
> Angulus, inspecta genesi, coilyria quaerit :

il se reiectera souvent aux excez mesmes, s'il m'en croit : aultrement, la moindre desbauche le ruyne; il se rend incommode et desagreable en conversation. La plus contraire qualité à un honneste homme, c'est la delicatesse et obligation à certaine façon particuliere; et elle est particuliere, si elle n'est ployable et souple. Il y a de la honte de laisser à faire par impuissance, ou de n'oser, ce qu'on veoid faire à ses compaignons : que telles gents gardent leur cuisine. Par tout ailleurs il est indecent; mais à un homme de guerre, il est vicieux et insupportable; lequel, comme disoit Philopœmen, se doibt accoustumer à toute adversité et inegualité de vie.

Quoyque i'aye esté dressé, autant qu'on a peu, à la liberté et à l'indifference, si est ce que par nonchalance m'estant, en vieillissant, plus arresté sur certaines formes (mon aage est hors d'institution, et n'a desormais dequoy regarder ailleurs qu'à se maintenir), la coustume a desià, sans y penser, imprimé si bien en moy son charactere en certaines choses, que i'appelle excez, de m'en despartir : et, sans m'essayer, ne puis ny dormir sur iour, ny faire collation entre les repas, ny desieuner, ny m'aller coucher sans grand intervalle, comme de trois bonnes heures, aprez le souper, ny faire des enfants qu'avant le sommeil, ny les faire debout, ny porter ma sueur, ny m'abbruver d'eau pure ou de vin pur, ny me tenir nue teste long temps, ny me faire tondre aprez disner; et me passerais autant malayseement de mes gants que de ma chemise, et de me laver à l'issue de table et à mon lever, et de ciel et rideaux à mon lict, comme de choses bien necessaires.

Ie disnerois sans nappe ; mais à l'allemande, sans serviette blanche, tresincommodement ; ie les souille plus qu'eulx et les Italiens ne font, et m'ayde peu de cueillier et de fourchette. Ie plaindz qu'on n'aye suivi un train que i'ay veu commencer, à l'exemple des roys ; qu'on nous changeast de serviette selon les services, comme d'assiette. Nous tenons de ce laborieux soldat Marius, que, vieillissant, il devint delicat en son boire, et ne le prenoit qu'en une sienne couppe particuliere : moy ie me laisse aller de mesme à certaine forme de verres, et ne bois pas volontiers en verre commun ; non plus que d'une main commune : tout metal m'y desplaist au prix d'une matiere claire et transparente : que mes yeulx y tastent aussi, selon leur capacité. Ie doibs plusieurs telles mollesses à l'usage. Nature m'a aussi, d'aultre part, apporté les siennes : comme, De ne soubstenir plus deux pleins repas en un iour, sans surcharger mon estomach ; ny l'abstinence pure de l'un des repas, sans me remplir de vents, asseicher ma bouche, estonner mon appetit : De m'offenser d'un long serein ; car, depuis quelques annees, aux courvees de la guerre, quand toute la nuict y court, comme il advient communement, aprez cinq ou six heures l'estomach me commence à troubler, avecques vehemente douleur de teste ; et n'arrive point au iour sans vomir. Comme les aultres s'en vont desieuner, ie m'en vois dormir ; et, au partir de là, aussi gay qu'auparavant. I'avois tousiours apprins que le serein ne s'espandoit qu'à la naissance de la nuict : mais, hantant ces annees passees familierement, et long temps, un seigneur imbu de cette creance, que le serein est plus aspre et dangereux sur l'inclination du soleil une heure ou deux avant son coucher, lequel il evite soigneusement, et mesprise celuy de la nuict : il a cuidé m'imprimer, non tant son discours que son sentiment. Quoy, que le doubte mesme, et l'inquisition, frappe nostre imagination, et nous change ? Ceulx qui cedent tout à coup à ces pentes, attirent l'entiere ruyne sur eulx ; et plaindz plusieurs gentilshommes qui, par la sottise de leurs medecins, se sont mis en chartre touts ieunes et entiers : encores vauldroit il mieulx souffrir un rheume, que de perdre pour iamais, par desaccoustumance, le commerce de la vie commune, en action de si grand usage. Fascheuse science, qui nous descrie les plus doulces heures du iour ? Estendons nostre possession iusques aux derniers moyens : le plus souvent on s'y durcit en s'opiniastrant, et corrige l'on sa complexion, comme feit Cesar le hault mal, à force de le mespriser et corrompre. On se doibt addonner aux meilleures regles, mais non pas s'y asservir ; si ce n'est à celles, s'il y en a à quelqu'une, ausquelles l'obligation et servitude soit utile.

Et les roys et les philosophes fientent, et les dames aussi : les vices publiques se doibvent à la cerimonie ; la mienne, obscure et privee iouït de toute dispense naturelle ; soldat et gascon, sont qualitez aussi un peu subiectes à l'indiscretion : par quoy, ie diray cecy de cette action, Qu'il est besoing de la renvoyer à certaines heures prescriptes et nocturnes, et s'y forcer par coustume et assubiectir, comme i'ay faict ; mais non s'assubiectir, comme i'ay fait en vieillissant, au soing de particuliere commodité de lieu et de siege pour ce service, et le rendre empeschant par longueur et mollesse : toute fois, aux plus sales offices, est il pas aulcunement excusable de requerir plus de soing et de netteté ? *Natura homo mundum et elegans animal est.* De toutes les actions naturelles, c'est celle que ie souffre plus mal volontiers m'estre interrompue. I'ay veu beaucoup de gents de guerre incommodez du desreglement de leur ventre : tandis que le mien et moy nous ne faillons iamais au poinct de nostre assignation, qui est au sault du lict, si quelque violente occupation ou maladie ne nous trouble.

Ie ne iuge doncques poinct, comme ie disois, où les malades se puissent mettre mieulx en seureté, qu'en se tenant coy dans le train de vie où ils se sont eslevez et nourris : le changement, quel qu'il soit, estonne et blece. Allez croire que les chastaignes nuisent à un Perigourdin ou à un Lucquois, et le laict et le fromage aux gents de la montaigne. On leur va ordonnant une non seulement nouvelle, mais contraire forme de vie : mutation qu'un sain ne pourroit souffri. Ordonnez de l'eau à un Breton de soixante-dix ans; enfermez dans une

estuve un homme de marine; deffendez le promener à un laquay basque: ils les privent de mouvement, et enfin d'air et de lumiere.

An vivere tanti est?
Cogimur a suetis animum suspendere rebus,

> Atque, ut vivamus, vivere desinimus...
> Hos superesse reor, quibus et spirabilis aer,
> Et lux, qua regimur, redditur ipsa gravis?

S'ils ne font aultre bien, ils font au moins cecy, qu'ils preparent de bonne heure les patients à la mort, leur sappant peu à peu et retranchant l'usage de la vie.

Et sain et malade, ie me suis volontiers laissé aller aux appetits qui me pressoient. Ie donne grande auctorité à mes desirs et propensions: ie n'ayme point à guarir le mal par le mal; ie hais les remedes qui importunent plus que la maladie. D'estre subiect à la cholique, et subiect à m'abstenir du plaisir de manger des huistres, ce sont deux maulx pour un: le mal nous pince d'un costé; la regle de l'aultre. Puisqu'on est au hazard de se mescompter, hazardons nous plustost à la suitte du plaisir. Le monde faict au rebours, et ne pense rien utile, qui ne soit penible; la facilité luy est suspecte. Mon appetit, en plusieurs choses, s'est assez heureusement accommodé par soy mesme, et rengé à la santé de mon estomach; l'acrimonie et la poincte des saulces m'aggreerent estant ieune; mon estomach s'en ennuyant depuis, le goust l'a incontinent suyvi: le vin nuit aux malades; c'est la premiere chose dequoy ma bouche se desgouste, et d'un desgoust invincible. Quoy que ie receoive desagreablement, me nuit; et rien ne me nuit, que ie fasse avecques faim et alaigresse. Ie n'ay iamais receu nuisance d'action qui m'eust esté bien plaisante: et si ay faict ceder à mon plaisir, bien largement, toute conclusion medecinale: et me suis, ieune,

> Quem circumcursans huc atque huc sæpe cupido
> Fulgebat crocina splendidus in tunica,

presté, autant licencieusement et inconsidereement qu'aultre, au desir qui me tenoit saisi;

> Et militavi non sine gloria.

plus toutes fois en continuation et en duree, qu'en saillie :

> Sex me vix memini sustinuisse vices.

Il y a du malheur, certes, et du miracle, à confesser en quelle foiblesse d'ans ie me rencontray premierement en sa subiection. Ce feut bien rencontre; car ce feut long temps avant l'aage de chois et de cognoissance: il ne me souvient point de moy de si loing; et peult on marier ma fortune à celle de Quartilla, qui n'avoit point memoire de son fillage :

> Inde tragus, celeresque pili, mirandaque matri
> Barba meæ.

Les medecins ployent, ordinairement avecques utilité, leurs regles à la violence des envies aspres qui surviennent aux malades: ce grand desir ne se peult imaginer si estrangier et vicieux, que nature ne s'y applique. Et puis, combien est ce de contenter la fantasie? A mon opinion, cette piece là importe de tout; au moins, au delà de toute aultre. Les plus griefs et ordinaires maulx sont ceulx que la fantasie nous charge: ce mot espaignol me plaist à plusieurs visages, *defenda me Dios de my*. Ie plaints, estant malade, de quoy ie n'ay quelque desir qui me donne ce contentement de l'assouvir; à peine m'en destournerort la medecine: autant en fois ie suis sain; ie ne vois gueres plus qu'esperer et vouloir. C'est pitié d'estre alangui et affoibly iusques au souhaiter.

L'art de medecine n'est pas si resolue, que nous soyons sans auctorité, quoy que nous facions: elle change selon les climats, et selon les lunes; selon Fernel, et selon l'Escale. Si vostre medecin ne treuve bon que vous dormez, que vous usez de vin, ou de telle viande, ne vous chaille; ie vous en trouveray un aultre qui ne sera pas de son advis: la diversité des arguments et opinions medecinales embrasse toute sorte de formes. Ie veis un miserable malade crever et se pasmer d'alteration, pour se guarir; et estre mocqué depuis par un aultre medecin, condamnant ce conseil comme nuisible: avoit il pas bien employé sa peine? Il est mort freschement, de la pierre, un homme de ce mestier; qui s'estoit servy d'extreme abstinence à combattre son mal: ses compaignons disent qu'au rebours ce ieusne l'avoit asseiché, et luy avoit cuict le sablé dans les roignons.

I'ai apperceu qu'aux bleceures et aux maladies, le parler m'esmeut et me nuit, autant que desordre que ie face. La voix me couste et me lasse; car ie l'ay haulte et efforcee; si que, quand ie suis venu à entretenir l'aureille des grands, d'affaires de poids, ie les ay mis souvent en soing de moderer ma voix.

Ce conte merite de me divertir : Quelqu'un, en certaine eschole grecque, parloit hault, comme moy : le maistre des cerimonies luy manda qu'il parlast plus bas : « Qu'il m'envoye, feit il, le ton auquel il veult que ie parle. » L'aultre luy repliqua, « Qu'il prinst son ton des aureilles de celuy à qui il parloit. » C'estoit bien dict, pourveu qu'il s'entende : « Parlez selon ce que vous avez à faire à vostre auditeur : » car, si c'est à dire, « Suffise vous qu'il vous oye; ou, reglez vous par luy, » ie ne treuve pas que ce feust raison. Le ton et mouvement de la voix a quelque expression et signification de mon sens : c'est à moy à le conduire pour me representer : il y a voix pour instruire, voix pour flater, ou pour tanser; ie veulx que ma voix non seulement arrive à luy, mais à l'adventure, qu'elle le frappe, et qu'elle le perce. Quand ie mastine mon laquay, d'un ton aigre et poignant, il seroit bon qu'il veinst à me dire : « Mon maistre, parlez plus doulx, ie vous oys bien! » *Est quædam vox ad auditum accommodata, non magnitudine, sed proprietate.* La parole est moitié à celuy qui parle, moitié à celuy qui l'escoute; cettuy cy se doibt preparer à la recevoir, selon le bransle qu'elle prend : comme entre ceulx qui iouent à la paulme, celuy qui soubstient se desmarche et s'appreste, selon qu'il veoid remuer celuy qui luy iecte le coup, et selon la forme du coup.

L'experience m'a encores apprins cecy, Que nous nous perdons d'impatience. Les maulx ont leur vie et leurs bornes, leurs maladies et leur santé. La constitution des maladies est formee au patron de la constitution des animaulx; elles ont leur fortune limitee dez leur naissance, et leurs iours : qui essaye de les abbreger imperieusement, par force, au travers de leur course, il les alonge et les multiplie; et les harcelle, au lieu de les appaiser. Ie suis de l'advis de Crantor, « Qu'il ne fault ni obstineement s'opposer aux maulx, et à l'estourdie, ny leur succomber de mollesse, mais qu'il leur fault ceder naturellement, selon leur condition et la nostre. » On doibt donner passage aux maladies : et ie treuve qu'elles arrestent moins chez moy, qui les laisse faire; et en ay perdu, de celles qu'on estime plus opiniastres et tenaces, de leur propre decadence, sans ayde et sans art, et contre ses regles. Laissons faire un peu à nature : elle entend mieulx ses affaires que nous. « Mais un tel en mourut. » Si ferez vous; sinon de ce mal là, d'un aultre : et combien n'ont pas laissé d'en mourir, ayant trois medecins à leur cul? L'exemple est un miroüer vague, universel, et à tout sens. Si c'est une medecine voluptueuse, acceptez la; c'est tousiours autant de bien present : ie ne m'arresteray ny au nom, ny à la couleur, si elle est delicieuse et appetissante; le plaisir est des principales especes du proufit. I'ay laissé enveillir et mourir en moy, de mort naturelle, des rheumes, des fluxions goutteuses, relaxation, battements de cœur, micraines et aultres accidents, que i'ay perdus, quand ie m'estois à demy formé à les nourrir : on les coniure mieulx par courtoisie que par braverie. Il fault souffrir doulcement les loix de nostre condition : nous sommes pour vieillir, pour affoiblir, pour estre malade en despit de toute medecine. C'est la premiere leçon que les Mexicains font à leurs enfants, quand, au partir du ventre des meres, ils les vont saluant ainsin : « Enfant, tu es venu au monde pour endurer : endure, souffre, et tais toy. » C'est iniustice, de se douloir qu'il soit advenu à quelqu'un ce qui peult advenir à chascun : *Indignare, si quid in te inique proprie constitutum est.*

Veoyez un vieillard qui demande à Dieu qu'il luy maintienne sa santé entiere et vigoureuse, c'est à dire qu'il le remette en icunesse :

> Stulte, quid hæc frustra votis puerilibus optas?

n'est ce pas folie? sa condition ne le porte pas. La goutte, la gravelle, l'indigestion, sont symptomes des longues annees; comme des longs voyages, la chaleur, les pluyes, et les vents. Platon ne croit pas qu'Aesculape se meist en peine de prouvoir, par regimes, à faire durer la vie en un corps gasté et imbecille, inutile à son pays, inutile à sa vacation, et à produire des enfants sains et robustes; et ne treuve pas ce soing convenable à la iustice et prudence divine, qui doibt conduire toutes choses à utilité. Mon bon homme, c'est faict :

on ne vous sçaurait redresser ; on vous plastrera pour le plus, et estansonnera un peu, et alongera lon de quelque heure vostre misere :

> Non secus instantem cupiens fulcire ruinam,
> Diversis contra nititur obiicibus;
> Donec certa dies, omni compage soluta,
> Ipsum cum rebus subruat auxilium.

Il fault apprendre à souffrir ce qu'on ne peult eviter : nostre vie est composee, comme l'harmonie du monde, de choses contraires, aussi de divers tons, doulx et aspres, aigus et plats, mols et graves : le musicien qui n'en aimeroit que les uns, que vouldroit il dire ? il fault qu'il s'en sçache servir en commun, et les mesler ; et nous aussi, les biens et les maulx, qui sont consubsanciels à nostre vie : nostre estre ne peult, sans ce meslange ; et y est l'une bande non moins necessaire que l'aultre. D'essayer à regimber contre la necessité naturelle, c'est representer la folie de Ctesiphon, qui entreprenoit de faire à coups de pieds avecques sa mule.

Ie consulte peu des alterations que ie sens, car ces gents icy sont advantageux, quand ils vous tiennent à leur misericorde : ils vous gourmandent les aureilles de leurs prognostiques ; et, me surprenant aultrefois affoibly du mal, m'ont iniurieusement traicté de leurs dogmes et trongne magistrale, me menaceant, tantost de grandes douleurs, tantost de mort prochaine. Ie n'en estois abbattu, ny deslogé de ma place ; mais i'en estois heurté et poulsé : si mon iugement n'en est ny changé, ny troublé au moins il estoit empesché ; c'est tousiours agitation et combat.

Or, ie traicte mon imagination le plus doulcement que ie puis, et la deschargerois, si ie pouvois, de toute peine et contestation ; il fault secourir et flatter ; et piper, qui peult : mon esprit est propre à cet office ; il n'a point faulte d'apparences pour tout ; s'il persuadoit comme il presche, il me secourroit heureusement. Vous en plaist il un exemple ? Il dict « Que c'est pour mon mieulx que i'ay la gravelle : que les bastiments de mon aage ont naturellement à souffrir quelque gouttiere : il est temps qu'ils commencent à se lascher et desmentir : C'est une commune necessité, et n'eust on pas faict pour moy un nouveau miracle : Ie paye, par là, le loyer deu à la vieillesse, et ne sçaurois en avoir meilleur compte : Que la compaignie me doibt consoler, estant tumbé en l'accident le plus ordinaire des hommes de mon temps : I'en veois partout d'affligez de mesme nature de mal ; et m'en est la societé honnorable, d'autant qu'il se prend plus volontiers aux grands ; son essence a de la noblesse et de la dignité : Que des hommes qui en sont frappez, il en est peu de quites à meilleure raison ; et si, il leur couste la peine d'un fascheux regime, et la prinse ennuyeuse et quotidienne des drogues medecinales : là où ie le doibs purement à ma bonne fortune ; car quelques bouillons communs de l'eryngium et herbe du turc, que deux ou trois fois i'ay avallez, en faveur des dames qui, plus gracieusement que mon mal n'est aigre, m'en offroient la moitié du leur, m'ont semblé egualement faciles à prendre, et inutiles en operation : ils ont à payer mille vœux à Aesculape, et autant d'escus à leur medecin, de la profluvion de sable ayse et abondante, que ie receois souvent par le benefice de nature : la decence mesme de ma contenance en compaignie n'en est pas troublee ; et porte mon eau dix heures, et aussi long temps qu'un sain. La crainte de ce mal, faict il, t'effrayoit aultrefois, quand il t'estoit incogneu ; les cris et le desespoir de ceulx qui l'aigrissent par leur impatience t'en engendroient l'horreur. C'est un mal qui te bat les membres par lesquels tu as le plus failly : Tu es homme de conscience,

> « Quæ venit indignæ pœna, dolenda venit :

et regarde ce chastiment ; il est bien doulx au prix d'aultres, et d'une faveur paternelle : Regarde sa tardifveté ; il n'incommode et occupe que la saison de ta vie qui, ainsi comme ainsin, est meshuy perdue et sterile, ayant faict place à la licence et plaisirs de ta ieunesse, comme par composition. La crainte et pitié que le peuple a de ce mal, te sert de matiere de gloire ; qualité de laquelle si tu as le iugement purgé ; et en as guary ton discours, tes amis pourtant en recognoissent encores quelque teincture en ta complexion. Il y a du plaisir à ouïr dire de soy, Voylà bien de la force, voylà bien de la patience. On te veoid suer d'ahan, paslir, rougir, trembler, vomir iusqu'au sang, souffrir des contractions et des convulsions estranges, desgoutter par fois de grosses larmes des yeulx, rendre les urines espesses, noires et effroyables, ou les avoir arrestees par quelque pierre espineuse et herissee qui te poinct et escorche cruellement le col de la verge; entretenant ce pendant les assistants, d'une contenance commune; bouffonant à pauses avecques les gents; tenant ta partie en un discours tendu; excusant de parole ta douleur, et rabbattant de ta souffrance. Te soubvient il de ces gents du temps passé, qui recherchoient les maulx avecques si grand'faim, pour tenir leur vertu en haleine et en exercice? mets le cas que nature te porte et te poulse à cette glorieuse eschole, en laquelle tu ne feusses iamais entré de ton gré.

Si tu me dis, que c'est un mal dangereux et mortel : quels aultres ne le sont? car c'est une piperie medecinale, d'en excepter aulcuns qu'ils disent n'aller point de droict fil à la mort : qu'importe, s'ils y vont par accident ou s'ils glissent et gauchissent aysement vers la voye qui nous y mene ? Mais tu ne meurs pas de ce que tu es malade, tu meurs de ce que tu es vivant : la mort te tue bien, sans le secours de la maladie; et à d'aulcuns les maladies ont esloigné la mort, qui ont plus vescu, de ce qu'il leur sembloit s'en aller mourants : ioinct qu'il est comme des playes, aussi des maladies, medecinales et salutaires, La cholique est souvent non moins vivace que vous : il se veoid des hommes ausquels elle a continué depuis leurs enfance iusques à leur extreme vieillesse; et s'ils ne luy eussent failly de compaignie, elle estoit pour les assister plus oultre : vous la tuez plus souvent qu'elle ne vous tue. Et quand elle te presenteroit l'image de la mort voysine, seroit ce pas un bon office, à un homme de tel aage, de le ramener aux cogitations de sa fin? Et qui pis est, tu n'as plus pour quoy guarir : Ainsi comme ainsin, au premier iour la commune necessité t'appelle. Considere combien artificiellement et doulcement elle te desgouste de la vie et desprend du monde; non te forceant, d'une subiection tyrannique, comme tant d'aultres maulx que tu veois aux vieillards, qui les tiennent continuellement entravez, et sans relasche, de foiblesses et douleurs; mais par advertissements, et instructions reprinses à intervalles entremeslant des longues pauses de repos, comme pour te donner moyen de mediter et repeter sa leçon à ton ayse. Pour te donner moyen de iuger sainement, et prendre party en homme de cœur, elle te presente l'estat de ta condition entiere et en bien et en mal; et, en mesme iour, une vie tresalaigre tantost, tantost insupportable. Si tu n'accolles la mort, au moins tu luy touches en paulme une fois le mois : par où tu as de plus à esperer qu'elle l'attrapera un iour sans menace ; et qu'estant si souvent conduict iusques au port, te fiant d'estre encores aux termes accoustumez, on t'aura, et ta fiance. passé l'eau un matin inopineement. On n'a point à se plaindre des maladies qui partagent loyalement de temps avecques la santé. »

Ie suis obligé à la fortune, de quoy elle m'assault si souvent de mesme sorte d'armes : elle m'y façonne, et m'y dresse par usage, m'y durcit et habitue : ie sçais à peu prez meshuy en quoy i'en doibs estre quite. A faulte de memoire naturelle, i'en forge de papier : et comme quelque nouveau symptome survient à mon mal, ie l'escris; d'où il advient que asture, estant quasi passé par toute sortes d'exemples, si quelque estonnement me menace, feuilletant ces petits brevets descousus, comme des feuilles sibyllines, ie ne faulx plus de trouver où me consoler de quelque prognostique favorable, en mon experience passee. Me sert aussi l'accoustumance à mieux esperer pour l'advenir : car la conduicte de ce vuidange ayant continué si long temps, il est à croire que nature ne changera point ce train, et n'en adviendra aultre pire accident que celuy que ie sens. En oultre, la condition de cette maladie n'est point mal advenante à ma complexion prompte et soubdaine : quand elle m'assault mollement, elle me faict peur, car c'est pour long temps; mais, naturellement, elle a des excez vigoureux et gaillards, elle me secoue à outrance, pour un iour ou deux. Mes reins ont duré un aage sans alteration; il y en a tantost un aultre qu'ils ont changé d'estat : les maulx ont leur periode comme les biens; à l'adventure est cet accident à sa fin. L'aage affoiblit la chaleur de mon estomach; sa digestion en estant moins parfaicte, il renvoye cette matiere crue à mes reins : pourquoy ne pourra estre à certaine revolution, affoiblie pareillement la chaleur de mes reins si bien qu'ils ne puissent plus petrifier mon flegme; et nature s'acheminer à prendre quelque aultre voye de purgation? Les ans m'ont evidemment faict tarir aulcuns rheumes : pourquoy non ces excrements qui fournissent de matiere à la grave? Mais est il rien doulx au prix de cette soubdaine mutation, quand, d'un douleur extreme, ie viens, par le vuidange de ma pierre, à recouvrer, comme d'un esclair, la belle lumiere de la santé, si libre et si pleine, comme il advient en nos soubdaines et plus aspres choliques? Y a il rien en cette douleur soufferte, qu'on puisse contrepoiser au plaisir d'un si prompt amendement? De combien la santé me semble plus belle aprez la maladie, si voysine et si contiguë que ie les puis recognoistre, en presence l'une de l'aultre, en leur plus hault appareil; où elles se mettent à l'envy, comme pour se faire teste et contrecarre! Tout ainsi que les stoïciens disent que les vices sont utilement introduicts pour donner prix et faire espaule à la vertu : nous pouvons dire, avecques meilleure raison, et coniecture moins hardie, que nature nous a presté la douleur pour l'honneur et service de la volupté et indolence. Lorsque Socrates, aprez qu'on l'eust deschargé de ses fers, sentit la friandise de cette demangeaison que leur pesanteur avoit causé en ses iambes, il se resiouit à considerer l'estroicte alliance de la douleur à la volupté ; comme elles sont associees d'une liaison necessaire, si qu'à tours elles se suyvent et entr'engendrent ; et s'escrioit au bon Esope, qu'il deust avoir prins de cette consideration un corps propre à une belle fable.

Le pis que ie veoye aux aultres maladies, c'est qu'elles ne sont pas si griefves en leur effect, comme elles sont en leur yssue : on est un an à se r'avoir, tousiours plein de foiblesse et de crainte. Il y a tant de hazard et tant de degrez à se reconduire à sauveté, que ce n'est iamais faict : avant qu'on vous aie deffublé d'un couvrechef, et puis d'une calotte ; avant qu'on vous aye rendu l'usage de l'air, et du vin, et de vostre femme, et des melons, c'est grand cas si vous n'estes recheu en quelque nouvelle misere. Cette cy a ce privilege, qu'elle s'emporte tout net : là où les aultres laissent tousiours quelque impression et alteration qui rend le corps susceptible de nouveau mal, et se prestent la main les uns aux aultres. Ceulx là sont excusables, qui se contentent de leur possession sur nous sans l'estendre, et sans introduire leur sequelle ; mais courtois et gracieux sont ceulx de qui le passage nous apporte quelque utile consequence. Depuis ma cholique, ie me treuve deschargé d'aultres accidents, plus ce me semble que ie n'estois auparavant, et n'ay point eu de fiebvre depuis ; i'argumente que les vomissements extremes et frequents que ie souffre, me purgent : et d'aultre costé, mes desgoustements, et les ieusnes estranges que ie passe, digerent mes humeurs peccantes ; et nature vuide, en ces pierres, ce quelle a de superflu et nuisible. Qu'on ne me die point que c'est une medecine trop cher vendue : car quoy, tant de puants bruvrages, cauteres, incisions, suees, setons, dietes, et tant de formes de guarir, qui nous apportent souvent la mort, pour ne pouvoir soubstenir leur violence et importunité? Par ainsi, quand ie suis attainct, ie le prends à medecine ; quand ie suis exempt, ie le prends à constante en entiere delivrance.

Voicy encores une faveur de mon mal, particuliere : C'est qu'à peu prez, il faict son ieu à part, et me laisse faire le mien, où il ne tient qu'à faulte de courage ; en sa plus grande esmotion, ie l'ay tenu dix heures à cheval. Souffrez seulement, vous n'avez que faire d'aultre regime ; iouez, disnez, courez, faictes cecy, et faictes encores cela, si vous pouvez ; vostre desbauche y servira plus qu'elle n'y nuira : Dictes en autant à un verolé, à un goutteux, à un hernieux. Les aultres maladies ont des obligations plus universelles, gehennent bien aultrement nos actions, troublent tout nostre ordre, et engagent à leur consideration tout l'estat de la vie : cette cy ne faict que pincer la peau ; elle vous laisse l'entendement et la volonté en vostre disposition, et la langue, et les pieds, et les mains ; elle vous esveille plustost qu'elle ne vous assopit. L'ame est frappee de l'ardeur d'une fiebvre, et atterree d'une epilepsie, et disloquee par une aspre migraine, et enfin estonnee par toutes les maladies qui blecent la masse et les plus nobles parties : icy, on ne l'attaque point ; s'il luy va mal, à sa coulpe ; elle se trahit elle mesme, s'abandonne, et se desmonte. Il n'y a que les fols qui se laissent persuader que ce corps dur et massif qui se cuict en nos roignons se puisse dissouldre par breuvrages : par quoy, depuis qu'il est esbranlé, n'est que de lui donner passage ; aussi bien le prendra il.

Ie remarque encores cette particuliere commodité, que c'est un mal auquel nous avons peu à deviner : nous sommes dispensez du trouble auquel les aultres maulx nous iectent par l'incertitude de leur cause, et conditions, et progrez; trouble infiniement penible : nous n'avons que faire de consultations et interpretations doctorales; les sens nous montrent que c'est, et où c'est.

Par tels arguments, et forts et foibles, comme Cicero le mal de sa vieillesse, i'essaye d'endormir et amuser mon imagination, et graisser ses playes. Si elles s'empirent demain, demain nous y pourvoyrons d'autres eschappatoires. Qu'il soit vray : voicy, depuis de nouveau, que les plus legiers mouvements espreignent le pur sang de mes reins; quoy pour cela? ie ne laisse de me mouvoir comme devant, et picquer aprez mes chiens, d'une iuvenile ardeur et insolente; et treuve que i'ay grand' raison d'un si important accident, qui ne me couste qu'une sourde poisanteur et alteration en cette partie : c'est quelque grosse pierre, qui foule et consomme la subtance de mes roignons, et ma vie, que ie vuide peu à peu, non sans quelque naturelle doulceur, comme un excrement hormais superflu et empeschant.

Or, sens ie quelque chose qui croule? ne vous attendez pas que i'aille m'amusant à recognoistre mon pouls et mes urines, pour y prendre quelque prevoyance ennuyeuse : ie seray assez à temps à sentir le mal, sans l'alonger par le mal de la peur. Qui craint de souffrir, il souffre desià de ce qu'il craint. Ioinct que la dubitation et ignorance de ceulx qui se meslent d'expliquer les ressorts de nature et ses internes progrez, et tant de fault prognostiques de leur art, nous doibt faire cognoistre qu'elle a ses moyens infiniement incogneus : il y a grande incertitude, varieté et obscurité, de ce qu'elle nous promet ou menace. Sauf la vieillesse, qui est un signe indubitable de l'approche de la mort, de touts les aultres accidents, ie vuois peu de signes de l'avenir, sur quoy nous ayons à fonder nostre divination. Ie ne me iuge que par vray sentiment, non par discours : A quoy faire? puisque ie n'y veulx apporter que l'attente et la patience. Voulez vous sçavoir combien ie gaigne à cela? regardez ceulx qui font aultrement, et qui despendent de tant de diverses persuasions et conseils; combien souvent l'imagination les presse sans le corps! I'ay maintesfois prins plaisir, estant en seureté et delivré de ces accidents dangereux, de les communiquer aux medecins, comme naissants lors en moy : ie souffrois l'arrest de leurs horribles conclusions, bien mon ayse ; et en demeurois de tant plus obligé à Dieu de sa grace, et mieulx instruict de la vanité de cet art.

Il n'est rien qu'on doibve tant recommender à la ieunesse que l'activité et la vigilance : nostre vie n'est que mouvement. Ie m'esbranle difficilement, et suis tardif par tout; à me lever, à me coucher, et à mes repas : c'est matin pour moy que sept heures; et, où ie gouverne, ie ne disne ny avant onze, ny ne soupe qu'aprez six heures. I'ay aultresfois attribué la cause des fiebvres et maladies où ie suis tumbé, à la poisanteur et assopissement que le sommeil m'avoit apporté; et me suis tousiours repenty de me r'endormir le matin. Platon veult plus de mal à dormir qu'à l'excez du boire. I'ayme à coucher dur, et seul ; voire sans femme, à la royale; un peu bien couvert. On ne bassine iamais mon lict : mais, depuis la vieillesse, on me donne, quand i'en ay besoing, des draps à eschauffer les pieds et l'estomach. On trouvoit à redire, au grand Scipion, d'estre dormart : non, à mon advis, pour aultre raison, sinon qu'il faschoit aux hommes qu'en luy seul il' n'y eust aulcune chose à redire. Si i'ay quelque curiosité en mon traitement, c'est plustost au coucher qu'à aultre chose ; mais ie cede et m'accommode en general, autant que tout aultre, à la necessité. Le dormir a occupé une grande partie de ma vie; et le continue encores, à cet aage, huict ou neuf heures, d'une haleine. Ie me retire aveques utilité de cette propension paresseuse; et en vault evidemment mieulx. Ie sens un peu le coup de la mutation ; mais c'est faict en trois iours. Et n'en veois gueres qui vive à moins, quand il est besoing, et qui s'exerce plus constamment, ny à qui les corvees poisent moins. Mon corps est capable d'une agitation ferme, mais non pas vehemente et soubdaine. Ie fuys meshuy les exercices violents, et qui me menent à la sueur : mes membres se lassent avant qu'ils s'eschauffent. Ie me tiens debout, tout le long d'un iour, et ne m'ennuye point à me promener; mais sur le pavé, depuis mon premier aage, ie n'ay aimé d'aller qu'à cheval ; à pied, ie me crotte iusques aux fesses; et les petites gents sont subiects, par ces rues, à estre chocquez et coudoyez, à faulte d'apparence : et ay aymé à me reposer, soit couché, soit assis, les iambes autant ou plus haultes que le siege.

Il n’est occupation plaisante comme la militaire : occupation et noble en execution (car la plus forte, genereuse et superbe de toutes les vertus est la vaillance), et noble en sa cause : il n’est point d’utilité, ny plus iuste, ny plus universelle, que la protection du repos et grandeur de son païs. La compaignie de tant d’hommes vous plaist, nobles, ieunes, actifs; la veue ordinaire de tant de spectacles tragiques ; la liberté de cette conversation, sans art; et une façon de vie, masle et sans cerimonie; la varieté de mille actions diverses ; cette courageuse harmonie de la musique guerriere, qui vous entretient et eschauffe et les aureilles et l’ame ; l’honneur de cet exercice ; son aspreté mesme et sa difficulté, que Platon estime si peu, qu’en sa republicque il en faict part aux femmes et aux enfants : vous vous conviez aux roolles et hazards particuliers, selon que vous iugez de leur esclat et de leur importance; soldat volontaire ; et veoyez quand la vie mesme y est excusablement employee,

   Pulchrumque mori succurrit in armis.

De craindre les hazards communs qui regardent une si grande presse ; de n’oser ce que tant de sortes d’ames osent, et tout un peuple, c’est à faire à un cœur mol et bas oultre mesure : la compaignie asseure iusques aux enfants. Si d’aultres vous surpassent en science, en grace, en force, en fortune, vous avez des causes tierces à qui vous en prendre; mais de leur ceder en fermeté d’ame, vous n’avez à vous en prendre qu’à vous. La mort est plus abiecte, plus languissante et penible dans un lict, qu’en un combat : les fiebvres et les catharrhes, autant douloureux et mortels, qu’une harquebuzade. Qui seroit faict à porter valeureusement les accidents de la vie commune, n’auroit point à grossir son courage pour se rendre gendarme. *Vivere, mi Lucili, militare est.*

Il ne me souvient point de m’estre iamais veu galleux: si est la gratterie, des gratifications de nature les plus doulces, et autant à main ; mais ell' a la penitence trop importunement voysine. Ie l’exerce plus aux aureilles, que i’ay au dedans pruantes, par secousses.

Ie suis nay de touts les sens, entiers quasi à la perfection. Mon estomach est commodement bon, comme est ma teste; et, le plus souvent, se maintiennent au travers de mes fiebvres, et aussi mon haleine. I’ay oultrepassé l’aage auquel des nations, non sans occasion, avoient prescript une si iuste fin à la vie, qu’elles ne permettoient point qu’on l’excedast: si ay ie encores des remises, quoyqu’inconstantes et courtes, si nettes, qu’il y a peu à dire de la santé et indolence de ma ieunesse. Ie ne parle pas de la vigueur et alaigresse : ce n’est pas raison qu’elle me suyve hors ses limites ;

   Non hoc amplius est liminis, aut aquæ
   Cœlestis, patiens latus.

Mon visage me descouvre incontinent, et mes yeulx : touts mes changements commencent par là, et un peu plus aigres qu’ils ne sont en effect; ie fois souvent pitié à mes amis, avant que i’en sente la cause. Mon mirouer ne m’estonne pas ; car, en la ieunesse mesme, il m’est advenu, plus d’une fois, de chausser ainsin un teinct et un port trouble et de mauvais prognostique, sans grand accident : en maniere que les medecins, qui ne trouvoient au dedans cause qui respondist à cette alteration externe, l attribuoient à l’esprit, et à quelque passion qui me rengeast au dedans : ils se trompoient. Si le corps se gouvernoit autant selon moy que faict l’ame, nous marcherions un peu plus à gostre : ie l’avois lors, non seulement exempte de trouble, mais encores pleine ne satisfaction et de feste, comme elle est le plus ordinairement, moitié de sa domplexion, moitié de son desseing :

   Nec vitiant artus ægræ contagia mentis.

Ie tiens que cette sienne temperature a relevé maintesfois le corps de ses cheutes : il est souvent abattu ; que si elle n’est eniouee, elle est au moins en estat tranquille et reposé. I’eus la fiebvre quarte quatre ou cinq mois, qui m’avoit tout desvisagé; l’esprit alla tousiours non paisiblement, mais plaisamment. Si la douleur est hors de moy, l’affoiblissement et la langueur ne m’attristent gueres : ie veois plusieurs defaillances corporelles, qui font horreur seulement à nommer, que ie craindrois moins que mille passions et agitations d’esprit que ie veois en usage. Ie prends party de ne plus courre ; c’est assez que ie me traisne : ny ne me plainds de la decadence naturelle qui me tient ;

   Quis tumidum guttur miratur in Alpibus ?

non plus que ie ne regrette que ma duree ne soit aussi longue et entiere que celle d'un chesne.

Ie n'ay point à me plaindre de mon imagination : i'ay eu peu de pensees en ma vie qui m'ayent seulement interrompu le cours de mon sommeil, si elles n'ont esté du desir, qui m'esveillast sans m'affliger. Ie songe peu souvent ; et lors, c'est des choses fantastiques et des chimeres, produictes communement de pensees plaisantes, plustost ridicules que tristes : et tiens qu'il est vray que les songes sont loyaux interpretes de nos inclinations, mais il y a de l'art à les assortir et entendre :

> Res, quæ in vita usurpant homines, cogitant, curant, vident,
> Quæque agunt vigilantes, agitantque, ea si cui in somno accidunt,
> Minus mirandum est.

Platon dict dadvantage que c'est l'office de la prudence d'en tirer des instructions divinatrices pour l'advenir : ie ne vois rien à cela, sinon les merveilleuses experiences que Socrates, Xenophon, Aristote, en recitent, personnages d'auctorité irreprochable. Les histoires disent que les Atlantes ne songent iamais ; qu'il ne mangeut aussi rien qui aye prins mort : ce que i'adiouste, d'autant que c'est à l'adventure l'occasion pour quoy ils ne songent point ; car Pythagoras ordonnoit certaine preparation de nourriture, pour faire les songes à propos. Les miens sont tendres, et ne m'apportent aulcune agitation de corps, ny expression de voix. I'ay veu plusieurs de mon temps en estre merveilleusement agitez : Theon le philosophe se promenoit en songeant ; et le valet de Pericles sur les tuiles mesmes et faiste la maison.

Ie ne choisis gueres à table, et me prends à la premiere chose et plus voysine ; et me remue mal volontiers d'un goust à un aultre. La presse des plats et des services me desplaist autant qu'aultre presse : ie me contente ayseement de peu de mets ; et hais l'opinion de Favorinus, qu'en un festin il fault qu'on vous desrobbe la viande où vous prenez appetit, et qu'on vous en substitue tousiours une nouvelle ; et que c'est un miserable souper, si on n'a saoulé les assistants de cropions de divers oyseaux ; et que le seul bequefigue merite qu'on le mange entier. I'use familierement de viandes salees : si ayme ie mieulx le pain sans sel ; et mon boulanger chez moy n'en sert pas d'aultre pour ma table, contre l'usage du païs. On a eu, en mon enfance, principalement à corriger le refus que ie faisois des choses que communement on aime le mieulx en cet aage ; sucres, confitures, pieces de four. Mon gouverneur combattit cette hayne de viande delicates, comme une espece de delicatesse ; aussi n'est elle autre chose que difficulté de goust, où qu'il s'applique. Qui oste à un enfant certaine particuliere et obstinee affection au pain bis, et au lard, ou à l'ail, il luy oste la friandise. Il en est qui font les laborieux et les patients, pour regretter le bœuf et le iambon, parmy les perdrix : ils ont bon temps ; c'est la delicatesse des delicats ; c'est le goust d'une molle fortune, qui s'affadit aux choses ordinaires et accoustumees ; *per quæ luxuria divitiarum tædio ludit*. Laisser à faire bonne chere de ce qu'un aultre la faict ; avoir un soing curieux de son traictement, c'est l'essence de ce vice :

> Si modica cœnare times olus omne patella.

Il y a bien vrayement cette difference, qu'il vault mieulx obliger son desir aux choses plus aysees à recouvrer ; mais c'est tousiours vice de s'obliger : i'appellois aultrefois delicat, un mien parent qui avoit desapprins, en nos galeres, à se servir de nos licts, et se despouiller pour se coucher.

Si i'avois des enfants masles, ie leur desirasse volontiers ma fortune. Le bon pere que Dieu me donna, qui n'a de moy que la recognoissance de sa bonté, mais certes bien gaillarde, m'envoya, dez le berceau, nourrir à un pauvre village des siens, et m'y teint autant que ie feus en nourrice, et encores au delà ; me dressant à la plus basse et commune façon de vivre : *magna pars libertatis est bene moratus venter*. Ne prenez iamais, et donnez encores moins à vos femmes la charge de leur nourriture ; laissez les former à la fortune, soubs des loix populaires et naturelles ; laissez à la coustume, de les dresser à la frugalité et à l'austerité : qu'ils ayent plustost à descendre de l'aspreté, qu'à monter vers elle. Son humeur visoit encores à une aultre fin ; de me r'allier avecques le peuple, et cette condition d'hommes qui a besoing de nostre ayde ; et estimoit que ie feusse tenu de regarder plustost vers celuy qui me tend les bras que vers celuy qui me tourne le dos : et feut cette raison, pourquoy aussi il me donna à tenir, sur les fonts, à des personnes de la plus abiecte fortune, pour m'y obliger et attacher.

Son desseing n'a pas du tout mal succedé : ie m'addonne volontiers aux petits, soit pource qu'il y a plus de gloire, soit par naturelle compassion, qui peult infiniement en moy. Le party que ie condamneray en nos guerres, ie le condamneray plus asprement, fleurissant et prospere : il sera pour me concilier aulcunement à soy, quand ie le verray miserable et accablé. Combien volontiers ie considere la belle humeur de Chelonis, fille et femme de roys de Sparte! Pendant que Cleombrotus, son mary, aux desordres de sa ville, eut advantage sur Leonidas son pere, elle feit la bonne fille, et se r'allia avecques son pere, en son exil, en sa misere, s'opposant au victorieux. La chance veint elle à tourner? la voilà changee de vouloir avecques la fortune, se rengeant courageusement à son mary, lequel elle suyvit partout où sa ruyne le porta; n'ayant, ce me semble, aultre choix, que de se iecter au party où elle faisoit le plus de besoing, et où elle se montroit plus pitoyable. Ie me laisse plus naturellement aller aprez l'exemple de Flaminius, qui se prestoit à ceulx qui avoient besoing de luy, plus qu'à ceulx qui luy pouvoient bien faire, que ie ne foys à celuy de Pyrrhus, propre à s'abaisser soubs les grands, et à s'enorgueillir sur les petits.

Les longues tables m'ennuyent et me nuisent : car, soit pour m'y estre accoustumé enfant, à faulte de meilleure contenance, ie mange autant que j'y suis. Pourtant chez moy, quoyqu'elle soit des courtes, je m'y mets volontiers un peu aprez les aultres, sur la forme d'Auguste : mais ie ne l'imite pas, en ce qu'il en sortoit aussi avant les aultres; au rebours, i'aime à me reposer long temps aprez, et en ouïr conter, pourveu que ie ne m'en mesle point; car ie me lasse et me blece de parler l'estomach plein, autant comme ie treuve l'exercice de crier et contester, avant le repas, tressalubre et plaisant.

Les anciens Grecs et Romains avoient meilleure raison que nous, assignant à la nourriture, qui est une action principale de la vie, si aultre extraordinaire occupation ne les en divertissoit, plusieurs heures, et la meilleure partie de la nuict; mengeants et beuvants moins hastivement que nous, qui passons en poste toutes nos actions; et estendant ce plaisir naturel à plus de loisir et d'usage, y entresemants divers offices de conversation, utiles et agreables.

Ceulx qui doibvent avoir soing de moy, pourroient à bon marché me desrober ce ils pensent m'estre nuisible; car, en telles choses, ie ne desire iamais, ny ne treuve à dire, ce que ie ne veois pas : mais aussi, de celles qui se presentent, ils perdent leur temps de m'en prescher l'abstinence; si que, quand ie veulx ieusner, il me fault mettre à part des soupeurs, et qu'on me presente iustement autant qu'il est besoing pour une reglee collation; car si ie me mets à table, i'oublie ma resolution. Quand i'ordonne qu'on change d'apprest à quelque viande, mes gents sçavent que c'est à dire que mon appetit est allanguy, et que ie n'y toucheray point.

En toutes celles qui le peuvent souffrir, ie les ayme peu cuictes; et les ayme fort mortifiees, et iusques à l'alteration de la senteur, en plusieurs. Il n'y a que la dureté qui generalement me fasche (de toute aultre qualité, ie suis aussi nonchalant et souffrant qu'homme que i'aye cogneu); si que, contre l'humeur commune, entre les poissons mesme il m'advient d'en trouver et de trop frais et de trop fermes : ce n'est pas la faulte de mes dents, que i'ay eu tousiours bonnes iusques à l'excellence, et que l'aage ne commence de menacer qu'à cette heure; i'ay apprins, dez l'enfance, à les frotter de ma serviette, et le matin, et à l'entree et yssue de la table. Dieu faict grace à ceulx à qui il soubstraict la vie par le menu : c'est le seul benefice de la vieillesse; la derniere mort en sera d'autant moins pleine et nuisible, elle ne tuera plus qu'un demy ou un quart d'homme. Voilà une dent qui me vient de cheoir, sans douleur, sans effort; c'estoit le terme naturel de sa duree : et cette partie de mon estre, et plusieurs aultres, sont desia mortes, aultres demy mortes, des plus actives, et qui tenoient le premier reng pendant la vigueur de mon aage. C'est ainsi que ie fonds, et eschappe à moy. Quelle bestise sera ce à mon entendement, de sentir le sault de cette cheute, desia si advancee, comme si elle estoit entiere? Ie ne l'espere pas. A la verité, ie revois une principale consolation aux pensees de la mort, quelle soit des iustes et naturelles; et que meshuy ie ne puisse en cela requerir ny esperer, de la destinee, faveur qu'illegitime. Les hommes se font accroire qu'ils ont eu aultresfois, comme la stature, la vie aussi plus grande; mais ils se trompent : et Solon, qui est de ce vieux temps là, en taille pourtant l'extreme duree à soixante dix ans. Moy, qui ay tant adoré, et si universellement, cet ἄριστον μέτρον du temps passé, et qui ay tant prins pour la plus parfaicte la moyenne mesure, pretendray ie une demesuree et prodigieuse vieillesse? Tout ce qui vient au revers du cours de nature, peult estre fascheux; mais ce qui vient selon elle doibt estre tousiours plaisant; *omnia, quæ secundum naturam fiunt, sunt habenda in bonis :* par ainsi, dict Platon, la mort que les playes ou maladies apportent, soit violente; mais celle qui nous surprend, la vieillesse nous y conduisant, est de toutes la plus legiere, et aulcunement delicieuse. *Vitam adolescentibus vis aufert, senibus maturitas.* La mort se mesle et confond partout à nostre vie : le declin preoccupe son heure, et s'ingere au cours de nostre avancement mesme. I'ay des pourtraicts de ma forme de vingt et cinq, et de trente cinq ans; ie les compare avecques celuy d'asteure : combien de fois ce n'est plus moy ! combien est mon image presente plus esloingnee de celles là, que de celle de mon trespas ! C'est trop abusé de nature, de la tracasser si loing, qu'elle soit contraincte de nous quiter; et abandonner nostre conduicte, nos yeulx, nos dents, nos iambes et le reste, à la mercy d'un secours estrangier et mendié ; et nous resigner entre les mains de l'art, lasse de nous suyvre.

Ie ne suis excessifvement desireux ny de salades, ny de fruicts, sauf les melons : mon pere haïssoit toute sorte de saulses; ie les ayme toutes. Le trop manger m'empesche ; mais, par sa qualité, ie n'ay encores cognoissance bien certaine qu'aulcune viande me nuise; comme aussi ie ne remarque ny lune pleine ny basse, ny l'automne, du printemps. Il y a des mouvements en nous, inconstants et incogneus ; car des raiforts, pour exemple, ie les ay trouvez premierement commodes: depuis, fascheux; à present, de rechef commodes. En plusieurs choses, ie sens mon estomach et mon appetit aller ainsi diversifiant; i'ay rechangé du blanc au clairet, et puis du clairet au blanc.

Ie suis friand de poisson, et fois mes iours gras des maigres; et mes festes, des iours de iusne ; ie crois (ce qu'aulcuns disent) qu'il est de plus aysee digestion que la chair. Comme ie fois conscience de manger de la viande le iour de poisson, aussi faict mon goust, de mesler le poisson à la chair : cette diversité me semble trop esloingnee.

Dez ma ieunesse, ie desrobois par fois quelques repas : Ou à fin d'aiguiser mon appetit au lendemain (car, comme Epicurus ieusnoit et faisoit des repas maigres pour accoustumer sa volupté à se passer de l'abondance; moy, au rebours, pour dresser ma volupté à faire mieulx son proufit et se servir plus alaigrement de l'abondance) : Ou ie ieusnois, pour conserver ma vigueur au service de quelque action de corps ou d'esprit ; car l'un et l'autre s'apparesse cruellement en moy par la repletion; et, surtout, ie hais ce sot accouplage d'une deesse si saine et si alaigre avecques ce petit dieu indigest et roteur, tout bouffy de la fumee de sa liqueur : Ou pour guarir mon estomach malade : Ou pour estre sans compaignie propre; car ie dis, comme ce mesme Epicurus, qu'il ne fault pas tant regarder ce qu'on mange, qu'avecques qui on mange; et loue Chilon, de n'avoir voulu promettre de se trouver au festin de Periander, avant que d'estre informé qui estoient les aultres conviez : Il n'est point de si doulx apprest pour moy, ny de saulse si appetissante, que celle qui se tire de la société. Ie crois qu'il est plus sain de manger plus bellement et moins, et de manger plus souvent : mais ie veulx faire valoir l'appetit et la faim; ie n'aurois nul plaisir à traisner, à la medecinale, trois ou quatre chestifs repas par iour, ainsi contraincts : Qui m'asseureroit que le goust ouvert que i'ai ce matin, ie le retrouvasse encores à souper? Prenons, sur tout les vieillards, le premier temps opportun qui nous vient : laissons aux faiseurs d'almanachs les esperances et les prognostiques. L'extreme fruict de ma santé, c'est la volupté : tenons nous à la premiere, presente et cogneue. I esvite la constance en ces loix de iusne : qui veult qu'une forme luy serve, fuye à la continuer; nous nous y durcissons; nos forces s'y endorment; six mois aprez, vous y aurez si bien accoquiné vostre estomach, que vostre proufit ce ne sera que d'avoir perdu la liberté d'en user aultrement sans dommage.

Ie ne porte les iambes et les cuisses non plus couvertes en hyver qu'en esté;

un bas de soye tout simple. Ie me suis laissé aller, pour le secours de mes rheumes, à tenir la teste plus chaulde, et le ventre, pour ma cholique : mes maulx s'y habituerent en peu de iours, et desdaignerent mes ordinaires provisions ; i'estois monté d'une coëffe à un couvrechef, et d'un bonnet à un chapeau double ; les embourreures de mon pourpoinct ne me servent plus que de garbe : ce n'est rien, si ie n'y adiouste une peau de lievre ou de vautour, une calote à ma teste. Suyvez cette gradation, vous irez beau train. Ie n'en feray rien : et me desdirois volontiers du commencement que i'y ay donné, si i'osois. Tumbez vous en quelque inconvenient nouveau? cette reformation ne vous sert plus ; vous y estes accoustumé : cherchez en une aultre. Ainsi se ruynent ceulx qui se laissent empestrer à des regimes contraincts, et s'y astreignent superstitieusement : il leur en fault encores, et encores aprez, d'aultre en delà ; ce n'est iamais faict.

Pour nos occupations et le plaisir, il est beaucoup plus commode, comme faisoient les anciens, de perdre le disner, et remettre à faire bonne chere à l'heure de la retraicte et du repos, sans rompre le iour : ainsi le faisois ie aultresfois. Pour la santé, ie treuve depuis par experience, au contraire, qu'il vault mieulx disner, et que la digestion se faict mieulx en veillant. Ie ne suis gueres subiect à estre alteré, ny sain, ny malade : i'ay bien volontiers lors la bouche seiche, mais sans soif ; et communement ie ne bois, que du desir qui m'en vient en mangeant, et bien avant dans le repas. Ie bois assez bien, pour un homme de commune façon : en esté, et en repas appetissant, ie n'oultrepasse point seulement les limites d'Auguste, qui ne beuvoit que trois fois precisement ; mais, pour n'offenser la regle de Democritus, qui deffendoit de s'arrester à quatre, comme à un nombre mal fortuné, ie coule, à un besoing, iusques à cinq : trois demy settiers, environ ; car les petits verres, sont les miens favoris, et me plaist de les vuider, ce que d'aultres evitent comme chose mal seante. Ie trempe mon vin plus souvent à moitié, par fois au tiers d'eau : et quand ie suis en ma maison, d'un ancien usage que son medecin ordonnoit à mon pere et à soy, on mesle celuy qu'il me fault, dez la sommelerie, deux ou trois heures avant qu'on serve. Ils disent que Cranaüs, roi des Atheniens, feut inventeur de cet usage, de tremper le vin d'eau : utilement ou non, i'en ay veu debattre. l'estime plus decent et plus sain, que les enfants n'en usent qu'aprez seize ou dix huict ans. La forme de vivre plus usitee et commune est la plus belle : toute particularité m'y semble à eviter, et haïrois autant un Allemand qui meist de l'eau au vin, qu'un François qui le boiroit pur. L'usage publicque donne loy à telles choses.

Ie craindre un air empesché, et fuys mortellement la fumee : la premiere reparation ou ie courus chez moy, ce feut aux cheminees et aux retraictz, vice commun des vieux bastiments, et insupportable ; et, entre les difficultez de la guerre, ie compte ces espesses poussieres dans lesquelles on nous tient enterrez au chauld tout le long d'une iournee. l'ay la respiration libre et aysee ; et se passent mes morfondements le plus souvent sans offense du poulmon, et sans toux.

L'aspreté de l'esté m'est plus ennemie que celle de l'hyver ; car, oultre l'incommodité de la chaleur, moins remediable que celle du froid, et oultre le coup que les rayons du soleil donnent à la teste, mes yeulx s'offensent de toute lueur esclatante : ie ne sçaurois à cette heure disner assis vis à vis d'un feu ardent et lumineux.

Pour amortir la blancheur du papier, au temps que i'avois plus accoustumé de lire, ie couchois sur mon livre une piece de verre, et m'en trouvois fort soulagé. l'ignore, iusques à present, l'usage des lunettes ; et vois aussi loing que ie feis onques, et que tout aultre : il est vrai que, sur le declin du iour, ie commence à sentir du trouble, et de la foiblesse à lire ; dequoy l'exercice a touiours travaillé mes yeulx, mais sur tout nocturne. Voylà un pas en arriere, à toute peine sensible : ie reculeray d'un aultre ; du second au tiers, du tiers au quart, si coyement qu'il me fauldra estre aveugle formé, avant que ie sente la decadence et vieillesse de ma veue : Tant les Parques destordent artificiellement nostre vie ! Si suis ie en doubte que mon ouïe marchande à s'espessir ; et verrez que ie l'auray demy perdue, que ie m'en prendray encores à la voix de ceux qui parlent à moy : Il fault bien bander l'ame, pour luy faire sentir comme elle s'escoule.

Mon marcher est prompt et ferme; et ne sçais lequel des deux, ou l'esprit ou le corps, i'ay arresté plus malayseement en mesme poinct. Le prescheur est bien de mes amis, qui oblige mon attention tout un sermon. Aux lieux de cerimonie, où chascun est si bandé en contenance, où i'ay veu les dames tenir leurs yeulx mesmes si certains, ie ne suis iamais venu à bout que quelque piece des miennes n'extravague touiours : encores que i'y sois assis, i'y suis peu rassis. Comme la chambriere du philosophe Chrysippus disoit de son maistre, qu'il n'estoit yvre que par les iambes ; car il avoit cette coustume de les remuer, en quelque assiette qu'il feust; et elle le disoit, lorsque, le vin esmouvant ses compagnons, luy n'en sentoit aulcune alteration : on a peu dire aussi, dez mon enfance, que i'avois de la folie aux pieds, ou de l'argent vif ; tant i'y ay de remuement et d'inconstance naturelle, en quelque lieu que ie les place !

C'est indecence, oultre ce qu'il nuict à la santé, voire et au plaisir, de manger goulument, comme ie fois : ie mords souvent ma langue, par fois mes doigts, de hastifveté. Diogenes, rencontrant un enfant qui mangeoit ainsin, en donna un soufflet à son precepteur. Il y avoit des hommes à Rome qui enseignoient à mascher, comme à marcher, de bonne grace. I'en perds le loisir de parler, qui est un si doulx assaisonnement des tables, pourveu que ce soyent des propos de mesme, plaisants et courts.

Il y a de la ialousie et envie entre nos plaisirs ; ils se chocquent et empeschent l'un l'aultre : Alcibiades, homme bien entendu à faire bonne chere, chassoit la musique mesme des tables, pour qu'elle ne troublast la douleur des devis, par la raison, que Platon luy preste, « Que c'est un usage d'hommes populaires, d'appeller des ioueurs d'instruments et des chantres aux festins, à faultes de bons discours et agreables entretiens, dequoy les gents d'entendement sçavent s'entrefestoyer. » Varro demande cecy au convive, « l'Assemblee de personnes, belles de presence, et agreables de conversation, qui ne soyent ny muets ny bavards ; Netteté et delicatesse aux vivres, et au lieu ; et Le temps serein. » Ce n'est pas une feste peu artificielle et peu voluptueuse, qu'un bon traictement de table : ny les grands chefs de guerre, ny les grands philosophes, n'en ont desdaigné l'usage et la science.

Mon imagination en a donné trois en garde à ma memoire, que la fortune me rendit de souveraine douleur, en divers temps de mon aage plus fleurissant : mon estat present m'en forclost ; car chascun pour soy y fournit de grace principale, et de saveur, selon la bonne trempe de corps et d'ame en quoy lors il se treuve. Moy, qui ne manie que terre à terre, hais cette inhumaine sapience qui nous veult rendre desdaigneux et ennemis de la culture du corps : i'estime pareille iniustice, prendre à contre cœur les voluptez naturelles, que de les prendre trop à cœur. Xerxes estoit un fat, qui, enveloppé en toutes les voluptez humaines, alloit proposer prix à qui luy en trouveroit d'aultres : mais non gueres moins fait est celuy qui retranche celles que nature luy a trouvees. Il ne les fault ny suyvre ny fuyr ; il les fault recevoir. Ie les receois un peu plus grassement et gracieusement, et me laisse plus volontiers aller vers la pente naturelle. Nous n'avons que faire d'exaggerer leur inanité ; elle se faict assez sentir, et se produict assez : mercy à nostre esprit, maladif, rabat ioye, qui nous desgouste d'elles, comme de soy mesme ; il traicte et soy, et tout ce qu'il receoit, tantost avant, tantost arriere, selon son estre insatiable, vagabond et versatile :

> Sincerum est nisi vas, quodcunque infundis, acescit.

Moy, qui me vante d'embrasser si curieusement les commoditez de la vie et si particulierement, n'y treuve, quand i'y regarde ainsi finement, à peu prez que du vent. Mais quoy ? nous sommes par tout vent : et le vent encores, plus sagement que nous, s'ayme à bruyre, à s'agiter ; et se contente en ses propres offices, sans desirer la stabilité, la solidité, qualitez non siennes.

Les plaisirs purs de l'imagination, ainsi que les desplaisirs, disent aulcuns, sont les plus grands, comme l'exprimoit la balance de Critolaüs. Ce n'est pas merveille ; elle les compose à sa poste, et se les taille en plein drap : i'en vois tous les iours des exemples insignes, et, à l'adventure, desirables. Mais moy, d'une condition mixte ; grossier, ne puis mordre si à faict à ce seul obiect si simple, que ie ne me laisse tout lourdement aller aux plaisirs presents de la loy humaine et generale, intellectuellement sensibles, sensiblement intellectuels. Les philosophes cyrenaïques veulent que, comme les douleurs, aussi les plaisirs corporels soyent plus puissants, et comme doubles, et comme plus iustes. Il en est, comme dict Aristote, qui, d'une farouche stupidité, en sont desgoustez : i'en cognois d'aultres, qui, par ambition, le font. Que ne renoncent ils encores au respirer? que ne vivent ils du leur? et ne refusent la lumiere, de ce qu'elle est gratuite, ne leur coustant ny invention ny vigueur? Que Mars, ou Pallas, ou Mercure, les substantent pour veoir, au lieu de Venus, de Ceres, et de Bacchus. Chercheront ils pas la quadrature du cercle iuchez sur leurs femmes? Ie hais qu'on nous ordonne d'avoir l'esprit aux nues, pendant que nous avons le corps à table : ie ne veulx pas que l'esprit s'y cloue, ny qu'il s'y veautre; mais ie veulx qu'il s'y applique : qu'il s'y seye, non qu'il s'y couche. Aristippus ne deffendoit que le corps, comme si nous n'avions pas d'ame; Zenon n'embrassoit que l'ame, comme si nous n'avions pas de corps : touts deux vicieusement. Pythagoras, disent ils, a suyvi une philosophie toute en contemplation; Socrates, toute en mœurs et en action : Platon en a trouvé le temperament entre les deux. Mais ils le disent, pour en conter. Et le vraye temperament se treuve en Socrates; et Platon est bien plus socratique que pythagorique, et luy sied mieulx. Quand ie danse, ie danse; quand ie dors, ie dors : voire, et quand ie me promene solitairement en un beau verger, si mes pensees se sont entretenues des occurrences estrangieres quelque partie du temps; quelque aultre partie, ie les ramene à la promenade, au verger, à la doulceur de cette solitude, et à moy.

Nature a maternellement observé cela, que les actions qu'elle nous a enioinctes pour nostre besoing, nous feussent aussi voluptueuses; et nous y convie, non seulement par la raison, mais aussi par l'appetit : c'est iniustice de corrompre ses regles. Quand ie veois et Cesar, et Alexandre, au plus espez de sa grande besongne, iouïr si plainement des plaisirs humains et corporels, ie ne dis pas que ce soit relascher son ame; ie dis que c'est la roidir, soubmettant par vigueur de courage, à l'usage de la vie ordinaire, ces violentes occupations et laborieuses pensees : sages, s'ils eussent creu que c'estoit là leur ordinaire vacation : celle cy, l'extraordinaire. Nous sommes de grands fols! « Il a passé sa vie en oysifveté, » disons nous · « Ie n'ay rien faict d'auiourd'huy. » Quoy! avez vous pas vescu? c'est non seulement la fondamentale, mais la plus illustre de vos occupations. « Si on m'eust mis au propre des grands maniements, i'eusse montré ce que ie sçavois faire. » Avez vous sceu mediter et manier vostre vie? vous avez faict la plus grande besongne de toutes : pour se montrer et exploicter, nature n'a que faire de fortune; elle se montre egualement en touts etages, et derriere, comme sans rideau. Avez vous sceu composer vos mœurs? vous avez bien plus faict que celuy qui a composé des livres : avez vous sceu prendre du repos? avez vous plus faict que celuy qui a prins des empires et des villes.

Le grand et glorieux chef d'œuvre de l'homme, c'est vivre à propos ; toutes aultres choses, regner, thesauriser, bastir, n'en sont qu'appendicules et adminicules, pour le plus. Ie prends plaisir de veoir un general d'armee, au pied d'une bresche qu'il veult tantost attaquer, se prestant tout entier, et delivre, à son disner, au devis avec ses amis ; et Brutus, ayant le ciel et la terre conspirez à l'encontre de luy et de la liberté romaine, desrobber à ses rondes quelque heure de nuict, pour lire et breveter Polybe en toute securité. C'est aux petites ames, ensevelies du poids des affaires, de ne s'en sçavoir purement desmesler, de ne les sçavoir et laisser et reprendre :

> O fortes, peiorąque passi
> Mecum sæpe viri ! nunc vino pellite curas :
> Cras ingens iterabimus æquor.

Soit par gausserie, soit à certes, que le vin theologal et sorbonique est passé en proverbe, et leurs festins, ie treuve que c'est raison qu'ils en disnent d'autant plus commodement et plaisamment, qu'ils ont utilement et serieusement employé la matinee à l'exercice de leur eschole : la conscience d'avoir bien dispensé les aultres heures, est un iuste et savoureux condiment des tables. Ainsin ont vescu les sages : et cette inimitable contention à la vertu, qui nous estonne en l'un et l'aultre Caton, cette humeur severe iusques à l'importunité, s'est ainsi mollement souhmise et plue aux loix de l'humaine condition, et de Venus et de Bacchus; suyvant les preceptes de leur secte, qui demandent le sage parfaict, autant expert et entendu à l'usage des voluptez naturelles, qu'en tout aultre debvoir de la vie : *Cui cor sapiat, ei et sapiat palatus.*

Le relaschement et facilité honnore, ce semble, à merveilles, et sied mieulx à une ame forte et genereuse : Epaminondas n'estimoit pas que de se mesler à la danse des garsons de sa ville, de chanter, de sonner, et s'y embesongner avecques attention, feust chose qui derogeast à l'honneur de ses glorieuses victoires, et à la parfaicte reformation des mœurs qui estoit en luy. Et parmy tant d'admirables actions de Scipion l'ayeul, personnage digne de l'opinion d'une geniture celeste, il n'est rien qui luy donne plus de grace, que de le veoir nonchalamment et puerilement baguenaudant à amasser et choisir des coquilles, et iouer à Cornichon va devant, le long de la marine, avecques Laclius, et, s'il faisoit mauvais temps, s'amusant et se chatouillant à representer par escript, en comedies, les plus populaires et basses actions des hommes; et, la teste pleine de cette merveilleuse entreprinse d'Annibal et d'Afrique, visitant les escholes en Sicile, et se trouvant aux leçons de la philosophie, iusques à en avoir armé les dents de l'aveugle envie de ses ennemis à Rome : Ny chose plus remarquable en Socrates, que ce que, tout vieil, il treuve le temps de se faire instruire à baller, et iouer des instruments; et le tient pour bien employé. Cettuy cy s'est veu en ecstase, debout, un iour entier et une nuict, en presence de toute l'armee grecque, surprins et ravy par quelque secrete pensee : Il s'est veu le premier, parmy tant de vaillants hommes de l'armee, courir au secours d'Alcibiades accablé des ennemis, le couvrir de son corps, et le descharger de la presse, à vifve force d'armes; en la battaille Delienne, relever et sauver Xenophon renversé de son cheval : et emmy tout le peuple d'Athenes, oultré, comme luy, d'un si indigne spectacle, se presenter le premier à recourir Theramenes, que les trente tyrans faisoient mener à la mort par leurs satellites; et ne desista cette hardie entreprise, qu'à la remonstrance de Theramenes mesme, quoyqu'il ne feust suyvi que de deux, en tout : Il s'est veu, recherché par une beauté de laquelle il estoit esprins, maintenir au besoing une severe abstinence : Il s'est veu continuellement marcher à la guerre, et fouler la glace, les pieds nuds, porter mesme robbe en hyver et en esté; surmonter touts ses compaignons en patience de travail, ne manger point aultrement en festin qu'en son ordinaire : Il s'est veu vingt et sept ans, de pareil visage, porter la faim, la pauvreté, l'indocilité de ses enfants, les griffes de sa femme, et enfin la calomnie, la tyrannie, la prison, les fers et le venin : Mais cet homme là estoit il convié de boire à lut, par debvoir de civilité? c'estoit aussi celuy de l'armee à qui en demeuroit l'advantage; et ne refusoit ny à iouer aux noisettes avecques les enfants, ny à courir avecques eulx sur un cheval de bois, et y avoit bonne grace; car toutes actions, dict la philosophie, sieent egualement bien, et honnorent egualement le sage. On a de quoy, et ne doibt on iamais se lasser de presenter l'image de ce personnage à touts patrons et formes de perfection. Il est fort peu d'exemples de vie, pleins et purs : et faict on tort à nostre instruction de nous en proposer tous les iours d'imbecilles et manques, à peine de bons à un seul ply, qui nous tirent arriere, plustost; corrupteurs plustost que correcteurs. Le peuple se trompe : on va bien plus facilement par les bouts, où l'extremité sert de borne, d'arrest et de guide, que par la voye du milieu large et ouverte; et selon l'art que selon nature; mais bien moins noblement aussi, et moins recommendablement.

La grandeur de l'ame n'est pas tant à tirer à mont, et tirer avant, comme sçavoir se renger et circonscrire : elle tient pour grand tout ce qui est assez; et montre sa haulteur, à aymer mieulx les choses moyennes que les eminentes. Il n'est rien si beau et legitime que de faire bien l'homme et deuement; ny science si ardue que de bien et naturellement sçavoir vivre cette vie ; et de nos maladies la plus sauvage, c'est mespriser nostre estre.

Qui veult escarter son ame, le face hardiement, s'il peult, lorsque le corps se portera mal, pour la descharger de cette contagion : Ailleurs, au contraire, qu'elle l'assiste et favorise, et ne refuse point de participer à ses naturels plaisirs, et de s'y complaire coniugalement; y apportant, si elle est plus sage, la moderation, de peur que, par indiscretion, ils ne se confondent avecques le desplaisir. L'intemperance est peste de la volupté; et la temperance n'est pas son fleau, c'est son assaisonnement : Eudoxus, qui en establissoit le souverain bien, et ses compaignons, qui la monterent à si hault prix, la savourerent en sa plus gracieuse douleeur, par le moyen de la temperance, qui feult en eulx singuliere et exemplaire.

J'ordonne à mon ame de regarder et la douleur et la volupté, de veue pareillement reglee, *eodem enim vitio est effusio animi in lœtitia, quo in dolore contractio*, et pareillement ferme ; mais gayement l'une, l'aultre severement, et selon ce qu'elle y peult apporter, aultant soigneuse d'en esteindre l'une que d'estendre l'aultre. Le veoir sainement les biens, tire aprez soy le veoir sainement les maulx ; et la douleur a quelque chose de non evitable en son tendre commencement, et la volupté quelque chose d'evitable en sa fin excessifve. Platon les accouple, et veult que ce soit pareillement l'office de la fortitude combattre à l'encontre de la douleur, et à l'encontre des immoderees et charmeresses blandices de la volupté : ce sont deux fontaines, ausquelles qui puise, d'où, quand, et combien il fault, soit cité, soit homme, soit beste, il est bien heureux. La premiere, il la fault prendre par medecine et par necessité, plus escharsement ; l'aultre par soif, mais non iusques à l'yvresse. La douleur, la volupté, l'amour, la haine, sont les premieres choses que sent un enfant : si, la raison survenant, elles s'appliquent à elle, cela c'est vertu.

J'ay un dictionnaire tout à part moy : Je passe le temps, quand il est mauvais et incommode ; quand il est bon, ie ne le veulx pas passer, ie le retaste, ie m'y tiens : il faut courir le mauvais, et se rasseoir au bon. Cette phraze ordinaire de « Passe temps, » et de « Passer le temps, » represente l'usage de ces prudentes gents, qui ne pensent point avoir meilleur compte de leur vie, que de la couler et eschapper, de la passer, gauchir, et, aultant qu'il est en eulx, ignorer et fuyr, comme chose de qualité ennuyeuse et desdaignable : mais ie la cognois aultre ; et la treuve et prisable et commode, voire en son dernier decours, où ie la tiens ; et nous l'a nature mise en main, garnie de telles circonstances et si favorables, que nous n'avons à nous plaindre qu'à nous, si elle nous presse et si elle nous eschappe inutilement ; *stulti vita ingrata est, tota in futurum fertur*. Je me compose pourtant à la perdre sans regret ; mais comme perdable de sa condition, non comme moleste et importune : aussi ne sied il proprement bien de ne se desplaire pas à mourir, qu'à ceulx qui se plaisent à vivre. Il y a du mesnage à la iouïr : ie la iouïs au double des aultres ; car la mesure, en la iouïssance, despend du plus ou moins d'application que nous y prestons. Principalement à cette heure, que i'apperçois la mienne si briefve en temps, ie la veulx estendre en poids ; ie veux arrester la promptitude de sa fuyte par la promptitude de ma saisie, et, par la vigueur de l'usage, compenser la hastifveté de son escoulement : à mesure que la possession du vivre est plus courte, il me la fault rendre plus profonde et plus pleine.

Les aultres sentent la douleur d'un contentement et la prosperité, ie la sens ainsi qu'eulx, mais ce n'est pas en passant et glissant : si la fault il estudier, savourer et ruminer, pour en rendre graces condignes à celui qui nous l'octroye. Ils iouïssent les aultres plaisirs, comme ils font celuy du sommeil, sans le cognoistre. A celle fin que le dormir mesme ne m'eschappast ainsi stupidement, i'ay aultrefois trouvé bon qu'on me le troublast, à fin que ie l'entreveisse. Je consulte d'un contentement avecques moy, ie ne l'escume pas, ie le sonde ; et plie ma raison à le recueillir, devenue chagrine et desgoustee. Me treuve ie en assiette tranquille ? y a il quelque volupté qui me chatouille ? ie ne la laisse pas fripponner aux sens : i'y associe mon ame ; non pas pour s'y engager, mais pour s'y agreer ; non pas pour s'y perdre, mais pour s'y trouver ; et l'employe, de sa part, à se mirer dans ce prospere estat, à en poiser et estimer le bonheur, et l'amplifier : elle mesure combien c'est qu'elle doibt à Dieu, d'estre en repos de sa conscience et d'aultres passions intestines ; d'avoir le corps en sa disposition naturelle, iouïssant ordonneement et competemment des functions molles et flateuses, par lesquelles il luy plaist compenser de sa grace les douleurs dequoy sa iustice nous bat à son tour : Combien luy vault d'estre logee en tel poinct, où qu'elle iecte sa veue, le ciel est calme autour d'elle ; nul desir, nulle crainte ou doubte qui luy trouble l'air ; aulcune difficulté passee, presente, future, par dessus laquelle son imagination ne passe sans offense. Cette consideration prend grand lustre de la comparaison des conditions differentes :

ainsi, ie me propose en mille visages ceulx que la fortune, ou que leur propre erreur, emporte et tempeste ; et encores ceulx cy, plus prez de moy, qui receoivent si laschement et incurieusement leur bonne fortune : ce sont gents

qui passent voirement leur temps ; ils oultrepassent le present et ce qu'ils possedent, pour servir à l'esperance, et pour des umbrages et vaines images que la fantasie leur met au devant,

Morte obita quales fama est volitare figuras,
Aut quæ sopitos deludunt somnia sensus :

lesquelles hastent et alongent leur fuyte, à mesme qu'on les suyt : le fruict et but de leur poursuitte, c'est poursuyvre ; comme Alexandre disoit que la fin de son travail, c'estoit travailler :

> Nil actum credens quum quid superesset agendum.

Pour moy doncques, i'ayme la vie, et la cultive, telle qu'il a pleu à Dieu nous l'octroyer. Ie ne vois pas desirant Qu'elle eust à dire la necessité de boire et de manger ; et me sembleroit faillir, non moins excusablement, de desirer qu'elle l'eust double, *Sapiens divitiarum naturalium quæsitor acerrimus;* Ny que nous substantassions, mettant seulement en la bouche un peu de cette drogue par laquelle Epimenides se privoit d'appetit, et se maintenoit ; Ny qu'on produisist stupidement des enfants par les doigts, ou par les talons, ains, parlant en reverence, que plustost encores on les produisit voluptueusement par les doigts et par les talons ; Ny que le corps feust sans desir et sans chatouillement : ce sont plaintes ingrates et iniques. I'accepte de bon cœur, et recognoissant, ce que nature a faict pour moy ; et m'en agree et m'en loue. On faict tort à ce grand et tout puissant Donneur de refuser son don, l'annuler et desfigurer : Tout bon, il a faict tout bon : *omnia, quæ secundum naturam sunt, æstimatione digna sunt.*

Des opinions de la philosophie, i'embrasse plus volontiers celles qui sont les plus solides, c'est à dire les plus humaines et nostres ; mes discours sont, conformement à mes mœurs, bas et humbles ; elle fait bien l'enfant à mon gré, quand elle se met sur ses ergots pour nous prescher, Que c'est une farouche alliance de marier le divin avecques le terrestre, le raisonnable avecques le desraisonnable, le severe à l'indulgent, l'honneste au deshonneste : Que la volupté est qualité brutale, indigne que le sage la gouste : Que le seul plaisir qu'il tire de la iouïssance d'une belle ieune espouse, c'est le plaisir de sa conscience de faire une action selon l'ordre, comme de chausser ses bottes pour une utile chevauchee. N'eussent ses suyvants non plus de droict et de nerfs et de suc au despucelage de leurs femmes, qu'en sa leçon.

Ce n'est pas ce que dict Socrates, son precepteur et le nostre : il prise, comme il doibt, la volupté corporelle ; mais il prefere celle de l'esprit, comme ayant plus de force, de constance, de facilité, de varieté, de dignité. Cette cy ne va nullement seule ; selon luy (il n'est pas si fantastique), mais seulement premiere ; pour luy, la temperance est moderatrice, non adversaire, des voluptez. Nature est un doulx guide ; mais non pas plus doux que prudent et iuste : *intrandum est in rerum naturam, et penitus, quid ea postulet, perscidendum.* Ie queste partout sa piste : nous l'avons confondue de traces artificielles ; et ce souverain bien academique et peripatetique, qui est « vivre selon icelle, » devient, à cette cause, difficile à borner et expliquer ; et celuy des stoïciens, voysin à celuy là, qui est « consentir à nature. » Est ce pas erreur, d'estimer aulcunes actions moins dignes, de ce qu'elles sont necessaires ? Si ne m'osteront ils pas de la teste, que ce ne soit un tresconvenable mariage du plaisir avecques la necessité, avecques laquelle, dict un ancien, les dieux complottent tousiours. A quoy faire desmembrons nous en divorce un bastiment tissu d'une si ioincte et fraternelle correspondance ? au rebours, renouons le par mutuels offices : que l'esprit esveille et vivifie la pesanteur du corps ; le corps arreste la legereté de l'esprit, et la fixe. *Qui, velut summum bonum, laudat animæ naturam, et, tanquam malum, naturam carnis accusat, profecto et animam carnaliter appetit, et carnem carnaliter fugit ; quoniam id vanitate sentit humana, non veritate divina.* Il n'a a piece indigne de nostre soing, en ce present que Dieu nous a faict : nous en debvons compte iusques à un poil : et n'est pas une commission par acquit, à l'homme, de conduire l'homme selon sa condition ; elle est expresse, naifve et tresprincipale, et nous l'a le Createur donnee serieusement et severement. L'auctorité peult seule envers les communs entendements, et poise plus en langage peregrin ; rechargeons en ce lieu : *Stultitiæ proprium quis non dixerit, ignave et contumaciter facere, quæ facienda sunt ; et alio corpus impellere, alio animum ; distrahique inter diversissimos motus?*

Or sus, pour veoir, faictes vous dire un iour les amusements et imaginations que celuy là met en sa teste, et pour lesquelles il destourne sa pensee d'un bon repas, et plaind l'heure qu'il employe à se nourrir : vous trouverez qu'il n'y a rien si fade, en touts les mets de vostre table, que ce bel entretien de son ame (le plus souvent il nous vauldroit mieulx dormir tout à faict, que de veiller à ce à quoy nous veillons), et trouverez que son discours et inventions ne valent pas vostre capirotade. Quand ce seroient les ravissements d'Archimedes mesme, que seroit ce ?

Ie ne touche pas icy, et ne mesle point à cette marmaille d'hommes que nous sommes, et à cette vanité de desirs et cogitations qui nous divertissent, ces ames venerables, eslevees par ardeur de devotion et religion, à une constante et consciencieuse meditation des choses divines; lesquelles, preoccupants par l'effort d'une vifve et vehemente esperance l'usage de la nourriture eternelle, but final et dernier arrest des chrestiens desirs, seul plaisir constant, incorruptible, desdaignent de s'attendre à nos necessiteuses commoditez, fluides et ambiguës, et resignent facilement au corps le soing et l'usage de la pasture sensuelle et temporelle : c'est un estude privilegié. Entre nous, ce sont choses que i'ay tousiours veues de singulier accord, les opinions supercelestes, et les mœurs soubterraines.

Esope, ce grand homme, veid son maistre qui pissoit en se promenant : « Quoy doncques! feit il, nous fauldra il chier en courant? » Mesnageons le temps, encores en reste il beaucoup d'oysif et mal employé : nostre esprit n'a volontiers pas assez d'aultres heures à faire ses besongnes, sans se desassocier du corps en ce peu d'espace qu'il luy fault pour sa necessité. Ils veulent se mettre hors d'eulx, et eschapper à l'homme ; c'est folie : au lieu de se transformer en anges, ils se transforment en bestes ; au lieu de se haulser, ils s'abbattent. Ces humeurs transcendentes m'effrayent, comme les lieux haultains et inaccessibles ; et rien ne m'est fascheux à digerer en la vie de Socrates, que ses ecstases et ses daimoneries ; rien si humain en Platon, que ce pour quoy ils disent qu'on l'appelle divin ; et de nos sciences, celles là me semblent plus terrestres et basses, qui sont le plus hault montees ; et ie ne treuve rien si humble et si mortel en la vie d'Alexandre, que ses fantasies autour de son immortalisation. Philotas le mordit plaisamment par sa response : il s'estoit coniouï avecques luy, par lettre, de l'oracle de Iupiter Hammon, qui l'avoit logé entre les dieux : « Pour ta consideration, i'en suis bien ayse ; mais il y a de quoy plaindre les hommes qui auront à vivre avecques un homme et luy obeïr, lequel oultrepasse et ne se contente de la mesure d'un homme : »

> Dis te minorem quod geris, imperas.

La gentille inscription dequoy les Atheniens honnorerent la venue de Pompeius en leur ville, se conforme à mon sens :

> D'autant es tu dieu, comme
> Tu te recognois homme.

C'est une absolue perfection, et comme divine, « de sçavoir iouïr loyalement de son estre. » Nous cherchons d'aultres conditions, pour n'entendre l'usage des nostres ; et sortons de nous, pour ne sçavoir quel il y faict. Si avons nous beau monter sur des eschasses ; car, sur des eschasses, encores fault il marcher de nos iambes ; et au plus eslevé throsne du monde, si ne sommes nous assis que sur nostre cul. Les plus belles vies sont, à mon gré, celles qui se rengent au modele commun et humain avecques ordre, mais sans miracle, sans extravagance. Or, la vieillesse a un peu besoing d'estre traictee plus tendrement. Recommendons la à ce dieu protecteur de santé et de sagesse, mais gaye et sociale :

> Frui paratis et valido mihi,
> Latoe, dones ; et, precor, integra
>   Cum mente ; nec turpem senectam
> Degere, nec cithara carentem.

FIN.

TABLE DES MATIÈRES

LIVRE DEUXIÈME.

(Suite.)

Chapitre xii. — Apologie de Raymond Sebond (suite).	1
Chapitre xiii. — De iuger de la mort d'aultruy.	18
Chapitre xiv. — Comme nostre esprit s'empesche soy mesme.	21
Chapitre xv. — Que nostre desir s'accroist par la malaysance.	22
Chapitre xvi. — De la gloire.	25
Chapitre xvii. — De la presumption.	31
Chapitre xviii. — Du desmentir.	48
Chapitre xix. — De la liberté de conscience.	50
Chapitre xx. — Nous ne goustons rien de pur.	52
Chapitre xxi. — Contre la faineantise.	54
Chapitre xxii. — Des postes.	56
Chapitre xxiii. — Des mauvais moyens employés à bonne fin.	57
Chapitre xxiv. — De la grandeur romaine.	58
Chapitre xxv. — De ne contrefaire le malade.	59
Chapitre xxvi. — Des poulces.	60
Chapitre xxvii. — Couardise, mere de la cruauté.	61
Chapitre xxviii. — Toutes choses ont leur saison.	67
Chapitre xxix. — De la vertu.	68
Chapitre xxx. — D'un enfant monstrueux.	71
Chapitre xxxi. — De la cholere.	72
Chapitre xxxii. — Deffense de Seneque et de Plutarque.	76
Chapitre xxxiii. — L'histoire de Spurina.	79
Chapitre xxxiv. — Observation sur les moyens de faire la guerre, de Iulius Cesar.	83
Chapitre xxxv. — De trois bonnes femmes.	87
Chapitre xxxvi. — Des plus excellents hommes.	91
Chapitre xxxvii. — De la ressemblance des enfants aux peres.	95

LIVRE TROISIÈME.

Chapitre premier. — De l'utile et de l'honneste.	110
Chapitre ii. — Du repentir.	118
Chapitre iii. — De trois commerces.	125
Chapitre iv. — De la diversion.	131

Chapitre v. — Sur des vers de Virgile. 137
Chapitre vi. — Des coches. 166
Chapitre vii. — De l'incommodité de la grandeur. 170
Chapitre viii. — De l'art de conferer. 178
Chapitre ix. — De la vanité. 190
Chapitre x. — De mesnager sa volonté. 221
Chapitre xi. — Des boiteux. 232
Chapitre xii. — De la physionomie. 238
Chapitre xiii. — De l'experience. 255

FIN DE LA TABLE.

Paris. — Imp. de BRY aîné, boulevart Montparnasse, 81.

www.ingramcontent.com/pod-product-compliance
Lightning Source LLC
Chambersburg PA
CBHW070541160426
43199CB00014B/2316